Klaus W. Döring

Lehrerverhalten

Ein Lehr- und Arbeitsbuch

10. Auflage 1992

Deutscher Studien Verlag · Weinheim

Über den Autor:
Klaus W. Döring, Dr. phil., Jg. 38, ist seit 1974 Professor für Erziehungswissenschaft an der Technischen Universität Berlin mit den Schwerpunkten Mediendidaktik und Erwachsenenbildung/Weiterbildung.

Die Deutsche Bibliothek – CIP-Einheitsaufnahme

Döring, Klaus W.:
Lehrerverhalten : ein Lehr- und Arbeitsbuch / Klaus W. Döring. – 10. Aufl. – Weinheim : Deutscher Studien Verlag, 1992
ISBN 3-89271-107-0

Alle Rechte, insbesondere das Recht der Vervielfältigung und Verbreitung sowie der Übersetzung, vorbehalten. Kein Teil des Werkes darf in irgendeiner Form (durch Photokopie, Mikrofilm oder ein anderes Verfahren) ohne schriftliche Genehmigung des Verlages reproduziert oder unter Verwendung elektronischer Systeme verarbeitet, vervielfältigt oder verbreitet werden.

1. Auflage 1970 (Lehrerverhalten und Lehrerberuf)
7. Auflage 1977
8. Auflage 1980 (Lehrerverhalten: Forschung – Theorie – Praxis)
9. Auflage 1989 (Neuausgabe im Deutschen Studien Verlag: Lehrerverhalten)
10. Auflage 1992

© 1989 Deutscher Studien Verlag · Weinheim
Herstellung: Books on Demand GmbH, Norderstedt
Seriengestaltung des Umschlags: Atelier Warminski · 6470 Büdingen 8
Printed in Germany

Unveränderter Nachdruck der letzten Auflage
ISBN 978-3-407-32113-8

Dieses Buch widme ich *erstens* meinen ehemaligen Schülern, die mich als Lehrer ertragen mußten – von meinen Fehlern betroffen – bei mir Lernprozesse in Gang gebracht haben; *zweitens* meinen Studenten, die mich ständig kritisiert, aber mir damit viel geholfen haben; *drittens* den zahlreichen Teilnehmern aller meiner außeruniversitären Weiterbildungsveranstaltungen, die mich gelehrt haben, bescheidener zu werden; und schließlich *viertens* meiner Familie, die die nicht enden wollende „Schreibtischtäterschaft" des Vaters geduldig erträgt.

Inhaltsverzeichnis

Vorwort zur 10. Auflage 7
Vorwort 11
Zielstellung und Arbeitshinweise 17
Ein erster Einstieg 21
Ein zweiter Einstieg 28

A. *Die Konstitution des Gegenstandes „Lehrerverhalten"* 33

   I. Die Bedeutung des Gegenstandes (Professionalisierung) 33
   II. Die Bezeichnung und Abgrenzung des Gegenstandes (Begriffe) ... 44
   III. Kontroverse Standpunkte zum Gegenstand (Einwände) 53
   IV. Ergänzende Perspektiven zum Gegenstand (Spezialisierung, Teamarbeit, Bürokratie) 62

B. *Die Erforschung des Gegenstandes „Lehrerverhalten"* 71

   I. Ältere wissenschaftliche Konzeptionen 73
     1. Lehrerpersönlichkeit und Lehrertugenden 73
       1.1. Normierende Ansätze 73
       1.2. Empirische Ansätze 78
     2. Die konzeptualisierte Lehrerpersönlichkeit 86
       2.1. Zur Theorie der Pädagogischen Autorität 87
       2.2. Zur Theorie des Pädagogischen Bezuges 91
       2.3. Heimliche Theorien des Lehrens und Erziehens 95
     3. Lehrertypologien 99
     4. Stillehren und Erziehungsstile 105
       4.1. Normierende Stillehren 106
       4.2. Empirische Erziehungsstilforschung 109
     5. Pädagogischer Instrumentalismus: Erziehungsmittel 122
   II. Neuere wissenschaftliche Konzeptionen 127
     1. Psychoanalytische Theoriebildung 127
     2. Verhaltens- und Arbeitsanalysen 133

3. Die didaktische Theoriebildung ... 155
4. Die lernpsychologische Theoriebildung ... 169
5. Dimensionen erzieherischen Verhaltens ... 188
6. Lehrmodelle und Theorien des Lehrens ... 198
7. Der rollentheoretische Ansatz ... 217
8. Symbolischer Interaktionismus, Kommunikations- und Handlungs-Entscheidungs-Theorie ... 238
9. Der einstellungspsychologische Ansatz ... 273
10. Der ideologiekritisch-politische Ansatz ... 296
11. Forschungen zum Sprachverhalten des Lehrers ... 311

C. Umrisse einer Theorie professionellen Lehrerverhaltens ... 343

Nachtrag 1: Die Relativierung des Gegenstandes „Lehrerverhalten" ... 361
Nachtrag 2: Professionalisierung und das prinzipielle Technologiedefizit der Pädagogik ... 367
Nachtrag 3: Professionalisierung und Lehrerangst ... 371
Nachtrag 4: Lehrerverhalten und Lehrerausbildung ... 375
Nachtrag 5: Der junge Lehrer und die Schulwirklichkeit ... 385
Nachtrag 6: Eine handlungsorientierte Theorie professionellen Lehrer-/Erzieherhandelns ... 393

Literaturverzeichnis ... 399

Vorwort zur 10. Auflage

Ein Lehrbuch erscheint neu in 10. Auflage. Das ist für den Autor natürlich eine große Freude! Es zeigt aber auch, daß das in diesem Buch aufgeworfene Problem der Professionalisierung des Lehrerberufs seine Aktualität um keinen Deut eingebüßt hat. Wie sollte es auch? – Zum einen liegt nach dem äußeren Reformprozeß um die Einführung der Gesamtschule, wie er in den 70er und 80er Jahren in den alten Bundesländern gelaufen ist, eine Phase innerer Reformen vor uns, zum anderen versucht in den neuen Bundesländern das allgemeinbildende Schulwesen ein neues Profil zu gewinnen. Von beiden Vorgängen sind die Lehrer massiv betroffen. Sie sind es, die das Kunststück fertig bringen müssen, im Alltagsgeschäft nicht in Routine und Rigidität (= Verhaltensstarrheit) zu versinken, sondern als lebendige Pädagogen das eigene berufliche Verhalten ständig zu überprüfen und konstruktiv in Frage zu stellen.

Ohne jeden Zweifel ist der Lehrerberuf ein sehr anstrengender Beruf. Nicht nur wird – wie Müller-Limmroth – nachgewiesen hat – quantitativ viel, nämlich im Durchschnitt 52,5 Stunden pro Woche gearbeitet, wenn man Unterrichtszeit, Vor- und Nachbereitungszeit, Korrekturzeiten, Konferenzen, Springstunden, Pausen sowie durchschnittlich zwei Stunden für die fachliche Weiterbildung zugrundelegt. Die Art der Arbeit, ihre Modalität sozusagen, ist darüber hinaus miteinzubeziehen: Müller-Limmroth maß durchschnittliche Pulsbeschleunigungen auf 110 Schläge pro Minute während des Unterrichts und auf 113 während der Pausenaufsicht, womit er auch deren Einrechnung in die Arbeitszeit begründet. Jeder zweite Lehrer unter 30 hatte einen erheblich erhöhten Blutdruck von 150 zu 95 vor Unterrichtsbeginn. Der Energieaufwand – so Müller-Limmroth – ist bei Lehrern deutlich gesteigert (3317–4027 Kilojoule), der Adrenalinausstoß entspricht mit 14 Nanogramm pro Minute einem Streßniveau, das dem nach dem Genuß von 6 Tassen Kaffee vergleichbar ist. Bezieht man die ganze Palette weiterer Risikofaktoren ein, so kommt Müller-Limmroth zu dem Ergebnis, daß jeder zweite Lehrer unter deutlich erhöhtem Herzinfarktrisiko steht.

Sehr interessant und bezeichnend ist auch noch folgender Tatbestand, den der Bremer Erziehungswissenschaftler Hans Georg Schönwälder in bezug auf die hohe Pflichtstundenzahl der Lehrer ermittelt hat: Danach geben 60 % aller

Lehrer in einer Untersuchung von 400 Unterrichtswochen an, bei sinkenden Pflichtstundenzahlen im Verhältnis mehr (!) zu arbeiten, das heißt: Man kann vermuten, daß niedrigere Pflichtstundenzahlen auch zu höherer Qualität des Unterrichts führen würden.

Beunruhigend ist vor allem auch, daß nach Müller-Limmroth die Zahl der ausgebildeten Lehrer, die bis zum Ruhestand in ihrem Beruf bleiben, je nach Bundesland nur zwischen fünf und einem halben Prozent (!) liegt. Lehrer geben nach Müller-Limmroth schließlich zu 87,6 Prozent (!!) an, im Beruf überbeansprucht zu sein.

Wenn demnach der Lehrerberuf im Bewußtsein und Erleben der Lehrer als ein überaus anstrengender, überfordernder, ja, zermürbender Beruf angesehen wird, so ist mehr denn je die in diesem Buch gestellte Frage wichtig, wie die Lehrer dennoch – oder gerade deshalb – dazu befähigt werden können, ihre beruflichen Tätigkeiten einigermaßen kriterienorientiert, demnach also professionell, auszuführen.

Wenn ich mich auch in den letzten Jahren verstärkt um die Übertragung der in diesem Buch behandelten Fragen auf den quartären Sektor der Weiterbildung bemühe, so hat sich doch mein Standpunkt in der Frage der Professionalisierung von Lehrern um keinen Deut geändert: Es ist nun einmal die Aufgabe der Erziehungswissenschaft, sich um eine Verbesserung der pädagogischen Praxis zu kümmern. Und es ist nun einmal die Aufgabe dafür bezahlter Pädagogen, sich in ihren Praxisfeldern einigermaßen vernünftig und teilnehmerorientiert zu bewegen.

Die immer wieder gestellte Frage, warum in diesem Buch nicht statt des Terminus „Verhalten" besser der des „Handelns" durchgängig verwendet wird, beantwortet sich vom Ansatz der vorliegenden Arbeit her wie folgt: Der Terminus „Verhalten" ist begriffsgeschichtlich die allgemeinste Bezeichnung für alle Arten von Aktivitäten und Reaktionen eines Organismus auf seine Umwelt, ganz gleichgültig, ob das jeweilige Individuum damit einen speziellen, „subjektiv gemeinten Sinn", ein Ziel, eine Absicht, einen Plan usw. verfolgt oder nicht.

Noch genauer formuliert, umfaßt der Terminus „Verhalten" damit sowohl körperlich-muskuläre Reaktionen wie alle „äußeren" und „inneren" Aktivitäten des zentralen Nervensystems bzw. die von diesem gesteuerten Prozesse der Wahrnehmung, der Empfindung und des Denkens. Demgegenüber ist der Handlungsbegriff eingeengt auf alle bewußt und zielgerichtet ausgestalteten Reaktionen und Aktionen eines Organismus.

Zwar ist berufliches Verhalten als zielgerichtetes, kriterienorientiertes Handeln einzustufen, es geht jedoch keinesfalls bruchlos in demselben auf, wie die einschlägige Forschung eindrucksvoll belegt. Daher ist der breitere Terminus „Lehrerverhalten" für den vorliegenden Zweck auf jeden Fall der

Oberbegriff. Er erlaubt es nämlich, alle im Zusammenhang mit dem beruflichen Kontext stehenden Aspekte und Perspektiven, die individuelle und kollektive Tätigkeiten beeinflussen (können), einzubeziehen und wissenschaftlich zu behandeln, ganz gleichgültig, ob sie
- gewollt oder ungewollt,
- bewußt oder unbewußt,
- gerichtet oder ungerichtet,
- geplant oder ungeplant,
- zielgerichtet oder spontan,
- aktiv oder reaktiv,
- bewußt gesteuert oder routinemäßig

herbeigeführt, ausgestaltet und abgewickelt werden.

Wenn das in diesem Buch vertretene Professionalisierungskonzept auch in breiter Form den Bereich des bewußten, zielgerichteten Lehrerhandelns anspricht, so bezieht es sich dennoch ganz besonders auch auf jene unbewußten, routinemäßig erstarrten oder rein reaktiven Verhaltenssegmente beruflicher Tätigkeiten, die normalerweise unbeachtet bleiben. Insofern ist die hier dargestellte didaktische Theorie professionellen Lehrerverhaltens weiter gesteckt, grundlegender orientiert und allgemeiner gehalten als es handlungstheoretische Konzepte – wie etwa das beachtenswerte von Manfred Hofer (1986; vgl. Anhang 6!) – sind.

In „empfindlichen" sozialen Feldern tätige Menschen wie die Lehrer sollten sich ihrer „Gesamtwirkung" bewußt sein; sie sollten ihr Lehrerverhalten insgesamt – und dabei ihr bewußt ausgestaltetes Lehrerhandeln im besonderen – einer ständigen selbstkritischen Reflexion unterwerfen. Das Professionalisierungskonzept antwortet daher auf die Herausforderungen der zumeist komplizierten Praxisfelder mit der Aufforderung an den verantwortlichen „Didaktiker", sein Handeln, so gut es geht, an Standards und Kriterien zu orientieren, die die Erziehungs- und Sozialwissenschaften bereitstellen. Es geht letztendlich darum,
- den Schülern ein wenig dabei zu helfen, etwas aus sich zu machen,
- die Freude am Lernen zu wecken und zu erhalten,
- den sozialen Umgang zu entwickeln und zu verbessern,
- die Bildungsinstitutionen etwas angstfreier, kreativer und menschenfreundlicher zu machen.

Dazu möchte auch diese 10. Auflage einen kleinen Beitrag leisten.

Berlin, im Dezember 1991   Klaus W. Döring

Vorwort

Dieses Lehrbuch wurde primär nicht für jene – vielleicht 10% – „geborenen" Lehrer/Erzieher geschrieben, die auf „natürliche" Weise im Umgang mit Schülern intuitiv das Richtige tun. Die glückliche Hand solcher pädagogischen Begabungen bedarf eigentlich keiner theoretischen Praxisanleitung. Für sie kann das Studium des vorliegenden Bandes bestenfalls dadurch sinnvoll sein, daß es zur Bestätigung und Verstärkung eines bereits vorhandenen schülergerechten Lehrerverhaltens dient.

Zweifellos von besonderem Interesse aber dürfte das anzuschneidende Thema wohl für jene ca. 90% angehender Lehrer sein, die die Befähigung zum Lehrberuf nicht „in die Wiege gelegt bekamen", die die Qualifikation für diesen schwierigen sozialen Beruf vielmehr Schritt für Schritt aufbauen müssen. Für sie ist die Frage von erheblichem Interesse, ob das Lehren und Erziehen als Berufstätigkeit auch erlernbar ist, ob es so etwas wie ein „Handwerkszeug" auf dem Gebiet des Berufsverhaltens gibt, das man erwerben kann. Ein möglicher Zugang dazu bietet sich in der Aufarbeitung der wissenschaftlichen Literatur zur Professionalisierung des Lehrerverhaltens an, wozu der vorliegende Text Hilfestellung geben möchte.

Dieses Buch tritt an die Stelle der in 7 Auflagen erschienenen Darstellung „Lehrerverhalten und Lehrerberuf". Es erscheint auf vielfachen Wunsch gerade auch von Studenten und Lehramtskandidaten in der Form eines Lehrbuchs. Die alte Darstellung – ursprünglich als Habilitationsschrift angelegt und mehrfach überarbeitet – war doch wohl etwas schwer lesbar gewesen. Ich habe mich bemüht, dies im neuen Text zu verbessern, vor allem auch dadurch, daß Arbeitshinweise, Zielangaben, Zusammenfassungen und spezielle Literaturhinweise zu jedem Kapitel eingefügt wurden.

Trotz einiger weiterführender Überlegungen und Präzisierungen hat sich mein Standpunkt in der Professionalisierungsdebatte grundsätzlich nicht verändert. Ich bin nach wie vor der Ansicht, daß sich die berufliche Orientierung des Lehrers letztlich nur wissenschaftlich – erziehungswissenschaftlich – leisten läßt. Freilich kommt es dann darauf an, einen entwickelten, sozial akzeptablen Wissenschaftsbegriff zugrunde zu legen, der die Behandlung von Norm- und Wertfragen zuläßt...

Dieses Vorwort möchte ich nun auch dazu benutzen, einige engagierte persönliche Anmerkungen zu den gegen die von mir vertretenen Professionalisierungsthesen vorgetragenen Kritiken zu machen. Vorab: Ich finde, viele Einwände gehen am Kern des von mir markierten Defizitproblems im Berufsverhalten von Lehrern vorbei. Vieles, was vorgetragen wurde und wird, halte ich entweder für zu einseitig oder zu abstrakt und der Sache – nämlich einer Verbesserung der beruflichen Leistungsfähigkeit der Lehrerschaft Vorschub zu leisten – wenig dienlich.

Da wird etwa eine Sonderstellung des Lehrers in der Gesellschaft postuliert, da wird proklamiert, der Lehrer habe ein gebildeter Mensch zu sein, da wird die Persönlichkeit des Lehrers beschworen oder es wird um die Humanität des Lehrer-Schüler-Umgangs gefürchtet; und das alles, weil ich – gestützt auf neuere Ergebnisse der Unterrichtsforschung – gefordert habe, der Lehrer habe sich wie jeder andere Berufsausübende auch an beruflichen Kriterien zu orientieren. Es könne schlechterdings nicht akzeptiert werden, daß Lehrer als bedeutsame und gesellschaftlich wichtige und mächtige Sozialisationsagenten in ihrem Beruf privatisierten oder persönlichkeitsspezifische Eigenheiten auslebten. Es müsse vielmehr gefordert werden, daß der Lehrer als Akademiker seinen Beruf reflektiert ausübe und sich dabei so gut wie möglich an wissenschaftlichen Kriterien orientiere.

Meines Erachtens spricht für die Richtigkeit meiner These von der professionellen Rückständigkeit des Lehrerberufs gerade auch der Umstand, daß gegen dieses völlig undramatische, für jeden Beruf geltende Konzept alle möglichen Einwände oder simplifizierende Unterstellungen vorgetragen werden: so als hätte ich etwas gegen den gebildeten Lehrer, oder ein kriterienorientiertes Verhalten professioneller Lehrer zerstöre einen humanen Lehrer-Schüler-Umgang, oder mit Professionalisierung verhinderte ich das notwendige soziale Engagement der Lehrerschaft.

Keiner meiner Kritiker dagegen ist mit einem theoretisch einleuchtenden Argument gegen mein Konzept aufgetreten, das da lauten müßte, die Forderung nach Professionalisierung sei überflüssig, unsinnig oder aus der Luft gegriffen, weil die Lehrer sich längst professionell verhielten oder sich doch wenigstens weitgehend entsprechend orientierten. Das konnte aber offenbar deshalb nicht vorgetragen werden, weil sich empirisch dafür keine Stütze finden läßt. Im Gegenteil: Auch neuere Untersuchungen belegen die Richtigkeit der Professionalisierungsforderung auf das Eindringlichste.

So brachte etwa eine neuere von uns in Berliner Schulen durchgeführte Untersuchung (vgl. ZIELKE, 1979) folgende wahrlich bestürzenden Ergebnisse zutage: In mehr als 60 untersuchten Rechtschreib-Übungsstunden in versch. Klassen von Grund- und Sonderschulen erlebten wir fast ausschließlich (zu mehr als 95%) Frontalunterricht, darunter 20 Unterrichtsstunden an Sonderschulen mit teilweise weniger als 12 Schülern. Es gab außer Kreidetafel und Arbeitsblättern keinen einzigen Medieneinsatz und keinerlei Ansatz zu einer inneren Differenzierung des Unterrichts. Dagegen registrierten wir mehr als ein Dutzend körperlicher Sanktionen an Schülern durch die Lehrer und stellten eine stattliche Liste von Verbalinjurien zusammen. Wir erhoben in einem Fragebogen geradezu medienfeindliche Einstellungen, obwohl die Grundschuldidaktik den Einsatz von kindgerechtem Arbeits-, Spiel- und Lernmaterial für absolut unabdingbar erklärt. Eine lerngerechte didaktische Strukturierung des Unterrichts konnte von uns daher auch nicht in einer einzigen Unterrichtsstunde festgestellt werden. Im Einsatz verbaler Verstärker unterschieden sich Grundschullehrer nicht von Sonderschullehrern.

Zwar kann unsere Untersuchung nicht den Anspruch der Repräsentativität erheben, die Ergebnisse sind aber insgesamt so niederschmetternd, daß wir keinen Grund haben, hinsichtlich des Gesamtbildes besonders optimistisch zu sein. Wir müssen vielmehr begründet vermuten, daß es mit einer wissenschaftlich fundierten Berufspraxis – zumindest bei einer größeren Gruppe von Lehrern – nicht weit her sein kann. Erst vor dem Hintergrund solcher Fakten wird der Sinn, die Dringlichkeit und Notwendigkeit des Professionalisierungskonzeptes deutlich; erst vor ihm aber zeigt sich auch die Abwegigkeit mancher Kritik an diesem Ansatz. Wer derzeit öffentlich Befürchtungen äußert, ein professionell sich verhaltender Lehrer könne in Routine erstarren, und daher glaubt, den Lehrern besser Bildungs-, Sonderstellungs-, Persönlichkeits- und allgemein gehaltene Humanisierungskonzepte anbieten zu sollen, leistet zweifelsfrei der Desorientierung vieler Lehrer Vorschub und unterstützt die Beibehaltung von Unterrichtsbedingungen, die den betroffenen Schülern, der Gesellschaft als ganzer und dem Ansehen der Lehrerschaft langfristig wenig dienlich sind.

Die wichtigsten Einwände gegen den Professionalisierungsansatz sind:
– der Vorwurf der Wissenschaftsgläubigkeit,
– der Vorwurf eines technokratischen Denkansatzes,
– der Vorwurf der Vernachlässigung des Faktors „Lehrerpersönlichkeit",
– der Vorwurf des Mangels an Gesellschaftskritik.

Im vorliegenden Zusammenhang können dazu nur einige Anmerkungen erfolgen: Ich gehe davon aus, daß der Lehrerberuf eine wichtige bezahlte Dienstleistung wie viele andere darstellt – vergleichbar etwa der des Arztes –, ein Beruf also, der gegen Entgelt aufgrund nachgewiesener erworbener Kompetenzen ausgeübt wird.

Die Berufsausübung, das Berufsverhalten, der Lehrer ist daher von besonderem öffentlichen Interesse, zumal Lehrer an Institutionen, zumeist Staatsschulen, Dienst tun, die ihre Schüler zwangsweise rekrutieren (= Schulpflicht). Für einen akademischen Beruf mit wissenschaftlicher Ausbildung ist als Kriterium professioneller Berufsausübung zwingend auf den Wissenschaftsbereich zu verweisen, i.e.S. auf die Berufswissenschaften des Lehrers. Dies ist für einen sozialen Beruf dann akzeptabel, wenn der zugrundeliegende Wissenschaftsbegriff im Sinne einer kritisch-konstruktiven Theorie gesellschaftliche und soziale Perspektiven einbegreift. Wer vor diesem Hintergrund den Vorwurf der *Wissenschaftsgläubigkeit* gegen das Professionalisierungskonzept erhebt, muß angeben, woran sich Lehrer bei ihrer Berufsausübung sonst orientieren sollen.

Der Vorwurf eines *technokratischen Denkens* im Professionalisierungsansatz muß angesichts der faktischen Verhältnisse in unseren Schulen zumindest als sehr weit hergeholt erscheinen. Ich habe oben bereits darauf hingewiesen: Wir haben heute ganz andere Sorgen! Und weiter: Dürfte ein Lehrer mit einem kritischen sozialwissenschaftlichen Hintergrund nicht an sich schon gegen einen inhumanen Machbarkeitswahn und eine seelenlose Vollzugsroutine geschützt sein? Wie sieht es dagegen mit der Seelenlosigkeit und Inhumanität der Behandlung stets und ständig frontal- und nicht differenziert unterrichteter Schüler im derzeitigen Unterrichtsgeschehen aus?

Im übrigen geht es im Professionalisierungskonzept keinesfalls darum, aus einem sog. gesicherten wissenschaftlichen Fundus heraus stringent bestimmte „gesicherte" Verhaltensweisen abzuleiten, die dann technologisch nur noch „anzuwenden" und „umzusetzen" seien. Worum es vielmehr geht, ist, ein höheres Maß an Reflexivität in die Berufswirklichkeit von Schule und Unterricht hereinzuholen, Verhaltensweisen mittlerer Genauigkeit zu begünstigen. Ziel ist nicht die „seelenlose Anwendung" einer bestimmten Theorie, sondern das *Theoretisieren* vor, während und nach dem beruflichen Handeln, so daß Voraussetzungen, Bedingungen und Folgen des unterrichtlichen Geschehens dem unkontrollierten Gutdünken entzogen und rationaler gestaltet werden können. In diesem Sinne zielt Professionalisierung darauf ab, Kriterien der beruflichen Leistungsfähigkeit unterrichtlichen Handelns bereitzustellen, kriterienorientiertes Verhalten mit Selbstaufklärung durch Reflexion zu verbinden (vgl. zu diesem Problem Nachtrag 2!).

Die Unterstellung, das Professionalisierungskonzept leugne, verkürze oder mindere die Bedeutung des Faktors „*Lehrerpersönlichkeit*" beruht schlicht auf einem Mißverständnis. So heißt es z.B. in einer Berliner Staatsexamensarbeit mit Bezug auf das von mir vertretene Konzept: „Die unsinnige Disqualifizierung des Lehrers als einer Persönlichkeit und die damit verbundene Reduktion des Erzieherbildes auf die Darstellung seiner beruflichen Tätigkeiten ... sind Konsequenzen eines vornehmlich an Leistung und Effektivität orientierten Normensystems, das der Totalität des Menschseins (der Persönlichkeit) sowohl von Lehrern als auch von Schülern gegenüber blind ist." (D. KENNIS, 1974, S. 56) Als ob ich irgendetwas dagegen einzuwenden hätte, daß der Lehrer eine „Persönlichkeit" (im emphatischen, normativen Sinne) sei, und diese in der Schule auch zur Geltung bringe, oder als ob die Professionalisierungskonzeption übersehe oder gar blind dafür sei, daß Lehrer und Schüler ganzheitliche „Personen" (im psychologischen Sinne) seien! – Dagegen muß es doch erlaubt sein, den Auschnitt des beruflichen Handelns von Menschen in bestimmten Bereichen, hier der Schule, analytisch auszuleuchten und abzustecken, ohne daß der Einwand erhoben wird, hier werde der „ganze Mensch" vernachlässigt. Auch das Liebesleben des Lehrers, seine Vorliebe für Eierravioli oder die Sammelwut für Briefmarken gehören zum „ganzen" Menschen ‚Lehrer'. Es müßte aber vielleicht Übereinkunft darüber zu erzielen sein, daß diese Aspekte für eine Theorie beruflichen Verhaltens von Lehrern zumindest weniger bedeutend sind. – Daß der beruflich tätige Lehrer stets als volle Person mit seinem Denken, seinen Gefühlen, seinen Erfahrungen, seinen Normen usw. in die berufliche Interaktion eingeht, wird vom Professionalisierungskonzept nicht nur nicht geleugnet oder übersehen, sondern geht als Prämisse ja gerade in die Ausgangsfrage mit ein, die da lautet: „Auf welche Weise und mit welchen Mitteln ist es möglich, diesen höchst verschiedenen Lehrerindividuen ein gewisses Mindestmaß an professioneller Orientierung, an gerichtetem, kriterienorientiertem beruflichem Verhalten zu ermöglichen? Der „ganze" Mensch geht demnach zwar als *eine* Voraussetzung in diese Frage ein, das Ziel aber ist immer eine Eingrenzung, ein Gerichtetwerden, ein „Sich-Richtung-Geben" in einer spezifischen zweckorientierten beruflichen Situation. Nicht die Professionalisierungskonzeption vereinseitigt oder „verstümmelt" den „ganzen" Menschen, sondern die begrenzte berufliche Situation ist es, die eine spezifische Bewährungssituation schafft, in der der Mensch sich kriterienorientiert zu denken und zu handeln genötigt sehen sollte. Hier ist das Wesen beruflichen Handelns angesprochen ...

Was den Vorwurf anlangt, das Professionalisierungskonzept vernachlässige die *gesellschaftspolitische Dimension*, die jedes berufliche Handeln besitzt, so ist hier zunächst auf die bereits oben gemachte Aussage zu verweisen, daß ein umfassendes, dem Lehrerberuf als einem sozialen Beruf zukommendes adäquates Wissenschaftskonzept in dem kritisch-konstruktiven Theorieansatz zu suchen ist. In seinem Rahmen sind gesellschaftspolitische Fragestellungen angemessen berücksichtigt und für den Lehrer reflektierbar gemacht. Eine noch stärkere politische Fundierung des beruflichen Verhaltens und des beruflichen Selbstverständnisses der Lehrer – wie sie etwa der ideologiekritisch-politische Ansatz fordert (vgl. II, 10) – wird hier deshalb abgelehnt, weil dieser Ansatz die Gefahr in sich birgt, die primär pädagogisch-didaktische Dimension des Lehrerberufs aus dem Blick zu verlieren. Man sollte Erziehung nicht mit politischem Handeln verwechseln, und nicht jeder, der ein „richtiges" politisches Bewußtsein besitzt – gesetzt wir kennten ein solches –, wäre deshalb schon ein brauchbarer Lehrer. Erziehung und Unterricht haben auch eine psychologische Dimension, aber darum ist der Lehrer noch lange kein Psychologe, vielmehr doch hoffentlich stets mehr als ein solcher ...

So wünschte man sich bei mancher Kritik mehr Sinn für das Wesentliche und mehr Zurückhaltung beim Vorbringen vereinseitigender Perspektiven und Argumente. Sie werden weder der beruflichen Komplexität des Lehrerseins gerecht, noch tragen sie irgendwie zu einer Verbesserung der Praxis bei. Niemand, der an Professionalisierungskonzepten arbeitet, zielt im übrigen auf eine Verunglimpfung der Lehrerschaft ab.

Ich war selbst zu lange Lehrer, um nicht zu wissen, wie schwierig die Ausübung dieses Berufes sein kann, aber gerade dieser Umstand sollte dazu anregen, zäh und geduldig an einer Verbesserung der Verhältnisse zu arbeiten – nicht zuletzt unserer aller Kinder wegen!

Schließlich ist darauf hinzuweisen, daß mit der hier vertretenen Professionalisierungskonzeption der zunehmenden „Verrechtlichung" der Schule entgegengewirkt werden soll und muß, die in steigendem Maße den Handlungsspielraum des Lehrers einschränkt. Die – teils erst noch zu fordernde, teils zu schützende – Wissenschaftsfreiheit und pädagogische Autonomie des Lehrers (WEILER, 1979) setzt voraus, daß die Lehrerschaft ihr berufliches Handeln tatsächlich auch an wissenschaftlich/rationalen Kriterien zu orientieren bereit und in der Lage ist.

Erst aus dieser Sicht ist die im vorliegenden Buch angestrebte „klienten- bzw. schülerbezogene" Professionalisierung glaubhaft und mit dem erforderlichen Nachdruck zu vertreten. Demgegenüber ist die „professions- bzw. statusbezogene" Professionalisierung (vgl. zu beidem: HOLZAPFEL, 1975) eher sekundär. Letztere dient nämlich primär der Statussicherung und -verbesserung des Berufes und seiner Ausübenden, „aufgrund derer sich zwar eine stärkere Autonomie der Professionals gegenüber den sie beschäftigenden Institutionen (bzw. gesellschaftlichen Bezugsgruppen, A.d.V.) begründen läßt, ohne daß (freilich) eine stärkere Autonomie der Klienten (Schüler) zugleich als Effekt einer stärkeren Autonomie der Professionals ermöglicht wird" (ebd., S. 31).

In diesem Sinne will das Buch zu einer beruflichen Selbstverständnis- und Kompetenzerweiterung in den Grundlagen beitragen, die orientiert ist an einer konkreten Verbesserung der Lernsituation des Schülers. Der relevante Bezugspunkt für eine erziehungswissenschaftliche Professionalisierung der Lehrerschaft ist deshalb insoweit – paradoxerweise – nicht der Lehrer, sondern der Schüler ...

Zielstellung und Arbeitshinweise

1. Dieses Lehrbuch verfolgt mehrere Ziele. Es will zunächst einen Beitrag leisten zu einer Verbesserung des „Dienstleistungsgewerbes" Schule. Der erste Adressat dieser Dienstleistung ist der Schüler. Er wird versorgt von einem Lehrer, der gegen Entgelt in der Schule wirkt und eine qualifizierte Berufsarbeit abliefern muß. An der Qualität dieser Arbeitsleistung sind Schüler, Eltern und Gesellschaft gleichermaßen interessiert.

Da Lehren und Erziehen in der Schule gegen Bezahlung erfolgen, kann der Lehrer als (professioneller) Fachmann keine Sonderstellung im gesellschaftlichen Gefüge verlangen. Wie Angehörige anderer Berufe auch, muß er sich die kritische Prüfung seiner Berufsarbeit durch seine Bezugsgruppen gefallen lassen. Der soziale Grundcharakter des Lehrerberufs – das ständige Umgehen mit Heranwachsenden – macht, daß das Verhalten des Lehrers dabei stets im Mittelpunkt des Interesses steht.

Hat der Lehrer für sein berufliches Verhalten tragfähige Kriterien? Orientiert er sich auch praktisch an ihnen? Geht er im Umgang mit Schülern offensiv vor, oder ist er eher defensiv eingestellt, das heißt, verhält er sich mehr drauflosgehend-spontan oder eher zurückhaltend-reflektiert? – Dies alles sind wichtige Fragen, zu deren Beantwortung und qualifizierten Realisierung die Erziehungswissenschaft als primäre Bezugswissenschaft des Lehrers schon seit langem einen Beitrag zu leisten versucht. Dies will auch das vorliegende Buch.

2. In einer Diskussion um Fragen des Verhältnisses von Lehrerschaft und Schulverwaltung äußerte jüngst ein engagierter Lehrer: „Meine oberste Dienstbehörde ist der Schüler!" Genau dies ist auch die den vorliegenden wissenschaftlichen Aussagen zugrundeliegende Wertorientierung. Professionalisierung des Lehrerverhaltens zielt daher zunächst auf eine Orientierung des Lehrers an schülergerechten Standards, bedeutet daher gerade *nicht* „Technokratisierung des Lehrerbewußtseins" mit der Folge der Erstarrung in Routine.

In diesem Sinne will das vorliegende Buch der weitverbreiteten „logotropen", das heißt, einseitig fachlichen, fachwissenschaftlichen Grundhaltung vieler Lehrer entgegenwirken. Es möchte demgegenüber mithelfen, der logotropen eine „paidotrope", das heißt, schülerbezogene Einstellung gleichwertig an die Seite zu stellen. Grund- und Hauptschullehrern lag eine solche Position schon immer näher als etwa den Gymnasial- und (wahrscheinlich) den Berufsschullehrern, wie einschlägige Untersuchungen andeuten (vgl. z.B. NIEMANN, 1970).

In diesem Sinne will das vorliegende Buch zu einer „Pädagogisierung" des Lehrerbewußtseins und Lehrerverhaltens beitragen. Indem es ein Verständnis für die Kompliziertheit sozialer Beziehungen in Schule und Unterricht aufbauen hilft, schafft es vielleicht Voraussetzungen für ein überlegtes Vorgehen im Feld.

3. Lehrer müßten – so hatte es oben geheißen – sich eine kritische Fremdbeurteilung gefallen lassen. Aus zwei Gründen ist jedoch die Fähigkeit zu einer ebenso kritischen Eigenbeurteilung durch den Lehrer selbst ein gleich wichtiges Ziel, zu dem das Buch beitragen möchte:
- Ein adäquates Lehrerverhalten legt die Grundlage für den *Erfolg des Unterrichts*. Ein selbstkritischer Lehrer wird eher *die* Flexibilität und Anpassungsfähigkeit entwickeln, die dazu erforderlich sind.
- Ein adäquater Umgang mit Schülern dürfte darüberhinaus die Berufszufriedenheit des Lehrers – längerfristig betrachtet – wesentlich steigern. Da die Verweildauer im Lehrerberuf infolge der geringen Aufstiegschancen (1,7%) für den einzelnen Lehrer sehr hoch ist, kommt der Vermeidung von Verhaltensstarrheit (Rigidität), die sich mit den Jahren aufzubauen droht, eine zentrale Bedeutung zu.

Zu beiden Gesichtspunkten trägt ein professionelles Lehrerverhalten eher bei als die selbstgefällige (Schein-) Sicherheit eines von keinem pädagogischen Skrupel geprägten unterrichtlichen Agierens, das sich auf „Erfahrung" beruft.

4. Adressat dieses Lehrbuches sind demzufolge zunächst einmal angehende Lehrer der ersten und zweiten Ausbildungsphase. Es ist aber zugleich ausdrücklich auch für den quartären Bereich der Lehrerfort- und Weiterbildung konzipiert, denn die Rückbesinnung auf den eigenen ‚Personfaktor' im erzieherischen Geschäft ist gerade für den gestandenen Praktiker eine heilsame Sache.

Wenn das Buch auch von Seminarleitern und Hochschullehrern der Lehrerbildung sowie von Schulräten, Schulverwaltungsfachleuten und vielleicht auch von einigen Eltern von Schulkindern zur Hand genommen würde, könnte sich ggf. ein Bewußtsein für die Schwierigkeiten des Lehrerberufs auf der Seite der Bezugsgruppen entwickeln. Es müßte im Interesse der Lehrerschaft liegen, wenn sich dies anbahnen ließe. Verständnis der Probleme und kooperativer Gedankenaustausch wären erleichtert. Auch hierzu soll das vorliegende Buch einen Beitrag leisten.

5. In diesem Sinne soll das Lehrwerk zunächst eine einigermaßen verständliche *Einführung* in den vorliegenden Problembereich bieten. Als Lehrbuch muß es dabei den wesentlichen Stoff zum vorliegenden Sachverhalt in kritischer Form

darbieten und zugleich Arbeitshinweise an die Hand geben, die das Buch z. B. auch zur Examensvorbereitung geeignet machen. Orientierende Vorbemerkungen, Zusammenfassungen, Diskussionsanstöße und ausgewählte neuere Literaturverweise sollen diesem Ziel dienen.

6. Den Lehramtsanwärtern und Lehrerstudenten sei besonders empfohlen, dieses Buch nicht nur „in Einsamkeit und Freiheit" zu Hause am eigenen Schreibtisch durchzuarbeiten. Die Diskussion in der *Kleingruppe* ermöglicht eine viel intensivere Verarbeitung und Problematisierung des angebotenen Stoffes; und es gibt kaum einen Gegenstand im vorliegenden Zusammenhang, der sich nicht äußerst kontrovers diskutieren ließe. Gerade dies aber sollte das Lehrbuch initiieren.

In diesem Sinne ist die anzustrebende Professionalisierung der Lehrerschaft das Bemühen um den kritischen und mündigen Pädagogen, nicht aber um eine wie auch immer geartete Gleichschaltung durch Orientierung an vorgeblich gesicherten wissenschaftlichen Kriterien. Jeder Lehrer soll daher dazu befähigt werden, sich die Grundlagen und Kriterien für sein berufliches Verhalten selbst zu erarbeiten, seine Professionalisierung also selbst in die Hand zu nehmen. Erst solche Selbständigkeit unterscheidet ihn vom weisungsorientierten Unterrichtsbeamten.

Diesen Anspruch kann er aber nicht im Freiraum selbstherrlichen Gutdünkens realisieren, sondern er bedarf der harten Auseinandersetzung mit Fakten, Daten, Theorien und Positionen. Jede andere Erwartung drückt die Erziehungswissenschaft vom Anspruch einer kritischen Sozialwissenschaft herunter auf die Ebene des Lieferanten wohlfeiler Rezepte. Die kann es nicht geben! – Daher erhofft sich der Autor sowohl eine kontroverse Aufarbeitung einzelner Abschnitte als auch eine entsprechende Rezeption im Ganzen.

7. Ein letzter Hinweis bezieht sich mehr auf die zugrunde zu legenden Arbeitstechniken. Viele Studierende eines Lehrbuchs machen den Fehler, an diese Lektüre ebenso heranzugehen wie an irgendeinen belletristischen Text, nämlich indem sie vorn anfangen zu lesen und am Schluß aufhören – gesetzt, sie erreichen überhaupt das Ende.

Die ausschließliche Verwendung dieser einen extensiven Lesetechnik beruht eindeutig auf einer mangelhaften Ausbildung in den Techniken wissenschaftlichen Arbeitens. Hier an dieser Stelle sei nur verwiesen auf zwei andere Leseformen, die für ein – öfter zu verwendendes – Lehrbuch in der Regel adäquater sind:
– das intensive Lesen (= „Schreiblesen")
– das punktuelle Lesen (= „Anlesen")

Die erste Form besagt, daß die Leseleistung ständig vom Schreiben begleitet ist; das heißt, der Leser macht sich Notizen, schreibt sich Fragen, Einwände, ergänzende Gedanken usw. auf. Besonders hilfreich ist es, wenn dieses Aufschreiben systematisch geschieht, das heißt, wenn Arbeits- und Lernkarteien verwendet werden.

„Schreiblesen" und punktuelles Lesen gehen in der Regel Hand in Hand. Letzteres bedeutet, daß im zu bearbeitenden Lehrbuch gezielt nur *die* Kapitel oder Abschnitte durchgearbeitet werden, die für den Leser im Moment wichtig sind. Dabei wird viel Zeit gespart, denn das Lesen von Texten, die für den Leser aktuell keine Bedeutung haben, führt zu einer hohen Vergessensrate, ist insofern also sinnlos.

Die systematische, kombinierte Verwendung dieser beiden Lesetechniken ist besonders auch für solche Leser hilfreich, die den Lesestoff über kurz oder lang als Examenswissen bereitstellen müssen. Unterlassen sie es, das sog. Schreiblesen von Anfang an systematisch einzusetzen, so führt das letztlich dazu, daß sie gezwungen sind, den jeweiligen Lesetext später nochmals durchzuarbeiten.

Systematisch angelegte Arbeits- und Lernkarten haben sogar einen zweifachen Vorteil: Zum einen stellt das Aufschreiben und Herstellen der Karten – möglicherweise mit einer Skizze, Gliederung etc. – selbst eine vertiefende Lernleistung dar, die zu besseren Behaltensleistungen führt, zum anderen können die erstellten Arbeits- und Lernkarten jederzeit und flexibel wiederverwendet werden; sie stehen daher ggf. für das Examenslernen sofort bereit.

Fassen wir das in diesem Abschnitt Gesagte kurz *zusammen:*

Die Ziele des Lehrbuchs sind:
1. Hilfestellung für den Lehrer, seine Berufsarbeit kriterienorientierter zu vollziehen;
2. Pädagogisierung des Lehrerbewußtseins;
3. Befähigung des Lehrers zu Eigenbeurteilung und Selbstkritik;
4. Entwicklung eines Verständnisses für die Probleme des Lehrers auch bei anderen Bezugsgruppen;
5. Hilfestellung sowohl für die Einführung in den Gegenstandsbereich wie für die systematische Bearbeitung.

Die Arbeitsempfehlungen sind:
6. Arbeit in der Kleingruppe als Ergänzung (!) der Einzelarbeit am Schreibtisch;
7. Einsatz der Lesetechniken „Schreiblesen" und „punktuelles Lesen".

Basisliteratur:
RÜCKRIEM, G. u.a.: Die Technik wissenschaftlichen Arbeitens. Paderborn 1977.

Zusatzliteratur:
VESTER, F.: Denken, Lernen, Vergessen. Stuttgart 1975.

Ein erster Einstieg

Die *Ziele* des folgenden Abschnittes sind:
1. Präsentation markanter Statements namhafter Autoren zum Thema als ein motivierender Einstieg;
2. Thematisierung sehr verschiedener Aspekte des Problems; dadurch soll verdeutlicht werden, daß Professionalisierung des Lehrerverhaltens nicht etwa nur psychologische Fragen aufwirft, sondern ein breites Spektrum an Perspektiven erzwingt;
3. Stimulierung einführender Gespräche und Diskussionen: Die teilweise scharf formulierten Aussagen beleuchten das Berufsverhalten von Lehrern aus verschiedenen Blickwinkeln und von je unterschiedlichen theoretischen Positionen aus. Das Interesse an den hinter den zitierten Aussagen stehenden theoretischen Positionen soll darüberhinaus geweckt werden.

Die Schule als politisch-soziale Institution

„Die Institution Schule ist nicht aus dem Zweck des Unterrichts gedacht und nicht als Verwirklichung solcher Gedanken entstanden, sondern ist da, *vor* der Didaktik und gegen sie. Sie entsteht aus dem wirtschaftlichen – ökonomischen, finanziellen – Zustand, aus den politischen Tendenzen der Gesellschaft; aus den ideologischen und kulturellen Forderungen und Wertungen, die dem ökonomischen Zustand und seinen politischen Tendenzen entsprangen; aus den (zweck-)irrationalen Anschauungen und Wertungen, die die psychische Beziehung alt – jung, die Bürgerschaft in einer bestimmten Gesellschaft, in einer bestimmten ihrer Klassen, unbewußt und unkorrigiert erzeugt. In welcher Richtung immer diese Kräfte wirken mögen, es ist von vornherein unwahrscheinlich, daß sie die Erreichung des didaktischen Zweckes garantieren, es ist nicht einmal wahrscheinlich, daß sie ihm neutral gegenüberstehen."

S. BERNFELD, 1925

Die Schule als bürokratische Institution

„Unserem Schulwesen liegt die Organisationsform der Verwaltungsbürokratie zu Grunde, ein System von hierarchisch einander übergeordneten Ämtern mit jeweils bestimmten fest umrissenen Befugnissen, wobei die oberen Instanzen in besonderem Maße entscheiden, anordnen und kontrollieren,

während die unteren überwiegend Anordnungen ausführen und nach oben darüber berichten. Alle Arbeitsvorgänge in diesem System orientieren sich an Regeln und Verfahrensvorschriften. Es handelt sich um einen ‚kontinuierlichen regelgebundenen Betrieb von Amtsgeschäften'."
                                                                    P. FÜRSTENAU, 1969

Die Resultate der heutigen Schule bei vielen Schülern
„Die heutige Schule produziert Untertanen, die es im Laufe ihres Lehrganges gründlich gelernt, d. h. internalisiert haben, ihre besten Fähigkeiten für die Wahrnehmung zu entwickeln, daß man ‚von oben' etwas von ihnen wolle und erwarte. So üben sie sich jahrelang in der Sprache der kleinen Entschuldigungen, da sie nicht sagen können, was sie wirklich denken, sondern schulfromm reagieren müssen. Lehrer und Schüler stehen gleichermaßen unter dem Druck solcher Auflagen."
                                                                    H.-J. GAMM, 1970

..... bei vielen Lehrern
„Deprimierende Gewissenserforschung: der zerfetzte Schultag, die oft weit auseinanderliegenden Stunden, die Echolosigkeit und die abgründige Lustlosigkeit, die allem Schulstoff nach wie vor grundsätzlich entgegengebracht wird, die Unmöglichkeit, in diesen Zeitfetzen eine reale Annäherung an die Sachen zu schaffen, das Turnen in Begriffen, die morgen vergessen sind, die Oberflächlichkeit, mit der nach wie vor unausweichlich die fünf Fächer des Tages von Schülern und Lehrern traktiert werden, die Halbbildung, die durch die notgedrungen oft schablonisierten Urteile gedeiht, der Verdruß über die Verwaltungsarbeiten, all das erzeugt eine so stumpfe und geistlose Atmosphäre, daß man zu ersticken droht ... Was Wunder, wenn viele sehnsüchtig nach Fluchtmöglichkeiten aus diesem Beruf Ausschau halten! Die Ratten verlassen das sinkende Schiff, dieses Wort fällt mir oft ein, wenn ich sehe, wie geistreiche Leute die Schule fliehen."
                                                                    H. RUMPF, 1966

Die Bestimmung der pädagogischen Aufgabe – einerseits („logotrop"):
„In der Schule geht es weder primär um ein Menschheitsideal noch primär um den Sinn des Lebens, sondern um planmäßiges ökonomisches Lernen. Diesem Sachverhalt hat nicht nur die Schulpraxis, sondern auch die Theorie der Schule Rechnung zu tragen. Sie hat die Aufgabe, einen Orientierungszusammenhang herzustellen, der dem Lehrer ein angemessenes Verständnis seines Tuns ermöglicht."
                                                                    T. WILHLEM, 1967

..... andererseits („paidotrop"):
„... muß also die Forderung an eine Schule, die mehr Freude bereiten soll, lauten: Abbau des Prüfungsdruckes und der einschlägigen Rituale; Öffnung für

Leistungsbereiche, die außerhalb des Kognitiven und Reproduktiven liegen: also für das Soziale, Musische, Kreative, Konkrete ... Wenn wir uns um eine Schule bemühen, die mehr Freude macht, dann nicht, um Leid und Probleme auszugrenzen – was ohnehin nicht ginge und verantwortungslos wäre; sondern, damit diese Schule sich in problematischen Situationen als Hilfestellung versteht und nicht als Fallenstellerin. Und ferner: damit sie die positiven Eigenschaften der Jugend – Flexibilität, Originalität, Humor, Fröhlichkeit, Offenheit, Neugierde, Interesse – nicht durch ihre Stoffbesessenheit, ihre Beckmesserei, ihr Netz an Reglementierungen und durch tierischen Pädagogen-Ernst erstickt. Hier liegt der tiefste Sinn einer schülerorientierten Schule ..."

H.-J. IPFLING, 1979

Die Erwartungen der Schüler

„Der erfolgreiche Lehrer aus der Sicht des Schülers stellt sich nach den aufgeführten empirischen Befunden weitgehend als ein Lehrer dar, der von den Schülern als unterstützend und freundlich beschrieben wird und zugleich einen planvollen und anregenden Unterricht vermittelt."

J. GERSTENMAIER, 1975

Der „objektive" Beruf (und die Lehrerprofession)

„Der Beruf ist eine durch Tradition geprägte, mehr oder weniger organisierte, zumindest durch eine Gruppe der Gesellschaft gebilligte, legale Kollektiv-Dauerform der menschlichen Arbeit, durch die gegen Entlohnung (weil Erwerbsarbeit) bestimmte (regelmäßige oder periodisch wiederkehrende) Bedürfnisse der Gesellschaft (und zwar einer größeren Gruppe als der Familie) befriedigt werden, und zwar durch die Lösung konstanter Aufgaben mittels planmäßiger, stetiger Arbeit mit bestimmten, in ihrer Anwendung erlernbaren und zu erlernenden Mitteln und Methoden."

U. MOSER, 1953

„... doch die Verhältnisse, die sind nicht so!"

B. BRECHT

Die Wissenschaft

„In Lehrveranstaltungen und Büchern über pädagogische Psychologie werden Lernen und Eigenschaften des Lernenden weit mehr berücksichtigt als Lehren und Eigenschaften des Lehrenden."

N. L. GAGE, 1964

Die Praxis

„Da die meisten Erzieher täglich vieles tun, was nicht zum Ziel führt, und doch den Glauben an den Wert ihrer Tätigkeit behalten möchten, neigen sie eher dazu, sich gegen die Aufklärung ihrer unzulänglichen Praxis zu verteidigen, als in ihr eine Hilfe zu sehen. Sie werden darin durch den unglücklichen Umstand bestärkt, daß man sich in den pädagogischen Berufen zu lange die ‚Erzieherliebe' als höchste Tugend eingeredet hat. Dadurch lag die Maxime ‚Behaupte zu lieben und tue, was du willst' recht nahe. Da es von der Liebe bekanntlich heißt, sie decke eine Menge Sünden zu, konnte man sich mit der Behauptung, sie zu besitzen, jeder Kritik entziehen."

W. Brezinka, 1969

Die Vorurteile

„So schrieb doch eine Beamtengruppe in ihrer Argumentation gegenüber den Lehrern, daß sie eine weitaus bessere Einstufung erfahren müsse, weil die Gesetzesmaterie, mit der sie sich zu beschäftigen habe, sich ständig ändere und es der ständigen Änderung bedürfe, um auf dem laufenden zu bleiben: während bei den Lehrern doch alles gleich geblieben sei: Zum Beispiel sei erstens einmal eins nach wie vor eins; zweitens liege Italien unverrückbar südlich der Alpen und drittens habe der Dreißigjährige Krieg unverändert von 1618 bis 1648 stattgefunden."

Bericht eines Abgeordneten des Hessischen Landtages am 30.6.1965

Das (überholte) traditionelle Berufsimage

„Und daß der Lehrer in erster Linie ein Prügler, ein Pauker, ein Steißtrommler sei oder zu sein habe: das scheint, wenigstens bis vor kurzem bei Millionen in der Tat ebenso zum Bild des Lehrers gehört zu haben wie die Vorstellung, der Lehrer sei erstens arm, zumindest ökonomisch dürftig ausgestattet, zweitens ein typischer Beamter, nämlich pedantisch und unterwürfig, drittens in hohem Grade weltfremd, nämlich ohne realen Einfluß, schwächlich, unsportlich, technisch ahnungslos und mit allerlei Ticks behaftet, viertens aber infantil, nämlich entweder puberal naiv oder greisenhaft kindisch."

W. Kramp, 1970

Die vergessene Berufstradition

„Aus dem allem folgt, daß derjenige, der sich in Schulen zur Institution der Jugend bestellen lassen will, keine anderen Erwartungen hegen darf als die, daß er bei einer schweren Mühe und Arbeit ein gestrenges Leben ... führen müsse ..."

Braunschweigsche Schulordnung von 1651

Wie sind Lehrer wirklich?

„Generell läßt sich also sagen, daß es eine geschlossene Lehrergruppe mit besonderen, speziell für sie charakteristischen Persönlichkeitsmerkmalen nicht gibt. Entsprechend fanden auch Behauptungen, die besagen, daß Lehrer die wesentlichen, für sie typischen Merkmale schon in die Berufsausbildung mitbringen, ebenfalls in unseren Daten keinerlei Unterstützung ... Lehrer unterschiedlicher Schularten (Gymnasium – Volksschule) unterscheiden sich voneinander nicht mehr und nicht minder als Lehrer generell von solchen Personen, die nicht Lehrer werden wollen, aber eine vergleichbare Ausbildung absolvieren."

G. MÜLLER-FOHRBRODT, 1973

Gesellschaftspolitische Einstellungen
„Das Gesellschaftsbild der ‚geistigen Elite' impliziert in unserem Fall dasjenige der ‚inneren Werte'. Die diesem Bild adäquate Gesellschaft ist streng hierarchisch gegliedert ... Quantitativ gesehen ist dieses Gesellschaftsbild der ‚geistigen Elite' bei 60–70% der Gymnasiallehrer in mehr oder weniger starker Ausprägung vorhanden .... Das gegensätzliche Gesellschaftsbild, das vor allem von politisch engagierten Gymnasiallehrern vertreten wird, konstituiert sich von Einstellungen her, die zu den .... explizierten im Gegensatz stehen .... Die dieses Gesellschaftsbild repräsentierenden Gymnasiallehrer stellen eine kleine Minorität von höchstens 15% dar."

G. SCHEFER, 1969

Veränderungen
„Im ganzen ist das Potential gesellschaftskritischer Lehrer gewachsen."

A. HOPF, 1974

Die bisherige Ausbildung
„Kein Junglehrer wird auf seinen Beruf vorbereitet. Er beginnt meistens so zu unterrichten, wie er selbst unterrichtet worden ist; und wenn er etwas hinzulernt, so geschieht das durch eigene Erfahrung, ohne jegliche Hilfe. Volks- und Oberschuldidaktik wird wie Lehrlingsausbildung betrieben; der Student erhält Rat und Weisung des erfahrenen Lehrers. Manche Berufstricks und Faustregeln werden weitergegeben, aber die eigene Erfahrung gilt als hauptsächliche Studienquelle. Und sogar dieser bescheidene Anfang einer Lehrerausbildung wird angegriffen. Ein guter Lehrer ist einfach jemand, der etwas von seinem Fach versteht und Interesse daran hat. Irgendwelche Spezialkenntnisse der Pädagogik, die doch die grundlegende Wissenschaft für das Unterrichten ist, werden als unwichtig abgetan."

B. F. SKINNER, 1969

Das Ziel der zukünftigen Ausbildung – allgemein
„Eine Verlängerung der Ausbildungsdauer, von vornherein stärker berufsbezogene Ausbildungsgänge und Curricula, intensive Vorbereitung auf die Situation bei Berufseintritt bereits in den ersten Ausbildungsstadien, vermehrte

Thematisierung berufsrelevanter Einstellungen sowie eine wesentlich engere Verklammerung von Hochschulstudium und Vorbereitungsdienst auch in organisatorischer Hinsicht kämen als erste Maßnahmen in Betracht .... Hinzukommen müßten freilich wesentliche Veränderungen der Arbeitsbedingungen und vor allem der sozialpsychologischen Situation des Berufsanfängers, die es ihm ermöglichen würden, sich gegenüber dem Anpassungsdruck einer selbst reformbedürftigen Praxis besser zu behaupten .

J. Koch, 1972

..... spezifisch

„Erst wenn Lehrer über ausreichende wissenschaftliche Kenntnisse der Zusammenhänge zwischen Merkmalen ihres Unterrichts- und Erziehungsverhaltens und bestimmten Verhaltensmerkmalen von Schülern verfügen und ihr Erziehungs- und Unterrichtsverhalten planmäßig und kunstvoll nach diesen Kenntnissen ausrichten, kann ihre Tätigkeit als akademisch bezeichnet werden. Dagegen ist die Verabsolutierung und Verallgemeinerung eigener subjektiver Erfahrungen und Urteile sowie deren Verwendung als Maßstäbe des Handelns im Bereich der Erziehung und Unterrichtung nicht als ein wissenschaftlich ausgerichtetes Vorgehen anzusehen.

R. und A.-M. Tausch, 1970

... und dazu permanente Fortbildung

„Die zunehmende dienstalterparallele Verhärtung der Pädagogen, die sich u. a. in autoritären Auffassungen, Selbstüberschätzung, fehlender unterrichtlicher Zusammenarbeit und Reformmündigkeit äußert, stellt ein Plädoyer für die Dringlichkeit einer berufsbezogenen Fortbildung dar. Neben der Institutionalisierung wöchentlicher Planungsstunden wären die Unterrichtenden in drei- bis fünfjährigem Abstand für ein halbes Jahr vom Schuldienst freizustellen, um in eigens für diesen Zweck zusammengestellten Kursen Anschluß an den neueren Stand ihrer Berufswissenschaften zu finden ....."

H. Susteck, 1975

Die innere Schulreform und der professionelle Lehrer

Die pädagogische und geistige Verlebendigung der Schule „ist nicht administrativ zu verordnen. Sie ist nur von Lehrern in Gang zu bringen, die willens sind, eine Schulwirklichkeit aufzubauen, deren institutionalisiertes Gefüge die Räume und die Beziehungen freigibt und vorzeichnet, ohne die die Schule eine anonyme und außengesteuerte Stofferledigungsmaschinerie ist."

H. Rumpf, 1966

Die Erziehung und der Fortschritt

„Die Erziehung aber ist immer rückständig. Ihr Fortschritt besteht darin, daß ihre Rückständigkeit ein wenig überwunden wird."

S. Bernfeld, 1925

Fragen und Denkanstöße:
1. Es wurde zu Beginn dieses Kapitels festgestellt, daß das ‚Lehrerverhalten' nicht nur ein psychologisches Problem darstellt. – Welche weiteren Ebenen oder Perspektiven werden durch die ausgewählten Zitate aufgewiesen?
2. Bernfeld stellte 1925 fest, die Schule sei vor der Pädagogik/Didaktik dagewesen und stehe gegen sie, ja, sie – die Schule – sei gar nicht „aus dem Zweck des Unterrichts gedacht". – Was soll das bedeuten? Aus welcher Position heraus läßt sich ein derart radikaler Satz wohl formulieren?
3. Welcher Zusammenhang läßt sich zwischen innerer Schulreform und der Aufgabe, das Verhalten von Lehrern an wissenschaftlichen Kriterien zu orientieren – es also professioneller zu machen –, herstellen?
4. Was haben die in einigen Statements genannten Arbeitsbedingungen des Lehrers mit dem Berufsverhalten von Lehrern gegenüber Schülern zu tun? Denken Sie z. B. an die bürokratische Verfaßtheit des Systems ‚Schule'!
5. Entwickeln Sie ein Modell, das die Aufgabe einer Professionalisierung des Lehrerverhaltens als eine mehrdimensionale ausweist!

Basisliteratur:
KRAMP, W.: Studien zur Theorie der Schule. München 1973.

Zusatzliteratur:
FÜRSTENAU, P. u. a.: Zur Theorie der Schule. Weinheim/Berlin/Basel 1969.

Ein zweiter Einstieg

Die *Ziele* der folgenden Einführung sind:
1. Bezeichnung des Hauptanliegens der Arbeit: Notwendigkeit einer Professionalisierung des Lehrerverhaltens;
2. Bezeichnung einer zentralen Schwierigkeit, die Professionalisierung in Angriff zu nehmen: ideologische Vorbehalte;
3. Bezeichnung der Zielvorstellung des Buches: der professionelle Lehrer.

Unsere Schulwirklichkeit bietet sich dem objektiven Beobachter heute noch weithin so dar: In unzulänglichen Gebäuden und ungeeigneten Räumen werden zu große Schülergruppen von – immer noch – zu wenig und teilweise überlasteten Lehrern in didaktisch und methodisch unzureichender Weise unterrichtet. Es liegt auf der Hand, daß eine der zentralen Aufgaben der Schule, optimale Lernbedingungen zu schaffen, angesichts dieser Verhältnisse kaum angemessen erfüllt werden kann.

Unter den didaktisch-methodischen Mängeln der gegenwärtigen schulischen Arbeitsverhältnisse fallen besonders die Vernachlässigung der medialen Ausstattung des Unterrichts und das nur wenig professionelle Arbeitsverhalten des Lehrers im Unterricht auf. Der Lehrer verhält sich in der Klasse weithin noch so, wie Lehrer schon immer sich verhalten haben: intuitiv, improvisierend und persönlichkeitsspezifisch. Dieser Tatbestand steht in eklatantem Widerspruch zu der Rolle des Erziehungsspezialisten, die dem Lehrer – auch aufgrund seiner akademischen Ausbildung – in der arbeitsteiligen Industriegesellschaft unserer Tage faktisch längst zukommt. Die genannten Fakten sind seit längerem bekannt und konnten auch neuerdings wieder empirisch erhärtet werden.

So zeigte zum Beispiel eine Untersuchung von HECKHAUSEN (1966) 1., daß die Lehrerreaktionen auf unerwünschtes Schülerverhalten die gleiche Varianz zwischen den Lehrern aufweisen wie zwischen den verschiedenen Erziehungssituationen, und 2., daß pädagogische Maximen dabei im Erziehungsverhalten kaum eine Rolle spielen. Ähnliches förderte eine Untersuchung von A. TAUSCH (1962) an 74 Lehrern und 140 Lehrerstudenten zutage. Es zeigte sich, daß autoritär-dominantes Lehrerverhalten Hand in Hand geht mit gering entwickeltem psychologischem Verständnis und der Neigung, auf Klassenprobleme mit Tadel und Anschuldigung zu reagieren.

Die Ergebnisse scheinen außerdem darauf hinzuweisen, daß Lehrer mit abgeschlossenem Studium und fünfzehnjähriger Berufspraxis sich diesbezüglich kaum von Studierenden des ersten Semesters unterscheiden. Letzteres bestätigte sich auch in einer Untersuchung von NELLES-BÄCHLER (1965) an 20 Praktikanten des dritten Semesters und 10 Volksschullehrern (Mentoren) während 30 Schulstunden. Auch hier ergab sich, daß das Lehrerverhalten – sofern kein gezieltes Training im Spiel war – offensichtlich vom Lebensalter und der Schul- und Unterrichtserfahrung der Lehrenden nicht wesentlich modifiziert wird. Zwar stellten die Praktikanten sehr viel häufiger Fragen im Unterricht, dagegen wendeten die Lehrer/Mentoren in weit stärkerem Maße als ihre Praktikanten gegenüber Kindern Dirigismus an. In der Verwendung von Höflichkeitsformeln waren beide Gruppen in gleichem Maße sehr zurückhaltend.

Von ganz ähnlichen Ergebnissen ausländischer Untersuchungen berichtet GRELL (1974, S. 22): „Popham und Batzer gaben 13 Lehrern und Nicht-Lehrern eine Liste von Lernzielen und Hinweisen für die Gestaltung einer vierstündigen Unterrichtseinheit über sozialwissenschaftliche Forschungsmethoden. Nach dem Unterricht wurde gemessen, was die Schüler gelernt hatten. Beide Gruppen von ‚Lehrern' erzielten bei ihren Schülern vergleichbare Lernergebnisse. ‚Mit anderen Worten, Hausfrauen unterrichteten in dieser Situation ebenso effektiv wie ausgebildete Lehrer'. Popham wiederholte diesen Versuch in zwei unabhängigen Experimenten mit insgesamt 44 Lehrern, 44 Nicht-Lehrern und 1 900 Schülern. Auch hier gab es keine signifikanten Unterschiede in den Lernleistungen der Schüler." Man kann aus diesen Untersuchungsergebnissen sicher folgern, daß es Lehrern bisher kaum gelingt, ein professionalisiertes Instruktionsverfahren zu realisieren.

Es liegt infolgedessen nahe, von der These auszugehen, dem beruflichen Verhalten des Lehrers ermangele weithin die rationale und nüchterne „objektspezifische" Orientierung, die in anderen Berufen eine Selbstverständlichkeit ist.

Eine nüchterne Einstellung zum Erzieherberuf wurde und wird ohne Zweifel durch das „fragwürdige Erzieherbild der deutschen Pädagogik" (KUPFFER, 1969, S. 205) erschwert. Danach wird „das Erzieherische als ein Vermögen gesehen, das dort, wo es sich Bahn bricht, bereits aus sich selbst heraus zum Erfolg führt". Manifestiert hat sich dieser Gedanke etwa in dem Wort vom „geborenen Erzieher" (SPRANGER, 1958). „Der Erzieher gilt als ein einzigartiger, über das Böse erhabener, dem Priester vergleichbarer Vertreter einer heilen Welt, dem das wichtige Amt zukommt, die in seine Hand gegebene Jugend zu ihrer wahren Bestimmung emporzuführen." (KUPFFER, 1969, S. 201) Man sucht den Kern der Erziehung in den richtigen Erziehungszielen und vergißt dabei, daß „ein gescheiterter Erzieher .... sich niemals damit entschuldigen (kann), er habe die richtigen Ziele angestrebt".

Man muß KUPFFER zweifellos zustimmen, wenn er aufgrund seiner Analyse nachdrücklich die Forderung auf Überprüfung der herkömmlichen, von konservativ-kulturkritischen, restaurativen, hierarchischen und mythischen Motiven durchwebten Erzieherideologie erhebt und zu der nüchternen Feststellung gelangt, dem Erzieher komme eine gesellschaftliche Sonderstellung nicht zu. – Damit ist die Basis gelegt, auf der sich das Problem der professionellen Bedingungen, Möglichkeiten und Notwendigkeiten des Lehrerberufs überhaupt erst angemessen behandeln läßt.

Wie notwendig eine Betonung dieses Aspekts auch jetzt noch ist, belegt die Tatsache, daß die These von der sozialen Sonderstellung des Lehrers bis heute hartnäckig verteidigt wird. Erst jüngst wieder hat H.-H. GROOTHOFF (1972, S. 47) dazu vorgetragen, daß die vom Lehrer am Schüler zu leistende „Individualbesorgung" mit wissenschaftlicher Qualifikation nicht sicherzustellen sei. Sie verlange vom Lehrer vielmehr eine „pädagogisch-politische Bildung"(?): „So gesehen kommt dem Lehrer aber denn doch eine gewisse Sonderstellung in der modernen Gesellschaft zu." In anderen Worten: Hier wird eine vorgebliche Sonderstellung des Lehrers aus dem Umstand hergeleitet, daß die soziale Interaktion im Unterricht sich wissenschaftlich nicht vollständig ausleuchten und daher auch nicht ausbildungsmäßig sicherstellen lasse.

Wer so argumentiert, übersieht, daß damit alle sozialen Berufe einen gesellschaftlichen Sonderstatus beanspruchen könnten. Demgegenüber ist vielmehr kritisch festzustellen, daß eine solche Argumentation den so dringend erforderlichen Professionalisierungsprozeß im Lehrerberuf regelrecht behindert, denn der Lehrerschaft wird suggeriert, die gesellschaftliche Anerkennung sei gleichsam automatisch gegeben, sei eine Art Amtsbonus oder sozialer Besitzstand. Vernünftiger wäre es, diese Anerkennung nicht abstrakt zu fordern und einzuklagen, sondern jedem einzelnen Lehrer zu verdeutlichen, daß soziale Anerkennung nur als Resultat einer tatsächlich erbrachten, sozial wertvollen individuellen Arbeitsleistung erwachsen kann. Die Befähigung dazu setzt außer einer sozialen Verantwortung und Leistungsbereitschaft – gutem Willen also – voraus, daß der Lehrer über professionelle Kriterien verfügt, die ihm zu einer durchgängig brauchbaren Arbeitsleistung verhelfen, für die er letztlich bezahlt wird (zur Kritik an GROOTHOFF vgl. DÖRING, 1973).

Nun liegt der zweifellos prinzipielle Einwand nahe, Erziehung unterscheide sich als berufliche Aufgabe von anderen gerade dadurch, daß sich ihr „Objekt-Bezug" als interpersonales Geschehen konkretisiere, das sich der pädagogischen Verfügbarkeit prinzipiell entziehe. Der „pädagogische Bezug" als Voraussetzung für das berufliche Tun des Lehrers könne „deshalb nicht geplant werden, weil ihn der Erzieher von sich aus nur verweigern, nicht aber herbeiführen" könne (SCHLOZ, 1966, S. 125).

Sieht man einmal von der grundsätzlichen Problematik ab, das professionelle Tun des Lehrers von der Theorie des pädagogischen Bezuges her begründen zu wollen (vgl. dazu Kap. 2.2), so muß gleichwohl festgestellt werden: Träfe dieser Einwand das vorliegende Problem, so würde er in der Konsequenz die Unmöglichkeit geplanter Erziehung schlechthin behaupten; eine These, die angesichts der erdrückenden, erfahrungswissenschaftlich gesicherten Gegenbefunde unhaltbar wäre. Sollte der genannte Einwand aber nur *einen* bedenkenswerten *Aspekt* erzieherischer Grundverhältnisse ausweisen, so würde – gesetzt der Fall, die These sei an sich richtig – gerade daraus die Forderung nach einer um so exakteren, rational und instrumental orientierten Vorgehensweise erwachsen.

In der vorliegenden Untersuchung wird als Grundfrage eben die nach der planmäßigen Ausgestaltung der Lehrertätigkeit als Berufstätigkeit gestellt. Die Frage ‚Läßt sich das Verhalten des Lehrers nach Kriterien professionell orientieren?' wird als Leitmotiv die Interpretation der vorliegenden Forschungen tragen. Dabei wird der „privatistischen" Interpretation von Erziehungsverhalten oder „Erziehungsstil" im Sinne einer an der Lehrerindividualität sich einseitig orientierenden Erziehungspraxis eine Auffassung entgegengesetzt, die sich an der Mittel-Zweck-Korrelation orientiert und Erziehungsverhalten mehr im Sinne von kriterienorientierter und reflektierter „Erziehungstechnik" verstanden wissen will.

Dahinter steht das Berufsbild eines Lehrers, der sich als Erziehungsspezialist begreift, welcher *spezifische* Aufgaben mit Hilfe eines *differenzierten* Instrumentariums pädagogischer Hilfsmittel möglichst optimal zu lösen hat. Erzieherisches Tun ist für ihn nicht Fixierung an einen angeblich seiner Persönlichkeitsstruktur am besten entsprechenden und insofern in sich gleichbleibenden Modus pädagogischen Verhaltens (im Sinne eines starren Erziehungsstils), sondern dynamisches Verhalten, dessen Elemente auf die Faktoren des jeweils vorfindlichen Erziehungsfeldes und den gesamtgesellschaftlichen Rahmen bezogen sind. Das Erziehungsverhalten erhält so politisch-soziale Motive, wird zielorientiert interpretiert und instrumental gehandhabt.

Eine solche These gilt es, vor dem Hintergrund der einschlägigen Forschungsansätze abzusichern, zu begründen und in einigen ihrer Konsequenzen zu verfolgen. Daß Erziehung als zwischenmenschliches Phänomen sich nicht auf eine Technologie menschlichen Verhaltens reduzieren kann, versteht sich von selbst. Es gehört zu den unverzichtbaren Grundeinsichten der neueren Pädagogik, daß das erzieherische Verhältnis prinzipiell darauf anzulegen ist, die Selbständigkeit des jungen Menschen zu ermöglichen und sich selbst überflüssig zu machen. Erziehungswissenschaftliches Bemühen ist gerade deshalb aber auf die Reflexion derjenigen Faktoren verpflichtet, welche die Bedingungen der Möglichkeit enthalten, eben dieses Ziel in angemessener Weise zu erreichen.

Zusammenfassung:
1. Das derzeitige Verhalten von Lehrern in Schule und Unterricht ist als intuitiv, improvisierend und persönlichkeitsspezifisch, also unprofessionell zu bezeichnen.
2. Diese privatistische Grundorientierung der Lehrerschaft wird gestützt durch fragwürdige ideologische Postulate: Erzieherbild/soziale Sonderstellung.
3. Die vorgetragene und noch zu begründende Gegenposition dazu ist die nach einem kriterienorientierten professionellen Verhalten des Lehrers: Zielorientierung und Planbarkeit des Lehrerverhaltens.

Fragen und Denkanstöße:
1. Vergleichen Sie den Lehrerberuf mit dem des Arztes hinsichtlich der Frage der Planbarkeit und Kriterienorientiertheit im Verhalten des Berufsausübenden!
2. Halten Sie es für berechtigt, wenn für den Lehrer eine soziale Sonderrolle beansprucht wird? Welche Argumente lassen sich im einzelnen dafür, welche dagegen anführen, die im Text noch nicht genannt sind?
3. Viele Lehrer lehnen – bei ruhiger Betrachtung – autoritäre Verhaltensweisen im Umgang mit Kindern entschieden ab. In entsprechenden Situationen verhalten sie sich aber selbst auch autoritär (vgl. Kap. III, 2). – Woran kann das liegen? Muß daran nicht jedes Professionalisierungskonzept scheitern? Gibt es Möglichkeiten, solche Diskrepanzen zwischen Denken und Tun, Einsicht und Handeln auszuschalten oder wenigstens zu verringern?

Basisliteratur:
KUPFFER, H.: Das fragwürdige Erzieherbild der deutschen Pädagogik. In: Die Deutsche Schule. 61. Jg. 1969. H. 4. S. 197–206. Als *Neufassung:* Das deutsche Erzieherbild zwischen Ideologie und Konformismus. In: DÖRING/KUPFFER: Die eindimensionale Schule. Weinheim/Basel 1972.

Zusatzliteratur:
KUHLMANN, H.: Erneuter Versuch, gegen die Grenzen der Schule anzurennen. In: Die Deutsche Schule. 71. Jg. 1979. H. 3. S. 177–183.

A. Die Konstitution des Gegenstandes „Lehrerverhalten"

I. Die Bedeutung des Gegenstandes (Professionalisierung)

Die *Ziele* des folgenden Kapitels sind:
1. Auf wesentliche Daten der Unterrichtsforschung gestützte Erläuterung, inwiefern das Thema Lehrerverhalten erziehungswissenschaftlich bedeutsam ist und Interesse verdient;
2. Bestimmung und Erläuterung des für die Arbeit zentralen Begriffs der Professionalisierung;
3. Skizzierung eines Professionalisierungsmodells, das es erlaubt, den Gegenstand in seinen verschiedenen pädagogischen Bezügen gleichsam auf einen Blick zu überschauen. Damit soll ein vereinseitigendes, eindimensionales – etwa „nur-psychologisches" – Verständnis vom Gegenstand von vornherein vermieden werden.

I.1: Den Ausgangspunkt für Überlegungen zum Stand der Professionalisierung im Lehrerberuf sollten Fakten und nicht Spekulationen bilden. Es wurden in der Einleitung bereits einige Untersuchungen angeführt, die Hinweise auf eine noch unzureichende professionelle Orientierung und ein entsprechendes Verhalten der Lehrer geben. Hier werden nun einige „harte" Fakten zusammengestellt, deren empirische Belege und Bezugsrahmen im späteren Teil der Arbeit nachgeliefert werden.

Aus den Ergebnissen einer Reihe neuerer empirischer Untersuchungen ergeben sich die folgenden begründeten Vermutungen über relevante berufsspezifische Orientierungen und Verhaltensweisen von Lehrern:

– Die Mehrheit der Lehrer an allgemeinbildenden Schulen der Bundesrepublik vertritt ein konservatives Gesellschaftsbild, aus dem heraus sie geneigt ist, neuere erziehungswissenschaftliche Daten über den Zusammenhang z. B. von Begabung, Lernen und Chancengleichheit leichtfertig in den Wind zu

schlagen. Versatzstücke eines Elitedenkens mit der Bereitschaft, die Selektionsfunktionen der Schule zu einseitig in den Vordergrund zu rücken, dominieren (noch).
- Ebenso dominiert offenbar unreflektiert eine spezifische Mittelschichtorientierung (Sprachverhalten, Wertorientierung, Beurteilung, Gratifikation und Sanktionierung) mit der Gefahr, Kinder aus anderen Schichten offen oder versteckt zu benachteiligen. So dominieren z.b. in Beurteilungen implizite mittelschichtorientierte Persönlichkeitstheorien.
- Im beruflichen Selbstverständnis von Lehrern an allgemeinbildenden Schulen besteht keine Ausgewogenheit zwischen den fachlich-fachwissenschaftlich (= logotropen) und den pädagogisch-sozialen (= paidotropen) Aufgaben des Berufs. Während z.b. Gymnasiallehrer eher einseitig logotroporientiert sind, kommt bei den Grund- und Hauptschullehrern offensichtlich eher eine paidotrope Einstellung zum Tragen.
- In der Abwicklung ihrer genuinen Unterrichtsaufgaben kooperieren Lehrer eines Systems noch kaum. Es dominiert das „Einzelkämpfertum".
- Als durchgängige Unterrichtsform realisieren Lehrer an allgemeinbildenden Schulen ein Lehrer-zentriertes frontalunterrichtliches Arrangement, das in 80–90% aller Unterrichtsstunden zum Tragen kommt.
- Entsprechend werden andere Gruppierungsformen wie Einzel-, Partner-, Gruppenunterricht, Rollen- und Planspiele, Projektarbeit usw. kaum eingesetzt, obwohl inzwischen der Persönlichkeits-formende Wert von Maßnahmen einer inneren Differenzierung des Unterrichts eindrucksvoll nachgewiesen werden konnte.
- Auf dem Mediensektor dominiert analog dazu eindeutig das Buch. Die umfangreiche Palette der übrigen unterrichtlichen Medien kommt kaum zum Tragen. Unterricht ist über weite Strecken Schulbuch-Unterricht, wobei die Lehrbücher die Funktion methodischer Lehreranleitungen übernehmen.
- Lehrer sprechen im Unterricht zu viel, Schüler sprechen und handeln (!) dagegen zu wenig. Aufgrund entsprechender Befunde können wir begründet vermuten, daß Lehrer im Unterricht 80% aller gesprochenen Worte von sich geben.
- Wie die einschlägigen Untersuchungen zeigen, ist die Einwirkungsquote, die vom Lehrer auf die Schüler geht, außerordentlich hoch. Es scheint so zu sein, daß Lehrer an allgemeinbildenden Schulen pro 45-Min-Stunde mehr als 50 Fragen stellen, zusätzlich mehr als 50 Anordnungen und Befehle erteilen sowie schließlich mehrere Sätze beginnen, die Schüler zu Ende zu sprechen haben. Das bedeutet umgerechnet, daß ca. alle 30 Sekunden ein Impuls aus den genannten drei Kategorien vom Lehrer auf die Schüler ausgeht. Pausen, in denen die Schüler einmal nicht vom Lehrer „bombardiert" werden, sind augenscheinlich in über einem Drittel aller Unterrichtsstunden kürzer als 30 Sekunden.

- Zwar versuchen Lehrer im Unterricht, bestimmte Lernziele mit bestimmten Methoden zu erreichen, die Schüler werden aber in die Ziel-, Inhalts-, Methoden- und Medienentscheidungen des Lehrers nicht oder nur unzureichend einbezogen. Es wird über weite Strecken „von oben" über sie verfügt, obgleich bekannt ist, daß eine Mitbeteiligung der Schüler an diesen Entscheidungen sich außerordentlich positiv auf ihre Lern- und Leistungsmotivation auswirkt.
- Entsprechend dirigistisch-autokratisch ist auch das Verhalten des Lehrers bei Konflikten. In 91% aller auftretenden Fälle werden Konflikte „von oben", das heißt durch eine „Maßnahme" des Lehrers „gelöst".
- In mehr als 35% der Lehreräußerungen spiegelt sich „Irreversibilität", d. h. diese Art von Aussagen sind für die Schüler nicht umkehrbar und auf den Lehrer anwendbar.
- Es gibt ferner berechtigte Zweifel an einer zureichenden Aktivität eines Teils der Lehrer in folgenden Arbeitsbereichen: Unterrichtsvorbereitungen; Teilnahme an Fort- und Weiterbildungsangeboten; Lesen von Fachzeitschriften; Gestaltung erwachsenengerechter Elternabende; Erstellung und Verwendung moderner diagnostischer Verfahren, z. B. lernzielorientierter Tests; Eingehen auf den einzelnen Schüler durch Schülerberatung.

Nun würde man einen schweren Fehler machen, zumindest aber das Problem unzureichend verkürzen, wenn man die aufgeführten Tatbestände bzw. begründeten Vermutungen zu einer vehementen, möglicherweise moralisierenden Anklage gegen *die* Lehrerschaft uminterpretieren und benutzen würde. Soweit im bezeichneten Datenmaterial persönliche Unzulänglichkeiten Einzelner oder auch eines Teils der Lehrerschaft enthalten sind, ist zunächst einmal darauf hinzuweisen, daß der Lehrerberuf ein Massenberuf wie andere auch ist, und daher „logischerweise" mit denselben menschlichen Unzulänglichkeiten zu kämpfen hat wie andere Berufe auch. Zum zweiten wäre ja erst noch zu klären, welche der oben ausgeführten Aussagen – gesetzt, sie seien verläßlich und auch heute noch gültig – wirklich auf menschliche Unzulänglichkeiten und welche z. B. auf System- und Kontextbedingungen des derzeitigen Lehrerseins – wie Ausbildung, wie Ausstattung der Schulen, wie Klassengrößen usw. – an sich zurückzuführen sind.

Wie dem aber auch sei, es bleibt die Frage, ob – Ursachen hin, Ursachen her – das Datenmaterial nicht doch so schwergewichtig ist, daß damit eine grundsätzliche Problematik des Lehrerberufs angesprochen ist, die sich in folgende Fragen kleiden läßt:
- Haben wir es beim Lehrerberuf tatsächlich mit einer berufsspezifisch rückständigen Profession zu tun?
- Ist das Ausmaß an fehlender Professionalisierung überhaupt zu verringern?
- Wo kann man diesbezüglich am wirksamsten eingreifen?

Die Lehrer sind im Staat wichtige Sozialisationsagenten. Sie betreuen über Jahre hinweg die gesamte nachwachsende Generation, die sich – da schulpflichtig – dem System „Schule" und ihren bezahlten „Agenten" nicht zu entziehen vermag. Die Lehrer sind dabei mit erheblichen Befugnissen ausgestattet. Sie sitzen an wichtigen Schalthebeln der sozialen Macht und gestalten den Verteilungskampf der Sozialchancen wesentlich mit. Große pädagogische Prägewirkung und erhebliche soziale Macht bewirken in jeder Gesellschaft, zumal einem sozialen Rechtsstaat, daß dem Lehrerhandeln in den öffentlichen Pflichtschulen erhöhte Aufmerksamkeit zugewendet werden muß. Dies ist notwendig, sinnvoll und sozial nützlich.

Daher darf sich kein Lehrer darüber beklagen, daß seinem beruflichen Tun ein allgemeines und – in der Regel – kritisches Interesse entgegengebracht wird. Der Lehrerberuf steht im Schnittpunkt vielfältiger sozialer Interessen. Das muß man sehen. Die Forderung nach einer Professionalisierung des Lehrerberufs ist zwar aus erziehungswissenschaftlicher Sicht erwachsen, sie ist aber demnach kein bloßes Forschungs- und Ausbildungsproblem.

I.2: Die Gruppe der Lehrer an den sogenannten allgemeinbildenden Schulen unseres Landes, die in der vorliegenden Arbeit ganz im Sinne des derzeitigen Sprachgebrauches als „Lehrer" bezeichnet werden, sind sozialgeschichtlich das Ergebnis eines Ausgliederungsprozesses, in der sich die Lehrfunktion als spezielle und partielle gesellschaftliche Aufgabe verselbständigte. Man kann diesen sozialgeschichtlichen Prozeß der Verselbständigung der Lehrfunktion als einen Prozeß der „Professionalisierung" bezeichnen und ihn als einen Entwicklungsprozeß von einer nur vorübergehend ausgeführten Tätigkeit zum Lebensberuf verstehen, wobei dieser dann durch zwei Momente gekennzeichnet ist: durch die berufsspezifische Ausbildung und die Berufsidentifikation (WEHLE, 1970, S. 9).

Damit ist nun aber nur *ein* – nämlich berufssoziologisches – Begriffsverständnis von Professionalisierung angedeutet. Aus berufssoziologischer Sicht läßt sich nun aber feststellen, daß von einem einheitlichen Gebrauch dieses Begriffs nicht gesprochen werden kann. Während beispielsweise im anglo-amerikanischen Bereich unter „professionalization" vorwiegend jener Prozeß verstanden wird, durch den eine Berufsrolle von einer „nonprofession" zur „profession" wird, wobei vorwiegend an Berufe mit länger dauernder – zumeist akademischer – Spezialausbildung gedacht wird, werden in der deutschen Soziologie auch die Handwerks- und Arbeiterberufe unter dem Aspekt einer solchen Professionalisierung betrachtet.

Entsprechend unterschiedlich werden auch die Kriterien der Professionalisierung im soziologischen Sinne festgelegt. So gibt z.B. GOODE (1972) folgende Kriterien an:

- Gefühle gemeinsamer Identität aller Mitglieder einer profession;
- Festhalten am erworbenen Status;
- Bezug auf gemeinsame Werte;
- Konsens über die Bestimmung der (Berufs-) Rolle;
- Gemeinsame (Berufs-) Sprache;
- Gegenseitige Kontrolle des Handelns;
- Abgrenzung von der sozialen Umwelt;
- Reproduktion durch Anlernen der neuen Generation.

Demgegenüber finden sich bei König (1962) die folgenden Angaben:
- die spezifische, funktionsgerechte Ausbildung;
- das Zulassungswesen;
- das Institut der Erprobungszeit;
- die Aufstiegsmöglichkeit durch ein Laufbahnwesen;
- das soziale Bild eines Berufs und seiner Chancen.

Faßt man verschiedene berufssoziologische Konzepte zusammen (vgl. ZIELKE, 1979), so ergeben sich folgende vier Hauptkategorien oder Merkmale der Professionalisierung eines Berufs:

- *Spezialisiertes Wissen:* verstanden als „Spezialisierung" und „Verwissenschaftlichung" der Ausbildung;
- *Kollektivitätsorientierung:* verstanden als Dienstleistungsideal gegenüber den Klienten und der Gesellschaft (Normorientierung);
- *Berufsorganisation:* verstanden als Zusammenschluß der jeweiligen Berufsausübenden zu Berufsverbänden;
- *Autonomie in der Berufsausübung:* verstanden als Autonomie des Berufsstandes als ganzem (= Gruppenattribut) sowie als Autorität des Einzelnen im Berufsvollzug (= Rollen-Attribut).

Welche der berufssoziologischen Kategorien man nun auch heranziehen mag, feststeht, daß der Lehrerberuf seinen Professionalisierungsprozeß durchlaufen und abgeschlossen hat: Aus einer nebenberuflichen Tätigkeit hat er sich zu einem eigenständigen, hauptamtlichen Broterwerbsberuf entwickelt, der sozial hoch angesehen ist. Die Verwissenschaftlichung der Ausbildung, die normierte Berufszulassung (Prüfungen) und Bezahlung, das – zumindest virtuell vorhandene – Berufsethos, die Organisation in Lehrerverbänden und die Selbständigkeit und Eigenverantwortlichkeit der Berufsausübung lassen keinen Zweifel daran, daß der Lehrerberuf im berufssoziologischen Sinne einen vollwertigen Beruf, eine Profession darstellt, daß also sein Professionalisierungsprozeß abgeschlossen ist. (Während z.B. der Beruf des Lehrers in diesem Sinne als „professionalisiert" anzusehen ist, gilt dies für den des Vorschulerziehers (noch) nicht.)

I.3: Aus erziehungswissenschaftlicher Sicht bedeutet Professionalisierung nun etwas Weiteres, die Frage nämlich nach den berufsinternen Bedingungen, unter denen im Lehrerberuf gearbeitet wird, vor allem aber die Frage nach dem Grad der Berufs- und damit der Zweckorientiertheit des *Berufsverhaltens* der Lehrer selbst. Zwar kann kein Zweifel darüber bestehen, daß das Maß einer so verstandenen Professionalisierung in verschiedenen Berufen und Berufsgruppen nicht nur sehr unterschiedlich stark ausgeprägt sein kann, und daß auch prinzipielle Unterschiede zwischen bestimmten Berufsgruppen bestehen – etwa zwischen technischen und künstlerischen Berufen; trotzdem herrscht heute unter Fachleuten Einigkeit darüber, daß durchgängig alle erzieherischen Berufe in dieser Hinsicht einen erheblichen Nachholbedarf aufweisen.

Das moderne Verständnis von erziehungswissenschaftlicher Professionalisierung richtet sich dabei heute auf folgende Gesichtspunkte:

Soziale Ebene:
- Aufbau sozial adäquater Berufseinstellungen und eines verantwortlichen Berufsbewußtseins (soziales Engagement, Berufsnormen und -werte)

Didaktische Ebene:
- Abdeckung der Funktionsbereiche und der Funktionsvielfalt des Lehrerberufs (= Planung; Organisation; Vermittlung; Sozialerziehung; Beurteilung/Bewertung; Lernhilfe/-verstärkung; Beratung)
- Kriterienorientierung des Berufsverhaltens

Fachlich-institutionelle Ebene
- Spezifische Kenntnisse auf fachunterrichtlichem Gebiet
- Institutions- und Rechtskenntnisse

Das Schwergewicht des Professionalisierungsinteresses richtet sich heute auf die soziale und didaktische Ebene (= „paidotrope" Orientierung), da man davon ausgehen muß, daß die fachlich-institutionelle Ebene (= „logotrope" Orientierung) im Lehrerberuf ohnehin eine Überbetonung erfährt. Wenn daher im folgenden von „Professionalisierung" die Rede ist, so ist
- zum einen das bezeichnete erziehungswissenschaftliche Verständnis dieses Begriffs gemeint
- und spezieller jene soziale und didaktische Ebene des Lehrerberufs angesprochen, die man die „paidotrope" nennen könnte.

I.4: Das Interesse an einer so verstandenen Professionalisierung ergibt sich, wenn man sich klarmacht, daß schulisches Lehren in allgemeiner Form als der systematische Versuch anzusehen ist, eine Verhaltensänderung bei Schülern zu bewirken. Wenn das so ist, dann muß das Verhalten desjenigen, der solche Änderungen herbeiführen soll, selber einer genaueren Analyse und wissenschaftlichen Kontrolle standzuhalten vermögen, und zwar unter Berücksichtigung des „definierten" Organisationszwecks der Schule und den sich daraus ableitbaren Funktionen und Aufgaben der beruflichen Tätigkeiten des Lehrers.

Eine so verstandene Professionalisierung des Lehrerberufes erscheint besonders dringlich, wenn man sich die allgemeine Berufssituation des Lehrers heute vergegenwärtigt. Diese ist zunächst zweifellos dadurch entscheidend bestimmt, daß mit der zunehmenden Bedeutung, welche die Schule in der modernen Industriegesellschaft unserer Tage im Zusammenhang mit dem Berechtigungs- und Qualifikationsdenken erworben hat, auch die Bedeutung des Lehrerberufs enorm gestiegen ist. Das, was in der Schule an Qualifikationen und Berechtigungen erworben wird, bestimmt in hohem Maße (neben Einkommen und Besitz) das Lebensschicksal des Einzelnen.

An den Schalthebeln päd. „Macht" sitzen die Lehrer, die über die Möglichkeiten verfügen, Lernprozesse in Gang zu bringen, aber auch von Lernprozessen auszuschließen. Sie sind es, die Leistungen zu wecken, zu fördern und zu beurteilen berechtigt sind. „So kommt es, daß sich heute jeder auf die Lehrer angewiesen und sich gleichzeitig an sie ausgeliefert sieht, an Lehrer, die man sich nicht aussuchen und denen man angesichts des staatlichen Schulzwanges nicht entgehen kann." (WEHLE, 1970, S. 1)

Die Berufssituation des Lehrers ist ferner wesentlich bestimmt durch eine spezifische Rollenverunsicherung, die vielfältige Ursachen hat, und die die pädagogische Soziologie zu beschreiben und zu analysieren sich bemüht hat (vgl. KOB, J. 1959; SCHWONKE, M. 1966; MOLLENHAUER K. 1962). Vor allem die vielfältigen und z.T. unvereinbaren Rollenerwartungen an den Lehrer seitens Schulverwaltung, Schüler, Eltern und Öffentlichkeit und jene eigentümliche Zwischenstellung, die der Lehrer innerhalb der Gesellschaft einnimmt – der Lehrer als Vermittler zwischen der Welt der Erwachsenen und der Welt der Heranwachsenden, zwischen Sachansprüchen und anthropogenen Bedingungen usw. – bewirken diese (wahrscheinlich) berufsspezifische Verunsicherung der Lehrer. Letztere ist ein Indiz dafür, daß die Phänomene, die sich in der gesellschaftlichen Institution Schule abspielen bzw. abspielen sollten, keineswegs „definiert" vorhanden sind, sondern erst das Ergebnis analytischer und hermeneutischer Bemühungen sein können.

Die Verunsicherung der Lehrer hat nun aber nicht nur ihre Ursache in jener „intermediären" Grundsituation des Berufes (KOB), ständig zwischen etwas vermitteln zu müssen, sondern durchaus in jener ambivalenten Situation gegenüber der Gesamtgesellschaft in ihren verschiedenen Erscheinungsweisen.

Kommt dem Erziehungsauftrag nämlich tatsächlich jene emanzipatorische Aufgabe zu, die ihr heute allgemein zugesprochen wird, so gerät der Lehrer unversehens in die Rolle desjenigen, der einerseits Anwalt dieser Gesellschaftsordnung sein soll, insofern er durch Erziehung und Unterricht Sozialisation und Enkulturation der nachwachsenden Generation befördern soll, der aber andererseits und zugleich Kritiker der herrschenden gesellschaftliche Ordnung zu sein hat, insofern er als Anwalt und gleichsam Verbündeter die Heranwachsenden gegenüber bestimmten gesellschaftlichen Tendenzen teils zu immunisieren, teils zu mobilisieren, teils zu schützen hat.

Einen Versuch, angesichts der vielschichtigen Rollenverunsicherung die Professionalisierung des Lehrerberufs zu verbessern, stellt die Konzeption der „pädagogischen Selbstrolle" dar (MOLLENHAUER, 1962). Durch Profilierung seines beruflichen Selbstverständnisses soll es dem Lehrer ermöglicht werden, einen begründeten, professionellen Standpunkt im Widerstreit der Erwartungen zu finden: „Die Divergenz der zum Teil kontrahierenden Bezugsgruppen motiviert den Lehrer, *eine eigene Rolle auszubilden*, um sie als maßgebenden oder korrigierenden Faktor ins soziale Spiel zu bringen." (MOLLENHAUER, 1968, S. 85)

Läßt man einmal die grundsätzliche Problematik des Rollenkonzeptes überhaupt beiseite (vgl. Kapitel II, 12), so kann man für den vorliegenden Fragenkomplex des Verhaltens feststellen, daß die durch die bezeichnete Konzeption in Angriff genommene Professionalisierung des beruflichen Selbstverständnisses in der Tat *eine* der Voraussetzungen für die Professionalisierung des Lehrerverhaltens darstellt. Die Ersetzung der überkommenen und durchweg veralteten pädagogischen Ideologien durch ein Berufsbewußtsein wissenschaftlich-rationaler Observanz ist notwendige Voraussetzung für ein adäquates Berufsverhalten, aber eben nur *eine*.

Entscheidend für die Wirksamkeit einer solchen wissenschaftlich-rational fundierten beruflichen Orientierung bleibt, ob der Lehrer dazu qualifiziert ist und wird, professionelle Einsichten, Überzeugungen und Haltungen im aktuellen Erziehungs- und Unterrichtsvollzug auch *darzustellen*, sich adäquat zu verhalten. Die Professionalisierung des Lehrerverhaltens stellt so gesehen nichts anderes als die Profilierung eines sozial relevanten, wissenschaftlich fundierten Berufsbewußtseins bis in das konkrete Erziehungs- und Unterrichtsverhalten hinein dar.

I.5: Es kommt ein weiterer bedeutsamer Gesichtspunkt hinzu: Ein adäquates Berufsbewußtsein sowie professionelle Verhaltensweisen sind Aspekte, die auf der subjektiven Seite des Lehrerdaseins angesiedelt sind. Ihnen steht in Form der realen (Schul-) Systembedingungen eine jeweils konkrete, objektive Schulwirklichkeit gegenüber, an der sich – mit Hegel zu sprechen – die beruflichen Einstellungen und Verhaltensweisen „abzuarbeiten" haben. Von der jeweiligen Schulwirklichkeit aus können professionelle Einstellungen und Verhaltensweisen nämlich gestützt und entwickelt oder aber abgebaut und verhindert werden. „Professionalisierung des Lehrers" als Programm hat demnach die konkreten schulischen Arbeitsbedingungen des Lehrers mit ins Auge zu fassen. In diesem Sinne fragt sich dann auch, ob der konstatierte niedrige Professionalisierungsgrad des Lehrerberufs nicht wesentlich auf spezifische Schulrealitäten, Schuldefizite und Systembedingungen der klassisch-hierarchischen Schulbürokratie zurückzuführen ist. Die Professionalisierung des Lehrerberufs steht damit vor der schwierigen Aufgabe, einerseits im Verfolg der Professionalisierung eben jene optimalen Schulbedingungen erst hervorbringen zu müssen, die ein professionelles Handeln zulassen, andererseits aber von (noch) unzureichenden Realverhältnissen ständig beeinträchtigt und untergraben zu werden. Mit anderen Worten: Im Prozeß der Professionalisierung müssen jene schulischen Arbeitsbedingungen erst geschaffen werden, die eigentlich die Voraussetzung für seine reale Verwirklichung darstellen. Damit dürften die praktischen Schwierigkeiten des Problems sehr deutlich umrissen sein ....

Zusammenfassung:
1. Befunde der empirischen Unterrichtsforschung lassen den Schluß zu, daß der Lehrerberuf in bezug auf den Grad seiner Professionalisierung als rückständig bezeichnet werden kann.
2. Im Sinne eines berufssoziologischen Begriffsverständnisses von Professionalisierung läßt sich dennoch vom Lehrerberuf feststellen, daß sein Professionalisierungsprozeß abgeschlossen ist.
3. Aus erziehungswissenschaftlicher Sicht ist Professionalisierung weiterhin ein Problem und ein Programm: Herstellung beruflich akzeptabler Einstellungen (Berufsbewußtsein), Entwicklung einer Befähigung zur Abdeckung der Funktionsbereiche des Lehrerberufs und Entwicklung eines kriterienorientierten Berufsverhaltens der Lehrer.
4. Die Notwendigkeit dieser relativ autonomen „paidotropen" Orientierung der Lehrerschaft ergibt sich aus der schwierigen Berufssituation der Lehrer.
5. Professionalisierung muß auch auf eine Veränderung der Schulsystembedingungen und der konkreten Arbeitsbedingungen der Lehrer zielen, da diese professionelles Verhalten verhindern und beruflich akzeptable Einstellungen abbauen können.

Fragen und Denkanstöße:
1. Nachfolgend finden Sie eine Modell-Skizze, die verdeutlichen soll, wie es zur konkreten Ausprägung einer logotropen oder paidotropen Orientierung im beruflichen Verhalten von Lehrern kommen kann. Diskutieren Sie dieses Modell, ergänzen oder modifizieren Sie es ggf., und konstruieren Sie mehrere konkrete Beispiele zu solchen Faktoren, die besonders nachhaltig auf die beruflichen Einstellungen von Lehrern einwirken.
2. Diskutieren Sie das folgende Zitat aus der Sicht der im vorausgegangenen Abschnitt behandelten Professionalisierungsproblematik: „Es gehört zu den spezifischen Berufsgefahren des Lehrers, daß er in falschen Vorstellungen über sich und seine Wirkungen auf andere und auf die Schüler lebt. Wo ist der

Lehrer – „Person" – Faktoren

Die Persönlichkeit des Lehrers	Die spezielle Lebenssituation	Die berufliche Ausbildung	Berufsrelevante Erfahrungen	Implizites Berufsbild
- Frühkindliches Schicksal - Sozialisation - Eigenheiten - Schulische Prägung - spezif. Merkmale = Extro-/ Introvert. = Neurotizismus = Belastbarkeit	- Alter - Familienstand - Hobbies - Wohnort - Fahrweg (etc) - Doppelrolle als Lehrer/ Hausfrau/ Hausmann	- Qualität - Dauer - Schwerpunkte - Abschlüsse - Art - Wiss. Orientierung = fachwiss. = erziehungswiss.	- als Schüler - als Lehrer - als Vorgesetzter - als Ausbilder	- tradit. vs. progressiv orient. - wissenschaftsorient. vs. ideologisch orient. - Berufsethos

Sozial-kulturelle Faktoren
Bezugsgruppen-Faktoren
Situative Faktoren

Professionelle Orientierung

a) Denken   Ein-
b) Fühlen   stel-
c) Handeln lung

1. logotrope Orientierung bei berufl. Verhalten

2. paidotrope Orientierung bei berufl. Verhalten

Schulische „System"- Faktoren

Allgemeine Schulsystem-Faktoren	Der Beamtenstatus	Explizites Berufsbild	Spezifische Systembedingungen
- Bürokratieform - Pflichtschule - Verordnete Curricula	- Weisungsgebundenheit - Unkündbarkeit - Relative Autonomie	- Halbtagstätigkeit - Fächerzersplitterung u. -spezialis. - Lehrereinzelarbeit	- die Größe und Ausstattung - die spezielle Klasse - das spezielle Kollegium

Abb. 1: Faktoren professioneller Orientierung von Lehrern

Lehrer, der nicht ehrlich überzeugt ist, er gebe sich seinen Schülern gegenüber menschlich und vertrauenerweckend? Fast jeder glaubt, er sei nicht autoritär, bei ihm könne man freimütig widersprechen und kritisieren, er gebe sich nicht den Anstrich schulmeisterlicher Unfehlbarkeit, er gestehe seine Fehler den Schülern gegenüber offen ein." (H. RUMPF, 1968, S. 39)

3. Lehrer arbeiten im Schulsystem mit Schülern als Einzelarbeiter. Frage: Müßte die Forderung nach mehr professioneller Orientierung nicht die nach mehr Teamarbeit (Team Teaching) nach sich ziehen? Wenn ja, warum? Und weiter: Wie könnte man diese im jetzigen System anbahnen?

4. Betrachtet man den Zusammenhang von Professionalisierung und schulischen Arbeitsbedingungen, so erhebt sich die Frage, ob professionelle Orientierung und aktiver Einsatz für die innere Schulreform nicht identisch sind oder sein müssen. Dazu das folgende Zitat: „Die pädagogische und geistige Verlebendigung des Gymnasiums (der Schulen, A.d.V.) ist nicht administrativ zu verordnen. Sie ist nur von Lehrern in Gang zu bringen, die willens sind, eine Schulwirklichkeit aufzubauen, deren institutionalisiertes Gefüge .... Räume und .... Beziehungen freigibt .... Die Schule, die Schüler glaubhaft zur Selbsttätigkeit erziehen will, muß ihrerseits als Ganze in produktiver Selbsttätigkeit sich selbst ihr Gesicht schaffen dürfen. Lehrplan, Stundentafel und Stundenplanartung dürfen nicht wie seither von einer anonymen Instanz heruntergereicht werden ... Soll das Gymnasium (die Schule, A.d.V.) zum pädagogischen Leben erweckt werden, müßte der pädagogischen Konferenz dieser Schule auch die Kompetenz gegeben werden, ihr eigenes Leben und Tun zu bestimmen, zu modifizieren, zu regenerieren." (H. Rumpf, 1966, S. 142/143)
5. Frage: Verliert der Lehrer, der sich in seinem Verhalten professionell orientiert, nicht an Spontaneität, Echtheit und mitmenschlicher Wärme? Muß er hier zwangsläufig Einbußen hinnehmen, oder ist dies vielleicht nur am Anfang der Laufbahn so? – Dazu ein Zitat aus einer Stundenbesprechung: „Mir ist die beobachtende, reflektierende Haltung des Lehrers während des Unterrichts wiederholt aufgefallen. Er beobachtete nicht nur das Verhalten der Schüler, sondern auch sich selbst. Das erweckte den Eindruck einer ständigen Bewußtheit so, als stünde er sich selbst beobachtend gegenüber. Meines Erachtens wirkte sich diese zwiespältige Haltung negativ auf den Unterricht aus: Der Lehrer war nicht ‚voll' dabei. Seine Verhaltensweisen und sein Unterrichtsstil wirkten an mancher Stelle wie übergestülpt, wesensfremd ... Das Lehrerverhalten erschien mir zwiespältig: Einerseits emotional betont und andererseits gleichzeitig distanziert. Es erschien mir, als seien Zuneigung und Zuwendung nicht immer spontan gekommen, sondern als Teil eines durchdachten Planes vom Lehrer bewußt eingesetzt worden." (J.-G. Klink, 1974, S. 83)
6. Beschaffen Sie sich bei Ihrer Filmbildstelle einen der folgenden Filme und diskutieren Sie diesen unter dem Aspekt der Professionalisierung:
   – „Raus bist du" (115 Min.)
   – „Anpassung an eine zerstörte Illusion" (Fernsehfilm)
   – „Der Pauker" (Spielfilm mit H. Rühmann)

Basisliteratur:
Kraft, P.: Zur beruflichen Situation des Hauptschullehrers. Hannover 1974.

Zusatzliteratur:
Noth, W.: Zur Theorie beruflicher Sozialisation. Kronberg/Ts. 1976.

II. Die Bezeichnung und Abgrenzung des Gegenstandes (Begriffe)

Die *Ziele* des folgenden Kapitels sind:
1. Klärung und genauere Bestimmung von zwei wichtigen und zentralen Begriffen der vorliegenden Arbeit: „Lehrer" und „Verhalten".
2. Klare Ausgrenzung und präzise Bestimmung des Gegenstandes, indem die Begriffe „Verhalten/Handeln", „Situation", „Entscheidung" und „Instrumentalisierung" kurz entwickelt und themenbezogen ausgearbeitet werden.

II.1: Wenn nach dem Titel der vorliegenden Studie das Lehrerverhalten (als Teilaspekt der Berufsproblematik des Lehrers) im Mittelpunkt stehen soll, so erscheint es sinnvoll, Angaben darüber zu machen, was der Begriff „Lehrer" eigentlich bezeichnet.

Als „Lehrer" kann man in allgemeiner Bedeutung jeden bezeichnen, der in irgendeiner Form „lehrt", d.h. der kognitive und/oder psychomotorische und/oder sozial-emotionale Inhalte an einen Adressatenkreis zu vermitteln sucht. In dieser allgemeinen Form reicht die Spannbreite des Begriffs vom Hochschullehrer über den Lehrer des allgemeinbildenden und beruflichen Schulwesens bis zu den vielfältigen Formen des Lehrerseins im außerschulischen (außerhalb des allgemeinbildenden Schulwesens befindlichen) Bereich, also dem Skilehrer, Fahrlehrer, Tanzlehrer usw., aber auch bis zu den Eltern, den Handwerksmeistern wie überhaupt allen Personen, welche Lehrfunktionen in irgendeiner Form wahrnehmen.

Ganz im Sinne des derzeitigen Sprachgebrauchs werden nun in der vorliegenden Arbeit als „Lehrer" jene Gruppe Lehrender bezeichnet, die an den sog. allgemeinbildenden Schulen unseres Landes Berufsarbeit leistet.

II.2: Wie in einigen anderen Bereichen der Erziehungswissenschaft, so herrscht auch auf dem Gebiet des Lehrerverhaltens eine bemerkenswerte Uneinheitlichkeit im Gebrauch der Begriffe vor, ja man ist mittlerweile versucht, von einer geradezu babylonischen Sprachverwirrung zu sprechen. Ohne Anspruch auf Vollständigkeit lassen sich dabei die folgenden Bezeichnungen finden, die teils synonym, teils in verschiedener Wortbedeutung verwendet werden:

- Erzieherverhalten
- Erziehungsformen
- Erziehungsverhalten
- Erziehungspraktiken
- Lehrerstil

- Erziehungsstil
- Unterrichtsstil
- Lehrerverhalten
- Lehrverhalten
- Unterrichtsverhalten
- Unterrichtsmethodisches Verhalten
- Interaktionsverhalten
- Lehrer-Schüler-Interaktion

In der Regel gibt eine derartige Begriffsvielfalt einen Hinweis auf zwei Fakten:

- einmal darauf, daß an dem Gegenstand ein vielfaches Interesse besteht,
- zum zweiten, daß der Gegenstand sehr komplex und vielschichtig ist.

Das Interesse am Gegenstand hat zu einer in den letzten Jahren verstärkten erziehungswissenschaftlichen Beschäftigung mit der vorliegenden Thematik geführt. Da dieses Lehrbuch das Ziel verfolgt, eben diese umfangreiche erziehungswissenschaftliche Beschäftigung zu belegen, die geführte Debatte und ihre wichtigsten Resultate zu rekonstruieren und zu diskutieren, wird hier der Terminus „Lehrerverhalten" als übergeordneter Begriff verwendet. „Verhalten" meint dabei im vorliegenden Zusammenhang alle individuellen Verhaltensäußerungen, einschließlich kognitiver Prozesse, emotionaler Äußerungen und psychischer Vorgänge. Von diesem „äußeres" und „inneres" Handeln und Reagieren des Menschen umfassenden Verhaltensbegriff wird im folgenden ausgegangen, wenn der Begriff „Lehrerverhalten" als die *Gesamtheit aller im beruflichen Kontext stehenden (äußeren und inneren) Verhaltensformen des Lehrers* bestimmt wird (Vgl. Abb. 2). Da dieses berufliche Verhalten sich immer auf einzelne Tätigkeitsbereiche bezieht, von denen her es wesentlich bestimmt ist, wird im folgenden eine scharfe Trennung von Verhalten und inhaltlich bestimmten Tätigkeiten des Lehrers bewußt vermieden. Der Begriff „Lehrerverhalten" in dieser weiten Bedeutung bezeichnet so u. a. in der vorliegenden Arbeit den im Mittelpunkt stehenden Bereich des unmittelbaren Umgangs zwischen Lehrer und Schülern, wie er sich vor allem im Interaktionsfeld der Schulklasse ergibt, und der auch mit dem Terminus „Erziehungsverhalten" gekennzeichnet wird.

Die gewählte Begrifflichkeit hat zwar den Vorteil, so umfassend zu sein, daß alle erziehungswissenschaftlichen Positionen und Fragestellungen zum Thema erfaßt und behandelt werden können, sie hat aber auch Nachteile und fordert Einwände heraus. Die zwei wichtigsten sind:

- Der Oberbegriff „Lehrerverhalten" ist zu unscharf. Er umfaßt gleichsam „alles und jedes" und läßt vor allem die berufsspezifische Orientierung vermissen.

- Der Begriff „Lehrerverhalten" hat insgesamt eine zu stark reaktive (= behavioristische) Komponente. Er schließt damit ein an Sinnkriterien (Berufszwecken) orientiertes planvolles Handeln beinahe aus, wie es in der Professionalisierungsdebatte aber gerade gefordert wird.

Arten und Dimensionen des Lehrerverhaltens im Unterricht

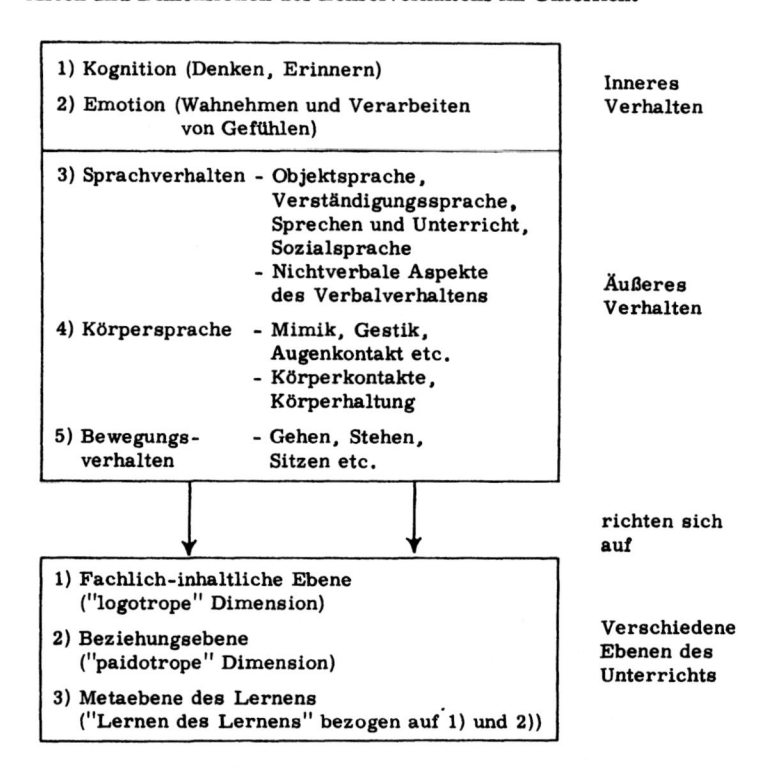

1) Kognition (Denken, Erinnern) 2) Emotion (Wahrnehmen und Verarbeiten von Gefühlen)	Inneres Verhalten

3) Sprachverhalten - Objektsprache, Verständigungssprache, Sprechen und Unterricht, Sozialsprache
   - Nichtverbale Aspekte des Verbalverhaltens
4) Körpersprache - Mimik, Gestik, Augenkontakt etc.
   - Körperkontakte, Körperhaltung
5) Bewegungs- - Gehen, Stehen,
   verhalten   Sitzen etc.
	Äußeres Verhalten

↓ ↓	richten sich auf
1) Fachlich-inhaltliche Ebene ("logotrope" Dimension) 2) Beziehungsebene ("paidotrope" Dimension) 3) Metaebene des Lernens ("Lernen des Lernens" bezogen auf 1) und 2))	Verschiedene Ebenen des Unterrichts

Abb. 2: Gesamtheit aller äußeren und inneren Verhaltensformen des Lehrers im Unterricht

Wenn das vorliegende Lehrbuch dennoch an dem Begriff „Lehrerverhalten" festhält, ja, darüberhinaus vorschlägt, diesen Terminus in Zukunft als gemeinsamen Oberbegriff beizubehalten – wie sich dies in den neueren Veröffentlichungen durchzusetzen scheint –, so sind dafür außer dem bereits genannten die folgenden drei Gründe anzuführen:

- Der Begriff „Verhalten" wird gegenüber dem Terminus „Handeln" nicht so eindeutig reaktiv gebraucht, wie es die bezeichnete Kritik behauptet,

vielmehr wird Verhalten eher als Oberbegriff verwendet, dem sich das bewußte, zielgerichtete Handeln einfügt. [Das menschliche „Verhalten" hat demnach zwei Erscheinungsformen: unbewußtes Agieren (eher: Reaktion), bewußtes Agieren (eher: Handlungen).]
- Wenn hier ein betont breit gehaltener Terminus beibehalten wird, so geschieht dies vor allem, um den ganzen Problemumfang in den Blick zu rücken, die Dinge nicht vorschnell zu begrenzen, einzuengen und zu vereinfachen. Gerade angehenden Lehrern soll doch verdeutlicht werden, von welcher zentralen Bedeutung das eigene Verhalten im Kontext von Erziehung und Unterrichtung ist und welche komplizierten Fragen mit ihm aufgeworfen werden. Erhöhung des Bewußtseins für vorhandene Komplexität muß dabei nicht zu einer Unfähigkeit für berufliches Handeln führen, wohl aber zu einer „defensiven Grundhaltung", die Raum schafft für Reflexion, Selbst- und Fremdwahrnehmung und Kriterienorientierung (Analogie zum Modell des „defensiven Autofahrers").
- Auf der Bezeichnungsebene fordert ein breit gehaltener Oberbegriff wie „Lehrerverhalten" dazu heraus, jeweils im einzelnen näher zu bestimmen, wovon die Rede sein soll. Genau dieser Zwang aber kann hilfreich sein und die wissenschaftliche Debatte wie den eigenen Standort klären und bereichern helfen.

II.3: Zwei zentrale Begriffe im Zusammenhang mit Fragen des Lehrerverhaltens sind die der

- „Situation" und der
- „Entscheidung"

Jedes berufliche Verhalten ist eingebunden in eine bestimmte Situation, die ihrerseits höchst komplex sein kann; und die Schwierigkeit, sich kriterienorientiert zu verhalten, sich also rational zu entscheiden und zu handeln, beruht wesentlich auf diesem stets wechselnden situativen Hintergrund.

Nun ist freilich zu sehen, daß pädagogische Situationen nicht gleichsam schicksalhaft vorgegeben, sondern aktiv zu gestalten und zu verändern sind. Daß der Begriff der „Situation" heute ins Zentrum des erziehungswissenschaftlichen Interesses gerückt ist, hat genau damit etwas zu tun. Die Einwirkungsmöglichkeiten eines Lehrer/Erziehers auf Schüler sind möglicherweise weniger in der direkten personalen Zuwendung gegeben – wiewohl sicher auch da –, als vielmehr in der Gestaltung erziehungsrelevanter Situationen; und wenn heute von einem „Rollenwechsel" des Lehrers gesprochen wird, dann ist genau diese verstärkte Hinwendung des Lehrers auf die Rahmenbedingungen, auf die aktive Ausgestaltung fruchtbarer Situationen, gemeint. Diese lassen sich nämlich noch am ehesten direkt verändern.

Damit gehört nun zwar die Ausgestaltung des situativen Kontextes zu den professionellen Aufgaben des Lehrers, gleichwohl bleibt das Problem bestehen, im Rahmen von wechselnden – wenn auch mitgestalteten – Situationen ständig Entscheidungen treffen zu müssen. Die Frage nach dem professionellen Lehrerverhalten ist damit die nach der Möglichkeit kriterienorientierter Entscheidungen im ständigen Wechsel rascher Ereignisse, wie sie im schulischen Unterricht dauernd vorkommen.

Von der Entscheidungstheorie (oder Entscheidungslogik) her ist für die vorliegende Frage so gut wie keine Hilfestellung zu erwarten. Diese geht davon aus, daß jede menschliche Handlung als „bewußte Reaktion" einen Wahlakt in einer Situation darstellt, der immer auch anders ausfallen kann. Bei bewußten und überlegten Wahlakten kann man dann von Entscheidungen sprechen. Die Entscheidungstheorie unterscheidet nun:

– Entscheidungen unter Sicherheit: die Konsequenzen der verfügbaren Alternativen sind genau vorhersehbar;
– Entscheidungen unter Unsicherheit: keinerlei Kenntnisse über Konsequenzen;
– Entscheidungen unter Risiko: teilweise Kenntnisse über Konsequenzen, Kriterium: Erfahrungen und Wahrscheinlichkeiten.

Die Entscheidungstheorie empfiehlt die Verwendung von Matrixen, um Entscheidungsprozesse transparent zu machen (z.B. Konsequenzenmatrix; Wünschbarkeitsmatrix etc.). Ziel dieser Aufstellungen ist in der Regel, nicht inhaltliche Fragen des Entscheidungsprozesses (deskriptiv-analytische Entscheidungstheorie), sondern formale Regeln der Schemata aufzustellen, nach denen ein rational Handelnder Entscheidungen treffen kann (normativ-analytische Entscheidungstheorie).

Die im schulischen Bereich für den einzelnen Lehrer auftretenden Entscheidungen sind sehr überwiegend solche „unter Risiko". Die von der Entscheidungstheorie entwickelten Schemata sind für den unter ständigem Handlungsdruck stehenden Lehrer im konkreten Verhaltensablauf nicht verwendbar. (Sie können aber unter reflexiven Gesichtspunkten durchaus heuristischen Wert erlangen.) Von daher dürfte verständlich sein, warum entscheidungstheoretische Überlegungen eher bei Curriculumfragen eine Rolle spielen als im Bereich Lehrerverhalten (vgl. dazu FLECHSIG/HALLER, 1973).

II.4: Wer Gelegenheit hat, des öfteren Unterrichtsverläufe zu beobachten, wird die Erfahrung gemacht haben, daß Lehrer in ihrem konkret gezeigten Unterrichtsverhalten oftmals *den* Zielen im Weg stehen, die sie selbst anstreben. Sie stehen sich dann gleichsam selbst im Wege. Man könnte auch sagen, daß diese Lehrer nicht imstande sind, ihr eigenes Verhalten als Instrument rational und optimal in den Unterricht einzubringen.

Eine derartige Instrumentalisierung des Berufsverhaltens von Lehrern liegt ganz auf der bisher entwickelten Linie einer Professionalisierung des Lehrerverhaltens. – Der Lehrerberuf ist ein sozialer Beruf, in dem Kommunikation und Interaktion tragende Elemente darstellen, die der Lehrer infolgedessen auch rational zu gestalten und zu steuern hat. Es gibt eben wünschenswerte, brauchbare und weniger brauchbare, effektive und ineffektive Verhaltensformen im erzieherischen und unterrichtlichen Kontext. Als akademisch ausgebildeter Erziehungs- und Unterrichtsfachmann trägt der Lehrer hier eine entsprechende professionelle Verantwortung.

Bezeichnet man als die Aufgabe des Lehrers einmal die planmäßige Herbeiführung von Verhaltensänderungen im weitesten Sinne bei Schülern (und sich selbst), so wäre der Lehrer als ein bezahlter Verhaltensänderer anzusehen, dessen eigenem Verhalten dann auch eine besondere Bedeutung zukommt. In der Tat kommen die folgenden Möglichkeiten der planmäßigen Verhaltensänderung in den Blick, auf die im Verlauf der Darstellung noch im einzelnen zurückzukommen ist:

– Verhaltensänderungen durch Gestaltung des situativen Kontextes (→ *Erfahrungen*);
– Verhaltensänderungen durch Herbeiführung von Reflexion und Selbstreflexion (→ *Einsicht*);
– Verhaltensänderungen durch Darbietung von Modellverhalten (→ *Beobachtung*, Imitation, Identifikation);
– Verhaltensänderung durch Darbietung von Verstärkungen (→ *Bekräftigung*);
– Verhaltensänderungen durch Einsatz von Instrumenten der Verhaltensmodifikation (→ *Konditionierung*, Extinktion).

Die Betrachtung des Lehrerverhaltens unter dem Aspekt der Instrumentalisierung wirft – gleichsam zwangsläufig – die Frage nach dem Verhältnis „Zweck-Mittel" in Erziehungs- und Unterrichtsprozessen auf. Damit ist ein Problemkreis angeschnitten, der in seiner ganzen Komplexität im Rahmen des vorliegenden Lehrbuchs nicht entfaltet werden kann. Wenn in Erziehung und Unterricht bestimmte Ziele mit bestimmten Mitteln angestrebt werden und wenn die rationale Analyse dieser Beziehung mit zu den professionellen Bedingungen und Voraussetzungen des Lehrerberufs gehört, so kann das Verhältnis der Ziele zu den Mitteln, wie es sich in der Erziehung darstellt, nicht unbehandelt bleiben. Wie sich überdies zeigen wird, ist dieses Verhältnis für das Problem des Lehrerverhaltens von spezieller Bedeutung.

Ausgegangen werden kann von der scheinbar selbstverständlichen Tatsache, daß auch in der Erziehung die Zwecke keineswegs die Mittel heiligen. Hier wie anderswo besteht zwischen beiden ein Wechselverhältnis. In seinem Buch „Demokratie und Erziehung" hat J. DEWEY (1949) gezeigt, warum und wie dieser Zusammenhang für die Erziehungsproblematik von besonderer Bedeutung ist: „Das von außen gesetzte Ziel führt zu einer Trennung von Mittel und Zweck, während das innerhalb einer Handlung erwachsende Ziel (im Sinne eines Planes für die Leitung der Tätigkeit) stets zugleich Mittel und Zweck ist, so daß die Scheidung beider Begriffe lediglich Formsache ist. Jedes Mittel ist zeitweilig Ziel – bis es erreicht ist; jedes Ziel wird ein Mittel zur Fortführung der Handlung, sobald wir es erreicht haben. Wir nennen es Ziel, wenn es die zukünftig einzuschlagende Richtung der Tätigkeit bezeichnet, in deren Durchführung wir begriffen sind; wir nennen es Mittel, wenn es die gegenwärtige Richtung festlegt. Jede Scheidung von Ziel und Mittel vermindert den Wert der Tätigkeit, neigt dazu, diese Tätigkeit zu einer Plackerei herabzuwürdigen, der man sich entziehen würde, wenn man könnte.... Das Ziel ist genau ebenso ein Mittel zur Durchführung einer Tätigkeit wie irgendein anderer Teil derselben" (1949/2, S. 154).

Diese Zurückweisung eines scharfen Dualismus „Mittel – Ziele" bedeutet indessen keineswegs, daß die Frage nach den Zielen und Mitteln in der Erziehung überhaupt belanglos ist, im Gegenteil: „Mittel und Ziele sind in der Erziehung so ineinander verschränkt, daß sie gleichzeitig und miteinander bedacht werden müssen. Ziele müssen in der Erziehung *jederzeit* als *Mittel* und Mittel *jederzeit als Ziele* gedacht werden können." (ROTH, 1968/2, S. 358) Damit ist deutlich, daß die Frage nach einem professionellen Lehrerverhalten, das die rationale Zweck-Mittel-Analyse zum Ausgangspunkt und zur Basis hat, sowohl theoretisch wie praktisch außerordentlich komplex und schwierig ist. Dabei ist mit HEINRICH ROTH vor allem dies zu bedenken: „Die falsche Verselbständigung der Mittel ist ebenso gefährlich wie der falsche Glaube an die Freiheit der Ziele von den Mitteln. Falsche und schiefe Mittel vermögen gute Ziele zu entwerten, und Ziele, die nicht auch Mittel zu sein vermögen, erlauben Mittel, die in einer falschen Relation zu den Zielen stehen." (ROTH, 1968/2, S. 350)

Mehr als für jeden anderen Bereich ergibt sich daraus für das Lehrerverhalten die Notwendigkeit einer permanenten Reflexion, eines ständigen Bewußtseins dafür, daß im aktuellen Erziehungsverhalten stets immer schon die Ziele präsent sein müssen, auf die hin sich verhalten wird. „Man kann nicht mit angeblich harten Strafen, die aber in Wirklichkeit auf die Weichlichkeit des Educandus reflektieren, zur Härte erziehen. Erziehung mit den Mitteln des Angstmachens und Drohens ist in verhängnisvoller Weise gleichzeitig auch eine Erziehung zur Angst, zur Respektierung der Angst; Erziehung durch das Mittel des unbedingten Befehlsgehorsams ist gleichzeitig auch eine Erziehung zu einer Welt, in der das autoritative Befehlen zu einer letzten Instanz wird, wie Erziehung durch Liebe gleichzeitig eine zur Liebe ist." (ROTH, 1968/2, S. 350)

Es erscheint sinnvoll, angesichts dieses Aspektes schon hier darauf hinzuweisen, daß die unabdingbare Voraussetzung zur Bewältigung des Problems der ständigen Vermittlung von Mitteln und Zielen im aktuellen Verhaltensvollzug die Entwicklung einer Art „inneren Beobachtungsplattform" zur Kontrolle und Reflexion des eigenen Verhaltens darstellt. Ein geeignetes Kontrollinstrument zur Klärung der Frage, ob der einzelne Lehrer zu derart reflektierten Verhaltensformen fähig und in der Lage ist, die ja immer zugleich auch Identifikationsangebote an die Schüler darstellen, also Aufschluß über die angestrebten Erziehungsziele geben, ist die Prüfung auf Umkehrbarkeit des Verhaltens. Sind die Verhaltensformen, die der Lehrer Schülern gegenüber an den Tag legt, nicht reversibel, so offenbart sich darin, daß die Ziel-Mittel-Relation, wie sie hier dargelegt wurde, außeracht gelassen wurde (vgl. A.-M. u. R. TAUSCH, 1970/5, S. 368ff.).

So gesehen ist Lehrerverhalten nur dann als professionell einzustufen, wenn es ein jederzeit umkehrbares Modellverhalten darstellt, an dem sich die Schüler ständig durch Beobachtung, Imitation und Identifikation orientieren können.

Zusammenfassung:
1. Das vorliegende Lehrbuch bezeichnet mit dem Terminus „Lehrer" jene Gruppe Lehrender, die im allgemeinbildenden Bereich unterrichtet.
2. Auf dem Gebiet des Lehrerverhaltens läßt sich eine bemerkenswert uneinheitliche Begriffsverwendung feststellen. Hier wird unter Lehrerverhalten die Gesamtheit aller äußeren und inneren Verhaltensformen des Lehrers verstanden, die im beruflichen Kontext stehen.
3. Es wird vorgeschlagen, den Terminus Lehrerverhalten als umfassenden Oberbegriff beizubehalten.
4. Die Begriffe „Situation" und „Entscheidung" werden als zwei zentrale Begriffe für die vorliegende Fragestellung markiert. – Einerseits wechseln Situationen ständig und stellen daher den Lehrer vor immer neue Entscheidungen (= Handlungsdruck), was die professionelle Orientierung erschwert, andererseits gehört die Ausgestaltung pädagogisch fruchtbarer Situationen zu den wichtigen professionellen Aufgaben des Lehrers. – Die Entscheidungstheorie liefert dem Lehrer keine Hilfe bei seinen praktischen Problemen.
5. Die Instrumentalisierung des beruflichen Verhaltens von Lehrern liegt ganz auf der Linie der Professionalisierungsdebatte. Dabei ist zu beachten, daß Ziele und Mittel jederzeit austauschbar sein müssen, und daß Lehrerverhalten nur als reversibles Modellverhalten professionell genannt zu werden verdient.

Fragen und Denkanstöße:
1. Frage: Macht die Professionalisierungsdebatte den Lehrer nicht vom Thema her zum Dreh- und Angelpunkt allen Unterrichtsgeschehens, und leistet sie

dadurch – ungewollt – nicht geradezu einer verstärkten Lehrerzentrierung Vorschub? Müßte sich das erziehungswissenschaftliche Interesse nicht eher auf die Schüler statt auf den Lehrer richten, wenn *ein* richtiges Ziel der Schule ein schülerzentrierter Unterricht ist?
2. Vergleichen Sie den Beruf des Lehrers mit dem des Arztes hinsichtlich folgender Fragen:
   – Entscheidungs- und Handlungsdruck,
   – situativer Kontext und berufliches Verhalten,
   – Instrumentalisierung und Zweck-Mittel-Relation.
3. Diskutieren Sie das folgende Zitat unter dem Aspekt der Verantwortlichkeit des professionellen Lehrers für die Herstellung und Ausgestaltung pädagogisch fruchtbarer Situationen:
   „Es hat sich gezeigt, daß, selbst wenn einige Schulen .... mit Filmprojektoren, Tonbandgeräten, Plattenspielern und anderen Geräten dieser Art ausgerüstet waren, der Effekt sehr gering war. Diese Hilfen sind nie voll genutzt worden, weil sie nie in die Modelle der Lehrsituation eingegangen sind. Das Lehrmodell war das einer didaktischen Konfrontation. Wie ein Lehrer ziemlich zynisch formuliert hat ‚ich vertrete das Prinzip der interaktiven Lernsituation: ich rede, sie hören zu'. In den letzten Jahren hat sich diese Situation ... stark geändert .... Der Unterschied zwischen ‚Unterrichtshilfen' und den in jüngster Zeit entwickelten Unterrichts- und Organisationsverfahren, die oft unter der Bezeichnung ‚Bildungstechnologie' laufen, ist nämlich, daß die letzteren einen grundlegenden Wandel in den Strukturen der Lehrer-Schüler-Beziehungen und der Rollenausübung (des Lehrers, A.d.V.) verlangen." (SCHULLER, A. (Hrsg.): Lehrrolle im Wandel, Weinheim/Berlin/Basel 1071, S. 114/115)
4. Erörtern Sie die folgenden zwei Fragen:
   – Was für konkrete Aufgaben stellen sich dem Lehrer aus der Forderung, den situativen Rahmen des Unterrichts professionell zu gestalten?
   – Kann der Lehrer hoffen, in einer pädagogisch fruchtbar gestalteten Situation professioneller agieren und/oder den Handlungsdruck wenigstens verringern zu können? Gehen Sie aus von einem konkreten Beispiel!

Basisliteratur:
DÖRING, K.W.: Lehrerverhalten und das Konzept der Unterrichtstechnologie. In: Zeitschrift für Pädagogik, 20. Jg. 1974, Nr. 2, S. 189–210.

Zusatzliteratur:
REINHARDT, S.: Zum Professionalisierungsprozeß des Lehrers, Frankfurt/M., 1972.

III. Kontroverse Standpunkte zum Gegenstand (Einwände)

Die Ziele des folgenden Kapitels sind:
1. Darstellung und Widerlegung des Haupteinwandes gegen das hier vertretene Professionalisierungskonzept: die These von der Nichtplanbarkeit erzieherischer Prozesse.
2. Argumentative Grundlegung eines verantwortlichen, vorgreifenden Planens in Erziehung und Unterricht, ebenso für ein entsprechendes professionelles Verhalten.

III.1: Bevor im zweiten Teil dieses Buches mit der Darstellung der Forschung zur Frage professionellen Lehrerverhaltens begonnen werden kann, gilt es, sich mit einem wichtigen Einwand auseinanderzusetzen, dessen Entkräftung erst die Voraussetzung für die hier intendierte Interpretation des Problems schafft. Mit einem Wort MIETZELS gesagt: „Ob der Lehrer zu einem Spezialisten für Erziehung zu werden vermag, hängt davon ab, ob seine Erziehungsaufgaben sich mit einer derartigen Intellektualisierung vertragen." (1967, S. 21) Grundsätzlich gefragt: Ist Erziehung überhaupt planbar? Darf sie, da sie es doch mit dem Menschen zu tun hat, planend über diesen verfügen? Oder müßte sie angesichts unserer weitgehend „verwalteten Welt" der Verfügung über den Menschen nicht gerade entschieden Widerstand entgegensetzen? Es sind demnach zwei Fragen zu entscheiden: Kann Erziehung geplant werden; soll und darf Erziehung geplant werden?

Ohne im Rahmen des vorliegenden Abschnitts eine ausführliche Erörterung des Erziehungsbegriffs leisten zu müssen, kann wohl gesagt werden, daß Erziehung als zwischenmenschliches Geschehen – zumal die schulische – u. a. ein Moment des Intentionalen in sich schließt. Nach DOLCH ist Erziehung „im allgemeinsten Sinne die Gesamtheit jener zwischenmenschlichen Einwirkungen, durch die eine mehr oder minder dauernde Verbesserung im Verhalten und Handeln eines Menschen beabsichtigt oder erreicht wird". Sie ist „gerichtet auf das Verhalten und Handeln eines Menschen in seinem ganzen Umfang, von den leiblichen Funktionen bis zu den geistigen Prozessen der Wesensverwirklichung der Person" (1960, S. 54/55).

Die Legitimität, ja, Notwendigkeit von Setzungen (Kriterien der Entscheidung) im Erziehungsprozeß wird in einer Argumentation einsichtig, die H. HEID (1970) vorgetragen hat. HEID geht aus von der Tatsache, „daß der Mensch von seiner natürlichen individuellen Ausstattung her praktisch zumindest mehrere Möglichkeiten der ‚Selbstverwirklichung' besitzt, vielleicht sogar, daß er mehrere Möglichkeiten hat, ein individuelles Optimum zu realisieren" (S. 368).

HEID fährt fort: „Damit ist aber eine pädagogisch verantwortbare Entscheidung zwischen den Möglichkeiten einer ‚Selbstverwirklichung' (allein) vom individuellen Ausstattungsgefüge her ausgeschlossen. Ein Kriterium zu dieser Entscheidung muß also außerhalb der natürlichen Ausstattung des Individuums gefunden werden" (S. ebd.).

Nach HEID liefern aber auch die gesellschaftlichen Verhaltenserwartungen (= „der soziokulturelle Anspruch") keine Kriterien, nach denen entschieden werden kann, da die aktuellen Anforderungen der Gesellschaft „keine feste Größe" darstellen. Somit ergibt sich für Heid: „Das tatsächliche ‚Kriterium', das die Schließung dieses Wirkungskreises ‚steuert' (des Wirkungskreises, wonach die jeweiligen Anforderungen und Ansprüche ihrerseits durch erzieherisch vermittelte Normen und Werte konstituiert sind. Anm. d, Verf.), ist bislang im allgemeinen der Zufall – Zufall bereits im Sinne unzureichend reflektierter und verantwortlich verfügter Daseinsziele und -bedingungen. Die vitale und emotionale Verhaltensbasis, der Duktus der vielfältigen Verhaltensäußerungen, die normative und kognitive Verhaltensorientierung und im Zusammenhang damit die sozialen Chancen des einzelnen hängen entscheidend davon ab, welchen Sozialstatus, welche Konfession, welchen Wohnort, Wohnraum, Wohnstil und nicht zuletzt welche Erziehung seine Eltern ‚zufällig' hatten bzw. haben ... Dort, wo dieser Zufall durch verantwortetes Erziehungshandeln ersetzt oder zumindest ‚ergänzt', neutralisiert, kompensiert, korrigiert werden soll, sind wiederum Kriterien erforderlich; Kriterien zur Bestimmung der pädagogischen Legitimität sowohl der individuellen Ausstattung als auch der gesellschaftlichen Verhaltenserwartungen." (S. 371/372)

Völlig zu Recht kommt HEID daher zum Schluß: „Wenn weder die individuelle Ausstattung des Educandus noch ein jeweiliger soziokultureller Anspruch ein eindeutiges und zureichendes Kriterium zur positiven Ziel- und Inhaltsbestimmung verantwortbaren erzieherischen Handelns enthalten, dann müssen Ziel und Inhalt der Erziehung gesetzt werden. Die Notwendigkeit zu handeln erzwingt diese Entscheidung, die ja auch tatsächlich in jedem Augenblick erzieherisch relevanten Handelns getroffen wird." (S. 379/380)

Daß mit diesem „Zwang zum Selbstentwurf" und den daraus sich ergebenden Norm- und Zielentscheidungen nicht die „Verplanung", „Manipulierung", „Entmündigung" usw. des Heranwachsenden gemeint ist oder sich ergeben muß, macht HEID deutlich, indem er die Notwendigkeit von Norm- und Zielentscheidungen ausdrücklich mit einem Minimalkonzept emanzipativer Erziehung zusammenbringt. Nach ihm geht es darum, dabei das „Augenmerk zumindest auf dreierlei zu richten, und zwar

1. darauf, institutionell zu sichern, daß der Educandus Gelegenheit erhält, abweichende oder korrigierende Auffassungen und Verhaltensmöglichkeiten ‚im Original' kennen, nutzen und meistern zu lernen,

2. darauf, ‚alternative' Kriterien des erzieherischen Vorgriffs auf eigenverantwortete Selbstbestimmung und Daseinsorientierung auf eine breite, kritikoffene, soziale Diskussion und Verantwortungsbasis zu stellen und
3. darauf, das schon erwähnte kritische Potential um das kreative zu bereichern und beides so früh und wirksam wie möglich zu stärken und zu fördern" (S. 384).

Zu Recht weist HEID auf die Gefahr hin, daß im konkreten Erziehungs- und Unterrichtsvollzug sich einzelne, „beliebige" Normen unangemessen in den Vordergrund schieben können, da es fraglich erscheinen kann, ob der einzelne Lehrer die Kraft und Möglichkeit hat, die eigenen Entscheidungen jeweils kritisch zu hinterfragen. Überdies ist er selbst Repräsentant bestimmter soziokultureller Ansprüche (Mittelschichtcharakter unserer Schule) und als Spezialist für ein oder zwei Fächer nur schwer in der Lage, den soziokulturellen Kontext, innerhalb dessen sich Erziehung und Unterricht abspielen, in seiner vollen Breite zu überschauen und reflektierend erzieherisch umzusetzen. Genau an dieser Stelle zeigt sich deutlich, daß „Professionalisierung" des Lehrerverhaltens u. a. auch bedeutet, den Lehrer als Spezialisten zu einer derart breiten Perspektive seines beruflichen Tuns zu qualifizieren, d.h. vor allem den fachwissenschaftlichen Aspekt seiner Arbeit um den gesellschaftspolitischen zu erweitern.

III.2: So einleuchtend und zwingend auch der Schluß sein mag, aus der Normativität und daraus resultierend der „Gerichtetheit" und Intentionalität erzieherischen Tuns folgere das Prinzip des Planerischen gleichsam von selbst, so problematisch scheint ein solcher Gedanke zu werden, wenn man sich u. a. den Ergebnissen bzw. Erfolgen praktischer Erziehung zuwendet. Erst jüngst hat WOLFGANG BREZINKA (1969, S. 246 f.) kritisch von dem „abstrakten Glauben an die Macht der Erziehung" gesprochen und skeptisch darauf verwiesen, „was ringsum unter dem Namen ‚Erziehung' wirklich geschieht". Man erfahre in den konkreten Situationen des erzieherischen Alltags viel häufiger die Ohnmacht, als die Macht der Erziehung: „Es gibt in Mitteleuropa vermutlich viele hunderttausend Väter und Mütter, die jedes Vertrauen in die erzieherische Effizienz der sogenannten Erziehungseinrichtungen oder ‚Bildungsstätten' verloren haben, weil sie am seelischen Zustand der eigenen Kinder, die diesen Institutionen unterworfen gewesen sind, ablesen konnten, was deren Personal mit seinem als ‚Erziehung' bezeichneten Verhalten wirklich erreicht. Die meisten Erwachsenen, die auf ihre Jugendperiode zurückschauen, dürften mit der Ansicht THEODOR GEIGERS übereinstimmen, daß wir ‚vieles, vielleicht das Beste dessen, was wir sind, nicht *durch* unsere Erziehung, sondern in Abwehr gegen sie' geworden sind". BREZINKA fügt die zweifellos nicht weniger kritische Feststellung an: „Wir haben es in der häuslichen Erziehung wie im Schulunterricht weitgehend mit Probierhandlungen zu tun, bei denen natürlich nicht ausgeschlossen ist, daß sie zufällig auch Erfolg haben können. Wie gering die Erfolgschancen sogenannter Erziehungsmaßnahmen sind, bleibt der Öffentlichkeit nur deswegen relativ verborgen, weil die Kinder und Jugendlichen vieles von dem, was sie lernen sollen, weitgehend unabhängig von den erzieherisch gemeinten Probierhandlungen ihrer Eltern und Lehrer von selbst zu lernen vermögen".

Dem Mangel an Planung und den Mißerfolgen in der allgemeinen Erziehungspraxis – damit allerdings die Notwendigkeit des Intentionalen eher verstärkend als diskreditierend – entspricht, darauf verweist auch Brezinka, das Fehlen einer wissenschaftlich gesicherten und verbindlichen Theorie der Erziehung, die u.a. Aussagen über kausale Zusammenhänge zwischen dem Erziehungsverhalten und seinen Ergebnissen zuließe.

III.3: Darüberhinaus wird das Prinzip der Planung durch grundlegende Einwände geisteswissenschaftlicher und philosophischer Art problematisiert. Schon 1924 hat EBERHARD GRISEBACH die Frage gestellt: „Können wir überhaupt einen anderen Menschen verwandeln? Steht uns ein bildender Einfluß auf die Seele des anderen zu?" (1924, S. 11) Und HERMANN NOHL, der die Theorie des „Pädagogischen Bezuges" entwickelt hat, sieht diesen Bezug als „das leidenschaftliche Verhältnis eines reifen Menschen zu einem werdenden Menschen" (1961, S. 134) und fügt die Feststellung an: „Er (der Erzieher) wird dabei auch nicht vergessen dürfen, daß sie (die päd. Beziehung) nicht zu erzwingen ist..." (1961, S. 154) Eine weitere, wenigstens teilweise Relativierung des Planungsmomentes in der Erziehung kommt in der Feststellung NOHLS zum Ausdruck: „... das pädagogische Verhältnis strebt ... von beiden Seiten dahin, sich überflüssig zu machen und zu lösen..." (1961, S. 136).

Von der Existenzphilosophie ausgehend, hat OTTO FRIEDRICH BOLLNOW (1959) mit dem Prinzip der „unstetigen Formen in der Erziehung" das Rüstzeug für die systematische Infragestellung des Planungsgedankens in der Erziehung geliefert (vgl. SCHALLER, 1961; SCHLOZ, 1966; HEITGER, 1968 u. 1969); und EDUARD SPRANGER hat in seinem Buch „Das Gesetz der ungewollten Nebenwirkungen in der Erziehung" (1962) ähnliche Gedanken zum Ausdruck gebracht. Besonders die Arbeit von WOLFGANG SCHLOZ „Über die Nichtplanbarkeit in der Erziehung" verdient hier Beachtung. SCHLOZ schreibt (1966, S. 36): „Da Erziehung eine ‚Gegebenheit' ist, kann sie auch für die Wissenschaft (Pädagogik) keine ‚Aufgabe' sein, sondern ebenfalls nur eine Gegebenheit, die es zu erforschen gilt ... Die Wissenschaft von der Erziehung kann darum auch kein Ziel der Erziehung angeben; das übersteigt einfach ihre Möglichkeiten; denn ‚Zielsetzung besteht da zu Recht, wo es sich um verstandesmäßige Zweckmäßigkeit handelt'. In der Erziehung handelt es sich aber nicht um ‚verstandesmäßige Zweckmäßigkeit', sondern um eine ‚Urfunktion des Geistes', um ein ‚ursprüngliches Geschehen'". In ähnlicher Weise stellt K. G. STEGHERR (1959, S. 184) fest: „Erziehung ist ein mögliches, jedoch nicht ein mit funktioneller Notwendigkeit ablaufendes Geschehen; denn das Phänomen der Erziehung ist stets an die Existenz eines personalen Erziehungssubjektes gebunden..." Interessant ist, wie SCHLOZ (S. 87) seine Position vor möglicher Kritik abzuschirmen versucht. Er stellt fest, es sei nicht möglich, das Phänomen der Nichtplanbarkeit restlos zu erfassen, „denn es gehört zum Wesen des Nichtplanbaren, daß es sich nicht restlos aufzeigen läßt, sondern sich immer wieder neu in sachlichem und mitmenschlichem Handeln als das Nicht zum Plane erschließt". SCHLOZ führt die folgenden Grundzüge des Nichtplanbaren in der Erziehung auf:

1. die schlechthinige Unvorhersehbarkeit der Zukunft;
2. die Einmaligkeit und Unwiederholbarkeit der Situation;
3. die Unverfügbarkeit der Einsicht;
4. die „Zeitlosigkeit" erfüllter Gegenwart;
5. die Unverfügbarkeit der Menschlichkeit;
6. die Liebe (S. 86 ff.).

MARIAN HEITGER (1968) gründet seine Kritik an dem Planungsgedanken in der Erziehung auf die Zurückweisung des Instrumentellen in der Pädagogik als der „Inkarnation" des Planerischen. In außerordentlich scharfen Formulierungen wendet er sich gegen den – nach seiner Auffassung der Heteronomie und Fremdbestimmung dienenden – Einsatz von Erziehungsmitteln. Er schreibt: „Der instrumentale Charakter von Mitteln, den sie ihrer Natur nach gar nicht abstreifen können, macht sie für eine Pädagogik, der die Intention auf Selbstbestimmung immanent ist, nicht nur ungeeignet, sondern schließt ihre Zuordnung zum Erzieherischen grundsätzlich aus, weil Erziehung nicht mehr der Menschlichkeit des Menschen verpflichtet wäre... Der Einsatz von Mitteln befördert nämlich, auf dem Grunde gesehen, jene Zwecke und Ziele gar nicht, sondern verhindert sie eher. Denn Mittel appellieren als Instrumente der Fremdbestimmung immer an Dummheit und Feigheit gleichzeitig... Deshalb lassen sich alle Mittel der Beeinflussung als möglicherweise taktisch kluge Momente zur Anpassung und Unterwerfung an das, was fremde Vernunft vorschreibt, aber als zur Pädagogik im Widerspruch stehend, bestimmen, weil sie Sittlichkeit ausschließen. Wenn man dennoch glaubt, von ‚Erziehungsmitteln' nicht lassen zu können, so demaskiert sich die mit ihnen hantierende Pädagogik insgesamt selbst als Mittel der Entfremdung." (1968, S. 113)

III.4: Auf die Problematik der HEITGERschen Argumentation wurde bereits an anderer Stelle kurz eingegangen (DÖRING, 1973/2, S. 14). Für den vorliegenden Zusammenhang ist vor allem wichtig, daß die Sorge der Kritiker des Prinzips „Planung" in der Erziehung der Autonomie des Schülers, seiner Menschlichkeit, wie HEITGER sagt, gilt. Eben diese Sorge teilen auch die Anhänger der Planung. Das technologische Prinzip in der Erziehung muß nicht die „Verplanung des Menschen" im schlechten Sinne zum Ziel haben, es kann gerade auch der Sicherung der Autonomie des zu Erziehenden dienen. So verständlich und berechtigt es daher ist, bei der Diskussion um erzieherische Maßnahmen z. B. vor Fehlinterpretationen der „Lehre von den Erziehungsmitteln" zu warnen – ERICH WEBER (1969) etwa führt dazu folgende auf: die instrumentalistische, die technologische, die rezeptologische, die manipulatorische und die methodenkultische Fehlinterpretation –, so unerläßlich ist es dann aber auch, die folgende Feststellung anzufügen: „Wenn erzieherisches Handeln, wie es die pädagogische Verantwortung verlangt, mehr sein soll, als lediglich ein gedankenloses, zufälliges, launenhaftes oder gewohnheitsmäßig entseeltes und erstarrtes Agieren, so wird es immer wieder auf eine Reflexion seiner Maßnahmen sowie deren Bedingungen und Folgen verwiesen." (WEBER, 1969, S. 20)

Wenn HANS HERBERT BECKER (1964) feststellt, „‚Wahr' im Sinne pädagogischer Wissenschaft ist nicht unbedingt alles, was der Steigerung des Erziehungseffektes nützt ...", und wenn er hinzufügt, „Wollten wir Pädagogik als im Sinne ‚pragmatisch' verstehen, so verfielen wir wiederum in den Fehler, das Handeln am Mitmenschen in Analogie zum Handeln am Außermenschlichen .... zu setzen" (S. 11), so wird man ihm ohne Zweifel zustimmen müssen. Aber ist, so wäre zu fragen, eine Erziehung, die sich an der Mittel-Zweck-Korrelation und an Kriterien des Erfolges planerisch zu orientieren sucht, damit schon an sich eine „Technik der Menschenbearbeitung" (BECKER, S. 12)? Eine solche Schlußfolgerung wäre zumindest voreilig. Und so muß man – gerade angesichts der oben angesprochenen allgemeinen „unplanerischen" Erziehungspraxis – der kritischen Bemerkung BREZINKAS zustimmen: „Die philosophische Pädagogik hat sich seit HERBART nur mehr selten mit der Frage nach dem Erfolg der Erziehung beschäftigt. Sie hat sich mit allgemeinen Hinweisen auf die Freiheit der Person, die sich grundsätzlich aller Vorausberechnung entziehe, auf das ‚Wagnis als Wesensmoment der Erziehung' und auf die ‚Möglichkeit des Scheiterns' begnügt. Für eine realwissenschaftliche Theorie der Erziehung hat dagegen das Problem der erzieherischen Wirkung eine zentrale Bedeutung." (1969, S. 249)

III.5: Wenn Planung daher gerade aus pädagogischer Verantwortung um den mündigen Menschen erwachsen muß, so ist dem hinzuzufügen: „Wenn man weiß, daß man aus dem Menschen nahezu unendlich und erschreckend viel machen kann, sollte man wissen, was man aus ihm machen will; anders formuliert: Man sollte wissen, ob man etwas Bestimmtes aus ihm *machen* will, oder ob man ihn instand setzen will, etwas *aus sich* zu machen" (MOLLENHAUER, 1964, S. 74). So gesehen gewinnt eine erziehungs- und unterrichtstechnologische Grundeinstellung eine ganz neue Wertigkeit. Angesichts der Tatsache, daß die pädagogische Manipulierbarkeit des Menschen nicht nur am je so und so beschaffenen Individuum möglich ist, sondern bereits Eingriffe in dessen „Voraussetzungen", seine Bildsamkeit, gegeben sind – man denke an die Ergebnisse der neueren Begabungs-, Motivations-, Sprach- und Lernforschung (ROTH, 1969) –, kann verantwortliche Erziehung den Gedanken detaillierter Planung gerade aus Sorge um die Emanzipation und Mündigkeit des Zöglings nicht von vornherein abtun. Es muß ihr vielmehr um die Planung solcher „Führungshilfen" gehen, „die die Entscheidung des Zöglings ermöglichen, provozieren und unterstützen und der Förderung seiner Mündigkeit dienen" (IPFLING, 1969, S. 30).

Was die von den Kritikern des Planungsdenkens in der Erziehung befürchtete Überbewertung des Mittel-Zweck-Denkens anlangt, so ist dem mit BERNFELD (1967, S. 148) entgegenzuhalten: „Kein Mittel könnte ausgedacht werden, das garantiert, aus jedem kindlichen Verwahrlosten ein erträgliches Wesen zu machen; wohl aber gibt es Mittel, die versprechen, daß dies mit einiger Wahrscheinlichkeit gelingen werde. Diese Selbstverständlichkeit ist von immenser Bedeutung, mag sie anscheinend auch nicht mehr sein als die vorsichtige Formulierung, die der Unvollkommenheit aller menschlicher Erkenntnis Rechnung trägt. In Wahrheit ist sie ein Prinzip für sich. Denn aus ihr folgt eine Prognose, die unter gewissen sozialen Gegebenheiten ausreicht, um auf ihr eine völlig genügend sichere Basis für erzieherische Maßnahmen zu errichten."

Der Lehrer als Erziehungsspezialist wird also von der Voraussetzung auszugehen haben, daß die „Frage der Menschenführung ... einen ausgesprochen technischen Aspekt (hat). Führungskontakte sind nicht, oder jedenfalls nur in exzeptionellen Fällen ... soziale Spontankontakte in dem Sinne einer seelischen Bewegung zueinander, getrieben vom Eros, der den Freund zum Gefreundeten, den Liebenden zum Geliebten führt. Das rationale Element der Planung, der Vorschau, der Taktik, der Zweck-Mittel-Analyse und nicht zuletzt der kritischen Überprüfung der Realitäten, soweit die psychologischen Gegebenheiten in Frage sind, die beide Kontaktpartner in das Verhältnis bringen, ist ein konstitutives Element aller Führungsakte." (ENGELMAYER, 1968, S. 44)

Niemand mißverstehe diese Aussagen als Planungseuphorie oder gar als den Versuch der systemkonformen Vereinnahmung des Menschen. – In der pädagogischen Diskussion sind diesbezüglich zwei – auf den ersten Blick – gegenläufige Tendenzen zu beobachten: auf der einen Seite das Drängen nach Freiheit, Emanzipation, Abbau von Autorität und Zwang; auf der anderen Seite die Bemühung um immer genauere Planung, Operationalisierung, Erfolgskontrolle. Diese Tendenzen scheinen einander zu widersprechen, sind aber in Wirklichkeit nur zwei Seiten desselben Phänomens. Wird Freiheit dadurch erworben, daß die überkommenen Herrschaftsstrukturen ihre metaphysische Legitimation verlieren, so will rationale Planung die Willkür und das unkontrollierte Gutdünken des pädagogisch Handelnden einschränken. So verstanden stellen Freiheit und Planung keine Alternative dar! Der Mensch in der industriellen Gesellschaft hat nicht das eine *oder* das andere zu wählen, sondern der Raum seiner Freiheit erschließt sich erst dort, wo der planbare Raum auch wirklich durch Planung ausgefüllt wird.

Viele intuitiv arbeitende, die Lehrerperson in den Vordergrund stellende, traditionell orientierte Lehrer, die den Planungsgedanken weit von sich weisen, weil sie in ihm eine Gefahr für die Mündigkeit ihrer Schüler sehen und vielleicht auch um die eigene Flexibilität fürchten, übersehen, daß ihr eigener Person-zentrierter Unterricht Schülern so gut wie keinen Freiraum für eigene Aktivitäten läßt und schon gar nicht flexibel genannt werden kann. Zumeist sind sie – weil diese Art zu unterrichten sehr anstrengend ist – sehr angespannt, haben wenig Zeit und oft nicht mehr die Kraft, sich wirklich als Partner mit den Schülern einzulassen. So gesehen, kann ein solcher Lehrer – trotz bester Vorsätze – die Schüler *mehr* unterdrücken und indoktrinieren als jenes sorgfältiger geplante Vorgehen es tun könnte, das er gerade als zu gefährlich zurückweist.

Zusammenfassung:
1. Erziehung – und damit auch Unterricht – ist als intentionaler Akt ohne „Setzungen", das heißt, ohne Zielbestimmungen, nach denen gehandelt werden kann, unmöglich.
2. „Setzung" bedeutet nicht zwangsläufig, daß dem Schüler kein Freiraum für eigenständiges Handeln und mündige Entwicklung bleibt.
3. Die „mageren" Ergebnisse und problematischen Folgen des derzeitigen Erziehungs- und Unterrichtssystems lassen zwar Zweifel an der Wirksamkeit geplanter Erziehungs- und Unterrichtsmaßnahmen zu, verstärken aber eher die Forderung nach einem gezielteren, professionellen Vorgehen.
4. Von geisteswissenschaftlichen Positionen aus vorgetragene Einwände basieren auf der These von der schlechthinigen Unplanbarkeit der Erziehung und zielen dem Anspruch nach auf die Mündigkeit und prinzipielle Freiheit des Heranwachsenden. Positionen dieser Art akzentuieren aber nur *einen* Aspekt am erzieherischen Prozeß.
5. Der andere Aspekt ist unbestreitbar der der verantwortlichen Planung, und zwar gerade einer solchen, die den Freiraum des Schülers für eine eigenständige und mündige Entwicklung sichern hilft.

Fragen und Denkanstöße
1. Im vorausgegangenen Kapitel wurden erziehungswissenschaftliche Einwände gegen professionelle Planungsstrategien in Schule und Unterricht vorgetragen. Überlegen Sie kritisch, welche anderen Motive bei praktizierenden Lehrern zur Zurückweisung dieses Ansatzes führen können!
2. Stecken Sie für sich nochmals die Grenzen der beiden Prinzipien „Planung" und „individueller Freiraum" ab! Bis zu welchem Punkt hat Planung ihren

guten Sinn, ja, ist sie unverzichtbar; von wo an wird sie möglicherweise problematisch? Argumentieren Sie dabei möglichst konkret und anhand von Beispielen!

3. Nehmen Sie aus der Optik der im vorausgegangenen Kapitel behandelten Fragen zu dem folgenden Zitat Stellung:
„Widersprüchlich und konflikttächtig erscheint die Berufsrolle des Lehrers nicht zuletzt wegen der Vielfalt an Funktionen, die sie allein im spezifisch pädagogischen Bereich umschließt. Im Hinblick auf seine Schüler hat der Lehrer nach- und nebeneinander mindestens folgende Aufgaben wahrzunehmen: zu dozieren, zu experimentieren und demonstrieren, Gespräche zu initiieren und zu leiten, die Schüler zum Lernen zu motivieren, ihnen dabei zu assistieren, ihre Arbeit zu organisieren und zu koordinieren, ihre Leistungen zu examinieren und zu prämiieren, ihr Verhalten zu disziplinieren, bei Disziplinschwierigkeiten aber die Funktion der Legislative, Judikative und Exekutive gleichzeitig wahrzunehmen – von den Verwaltungsaufgaben ganz zu schweigen. Solche Funktionsvielfalt, solche Vereinigungen konkurrierender, vielfach einander ausschließender Funktionen in einer Person, verunsichert den Lehrer ..., weil ... die strukturelle Funktionsvielfalt ... eine entsprechende ‚Professionalisierung' der Berufsausbildung und -ausübung mithin von vornherein zu verhindern scheint." (KRAMP, W., 1973, S. 196)

4. Pädagogisches Selbstverständnis – Professionalisierung – Planung: Nehmen Sie Stellung zur folgenden Aussage: „Wir müssen die Ansatzpunkte nicht in Utopien suchen, sondern an vielen Stellen des Schulalltags und in schulpolitischen Aktivitäten im Bereich des Machbaren (!). – Ein Ansatz ist in der Gestaltung des Lehrer-Schüler-Verhältnisses zu suchen. Es kommt entscheidend auf das Selbstverständnis des Lehrers ... an: Der bloße Fachwissenschaftler, der über die Köpfe der Kinder hinwegredet, wird wenig Freude bereiten und ernten; deshalb darf die pädagogisch-psychologische Komponente nicht zu kurz kommen. Wir müssen zur Kenntnis nehmen, daß sich die Schüler primär einen heiteren, geduldigen, freundlichen und verständigen Lehrer wünschen und daß ihnen nichts so stark mißfällt wie Mißmut, Verdrossenheit, Kritikasterei und ein hochfahrendes Wesen. Der Lehrer ist mit der vordergründig technokratischen Formel: ‚Organisator von Lernprozessen' nicht zu fassen...." (LORENZ, U.; IPFLING, H.-J., 1979, S. 25/26)!

Basisliteratur:
FISCHER, W. u. a.: Schule und kritische Pädagogik. Heidelberg 1972.

Zusatzliteratur:
LORENZ, U.; IPFLING, H.-J. (Hrsg.): Freude an der Schule. München 1979.

IV. Ergänzende Perspektiven zum Gegenstand (Spezialisierung, Teamarbeit, Bürokratie)

Die *Ziele* des folgenden Kapitels sind:
1. Thematisierung der Notwendigkeit, daß die Frage nach der Professionalisierung des Lehrerverhaltens in Verbindung gebracht werden muß mit einigen grundlegenden Bedingungen des Lehrerberufs, wenn man sie nicht unzulässig verkürzen will;
2. Aufweis von Strategien, mit Hilfe derer man den Professionalisierungsprozeß der Lehrerschaft unterstützen und ergänzen könnte. Damit soll zugleich der Eindruck relativiert werden, professionelles Verhalten sei ein bloß subjektives (psychologisches) Problem des einzelnen Lehrers.

IV.1: In seiner bekannten Studie zur Rollenproblematik des Lehrerberufes hat JANPETER KOB (1959) nachdrücklich auf die grundsätzliche „Modernität" des Erziehungswesens und des Lehrerberufes hingewiesen: „Typische und wesentliche Merkmale industrieller Gesellschaften, wie die Rationalisierung der Arbeitsvollzüge, die Bürokratisierung der Verwaltung und der Abbau herkunftsbestimmter Statuszuweisung zugunsten einer leistungsmäßigen, mit allen ihren sozialen Folgen, sind undenkbar ohne den intensiven Ausbau von speziellen Erziehungsinstitutionen und der Entwicklung eines großen Berufsstandes von Erziehungsfachleuten." (S. 91) Zweifellos wird man KOB zustimmen müssen, wenn er betont, für den Beruf des Lehrers sei die Spezialisierung auf Erziehung der wesentliche Aspekt, „ungeachtet des pädagogischen Strebens nach Allgemeinheit und Universalität der Bildung und der berufsspezifischen Antispezialisierungskampagnen" (S. 92). Problematisch wird KOBS Argumentation jedoch, wenn die an sich berechtigte Kritik an einer konservativen und irrationalen Kulturkritik, welche das Selbstverständnis der Lehrerschaft tatsächlich lange Zeit, bis in unsere Tage, mit zivilisationspessimistischen, antiindustriellen Argumenten gespeist hat, zu einer generellen Kritik am (kultur-)kritischen Denken in der Pädagogik überhaupt wird. Die Wahrung der pädagogischen Autonomie, gerade auch des Spezialisten für Erziehung, wird in der Herausarbeitung eines beruflichen Selbstverständnisses zu leisten sein, das kritisch ist, und zwar „kritisch gegenüber der Gesellschaft, das heißt gegenüber den Erwartungen der an der Erziehung beteiligten Bezugsgruppen." (MOLLENHAUER, 1962, S.87)

Indem so die entscheidenden Charakteristika der gesamtgesellschaftlichen Strukturen, vor allem die der soziokulturellen Differenzierung, Rationalisierung und Spezialisierung, auch in das Erziehungswesen eingehen und den Erzieherberuf erfassen, stellen sich u. a. folgende Fragen:

- Was bedeutet Spezialisierung in der Lehrerschaft?
- Ist Spezialisierung für die angestrebte Professionalisierung des Lehrerverhaltens günstig?
- Welche Auswirkungen ergeben sich für das Lehrer-Schüler-Verhältnis?

Zu der erstgenannten Frage haben in einer einschlägigen Studie zum Problem der Spezialisierung im Lehrerberuf DIECKMANN und LORENZ (1968) sowohl das Prinzip der „generellen" Spezialisierung – der Lehrer als Erziehungsspezialist im allgemeinen Sinne – wie das der „besonderen" Spezialisierung – der Lehrer als Spezialist eines Unterrichtsgebietes – ausdrücklich bejaht (obgleich die hier getroffene Unterscheidung in der Untersuchung nicht ausdrücklich auftaucht).

Folgende wichtige Thesen der Untersuchung seien angeführt:

„Die Prozesse der sozial-kulturellen Differenzierung und Spezialisierung gehen ursächlich auf die Rationalität der industriell bestimmten Lebensordnung zurück." (S. 12)

„Somit zwingt ernsthafte, wissenschaftlich fundierte Arbeit zur Spezialisierung, aber auch zur Orientierung jenseits des eigenen fachlichen Horizonts." (S. 12)

„Das Erziehungswesen wird immer stärker vom Spezialisierungsprozeß erfaßt." (S. 13)

„Die berufliche Perfektion wird daher am ehesten durch die Übernahme einer begrenzten Aufgabe erreicht." (S. 13)

„Die Spezialisierung erhält Motivationen nicht nur von der größeren Effektivität her, sondern u. a. auch von der wachsenden Komplexität und Differenzierung der Gesellschaft." (S. 13)

„Die Einsicht in die Notwendigkeit der Spezialisierung in fortgeschrittenen Industriegesellschaften führt zu der Hypothese: Heute sind wir entweder Spezialisten auf einem Gebiet oder Dilettanten auf mehreren." (S. 13)

Das Prinzip der fachspezifischen „besonderen" Differenzierung wendet sich gegen den Typus des „Allroundlehrers", wie er im Bereich der bisherigen Volksschule z.T. noch heute vorherrscht. Ihm wird von DIECKMANN und LORENZ (S. 119) der sog. Fachgruppenlehrer, der Spezialist für etwa zwei bis vier Fächer, analog zum Typus des spezialisierten Realschul- und Gymnasiallehrers, entgegengesetzt. Wie DIECKMANN und LORENZ in dem empirischen Teil ihrer auf Schleswig-Holstein bezogenen Untersuchung zeigen können, wird z.B. der Typus des Fachgruppenlehrers auch schon von mehr als $^2/_3$ der Volksschullehrerschaft bejaht, was wahrscheinlich auch für die übrigen Bundesländer gelten dürfte.

Eine Variante der „besonderen" Spezialisierung, der in Zukunft voraussichtlich wesentliche Bedeutung zukommen dürfte, stellt dar, was man die „systeminterne" oder „pädagogische" Spezialisierung nennen könnte. Gemeint ist damit die Spezialisierung innerhalb des Lehrerkollegiums oder Lehrerteams auf besondere Schwerpunkte der pädagogischen Arbeit der Lehrer, also etwa auf Testpsychologie, Unterrichtstechnologie, Sozialpsychologie usw. Innerhalb des Teams wächst damit dem einzelnen Lehrer die Rolle des Experten für diese oder jene Aufgabe der gemeinsamen beruflichen Arbeit zu. Die immer komplizierter und differenzierter werdenden Beiträge der Berufswissenschaften zu den einzelnen Arbeitsbereichen des Lehrers sind in ihrer Fülle nur zu bewältigen und in die Berufsarbeit einzubringen, wenn sich innerhalb des einzelnen Systems die Lehrer auf je besondere Bereiche spezialisieren.

So gesehen ist die gestellte zweite Frage, ob sich Spezialisierung günstig auf die Professionalisierung des Verhaltens auswirke, zunächst einmal sicher zu bejahen. Freilich müssen zwei wichtige Einschränkungen gemacht werden.

Zunächst: Weder die fachspezifische noch die pädagogische Spezialisierung dürfen dazu führen, daß der Lehrer im Umgang mit Schülern bestimmte Bereiche, Fragen oder Anliegen von vornherein von sich weist oder ausklammert, weil er dafür nicht spezialisiert sei. Das Lehrerverhalten ist unteilbar; der Anspruch des Schülers an den Lehrer ebenso. Es muß langfristig auf die Lehrer-Schüler-Beziehung verheerend wirken, wenn der einzelne Lehrer auf Schülerbedürfnisse ständig auf diesen oder jenen Kollegen verweist mit dem Zusatz, dafür sei er nicht zuständig. Die Schule nähme dann Züge einer anonymen Großbürokratie an, die auch ständig in der Gefahr steht, ihre Klienten von einem zum anderen zu schicken, sich aber um die Bedürfnisse des einzelnen letztlich nicht zu kümmern.

Sodann: So einsichtig und notwendig das Prinzip der Spezialisierung im Lehrerberuf auch sein mag, es sollte seine Grenze finden an den Bedürfnissen bestimmter Schülergruppen – und damit bahnt sich zugleich eine Antwort auf die oben geäußerte dritte Frage zur Spezialisierung an. Die Verwissenschaftlichung des schulischen Unterrichts ist kein Wert an sich! Die Schule und die Lehrer haben auch sozial-emotionale Lernziele anzusteuern. Der soziale Preis ist in einfach unerträglicher Weise zu hoch, wenn das Fachlehrerprinzip z.B. bedenkenlos auch in der Grundschule und in der Hauptschule eingeführt wird, ohne Rücksicht darauf, ob diese Schülergruppen damit überhaupt fertig werden können, in jeder Stunde mit dem Fach den Lehrer wechseln zu müssen. – Spezialisierung ist letztlich nur vertretbar, wenn sie den Schülern hilft, sich ganzheitlich – also auch sozial – optimal zu entwickeln. Hier werden in Zukunft sicher einige Korrekturen an Entwicklungen einzubringen sein, die zu einseitig in Gang gebracht werden.

IV.2: Zur Zeit ist Lehrerarbeit als Berufsarbeit noch immer Einzel-Tätigkeit; und dem Einzelkämpfertum entspricht, daß das in der Schule herrschende „Kollegialitätsprinzip" eigentlich nicht Zusammenarbeit meint, sondern die durchgängige Einzelarbeit durch ein spezifisches „Rühr-mich-nicht-an-Klima" sogar noch abdecken hilft. Weder Planung noch Durchführung, noch Auswertung von Unterricht werden im Team geleistet. Das Lehrerzimmer ist in der Tendenz mehr ein Treffpunkt zum Austausch informeller Nachrichten als eine Operationsbasis für gemeinsames berufliches Handeln. Nach den punktuellen Zusammenkünften für die Dauer der Pausen schwärmt das Kollegium jedesmal neu aus, um in jeweils „strenger" Isolation *jedem* Lehrer die Möglichkeit zu geben, in „seiner" Klasse „seinen" Unterrichtsaufgaben nachzukommen.

Zwar haben sich in einigen Gesamtschulen – sowie sicherlich vereinzelt auch sonst hier und da – Veränderungen in Richtung auf eine verstärkte Lehrerzusammenarbeit angebahnt, im großen und ganzen ist die Lage aber sicher wie oben beschrieben geblieben. Da die Lehrerarbeit aber zweifellos eine soziale Tätigkeit mit einem hohen Erfordernis an Zusammenarbeit darstellt, gibt dieser Umstand ein untrügliches Zeichen ab für den (noch) geringen erziehungswissenschaftlichen Professionalisierungsgrad des Lehrerberufs.

Folgende – professionell relevante – Gründe sprechen für eine Verstärkung der Lehrerkooperation:

– Lehrerkooperation als horizontale Kommunikation und Interaktion sichert ein korrigierendes Feedback;
– Lehrerkooperation schafft ein günstiges Klima im jeweiligen System und bietet den Schülern ein sozial relevantes Modellverhalten an;
– Lehrerkooperation kann beim einzelnen Lehrer auftauchende Probleme und Schwierigkeiten auffangen und ihn so stabilisieren helfen;
– Lehrerkooperation hebt die Berufsmotivation und hilft, professionelle Einstellungen stabil zu halten;
– Lehrerkooperation erleichtert dem einzelnen Lehrer die Arbeit durch Austausch von Materialien, Ersparnis von Doppelarbeit, Verbesserung des Informationsstandes;
– aus all diesen Gründen vermag Lehrerkooperation daher die Qualität der Berufsarbeit zu verbessern und dürfte daher besonders im Schülerinteresse liegen.

IV.3: Die neuere Bürokratieforschung (MAYNTZ, 1967/2, 1968; ETZIONI, 1967) hat den Anstoß dazu gegeben, auch in der Bundesrepublik das Schulwesen als bürokratische Organisation auf seine Bedingungen und Konsequenzen hin zu untersuchen (z.B. FÜRSTENAU, 1967). Dabei hat sich vor allem ergeben, daß jener „klassische" Typus von Verwaltungsbürokratie, wie ihn unser Schulwesen darstellt, „die effektivste Organisationsform von Großbetrieben nur unter der Voraussetzung ist, daß es sich um uniforme (wiederkehrende) Arbeitsverrichtungen handelt" (FÜRSTENAU, 1967, S. 512), die in der Schule aber gerade nicht gegeben sind.

Wie andere Organisationsformen läßt sich auch die Schule als bürokratische Apparatur unter zwei Gesichtspunkten betrachten. So spricht etwa MAX WEBER (1956/4) von der „Rationalität" der Bürokratie, deren Aufgabe es sei, den reibungslosen Ablauf des Handelns zu ermöglichen. Demgegenüber wird (gleichsam als Gegenbegriff) mit Recht auch von der Irrationalität formaler Organisationen gesprochen (z.B. PARKINSON, 1968), die ihren Ursprung in der Tatsache hat, daß die Einhaltung bürokratischer Vorschriften allmählich zum Selbstzweck wird, das System also „bürokratisch", „technizistisch" und „konservativistisch" deformiert. Für den pädagogisch denkenden Lehrer ergibt sich infolgedessen die Frage, inwiefern durch derartige Tendenzen innerhalb des Systems die „eigentlichen" Aufgaben der Schule, also die Erziehungs- und Unterrichtsaufgaben, erschwert oder gar verhindert werden. Damit aber wird die „verwaltete Schule" (BECKER, H., 1954) zum pädagogischen Problem ersten Ranges.

Dem klassischen, hierarchisch strukturierten wird heute ein neues Bürokratie-Modell gegenübergestellt. Das „Human-Relation-Bürokratiemodell" z.B. soll für Organisationen gelten, die Arbeiten verlangen, bei denen in erster Linie soziale Fähigkeiten und Geschicklichkeiten erforderlich sind und bei denen eine stetige Anpassung an neue Arbeitsverhältnisse erwartet wird; Bedingungen, die in der Schule weitgehend gegeben sind. „Das strukturierende Moment von all dem ist die Verlagerung wesentlicher Anteile der Entscheidungsfunktion in die untere Ebene des hierarchischen Rollensystems. Diese Veränderung gegenüber dem klassischen Modell setzt voraus, daß das Personal der untersten Ebene zu selbständiger Berufsausübung fähig ist..." (FÜRSTENAU, S. 513)

Es geht also darum, gegenüber der bürokratischen Orientierung eine primäre Zielorientierung der schulischen Arbeit durchzusetzen. Die Entscheidung hierfür fällen Schulpolitik und die die schulische Arbeit verrichtende Lehrerschaft. Die Profilierung eines professionellen Berufsverhaltens ist so einerseits in gewissem Sinne abhängig von der bürokratischen Verfassung der Organisation Schule, andererseits und zugleich schafft professionelles Lehrerverhalten in gewissem Sinne erst die Voraussetzung für eine Umorganisation des Systems Schule im Sinne des Human-Relation-Schulmodells. „Solange die obersten Schulbehörden nicht in Zusammenarbeit mit den Parlamenten aus den von der neueren Bürokratieforschung erhobenen Befunden und entwickelten Konzeptionen die Konsequenzen ziehen, das Schulwesen von einer klassischen Verwaltungsbürokratie in eine gemischte Bürokratie zu verwandeln und damit den mit der zweckrationalen bürokratischen Organisationsform der Schule erhobenen Anspruch optimaler Leistungsfähigkeit zu erfüllen, werden sie auch ihre Kontrollfunktion nur sehr unbefriedigend wahrnehmen können." (FÜRSTENAU, S. 524)

Im Fall der bürokratisch organisierten Staatsschule „klassischer" Art ist die Organisationsspitze nämlich gezwungen, sich „mit der Kontrolle der formalen

Korrektheit bei der Verwirklichung des Organisationsziels zu begnügen. Überwacht wird die Einhaltung der vorgeschriebenen Zahlen von Stunden, Fächern, Schuljahren, die Einhaltung von Prüfungs- und Zeugnisvorschriften usw., nicht aber die tatsächliche Erreichung der inhaltlich vorgeschriebenen Ziele der Schule." (RUMPF, 1968, S. 176) Man muß RUMPF zustimmen, wenn er aus diesem Zustand negative Folgerungen für die Einstellung und das Verhalten der Lehrer (und der Schüler) zieht: Fügsamkeit, Gehorsam, Verzicht auf den Wunsch, aus eigener Einsicht und Erfahrung bestimmte Folgerungen zu ziehen, Verzicht auf Konflikt und Kritik im Umgang mit Gleichgestellten und Vorgesetzten (ebd., S. 177).

Demgegenüber wird Kontrolle beim Human-Relation-Modell durch professionelle Qualifikation, durch horizontale Kommunikation innerhalb der Lehrerschaft und durch Kooperation (z.B. „Team-Teaching") realisiert; durch Faktoren also, die einen unmittelbaren Zusammenhang mit dem Problem „Lehrerverhalten" haben. Die Bedeutung des organisationssoziologischen Aspekts für die vorliegende Fragestellung wird auch deutlich, wenn man wie FURCK (1967) von der Schulreformproblematik aus (als Reform der Zielsetzungen) an das Thema herangeht. FURCK schreibt: „Den neu festgesetzten Lehraufgaben korrespondiert eine veränderte Unterrichtsorganisation. Damit wird die in der pädagogischen Theorie befestigte Abwertung der Organisation, die ebenfalls in der schulischen Diskussion bis in die Gegenwart hinein aufgezeigt wurde, modifiziert. Verschiedene Untersuchungen lassen einen Zusammenhang von Organisation und Verhalten erkennen, so daß mit dem Absehen von dem Faktor Organisation eine wichtige Komponente der Verhaltenssteuerung unberücksichtigt bleibt." (S. 112)

Zusammenfassung:
1. Es hat sich gezeigt, daß die Professionalisierung des Lehrerverhaltens einerseits geradezu abhängig ist vom Stand der Entwicklung in den Bereichen Spezialisierung, Teamarbeit und Bürokratie, daß aber andererseits die Lehrerprofessionalisierung zugleich eine Art Voraussetzung dafür darstellt, daß in diesen Bereichen Fortschritte in der bezeichneten Richtung möglich werden.
2. Hinsichtlich der Lehrerspezialisierung sollte man die fachliche von der pädagogischen Spezialisierung unterscheiden, gleichzeitig aber die Schülerbedürfnisse im Auge behalten und tendenziell „ganzheitlich" und eben nicht „spezialisiert" auf Schüler reagieren.
3. Die Einzeltätigkeit im Lehrerberuf stellt eine schwere Hypothek für die Qualität der Berufsarbeit dar. Zahlreiche gewichtige Gründe sprechen dafür, daß ohne Lehrerkooperation auf Dauer die professionelle Orientierung der Lehrerarbeit gefährdet ist.

4. Das derzeitige klassisch hierarchische Bürokratiemodell des öffentlichen Schulwesens ist für die sozialen Aufgaben des Lehrerberufs hinderlich und ungeeignet. Die erforderliche Horizontalisierung im Lehrerberuf, die Eigenverantwortung, Berufsmotivation und Selbständigkeit bei den Lehrern werden vermindert bzw. verhindert.

Fragen und Denkanstöße:
1. Wie stehen Sie zur Frage der Spezialisierung im Lehrerberuf? Halten Sie Entwicklungen in dieser Richtung für sinnvoll, nützlich oder gar erforderlich? Wie stehen Sie zu der Gefahr, daß Schüler von ihren spezialisierten Lehrern evtl. nicht mehr problemlos mit allen Anliegen „angenommen" werden?
2. In einer empirischen Untersuchung fand man heraus, daß Lehrer in zwei große Gruppen mit unterschiedlichem – ja gegensätzlichem – beruflichen Selbstverständnis zerfallen:

„Das persönliche Berufsbild des Lehrers bezieht sich auf den ... Gegensatz unter den Lehrern, sich an den fachlichen oder pädagogischen Funktionen des Lehrerberufs zu orientieren..... Im fachorientierten Berufsbild wird die Wissensvermittlung als Hauptaufgabe des Lehrers angesehen, wobei die fachliche Qualifikation wichtiger als eine pädagogische Ausbildung erscheint. Das Hauptziel innerhalb des pädagogischen Berufsbildes ist die Persönlichkeitsförderung des Schülers, wozu man eine pädagogische und weniger eine fachliche Ausbildung für nötig hält. Bei den pädagogisch orientierten Lehrern ist eine mehr schulische, bei den fachlich orientierten Lehrern eine mehr außerschulische Ausrichtung des Berufsbildes spürbar." NIEMANN, H.J.: Der Lehrer und sein Beruf. Weinheim/Berlin/Basel 1970, S. 99.

Es erheben sich folgende Fragen:
– Sind die bezeichneten Berufsbilder von einem professionellen Standpunkt aus tragbar?
– Zeigt sich in den bezeichneten Berufsbildern eine Spezialisierungstendenz, oder liegen hier wohl andere Motive zugrunde?
– Lassen sich die beiden Berufsbilder überhaupt mit Fragen der Spezialisierung in Verbindung bringen?
3. Nehmen Sie zu dem folgenden Statement aus der Optik der drei im vorigen Kapitel behandelten Punkte „Spezialisierung", „Teamwork" und „Bürokratiemodelle" Stellung:

„Widersprüchlich und damit konfliktträchtig erscheint die Berufsrolle des Lehrers ferner wegen jenes, der Schule als Institution offenbar notwendig anhaftenden Zwitter-Charakters, den PETER FÜRSTENAU als Spannungsverhältnis zwischen einer ‚educativen' und einer ‚custodialen' Funktion der Schule bezeichnet hat. Zunächst tatsächlich oder vermeintlich allein auf den edukativen, den eigentlich pädagogischen ‚Betriebszweck' der Schule eingestellt und allein – wenn überhaupt – auf die sich daraus ergebenden Erziehungs- und Unterrichtsaufgaben halbwegs vorbereitet, sieht sich der Lehrer alsbald mit Aufgaben der Behütung und Bewahrung, der Verwaltung und Registrierung seiner Klienten wie seines Arbeitsmaterials konfrontiert, die er weder beherrscht noch zu beherrschen wünscht, die aber die Behörde zur Vermeidung von Regreßansprüchen ihm besonders dringend nahelegt und tatsächlich strenger überwacht als die eigentlich pädagogischen Funktionen – schon, weil sich diese nicht so streng überwachen lassen (jedenfalls nicht von einer Verwaltungsbehörde)." (KRAMP, W.: Studien zur Theorie der Schule. München 1973, S. 195).

4. Diskutieren Sie das folgende Zitat über die Vereinzelung des Lehrers in der Schule und führen Sie weitere Gründe dafür an, warum Lehrer auch da kaum miteinander kooperieren, wo sie es könnten:

„... nicht zu leugnen ist die hochgradige Individualisierung und Vereinzelung des Lehrers in unserem Schulsystem ... Diese Isolierung .... bedeutet einerseits Schutz: Die Fähigkeit zu unterrichten wird von Schülern, Eltern, Kollegen und Vorgesetzten weitgehend mit der Fähigkeit, in der Klasse Ordnung und Disziplin zu halten, identifiziert; die Erfolgsidee der Schule besagt, daß ‚erfolgreiche Lehrer keine Probleme haben'. Diese Ideologie ist für den Lehrer jedoch eine permanente Angstquelle, die ihn seine Sicherheit hinter den verschlossenen Türen der Klasse suchen läßt. Denn Konflikte in der Klasse, die aus dieser hinaus zu den Kollegen oder zum Schulleiter dringen, sind ein Zeichen der Erfolglosigkeit und beeinträchtigen den Status des Lehrers. Andererseits ist die durch Isolierung gewonnene Sicherheit recht zweifelhaft, insofern sie die Kehrseite der Schutzlosigkeit ist, mit der der einzelne Lehrer bei ernsthaften Konflikten und in kritischen Situationen seinen Vorgesetzten ausgeliefert ist .... Da darüber hinaus die Isolierung des Lehrers bei seinen Aktivitäten vor *seiner* Klasse höchstens informelle Kommunikation und Kooperation mit den Kollegen ermöglicht, ... besteht stets die Gefahr, daß die Kommunikation im Kollegium Formen des Klatsches annimmt: Man tauscht Ärger über schulische Probleme, nicht zuletzt über Kollegen und Vorgesetzte aus, bildet Cliquen und spinnt Intrigen." (WELLENDORF, F.: Formen der Kooperation von Lehrern in der Schule. In: FÜRSTENAU, P. u.a.: Zur Theorie der Schule. Weinheim/Berlin/Basel 1969, S. 94/95).

Basisliteratur:
PETER, H.-U.: Die Schule als soziale Organisation. Weinheim/Basel 1973.

Zusatzliteratur:
BERNFELD, S.: Sisyphus oder die Grenzen der Erziehung, Leipzig 1925, Frankfurt/M. 1967.

B. Die Erforschung des Gegenstandes „Lehrerverhalten"

Zu den weit verbreiteten und seit alters übernommenen Stereotypen über Erziehung und Unterricht gehört die, daß deren Ausübung Kunst sei, Erziehen und Lehren demnach zu den „künstlerischen" Betätigungen zu zählen seien. Eine für diese Auffassung typische Aussage zum Lehrerverhalten sei dem Buch des Amerikaners G. HIGHET, „The art of teaching" (Die Kunst des Lehrens), entnommen. Sie lautet: „I believe that teaching is an art, not a science ... Teaching is not like inducing a chemical reaction: it is much more like painting a picture or making a piece of music, or on a lower level like planting a garden or writing a friendly letter. You must throw your heart into it, you must realize that it cannot all be done by formulas, or you will spoil your work, and your pupils, and yourself." (1950, S. 7/8) Ähnliche Belegstellen ließen sich in beinahe beliebiger Zahl auch in der deutschen Pädagogik nachweisen. Aussagen dieser Art laufen dabei meist darauf hinaus, lehrendes und erzieherisches Verhalten, sofern es von Erfolg gekrönt ist, als gleichsam charismatisches Vermögen begnadeten Erziehertums zu konstatieren. Die Theorie vom „geborenen Erzieher" und seinen Tugenden (SPRANGER, 1958) hat hier ihren Platz.

Wenn demnach aus solcher Sicht das „Kunstgeschäft" Erziehung eine persönlichkeitsspezifische Begründung erfährt, so leuchtet ein, daß es verschiedene Lehrertypen geben muß und daß das Lehrerverhalten – analog zum künstlerischen Schaffen - verschiedene Stilformen aufweisen dürfte. In der Tat – und relativ folgerichtig – ist denn auch mit der Frage nach den Erziehungs*stilen* in der wissenschaftlichen Pädagogik der nächste Zugang zum Problem des Lehrerverhaltens gesucht worden. Vor dem Hintergrund der hier nur grob umrissenen Auffassung von Erziehung – wonach diese Kunst und nicht Wissenschaft sei („Teaching is an art not a science") – müssen schon im vorhinein beträchtliche Zweifel aufkommen, ob die pädagogische Theorie zur Frage der Lehrerpersönlichkeit und der Erziehungsstile, die im folgenden darzustellen sein werden, einen gültigen Ansatz für eine kriterienbezogene, instrumentelle, damit auch lehrbare Auffassung des Lehrerverhaltens zu liefern vermag.

Nun hat jedoch der Terminus „Kunst" durchaus zwei verschiedene Bedeutungen: Neben der hier angeschnittenen neueren, ästhetischen gibt es die ältere Auffassung des Begriffs; danach rückt Kunst mehr in die Nähe von Könnerschaft, zu der die Befähigung durchaus in systematischer Anstrengung erworben werden kann. Lehrerverhalten als Kunst*fertigkeit* im so verstandenen Sinne könnte dann etwa so beschrieben werden: Es „ist eine Kunst, die Kunst der Menschenbehandlung, soweit Kunst ein Können bezeichnet, das über einen Kanon von lehr- und lernbaren Verhaltensweisen, Praktiken, Kunstgriffen, Grundsätzen und Formen des Handelns verfügt" (ENGELMAYER, 1968, S. 44). In einigen Abschnitten der vorliegenden Studie kommt diese Auffassung stärker zum Zuge.

KARL ERNST NIPKOW (1967, S. 85) liefert für sie die Begründung, wenn er „ein wirklichkeitsnäheres und differenzierteres Bild vom Lehrer, seiner Person und den mit seiner Person zusammenhängenden spezifischen Problemen (fordert), wobei (theoretische) Selbstauslegung und (praktisches) Verhalten gegenübergestellt und verglichen werden müssen".

I. Ältere wissenschaftliche Konzeptionen

1. Lehrerpersönlichkeit und Lehrertugenden

Die *Ziele* des folgenden Kapitels sind:
1. Darstellung zweier Lehrerverhaltensansätze, die etwa gleichzeitig und nebeneinanderher in Deutschland und Amerika entwickelt und ausgebaut wurden: der normierende und der empirische Persönlichkeitsansatz;
2. Aufweis der Schwachstellen und der Problematik dieser Ansätze mit ihrer einseitigen Orientierung an einer idealistisch gesehenen Lehrerpersönlichkeit.

1.1: Normierende Ansätze
Die Vorherrschaft der geisteswissenschaftlichen Pädagogik in Deutschland und entsprechend der empirischen Pädagogik in den USA haben logischerweise zu zwei sehr verschiedenen Ausprägungen in den Sichtweisen und den Arten des Herangehens an das vorliegende Problem geführt. Interessanterweise liegt den überaus zahlreichen empirischen Arbeiten aus den USA aber letztlich ein ganz ähnlicher idealistischer Kern zugrunde wie den deutschen Arbeiten: der Glaube an den idealen Lehrer und die Hoffnung, ihn merkmalsmäßig erfassen zu können.

Erste wissenschaftliche Bemühungen, den Zusammenhang zwischen Lehrerpersönlichkeit und Lehrerverhalten zu erklären, gehen auf die sog. verstehende Psychologie zurück, wie sie vor allem von WILHELM DILTHEY (1961) und EDUARD SPRANGER (1950/8) vertreten wurde. Psychologie wurde dabei bewußt gegen die Naturwissenschaften abgegrenzt und den Geisteswissenschaften zugeordnet. Für die Frage nach der Lehrerpersönlichkeit wurde dabei besonders die SPRANGERsche Theorie der „Lebensformen" (1914) bedeutsam, an die vor allem GAUDIG (1917) und KERSCHENSTEINER (1921) anknüpften.

Hatte SPRANGER in den „Lebensformen" sechs Menschentypen entsprechend der Sechszahl der „reinen Kulturwerte" voneinander unterschieden: den theoretischen, ökonomischen, ästhetischen, sozialen, religiösen und politischen Menschen, so stellt KERSCHENSTEINER (1921) die Frage, welchem Typus der Lehrer wohl zugeordnet sei. Er gibt die Antwort: „Wer innerlich zum Lehrer der

Unmündigen, zum Bildner des geistig und sittlich sich entwickelnden Kindes berufen ist, dessen Seelenverfassung muß dem Typus des sozialen Menschen angehören. Das Grundgesetz seines eigenen Seins und Werdens ist die geistige Liebe." (1921, 1959/7, S. 115) Da nach SPRANGER die Struktur einer Persönlichkeit auf der „Richtung und auf der Schichtung ihrer Wertdispositionen" beruht, sucht KERSCHENSTEINER nach detaillierten Merkmalen der typischen Erziehernatur. Er nennt als wesentliche vier:

1. „die reine Neigung zur Gestaltung des individuellen Menschen",
2. „die Befähigung, dieser Neigung auch in erfolgreicher Weise nachzukommen",
3. „der eigentümliche Zug, gerade an den werdenden Menschen sich zu wenden",
4. „die dauernde Bestimmtheit..., d.h. der Wille, der individuellen Seele... zu jener Wertgestaltung zu verhelfen, die in ihrem Keime bereits angelegt ist" (1959/7, S. 57/58).

KERSCHENSTEINER fügt weitere Merkmale des Erziehers hinzu, etwa, „daß sich der Erzieher auch im geistigen Dienste einer Wertgemeinschaft fühlen muß, deren Glied er ist", daß er intellektuelle Fähigkeiten, Feinfühligkeit und pädagogischen Takt, Humor und eine religiöse Grundlage haben muß. Als Lehrer einer Klasse muß der Erzieher nach KERSCHENSTEINER überdies noch folgende Fähigkeiten aufweisen: „rein sachliche Einstellung", „rhetorisch wirksame Gestaltungskraft", „Fähigkeit der Klassenführung", „Werterfülltheit" (S. 91–105). KERSCHENSTEINERS Darstellung gipfelt in der Forderung – und darin schließt er sich GAUDIG an –, der Lehrer müsse „*Persönlichkeit*" sein: „Wer also hofft, im Lehrerberuf eine wertvolle Persönlichkeit zu werden, hat sich vor allem zu fragen, ob er hierzu die im vorausgehenden geschilderten Veranlagungen besitzt." (S. 108/109)

Es fällt auf, wie stark damit in der Frage der Lehrerbildung die Gewichte auf das verlagert sind, was der Lehrer als Anlage in den Beruf in gewissem Sinne immer schon mitbringt. Zwar fordert KERSCHENSTEINER, es müßte in den Ausbildungseinrichtungen für den einzelnen die Möglichkeit gegeben werden, „mit einiger Deutlichkeit innezuwerden, wieweit sein eigenes Wesen die Züge des besonderen sozialen Typus aufweist, und ob er innerlich berufen ist, den schönen, aber mühevollen Weg des Erziehers und Lehrers zu gehen" (S. 109/110), jedoch läuft das bestenfalls auf Entfaltung oder Modifikation ohnehin vorhandener Qualitäten hinaus. Das Wort vom „geborenen Erzieher" liegt daher nahe, dessen genauere Bestimmung mittels eines erzieherischen Tugendkatalogs möglich erscheint.

Folgerichtig war es dann auch EDUARD SPRANGER, der eine weitere Ausformulierung dieses idealistischen Lehrerbildes im Sinne des „geborenen

Erziehers" vorgenommen hat (1958). SPRANGER ergänzt den Ansatz KERSCHENSTEINERS vor allem um das Postulat der „pädagogischen Liebe", die der wahre Erzieher haben muß. Beinahe emphatisch heißt es bei ihm: „Jede geisttragende Seele hat, neben ihrer letzten Intimität, auch durch ihren Beruf einen eigenartigen Kontakt mit dem Metaphysischen ... Die ‚Leidenschaft des Geistes' ist ein metaphysisches Getriebensein, das Walten eines Genius in der Seele. Berufensein ist mehr, als einen Beruf haben. Der Erzieher hat eine ‚Sendung'..." (S. 80) Der Kern dieser „Sendung" ist nach SPRANGER eben die „pädagogische Liebe", die er als „fordernde Liebe" kennzeichnet, weil keine Erziehung denkbar sei, die nicht Leistungen fordere. Ihm ist damit das KERSCHENSTEINERsche Konzept vom Lehrer als einem sozialen Typus pädagogisch noch nicht intensiv genug, weil zu einseitig „auf das bloße Miteinander" (S. 104) konzentriert.

Eben in diesem Drang zur Intensivierung des pädagogischen Verhältnisses wird nun aber die ganze Problematik des idealistischen Lehrerkonzeptes deutlich. Es scheint, als ob hier ein bestimmter Aspekt der Reformpädagogik – und möglicherweise auch der Individualpädagogik älterer Prägung – zu einer spezifisch deutschen Erziehungsideologie verdichtet wird. Sie ist gekennzeichnet durch eine bemerkenswerte Unterbewertung des sozialen Bezuges (zum „bloßen Miteinander") zugunsten einer übersteigerten Reduktion auf das „Pädagogisch-Eigentliche" oder die „zeitlose Bestimmung des Menschen" (HEITGER, 1964, S. 39). Mit Recht stellt daher MARTIN SCHWONKE fest: „Die Neigung, das ‚Pädagogisch-Eigentliche', um das die Diskussion auch heute noch geht, als etwas außerhalb aller natürlichen und sozialen Abhängigkeiten Bestehendes zu verstehen, läßt sich in der erzieherischen Literatur vielfach belegen." (1966, S. 81) Nicht nur die Hinwendung zur sozialen Wirklichkeit wird damit erschwert, wenn nicht verunmöglicht, es fehlt auch der Blick für die im Schüler immer schon vorgegebenen sozialen Verhaltensstrukturen (MOLLENHAUER, 1969). Erst jüngst hat GUNTER EIGLER (1967) versucht, unter diesem Aspekt das „landläufige" Bild vom Lehrer zu korrigieren. Er weist darauf hin, daß alle das soziale Verhalten des einzelnen bestimmenden Einstellungen, Gewohnheiten und Werte „unter Druck sozialer Erwartungen" entstehen (S. 294) und in ihrer Fixiertheit irrational und relativ wenig beeinflußbar sind. Die Frage ist, ob eine realistische Interpretation des Lehrers und seiner Wirkungsmöglichkeiten ohne eine nüchterne Zurkenntnisnahme eben dieser Tatsache möglich erscheint.

EDUARD SPRANGER etwa schreibt: „Der echte Erzieher ... besitzt ein ursprüngliches Organ für die Bahnen, in denen der durch ihn hindurchwirkende Geist weht. Dieser Geist hat in Gemeinschaften, zu denen wesensmäßig ‚das Erzieherische' gehört, wie etwa in Familie und Schule, seine eigentliche Heimat. In andere wird der geborene Pädagoge ihn hineintragen; ja, er wird immer den Drang empfinden, eine Jüngerschaft um sich zu versammeln, gleichsam eine

Sekte im Dienst der Menschenveredlung." (1958, S. 36/37) Dem hält HEINRICH KUPFFER entgegen: „Wenn die Erziehung von einer herausragenden, ordnungstiftenden und wegweisenden Führergestalt wahrgenommen werden soll, dann ergibt sich neben dem kulturkritischen (im Sinne irrationaler Kritik an der Kultur. Anm. d. Verf.), dem restaurativen und dem hierarchischen als viertes ein mythisches Motiv. Schon die drei erstgenannten Motive führen an die Schwelle des Religiösen und lassen erkennbar werden, daß der deutsche Erzieher vielfach als eine heilbringende und erlösende Person verstanden wird ... Der Erzieher gilt als ein einzigartiger, über das Böse erhabener, dem Priester vergleichbarer Vertreter einer heilen Welt, dem das wichtige Amt zukommt, die in seine Hand gegebene Jugend zu ihrer wahren Bestimmung emporzuführen." (1969, S. 201)

Nun könnte man die Frage stellen, inwiefern die so gekennzeichnete ideologische Betrachtung des Lehrers für die vorliegende Problemstellung überhaupt bedeutsam werden kann. Dazu muß zweierlei festgestellt werden: Einmal erschwert die Hypostasierung des „geborenen Erziehers" zum idealtypisch stilisierten, begnadeten Pädagogen die Entwicklung eines vernünftigen Lehrerbildungs- und Lehrerverhaltenskonzeptes, das für die überwältigende Mehrheit der möglicherweise nicht ohne weiteres „begnadeten" Lehramtsanwärter dringend benötigt wird, zum anderen beeinflußt die skizzierte ideologische Position offensichtlich in einem erheblichen Maße noch immer das gegenwärtige Lehrerverhalten in unseren Schulen. So kommen z. B. WALTER SCHULTZE und GERD SCHLEIFFER in einer Arbeitszeitanalyse des Volksschullehrers (1965) zu dem Schluß, die Lehrer arbeiteten im Durchschnitt außerordentlich engagiert, echte „Ruhepositionen" im Unterricht seien selten. Wie gering bei den Lehrern die Neigung war, „aus dem persönlichen Engagement des direkten Kontaktes zu den Schülern hinüberzuwechseln in eine Phase größerer Zurückhaltung", zeigte sich nach SCHULTZE/SCHLEIFFER daran, daß sich bei insgesamt 186 vergleichbaren Unterrichtsstunden „in 19 Stunden überhaupt keine Zeiten für die die handlungsarme Position kennzeichnenden Kategorien (ergaben). In diesen Schulen unterhielt der Lehrer nämlich ohne Unterbrechung Kontakt zu den Schülern. In 40 Unterrichtsstunden versuchte der Lehrer, wenigstens in eine kurze handlungsarme Phase zu kommen. Sie dauerte jedoch in diesen Stunden noch keine volle Minute" (S. 50).

Das starke persönliche Engagement hat zwar bisweilen den Vorteil, daß sich die Begeisterung des Lehrers an dem Lerngegenstand auf den Schüler überträgt (Identifikationslernen), ist aber als durchgängige Verhaltensnorm insofern höchst problematisch, als es den Unterricht außerordentlich personenzentriert gestaltet, verbalisiert, den Einsatz von Lehr- und Lernmitteln erschwert und einer Versachlichung des Unterrichts – im Sinne einer unmittelbaren Bindung des Schülers an die Sache – im Wege steht. Auf die Frage, ob der Lehrer die Aufgabe habe, die Schüler nach „seinem Bilde" zu formen, hat ERICH WENIGER zu Recht die Antwort gegeben: „Im Gegenteil, es wird seine Aufgabe sein, den Zögling im Verlauf der Bildungsarbeit von sich und dem Zwang seiner Persönlichkeit freizumachen. Der Erzieher schafft nicht Menschen nach seinem Bilde. In der Begegnung mit ihm soll der Zögling vielmehr zu sich selber kommen." (1952, S. 137) Dem entspricht die bereits erwähnte Bestimmung HERRMANN NOHLS zum pädagogischen Bezug, wonach der Erzieher mit dazu beitragen soll, daß die pädagogische Beziehung zwischen ihm und dem Zögling allmählich überflüssig wird und sich löst (1961/5, S. 136f.).

So gesehen, darf demnach die Propagierung eines idealistischen Lehrerbildes wie sie etwa in der Aufstellung von Tugendkatalogen des Lehrers geschieht, nicht auf die leichte Schulter genommen werden. Schon DIESTERWEG (1958) hat in der Vorrede zur 3./4. Auflage seines „Wegweisers zur Bildung für deutsche Lehrer" in ironischer Weise auf dieses Problem hingewiesen. Er schreibt: „Mit Recht wünscht man dem Lehrer die Gesundheit und Kraft eines Germanen, den Scharfsinn eines Lessing, das Gemüt eines Hebel, die Begeisterung eines Pestalozzi, die Wahrheit eines Tillich, die Beredsamkeit eines Salzmann, die Kenntnis eines Leibniz, die Weisheit eines Sokrates und die Liebe eines Jesu Christi." Lehrertugenden wurden indessen auch nach dem 2. Weltkrieg noch gern beschworen. So steht etwa in einem „Ratgeber für junge Lehrer" (KUHN, Hrsg., 1954) zu lesen: Es „ist leicht einzusehen, daß das Geheimnis aller fruchtbringenden Erziehung und alles bildenden Unterrichts in der Lehrerpersönlichkeit liegt" (S. 10). Sodann wird ein Idealbild dieser Lehrerpersönlichkeit als Forderung entworfen, in dem die Eigenschaften „geistige Beweglichkeit" und „Geschultheit", ein „Erfülltsein von den Werten der Kultur", der „Besitz lebendigen Wissens", „vielfältiger Erfahrung und gleichen Erlebens", eine „religiöse Grundeinstellung" und schließlich die „Ehrfurcht vor den letzten Dingen" gefordert werden (S. 10). Offen bleibt freilich, wie diese Fähigkeiten und Einstellungen erworben werden können.

Ein anderer Tugendkatalog des Lehrers findet sich in der an sich erfreulich realistischen Arbeit HORST GLÄNZELS (1967). Er zählt auf: Güte, Vertrauen, Wertbewußtsein, Gerechtigkeit, Geduld, Takt, Bildungswille, Glaubwürdigkeit, Humor. Nun ist sicher nichts prinzipiell gegen derartige Tugenden einzuwenden. Die Frage ist aber, ob man sich bei derartigen Aneinanderreihungen, die sich beliebig erweitern lassen, beruhigen kann. Angesichts der Notwendigkeit einer Professionalisierung des Lehrerverhaltens im Sinne der Herausarbeitung berufsspezifischer Verhaltensweisen ist aber gerade zu fragen, ob ein solcher Tugendkatalog der „wahren" Lehrerpersönlichkeit etwas hergibt. Denn, so stellt HANS BECKMANN (1969, S. 5) zu Recht fest: „Auch für andere Berufe wird diese Forderung nach Persönlichkeit gestellt, sei es beim Arzt, beim Pfarrer, beim Offizier. Mag die Forderung berechtigt sein oder nicht, sie sagt nichts über die eigentlichen Aufgaben und Erfordernisse des Lehrerberufs aus."

Der normierende Ansatz zur Lehrerpersönlichkeit – das muß man sehen – ist in Deutschland vor dem Hintergrund der obrigkeitsstaatlichen, kinderfeindlichen Lernschule des 19. Jahrhunderts entstanden. Aus der Abkehr von dieser inhumanen, geistlosen deutschen Schultradition bezieht der vorgestellte Ansatz seinen hohen moralischen Anspruch und sein beinahe religiöses Pathos. Die Reform der Schule sollte an die Wurzel gehen, sollte dadurch dauerhaft gesichert werden, daß die Lehrerschaft den pädagogischen Anspruch der Reformpädagogik verinnerlichte. Insofern trifft die vorgetragene Kritik einen moralisch akzeptablen, im Namen des Kindes vorgetragenen Anspruch auf eine tiefgreifende Reform der Schule durch eine engagierte, sozial verantwortliche Lehrerschaft. Dies war – und ist zweifellos auch heute noch (!) – eine wertvolle Perspektive, die Beachtung verdient. Wie gezeigt wurde, enthält aber die vorgetragene Konzeption so viele überaus problematische Implikationen, daß eine scharfe Kritik besonders im Hinblick darauf notwendig ist, daß diese spezifisch deutsche Lehrerkonzeption bis in unsere Tage hinein vor allem mit ihren negativen Folgen nachwirkt.

1.2: Empirische Ansätze
Eine andere Einstellung zur vorliegenden Fragestellung nehmen Erziehungswissenschaftler ein, die nicht ein abstraktes Persönlichkeitsideal aufstellen, sondern sich nüchtern die Frage vorlegen, ob die Persönlichkeit des Lehrers einen Einfluß auf dessen Erziehungs- und Unterrichtsverhalten in der Klasse hat und welcher Art dieser ist. Vor allem in den USA gibt es dazu eine Fülle von Publikationen (vgl. die Bibliographien von BARR, 1948; DOMAS, TIEDEMANN, 1950; MORSH, WILDER, 1954). Eine interessante, zusammenfassende Darstellung dieser Forschungsrichtung und ihrer Ergebnisse mit einer Fülle von Literaturangaben liefern GETZELS und JACKSON (1967/5) sowie TAUSCH und TAUSCH (1079/5, S. 434ff.).

GETZELS und JACKSON betonen, daß zur Sichtung des umfangreichen wissenschaftlichen Materials am besten ein persönlichkeitstheoretisches Modell geeignet wäre, dem die einzelnen Arbeiten hätten zugeordnet werden können, weil die meisten der vorliegenden Untersuchungen keine solche persönlichkeitstheoretische Grundlage aufweisen, an der man sich hätte orientieren können. So konzentriert sich die Darstellung von GETZELS und JACKSON auf einige psychologische Hauptbegriffe und Ansätze der neueren Persönlichkeitsforschung, etwa auf Begriffe wie Einstellungen (attitudes), Wertvorstellungen und Interessen (values and interests), projektive Techniken (projective techniques) und kognitive Fähigkeiten (cognitive abilities), denen die vorliegenden Untersuchungen zugeordnet werden.

Eine große Zahl von Arbeiten zu dieser Frage beschäftigt sich mit dem Problem der Messung von Einstellungen – vor allem zu Fragen der Erziehung im allgemeinen und zu den Schülern im besonderen – bzw. mit der Korrelation solcher Einstellungen des Lehrers mit seinem Unterrichtsverhalten. Das in den Vereinigten Staaten wohl bekannteste Instrument für derartige Einstellungsmessungen ist der „Minnesota-Lehrer-Einstellungs-Test" (Minnesota Teacher Attitude Inventory; MTAI), der an der Universität Minnesota vor 1950 entwickelt wurde (LEEDS, 1950).

Der Test wurde folgendermaßen konstruiert und validiert: Zunächst wurden aus der pädagogischen Literatur 378 Meinungsäußerungen über Lehrerreaktionen auf Kinder entnommen und skaliert. Solche Äußerungen lauteten etwa: „Kinder sollte man sehen, aber nicht hören" oder: „Ohne Kinder wäre das Leben trüb (dull)". Diese Items wurden sodann in zwei Formen gebracht, eine positive und eine negative, so daß etwa 700 Statements vorlagen. Die Validierung wurde empirisch gesichert. Man definierte Validität als das Maß, in dem die ausgewählten Items es ermöglichten, „to discriminate between those teachers having the desired and those having the undesired types of relations with pupils" (GETZELS/JACKSON, 1967, S. 508). Voraussetzung für die Validierung war, daß man die Rektoren von 70 Grund- und Sekundarschulen in Pennsylvania und Ohio bat, einige ihrer Lehrer zu nennen, die entweder besser oder schlechter geeignet erschienen, „harmonische Beziehungen" in ihren Klassen aufrechtzuerhalten, wobei Kriterien für das, was der Begriff „harmonische Beziehung" zu bedeuten hatte, angegeben wurden. Je 100 als besser und 100 als schlechter eingestufte Lehrer füllten im Abstand von einem Monat anonym zwei Fassungen der Tests aus. Mit Hilfe von Korrelationsberechnungen ermittelte man dann das Maß, in dem jedes Item zwischen den beiden Gruppen zu unterscheiden in der Lage war. 164 Items wurden schließlich für die Endfassung des Tests ausgewählt und mit je 5 Antwortmöglichkeiten versehen. Im Anschluß an Konstruktion und empirische Validierung wurde von LEEDS eine Untersuchung an 100 Lehrern vorgenommen, um die Brauchbarkeit des MTAI zu erproben. Dabei wurden parallel zur Anwendung des Tests eine Befragung der Rektoren sowie eine Untersuchungsanalyse vorgenommen. Außerdem schloß sich eine Befragung der Schüler an. Die Korrelation zwischen den Ergebnissen aus Rektoren-, Beobachter- und Schülerangaben und denen des Tests betrugen 0,434; 0,486; 0,452; sie waren alle sehr signifikant auf dem 1%-Niveau. Zusätzlich vorgenommene Korrelationen und Verläßlichkeitsprüfungen erhärteten das Ergebnis. GETZELS und JACKSON folgern: „The Leeds study certainly seemed to demonstrate that teacher-pupil relations in the classroom were associated with the kinds of teacher attitudes measured by the Inventory." (S. 509)

Seine endgültige Form fand der MTAI durch eine Kombination von 129 Items aus der Leeds-Studie und 21 zusätzlichen aus einer Untersuchung von CALLIS (1950). Auf der Basis des so entwickelten Meßverfahrens wurden in den folgenden Jahren eine Fülle von Einzeluntersuchungen durchgeführt, auf die im vorliegenden Rahmen nicht eingegangen werden kann; dazu sei auf die ausführliche Darstellung von GETZELS und JACKSON hingewiesen (1967/5, S. 509–522). Hier genügt es, ein Beispiel anzuführen. So verglichen etwa KEARNEY und ROCCHIO (1955) mit Hilfe des MTAI 587 Grundschullehrer, die ihren Schülern Unterricht in allen Fächern gaben, mit 52 Lehrern, die Fachunterricht in wechselnden Klassen erteilten. Es ergab sich, daß die Grundschullehrer gegenüber den Fachlehrern eine auf dem 1%-Niveau signifikant höhere Punktzahl beim MTAI erreichten. Die Erklärung der Verfasser für dieses Ergebnis ist, daß Lehrer, die die Schüler täglich längere Zeit betreuen, nicht nur an den fachlichen, sondern auch an den die Persönlichkeitsentwicklung betreffenden Fortschritten mehr interessiert seien. GETZELS und JACKSON fügen dem die Feststellung an, daß überdies *die* Lehrer, die sich dafür entscheiden, spezielle Fächer zu lehren, offensichtlich eine andere Einstellungsstruktur aufweisen, als die Grundschullehrer, was durch eine Untersuchung von CALLIS (1953) bestätigt wird. Demnach scheinen nicht nur die sich im Lehrerberuf äußernden Verhaltensweisen, sondern auch die speziellen Motive der Berufswahl möglicherweise weitgehend von den persönlichen Einstellungen der Lehrer abzuhängen. Die bekannte soziologische Leitstudie von J. KOB (1958) kommt zu ähnlichen Ergebnissen.

Neben den Einstellungsuntersuchungen in Verbindung mit dem MTAI sind hier vor allem die Arbeiten zur autoritären Persönlichkeit von Interesse. So stellten ADORNO, FRENKEL-BRUNSWIK u. a. (1950) die These auf, autoritäres Verhalten werde weniger von einzelnen Variablen der Personenstruktur oder situativen Momenten bedingt, als vielmehr durch eine spezifische Gesamtstruktur der Persönlichkeit, die sie als „authoritarian personality" bezeichneten. Schon 1946 hatten ANDERSON, BREWER, REED festgestellt, daß bei Lehrern auch nach Wechsel von Schulklassen eine gewisse Konstanz bei der Darstellung autokratischer Verhaltensformen zu beobachten sei. Aufgrund der eigenen Untersuchungen kommen nun ADORNO und Mitarbeiter zu dem Ergebnis, folgende Merkmale der Persönlichkeitszüge seien der autoritären Persönlichkeit u. a. eigen: Konventionelle Einstellungen, vor allem bezüglich des Festhaltens an Vorstellungen bürgerlicher Moral; unkritische Autoritätsgläubigkeit; Aggressivität gegen Mitmenschen; stereotype Denkschemata; Neigung zu Schwarz-Weiß-Urteilen; Abneigung gegenüber wissenschaftlich-kritischem Denken usw. (vgl. GUILFORD, 1964, S. 459; TAUSCH, R. u. A.-M., 1965, S. 81/82).

Besonders interessant ist in diesem Zusammenhang eine im Anschluß an ADORNO und Mitarbeiter angefertigte Arbeit von McGEE (1955), über die auch GETZELS und JACKSON berichten (S. 522/23). McGEE geht davon aus, daß die Persönlichkeit wesentlich bestimmt wird von latenten Reaktionsbereitschaften (readinesses for response). Für das Lehrerverhalten stellt er nun die These auf, daß in der Klasse besonders die Reaktionsbereitschaften „authoritarian or equalitarian attitudes of the teacher" wichtig seien. Bei der Klärung des gestellten Problems bediente sich MCGEE eines verbalen Tests zur Messung autoritärer Einstellungen (F-Scale) und eines von ihm selbst entwickelten Beobachtungsverfahrens aktuellen Lehrerverhaltens in der Klasse. Zielte der Einstellungstest mehr auf die Feststellung von der Persönlichkeit zugrundeliegenden autoritären Trends, so sollte die Beobachtung die Manifestation dieser Trends in offenkundigen Aktionen zeigen. Einstellungstests und Beobachtungen wurden an 150 relativ jungen – nicht über 32 Jahre alten – und relativ unerfahrenen männlichen und weiblichen Lehrern (nicht mehr als 3 Jahre Praxis waren zugelassen) aus öffentlichen Grund- und Sekundarschulen in Oakland (Kalifornien) vorgenommen. Es zeigte sich, daß eine Korrelation zwischen der angenommenen unabhängigen Variablen (= Einstellung) und der abhängigen Variablen (= Verhalten) auf dem 5%-Niveau bestand, womit die Aussagenthese sich als haltbar erwies. Zum zweiten ergab sich, daß die Gesamtpunktzahl beim Einstellungstest (F-Skala) um einen Punkt unter dem Durchschnitt der Erwachsenen der Mittelschicht lag, was nach Ansicht von GETZELS und JACKSON die These stützt, daß Lehrer – als Gruppe betrachtet – weniger autoritär sind als andere Erwachsene. Schließlich zeigte die Untersuchung, daß bei der Bildung von spezifischen Untergruppen im Lehrer-Sample keine signifikanten Differenzen auftraten, mit der Ausnahme, daß Männer signifikant weniger autoritär waren als Frauen, sowohl in Bezug auf den Einstellungstest als auch hinsichtlich des beobachteten Verhaltens in der Klasse.

Im vorliegenden Zusammenhang ist weniger die Interpretation der dargestellten Einzelergebnisse als vielmehr die grundsätzliche Frage nach dem Zusammenhang von Lehrereinstellungen und Lehrerverhalten bzw. die nach dem Zusammenhang von Persönlichkeitsfaktoren und Lehrerverhalten von Belang. Wenn – wie die angeführten Untersuchungen andeuten – mit großer Wahrscheinlichkeit ein Zusammenhang zwischen der Persönlichkeit und den Einstellungen des Lehrers auf der einen und seinem Erziehungs- und Unterrichtsverhalten auf der anderen Seite besteht, so erhebt sich die Frage, welche *Konstanz* solchen persönlichkeitsspezifischen Einstellungen zukommt.

Unter Bezug auf Untersuchungen einer Reihe anderer Autoren sowie eigener Vorarbeiten kommen TAUSCH und TAUSCH (1970/5) zu folgenden, zum Teil außerordentlich weitreichenden Schlußfolgerungen:

1. „Große individuelle Unterschiede im Verhalten von Lehrern-Erziehern trotz ähnlicher äußerer Bedingungen zeigten sich in zahlreichen Arbeiten. Das war auch der Fall in Untersuchungen, in denen die äußeren Bedingungen weitgehend konstant und vergleichbar gehalten wurden ... Somit können die z. T. beträchtlichen Differenzen im Verhalten verschiedener erziehender Erwachsener nur zu einem geringen Teil auf unterschiedliche äußere Bedingungen zurückgeführt werden. Vielmehr wird die Varianz im Erzieher-

Lehrerverhalten zum überwiegenden Teil von der Art der Person selbst bewirkt..." (S. 434)
2. „Die individuelle Art des Erziehungs- und Unterrichtsverhaltens der jeweiligen Erzieher-Lehrer zeigt eine deutliche zeitliche Konstanz (Stabilität)." (ebd.)
3. „Die Tatsache, daß sich die Merkmale des Unterrichtsverhaltens, wie Ausmaß des Sprechens und Fragens von Lehrern innerhalb des Verlaufs von U.-Stunden mit ihren stark wechselnden äußeren Bedingungen, kaum ändern, sondern weitgehend konstant bleiben, weist ebenfalls auf einen Zusammenhang zwischen Art des Unterrichtsverhaltens mit Bedingungen *in* der Person von Lehrern hin." (S. 435)
4. „Es erscheint nicht berechtigt, das Erziehungs- und Unterrichtsverhalten als relativ isoliertes, auf spezielle Situationen begrenztes Verhalten von Personen anzusehen. Diese Zusammenhänge des Erziehungs- und Unterrichtsverhaltens mit Persönlichkeitseinstellungen und Haltungen erklären zu einem gewissen Teil den Tatbestand, daß Lehrer-Erzieher häufig Verhaltensformen entgegen ihren wissensmäßigen Einsichten und eigenen Wünschen verwirklichen und daß ihre Verhaltensformen kaum in wesentlichem Umfang zu ändern sind." (S. 436)

Es dürfte nun von einiger Bedeutung sein, die behauptete Konstanz des Lehrerverhaltens psychologisch richtig abzuschätzen, nicht nur hinsichtlich der Merkmalsbreite, sondern vor allem auch in der „Merkmalstiefe". Zwar gehen auch TAUSCH und TAUSCH – wie gezeigt – von der Konstanz zumindest einiger Merkmalsbereiche des Erziehungs- und Unterrichtsverhaltens aus, auch sie meinen aber offensichtlich nicht eine absolute, sondern eine relative Konstanz, die zumindest der Möglichkeit nach die Chance einer Veränderung und Korrektur offen läßt. Diese Auffassung steht zweifellos in Übereinstimmung mit der neueren Persönlichkeitspsychologie und ihren dynamischen Modellen. Denn legte man ein statisches Persönlichkeitsmodell zugrunde und betrachtete dann Einstellungen als fixierte „Grundmuster" des Verhaltens, so stieße die Forderung nach einer Professionalisierung des Lehrerverhaltens spätestens hier auf eine kaum zu überwindende Schwierigkeit. Es wird auf dieses Problem noch einzugehen sein. Schon hier kann darauf hingewiesen werden, daß die neuere Persönlichkeitsforschung (vgl. z.B. GUILFORD, 1964; Handb. d. Psychologie, Bd. 6: Persönlichkeitsforschung u. Persönlichkeitstheorie, 1960) einem derart statischen Konzept skeptisch gegenübersteht und Persönlichkeit mehr als „Prozeß" und dynamischen Verlauf ansieht. Da Einstellungen demnach selber mehr als abhängige Variable in der Persönlichkeitsentwicklung anzusehen sind – wobei sich in ihnen gleichwohl das manifestieren kann, was hier als „Persönlichkeit" bezeichnet wird (vgl. E. ROTH, 1967) –, müßte sich dies auch anhand von Untersuchungen über den Zusammenhang von Lehrereinstellungen und

Lehrerverhalten nachweisen lassen. In der Tat liegen zur Frage der Veränderbarkeit von Lehrereinstellungen und des Lehrerverhaltens eine Reihe positiver Befunde vor, auf die weiter unten noch einzugehen sein wird.

Nicht zuletzt aus diesen Gründen scheint die Erforschung von Persönlichkeits- und Einstellungsstrukturen bei Lehrern sinnvoll; vor allem solcher Variablen, bei denen angenommen werden kann, daß sie für das Erziehungs- und Unterrichtsverhalten bedeutsam sind, wie etwa die individuellen Wertvorstellungen. GETZELS und JACKSON berichten dazu in ihrer Studie über eine Fülle von Untersuchungen zur Wert- und Interessenstruktur bei Lehrern, wobei ein vielfältiges Instrumentarium entwickelt und angewendet wurde. Für den vorliegenden Zusammenhang wichtiger aber sind Arbeiten, welche die Persönlichkeit des Lehrers unter den Aspekten „Anpassung" und „Bedürfnisse" (Adjustment and Needs) betrachten. Im Zentrum dieser Thematik steht die Anwendung des „Minnesota-Mehrphasen-Persönlichkeits-Test" (Minnesota Multiphasic Personality Inventory; MMPI), der 1940 entwickelt wurde und zu großer Popularität gelangte (WELSH, DAHLSTROM, 1956). Der Gesamttest enthält in seiner ursprünglichen Fassung neun Skalen, die zur Unterscheidung zwischen „normalen" und verschiedenen „anormalen" Persönlichkeitsstrukturen dienen. Die Skalen lauten: Hs = Hypochondrie; D = Depression; Hy = Hysterie; Pd = Psychopathische Abweichung; Mf = Maskulinität – Femininität; Pa = Paranoia; Pt = Psychasthenie; SC = Schizophrenie; Ma = Hypomanie. Im Laufe der Arbeit mit dem MMPI wurde eine Reihe weiterer Skalen entwickelt, wie etwa Si = Soziale Introversion; Pr = Antisemitische Vorurteile; Es = Ich-Stärke, so daß 1954 schon mehr als 100 vorlagen. Während der Versuch, mit Hilfe des MMPI Unterschiede in der Persönlichkeitsstruktur zwischen Lehrern und Nichtlehrern zu eruieren, kaum Erfolg hatte, verdiente die Möglichkeit, mit Hilfe dieses Instruments Korrelationen zwischen spezifischen Persönlichkeitsmerkmalen des Lehrers und seinem Unterrichtserfolg ausfindig zu machen, größere Beachtung. Mit dem Ziel, Voraussagen über die Persönlichkeitsmerkmale erfolgreicher Lehrer zu ermöglichen, wurden denn auch sowohl einzelne Skalen als auch umfangreiche Teile des MMPI angewendet. Auch hier waren allerdings die Ergebnisse nicht sehr vielversprechend. In einer Zusammenfassung, die zugleich auch auf die übrigen empirischen Arbeiten zum Problem der Lehrerpersönlichkeit bezogen ist, machen GETZELS und JACKSON die deprimierende Feststellung (S. 574): „Bedauerlich ist, daß viele Studien bis jetzt noch keine signifikanten Ergebnisse erbracht haben. Viele andere haben nur zweitrangige Resultate zu Tage gefördert. Zum Beispiel wird nach der üblichen Tabellarisierung festgestellt, daß gute Lehrer eher freundlich, fröhlich, sympathisch und moralisch hochstehend als hart, depressiv, unsympathisch und moralisch fragwürdig sind. Aber mit solchen Feststellungen wird wenig besonders Aufschlußreiches ausgesagt. Denn für welche denkbare Interaktion – und Lehren impliziert zuerst und vor allem menschliche Interaktion – ist es nicht besser, wenn die an ihr beteiligten Personen eher freundlich, fröhlich, sympathisch und tugendhaft als das Gegenteil dessen sind? Was wir brauchen, ist eine Forschung, die nicht zur Wiederholung des Selbstevidenten, sondern zur Entdeckung spezifischer und unterscheidbarer Kennzeichen der Lehrerpersönlichkeit und des erfolgreichen Lehrers führt."

Zusammenfassung:
1. Der geisteswissenschaftliche und persönlichkeitsspezifische Ansatz zum Lehrerverhalten entstand in Deutschland zwischen 1900 und 1930. Er ist vor dem Hintergrund der Lernschule des 19. Jahrhunderts zu sehen.
2. Der bezeichnete Ansatz rückt die Person des Lehrers – in Gestalt eines liebenden Erziehers der Jugend – in den Mittelpunkt des Interesses. Die Forderung, der Lehrer müsse eine Persönlichkeit sein und „pädagogische Liebe" ausstrahlen, steht vorn an.
3. Der Ansatz drängt auf eine Intensivierung des pädagogischen Verhältnisses durch einen ideal gesehenen „geborenen Erzieher".
4. Der vorgestellte Ansatz ist trotz seines hohen moralischen Anspruchs überaus problematisch, ja gefährlich. Er suggeriert, daß guter Unterricht allein durch ein hohes persönliches Engagement des Lehrers realisierbar ist, verstärkt damit die Dominanz des Lehrers im Unterricht und verhindert die notwendige Versachlichung des Lehr-/Lerngeschehens.
5. Die in den USA entwickelten empirischen Verfahren dienen der Suche nach dem idealen Lehrer insofern, als sie die Frage stellen, ob bestimmte und, wenn ja, welche Persönlichkeitsmerkmale eines Lehrers für erfolgreichen Unterricht verantwortlich sind.
6. Zwar wurden – vor allem mit dem MTAI und dem MMPI – in zahlreichen Erhebungen deutliche Belege für den Zusammenhang von Daten zur Lehrerperson und dem jeweils realisierten Unterricht gefunden, jedoch waren die Ergebnisse insgesamt teils zu wenig aufschlußreich, teils förderten sie Selbstevidentes zutage.
7. Auch in Deutschland gemachte Untersuchungen belegen den Einfluß von Faktoren der Lehrerperson auf den Unterricht, wenn etwa einerseits bei wechselnden äußeren Bedingungen das Verhalten eines Lehrers konstant bleibt, oder andererseits bei durchaus ähnlichen Bedingungen verschiedene Lehrer sehr unterschiedliche Verhaltensweisen zeigen.
8. So bestärken – trotz aller geäußerten Einwände – sowohl normierende wie empirische Konzepte zur Lehrerperson in sehr allgemeiner Form den hier vertretenen Professionalisierungsansatz, eine dauerhafte Verbesserung der Qualität schulischen Unterrichts zu allererst beim Lehrer bzw. über dessen professionelle Orientierung anzustreben.

Fragen und Denkanstöße:
1. Nehmen Sie sich eines der oben angeführten Zitate aus dem normierenden Persönlichkeitsansatz und versuchen Sie, es in die Sprache unserer Zeit zu „übersetzen" (z. B. statt „pädagogische Liebe" sagen wir heute vielleicht eher „soziales Engagement"). Erhalten die dann formulierten Gedanken für Sie eine größere Überzeugungskraft?
2. Ein ehemaliger Schüler erinnert sich an seinen Lehrer LEO NIKOLAJEWITSCH TOLSTOI, den großen russischen Dichter, der in der Gutsschule Jasnaja Poljena unterrichtete:

    „Die Schule machte uns Spaß, und wir arbeiteten begierig mit. Doch LEW NIKOLAJEWITSCH arbeitete noch begieriger als wir. Er war so sehr in seine Arbeit mit uns vertieft, daß er oft das Mittagessen vergaß. In der Schule war seine Erscheinung stets seriös. Er verlangte von uns Sauberkeit, ordentlichen Umgang mit den Schulsachen und Wahrhaftigkeit ... Durch solche Vergnügungen und Fröhlichkeit und durch die raschen Fortschritte im Lernen kamen wir LEW NIKOLAJEWITSCH so nahe, wie der Faden des Flickschusters dem Wachs ... Wir verbrachten den Tag in der Schule und vertrieben uns den Abend mit Spielen ... Er erzählte uns Geschichten ... Wir erzählten ihm fürchterliche Dinge von Zauberern und Walddämonen... Er war ganz allgemein ein großer Spaßvogel und ließ keine Gelegenheit aus, kräftig zu lachen ...

    Fünfzig Jahre sind seither vergangen. Ich bin bereits ein alter Mann. Doch meine Erinnerungen an LEW NIKOLAJEWITSCHS Schule und an ihn selbst sind immer noch deutlich vor mir. Sie machen mir immer Mut, vor allem, wenn ich in Schwierigkeiten stecke ... Die Liebe LEW NIKOLAJEWITSCHS, die damals entflammte, brennt immer noch strahlend in meiner Seele und erhellt mein ganzes Leben..." (DENNISON, G., 1969, S. 252)

    Im vorliegenden Bericht wird ein umfassendes erzieherisches Vermögen des Lehrers TOLSTOI erkennbar: der mit der ganzen Kraft seiner Person glaubhaft erzieherisch wirkende Pädagoge.
    Frage: Kann das oder muß das nicht letztlich der Anspruch an jeden Lehrer sein?
    Weiter: Ist das Konzept der Professionalisierung des Lehrverhaltens für einen solchen Lehrer/Erzieher überhaupt nützlich und sinnvoll?
3. Das folgende Zitat kritisiert die herausragende Stellung der Lehrer im Schulsystem: „Die Schule ist noch immer von einem gewissen Lehrercäsarentum bestimmt, das seinen historischen Ausgangspunkt von einer Art obrigkeitlicher Inthronisation nahm. Der Lehrer als Berufsgestalt entstand durch das feudale Staatsinteresse, Minimalkenntnisse und Fertigkeiten bei den Untertanen auszubilden.... Der vom Herrschaftsinteresse fixierte Tugendkatalog wurde der Schularbeit zugrunde gelegt und christlich überhöht: Ordnung, Fleiß, Ruhe, Gehorsam, Pünktlichkeit, Zuverlässigkeit,

Sparsamkeit, Demut als typische Sekundärtugenden. Die Frage nach dem Rang der Primärtugenden: Freiheit, Gerechtigkeit, Solidarität, wurde kaum gestellt." (GAMM, H.-J., 1970, S. 82/83).
Frage: Wie ist nun die Stellung des Lehrers in Schule und Unterricht zu sehen? Vergleichen Sie die unter 2 und 3 bezogenen Positionen!
4. Nehmen Sie aus der Sicht des normierenden und des empirischen Ansatzes zur Lehrerperson Stellung zum folgenden Zitat:
„Generell läßt sich also sagen, daß es eine geschlossene Lehrergruppe mit besonderen, speziell für sie charakteristischen Persönlichkeitsmerkmalen nicht gibt. Entsprechend fanden auch Behauptungen, die besagen, daß Lehrer die wesentlichen, für sie typischen Merkmale schon in die Berufsausbildung mitbringen, ebenfalls in unseren Daten keinerlei Unterstützung. Und schließlich gibt es auch – vor allem in der ersten Phase der Lehrerausbildung – keine Hinweise auf eine gleichartige, aber lehrerspezifische Entwicklung von Persönlichkeitszügen.... Lehrer unterschiedlicher Schularten (Gymnasium-Volksschule) unterscheiden sich voneinander nicht mehr und nicht minder als Lehrer generell von solchen Personen, die nicht Lehrer werden wollen, aber eine vergleichbare Ausbildung absolvieren." (MÜLLER-FOHRBRODT, G.: Wie sind Lehrer wirklich? Stuttgart 1973, S. 122)

Basisliteratur:
MÜLLER-FOHRBRODT, G.: Wie sind Lehrer wirklich? Stuttgart 1973.

Zusatzliteratur:
HILBIG, O.: Eignungsmerkmale für den Volksschullehrer. Braunschweig 1963.

2. Die konzeptualisierte Lehrerpersönlichkeit

Die Ziele des folgenden Kapitels sind:
1. Abhandlung dreier Positionen zur Frage des Lehrerverhaltens, denen eines gemeinsam ist: der Versuch, die Verhaltensprobleme des Lehrers gleichsam „unter den Hut" eines übergreifenden Konzeptes zu bringen: die Theorie der Autorität und des pädagogischen Bezuges sowie die heimlichen Theorien des Lehrens und Erziehens;
2. Zurückweisung der These von der Brauchbarkeit dieser teilweise schon recht alten Positionen für eine neuzeitliche Berufstheorie des Lehrers;
3. Nutzung dieser Kritik an solchen hartnäckig sich haltenden Theorien für eine differenziertere Betrachtungsweise der Lehrerverhaltensfrage.

2.1: Zur Theorie der Pädagogischen Autorität

Ein essentieller Bestandteil des derzeitigen überkommenen Verständnisses von Erziehung im allgemeinen wie von schulischer Erziehung im besonderen ist die These, Erziehung (und damit auch Unterricht) sei ohne Autorität nicht denkbar. Diese Aussage erscheint auf den ersten Blick so selbstverständlich, daß ein Zweifel an ihr kaum aufkommen mag. Und doch muß hier die Frage aufgeworfen werden, ob die gängige Autoritätsideologie noch länger haltbar ist, und spezieller: ob und inwiefern sie einer Versachlichung des pädagogischen Selbstverständnisses und damit einer nüchternen Einschätzung des professionellen Erziehungs- und Unterrichtsauftrages entgegensteht.

Dazu scheint es mir erforderlich, die Entwicklung des Autoritätsdenkens in der deutschen Pädagogik kurz zu skizzieren. In einer im Rahmen der vorliegenden Studie wohl zulässigen Vereinfachung möchte ich diese Entwicklung in drei Schritten zu markieren versuchen. Ich unterscheide:

a) den konservativ-patriarchalischen Ansatz,
b) den reformpädagogisch-partnerschaftlichen Ansatz,
c) den professionell-nichtautoritativen Ansatz

a) Der konservativ-patriarchalische Ansatz: Bekanntlich leitet sich der Ausdruck „Autorität" aus dem römischen Terminus „auctoritas" (= Urheberschaft, Ansehen) ab. Weniger bekannt ist aber, daß der römische Senat als die Verkörperung höchster Autorität keinerlei politische Gewalt ausüben konnte. Er besaß bei höchster „auctoritas" keinerlei „potestas". Die römischen Staatsbeamten dagegen, die zur Ausübung von Macht legitimiert waren, regierten stets „ex autoritate senatus".

Typisch für den hier von mir als „konservativ-patriarchalisch" gekennzeichneten Autoritätsbegriff der deutschen Pädagogik ist nun, daß die ursprüngliche römische Scheidung von „auctoritas" und „potestas" aufgegeben wird. Die Autoritätsperson – der Landesherr, der Staatsbeamte, der Lehrer usw. – vereinigt „auctoritas" *und* „potestas" in seiner Person; ja, er gewinnt Autorität u. a. und nicht zuletzt deshalb, weil er Macht auszuüben in der Lage ist.

Dieses Ineinanderfallen von „auctoritas" und „potestas" im konservativ-patriarchalischen Autoritätskonzept ist – so möchte ich vermuten – auf den starken Einfluß des Christentums in der europäischen geistesgeschichtlichen Tradition zurückzuführen. Der „allmächtige Gott", ohne dessen Willen bekanntlich kein Haar von unserem Haupte fällt, ist Autorität u. a. deshalb, weil ihm das Prädikat der Allmacht zukommt.

Es lag auf der Hand und konnte daher auch nicht ausbleiben, daß die Einführung dieses Autoritätsbegriffs in die Pädagogik in der Praxis der Erziehung zu einer ganzen Reihe von Schwierigkeiten und Problemen führen mußte. Erwähnt sei nur das Problem der „autoritären" (ADORNO u. a., 1950) oder der „sado-masochistischen Persönlichkeit" (FROMM, 1968). Diese Schwierigkeiten waren indessen tragbar, solange sich der pädagogische mit dem klerikalen und säkularen Autoritätsbegriff der jeweiligen Epoche in Übereinstimmung befand. Eine konservativ-patriarchalische Gesellschaftsordnung gab dem entsprechenden konservativ-patriarchalischen Autoritätskonzept den nötigen Rückhalt.

Dieser Rückhalt mußte wegfallen, als sich im Zuge der Industrialisierung und der Emanzipation der Staatsvölker demokratische Gesellschaftsformen und demokratische Denkvorstellungen herauszubilden begannen. In demokratisch-pluralistischen Gesellschaftsformen nun mußte jeder Versuch, konservativ-patriarchalische Autoritätsvorstellungen durchzusetzen, als ein Anachronismus erscheinen. Verhalten aus solchermaßen begründeter Autorität wird nun zu autoritärem Verhalten, vielmehr: wird nun erst als solches erkannt und entlarvt. Relativ folgerichtig entwickelt sich daher in den zwanziger Jahren der Weimarer Republik ein neues Konzept pädagogischer Autorität.

b) Der reformpädagogisch-partnerschaftliche Ansatz: Dieser Ansatz nun geht ausdrücklich aus von der ursprünglichen römischen Trennung von „auctoritas" und „potestas". Autorität, so wird nun erklärt, hat mit der Ausübung von Macht und Zwang nichts zu tun, ja, das Ausüben von Zwang und Gewalt – so argumentiert man – untergräbt jede Autorität. Autorität ist etwas, das freiwillig zuerkannt wird, das nicht einforderbar ist.

WILHELM KAMLAH (1967, S. 227) bringt den reformpädagogischen Autoritätsansatz ins Spiel, wenn er schreibt: „Das noch in unserem Ausdruck ‚Autorität' bewahrte Wesentliche der ursprünglichen ‚auctoritas' ist aber dies: hier findet freie Unterordnung statt als fragloses Vertrauen auf Personen, die Maßgebendes zu sagen haben."

Einer der führenden pädagogischen Soziologen der Bundesrepublik, WILLI STRZELEWICZ, hat das reformpädagogisch-partnerschaftliche Autoritätskonzept im Nachkriegsdeutschland maßgeblich mitgestaltet. Der Wandel von der alten „Amts-" zur modernen „Auftragsautorität" in Gesellschaft und Schule wird von ihm als ein Wandel von einer „autoritären" zu einer „partnerschaftlichen" Autorität gekennzeichnet.

STRZELEWICZ definiert (1961, S. 159): „Autorität ist eine soziale Relation, in der der eine Part für den anderen eine meistens auch entscheidungs-beeinflussende Führungs- und Vorbildrolle spielt und in der Erfüllung dieser Rolle eine bestimmte Ordnung in ihren Normen und Zielen garantiert und repräsentiert."

Anhand der Ausführungen von KAMLAH und STRZELEWICZ läßt sich zeigen, daß sich gegenüber dem konservativ-patriarchalischen Autoritätsverständnis im Prinzip nichts geändert hat. Auch bei der partnerschaftlichen Autoritätskonzeption handelt es sich um ein Nachfolgeverhältnis spezifischer Art – KAMLAH spricht von der „Unterordnung als fragloses Vertrauen"; STRZELEWICZ von einer „entscheidungsbeeinflussenden Führungs- und Vorbildrolle" –. In Wegfall gekommen gegenüber dem alten Konzept ist lediglich der Zwang, die Gewalt. Und so kann man auch in neueren Publikationen zur Autorität lesen (HÄTTICH u. a., 1970, S. 40): „Autorität ist eine Abhängigkeitsbeziehung, in welcher ein einzelner die Überlegenheit einer anderen Person oder einer Instanz anerkennt und ihre Äußerungen anstelle eigener Einsicht übernimmt. Die Abhängigkeit kann auch eine Gruppe von Menschen umfassen."

Die reformpädagogisch-partnerschaftliche Autoritätskonzeption verlegt demnach die Frage der Anerkennung der Autorität gleichsam nur nach innen. Der Adressat von Autorität soll diese internalisieren. Autorität soll nun freiwillig zugestanden, nicht aber länger mehr abverlangt oder gar mit Zwang und Gewalt durchgesetzt werden.

Ohne hier auf psychoanalytische Dimensionen des Problems der Identifikation und Internalisation eingehen zu müssen, kann dazu festgestellt werden, daß die Wirkung des Autoritätskonzeptes gegenüber früher damit entscheidend erweitert wird. Der im Gewissen festgemachten Autorität gegenüber ist das Individuum unfreier als vorher. Der im Über-Ich permanent vorhandenen und womöglich noch zum Ich-Ideal hochstilisierten Autoritätsperson kann das Ich nicht mehr entrinnen. Die Auflehnung gegen das Gewissensdiktat jener „von oben" inthronisierten Autorität ist damit im reformpädagogisch-partnerschaftlichen Ansatz ungleich schwieriger geworden als im konservativ-patriarchalischen.

Es fragt sich daher, ob eine Erziehungskonzeption, in welcher die Emanzipation des Heranwachsenden – also Mündigkeit und kritisches Denken – zum erklärten Ziel erhoben wird, sich überhaupt mit der Propagierung von Autoritätskonzepten in Einklang bringen läßt, in denen „fragloses Vertrauen", „Führungs- und Vorbildrollen" und „einsichtsloses Anerkennen der Überlegenheit des anderen" die zentralen Gelenkstücke bilden.

c) Der professionell-nichtautoritative Ansatz: Hier nun wird der soeben geäußerte Zweifel zum Ausgangspunkt der Überlegungen genommen. Es ist das unbestreitbare Verdienst der kritischen Studentenbewegung, hier als erste angesetzt zu haben. Sie hält die geläufige These, Erziehung sei ohne Autorität schlechthin unmöglich, für ein Vorurteil und stellt demgegenüber fest: „Erziehung ohne Autorität ist möglich".

Meines Erachtens völlig zu Recht schreibt der umstrittene Darmstädter Ordinarius für Pädagogik, HANS-JOCHEN GAMM (1970), S. 36/37): „Die Verzichtmöglichkeit auf Autorität in der Erziehung ist eine zentrale pädagogische Entdeckung unserer Zeit... Autorität in der Erziehung ist entbehrlich, sofern wir das Wagnis eingehen wollen, Erziehung als Kritik des eigenen autoritären Erziehungsschicksals auszuüben, so daß man mit der Erziehung anderer sich selbst erzieht."

In radikaler Zuspitzung fordert daher GAMM, man solle den Begriff Autorität im Zusammenhang mit Erziehung einstweilen nicht mehr verwenden, und er fügt hinzu: „Im Sozialisationsprozeß sind diejenigen Faktoren zu unterstützen, die mit fortschreitender Individuation des Zöglings dessen nichtkonforme Denk- und Handlungsweise freisetzen. Dadurch wird die Führungsaufgabe zunehmend schwieriger und zugleich die Ablösung des Führungsverhältnisses grundsätzlich vorbereitet." (S. 39)

Der professionell-nichtautoritative Ansatz rückt daher kritische Rationalität und eine reflektierte Sozialmoral an die Spitze seines Erziehungsprogramms. Es gibt kein „fragloses Vertrauen" mehr. Alles muß auf seine Richtigkeit, Brauchbarkeit und Gültigkeit hin befragt und hinterfragt werden können. Jeder persönliche Anspruch an einen anderen muß der Möglichkeit nach überprüfbar sein. Das Recht auf Glück für jeden einzelnen hat in einer Gesellschaftsordnung – nicht nur vor dem Gesetz gleicher Menschen – auch und gerade in der Erziehung seine Existenzberechtigung. Die Forderung nach Anerkennung möglicherweise unerwünschter Vorbilder, nach Zuerkennung möglicherweise nicht zusprechbaren Vertrauens, nach Zustimmung zu möglicherweise nicht akzeptierbarer Unterordnung ist ein repressiver Aspekt des Autoritätsdenkens, der diesem Recht auf Glück des einzelnen widerstrebt.

Der professionell-nichtautoritative Autoritätsansatz – und dies ist nur scheinbar ein Widerspruch – erkennt keine Autorität als die Vernunftmoral mit ihren bezeichneten Implikaten an. Der falsche Schein, den die Autorität der Erzieherperson verleiht, – so, als ob jemand, der auf irgendeinem Gebiet etwas zu leisten imstande ist, deshalb schon insgesamt ein besonderer Mensch sei (eine Variante des sog. Halo-Effektes) – nützt niemand außer dem, der als Autorität behandelt wird oder als solche behandelt werden will. Heranwachsende sollten vielmehr von früh auf lernen, daß alle Menschen – auch ihre Eltern und Lehrer – Menschen sind wie sie, mit allen Fehlern und Schwächen.

Die bisherigen Ausführungen haben gezeigt, daß sich im Autoritätsdenken jenes fragwürdige Erzieherbild der deutschen Pädagogik widerspiegelt, von dem oben bereits die Rede war. Auch in den verschiedenen Autoritätskonzepten nämlich sind jene konservativ-kulturkritischen, restaurativen, hierarchischen und mythischen Motive nachweisbar, die KUPFFER zufolge für dieses Bild des Lehrers bestimmend sind.

Der hier gewählte Terminus „nichtautoritativ" soll – in bewußter Abhebung vom Begriff und derzeitigen Implikat der „antiautoritären" Erziehung – signalisieren, daß mit der Zurückweisung des Autoritätsdenkens in der Pädagogik keineswegs einem pädagogischen Konzept das Wort geredet wird, in dem Anleitung und Lenkung von vornherein dem Verdikt verfallen. Verantwortliche Erziehungs- und Unterrichtsmaßnahmen sind ohne sie ebensowenig möglich wie ohne Entwurf und Antizipation. Das bedeutet indessen keineswegs, daß damit wiederum – gleichsam nur in abgeschwächter Form – eine Neuauflage des Autoritätsdenkens notwendig wird. was hier an Begriff und Inhalt des Autoritätsdenkens kritisiert werden sollte, ist dessen letztlich irrationaler Kern, der sich mit einem professionellen Erziehungskonzept nicht in Einklang bringen läßt. Weder Anleitung und Lenkung noch Antizipation, Normensetzung und Zielbestimmung, wie sie in der Erziehung schlechthin unumgänglich sind, aber sind notwendigerweise irrational oder bedürfen irgendwelcher irrationaler Stützen, wie sie der Autoritätsbegriff und sein Anspruch nahelegen.

Der hier intendierte „dritte" Weg zwischen herkömmlichem (auch partnerschaftlichem) Autoritätsdenken auf der einen und dem problematischen Anti-Autoritätskonzept auf der anderen Seite beginnt sich zu konturieren (vgl. KUCKARTZ, 1970), ohne daß indessen schon alle seine Vertreter auf den Begriff der Autorität glauben verzichten zu können (so auch z. B. der soeben erwähnte Autor KUCKARTZ nicht).

Eine kritische Auseinandersetzung mit den – unter das Stichwort „antiautoritär" subsumierbaren – Erziehungskonzepten kann im vorliegenden Zusammenhang nicht geleistet werden. Soviel sei hier nur angemerkt: Das in diesen Konzepten mehr oder weniger ausgeprägte Schwanken zwischen laissez-faire-ähnlichen, restriktionsfreien Erziehungspraktiken auf der einen und klassenkämpferischer Indoktrination auf der anderen Seite ist mit dem hier Gemeinten – auf der rationalen und kommunikativen Begründung von Erziehung und Unterricht insistierenden Position – unvereinbar.

Wenn daher im Sinne einer Professionalisierung des Lehrerberufs der Abbau jedweder Autoritätskonzepte zu fordern ist, so bedeutet dies – es sei nochmals betont – keineswegs, daß damit der intentionale Aspekt von Erziehung schlechthin desavouiert ist, daß Führung überhaupt unmöglich wird. Anleitung und Lenkung sind möglich, ohne daß sich der Leitende und Lenkende mit der Aura der Autorität umgibt. Den Verzicht auf jeglichen Sonderstatus in den zwischenmenschlichen (= erzieherischen) Beziehungen dokumentiert der professionelle Pädagoge dadurch, daß er zum einen jederzeit bereit ist, sein Verhalten einer kritischen Prüfung zu unterziehen oder unterziehen zu lassen, zum anderen dadurch, daß er sich ständig darum bemüht, durch kritische Analyse und Planung irrationale Komponenten im Erziehungsprozeß auszuschalten oder als solche zu markieren und ein professionelles Verhalten so weit als immer möglich an wissenschaftlichen Kriterien zu orientieren.

2.2: Zur Theorie des Pädagogischen Bezuges

Eine wesentlich stärker auf die spezifischen Aufgaben des Lehrer- und Erzieherberufs bezogene verhaltensrelevante, persönlichkeitsspezifische Theorie liegt in der des pädagogischen Bezuges vor (vgl. NOHL, 1961/5). Sie ist dem soeben behandelten Ansatz indessen durchaus verwandt und zumindest zum Teil dessen theoretische Fortführung. Sie hat durch HERMANN NOHL ihre prägnante Ausformulierung gefunden und ist als grundlegende Darstellung des für alle Erziehung konstitutiven personalen Verhältnisses in die neuere Erziehungswissenschaft eingegangen, wo sie beinahe ein halbes Jahrhundert lang, bis in unsere Tage hinein, von großem Einfluß war. In den letzten Jahren ist sie jedoch einer zunehmenden Kritik ausgesetzt (vgl. BARTLES, 1968, 1970).

Die Theorie des pädagogischen Bezuges läßt sich anhand der folgenden NOHL-Zitate knapp umreißen:

a) „Die Grundlage der Erziehung ist ... das leidenschaftliche Verhältnis eines reifen Menschen zu einem werdenden Menschen, und zwar um seiner selbst willen, daß er zu seinem Leben und seiner Form komme." (1961/5, S. 134)
b) Von seiten des Zöglings ist konstitutiv, daß er ein „unbedingtes Vertrauen" dem Erzieher gegenüber hat, daß er von diesem „in der Tiefe seiner Person absolut bejaht wird." (ebd. S. 153)
c) Der Erzieher darf aber nicht vergessen, daß das im pädagogischen Bezug sich manifestierende erzieherische Verhältnis „nicht zu erzwingen ist, daß hier irrationale Momente wirksam sind, wie Sympathie und Antipathie, die beide nicht in der Hand haben, und er darf darum nicht gekränkt sein oder es gar den Zögling entgelten lassen, wenn ihm der Bezug nicht gelingt, ‚der Bursche nicht will'. Man wird dann versuchen, ihn an jemand anderen zu binden, wenn die Bindung nur überhaupt erfolgt." (ebd. S. 154)
d) „Aber dieser Veränderungs- und Gestaltungswille wird doch gleichzeitig immer gebremst und im Kern veredelt durch eine bewußte Zurückhaltung vor der Spontanität und dem Eigenwesen des Zöglings ... Dieses eigentümliche Gegeneinander und Ineinander von zwei Richtungen der Arbeit macht die pädagogische Haltung aus und gibt dem Erzieher eine eigentümliche Distanz zu seiner Sache wie zu seinem Zögling, deren feinster Ausdruck ein pädagogischer Takt ist, der dem Zögling auch da nicht ‚zu nahe tritt', wo er ihn steigern oder bewahren möchte..." (ebd. S. 136)
e) „Und auch der Zögling will bei aller Hingabe an seinen Lehrer im Grunde doch sich, will selber sein und selber machen, schon das kleine Kind im Spiel, und so ist auch von seiner Seite in der Hingabe immer zugleich Selbstbewahrung und Widerstand, und das pädagogische Verhältnis strebt .... von beiden Seiten dahin, sich überflüssig zu machen und zu lösen..." (ebd. s. 137)
f) „Das Verhältnis des Erziehers zum Kind ist immer doppelt bestimmt: von der Liebe zu ihm in seiner Wirklichkeit und von der Liebe zu seinem Ziel, dem Ideal des Kindes, beides aber nun nicht als Getrenntes, sondern als Einheitliches: aus diesem Kinde machen, was aus ihm zu machen ist." (ebd. S. 135)

Es steht außer allem Zweifel, daß NOHL mit der Theorie des Pädagogischen Bezuges einen außerordentlich fruchtbaren Denkansatz geliefert hat, der insbesondere in dem Nachweis des Pädagogischen Bezuges als eines interpersonalen Verhältnisses bis heute eine gewisse Gültigkeit beanspruchen kann. Auch der in dieser Theorie vorkommende Gedanke, daß Erziehung Emanzipations-, hilfe zu leisten habe, ist ohne Frage nach wie vor gültig. Problematisch wird die Theorie des Pädagogischen Bezuges indessen an genau der gleichen Stelle wie die verschiedenen Theorien zur Lehrerpersönlichkeit und zu Lehrertugenden: zum einen nämlich in dem umfassenden Anspruch des Ansatzes, demzufolge ein Lehrersein ohne diesen Bezug von vornherein als gescheitert anzusehen ist, zum anderen in der Übersteigerung des Gedankens der Personalität der Erziehung zu dem „Primat der Persönlichkeit und der personalen Gemeinschaft ... gegenüber einer Formung durch den objektiven Geist und die Macht der Sache" (NOHL, 1961/5, S. 133). Ein derart emphatisch auf die Person des Lehrers bezogenes Verhaltenskonzept muß besonders für den schulischen Bereich als außerordentlich problematisch angesehen werden. Es löst im Grunde die gleiche Kritik aus, die bereits zur gängigen Autoritätstheorie vorgetragen wurde.

In einer komprimierten Studie zu diesem Problem hat KLAUS BARTELS (1970) die Kritik an der Theorie des Pädagogischen Bezuges treffend in sechs Punkten zusammengefaßt:

1. Gefahr der Isolierung des Pädagogischen Bezuges: Die Theorie des Pädagogischen Bezuges als „Ich-Du-Relation" vernachlässigt die gesellschaftliche Dimension der Erziehung.
2. Ergänzungsbedürftigkeit des Pädagogischen Bezuges: Die Interpretation des Pädagogischen Bezuges konzentrierte sich bislang stets auf dessen „Binnenstruktur". Er ist infolgedessen insofern ergänzungsbedürftig, als er andere Formen der Begegnung des Heranwachsenden mit der Welt eindeutig vernachlässigt.
3. Fragwürdigkeit der Prämisse vom Primat der Person gegenüber der Sache: Bestenfalls in einigen Bereichen der Erziehung – vor allem der kindlichen und frühkindlichen Erziehung – gilt diese Prämisse, keineswegs aber für den gesamten Erziehungs- und Bildungsvorgang.
4. Vernachlässigung der Schulklasse und der Schülergruppe: Klasse und Gruppe werden als eigene soziale Gebilde, mit denen es der Lehrer permanent zu tun hat, von der Theorie des Pädagogischen Bezuges nicht erfaßt.
5. Überforderung des Lehrers: Durch die Theorie des Pädagogischen Bezuges wird der Lehrer emotional, psychologisch-rational und in bezug auf seine erzieherische Leistungsfähigkeit überfordert.
6. „Demokratisierung" des Pädagogischen Verhältnisses: Die Theorie des Pädagogischen Bezuges schafft ein prinzipielles Ranggefälle zwischen Lehrer und Schüler und konstruiert überdies ein unerbittliches „Seid-nett-zueinander-Klima", die beide weder faktisch vorhanden noch überhaupt wünschenswert sind, weil dadurch der emanzipatorische Aspekt von Erziehung entscheidend vernachlässigt wird.

Ein weiterer Einwand gegen diese Theorie des Pädagogischen Bezuges ergibt sich

7. im Anschluß an die Feststellung von der hierarchischen Struktur sowie der emotionalen Überforderung des Lehrers: der Vorwurf nämlich, die Theorie des Pädagogischen Bezuges eigne sich vorzüglich für eine Rechtfertigung des verbreiteten Frontalunterrichts.

Da nämlich der Lehrer sich außerstande sehen muß, zu allen Schülern, mit denen er es beruflich zu tun hat, eine derartig pädagogische Intimbeziehung herzustellen, dürfte er dazu neigen, den Pädagogischen Bezug gleichsam zu generalisieren. Vermutlich wird er versuchen, zu der Klasse (der Lerngruppe) als Ganzes eine solche persönliche Beziehung herzustellen. Damit eignet sich nun die Theorie des Pädagogischen Bezuges in vorzüglicher Weise zur pädagogischen Begründung und Rechtfertigung des herkömmlichen Frontalunterrichts. Dem kommt vor allem das diesem Ansatz zugrundeliegende hierarchische Denkmuster entgegen. Der frontal vor „seiner" Klasse agierende Lehrer vollzieht im Modell des Frontalunterrichts erzieherisch und unterrichtlich, wozu er auf der personalen Ich-Du-Ebene außerstande ist und worin er sich permanent überfordert sieht. Indem die Theorie des Pädagogischen Bezuges so zur Ideologie des Frontalunterrichts degeneriert, verdoppelt sich gleichsam ihre pädagogische Problematik.

Eine grundsätzliche Analyse aber müßte

8. in radikaler Weise die Brauchbarkeit und Notwendigkeit dieser Theorie für den professionellen Erzieher/Lehrer überhaupt in Frage stellen.

In der bisherigen Kritik geht man zumeist nur so weit, dies in bezug auf die höheren Schulstufen – also die höhere Mittel- sowie die Oberstufe – zu tun. In der Unter- bzw. unteren Mittelstufe dagegen hält man diesen Ansatz nach wie vor für gültig, da auf diese Weise der jüngere Schüler – wie man glaubt – in die Lage versetzt wird, seine stärkere emotionale Beziehung zum Lernen, zur Schule und zum Lehrer zu realisieren.

Eine derartige Auffassung übersieht zunächst, daß – wie uns die Kleingruppenforschung lehrt – auf allen Lernstufen – auch in der Erwachsenenbildung – der Lernprozeß immer zugleich ein kognitiver *und* emotionaler Prozeß ist, dem der professionelle Lehrer sich gegenüber sieht und den er zu bewältigen hat. Es fragt sich freilich, ob er dazu die Theorie des Pädagogischen Bezuges fruchtbar anwenden kann oder ob er nicht qualifiziertere professionelle Kenntnisse und Verfahren benötigt als die, welche ihm diese Theorie nahelegt, also etwa Kenntnisse über gruppendynamische Prozeßverläufe.

Damit dürfte deutlich geworden sein, daß die Theorie des Pädagogischen Bezuges vor allem ihres privatistischen Grundcharakters wegen ein für das schulische Lehrerverhalten denkbar ungeeignetes Denkmodell darstellt. Es kann die Professionalisierung des Lehrerverhaltens nicht nur nicht befördern, sondern dürfte sie ganz entgegen seiner (des Modells) Intention geradezu verhindern.

2.3: Heimliche Theorien des Lehrens und Erziehens

In seinem Buch „40 Schultage" hat HORST RUMPF (1966) von einer „Theorie der Schulwirklichkeit" gesprochen, die sich für die beteiligten Lehrer und Schüler größtenteils unbewußt und unkontrolliert durchsetzt als eine spezifische Form der „Macht des Faktischen". Auch im konkreten Lehrerverhalten gibt es dieses Phänomen. So hat uns die neuere Unterrichtsforschung gezeigt, daß Lehrer bei Befragungen andere Verhaltensweisen für wünschenswerter und erfolgreicher halten, als sie selbst in realen Unterrichtssituationen verwenden.

Demnach haben wir davon auszugehen, daß es „heimliche" Theorien des Lehrens und Erziehens gibt, die sich hinter den faktischen Verhaltensweisen von Lehrern unausgesprochen verbergen. FRANZ WEINERT (1970) hat in Anlehnung an WALLEN/TRAVERS (1963) vorgeschlagen, bei der Analyse von Lehrmethoden von „Verhaltensmustern" oder „Mustern des Lehrerverhaltens" auszugehen, wobei diese synonymen Begriffe „eine identifizierbare Gruppe von Verhaltensweisen, welche beim gleichen Lehrer erscheinen" (Sp. 1228), bezeichnen.

Solche Muster des Lehrerverhaltens lassen sich nun in zwei Klassen einteilen:

– einmal die Klasse der formellen – gleichsam offiziellen – Verhaltensmuster;
– sodann die Klasse der informellen – gleichsam inoffiziellen – also heimlichen Muster des Lehrerverhaltens, die entweder verdrängt oder rational nicht bewußt gemacht werden.

WEINERT, der diese Unterscheidung nicht vornimmt, bietet folgende Klassifikation an:

„1. Muster, die sich aus der Lehrertradition herleiten (Beispiel: Ein Lehrer lehrt, wie er selbst gelehrt wurde);
2. Muster, die sich aus sozialen Lernerfahrungen des Lehrers herleiten (Beispiel: Ein Lehrer bekräftigt das Schülerverhalten so, daß die Ideologie der mittelständischen Gesellschaft entwickelt wird);
3. Muster, die sich aus philosophischen Traditionen herleiten (Beispiel: Ein Lehrer lehrt in Einklang mit der Tradition von FRÖBEL oder ROUSSEAU);
4. Muster, die durch Bedürfnisse des Lehrens bewirkt werden (Beispiel: Ein Lehrer übernimmt ein Lehrverfahren, weil er sich selbst bestätigen muß);
5. Muster, die durch Bedingungen der Schule und der Gemeinde bewirkt werden (Beispiel: Ein Lehrer leitet seine Klasse, um ein formelles und sehr diszipliniertes Verhalten zu erzielen, weil dieses Muster vom Rektor verlangt wird);
6. Muster, die sich aus der Erforschung des Lernens herleiten." (Sp. 1232)

Alle diese Muster des Lehrerverhaltens können als heimliche Theorien auftreten, solange der Lehrer sich ihrer nicht bewußt ist und über ihre Konsequenzen und Voraussetzungen nicht reflektiert. Gleichwohl liegt auf der Hand, daß einige der aufgeführten Verhaltensmuster eher in der Gefahr sind, sich als heimliche Theorien unkontrolliert Bahn zu brechen: so etwa die aus der Lehrtradition, aus den sozialen Lernerfahrungen und aus den subjektiven Bedürfnissen des Lehrers sich speisenden Verhaltensmuster. Dagegen hätte eine professionelle Orientierung zur Folge, daß, reflektiert und überlegt, eher solche Muster angewendet werden, die sich aus Lerntheorie und Didaktik, aus aufgearbeiteter Tradition und historischer Position ergeben.

Eine Klasse von Mustern des Lehrerverhaltens, die WEINERT unerwähnt läßt, verdient aus der Perspektive der Professionalisierung ein ganz besonderes Interesse: Es handelt sich um solche undurchdachten, sich in der jeweiligen Lehrerpraxis ergebenden Verhaltensmuster, die man auch als *„Verhaltensstereotype"* bezeichnen könnte. Bringt man die Verhaltensstereotype auf den Begriff, so ergeben sich oft sehr widersprüchliche „Allerweltsweisheiten", wie sie der „Mann auf der Straße" wohl auch äußern könnte:

- Schüler lernen nur mit Druck!
- Freundlichkeit im Umgang mit Schülern zahlt sich nicht aus, wird vielmehr als Schwäche ausgelegt!
- Zusammenarbeit mit Kollegen ist gefährlich: Man bekommt aus Schwächen schnell einen Strick gedreht.
- Die Eltern sollte man sich vom Leibe halten, die kritisieren einen sowieso nur!
- Ohne Lehrer lernen Schüler nichts!
- Man sollte Schüler hart anfassen, sie bekommen im späteren Leben auch nicht ständig „Zucker in den Hintern geblasen". Uns wurde ja auch nichts geschenkt!
- Lernen besteht aus Zuhören und Schreiben.
- Unterrichtsplanung und systematischer Medieneinsatz sind abzulehnen: Sie töten die Spontanität und Flexibilität und untergraben die Lehrerautorität.
- Der Lehrer muß fachlich „voll da" sein, dann ist die Methodik sowieso Nebensache.
- Der Lehrer kann heute nicht mehr erziehen, da er sich neutral zu verhalten hat.
- Liberal sein heißt, sich aus allem heraushalten, möglichst keinen Standpunkt beziehen. Die Schüler müssen sowieso ihren eigenen Weg finden.

Solche auf den Begriff gebrachten Verhaltensstereotype, unterlegt mit oftmals rigiden (Rigidität = Verhaltensstarrheit) Verhaltensweisen, sind einerseits *Ausdruck* des noch gering entwickelten erziehungswissenschaftlichen Professionalisierungsgrades, sie sind aber zugleich auch das schwierigste *Hindernis* für ein kriterienorientiertes, reflektierteres, eben professionelleres Verhalten. Denn in ihnen manifestiert sich oft ein ganzes Knäuel an schwer aufzubrechenden Motiven: Neurosen und Ängste, Bequemlichkeiten, Ignoranz, Überangepaßtheit, Kritiklosigkeit, Informationsmängel usw. Alles dies sind Faktoren, die sich an der Persönlichkeit des Lehrers festmachen, ohne deren konstruktive Aufarbeitung ein erzieherischer und unterrichtlicher Fortschritt aber nicht zu erreichen ist.

Zusammenfassung:
1. Das überkommene Verständnis von Erziehung unterstellt zu Unrecht, daß Autorität dafür eine Grundvoraussetzung darstellt.
2. Man kann drei Autoritätskonzepte voneinander unterscheiden, das konservativ-patriarchalische, das reformpädagogisch-partnerschaftliche, das professionell-nichtautoritative Konzept.
3. Das Festhalten an Autoritätskonzepten jedweder Art impliziert das Beharren auf einer im Kern irrationalen Lehrer-Schüler-Beziehung.
4. Erst die Adaption des professionell-nichtautoritativen Ansatzes schafft die Bedingung der Möglichkeit, sich kriterienorientiert, also professionell, zu verhalten.
5. Die Theorie des Pädagogischen Bezuges ist mit dem Konzept der Pädagogischen Autorität verwandt. Gleichwohl beschreibt sie einen immerhin bedenkenswerten Aspekt jeder erzieherischen Beziehung: soziales Engagement als Voraussetzung für ein befriedigendes interpersonales Verhältnis.
6. Die Kritik an der Theorie des Pädagogischen Bezuges – als einer berufsrelevanten Theorie des Lehrers – läßt sich in 8 Punkten zusammenfassen.
7. Als heimliche Theorien des Lehrens und Erziehens lassen sich all jene auf den Begriff gebrachten pädagogischen Versatzstücke bezeichnen, die bestimmten Mustern des Lehrerverhaltens unausgesprochen unterlegt sind.
8. Ein ganz besonders gravierendes Problem stellen die Verhaltensstereotype dar, weil sie besonders nachdrücklich eine professionelle Orientierung der Lehrer verhindern.

Aufgaben und Denkanstöße:
1. Die Theorien der Autorität, des Pädagogischen Bezuges und die heimlichen Theorien des Lehrens und Erziehens sind hier zusammen – unter dem Titel „Konzeptualisierte Lehrerpersönlichkeit" – behandelt worden. – Welches sind die allen drei Positionen gemeinsamen Elemente? Was heißt im vorliegenden Zusammenhang „Konzeptualisierung" der Lehrerpersönlichkeit?
2. Im Text wurde behauptet, Erziehung und Unterricht ließen Führung, Antizipation (= Vorentwurf) und Normensetzung zu, ohne daß sich der

Lehrer mit der Aura der Autorität umgebe. – Ist das Ihrer Auffassung nach richtig? Welche Voraussetzungen muß der Lehrer schaffen, will er auf das (Macht-) Mittel der Autorität verzichten?
3. Die Theorie des Pädagogischen Bezuges erwartet, daß der Lehrer eine engagierte soziale Bindung („ein leidenschaftliches Verhältnis") zum Schüler herstellt. Ist das nicht eine positive, erstrebenswerte und „gültige" Aussage über das Lehrer-Schüler-Verhältnis? Bedeutet die Kritik an diesem Ansatz nun, daß sich ein Lehrer nicht mehr für den einzelnen Schüler und sein Schicksal interessieren und einsetzen darf?
4. Kommentieren Sie folgenden Satz einer jungen Berliner Lehrerin, die auf die Frage, warum sie im Unterricht nicht stärker differenzierende Lehrverfahren einsetze, antwortete: „... die liegen mir nicht!"
5. Lesen Sie das folgende Zitat: „Studenten, die zum ersten Mal in ihrem Leben unterrichten, die unsicher und hilflos sind und denen man anmerkt, daß sie oft nicht so recht wissen, was sie sagen sollen, können die Schüler doch mit größter Selbstverständlichkeit, ohne zu überlegen und ohne jedes Zögern, auffordern: ‚Schreibt den Tafeltext in euer Heft. *Und zwar jeder für sich!*' Dabei kann man davon überzeugt sein, daß sie die Schüler zur Hilfsbereitschaft und zur Kooperationsfähigkeit erziehen möchten. – Aber in dieser Situation spielen Erziehungsziele keine Rolle, das traditionelle Verhaltensmuster läuft einfach ab, weil es von der Situation ausgelöst wurde." (GRELL, 1974, S. 71)
Frage: Was liegt hier dem Lehrerverhalten zugrunde? – Was drückt das Verhalten tatsächlich alles aus? Was will der Lehrer vielfach „eigentlich" anstreben?

Kennen Sie ähnliche Situationen, in denen der Lehrer gleichsam automatisch handelt, aber anders, als er eigentlich „will"?
6. *Frage:* Kommen im folgenden Zitat Ansätze zu einer heimlichen Theorie des Lehrens und Erziehens kritisch zur Sprache, mit der Sie nicht einverstanden sind? Wie lautet diese von Ihnen abgelehnte heimliche Theorie?

„Nun ist die Schule seit jeher in ihrem Wesen und Wirken konservativ. Gelehrt wird vorzugsweise bewährter und erprobter Stoff, dargeboten in amtlich zugelassenen Lehrbüchern. Strebsames Mittelstandsdenken beherrscht den Lehrkörper. Hochgeschätzt werden Höflichkeit, Pünktlichkeit, Ehrlichkeit, Sauberkeit, Sparsamkeit, Rücksichtnahme, Verträglichkeit, Einordnung und Anpassung – typische Sekundärtugenden – geeignet, ein Harmoniemodell durchzusetzen, in dem das Hergebrachte Trumpf ist. Konflikte und politische Kontroversen haben darin keinen Platz. Kritische Haltung stört den Arbeitsfrieden...." (LEHMANN, L.: Klagen über Lehrer, F. und andere Schul-Beispiele. Frankfurt/M. 1971, S. 14)

Falls Sie die obige Frage positiv beantwortet, also eine Ablehnung formuliert haben: Liegen für Sie die genannten Versatzstücke wirklich alle auf einer Ebene? Was haben Sie denn gegen Ehrlichkeit, Pünktlichkeit, Rücksichtnahme und Verträglichkeit ernsthaft einzuwenden?

Basisliteratur:
OERTER, R., WEBER, E. (Hrsg.): Der Aspekt des Emotionalen in Unterricht und Erziehung. Donauwörth 1975.

Zusatzliteratur:
ZINNECKER, J. (Hrsg.): Der heimliche Lehrplan. Weinheim/Basel 1975.

3. Lehrertypologien

Die *Ziele* des folgenden Kapitels sind:
1. Knappe Darstellung des überkommenen, vor allem im Gymnasialbereich lange Zeit gängigen typologischen Ansatzes und Kritik daran;
2. Darlegung der Gründe dafür, daß ein Beibehalten dieser Position die Bemühung der neueren Didaktik wie der Lehrerausbildung zunichte machen würde, das Verhalten der Lehrer an erziehungswissenschaftlichen Kriterien zu orientieren;
3. Verdeutlichung der entwickelten Kritik, daß Lehrertypologien entweder viel zu pauschal und undifferenziert sind, um das Berufsverhalten von Lehrern erfassen zu können, oder – bei immer weiterer Differenzierung den empirischen Gegebenheiten entsprechend – nichts mehr aussagen können.

Der persönlichkeitsspezifischen Betrachtungsweise des Lehrerverhaltens verwandt ist die typologische. Es wurde bereits darauf hingewiesen, daß KERSCHENSTEINER (1921) und andere nach ihm auf die SPRANGERschen Lebensformen (1914) mit ihren sechs Typen zurückgegriffen haben. Von der Forderung, der Lehrer müsse eine Persönlichkeit sein, bis zur Aufstellung einer Typologie verschiedener Persönlichkeiten, ist denn auch kein weiter Weg. Für den vorliegenden Zusammenhang sind dabei weniger die speziellen Typenlehren der Differentiellen Psychologie als vielmehr die pädagogischen Typologien von Interesse (VOWINCKEL, CASELMANN, BENFER, WOLLASCH, BAUMANN).

Folgende Feststellung zur Frage nach dem Lehrerverhalten soll vorausgeschickt werden: „In der Psychologie setzt der Begriff des Charakter- und Persönlichkeitstypus voraus, daß es charakterologisch relevante Faktoren gibt, die das Verhalten der jeweiligen Träger in mehr oder weniger gleichartiger Weise bestimmen ... Im Bereich der Menschenbeurteilung geht es also um die

Erkennbarkeit der Artung oder der individuellen Struktur bzw. um die Voraussagbarkeit des Verhaltens von uns fremden Menschen. Die Diagnose der Typenzugehörigkeit ist also zugleich eine Verhaltensprognose. Oder abgemildert: charakterologische Typenbildung hat eine diagnostische und zugleich prognostische Dimension." (ZIFREUND, 1967, S. 116) Nach eben diesem Aspekt wird im folgenden kritisch zu fragen sein.

Eine der frühen pädagogischen Typenlehren ist die von VOWINCKEL (1923). Darin versucht der Autor auf deduktive Weise, Typen für alle Erscheinungsweisen des pädagogischen Lebens (Unterricht, Erziehung, Lehrer, Schüler, Schulgemeinschaften) aufzustellen. Er unterscheidet vier Lehrertypen: den indifferenten Typus (sachlich, nüchtern, kalt), den autoritativen Typus (beherrschend, autoritär), den Typus der Individualität (menschlich, vielseitig) und schließlich als Idealtypus den der Persönlichkeit (auf Kultur und Wertwelt gerichtet, Bildung erstrebend). CHRISTIAN CASELMANN hat dazu mit Recht festgestellt, daß die VOWINCKELschen Typen deduktiv aus „echten oder vermeinten Bildungsidealen stammen", und er fügt kritisch hinzu: „die empirische Mannigfaltigkeit der Lehrertypen kann aber von der Bildungsidee aus nicht erwaßt werden" (1949, 1964/3, S. 29).

CASELMANNS eigene Lehrertypologie (1949, 1961/2; 1964/3) ist die zweifellos bekannteste und auch gegenwärtig noch gängigste Typologie, die vor allem in der Gymnasialpädagogik eine weite Verbreitung gefunden hat. Im Gegensatz zu dem von ihm kritisierten deduktiven Verfahren VOWINCKELs geht CASELMANN in seinem Buch „Wesensformen des Lehrers" (1949, 1964/3) von „der empirischen Erscheinungsform des Lehrerseins" (1964/3, S. 18) aus und versucht induktiv, „die Masse der empirisch gegebenen, tatsächlich vorhandenen Individualitäten zu Typen zusammen(zu)ordne(n)" (S. 29): „Wir müssen also eine Lehrertypologie aufstellen, die den Menschen unmittelbar in seiner Berufstätigkeit zu erfassen sucht..." (1964/3, S. 12) Ausgehend von einer Bestimmung und Abgrenzung der Begriffe „Erziehung" und „Unterricht" – „von dem Begriff *Erziehung* hebt sich deutlich der Begriff *Unterricht* ab" (S. 19) – kommt CASELMANN zur zentralen Bestimmung seiner Typologie: „Alles Lehrertum kreist also nicht um *einen* Mittelpunkt, weder um den Mittelpunkt *Stoff* (wie in der alten Schule von ROUSSEAU und in manchen Lernschulen noch heute), noch um den Mittelpunkt *Kind* (wie in vielen Reformschulen und in manchen unserer Grundschulen, besonders aber in den Schulen in USA und in denen ihrer Nachahmer), sondern alles Lehren hat, wie die Ellipse *zwei* Brennpunkte: Stoff *und* Schüler, Welt *und* Kind." (S. 20)

Trotz (oder wegen?) dieser Doppelbestimmung gelangt CASELMANN zu zwei Haupttypen von Lehrern, denen sich noch eine Reihe weiterer „Untertypen" zuordnen: die Typengruppe „logotrop", „d.h. der Wissenschaft, der Kultur zugewandt" (S. 35) und die Typengruppe „paidotrop", „d.h. dem Kinde zugewandt" (S. 47). Den Widerspruch zwischen der oben vorgenommenen

Bestimmung des Lehrerseins und dieser Typenunterscheidung vermag CASELMANN nur schwer auszuräumen. Es kommt hinzu, daß er in seiner „Differentiellen Psychologie des Lehrers und Erziehers" (1961/2) ausdrücklich von einer Gleichwertigkeit des „autoritativ-logotropen" und des „mitmenschlich-paidotropen" Lehrerverhaltens spricht, „weil es eben nicht nur einen einzigen Lehrertypus gibt, sondern viele mögliche gute Typen", und weil „auch der Lehrer ... in seiner Ausbildung und in seinem Beruf ein Recht darauf (hat), seinem Typus gemäß sich zu bilden und arbeiten zu dürfen" (S. 370). An anderer Stelle heißt es daher: „Von einem Lehrer logotroper Grundhaltung, welcher Spielart er auch sei, soll man nie eine ‚Methodik vom Kinde aus' verlangen. Er wird immer vom Stoff ausgehen müssen, aber man wird eine Methodik ‚zum Kinde hin' verlangen können ..." (1964/3, S. 84) CASELMANN zieht daraus die reichlich problematische Folgerung: „Man braucht sich also nicht auf einen unfruchtbaren Methodenstreit einzulassen, man braucht nicht die absolut richtige Methode, sondern nur die jeweils dem Lehrertypus entsprechende Methode zu suchen..." (ebd., S. 85)

Auf genau der gleichen Linie liegt eine Aussage von WOLLASCH, mit der er Einwände gegen eine Lehrertypologie von vornherein abzubiegen versucht: „Die Bedeutung einer Erziehertypologie wird in dem Maße unterschätzt werden, in dem die *Methode* des Unterrichtens und Erziehens zu einer absolut verläßlichen objektivierten Leistungskraft übersteigert wird ... Demgegenüber ist festzustellen, daß Methode als eine von einem logischen Prinzip ausgehende Verfahrensbestimmung doch nicht von den individuellen persönlichen Verhältnissen der Schüler und Lehrer, Zöglinge und Erzieher losgelöst werden kann. Erziehung kann durch Methode nie letztlich versachlicht werden. Nur durch die Erkenntnis seiner (und der Zöglinge) Eigenart vermag der Erzieher Hinweise für die Richtung seines methodischen Bemühens zu empfangen und kann vor aussichtslosen Anstrengungen um Methoden, die ihm wesensfremd sind, bewahrt werden." (WOLLASCH, 1955, S. 96)

Abgesehen davon, daß hier zweifellos ein sehr problematisches Methoden-Verständnis vorliegt, fällt an der vorliegenden Aussage zweierlei auf. Zunächst ist darin eine spürbare Abwehr des Planungsgedankens für die Erziehung enthalten. Erziehung, so wird suggeriert, ist in ihrem Kern irrational; eine sachliche Einstellung zu ihr wird verdrängt. So gesehen könnte die Vermutung aufkommen, hinter dem Konzept einer Lehrertypologie verberge sich in Wahrheit der Versuch, das Verhalten des Lehrers dem Zugriff kritisch-rationaler Analyse zu entziehen. Verhaltensaspekte, die nicht ins „persönliche" – und damit in gewissem Sinne ideologische – Konzept passen, sich aber möglicherweise als notwendig und sinnvoll zu erweisen in der Lage wären, können als der jeweiligen Erziehungspersönlichkeit „wesensfremd" zurückgewiesen werden. Zum zweiten fällt die im Grunde statische Konstruktion der Lehrerpersönlichkeit auf, deren Eigenart zur unveränderlichen Wesenheit und damit zur gleichsam ontologischen Konstanten hochstilisiert wird. Sehr zu Recht hat daher WALTHER ZIEFREUND am Konzept der Lehrertypologie scharfe Kritik geübt: „Die schlichte Behauptung, die Berufstypen des Lehrerseins seien angeboren, suggeriert im Grunde, die Bemühungen der Lehrerbildung seien zurückzuweisen, wenn dort versucht wird, Verhaltensweisen aufzubauen, die angesichts der gesamtgesellschaftlichen Veränderungen und im Hinblick auf hieran orientierte Erziehungsziele gefordert werden müssen. Es kann sich ja wohl nicht darum handeln, besonders gebaute Persönlichkeiten am Ausleben ihrer Typeneigentümlichkeiten hindern zu wollen, wenn es darum geht, die Schule ... einigermaßen zweckentsprechend einzurichten. Eine Reduktion von Berufsanforderungen auf eine Typologie angeborener Strukturen, die einfach behauptet wird, und die Einebnung des Wandels in den Berufsanforderungen des Lehrers zu gleichwertigen Typen können daher weder als haltbare Theorie noch als vertretbare praktische Empfehlung hingenommen werden." (1967, S. 123/124)

Nun könnte es so scheinen, als geschehe mit dieser Kritik CASELMANN insofern Unrecht, als einerseits auch er von einer gewissen Wandelbarkeit der Lehrerpersönlichkeit und damit des Lehrerverhaltens spricht, zum anderen seine Typologie durchaus differenzierter ist, indem sie mehrere – nicht nur zwei – Typengruppen voneinander unterscheidet. CASELMANNs Hinweis auf die Wandelbarkeit der Lehrerpersönlichkeit kommt in seiner Forderung zum Ausdruck, der einzelne Lehrer solle mit Hilfe der vorgelegten Typologie sich selbst als Typus zu erkennen und dann die entsprechenden Gegeneigenschaften zu entwickeln suchen. „Trachte nach deinem Gegenteil" (1964/3, S. 33), heißt es deshalb, und CASELMANN ergänzt an anderer Stelle: „Je mehr ein Lehrer die Merkmale des Gegentypus auch in sich trägt, desto besser ist es." (1961/2, S. 369) Abgesehen davon, daß damit ein Widerspruch zu der oben schon angesprochenen Forderung CASELMANNs nach „Verwirklichung des eigenen Typus" entsteht – „Es kann keine theoretisch haltbare Lehrertypologie geben, die in einem Atemzug sagt: Lebe deinen Typus aus, und: Trachte nach dessen Gegenteil." (ZIFREUND, 1967, S. 125) –, wird an dieser Stelle überdeutlich, daß CASELMANNs Typologie weniger eine wissenschaftlich stringente Theorie zur typologisierenden Erfassung des Lehrers als vielmehr eine doch wieder normative Erziehungslehre darstellt, was seinen theoretischen Aussagen einen anderen Stellenwert gibt.

Erklärtermaßen hat CASELMANNs differenzierte Typologie ihren Ursprung in dem Versuch, eine idealistisch-normative Typologie gerade zu vermeiden und den pädagogischen Realitäten durch differenziertere Aussagen gerecht zu werden. So gliedert sich etwa die Gruppe der Logotropen für ihn in zwei Untergruppen, die „philosophisch Interessierten" und die „fachwissenschaftlich Interessierten", während die Paidotropen in die „individuell-psychologisch Interessierten" und die „generell-psychologisch Interessierten" untergliedert werden. Darüberhinaus gibt es bei diesen vier Gruppen je zwei weitere

Aufgliederungen nach den Kategorien „autoritativ" und „mitmenschlich", so daß CASELMANN 8 Typen voneinander unterscheidet, die er dann noch weiter ausdifferenziert nach mehr „wissenschaftlich-systematisch veranlagten Köpfen" oder mehr „auf künstlerisch-organisches Wirken angelegten Naturen". Der Versuch jedoch, durch immer weitere Aufgliederungen und Erweiterungen die Typologie praktikabler zu machen, der in der Wirklichkeit vorfindbaren Vielfalt anzunähern, zeigt deutlicher als alles andere die grundsätzliche Problematik des typisierenden Verfahrens. Die Orientierung an der Empirie, der CASELMANN gerecht zu werden versucht, muß letztlich schon deshalb mindestens tendenziell zur Aufgabe des Prinzips der strukturierenden Zusammenschau und als Folge davon zur Auflösung in immer genauere Bestimmungen führen, weil der einzelne Lehrer eben nicht als Typus, sondern immer nur als individuelles Wesen, das mit einer Typologie höchst selten voll erfaßt werden kann, empirisch vorfindbar ist. Dieser Einsicht kann sich denn auch CASELMANN selber nicht verschließen, wenn er, bezogen auf den Versuch, den sog. guten Lehrer ausfindig zu machen, feststellt: „Die Verschiedenheit, ja Gegensätzlichkeit zwischen den guten Lehrern wird immer größer, es wird immer aussichtsloser, die vielen guten Lehrer auf einen typologischen Generalnenner zu bringen." (1964/4, S. 17)

Zusammenfassung:
1. Die Lehrertypologien von VOWINCKEL und CASELMANN versuchen, die tatsächlich vorhandenen Lehrerindividualitäten zu Typengruppen zusammenzufassen. Während VOWINCKEL dabei spekulativ-deduktiv orientiert ist, geht CASELMANN erfahrungsgeleitet-induktiv vor.
2. Beide Ansätze relativieren den Anspruch einer erziehungswissenschaftlich ausgerichteten Didaktik, verbindliche Aussagen über Methoden des Unterrichtens zu machen: Die Lehrerpersönlichkeit, der Lehrertyp, hat hier dem Anspruch nach Vorrang vor der Wissenschaft.
3. Die Kritik am Typologischen Konzept – wie sie in scharfer Form etwa von ZIFREUND vorgebracht wurde – konzentriert sich auf die statische Konstruktion des Lehrers (= Rückzug auf die Lehrerpersönlichkeit). Durch eine wissenschaftliche Ausbildung soll er ja gerade auf ein dynamisches, kriterienorientiertes Verhalten in einer einigermaßen zweckentsprechend ausgerichteten Schule verpflichtet werden.
4. Die CASELMANNsche Typenlehre ist darüber hinaus in sich widersprüchlich und im Kern eher eine normative Erziehungslehre als eine brauchbare wissenschaftliche Theorie über den Lehrer.

Fragen und Denkanstöße:
1. *Frage:* Hat nicht der Gedanke, Lehrertypologien zu konstruieren, deshalb viel für sich, weil doch die empirische Schulwirklichkeit zeigt, daß Lehrer

tatsächlich spezielle Eigenheiten, Vorlieben, Verhaltensweisen ausprägen, die es erlauben, verschiedene Lehrertypen voneinander zu unterscheiden?
2. Gesetzt den Fall, es wäre wissenschaftlich möglich, eine gültige Lehrertypologie aufzustellen: Welche Möglichkeiten und Chancen und welche Gefahren und Einschränkungen könnte ein derartiges Konzept bringen?
3. Lesen Sie die folgende Feststellung NIEMANNS (1970, S. 101): „In der ... Einstellungsdimension und im ‚persönlichen Berufsbild‘ des Lehrers kristallisiert sich die Meinung über die Wichtigkeit der Pädagogik als einer der wichtigsten Unterschiede zwischen Gymnasial- und Volksschullehrer heraus. Erwartungsgemäß fassen Volksschullehrer die Persönlichkeitsförderung als ihre Hauptaufgabe auf, während Gymnasiallehrer die Wissensvermittlung als Mittelpunkt ihrer Tätigkeit ansehen und darum das Fachwissen höher einschätzen als Kenntnisse in Psychologie und Pädagogik."
Frage: Bestätigen diese empirischen Befunde nicht doch die Lehrertypologie CASELMANNS?

Halten Sie es nicht auch für plausibel, daß Grund- und Hauptschullehrer das Schwergewicht ihres Interesses mehr auf Pädagogik richten, die Gymnasiallehrer dagegen weniger?
4. *Frage:* Ist ein nicht *primär* pädagogisch orientierter Lehrer für die Arbeit in der Schule überhaupt tragbar? Muß man dann nicht vielleicht von einen „Fachmann am falschen Platz" (PÖGGELER) sprechen? Dazu folgendes Zitat aus einer empirischen Untersuchung: „Im außerschulischen Bereich ist der Typ B (= fachwissenschaftlich orientierter Lehrer, A.d.V.) wesentlich aktiver als Typ A (= pädagogisch orientierter Lehrer, A.d.V.). 80 Prozent gaben an, sich außerhalb der Schule intensiv zu betätigen, gegenüber 40 Prozent bei Typ A, wobei sich hier die Art dieser Tätigkeiten mehr dem Hobby nähert. Typ B dagegen legt hierauf besonderen Wert, so daß oft der Eindruck entsteht, daß hier für den einzelnen die außerschulische Tätigkeit mindestens die gleiche Bedeutung besitzt wie die schulische Unterrichtsarbeit." (KOB, K.: Typen des beruflichen Selbstbewußtseins. In: GERNER, B. (Hrsg.): Der Lehrer und Erzieher. Bad Heilbrunn, 1969, S. 66)

Diskutieren Sie die Frage, ob man von einem Lehrer mehr berufliches Engagement (z.B. Interesse am Schüler) erwarten sollte als von Personen in anderen sozialen Berufen (z.B. Arzt, Krankenpfleger, Kindergärtner etc.) Dazu auch das folgende Bekenntnis von W. FLITNER (1961, S. 101): „Mir scheint es, aus dem Wesen der Sache heraus, die durch Zeittendenzen nicht getroffen werden kann, eine Wahrheit zu sein: daß die Tätigkeit des Lehrers an öffentlichen Schulen kein Job ist, sondern eine Lebensaufgabe, die den ganzen Menschen ergreift ... ; daß sie den Charakter eines öffentlichen Amtes und in dem großen Gedanken einer humanistischen, öffentlichen Volksbildung ihren Mittelpunkt hat. Sinn aller akademischen Lehrerausbildung wird sein, diesen Gedanken aus der Natur der Sache heraus zum Aufleuchten zu bringen und den Nachwuchs der Lehrerschaft daran zu orientieren."

Basisliteratur:
CASELMANN, C.: Wesensformen des Lehrers, Stuttgart 1964/3.

Zusatzliteratur:
ZIFREUND, W.: Zur Problematik von Lehrertypologien und typisierenden pädagogischen Stillehren. In: Ztschr. für Päd., 13. Jg. 1967, S. 116–134.

4. Stillehren und Erziehungsstile

Die *Ziele* des folgenden Kapitels sind:
1. Darstellung zweier wichtiger Positionen der Lehrerverhaltensforschung, die bis heute vertreten werden;
2. Kritik an dem letztlich statischen Persönlichkeitskonzept, das beide Positionen teils unterstellen, teils induzieren;
3. Kritik an den wissenschaftlichen Voraussetzungen beider Ansätze;
4. Kritik des Anspruchs beider Ansätze, relevante Aussagen zu den beruflichen Aufgaben des Lehrers machen zu können.

Die Erforschung des Lehrerverhaltens unter dem Thema „Stil" ging bislang – zumindest tendenziell – von den beiden erwähnten Grundauffassungen zur Lehrertätigkeit aus, wonach „Lehren" einmal als Kunst im Sinne eines charismatisch-künstlerischen Vermögens, zum anderen als Kunst im Sinne eines erlernbaren Verhaltens bezeichnet wird.

Während die erste Auffassung ihren Niederschlag eher in normierenden Stillehren gefunden hat, spiegelt sich die zweite mehr in empirischen Untersuchungen wider. Bei der nachfolgenden Darstellung werden also Arbeiten beider genannten Richtungen zur Sprache kommen müssen.

Folgt man einmal der Begriffsbestimmung JOSEF DOLCHS (1960/3), so ist „Erziehungsstil" der „gemeinsame charakteristische Grundzug, die besondere Ausprägung des erzieherischen Verhaltens und Handelns eines Erziehers oder einer Gesinnungs- oder Altersgruppe von Erziehern. Er ist einerseits durch die Persönlichkeit des Erziehers sowie den ‚Lebensstil' von Zeit und Volk, andererseits durch die sog. Grundstile der Erziehung bestimmt" (S. 58/59). Schon in dieser knappen Bestimmung kommt deutlich zum Ausdruck, daß bei der Beurteilung des Lehrerverhaltens auf der Basis von Erziehungsstil-Konzepten prinzipiell die gleichen Schwierigkeiten zu erwarten sind wie bei den typologischen Ansätzen. Das ergibt sich schon aus den verwendeten Begriffen „charakteristischer Grundzug" und „Persönlichkeit des Erziehers". Denn ähnlich wie eine Lehrertypologie eine gewissermaßen starre Struktur der das erzieherische Verhalten bestimmenden Persönlichkeitsmerkmale des Lehrers voraussetzt, müssen auch Stillehren davon ausgehen, daß diese feste Struktur gegeben ist, da sonst die Beschreibung des Lehrerverhaltens in Kategorien von Verhaltens*stilen* nicht möglich wäre. Nun geht es nicht etwa darum, eine relevante Konstanz der Persönlichkeitsstruktur zu bestreiten (vgl. THOMAE, 1960). Die Frage ist vielmehr, ob auf der Grundlage eines solchen, den Faktor „Lehrerpersönlichkeit" in vereinseitigender Weise konstant haltenden Konzepts, vernünftige und differenzierte Aussagen über das Lehrerverhalten möglich sind. Die Prüfung einiger Stillehren und Erziehungsstil-Theorien mag darüber Aufschluß geben.

4.1: Normierende Stillehren

Ausgegangen werden kann auch hier wieder von EDUARD SPRANGER, der 1951 in seinen „Pädagogischen Perspektiven" eine Arbeit über „Grundstile der Erziehung" vorgelegt hat.

SPRANGER unterscheidet hier drei Gegensatzpaare solcher Stile: 1. den weltnahen oder den isolierenden; 2. den freien oder den gebundenen und 3. den vorgreifenden oder den entwicklungsgetreuen Grundstil. SPRANGER möchte damit „Idealtypen" herausarbeiten, die „Grundmöglichkeiten pädagogischen Vorgehens (kennzeichnen), zwischen denen man wählen kann, ohne daß man es von vornherein falsch macht (S. 94), die aber mit Wertbeurteilungen der Sache selbst nichts zu tun haben" (S. 95).

WALTHER ZIFREUND hat darauf hingewiesen (1967), daß in SPRANGERS Darstellung mehrere verschiedene Ansätze – der historische, der psychologische und der idealtypische – in Konkurrenz zueinander liegen, die nicht frei von subjektiven Wertungen sind und sich über neuere wissenschaftliche Ergebnisse einfach hinwegsetzen. ZIFREUND führt als Beispiel SPRANGERS Aussagen zur Trotzperiode an: „In diesem Stadium kann der Erzieher zwischen zwei Wegen wählen: er kann entweder autoritativ durchgreifend den keimenden Willen brechen, oder er kann ihm seinen freien Lauf lassen, überzeugt, daß er damit etwas sehr wertvolles schone und daß sich später alles schon ins Rechte stellen werde ... Beides hat seinen guten Sinn." (S. 108). WALTER ZIFREUND (1967, S. 131/132) stellt dazu kritisch fest: „Die psychologische Betrachtungsweise ... läßt alle Einsichten der modernen Psychologie, Psychoanalyse und Sozialforschung außer Betracht zugunsten eines Angebots gleichwertiger Alternativen ... Hier scheint der Gesichtspunkt der idealtypischen Konstruktion die psychologischen Argumente unterdrückt zu haben, ganz abgesehen davon, daß das angeführte Problem so obenhin nicht einmal als Beispiel angemessen erörtert werden kann."

Zusammenfassend läßt sich zu SPRANGERS Entwurf sagen, daß der Versuch, alternative „Grundmöglichkeiten" des Lehrerverhaltens aufzuweisen, von denen jede ihre Berechtigung haben soll, letztlich in einer totalen Ratlosigkeit enden muß. Die behauptete absolute Gleichwertigkeit allen Lehrerverhaltens in bestimmten Situationen macht von vornherein wissenschaftlich gerechtfertigte, d. h. begründete Aussagen dazu unmöglich. SPRANGER selbst ist es darum, der dieser Ratlosigkeit den treffendsten Ausdruck verleiht, wenn er feststellt: „Diese ganze Lehre... wird den Technikern unter den Pädagogen als eine trostlose Ratlosigkeit erscheinen. Die Existentialisten hingegen werden sie als eine Bestätigung ihres Standpunktes ansehen, daß auf die Entscheidung in der konkreten Situation alles ankommt und daß sie niemals durch allgemeine Regeln im voraus gedeckt sein kann... Die Bereitschaft, jedes voreilige pädagogische Dogma wieder fortzuwerfen, wenn es der Geist der Wahrheit und der sittlichen Wachheit fordert, macht erst den Meister auf diesem schwierigsten aller Gebiete aus. – Wie steht es aber mit der Erlangung solchen Meistertums? – ‚Und ihr sollt euch nicht lassen Meister nennen; denn einer ist euer Meister, Christus' (Matth. 23, 10)." (1951, S. 121)

J. P. RUPPERT hat neben SPRANGER wohl die ausführlichste geisteswissenschaftlich orientierte Stillehre entwickelt (1954, 1959, 1966). Von besonderem Interesse sind dabei das 3. Kapitel in seiner „Sozialpsychologie im Raum der Schule" (1954a), das den Titel trägt „Stile des Schul- und Klassenlebens", und der Artikel „Erzieherpersönlichkeit und Stilformen der Erziehung", der sich im Band 10 des Handbuchs der Psychologie (1959) findet. Die Problematik der RUPPERTschen Konzeption – das sei vorausgeschickt – läßt sich folgendermaßen kritisch zusammenfassen: 1. RUPPERTs Stillehre entspricht einem Denkansatz, der einen spezifischen Aspekt geisteswissenschaftlicher Pädagogik in Deutschland enthält: der Sehnsucht nach Einheit und Geschlossenheit. Insofern ist sie im Kern ideologischer Natur. 2. Was oben für die Typologie CASELMANNs festgestellt wurde, nämlich daß sie im Grunde eine Erziehungslehre darstellt, gilt auch für das Stilkonzept RUPPERTs. Seine wissenschaftliche Basis wird überdies durch problematische wissenschaftstheoretische Prämissen in Frage gestellt.

Beide Aussagen sollen im folgenden belegt und kurz erläutert werden. Ausgegangen werden kann für die erste These von RUPPERTs Unterscheidung zwischen „Lebensstil" und „Unterrichtsstil". Während sich der Lebensstil auf die Ordnung des Zusammenlebens von Mensch zu Mensch und von Gruppe zu Gruppe bezieht, bezeichnet der Unterrichtsstil die besondere Form, in der in einem Schulwesen, einer Schule oder Schulklasse gelehrt und gelernt wird. Dieser „Lernstil" – nicht Lernen als solches – sollte nun nach RUPPERT in einer gewissen Beziehung zum Lebensstil stehen: „Eine Schule hat Stil, wenn Lebens- und Unterrichtsstil sich gegenseitig bedingen, ja, wir dürfen hinzusetzen, wenn zudem noch der Lebensstil der Schule dem Lebensstil der umfassenden Gesellschaft affin ist." (1954, S. 188) Entscheidend ist nun, daß nach RUPPERT „Stillosigkeit" gleichbedeutend mit Gestaltlosigkeit ist. Er spricht infolgedessen in Anlehnung an die gestaltspsychologische Feldtheorie (LEWIN) auch ausdrücklich vom „Ganzheitscharakter" und „Gestaltcharakter" des Erziehungsfeldes (1959, S. 148). „Bildung", so schreibt RUPPERT, „gedeiht nur in der Stimmungswelt aller Lebensfaktoren – in der Lebenseinung (FRÖBEL) -. Wenn die ‚Innerlichkeit' eines Sozialgebildes gesund ist, dann besteht nämlich nicht nur Tendenz auf Gruppenbildung, Zonenbildung und Ordnung, sondern engstens mit ihnen zusammen und sie umgreifend auch eine Tendenz zur Entwicklung eines *Lebensstils,* der dem Sozialgebilde eine mehr oder weniger prägnante *Gestalt* und Physiognomie gibt. Dieser Prozeß auf Prägnanz der Gestalt eines Sozialgebildes kann aber nur da zur Wirkung kommen, wo das Ganze dieses Lebens den Charakter relativer Einheitlichkeit hat." (1954, S. 189)

In der Verwendung des Terminus „Lebenseinung" aus der der Romantik verpflichteten Pädagogik FRÖBELS scheint sich die bereits erwähnte „Sehnsucht nach Einheit" besonders deutlich auszusprechen. Es bleibt demgegenüber jedoch zu fragen, ob ein solcher Ansatz den pädagogischen Gegebenheiten und Problemen einer Industriegesellschaft gerecht zu werden vermag oder ob hier nicht durch „Idealtypisierung" an den gesellschaftlichen und schulischen Realitäten „vorbeigedacht" wird. Anders ausgedrückt: Die Frage ist nicht nur, *wie* in einer pluralistischen Gesellschaft und Schule eine Vereinheitlichung von sog. Lebens- und Schulstil zu erreichen sein soll, sondern *ob* dies überhaupt möglich und wünschenswert ist, ja, *was* „Vereinheitlichung" überhaupt bedeuten soll. Der einem demokratisch-pluralistischen Gemeinwesen adäquate Lebens- und Schulstil müßte nach RUPPERTS eigenen Prämissen eben nicht einheitlich, sondern demokratisch-pluralistisch sein, wenn der sog. Lebensstil mit dem Schulstil übereinstimmen soll. Wäre aber dies erreicht, was unbestreitbar wünschenswert ist, so stellte sich die Frage, ob der Terminus „Stil" dann überhaupt noch ohne weiteres verwendet werden könnte.

Daß bei RUPPERT ohnedies die Tendenz besteht, den Stilbegriff beinahe unbegrenzt auszuweiten und damit seines Sinnes zu entleeren, mag folgender Auszug belegen: „Wir sprechen 1. von *Grundstilen* und meinen damit die Prägung des Schulwesens, der Schule und der Klasse durch die Art, wie die Schule in die umfassende und sie tragende Gesellschaft eingeordnet ist ... Wir sprechen weiterhin von *Partnerstilen,* nämlich da, wo die Lebensform einer Schule wesenhaft bestimmt ist durch die *besondere Nähe zu einem Partner* ... Wir sprechen 3. von *Lebensstilen,* die durch die Schulorganisation bestimmt sind, z. B. von dem Lebensstil der einklassigen Schule, der Mehrjahrgangsklasse ... Weiterhin wird die Rede von Lebensstilen sein müssen, die durch die *Art des Unterrichts* bedingt sind: so von dem Stil der Leistungsklasse, der Routineklasse, der musischen Klasse und der indolenten Abschlußklasse. Endlich müssen wir auch die Lebensstile darstellen, die aus einer besonderen *sozialpädagogischen Situation* erwachsen, wie z. B. die artige Klasse, die Rüpelklasse und die hysteroide Klasse. Außerdem gibt es Lebensstile, die vorwiegend als Folgen der *Haltung des Lehrers* zu interpretieren sind: der dominante und der integrative Stil." (1954, S. 189/190)

Von der Haltung der Erziehungspersonen ausgehend, unterscheidet RUPPERT ferner die Erziehungsstile der Sachlichkeit, der Sorge, der Tapferkeit, der Güte, der Ehrfurcht und der Wahrhaftigkeit. WALTER ZIFREUND (1967) hat hierzu angemerkt – und damit ist bereits der zweite kritische Punkt angesprochen –, es handle sich bei RUPPERTs Stillehre um eine Erziehungslehre in „idealanthropologischer Konstruktion", auf die eine Bemerkung ALOYS FISCHERs zutreffe, daß sie sich „im Stile der absoluten Forderung" bewege, die es sich erspare zu prüfen, „wie sie von immer endlichen und beschränkten Individuen" erfaßt und aufgenommen werden könne (S. 129). RUPPERT möchte denn vor allem wieder „Sinn für Stil" schaffen (1954, S. 189): „Das Empfinden für Stil muß in der Lehrerschaft neu geweckt werden ..." (S. 188)

So kann es auch nicht verwundern, wenn die wissenschaftstheoretische Grundlage der RUPPERTschen Stillehre höchst problematisch erscheint. Er stellt fest: „Alle Stilerkenntnis ist abhängig von der Stilsichtigkeit. Wer dieses ganzheitliche Sehen nicht geübt hat, für den wird die Schilderung von Erziehungsstilen wenig Überzeugungskraft haben. Aber das, was hier gesagt wird, kann in concreto entdeckt und auch nachgewiesen werden." (1959, S. 154) Indessen, wie Entdeckung und Nachweis der theoretischen Aussagen wissenschaftlich vollzogen werden, bleibt bei RUPPERT offen. Vielmehr wird die Diskussion um den Wissenschaftscharakter der Lehre dadurch verunmöglicht, daß – wie ZIFREUND (1967, S. 130) mit Recht feststellt – „die Erkennbarkeit der Stilschilderungen an eine rational offenbar nicht näher bestimmbare Stilsichtigkeit (gekoppelt wird), die dem Kritiker per constructionem apriorisch die Kompetenz abspricht. Für die Lehrerausbildung scheint mir die Bedenklichkeit solchen Vorgehens sowohl in dem problematischen Anspruch auf psychologische Wissenschaftlichkeit wie in der vorliegenden Idealisierung der Berufswirklichkeit des Lehrers zu liegen."

4.2: Empirische Erziehungsstilforschung

Eine wesentlich realistischere Einstellung zur Frage des Lehrerverhaltens findet sich in der bekannten, vor allem in den USA so erfolgreichen sozialwissenschaftlichen Richtung des „action research", die in KURT LEWIN ihren Begründer hat. Für sie ist typisch, daß die von ihr angewendeten Forschungsverfahren stets mit dem Versuch gekoppelt sind, bestimmte unerwünschte soziale Zustände zu verändern. Die analytischen Methoden „werden meist schon von Anfang an mit pädagogischer Absicht und Zielstellung unternommen und dienen dann unmittelbar der Klärung einer aus der Praxis herausgewachsenen Frage. Sie bieten die Wirklichkeit nicht absichtslos dar, wie sie eben ist, sondern schon vorgeformt durch die Problemstellung ..." (TRÖGER, 1969, S. 88)

Eben dies ist unverkennbar auch bei der Forschung zum Problem des Erziehungsstils der Fall. Die in der pädagogischen Literatur viel zitierten und allgemein bekannten Untersuchungen zum „autokratischen", „demokratischen" und „laissez faire" Stil (LEWIN, LIPPITT, WHITE), zum „dominativen" und „integrativen" Stil (H. H. ANDERSON), zum „autokratischen" und „sozialintegrativen" Stil (R. und A.-M. TAUSCH), zum „lehrer-" oder „schülerzentrierten Stil" (DIETRICH) und zum „lehrerbezogenen" oder „sachbezogenen" Stil (CORRELL) sind in diesem Sinne allemal Kritik an herrschenden Erziehungspraktiken und der pädagogisch berechtigte Versuch, ändernd in sie einzugreifen. In diesem Faktum liegen die außerordentliche Aktualität und Bedeutsamkeit, aber auch die Problematik des vorliegenden Forschungsansatzes beschlossen. Die Gefahr, unter einer dergestalt intentionalen Prämisse pauschalisierende Aussagen zu machen, zumal die zugrunde liegenden Stilkonzepte dazu noch zusätzlich herauszufordern, ist daher kaum zu vermeiden (vgl. dazu EYFERTH, 1963). So wertvoll die im Rahmen derartiger empirischer Verfahren gewonnenen Einsichten über das Lehrerverhalten auch sind, im Lichte einer so notwendigen, differenzierten und vor allem lehr- und lerntheoretisch orientierten Konzeption des Lehrerverhaltens können sie das wissenschaftlich letzte Wort nicht sein. Dennoch sollen einge der wichtigsten Ergebnisse kurz dargestellt werden.

Berühmt geworden sind die „klassischen" pädagogischen Experimente, die LEWIN, LIPPITT und WHITE Ende der dreißiger Jahre an der Forschungsstelle der Kinderfürsorge in Iowa (USA) durchführten. Wegen ihrer allgemeinen Bekanntheit kann auf eine Beschreibung der Versuche im vorliegenden Rahmen verzichtet werden (vgl. LEWIN, LIPPITT, WHITE, 1939; LIPPITT, WHITE, 1958/3; LEWIN, 1953). Wichtigstes und allgemeinstes Ergebnis der Arbeiten ist der Nachweis, daß offensichtlich Zusammenhänge bestehen zwischen den verschiedenen Verhaltensformen von Lehrern und denen von Schülern. In seinem Buch „Die Lösung sozialer Konflikte" (1953) faßt LEWIN einige der entsprechenden Ergebnisse folgendermaßen zusammen: „Interpretiert man diese Daten, so können wir sagen, daß der von dem Führer angestrebte ‚Lebens- und Denkstil' die Beziehungen zwischen den Kindern beherrschte. In der Autokratie gewann eine feindselige und hochgradige persönliche Haltung gegenüber einer solchen Zusammenarbeit das Übergewicht. Das trat schlagend durch das Verhältnis zwischen Gruppen- oder ‚Wir'-Gefühl und ‚Ich'-Gefühl zutage: ‚wir-bestimmte' Feststellungen kamen in der Demokratie doppelt so oft vor wie in der Autokratie, während in der Autokratie weit mehr Feststellungen ‚ich-bestimmt' waren als in der Demokratie. – Was das Verhältnis der Kinder zu dem Führer betraf, so ergab die statistische Analyse, daß die Kinder in der autokratischen Gruppe, die gegeneinander *weniger nachgiebig* waren, ihrem Führer gegenüber etwa *doppelt* so nachgiebig waren wie die Kinder in der demokratischen Gruppe. Versuche, an den Führer heranzutreten, waren in der demokratischen Gruppe weniger häufig als in der autokratischen Gruppe. In der Autokratie trug das Verhalten des Mitgliedes dem Führer gegenüber mehr den Charakter einer *Reaktion* auf eine Initiative des Führers. Das Verhältnis zu dem Führer war in der Autokratie unterwürfiger oder hielt sich mindestens auf rein sachlicher Grundlage. Im ganzen also bestimmte der Lebensstil in beiden Atmosphären ebenso die Beziehung von Kind zu Kind wie die Beziehung von Kind zu Führer. In der autokratischen Gruppe waren die Kinder gegenüber ihresgleichen weniger sachlich, weniger hilfsbereit und nachgiebig, dagegen ihrem Vorgesetzten gegenüber nachgiebiger als in der Demokratie." (S. 121/122)

Es fällt auf, daß in den hier von LEWIN beschriebenen Auswirkungen des autokratischen bzw. demokratischen Führungsverhaltens keine Angaben über die Arbeitsleistungen der Kinder gemacht werden. In der Tat zeigte sich in den LEWIN-LIPPITT-WHITE-Studien, daß zwischen autokratischen und demokratischen Führungsformen hinsichtlich der Leistungen („output" pro Zeiteinheit) keine über den Bereich des Zufalls signifikant hinausgehenden Unterschiede bestehen, was neuerdings auch von R. und A.-M. TAUSCH (1965/2) bestätigt wurde. Zu bedenken ist dabei jedoch, daß diese Aussagen sich auf ein Arbeitsverhalten beziehen, das im wesentlichen konvergierende Reaktionen der Kinder erfordert – insofern also durchaus typisch ist für die derzeitige Schul- und Unterrichtspraxis –, nicht aber divergierendes Verhalten von ihnen verlangt (vgl. CORRELL, 1965). Überhaupt bleiben solche und ähnliche, auf die spezifischen kognitiven Lernleistungen der Kinder gerichteten Fragestellungen bei LEWIN, LIPPITT, WHITE und ihren Nachfolgern weitgehend unberücksichtigt. Schon bei den erwähnten IOWA-Studien mit Freizeitgruppen waren die Kinder bei Bastel- und Werkarbeiten und nicht bei speziellen unterrichtlichen Tätigkeiten beobachtet worden. Ganz offensichtlich sind es mehr die im engeren Sinne erzieherischen, sozial-kommunikativen Aspekte, die bei der empirischen Forschung zum Problem der Erziehungsstile im Vordergrund stehen.

Die folgenden Ergebnisse der Experimente von LEWIN, LIPPITT, WHITE seien dazu besonders hervorgehoben: So zeigte sich, daß infolge der großen Spannung, die in autokratisch geführten Gruppen herrscht, immer wieder ein Sündenbock in der Gruppe gesucht wurde: „Die Kinder in der autokratischen Gruppe taten sich nicht gegen ihren Führer zusammen, sondern gegen eines der Kinder und behandelten es so schlecht, daß es nicht mehr in den Klub kam." (LEWIN, 1953, S. 123) Weiterhin ergab sich, daß in autokratisch geführten Gruppen die vorhandene Aggressionsbereitschaft entweder extrem hoch oder extrem niedrig war, während sie in der laissez-faire geführten Gruppe am höchsten, in der demokratisch geführten dagegen mittelmäßig ausgeprägt schien. Beide Phänomene lassen sich ohne Schwierigkeiten erklären, wenn das Erziehungsverhalten des jeweiligen Gruppenleiters dazu herangezogen wird, womit sich am augenfälligsten der Zusammenhang zwischen Erzieher-, Gruppenleiter-(oder Lehrer-)verhalten und Schülerverhalten auftut.

Welcher Art ist nun das von den Experimentatoren den jeweiligen Gruppenleitern abverlangte Führungsverhalten in den autokratischen und demokratischen Gruppen? Das läßt sich in folgender Gegenüberstellung (LEWIN, S. 117/118) verdeutlichen:

demokratisch	**autokratisch**
1. Alle Maßnahmen waren Sache einer Gruppenentscheidung, wurden angeregt und herausgeholt durch den Führer.	Jede Entscheidung über Maßnahmen fiel durch die stärkste Person (Führer).
2. Eine Übersicht über die Tätigkeit wurde durch eine im Laufe einer Diskussion bei der ersten Zusammenkunft gegebene Erklärung über die allgemeinen Stufen des Vorgehens vermittelt.	Die Verfahren und die einzelnen Abschnitte bis zum Ziel hin wurden von der Autorität immer nur für einen Arbeitsgang diktiert, so daß die künftige Richtung in einem hohen Grade stets ungewiß war.
3. Die Mitglieder durften nach eigenem Befinden mit jedem zusammenarbeiten, mit dem sie es wollten, und die Teilung der Aufgaben wurde der Gruppe überlassen.	Die Autorität bestimmte gewöhnlich autokratisch, was jedes Mitglied tun sollte und mit wem es arbeiten sollte.
4. Der Führer versuchte, der geistigen Haltung nach und bei Diskussionen Gruppenmitglied zu sein, aber nicht viel von der tatsächlichen Arbeit auszuführen. Er äußerte objektives Lob und objektive Kritik.	Der Gruppenoberste kritisierte und lobte die Tätigkeit des Einzelnen, *ohne objektive Gründe anzugeben* und hielt sich von der aktiven Teilnahme an der Gruppe fern.

In ganz ähnlicher Weise wie hier LEWIN, LIPPITT, WHITE sieht auch HOPKINS (1941) die entscheidenden Kriterien der Lehrer-Schüler-Beziehung in der Art der Zusammenarbeit zwischen den Partnern. Für HOPKINS geht es dabei in der Erziehung weniger um Quantitäten als vielmehr um Qualitäten. Als entscheidend für eine „ökonomische" Lehrer-Schüler-Beziehung sieht er an, auf welche Weise die folgenden vier Fragen der Lernorganisation gelöst werden: 1. Die Festlegung der jeweiligen Lernziele; 2. Die Planung der einzelnen Unterrichtsschritte auf diese jeweiligen Ziele hin; 3. Die Wahl der Arbeitsverfahren zur Verwirklichung der Ziele; 4. Die Art der Beurteilung und Kritik an den jeweiligen Arbeitsergebnissen.

Wenn sich demnach die Art der Beziehung zwischen Lehrer und Schülern nach Ansicht der Autoren als das für die Beurteilung des Erziehungsstils entscheidende Kriterium erweist, so muß, da es sich um eine Wechselbeziehung zwischen Partnern handelt, das Lehrerverhalten in seinen Rückwirkungen auf das Schülerverhalten ebenso wie das Schülerverhalten in seinen Rückwirkungen aus das Lehrerverhalten berücksichtigt werden. Während über die zweite Beziehung kaum Untersuchungen vorliegen (BALTES, 1966, S. 208) – man beschäftigte sich bisher lediglich mit der Einschätzung der Lehrer durch Schüler (vgl. GERSTENMAIER, 1975) –, haben sich vor allem H. H. ANDERSON und Mitarbeiter (1945/46) im Anschluß an die Erziehungsstil-Untersuchungen der LEWIN-Schule um eine differenziertere Analyse der ersten Beziehung, vor allem des Lehrerverhaltens also, bemüht. Handelte es sich bei den Arbeiten von LEWIN, LIPPITT und WHITE um Untersuchungen in Freizeitgruppen, weswegen ihre Ergebnisse nur mit Vorbehalt auf schulische Verhältnisse bezogen werden können, so konzentrieren sich ANDERSON und Mitarbeiter auf die hier vor allem interessierenden schulischen Verhältnisse. (Die folgende Darstellung orientiert sich an der ausführlichen Wiedergabe bei CORRELL, 1963).

ANDERSON ging bei seinen Untersuchungen von der Frage aus, wie sich das Verhalten des Lehrers in seiner Unterrichtsstunde quantitativ, durch Bestimmung von Verhaltenskategorien und der Zuordnung beobachteter Verhaltensformen zu diesen, erfassen ließe. Es wurden dazu zwei Kategorien aufgestellt: „Bei der Verhaltenskategorie ‚D' handelt es sich um den ‚dominativen', bei der Verhaltenskategorie ‚I' handelt es sich um den ‚integrativen' Verhaltenstypus ..., wobei dominantes Verhalten definiert ist durch den Gebrauch von Zwang, Befehlen, Drohungen, Tadel, Beschuldigungen oder Angriffen gegen eine andere Person. Es ist charakterisiert durch ein rigoroses, starres Festhalten an der eigenen Zielvorstellung, durch das Fehlen jeglicher Bereitwilligkeit, bei der Festlegung der Verhaltensziele, die andere betreffen, auf die Erfahrungen, Wünsche, Ziele oder Urteile dieser anderen einzugehen .... Demgegenüber hebt sich das integrative Verhalten ab als ‚demokratisch', flexibel, sozial aufgeschlossen, von einer inneren Sicherheit und Ausgeglichenheit zeugend. Vorhandene Differenzen in der Auffassung der Dinge werden hier nicht mit Zwang beseitigt, sondern produktiv in der gemeinsamen Arbeit zur Geltung gebracht." (CORRELL, 1963, S. 53)

Um nun genauere Beobachtungskategorien zur Erfassung des Lehrerverhaltens zu gewinnen, führt ANDERSON fünf Kategorien ein:

1. DC-Verhalten: Dominantes Verhalten mit sichtbarem Konflikt,
2. DN-Verhalten: Dominantes Verhalten ohne sichtbaren Konflikt,
3. DT-Verhalten: Dominantes Verhalten mit Tendenz zur Zusammenarbeit,
4. IN-Verhalten: Integratives Verhalten ohne sichtbares Zusammenarbeiten von Lehrern und Schülern,

5. IT-Verhalten: Integratives Verhalten mit deutlich erkennbarer Tendenz zur Zusammenarbeit,

Das IT-Verhalten des Lehrers zeichnet sich den Autoren zufolge z. B. dadurch aus, „daß es getragen ist von der grundsätzlichen Anerkennung der Persönlichkeit des Kindes. Der Lehrer, der diesem Verhaltenstypus angehört, ist gekennzeichnet durch die positive, optimistische Einstellung zum Kind als einem werdenden Wesen; er ist stets bereit, auf die Besonderheiten der Schülerimpulse einzugehen, um zu einer echten Zusammenarbeit zu kommen. Nicht der Lehrer allein stellt hier die Richtigkeit oder Falschheit der Schüler-Vorschläge fest, sondern eine solche Bewertung erfolgt hier ausschließlich durch eine Gegenüberstellung der Vorschläge mit sachlichem Ziel ..., um das sich Lehrer und Schüler bemühen." (CORRELL, ebd. S. 55)

Schon an dieser einen beispielhaft herausgegriffenen Kennzeichnung einer solchen Unterkategorie zeigt sich, daß es sich hier weniger um Verhaltenskategorien im strengen Sinne als vielmehr um weitere Ausdifferenzierungen der ursprünglich zugrundeliegenden beiden Verhaltenstypen „dominativ" und „integrativ" handelt, also um nichts anderes als einen Versuch, genauere Stilbestimmungen zu ermöglichen. Damit aber liegt erneut die Problematik aller typologischen Ansätze zutage: die Frage nämlich, ob und wie eine typisierende Aussage überhaupt dem realen Lehrerverhalten gerecht zu werden vermag. Es wird aber darauf noch zurückzukommen sein.

Mit Hilfe des beschriebenen Instrumentariums an Kategorien wird ANDERSON nun die Aufstellung eines Verhaltensquotienten möglich: „Addiert man die integrativen Verhaltensweisen einer Vp in einer bestimmten Zeit und dividiert sie durch ihre dominativen Verhaltensweisen in dieser Zeit, so erhält man den Integrations-Dominations-Quotienten (IDQ) nach der Formel:

$$IDQ = \frac{S_i \times 100}{S_d}$$

Dieser IDQ sagt also nichts über die Häufigkeit der Lehrerkontakte überhaupt aus, sondern er bestimmt lediglich das Verhältnis der integrativen zu den dominativen Verhaltensweisen und charakterisiert dadurch die Einstellung des Lehrers in einer für das Lehrer-Schüler-Verhältnis außerordentlich wichtigen Weise. Sind z. B. in einer Unterrichtsstunde die integrativen Verhaltensweisen genauso zahlreich wie die dominativen, so ergibt sich ein IDQ von 100. Ist der IDQ größer als 100, so überwiegen die integrativen, ist er kleiner als 100, so überwiegen die dominativen Verhaltensweisen und Einstellungen." (CORRELL, 1963, S. 55/56) Wichtig ist nun, daß weder ein übermäßig hoher (über 190 = laissez faire), noch ein zu niedriger IDQ (unter 100 = dominativ) pädagogisch wertvoll ist. Sowohl zu viele als auch zu wenige dominative Reaktionen des

Lehrers sind dem Autor zufolge negativ zu bewerten. „Es wäre also falsch, wollte man aus dem bisher Gesagten folgern, ein Lehrer müsse einen möglichst hohen IDQ zu erreichen bemüht sein, vielmehr geht es darum, die integrativen mit den dominativen Verhaltensformen in ein optimales Verhältnis zu bringen, das bei etwa 190 zu liegen scheint." (CORRELL, ebd. S. 56)

Aufgrund des umfangreichen Zahlenmaterials aus den vorgenommenen Untersuchungen kommen ANDERSON und Mitarbeiter zu dem Schluß, daß dominatives oder integratives Verhalten der Lehrer auf das Verhalten der Schüler und Schulklassen einwirkt, ebenso wie dominatives oder integratives Verhalten einzelner Schüler das Verhalten der Mitschüler beeinflußt. Integratives Verhalten des Lehrers ist integrativem Verhalten der Schüler förderlich, dominatives Verhalten führt zu dominativen Reaktionen. So kommt ANDERSON zur Formulierung spezifischer verhaltenspsychologischer Kreisprozesse, die in der sich an ihm orientierenden deutschen Sozialpsychologie große Beachtung gefunden haben (WALZ, 1960; TAUSCH, 1965; ENGELMAIER, 1968). Danach treibt Dominanz in die Domination, ein Zirkel, den der Lehrer nur durch nüchtern-professionelle Besinnung und entsprechendes Verhalten zu durchbrechen in der Lage ist.

Wie schon erwähnt, waren es vor allem die bisher behandelten Arbeiten der amerikanischen „Action-Research-Schule", die in der Bundesrepublik zu neuen Forschungen geführt haben. Von nachhaltiger Wirkung waren dabei besonders die Arbeiten zur Erziehungsstilproblematik von U. WALZ und R. TAUSCH, die sich in einer Fülle von Publikationen niedergeschlagen haben. Für die vorliegende Fragestellung soll zunächst eine neuere grundsätzliche Studie von REINHARD TAUSCH (1966) herangezogen werden, in der der Autor zwar im Sinne seiner vorausgegangenen Arbeiten typologische Konzepte referiert, sich aber gleichzeitig, zumindest teilweise, schon von ihnen distanziert: „Ich habe diese Untersuchungen mit typologischen Konzepten referiert; ich selbst würde sie heute nicht mehr verwenden." (1966, S. 221) So mag diese Studie den Abschluß des vorliegenden Kapitels bilden und in eine Reihe zusätzlicher kritischer Anmerkungen zur empirischen Erziehungsstilkonzeption ausmünden.

TAUSCH geht in der erwähnten Studie von der Voraussetzung aus, daß generelle Erkenntnisse „über Wahrscheinlichkeitszusammenhänge der Interaktion von Erwachsenen – Jugendlichen gewonnen werden können" (S. 188), räumt dann aber sofort ein, daß es derzeit kaum möglich sei, die vielfältigen empirischen Einzeluntersuchungen auf diesem Gebiet „sinnvoll zu ordnen", wenn dies auch zunehmend bedeutsam erscheine: „Eine Möglichkeit der Ordnung wäre die Zusammenfassung der Untersuchungsbefunde unter verschiedenen übergreifenden theoretischen Annahmen. Derartige theoretische Annahmen existieren jedoch erst in geringem Umfang; dabei wissen wir nicht, ob und welche dieser Annahmen für das Gesamtgeschehen und für bedeutsame

Variable auf diesem Gebiet relevant sind und wie ein Transfer auf das konkrete Verhalten von erziehenden Erwachsenen erfolgen soll." (S. 188/189) Infolgedessen beschränkt sich TAUSCH im ersten Teil seiner Arbeit auf die Darstellung von Einzelmerkmalen des Verhaltens von Erwachsenen und deren Auswirkungen auf Jugendliche, wobei er „das Verhalten von Erwachsenen gleichsam als eine relativ unabhängige Variable" (S. 190) betrachtet. Als Beispiel seien folgende Ausführungen herangezogen: „Befehlendes, anordnendes Verhalten in projektiven Erziehungskonflikten korrelierte nach Einschätzung unwissentlicher Beurteiler mit sofortiger Angepaßtheit und späterer Unangepaßtheit... Autokratische Verbote ohne Worte des Verständnisses korrelierten auf Grund der Stellungnahme von Schülern und Experten der Pädagogik mit dem Wunsch von Schülern nach Fortsetzung des unangepaßten Verhaltens." (S. 191) „Optimismus vs. Pessimismus (in analoger Weise ferner Höflichkeit vs. Unhöflichkeit, Ruhe vs. Erregung, Verständnis vs. Verständnislosigkeit) führt – nach der Einschätzung von Erziehungsäußerungen durch neutrale Beurteiler – zu vermehrt positiven, annehmenden Reaktionen von Jugendlichen, Verbesserung des Beziehungsverhältnisses Erzieher-Jugendlicher, zu größerem Gefühl der Freiheit des Handelns sowie zu größerer Bereitschaft hinsichtlich Anpassung in ähnlichen Situationen $^{1}/_{2}$ Jahr nach einer Konfliktsituation." (S. 192)

Obgleich TAUSCH, wie oben gezeigt, aus theoretischen Gründen bewußt von Einzelmerkmalen und nicht von einer zusammenhängenden Verhaltenskonzeption ausgeht, stellt er im zweiten Teil „Variablen-Cluster" (Faktoren, Haltungen) bzw. komplexe typologische Verhaltensstile von Erwachsenen in den Vordergrund und unterscheidet dann zwischen „Autokratisch/dominant/autoritären" und „Non-autokratisch/sozialintegrativ/demokratischen Verhaltensstilen". Er begründet das damit, daß „zwar die Einzelvariablen von Erwachsenen im statistischen Häufigkeitszusammenhang mit Variablen von Jugendlichen angetroffen werden, daß jedoch gleichsam ein direkter kausaler Zusammenhang nicht, oder nur zu einem Teil, angenommen werden kann" (S. 194). Vielmehr sind nach TAUSCH die Häufigkeitszusammenhänge der Einzelvariablen mit der kovariierenden Schülervariablen als Effekte zahlreicher anderer Variablen, Faktoren oder Haltungen mit größerer Wahrscheinlichkeit anzusehen. TAUSCH fügt hinzu: „Es erscheint zudem wenig wahrscheinlich, daß Schüler meist auf Einzelvariablen des Verhaltens ihrer Lehrer und nicht gleichsam auf die Gesamtperson mit ihren Verhaltensweisen reagieren sollten." (S. 194)

In der Darstellung von Ergebnissen bezieht sich TAUSCH neben eigenen Arbeiten vor allem auf die (bereits behandelten) Untersuchungen von LEWIN, LIPPITT, WHITE und ANDERSON. Seine Studie schließt mit folgenden zwei Feststellungen:

1. Das Verhalten von Erwachsenen kann wie eine unabhängige Variable, das von Jugendlichen als abhängige Variable betrachtet werden. Soziale Interak-

tionsformen von Erwachsenen können infolgedessen als für das Verhalten von Jugendlichen entscheidend angesehen werden.
2. „Sehr verschiedenartige Einzelvariablen des sozialen Interaktionsverhaltens von Erwachsenen im Kontakt mit Jugendlichen korrelieren relativ hoch untereinander und stützen so die Annahme relativ konsistenter Verhaltensmuster von Erwachsenen in der Interaktion mit Jugendlichen." (S. 200)
Wenn TAUSCH demnach trotz gewisser Einschränkungen (vgl. o.!), am Erziehungsstil-Konzept hier glaubt noch festhalten zu können, so müssen die folgenden kritischen Einwände auch auf diese Aussage bezogen werden.

Überblickt man die Literatur zum Problem der Erziehungsstile, so fällt neben der global-ganzheitlichen Beurteilung und Betrachtung des Lehrerverhaltens eine bemerkenswerte Uneinheitlichkeit und Unsicherheit im Gebrauch des *Stilbegriffs* auf. Schon SPRANGER (1962) hat darauf verwiesen, daß der Terminus in doppelter Weise gebraucht wird: zum einen, um dem einheitlichen und eigentümlichen Gepräge *aller* Erziehungshandlungen *einer* Erzieherpersönlichkeit, zum anderen, um als Sammelbezeichnung den unterscheidbaren „Grundmöglichkeiten des pädagogischen Vorgehens" Ausdruck zu geben. So versteht man einmal darunter „den charakteristischen Grundzug des erzieherischen Verhaltens und Handelns" (DOLCH), dann wieder verwenden einige Autoren das Wort „Erziehungsstil" schlechthin für „Elterliches Verhalten", „Elternverhalten", „Erziehungsverhalten" einer Erzieherperson (vgl. HERRMANN, 1966). Bezeichnet TAUSCH damit eine Teilmenge *der* Menge, die er „soziale Interaktionsform bzw. Interaktionsstil" nennt (1966, S. 189), so versteht HERRMANN unter „Erziehungsstil" die Zusammenfassung von „Erziehungspraktiken und Erziehungsvorstellungen" (1966, S. 11). Demnach bleibt zu fragen, „ob dem Wort ‚Erziehungsstil' überhaupt schon ein wissenschaftlicher Begriff entspricht" (HERRMANN, 1966, S. 12). Nun könnte man jedoch einwenden, daß es sich hier um einen „Streit um Worte" handele, der für die Sache, um die es gehe, nicht von Belang sein könne. Jedoch, der Verdacht ist nicht von der Hand zu weisen, daß sich hinter dem bezeichneten terminologischen Problem in Wahrheit eine gravierende sachliche Schwierigkeit verbirgt. Dabei handelt es sich um den schon erwähnten Einwand, ob und bis zu welchem Grade sich das konkrete multivariate Verhalten von Erziehern und Lehrern überhaupt auf einen durchgehenden charakteristischen Grundzug, einen Verhaltens*stil*, zurückführen läßt (vgl. WEINERT, 1966). Die Frage, die sich daran zwangsläufig anschließt, ist dann, was unter ‚Stil' denn verstanden werden solle. Wenn SCHEEWIND (1966, S. 44) daher feststellt – „Es erscheint zweifelhaft, ob beim heutigen Stand der Dinge der Ausdruck ‚Erziehungsstil'... als wissenschaftlicher Terminus qualifizierbar ist. Man scheint vielmehr allerorten unter ‚Erziehungsstil' immer nur mehr oder weniger das gleiche zu verstehen." – so folgt daraus für ihn: „Es ist somit offenbar vorerst weniger anspruchsvoll, von *Erziehungsverhalten* zu sprechen... Unter Erziehungsverhalten wird die Gesamtheit aller Verhaltensweisen, die eine bestimmte Person in bezug auf eine andere Person äußert, verstanden. Dabei ist es zunächst nicht notwendig, als Verhaltensstimulus einen expliziten Erziehungsauftrag oder ein mehr oder minder ausgeprägtes Erziehungsbewußtsein vorauszusetzen." (ebd. S. 45)

Eine derartige Auflösung des Stilkonzepts liegt vor allem auch dann nahe, wenn man als eine wichtige „Stilvariable" gerade die spezifische Fähigkeit eines Erziehers ansieht, „Erziehungsprobleme dadurch zu meistern, daß die soziale Rolle, das instrumentelle Verhalten und die Attitude *situationsgerecht gewechselt* werden" (HERRMANN, 1966, S. 12). Ein hohes Maß von Anpassungsfähigkeit an die ständig wechselnden Erziehungssituationen – von TALLMANN (1961) „adaptability" genannt und die Fähigkeit bezeichnend, erzieherische Probleme effektiv zu bewältigen, indem Rollen-, Verhaltens- und Positionswechsel sinnvoll erfolgen –, das gerade den professionell orientierten Lehrer auszuzeichnen hätte, stünde jedoch jedem Erziehungsstil-Konzept als kaum zu bewältigende Schwierigkeit im Wege. Es sei denn, man belegte eben diese Beweglichkeit selber wieder mit dem Ausdruck „Erziehungsstil". Der stilbildende „gemeinsame Grundzug" solchen erzieherischen Verhaltens aber wäre dann gerade, keinen solchen „Grundzug" zu besitzen, womit aber der Stilbegriff ohnedies wieder ad absurdum geführt wäre.

Selbst wenn man jedoch nicht so weit zu gehen bereit ist, wird man die Notwendigkeit zugestehen müssen, das Stilkonzept hinreichend differenziert zu gestalten, um es wenigstens einigermaßen den Realitäten anpassen zu können. Es wurde bereits darauf hingewiesen, daß damit aber implizit immer auch eine gewisse Relativierung des gesamten typologischen Ansatzes gesetzt wird. Als Beispiel mögen die folgenden Ausführungen WEINERTs (1966, S. 107) stehen: „Vor allem erscheint das vielfach mit dem Begriff Erziehungsstil assoziierte ‚Alles-oder-Nichts-Modell' revisionsbedürftig. Nach unserer Meinung lassen sich zumindest vier Varianten des Zusammenhanges zwischen Erziehungsstil und Erzieherpersönlichkeit unterscheiden:

1. Die intendierte Anwendung eines Erziehungsstiles (z. B. die Realisierung unterschiedlicher Erziehungsstile durch die gleiche Person; vgl. das Experiment von LEWIN, LIPPITT und WHITE 1939);
2. die Aktualisierung eines situationsspezifischen Erziehungsstiles (z. B. toleranter Vater, der bei verschmutztem Zahnputzbecher stets autoritär reagiert);
3. der rollenspezifische Erziehungsstil (z. B. durchgängig gegenüber einem bestimmten Kind, unter spezifischen institutionellen Bedingungen);
4. der persönlichkeitsspezifische Erziehungsstil (situationsunabhängig und persönlichkeitsaffin)."

Wieder bleibt auch hier die Frage offen, ob angesichts solcher Modifikationen am Stilbegriff vernünftigerweise noch festgehalten werden sollte.

Ein weiterer Einwand gegen das Erziehungsstil-Konzept bezieht sich auf die verwendeten Bestimmungskategorien. Dabei lassen sich zwei kritische Argumente voneinander unterscheiden: Zum einen wird vor allem gegen die Kategorien „autoritär", „demokratisch" und „laissez faire" (sowie deren Abwandlungen) eingewendet, sie seien zu eng gefaßt. „So scheinen z. B. Verhaltensweisen von Erwachsenen, die ... unter eine (wahrscheinlich bipolare) Dimension eingeordnet werden, doch *multidimensional* zu sein; W. C. BECKER (1964) betont z. B., daß es sehr wohl restriktive Erziehungspraktiken in einem warmen Kontext, bzw. daß es klärende Verhaltensweisen (ELDER, 1963) von Eltern in einem ansonst ‚autokratischen Machtniveau' geben kann." (BALTES, 1966, S. 205) Ganz ähnlich stellen WALLEN und TRAVERS (1967/5, S. 476) für die LEWIN-LIPPITT-WHITE-Studien fest, wenn sie schreiben: „Although the authoritarian pattern was not intended to be an ‚unfriendly' one, observations indicated that, as played, it manifested many more ‚disrupting commands', ‚nonconstructiv criticisms', and less ‚joviality' than the democratic; yet such behaviors need not necessarily accompany authoritarianism."

Das zweite kritische Argument zielt auf die verwendeten Bezeichnungen für die Kategorien. So sind nach BALTES (1966, S. 205) „die Begriffe des autokratisch-autoritären bzw. des demokratischen Verhaltensstils ideologisch stark vorbelastet und daher wissenschaftstheoretisch wenig adäquat." Eine Erweiterung erfährt diese Kritik durch die Feststellung R. C. ANDERSONS (1959), es gebe keine zulänglichen Bestimmungen darüber, was das Kategorienkonstrukt des Autoritär-demokratischen für das Lernen bedeute. Man wird daher der folgenden zusammenfassenden Kritik HANS THIERSCHS (1969, S. 483) zustimmen müssen, wenn er – die erwähnte Bemerkung ANDERSONS aufgreifend – schreibt: „Die Kategorien sind primär sozial, zudem politisch-ideologisch belastet und nicht auf die der Schule gestellte spezifische Aufgabe des Lernens bezogen; sie suggerieren, daß Unterdrückung, Unfreundlichkeit und Sachstrenge ebenso zusammengehören wie Spontaneität und Leistung, geben also zu pauschale Verhaltenssyndrome und postulieren, wieder zu pauschal, nur ein durchgehend wünschenswertes Lehrerverhalten."

Besonders der von ANDERSON angeschnittene Gedanke einer Orientierung des Lehrerverhaltens an der – wie THIERSCH formuliert – „der Schule gestellten spezifischen Aufgabe", nämlich Lernen zu ermöglichen und in die Wege zu leiten – „Schule als der Ort der Theorie" (RANG, 1968) –, wird im Auge zu behalten sein. Er dürfte für eine unter dem Aspekt der Professionalisierung des Lehrerverhaltens stehende erzieherische Verhaltenskonzeption, eine Theorie des Erziehungsverhaltens in der Schule, eine nicht unwesentliche Rolle spielen.

Zusammenfassung:
1. Normierende Stillehren sind vor allem von der geisteswissenschaftlichen Pädagogik in Deutschland seit den 20er Jahren entwickelt worden. Sie stellen idealtypische Konstruktionen dar, die „alternative Grundmöglichkeiten" des Lehrerverhaltens aufzeigen wollen.
2. Die wichtigsten Konzepte wurden dazu von R. SPRANGER und J.P. RUPPERT vorgelegt.
3. Normierende Stillehren sind problematisch, weil sich ihre Aussagen über neuere wissenschaftliche Erkenntnisse hinwegsetzen, weil sie einer vorwissenschaftlichen Sehnsucht nach Einheit entspringen, und weil sie schließlich eine höchst problematische wissenschaftstheoretische Grundlage aufweisen, die sich gegen Kritik zu immunisieren versucht.
4. Die empirische Erziehungsstilforschung hat ihren Ursprung in der US-amerikanischen Action-Research-Bewegung vom Ende der 30er Jahre. Sie nahm ihren Ausgang von Experimenten der LEWIN/LIPPITT/WHITE-Gruppe in Iowa an Kindern in Freizeitgruppen.
5. Die wichtigsten Arbeiten dieser Richtung in Deutschland stammen von U. WALZ (1960) und R. und A.-M. TAUSCH.
6. Die Kritik am empirischen Stilkonzept läuft auf folgende Einwände hinaus: bemerkenswert uneinheitlicher Begriffsgebrauch; Verhaltensstarrheit und fehlende situationsspezifische Flexibilität; Eindimensionalität der Betrachtungsweise; unwissenschaftlicher Begriffsapparat: global-ganzheitliche Beurteilung des Lehrerverhaltens.
7. Positiv ist zur empirischen Erziehungsstilforschung festzustellen, daß sie eine realistische (→ empirische) Haltung zu Lehrerverhaltensfragen eingeleitet hat, daß sie ein erziehungswirksames, positives Lehrerverhalten anstrebt, daß sie wichtige Daten und Befunde zum Lehrerverhalten vorgelegt hat, die die weitere Forschung anregten.

Fragen und Denkanstöße:
1. Stellen Sie eine positive bzw. negative Bilanz zu den vorgestellten Forschungsansätzen stichwortartig zusammen: Was spricht für, was gegen die entwickelten Verfahren?
2. Nehmen Sie Stellung zu folgender Aussage: „Die Analyse der Erziehungsstile erbrachte als entscheidendes Resultat, daß diese an die Situation und an die Persönlichkeitsstruktur gebunden sind. Die Situation hoher Klassenstärken und kleiner Räume sowie hoher Wochenstundenzahlen zu ändern, ist vor allem ein schulpolitisches und -organisatorisches Problem. Die Bindung der Erziehungsstile an die Persönlichkeitsstruktur bedeutet aber, daß nicht nur durch bessere äußere Bedingungen die erzieherischen Maßnahmen beeinflußbar sind, sondern daß gezielte Maßnahmen die innere Einstellung des

Lehrers zum lenkenden Umgang mit Schülern zu ändern vermögen." (HEILAND, H.: Schüler und Lehrer. RATINGEN, 1971, S. 120)
3. Es gibt Autoren, die nehmen bezüglich des Lehrerverhaltens eine Unterscheidung in
   - Erziehungsverhalten (→ Erziehen) und
   - Unterrichtsverhalten (→ Unterrichten)
   vor.
   Frage: Zu welcher Kategorie gehören dann die normierenden Stillehren und die empirische Stilforschung?
4. Es wurde oben darauf hingewiesen, daß Untersuchungen über Lehrer-Schüler-Interaktionen zeigen, daß das Lehrerverhalten bei wechselnden Situationen relativ konstant bleibt, also gleichsam als eine unabhängige Variable anzusehen ist.
   Frage: Spricht dieser Umstand nicht für die Stilkonzepte, die ja auch von einer relativen Konstanz des Lehrerverhaltens und der Lehrerpersönlichkeit ausgehen?
   Dazu folgendes Zitat: „,,Die Verhaltenserwartungen der Klasse werden nicht als solche akzeptiert, sondern vom Lehrer interpretiert nach Maßgabe seiner pädagogischen Theorie'. Man kann hinzufügen – weniger nach Maßgabe seiner pädagogischen Theorie, sondern oft aufgrund unreflektierter Wertvorstellungen und Erziehungsziele, also ideologischer Momente. Von dieser Tatsache her gesehen, ist es unsinnig, den Lehrer zu einer Verhaltensvirtuosität verpflichten zu wollen, die letzten Endes niemals auf das Kind eingeht, sondern immer die eigenen Vorurteile reproduzieren wird. Auch die Untersuchungsergebnisse, welche beweisen, daß Lehrerverhalten eine im wesentlichen unabhängige Variable ist, die einen wichtigen Einfluß auf den Unterrichtsprozeß hat, sprechen gegen die Behauptung, daß es den idealen Lehrer nicht gäbe und daß dieser sich jeweils individuell auf seine Schüler einzustellen habe." (KIRSTEN, R. E.: Lehrerverhalten, Stuttgart 1973, S. 85)
   Frage: Sind Sie mit dieser Argumentation einverstanden?
5. Wir stehen heute vor der Tatsache, daß trotz zahlreicher Einwände gegen die Stilkonzeption weiterhin mit diesem Ansatz geforscht wird. Besonders empirisch orientierte Psychologen arbeiten mit diesem Paradigma (= Theorie).
   Was könnte der Grund sein dafür, daß sich das Stilkonzept so zäh am Leben hält?

Basisliteratur:
WEBER, E.: Erziehungsstile, Donauwörth 1974/5.

Zusatzliteratur:
HERRMANN, T.: Psychologie der Erziehungsstile, Göttingen 1970/2.

5. Pädagogischer Instrumentalismus: Erziehungsmittel

Die *Ziele* des folgenden Kapitels sind:
1. Darstellung eines instrumentellen Denkansatzes im Bereich des Lehrerverhaltens, der davon ausgeht, daß Erziehung letztlich darin besteht, gezielte Instrumente der Beeinflussung (Maßnahmen) auf Schüler anzuwenden;
2. Kritik dieser Position im Hinblick auf bestimmte Grundlagen des Ansatzes, auf mögliche Fehlinterpretationen des Konzeptes sowie schließlich hinsichtlich der Basis dieser Theorie: das „Teigmodell" der Erziehung;
3. Aufweis der Unvereinbarkeit des vorgestellten Ansatzes mit der Konzeption einer Professionlisierung des Lehrerverhaltens.

Der im folgenden zu behandelnde Ansatz ist für die Lehrerverhaltensfrage insofern interessant, als er zum einen ein Bindeglied zwischen vorwissenschaftlicher Erziehungslehre und im engeren Sinne erziehungswissenschaftlicher Analyse darstellt, und zum anderen, weil – wahrscheinlich aufgrund des engen Praxisbezuges dieses Ansatzes – die Professionalisierungsproblematik eigentlich von Anfang an eine Rolle spielt.

Die Lehre von den Erziehungsmitteln (vgl. z. B. BOROWSKI, 1969) versucht, den Lehrer für seine erzieherischen Aufgaben dadurch zu qualifizieren, daß sie ihm systematische Einsicht in die verschiedenen, jeweils anwendbaren pädagogischen Maßnahmen und Vorgehensweisen und deren – zumeist vermutete – Konsequenzen verschafft: „Die Weisen, deren sich die Erzieher zur Erfüllung dieser Aufgabe bedienen, nenne ich Erziehungsmittel." (TROST, 1966, S. 22/23)

Als absichtlich und zweckgerichtet angewendete Hilfsmittel werden in den stark systematisch orientierten Darstellungen zumeist folgende Erziehungsmittel behandelt: Weisung, Empfehlung, Aufforderung, Befehl, Bitte, Auftrag, Vorbild, Beispiel, Frage, Mitteilung, Belehrung, Ermahnung, Erinnerung, Tadel, Appell, Warnung, Drohung, Verweis, Lob, Strafe. Diese, teilweise stärker unterrichtlich, teilweise stärker erzieherisch i.e.S. ausgerichteten Erziehungsmittel werden in den verschiedenen Darstellungen im einzelnen zwar unterschiedlich systematisiert, gleichwohl aber immer wieder gleichsinnig behandelt: „Die Erziehungsmittel sind Hilfen für die Zöglinge, bzw. für den Schüler. Sie wollen z. B. helfen, sich vertrauensvoll anzuschließen, innerhalb der Institution feste Beziehungspunkte zu gewinnen, innere Vorbehalte abzubauen, bei Fehlhaltungen und Fehlhandlungen zurückzufinden, menschliche Beziehungen zu ordnen ... und sich innerhalb der Institution wohlzufühlen. Erziehungsmittel sollen dem Zögling helfen, sie wollen nicht des Erziehers Willkür durchsetzen. Recht verstanden ist die Hilfe für den Zögling zugleich auch Hilfe für den Erzieher. Dieser hat den Auftrag, dem Zögling innerhalb der Institution zu helfen." (TROST, 1966, S. 23) Die Erziehungsmittel werden damit eindeutig in Zusammenhang gebracht mit der professionellen Aufgabe des Lehrers.

Nun darf freilich dieser scheinbar moderne Gesichtspunkt nicht darüber hinwegtäuschen, daß verschiedene Implikationen der Lehre von den Erziehungsmitteln als sehr problematisch anzusehen sind. Daß die Erziehungsmittel-Theorie in konventioneller Manier vom „relativ autonomen Erzieher-Zögling-Verhältnis" ausgeht, daß sie die problematische Autoritätsideologie ausdrücklich zum Ausgangspunkt ihrer Reflexionen nimmt – TROST: „Die erzieherische Autorität ist die Grundvoraussetzung jeder erzieherischen Wirksamkeit." (1966, S. 34) –, ist dabei noch nicht einmal das Entscheidende. Problematischer noch als diese Voraussetzungen erscheinen die aus einer *isoliert-instrumentalistischen Theorie der Erziehungsmittel* sich ergebenden Konsequenzen, auf die als einer der ersten ERICH WEBER (1971/2) zu Recht hingewiesen hat, ohne freilich selber fragwürdige Schlußfolgerungen vermieden zu haben.

WEBER unterscheidet drei – wie er es nennt – „Fehlinterpretationen" der Lehre von den Erziehungsmitteln (1972/2, S. 33–40):

a) die isolierend-instrumentalistische,
b) die technologisch-manipulatorische und
c) die rezeptologisch-methodenkultische Fehlinterpretation.

Zu a) WEBER betont, daß sich hier das Mißverständnis ergebe, „als ob man es bei den Erziehungsmaßnahmen mit vereinzelten ‚Instrumenten' zu tun habe, gleichsam mit dem ‚Handwerkszeug' des Erziehers, das sich, wenn man nur damit umzugehen versteht, unabhängig von sonstigen pädagogischen Erwägungen und Zusammenhängen erfolgversprechend einsetzen läßt" (vgl. H. NETZER, 1965/7, S. 64). Die Erziehungsmittel werden bei der instrumentalistischen Fehlinterpretation für sich isoliert betrachtet, ohne die erforderliche Berücksichtigung des gesamten Erziehungsfeldes, dessen Bedingungen und Rechte jedoch für den Einsatz und die Wirksamkeit der Erziehungsmaßnahmen von entscheidender Bedeutung sind." (S. 33/34) WEBER betont zu Recht, daß die Wirksamkeit von Erziehungsmaßnahmen vom gesamten sozialen Interaktionsgefüge abhängig ist. Die isolierte Analyse und beziehungslose Anwendung sog. Erziehungsmittel muß daher zwangsläufig zu kurzschlüssigen Folgerungen bzw. zu einer technokratischen Verformung des pädagogischen Bewußtseins führen.

Zu b) Die technologisch-manipulatorische Fehlinterpretation der Lehre von den Erziehungsmitteln bezieht sich auf diese technokratische Grundeinstellung, wonach man die Erziehungsmittel „in Analogie zur Mechanik unter Anwendung von generell gültigen Naturgesetzen einsetzen möchte, als ob es hier völlig berechenbare Kausalverbindungen zwischen Mitteleinsatz und Zweckerreichung geben würde. Erziehungspraktiken lassen sich aber nicht mit technischen

Mitteln als Anwendungsfälle allgemeingültiger Erkenntnisse mit einer einkalkulierbaren Wirkung anwenden. (Vgl. dazu Nachtrag 2!) (S. 35/36)

WEBER weist in diesem Zusammenhang ebenfalls zu Recht darauf hin, daß Technik stets eine spezifische Anpassung an bestimmte festgestellte Naturtatsachen darstellt, die „im Interesse des angestrebten Zweckes durch den Einsatz von fakten- und zweckentsprechenden Mitteln" genutzt würden, und fügt ergänzend an, daß überdies „die Zwecke nicht allein vom Erzieher gesetzt werden können und dürfen" (ebd. S. 36). Dieser Kritik an der technologischen Fehlinterpretation der Theorie der Erziehungsmittel fügt WEBER die folgenden Überlegungen an: „Die technologische Fehldeutung der ‚Erziehungsmittel' ist häufig mit dem manipulatorischen Mißverständnis verbunden. Es ist überall dort gegeben, wo die Maßnahmen des Erziehers mehr heteronome Beeinflussung auf den zu erziehenden Menschen ausüben als dieser in der betreffenden Situation aufgrund seiner eigenen Potenzen und Tendenzen benötigt, so daß dadurch ein Selbständigwerden behindert oder verhindert wird." (ebd. S. 36)

Den Einwänden WEBERS wird man zweifellos zustimmen können, sofern nicht wiederum in der anderen Richtung Mißverständnisse aufkommen: Die Orientierung des beruflichen Gesamtverhaltens des Lehrers an zweckrationalen und möglichst wissenschaftlich abgesicherten Kriterien ist damit keinesfalls überflüssig. Die Berücksichtigung des Kriteriums der Zweckrationalität im Rahmen eines professionellen, dem Postulat der Mündigkeit verpflichteten, kritischen Erziehungskonzeptes ist anders zu bewerten als der relativ isoliert-instrumentelle Ansatz der Lehre von den Erziehungsmitteln. Auch WEBER hat das gesehen. Es fragt sich allerdings, ob gerade die Lehre von den Erziehungs*stilen* – wie WEBER glaubt – geeignet ist, den notwendigen professionellen Gesamtrahmen zu liefern; hat doch die Analyse der vorliegenden Erziehungsstilkonzepte die Problematik gerade auch dieses Ansatzes deutlich aufgewiesen.

Zu c) Bei der „rezeptologisch-methodenkultischen Fehlinterpretation" der Lehre von den Erziehungsmitteln handelt es sich um den Glauben, mit den sog. Erziehungsmitteln seien sichere Rezepte zur Bewältigung bestimmter pädagogischer Probleme gegeben. Für eine solche Fehleinschätzung verwendet WEBER zu Recht den Terminus „Kochbuchpädagogik": „Die ‚Kochbuchpädagogik' glaubt, für die verschiedenartigsten Erziehungsfälle mit Hilfe der ‚Erziehungsmittel' Patentlösungen schablonisieren und routinisieren sowie durch die pädagogische Ausbildung tradieren zu können." (S. 38)

Eine Ergänzung findet die rezeptologische in der methodenkultischen Auffassung. Dem Methodenkult „verfällt man immer dann, wenn bei ... Verworrenheit und Fragwürdigkeit der Ziele das Heil primär in der Perfektion der Mittel und ihres Einsatzes gesucht wird. Wer aber keine überzeugende Sinnorientierung gewinnt, dem vermag am Ende auch keine instrumentelle Routinisierung zu helfen ...; denn in der Erziehung kommt es nicht auf die

Wirksamkeit der Maßnahmen und Mittel an, sondern es ist entscheidend, für welche Vorhaben und Zielstellungen sie eingesetzt werden." (S. 38/39)

Die Schwäche der Lehre von den Erziehungsmitteln liegt indessen nicht nur darin, daß sie die aufgeführten Fehlinterpretationen begünstigt. Der entscheidende Einwand muß tiefer ansetzen, nämlich an dem hinter der Lehre der Erziehungsmittel letztlich aufweisbaren Modell des Erziehungsprozesses (vgl. MOLLENHAUER, 1972). Im Anschluß an HOFSTÄTTER (1957, S. 14) läßt sich das hinter der Lehre von den Erziehungsmitteln stehende Denkmodell als „Teig-Modell" bezeichnen, das sowohl auf das Individuum wie die Gruppe sich bezieht und in dem die „Vergewaltigung durch einen Führer" (HOFSTÄTTER, ebd.) eine entscheidende Rolle spielt. Mensch und Gruppe werden dabei als amorphe Wesenheiten aufgefaßt, die vom Erzieher oder Führer in jede gewünschte Form gleichsam „geknetet" werden können.

Wie HEINRICH KUPFER (1971) zu Recht feststellt, wird in diesem wie in anderen Modellen der „Zögling", zu Erziehende, Heranwachsende als ein Objekt angesehen, das sich dem Erzieher zur Behandlung darbietet. „Der Erzieher sieht sich in der Position des absolut Überlegenen", für den der vorgeplante Weg des zu Erziehenden keine Fragen mehr aufwirft (KUPFFER, ebd. S. 25). Nicht zuletzt aus diesem Grunde wird daher – wie bereits angedeutet – der Lehre von den Erziehungsmitteln auch das Konzept der pädagogischen Autorität unterlegt, wonach es einen apriori unbegründeten letzten Führungsanspruch auf seiten des Erziehers gibt. Damit wird aber in der äußerlich zweckrational ausgerichteten Lehre von den Erziehungsmitteln ein letztlich irrationaler Kern sichtbar, der sich mit dem Programm einer kritischen Professionalisierung des Lehrerverhaltens schlechterdings nicht in Einklang bringen läßt. (Vgl. dazu I. 2.1!)

Zusammenfassung:
1. Die Lehre von den Erziehungsmitteln versucht, dem Lehrer ein realistisches Instrumentarium professionell bedeutsamer Maßnahmen und Vorgehensweisen an die Hand zu geben, das er in der Schule absichtlich und zweckgerichtet anwenden soll.
2. Die Theorie ist angreifbar, insofern sie den Lehrer einseitig als unabhängige Variable setzt, für den Lehrer einen Autoritätsanspruch reklamiert, ein „Teig-Modell" der Erziehung zugrundelegt und fragwürdige Konsequenzen begünstigt, die als Fehlinterpretationen zu bezeichnen sind.
3. Obgleich die Lehre von den Erziehungsmitteln demnach von einem Professionalisierungsprogramm ausgeht, erweist sich bei genauerer Analyse, daß das Konzept schlechterdings mit einer wissenschaftsorientierten Professionalisierung der Lehrerschaft unvereinbar ist.

Fragen und Denkanstöße:
1. Im Text ist von einem „Teig-Modell" der Erziehung (MOLLENHAUER) die Rede. Formulieren Sie einige Einstellungen und Haltungen eines Lehrers, die dieser mit dem genannten Modell möglicherweise verbinden könnte! Argumentieren Sie gegenüber diesen Einstellungen aus der Sicht der Schüler!
2. Es gibt andere Interpretationen (Theorien, Paradigmen) des Lehrerverhaltens, die Unterrichts- und Erziehungsphänomene nicht als Situationen, in denen Maßnahmen angewendet werden, sondern als Kommunikations- und Interaktionsereignisse zu begreifen versuchen. Bezeichnen sie wesentliche Unterschiede zwischen solchen Ansätzen und dem „Teig-Modell" der Erziehungsmittellehre! (Vgl. dazu II. 8!)
3. Das folgende Zitat stammt aus dem Funkkolleg Pädagogische Psychologie von 1976 und behandelt die Frage, ob Lehrer bei Disziplinkonflikten die Erkenntnisse der neueren Verhaltenspsychologie (Verhaltensmodifikation) direkt anwenden können: „Bei unsystematischer Anwendung von Bekräftigungen sind Erfolge nicht zu erwarten. Es genügt nicht zu wissen, Lob sei effektiver als Tadel. Erst eine kontrollierte, fachgerechte und systematische Verwirklichung von Beschäftigungsplänen nach gründlicher Analyse der Störquellen und ihrer Bedingungen kann Aussicht auf Erfolg haben. Ohne sorgfältige Planung müssen Lehrer tatsächlich scheitern. Bei vielen Lehrern wurde das Mißverständnis von der problemlosen Realisierbarkeit der Überlegenheit von Lob über Tadel bei Disziplinschwierigkeiten durch populäre Darstellungen der Techniken der Verhaltensänderung provoziert." (GRAUMANN, C.F.; HOFER, M.: Lehrerverhalten und Schülerverhalten. In: Studienbegleitbriefe, Teil IV, Päd. Psychologie, Weinheim/Basel 1976, S. 73/74)

Frage: Welches ist der theoretische Hintergrund des voraufgegangenen Zitats? Würden die Autoren zu Vertretern der Lehre von den Erziehungsmitteln zu rechnen sein oder nicht?

Berücksichtigen Sie, daß sie die „Behandlung" von Verhaltensauffälligkeiten im Auge haben, also quasi eine therapeutische Situation anpeilen!

Basisliteratur:
NETZER, H.: Erziehungslehre, Bad Heilbrunn/Obb. 1965/7.

Zusatzliteratur:
KUPFFER, H.: Partner im Erziehungsfeld, Wuppertal u. a. 1971.

II. Neuere wissenschaftliche Konzeptionen

1. Psychoanalytische Theoriebildung

Die *Ziele* des folgenden Kapitels sind:
1. Verdeutlichung, welchen Beitrag die Psychoanalyse durch einige ihrer pädagogischen Vertreter zum vorliegenden Thema geleistet hat;
2. Herausarbeitung von drei Fragestellungen, mit denen sich psychoanalytisch orientierte Pädagogen vorrangig befaßt haben: der therapeutischen Aufgabe des Lehrers, der Frage nach der psychischen Gesundheit im Lehrerberuf, dem Verhalten des Lehrers in der Institution Schule;
3. Aufweis des Umstandes, daß mit der psychoanalytischen Theoriebildung zwar ein wertvoller, insgesamt aber noch wenig entwickelter Ansatz zur Frage des Lehrerverhaltens vorliegt.

Der Einfluß der Psychoanalyse als psychologische Theorie – synonym auch Tiefenpsychologie genannt – auf die deutsche Pädagogik muß insgesamt als gering bezeichnet werden, obwohl die Psychoanalyse, die ursprünglich als Verfahren zur Behandlung seelischer Leiden entwickelt worden war, inzwischen – zumindest ansatzweise – eine eigene Erziehungslehre zu entwickeln vermochte, die vor allem in den USA weiter fortgeschritten ist.

Die Folge der insgesamt gesehen relativ geringen Beachtung, die der tiefenpsychologische Ansatz in der deutschen Pädagogik gefunden hat, ist, daß auch die Theoriebildung zum Problem Lehrer und Lehrerverhalten aus dieser Sicht teils zu wenig entwickelt, teils zu global geraten ist, als daß sie einen irgendwie beachtenswerten Einfluß auf die Praxis hätte ausüben können.

Für die vorliegende Fragestellung lassen sich im wesentlichen drei Problemfelder voneinander trennen, denen sich das psychoanalytische Interesse zugewandt hat: a) die Frage nach der Lehrerrolle aus tiefenpsychologischer Sicht: der Lehrer als Therapeut; b) die Frage nach der Psychohygiene im Lehrerberuf: der kranke Lehrer; c) die Frage nach der Schule als Institution und dem institutionsbedingten Verhalten des Lehrers.

Zu a): Die Frage nach der therapeutischen Funktion des Lehrers und des Lehrerverhaltens erwächst zunächst eigentlich mehr implizit als explizit aus der praktischen Anwendung des psychoanalytischen Analyse- und Therapiekonzeptes auf Erziehung. Von besonderem Interesse sind hier demnach vor allem die Versuche, eine psychoanalytische Erziehungspraxis zu entwickeln. Der Lehrer wird hier in der Rolle des pädagogischen Therapeuten gesehen, der in Analogie zur Aufgabe des Analytikers Erziehung mehr als „Hilfe zur Selbsthilfe", als Hilfe zur produktiven Aufarbeitung seelischer Konflikte und zur Anbahnung eines ausgewogenen Kräfteverhältnisses zwischen Ich, Es und Über-Ich beitragen soll. Der Lehrer, der in dieser Weise vor allem Kinderfehler, Erziehungsschwierigkeiten, Lernstörungen, Verwahrlosungserscheinungen, sexuelle Entwicklungsstörungen usw. beheben helfen soll (SINGER, 1970), ist in seinem Verhalten wesentlich bestimmt durch diesen zentralen therapeutischen Auftrag. Entsprechend dem kausal-analytischen Grundansatz der Psychoanalyse verhält sich der Lehrer mehr „nachgehend", kausal interpretierend, auf das „hinter" den Phänomenen Liegende achtend. Sein Verhalten zielt vor allem auf die Aufrechterhaltung oder Ingangsetzung befriedigender Kommunikationsverhältnisse, sein Interesse richtet sich auf die verschiedenen Aspekte der „Übertragung" und „Gegenübertragung".

Eine Fortsetzung und Weiterentwicklung dieses Ansatzes liegt in den verschiedenen gruppendynamischen Konzepten vor (z. B. SPANGENBERG, 1969), die bislang allerdings noch kaum eine Übertragung auf den schulischen Bereich gefunden haben.

Zu b): Die Frage nach der psychischen Gesundheit im Lehrerberuf erwächst aus der Anwendung des therapeutischen Anliegens der Tiefenpsychologie auf den Lehrer selber und auf seine in der Berufsarbeit auftretenden psychischen Probleme (TOCHTERMANN, 1954). Die Einbringung unaufgearbeiteter seelischer Konflikte in das Erziehungsfeld, demnach also die Beschäftigung mit dem individuellen psychischen Schicksal des Lehrers, sowie Fragen des autoritären Verhaltens und der autoritären Persönlichkeit stehen hier im Mittelpunkt des Interesses (ADORNO u. a., 1950; E. FROMM, 1968; HERZOG, 1952; BITTNER, 1964; BRÜCKNER, 1967). So gibt beispielsweise die von E. FROMM (1968) im Anschluß an FREUD entwickelte Theorie der sado-masochistischen Persönlichkeit eine gute Basis ab, auf der autoritäres Lehrerverhalten in seinen Voraussetzungen sowohl wie in seinen Folgen einleuchtend erklärt werden kann.

Zu c): Der Dritte, für den vorliegenden Zusammenhang besonders interessante Ansatz – wenngleich zu global, um direkt erziehungspraktisch wirksam werden zu können – liegt in dem Versuch vor, das tiefenpsychologische Instrumentarium auf die Schule als Institution und das institutionsbedingte Lehrerverhalten anzuwenden (BERNFELD, 1925/1967; R. WEISS, 1936; MÜLLER-BEK, 1958; FÜRSTENAU, 1964/1969).

So fordert etwa S. BERNFELD (1925/1967), die didaktische Theorie sei um die Disziplin der „Instituetik" zu ergänzen: „Sie hätte zweckrational die Institution, die wir in ihrer Gänze Schulwesen nennen, umzudenken." (1967, S. 27) „Das Schulwesen hat offenbar Wirkungen, die über den eigentlichen Unterricht weit hinausreichen." (S. 28) Ganz in seinem Sinne spricht FÜRSTENAU von der „Institutionsblindheit" der wissenschaftlichen Pädagogik: „Diese Institutionsblindheit der pädagogischen Ideologie zeigt sich am deutlichsten darin, daß sie die (funktionale) Erziehung der Schüler durch die Organisation der Schule selbst, unabhängig von und ‚vor' allen unterrichtlichen Entscheidungen der Lehrer, nicht zu würdigen vermag." (1969, S. 22)

BERNFELD setzt die Institution Schule in Beziehung zu den Initiationsriten älterer Kulturen, die „die ältesten uns bekannten organisierten Kollektivmaßnahmen der Erwachsenen gegenüber der Kindheit sind" (S. 64) und stellt fest: „Im Anfang der organisierten Erziehung steht die Aggressionsorgie." (ebd.) Dem Autor zufolge ist der Sinn des Initiationsritus aus den individuellen psychischen Abläufen nicht verständlich zu machen. „Die Väter, die ihn ausüben, verstehen ihn selbst nicht, sie rationalisieren ihn ohne Prüfung der Realität. Sie schieben ihm Zwecke unter, wie sie ihnen einleuchten ... Sie benehmen sich dabei ganz wie unsere Pädagogiker." (ebd., S. 65)

BERNFELD vermutet, daß die aus dem Vernichtungstrieb und der Vergeltungsfurcht der Männer erwachsenen Initiationsriten in sublimierter Form noch heute in der Institution Schule wirksam sind und das Verhalten der Erwachsenen bestimmen: „Das Kulturplus der menschlichen Psyche zu erzielen und zu verewigen, ist ihre (der Schule, Anm. d. Verf.) soziale Funktion, denn durch dessen Erziehung konserviert sich die erwachsene Gesellschaft in der von ihr erzogenen Generation." (S. 85)

Erziehung, Schule und Verhalten der Erwachsenengeneration, der Lehrer also vor allem, ist daher in der Schule alter Prägung von Grund auf konservativ, auf Bewahrung gerichtet und aggressiv, weil die Schule als Institution einen derartigen soziokulturellen Charakter und Auftrag hat: „Die Schule hat's nicht leicht. Sie hat entgegen allen ererbten Trieben in den Kindern, entgegen ihren spontanen Wünschen und Interessen zu wirken; sie steht allemal, ihre Mittel seien humane oder brutale, Naturgewalten gegenüber und vertritt dem Kinde gegenüber die Härte und Kompliziertheit der gesellschaftlichen Realität..." (S. 79) „Die primitiven Völker setzen die Knaben ihren freilich sehr drastischen Erziehungsmitteln nur wenige Wochen oder Monate aus, wir unseren, freilich viel humaneren Mitteln, 14 bis 20 Jahre." (S. 64)

Interessant ist nun, daß BERNFELD diesen aggressiven Grundzug im Lehrerverhalten auf den Lehrer selbst zurückbezieht: „Entsteht zwischen Kind und Erzieher überhaupt eine Beziehung, so wird unweigerlich und unvermeidlich die Ödipusbeziehung sich aus ihr entwickeln. Und zwar von beiden Seiten her. Das Kind wird den Erzieher lieben (oder hassen oder lieben und hassen), wie es Vater und Mutter liebt oder liebte ... Und der Erzieher, was bleibt ihm anders übrig, als diese Rolle anzunehmen, einerlei, ob er das Kind liebt oder nicht. Er setzt das Werk der Eltern, und wäre es mit anderen Mitteln, fort oder wiederholt es in einer dem Kind neuen Weise ... Er spielt seine Rolle freiwillig, mit Begeisterung und Hingabe, unter dem Wiederholungszwang, wenigstens unter den Einwirkungen seines eigenen Ödipuskomplexes. Dies Kind vor ihm ist er selbst als Kind. Mit denselben Wünschen, denselben Konflikten, denselben Schicksalen ... Und sein Tun, sein Erfüllen und Verbieten ist das seiner eigenen Eltern ... So steht der Erzieher vor zwei Kindern: dem zu erziehenden vor ihm und dem verdrängten in ihm. Er kann gar nicht anders, als jenes zu behandeln, wie er dieses erlebte." (S. 141)

Ganz im Sinne SIEGFRIED BERNFELDS hat neuerdings PETER FÜRSTENAU (1964/1969) den Versuch unternommen, die Institution Schule, ihre Rollen sowie ihre Verhalten-prägenden Wirkungen aus der Sicht der Tiefenpsychologie zu beleuchten. FÜRSTENAU geht aus von der Differenz zwischen Elternhaus und Schule: „Die Übernahme der Lehrer- bzw. Schülerrolle bedeutet für beide Typen von Rollenträgern eine Veränderung hinsichtlich der Chance von Triebbefriedigung und Verhalten. Die mannigfaltigen libidinösen (Liebes-) Beziehungen innerhalb der Familie sind in der Schule durch sublimierte ersetzt ... Daß die Schule ihren Rollenträgern, besonders den Lehrern und Schülern, ein durch ihren Organisationszweck: Unterricht und Erziehung, bestimmten förmlichen Umgang auferlegt und ihn durchsetzt, bedeutet eine von der Schulsituation ausgehende Aggression gegenüber allen familiären Tendenzen und Neigungen der Schüler und Lehrer ... Diesem Hervortreten aggressiver Momente steht nicht entgegen, daß die körperliche Züchtigung in unserer Schule immer mehr zurücktritt. Vielmehr ist der Verzicht auf körperliche Bestrafung ... ein deutliches Zeichen für die Ablösung der Schule von familiären Umgangsformen und ihre Annäherung an zweckrationale Organisation." (S. 11)

FÜRSTENAU hält in bezug auf den organisierten Schulunterricht für psychodynamisch eigentümlich, daß dessen Lehrgangssystem in hohem Maße ritualisiert ist. Unterricht und Institution befinden sich diesbezüglich im Einklang: „Die Psychoanalyse hat uns die Bildung von Zeremonien und Ritualen als Triebabwehrvorgänge verstehen gelehrt, als Mittel, sich der vermeintlichen Gefahr einer Triebüberflutung zu erwehren. Mit Hilfe von Zeremonien und Ritualen verschanzt sich das Ich vor den Trieben. Daß das auch ein Verstehensgesichtspunkt für den Schulunterricht ist, wird ersichtlich, wenn man fragt, was der Unterricht nicht vermittelt, nicht darstellt, ausläßt." (S. 18)

In dieser Ritualisierung des Unterrichts sieht FÜRSTENAU – in Abwandlung des ähnlich bei BERNFELD entwickelten Gedankens – die besondere Gefahr, daß damit der Befriedigung einer bestimmten Art aggressiver Regungen Vorschub geleistet wird: „Erteilung von Schulunterricht kann leicht die seelische

Bedeutung einer Machtausübung gewinnen. In diesem Fall zwingt der Lehrer als stark überlegener Partner einer größeren Gruppe von ihm Abhängiger seinen Willen auf und beherrscht sie mit Hilfe des Unterrichtsrituals. Unbeirrtes Durchführen des Pensums ohne Rücksicht auf sich meldende abweichende Schülerwünsche und -interessen gehört hierher. Eine große Rolle spielt in diesem Zusammenhang Pedanterie. Pedantische Haltungen und Maßnahmen können vom Motiv des Quälens der Schüler so stark beherrscht sein, daß selbst das Fortschreiten im Lehrgang darunter leidet. Aggressive Befriedigungen können sich auch leicht mit der Aufgabe, Ordnung zu schaffen, aufrechtzuerhalten oder wiederherzustellen, verbinden ... Alle diese Haltungen und Einstellungen zeigen eine charakteristische Verhüllung und Kaschierung der Aggression, die erklärt, weshalb ihr aggressiver Gehalt vom Unterrichtenden übersehen oder leicht mit sachlichen Erfordernissen rationalisiert werden kann. Erst wenn es zu offenen Machtkämpfen mit den Schülern gekommen ist, tritt für den Lehrer der aggressive Gehalt seines Tuns deutlich hervor. Dann ist jedoch die Situation so, daß er meistens genügend Gründe findet, an seiner Aggression festzuhalten." (S. 20)

Es dürfte deutlich geworden sein, daß im tiefenpsychologischen Denkansatz ein überwiegend kritischer Beitrag zur Frage der Professionalisierung des Lehrerverhaltens vorliegt, dessen Konkretisierung und Detaillierung allerdings noch weitgehend fehlen. Er weist mit Nachdruck vor allem auf zweierlei hin: erstens, daß professionelles Erziehen und Unterrichten gebunden ist an den Faktor psychische Stabilität und Gesundheit des Lehrers, und zweitens, daß dazu die Fähigkeit der Selbstwahrnehmung eine unbedingte Voraussetzung ist. So wie der Analytiker, bevor er therapeutisch wirken darf, zunächst eine Analyse an sich selbst durchführen lassen muß, so ist zu fordern, daß der zukünftige Lehrer im Rahmen der institutionalisierten Ausbildung sich mit seiner eigenen Person und seinen psychischen Voraussetzungen befassen lernt, bevor ihm verantwortlich die Aufgaben der Erziehung und des Unterrichts anvertraut werden können, bei denen es sich allemal auch um psychische Beeinflussung Heranwachsender handelt.

Zusammenfassung:
1. Der tiefenpsychologische Ansatz zur Erforschung des Lehrerverhaltens hat bislang drei Fragestellungen vorrangig behandelt: der Lehrer als Therapeut, der kranke Lehrer, die Schule als Institution.
2. Die beiden erstgenannten therapeutischen und psychohygienischen Fragestellungen zielen darauf ab, die Fremd- und Selbstwahrnehmung des Lehrers zu erhöhen sowie seine analytischen Fähigkeiten zu steigern.
3. Die neuere institutionsspezifische Fragestellung richtet das Augenmerk auf die (geheime) Erziehungswirkung der Institution Schule wie auf versteckte (z. B. aggressive) Motive des erzieherischen und unterrichtlichen Verhaltens der Lehrer.

Fragen und Denkanstöße:
1. Das derzeitige System der Lehrerausbildung konzentriert sich als wissenschaftliches Unternehmen stark auf Wissensvermittlung und – partiell – auf Fähigkeitenerweiterung. Völlig unbeachtet bleibt die Frage, ob die angehenden Lehrer denn auch psychisch gesund und für diesen Beruf überhaupt geeignet sind.
   Frage: Halten Sie diesen Zustand für akzeptabel? Was könnte, was müßte Ihrer Meinung nach geschehen?
2. Der psychoanalytische Ansatz stellt die These auf, die Schule als Institution wie die Lehrer als ihre Agenten begingen mehr oder weniger versteckte Aggressionen an den Schülern. Sind hier nicht Einschränkungen und Korrekturen anzubringen? Etwa: Ist der Lehrerberuf nicht ein sozialer Beruf mit starkem sozialen Engagement und dem echten Willen zu helfen? Ist die Schule nicht eine Bildungsinstitution mit „emanzipierenden" Effekten – wie Entwicklung des Einzelnen, Hilfe zur Mündigkeit usw.? Ist aber dann nicht eine Perspektive zumindest einseitig, in der Schule eher als Dressur- und Abrichtungsanstalt erscheint ...?
3. Drei Einwände gegen die erzieherischen Möglichkeiten der Lehrer in der Institution Schule entwickelt S. BERNFELD in seiner Schrift „Sisyphos..." (1970, S. 134, 132, 154):
   a) „Laßt sie (die Lehrer, A.d.V.) Kinder unterrichten und dadurch vernünftig verdienen, und sie werden ihre Tätigkeit sogleich für eine in sich genügende und vernünftige halten und sie nicht mehr an den Sternenhimmel der Ideale knüpfen."
   b) Zwar wird Erziehung immer von Erwachsenen ausgeübt, jedoch:
   „Nur leider sind die Erwachsenen, die Subjekte der Erziehung, ihrerseits die Resultate jenes recht undurchsichtigen Ganzen, das wir Erziehung nennen, daher im großen Ganzen ungeeignete Subjekte einer Erziehung, die auf große revolutionäre Wandlungen der Menschenseele aus ist. Es ist der Hexenring, in dem die Pädagogik gebannt ihre wunderlichen Tänze zelebriert, indem sie die neuen Erzieher für die neuen Menschen sucht."
   c) „Es ist wunderbar leicht, Kinder und Jugendliche noch zu beeinflussen und die erstaunlichsten Veränderungen an ihnen zu erreichen ... Man muß sie nur ihrem Milieu entreißen."
   Und genau das kann die öffentliche Institution Schule nicht.
   Frage: Ist diese Argumentation BERNFELDs stichhaltig? Welche Gegeneinwände müssen Ihrer Meinung nach unbedingt gemacht werden?
4. Nehmen Sie an, gegen den vorgestellten psychoanalytischen Ansatz – besonders in seiner institutionsspezifischen Variante – würde ein Kritiker die folgenden grundlegenden Einwände erheben:

a) Der Blickwinkel dieses Ansatzes, aus dem heraus das berufliche Verhalten des Lehrers betrachtet wird, ist überwiegend negativ orientiert. Damit wird dem (angehenden) Lehrer letztlich jede *Berufsmotivation* genommen.
b) Der Ansatz erschöpft sich in ausschließlich kritischen – streckenweise destruktiven – Äußerungen zur Institution Schule und zur Berufstätigkeit des Lehrers. Es werden keine *konstruktiven Lösungsmöglichkeiten* und praktisch verwertbaren Verhaltenskonzepte angeboten.
c) Der Ansatz beschwört die Gefahr herauf, daß Lehrer es schließlich kaum noch wagen, einen *erzieherischen Anspruch,* eine Leistungsforderung, einen eigenen Standpunkt usw. in der Schule vorzutragen und zu vertreten, um nur ja nicht als „aggressive Handlanger" des Systems oder der Institution zu erscheinen.
d) Der Ansatz bietet letztendlich in genereller Hinsicht einen problematischen Standpunkt zur Institution Schule im allgemeinen wie zur Lehrertätigkeit im besonderen. Es wird alles aus der *Perspektive des „Krankmachens",* des „Krankseins", betrachtet. Das Lehrerverhalten bekommt so einen geradezu pathologischen Zug. Letztlich läuft alles auf die Forderung nach Abschaffung der Schule als Institution hinaus. – Was soll ein angehender oder praktizierender Lehrer aber mit einer solchen Perspektive anfangen?
Nehmen Sie zu diesen vier Einwändungen im einzelnen Stellung und formulieren Sie ihren eigenen Standpunkt!

Basisliteratur:
FÜRSTENAU, P. (Hrsg.): Der psychoanalytische Beitrag zur Erziehungswissenschaft. Darmstadt 1974.

Zusatzliteratur:
MITSCHERLICH, A.: Auf dem Weg zur vaterlosen Gesellschaft. München 1973.

2. Verhaltens- und Arbeitsanalysen

Die *Ziele* des folgenden Kapitels sind:
1. Darstellung eines erfolgversprechenden empirischen Konzepts zur Analyse konkreten Lehrerverhaltens im Feld;
2. Behandlung der PETERSENschen und WINNEFELDschen Tatsachenforschung im ersten Teil des Kapitels und Nachweis, daß die Analyse und Beschreibung von Mikrostrukturen des Lehrerverhaltens zu Erkenntnissen über den möglichen Tendenzenreichtum und die Komplexität didaktischer Konzepte führt;

3. Anschließende Behandlung der Arbeiten von WALLEN/TRAVERS sowie von SCHULTZE/SCHLEIFFER und Untersuchung der auch heute noch zentralen und aktuellen Frage einer Verarmung der pädagogischen Wirkungsmöglichkeiten des Lehrers durch einseitige Verwendung lehrerzentrierter Unterrichtsverfahren;
4. Abschließende Darstellung des interaktionsanalytischen Ansatzes von FLANDERS als eines der erfolgversprechendsten neueren Konzepte zur Analyse und Klassifikation des Lehrerverhaltens, das in der Modifikation von ZIFREUND besonders gut in der Lehrerausbildung angewendet werden kann.

2.1: Der im folgenden Abschnitt zu behandelnde Ansatz zur Erforschung des Lehrerverhaltens versucht, mit Hilfe einer Analyse des aktuellen Unterrichtsgeschehens zu sinnvollen Beurteilungskriterien zu gelangen. Ausgezeichnete Gesamtdarstellungen der bislang für diesen Zweck entwickelten Verfahren sowie der dabei entstehenden methodischen Probleme finden sich bei SCHULZ/ TESCHNER/VOIGT (1970) sowie bei BELLACK (1972), NUTHALL (1970/1972), bei FRECH (1971/1972) sowie bei MERKENS/SEILER 1978.

Eine Verbesserung, d.h. „Pädagogisierung", Rationalisierung etc. des Unterrichts ist dabei das Ziel. Erste Versuche in dieser Richtung liegen in der Tatsachenforschung ELSE und PETER PETERSENS (1951; 1965; SLOTTA, 1962) vor. Ausgangspunkt ist hier der Begriff der „Pädagogischen Situation" (CAVEMANN, 1965), der einen Schlüsselbegriff in der Pädagogik PETERSENS darstellt. Da für PETERSEN der Erziehungsakt wesentlich in der Schaffung pädagogischer Situationen besteht – der Erzieher soll für die ihm anvertrauten Zöglinge eine „Welt unter pädagogischen Gesichtspunkten aufbauen" (PETERSEN, 1963/7, S. 25) – kommt dem Studium pädagogischer Situationen naturgemäß eine besondere Bedeutung zu. In seiner Führungslehre fordert PETERSEN (1963/7, S. 15) daher von jedem Pädagogen „das Studium des jeweiligen Situationscharakters, welchen er pädagogisch nutzen will. Also wird zur ersten Aufgabe feinste Kenntnis der Grundstruktur und des eigentlichen Sinnes aller Situationen; denn nur dann kann es dahin kommen, daß sie bestens pädagogisch gedeutet und ausgebaut, pädagogisch geladen und geleitet werden".

In der Tatsachenforschung entwickeln ELSE und PETER PETERSEN nun ein reichhaltiges Inventarium zur Analyse pädagogischer Situationen und des Verhaltens von Lehrern und Schülern in ihnen. Die pädagogische Tatsachenforschung will sich dabei „nicht auf die Kritik beschränken, sondern sie will durch ihre numerischen, logischen und phänomenologischen Untersuchungen, vor allem aber durch ihre ‚Kausaluntersuchungen' helfen, neue, bessere Unterrichtsformen zu schaffen ..." (SLOTTA, 1962, S. 59).

Auf die Problematik der phänomenologischen Methode der Tatsachenforschung und deren verschiedene logische Operationen (Reduktionen) soll hier nicht eingegangen werden. Als Beispiel für das Vorgehen bei der Analyse und Darstellung von Verhaltensabläufen im Frontalunterricht seien die Verwendung der „Tatsachenliste" und des „Tatsachenspiegels" angeführt. Beide dienen der logischen Auswertung der Gesamtaufnahme im Sinne des zugrundeliegenden Forschungszwecks.

Die Aufstellung der erhobenen Befunde in der Tatsachenliste wird dabei ergänzt durch eine graphische Darstellung im Tatsachenspiegel. Die Tatsachenliste stellt einen in Spalten unterteilten Vordruck dar, in den entsprechend einem vorgegebenen Begriffssystem die Beobachtungen eingeordnet werden. Auf der linken Seite werden die „Lehrerschritte" und rechts die „Kinderschritte" in die Spalten „Inhalt" (Organisatorisches, Disziplin, Stoff, Erzieherisches, Pflegerisches, Persönliches/Menschliches), „Ausdrucksform" (Sprachliche Äußerung, Tun, Bewegung, Haltung und Gebärde), „auf Antrieb von", „auf Anstoß von", „angeregt durch", „sachlich richtig, falsch" und „Wertung" (nur auf der „Kinderseite" vorhanden) eingetragen.

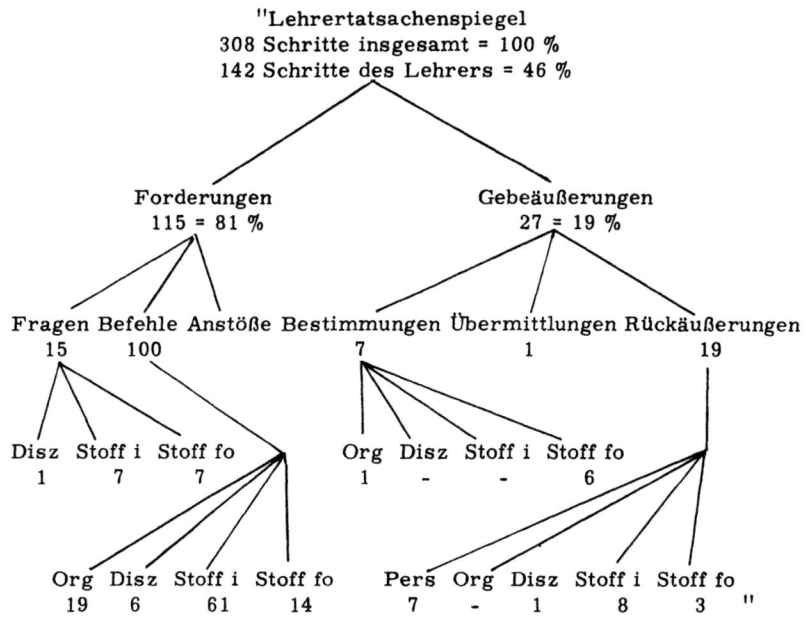

```
                    "Lehrertatsachenspiegel
                    308 Schritte insgesamt = 100 %
                    142 Schritte des Lehrers = 46 %

              Forderungen              Gebeäußerungen
              115 = 81 %                 27 = 19 %

Fragen  Befehle  Anstöße   Bestimmungen  Übermittlungen  Rückäußerungen
  15      100                    7              1              19

Disz  Stoff i  Stoff fo       Org   Disz  Stoff i   Stoff fo
 1      7        7             1     -      -         6

   Org  Disz  Stoff i  Stoff fo   Pers  Org  Disz  Stoff i  Stoff fo
    19    6     61       14        7     -    1       8       3        "
```

Abb. 3: Lehrertatsachenspiegel nach E. u. P. Petersen, 1965, S. 517

Abkürzungen:
Stoff i = Stoff, inhaltliche Durchführung; alles, was den Stoff direkt betrifft (z.B. Erklärung, Darbietung, Berichtigung, Ergänzung usw.)
Stoff fo = Stoff, formale Durchführung; alles, was den Stoff indirekt betrifft, seine Handhabung und alles Technische (z.B. Zielangaben, Aufgabenstellung, Kontrollen, Zensieren, Beurteilung von Leistungen usw.)

Für den vorliegenden Zusammenhang interessant, weil für nachfolgende ähnliche Verfahren besonders beispielhaft, ist der Tatsachenspiegel mit seinen verschiedenen Formen. Ein Beispiel liefert der nachfolgende „Lehrertatsachenspiegel" einer Rechenstunde (E. u. P. PETERSEN, 1965, S. 517): Vgl. Abb. 3. Aufgrund derartiger Analysen des aktuellen Unterrichtsverhaltens erhofften sich ELSE und PETER PETERSEN Antworten auf bestimmte jeweils interessierende Fragen, beispielsweise die, wie es mit der Kräfteverteilung auf Lehrer und Kinder während der Unterrichtsstunde steht.

Nach zahlreichen Analysen kommt ELSE PETERSEN (1965, S. 551) zu folgendem Ergebnis:

„Aus den Tatsachenspiegeln der mittels der Tatsachenliste analysierten Frontalunterrichtsstunden im gebundenen und im freien Unterrichtsstil ergaben sich folgende allgemeine Feststellungen

für den gebundenen Unterrichtsstil	für den freien Unterrichtsstil
1. viel Lehrerschritte	1. wenig Lehrerschritte
2. wenig Kinderschritte	2. viel Kinderschritte
3. viel Forderungen des Lehrers (= Antriebe und Anstöße)	3. wenig Forderungen des Lehrers (= Antriebe und Anstöße)
4. viel Erfüllungen durch die Kinder (= unselbständige Schritte)	4. wenig Erfüllungen durch die Kinder (= selbständige Schritte)
5. wenig selbständige Äußerungen der Kinder (= e se Schritte)	5. viel selbständige Äußerungen der Kinder (= e se Schritte)."

Abkürzungen: „e se Schritte" = eigene selbständige Schritte

So problematisch vieles an dem phänomenologischen Ansatz der Tatsachenforschung auch sein mag – die grundsätzliche Schwierigkeit des hermeneutischen Zirkels, die teilweise problematische Definition und logische Verwendung der Begriffe, das Fehlen inhaltlicher Bestimmungen der beobachteten Verläufe, die aus dem Wunsch nach einem vollständigen System der Forschungsmittel und -methoden sich ergebende „Starrheit in dem als gültig vorausgesetzten Methoden-Zusammenhang" (SLOTTA, 1962, S. 167) –, so unbezweifelbar ist andererseits, daß in der Tatsachenforschung ein sinnvoller Ansatz für eine empirische Analyse des Lehrerverhaltens vorliegt. Nicht zuletzt deshalb konnten andere Forscher auf dieser Basis aufbauen.

2.2: Besonders wichtig wurden in dieser Hinsicht die einschlägigen Studien FRIEDRICH WINNEFELDS (1957) in Halle, der vor allem die psychologische

Analyse des Unterrichts vorantrieb, wobei die pädagogischen Kontaktverläufe im Mittelpunkt standen. WINNEFELD interessieren vor allem folgende Fragen: „Welche sozialen Gesamt- und Teilzüge lassen sich im pädagogischen Handlungsgefüge während des Unterrichts erkennen? In welchen pädagogischen Kontaktformen läuft der didaktische Prozeß ab? Welche Besonderheiten zeigt unter diesen Aspekten der Unterricht in unserer heutigen Schule? Welche allgemeinen Zusammenhänge und Regelmäßigkeiten lassen sich aus der Analyse des didaktischen Kontaktgeschehens herauslesen?" (WINNEFELD, 1957, S. 45) Wie PETERSEN, so unterscheidet auch WINNEFELD drei Schritte seiner wissenschaftlichen Arbeit (ebd.): „Verfahren zur Tatsachenerfassung (Beobachtungsverfahren i. w. S.), Ausgliederungsverfahren (Beschreibungs- und Ordnungsverfahren) und Verfahren, mit deren Hilfe Bedingungsgefüge ermittelt werden sollen."

Während sich die Verfahren der Tatsachenerfassung im wesentlichen mit dem Aufnahmeverfahren PETERSENs decken, ergeben sich beim Ausgliederungsverfahren schon wegen der eigenen Fragestellung andere Beschreibungs- und Ordnungskriterien. WINNEFELD (ebd. S. 56) gibt zunächst folgende Kriterien zur Abgrenzung von Kontakteinheiten:

„1. Formale Kriterien
  a) Deutliche zeitliche Abgesetztheit des Kontaktgeschehens voneinander;
  b) Merkliche Unterschiedenheit in mindestens einem kategorialen Moment des Inventars;
2. Sachinhaltliche Kriterien (!)
  Bei sachinhaltlicher Verschiedenheit des Geschehens hat ebenfalls eine Trennung zu erfolgen, d. h. wenn verschiedene didaktisch-inhaltliche Sachverhalte in der Geschehensfolge auftreten;
3. Besondere Ausdruckskriterien
  Die eben genannten Kriterien können in manchen Fällen keine Entscheidung ermöglichen. Dann muß trotzdem eine Trennung erfolgen, wenn an festen Ausdrucksnuancen deutlich wird, daß doch Verschiedenheiten des Geschehens vorliegen. Dieses Kriterium ist zweifellos das subjektivste, seine Anwendung ist aber in Zweifelsfällen nicht zu umgehen."

Im einzelnen unterscheidet WINNEFELD dann verschiedene „*Kontaktmomente*" zur Bestimmung des „Wesens", der Struktur, eines pädagogischen Kontaktes: „Im pädagogischen Kontakt treten die Pole des Lehrers und des Schülers (oder die der Schüler) auf. Bei unseren Untersuchungen richteten wir den Blick vor allem auf den Erzieher, damit sich die Analyse nicht uferlos ausweitet, selbstverständlich stets unter Mitbeachten des Kontaktpartners. Wir fragten zunächst, welche Tendenzen sich auf der Lehrerseite des Kontaktgeschehens zeigten. Dabei machten wir die Erfahrung, daß sich mitunter ein Kontakt nach seiner pädagogischen Bedeutung, nach seiner ‚pädagogischen Tendenz', nicht ohne weiteres kategorial einordnen ließ. Das hatte seinen sachlichen Grund in der Tatsache, daß ein Kontakt oft mehrere solcher Tendenzen in sich birgt, die in einer bestimmten Ordnung zueinander stehen. Die Einordnung wurde präziser, als wir – der Kontaktstruktur entsprechend – die Unterscheidung von tragenden und begleitenden Kontakttendenzen einführten." (1957, S. 58/59)

Bei der Aufgliederung pädagogischer Kontakte unterscheidet WINNEFELD neben Kontakttendenzen (didaktischen Tendenzen) weitere Momente: die „Steuerungslage oder Antriebssituation" der Kontakte, die „Kontakttiefe" (eindeutige Bestimmung nicht in allen Fällen möglich), die mögliche „Aktionsweite" („die ‚Begegnungsmöglichkeit' kann weit, eingeschränkt oder eng sein."), das „Anforderungsniveau" des Kontaktes, das „Kontaktmedium", die „Anredeform", die „Kontaktspanne", die „Kontaktrichtung" (Verteilung der Lehrerimpulse auf die Schüler), die „Kontaktintentionalität" (Verhältnis von Sachbezogenheit und Personenbezogenheit). Mit Hilfe dieser Beurteilungskriterien wird WINNEFELD die Inventarisierung des Kontaktgeschehens möglich, wodurch er „das Unterrichtsgeschehen bis in feinste Züge hinein übersichtlich" (S. 62) zu machen versucht. Zu diesem Zweck benutzt er – wie PETERSEN – bildliche Darstellungen. Als Beispiel seien zwei Darstellungsformen angeführt: die Darstellung zweier „Situations-Gesamtprofile" (Abb. 4) und das „Kontaktprozentprofil" eines Verlaufes mit „niedriger Koartation" (= Kontaktverarmung: Eingeengtsein auf wenige, oft wiederholte Verhaltensweisen) Abb. 5).

Didaktischer Situationsbefund (I/53)

	0 10 20 30 40 50 60 70 80 90 100 %	abs.
Impulsproportion	▨▨▨▨▨▨▨▨▨	74
Impulsfrequenz		392
Führungsgrad	▨▨▨▨▨▨▨▨▨▨	99,9
Didakt. Stereotypie	▨▨▨▨▨	50,2
Richtungskonstanz	▨▨▨	33,8
Aktivierungsniveau	▨▨▨▨▨	48,5
Indirekte Aktivierung	▨	4,6
Spontaneität		0,1
Didakt. Kumulationen		53

Didaktischer Situationsbefund (VIII/53)

	0 10 20 30 40 50 60 70 80 90 100 %	abs.
Impulsproportion	▨▨▨▨▨▨▨	71,2
Impulsfrequenz		595
Führungsgrad	▨▨▨▨▨▨▨▨▨	95,9
Didakt. Stereotypie	▨▨▨▨	39,7
Richtungskonstanz	▨▨▨	28,76
Aktivierungsniveau	▨▨▨▨▨▨	63,7
Indirekte Aktivierung		0,3
Spontaneität	▨	4,7
Didakt. Kumulationen		69

Abb. 4: Beispiele von Situations-Gesamtprofilen (WINNEFELD, 1957, S. 71)

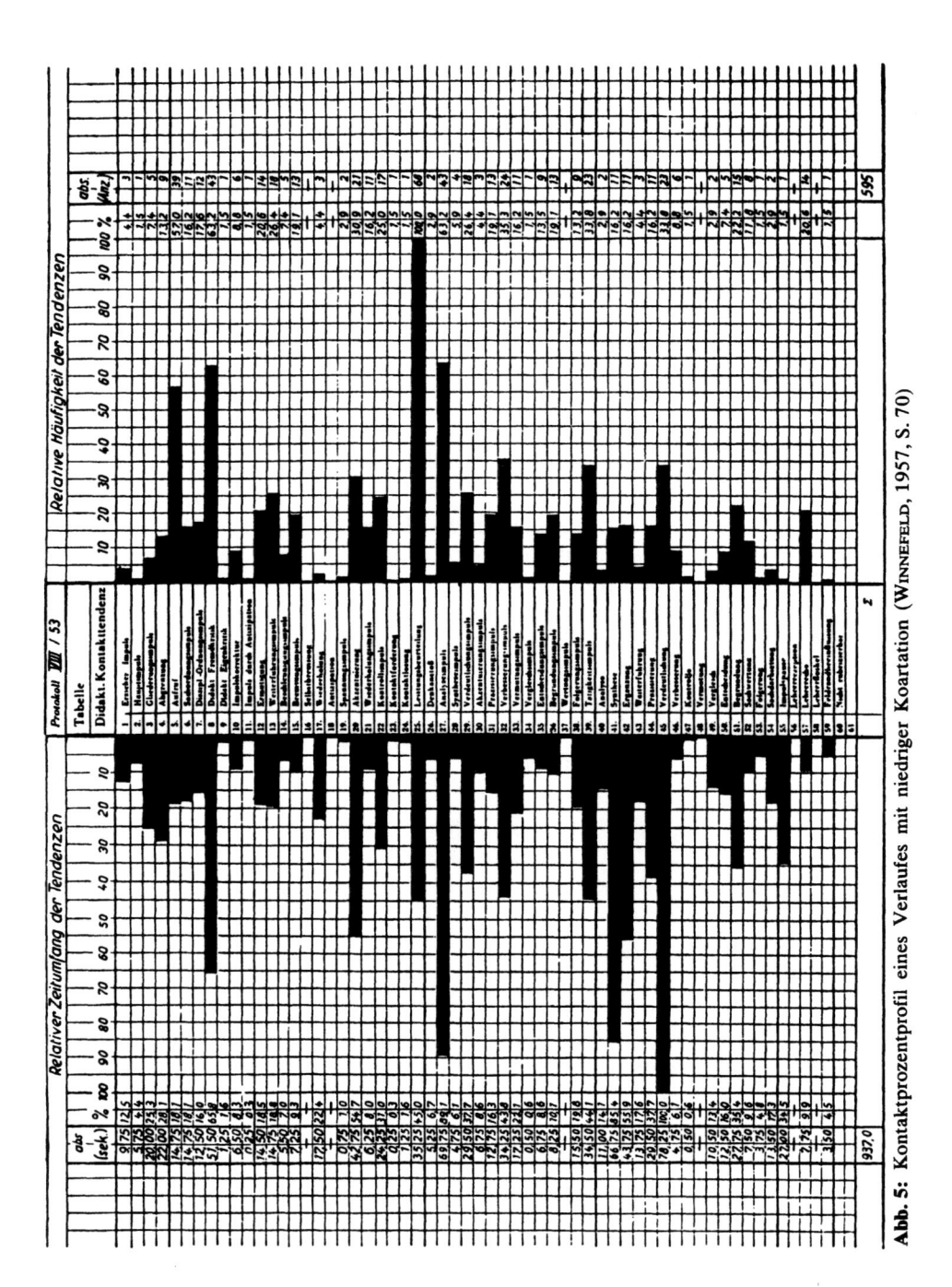

Abb. 5: Kontaktprozentprofil eines Verlaufes mit niedriger Koartation (WINNEFELD, 1957, S. 70)

Die Abbildungen sowie das bisher Referierte zum WINNEFELDschen Vorgehen zeigen, wie sehr hier versucht wird, Mikrostrukturen des Lehrerverhaltens aufzuspüren. Wichtigstes Ergebnis dieses Ansatzes ist dabei zweifellos die Aufdeckung eines geradezu erstaunlichen Tendenzenreichtums der möglichen didaktischen Kontakte: „In erster Linie war die Vielzahl der verschiedenartigen didaktischen Maßnahmen bemerkenswert, mit denen der Lehrer im Unterricht agiert. In den analysierten Verläufen fanden wir 60 solcher ‚didaktischen Tendenzen', die jeweils eine verschiedene Art des Anstoßes oder Eingriffes bedeuten, ohne stets notwendig die gleiche Ausdrucksform zu besitzen. Selbstverständlich werden sich bei anders strukturierten pädagogischen Situationen, z. B. in freier Gruppenarbeit, noch weitere Tendenzen des Lehrers feststellen lassen." (W.-D. v. FREYTAG-LORINGHOVEN in: WINNEFELD, 1957, S. 82)

WINNEFELD und Mitarbeiter zeigen überdies, daß das Lehrerverhalten nicht isoliert betrachtet werden kann, sondern im Rahmen des didaktischen Gesamtgeschehens zu beurteilen ist, daß pädagogische Geschehensbereiche „sozialpsychologische Spannungsfelder hochkomplizierter Art" sind (S. 30). Beide Einsichten – das zeigt die bisherige Forschung auf diesem Gebiet – sind so selbstverständlich nicht, wie es vielleicht scheinen mag. Wie PETERSEN weist auch WINNEFELD darauf hin, daß sich daraus sowohl Konsequenzen für die Lehrerbildung als auch für die Forschung ergeben.
Ein weiteres Ergebnis der Arbeiten von WINNEFELD und Mitarbeitern ist z. B. in der Feststellung grundsätzlicher struktureller Gleichheiten des herkömmlichen lehrergeführten Klassenunterrichts zu sehen: „In dem von uns beobachteten üblichen lehrergeführten Klassenunterricht zeigten sich stets drei Hauptgruppen pädagogisch-didaktischer Tendenzen des Lehrers. Sie bezwecken:

a) feinere oder gröbere Steuerung des unterrichtlichen Handlungsablaufes,
b) Aktivierung der Schüler zur inhaltlichen Durchdringung des Unterrichtsstoffes, besonders zur Problemlösung,
c) Sachübermittlung des Lehrers an die Schüler." (1957, S. 82)

Eine zusätzliche strukturelle Ähnlichkeit in verschiedenen herkömmlichen Unterrichtsverläufen ist in dem Handlungsübergewicht des Lehrers gegenüber der Aktivität der Schüler zu sehen: „Wie hoch auch die absolute Summe sämtlicher Einzelaktionen in den angeführten Verläufen liegen mag, stets überwiegt der Anteil der Lehrerhandlung eindeutig … Bei steigender Impulsfrequenz des Lehrers verringert sich die durchschnittliche Wortzahl pro Einzelaktion der Schüler beträchtlich. Bei verschiedenen Lehrern war in der gleichen Schulklasse die Beteiligung am Unterricht ganz unterschiedlich. Das mäßige Impulstempo eines Lehrers bedingte dabei zahlreichere und ausführlichere Schülerbeiträge als die geballte, sehr rasche Impulsgabe eines anderen." (v. FREYTAG-LORINGHOVEN in: WINNEFELD, 1957, S. 88/89) Daß solche

Ergebnisse für die weitere erziehungswissenschaftliche Analyse und Beurteilung des herkömmlichen Lehrerverhaltens relevant sind, liegt auf der Hand (vgl. z. B. TAUSCH/WIECZERKOWSKI, 1968). Besonders die lernpsychologischen Wirkungen bestimmten Lehrerverhaltens – Folge des interaktionellen Kontaktgeschehens zwischen Lehrern und Schülern – verdienen dabei Beachtung.

2.3: Eben dieses Problem ist der Bezugspunkt einer Darstellung von N. E. WALLEN und R. M. W. TRAVERS, die seit kurzem auch in deutschsprachiger Fassung des Handbuchs der Unterrichtsforschung von F. WEINERT (1970) vorliegt. Die Studie, die einen ausgezeichneten Überblick über die amerikanischen Forschungen zur Analyse von Lehrmethoden gibt, weist mit Nachdruck darauf hin, „daß Lehrmethoden bisher nicht systematisch im Hinblick darauf geplant wurden, was über den Lernprozeß bekannt ist, sondern daß sie eher das Ergebnis anderer Denkgewohnheiten darstellen" (WEINERT, 1970, S. 1303). Es wird die Folgerung gezogen: „Die Bedingungen, die den meisten gebräuchlichen Lehrmethoden zugrunde liegen, sind nicht geeignet, effektivere Muster des Lehrerverhaltens zu bewirken." (ebd.)

Daß es sich bei den bisherigen Untersuchungen zum Thema Lehrmethoden noch gar nicht eigentlich um ein wissenschaftliches Programm handeln konnte, wird von den Autoren mit dem interessanten Argument begründet, die bei derartigen Untersuchungen miteinander verglichenen Methoden seien ja selber weitgehend jenseits eines wissenschaftlichen Kontextes entstanden: „Keine statistische Spitzfindigkeit kann nämlich jene Form theoretischer Naivität kompensieren, die in den Begriffen dieser Art zum Ausdruck kommt." (ebd. S. 1259)

Als Herkunft solcher Lehrerverhaltensmuster, die selber nicht wissenschaftlicher, sondern primär vorwissenschaftlicher Natur sind, führen die Autoren auf:

Muster, die sich aus Lehrertradition herleiten;
Muster, die sich aus sozialen Lernerfahrungen des Lehrers herleiten;
Muster, die sich aus philosophischen Traditionen herleiten;
Muster, die durch Bedürfnisse des Lehrers bewirkt werden;
Muster, die durch Bedingungen der Schule und Gemeinde bewirkt werden;
Muster, die sich aus der Erforschung des Lernens herleiten.

Die Autoren definieren unter „Verhaltensmuster" („patterns of behavior") folgendes: „Unter einem Muster des Lehrerverhaltens verstehen wir einfach eine identifizierbare Gruppe von Verhaltensweisen, welche beim gleichen Lehrer erscheinen. Es ist weder ein Element der Erwartung mit eingeschlossen noch eine der anderen Nebenbedeutungen, welche Sozialpsychologen in ihre Definition von ‚Rolle' aufgenommen haben." (WEINERT, 1970, S. 1228)

Die hier erwähnte Darstellung von WALLEN und TRAVERS gliedert sich im einzelnen in vier Teile: In einem ersten Kapitel werden jene erwähnten Muster des Lehrerverhaltens analysiert, die das bisherige Vorgehen von Lehrern vor allem bestimmt haben bzw. bestimmen. Unter den Verhaltensmustern werden dabei u. a. solche aufgeführt, die durch die Bedürfnisse des Lehrers bewirkt werden. Als Beispiel führen die Autoren etwa jene Vorlesungsmethode auf, bei der der Lehrer spricht und argumentiert, und die Schüler zuhören und nachdenken sollen. In der Untersuchung heißt es nun: „Wenn die Vorlesungsmethode im Unterricht nicht durch wissenschaftliche Erkenntnisse über das Lernen begründet ist, warum wird sie dann so häufig praktiziert und so heftig verteidigt? Eine von den Verfassern vermutete Antwort besteht darin, daß einige Lehrer es nötig haben, in der Klasse viel zu sprechen. Für sie ist es die beste Rationalisierung ihres Verhaltens, wenn sie behaupten, daß die Vorlesungsmethode eine gute Lehrmethode ist. Möglicherweise gilt sie aber nur deshalb als weithin anerkannte Lehrmethode, weil viele Lehrer gern sprechen. Naturgemäß tendiert diese Feststellung in mancher Hinsicht zu einer starken Vereinfachung der Sache, denn verschiedene Lehrer können aus unterschiedlichen Gründen sprechen wollen. Manche sprechen, weil sie gelernt haben, große Mengen an verbalem Verhalten von sich zu geben; manche reden, weil es eine Möglichkeit zur Kontrolle der Schüler ist; wieder andere sprechen, weil es ein Mittel ist, Anerkennung zu erreichen usw. ... Andere sogenannte Lehrmethoden können ebenfalls die Bedürfnisstruktur jener widerspiegeln, die sie befürworten ... Man könnte ... die Hypothese aufstellen, daß freundliche, menschliche Beziehungen, die einen Teil der Lehrermethode ausmachen, auch ein Mittel zur Befriedigung eines starken Bedürfnisses nach sozialer Zugehörigkeit darstellen." (ebd. S. 1247/1248) Angesichts einer derartigen Argumentation gewinnt die These an Wahrscheinlichkeit, die gängigen Lehrmethoden seien im Grunde vorwissenschaftlicher Art. Was hier beispielhaft für die Verhaltensmuster, welche durch Bedürfnisse des Lehrers bewirkt werden, angeführt wurde, trifft auch auf die übrigen in diesem Kapitel behandelten Muster zu.

Im zweiten Kapitel behandeln die Autoren den Zusammenhang zwischen Lehrmethoden und den Ergebnissen der Erziehung, wobei ausschließlich solche Untersuchungen analysiert werden, deren gemeinsamer Nenner darin besteht, daß sie die autoritäre Haltung als primäre Dimension berücksichtigen. Aufgeführt werden die berühmte „Acht-Jahre-Studie", die „LEWIN-LIPPITT-WHITE-Studien" sowie eine Reihe anderer Untersuchungen, wie etwa die von FLANDERS (1951). Aus der kritischen Analyse der vorgelegten Arbeiten und deren Ergebnissen ergibt sich vor allem ein Zweifaches: Zum einen liegen bisher insgesamt zu wenige empirisch abgesicherte Analysen vor, zum anderen sind deren Verfahren und/oder deren Ergebnisse unzulänglich.

Im dritten Kapitel wenden sich die Autoren dann dem Problem zu, auf der Basis eines wissenschaftlich gesicherten Lernmodells die Analyse von Lehrmethoden durchzuführen: „Es ist an der Zeit, daß Lehrmethoden auf ein

Lernmodell gegründet werden, das aus der psychologischen Forschung stammt. Nur auf diesem Weg kann von Methoden erwartet werden, daß sie größeren Wert besitzen als jene, die sie ersetzen sollen. Die systematische Planung einer Lehrmethode umfaßt zwei Schritte. Zuerst müssen die für das Lernen relevanten Bedingungen spezifiziert werden, wobei die Bedeutung dieser Faktoren durch empirische Untersuchungen festzustellen ist ... Ein zweiter Schritt bei der Planung von Lehrmethoden bezieht sich auf die Festlegung des Lehrerverhaltens. Es muß so geplant sein, daß dadurch die bereits spezifizierten Lernbedingungen tatsächlich bewirkt werden. Dieser Schritt ist wahrscheinlich schwieriger als die Erfassung der für das Lernen günstigen Voraussetzungen." (ebd. S. 1304/1305) Die Autoren legen sodann einen allgemeinen Entwurf eines Lernmodells vor, das bei der Planung einer Lehrmethode Verwendung finden könnte, wobei zwischen Reaktionsvariablen (als abhängigen Variablen) und unabhängigen Variablen unterschieden wird. Die Autoren fahren dann fort: „Eines der wichtigsten abschließenden Ergebnisse bei der Entwicklung eines Lernmodells wäre eine Gruppe von Gesetzmäßigkeiten über das Lehrerverhalten, die der folgenden allgemeinen Form entsprechen sollten:

$$L = f(R_z, R_s)$$

Diese Symbole haben folgende Bedeutung: Das Verhalten des Lehrers (L) ist eine Funktion der Ziele, die erreicht werden sollen (R_z), und des gegenwärtigen Schülerverhaltens (R_s). Bei der Planung einer Lehrmethode muß man voraussetzen, daß ein Reaktionssystem des Lehrers entwickelt werden kann, das zur Erreichung der postulierten Ziele (R_z) angemessen und wirksam ist." (ebd. S. 1314) Es werden im Anschluß daran einige Beziehungen zwischen den o. a. Klassen von Variablen und dem Lehrerverhalten diskutiert, wobei naturgemäß den unabhängigen Variablen besondere Beachtung geschenkt wird. Hier, wie auch im vierten und letzten Kapitel, weisen die Autoren vor allem darauf hin, daß, obwohl bislang nur wenige exakte Kenntnisse für eine wissenschaftliche Planung von Lehrmethoden vorlagen, mit Gründen daran gezweifelt werden kann, ob die vorhandenen Kenntnisse über das *Lernen* hinreichend genutzt werden für die Planung des *Lehrens*.

Das zeigen die Autoren im vierten Kapitel indirekt dadurch, daß sie sechs heute allgemein als gesichert erscheinende Lernprinzipien formulieren: „Sie reichen aus, um die Grenzen der meisten Lehrmethoden zu veranschaulichen und gleichzeitig die Schwierigkeiten zu zeigen, die sich bei der Planung einer mit möglichst vielen Prinzipien übereinstimmenden Methode ergeben." (ebd. S. 1321) Folgende Lernprinzipien werden ausgewählt (ebd. S. 1321ff.):

1. „Ein Verhalten, das teilweise oder vollständig die Erreichung eines Erziehungszieles manifestiert, sollte verstärkt werden."

2. „Die Einführung von Hinweisreizen zur Anregung der Motivation für die Erreichung eines Erziehungszieles erhöht den Grad der Wirksamkeit, mit der das Ziel verfolgt wird."
3. „Praxis in der Anwendung von Prinzipien bei der Lösung von Problemen erhöht die Wahrscheinlichkeit der Lernübertragung auf neue Probleme, die zu ihrer Lösung den Gebrauch der gleichen Prinzipien erfordern."
4. „Da sich Lernende in ihrer Fähigkeit, die gewünschte Reaktion auszuführen, unterscheiden, ist Lernen dann am wirkungsvollsten, wenn es so geplant wird, daß sich jeder Lernende auf ein Programm konzentrieren kann, das seiner Fähigkeit zum Erwerb neuer Reaktionen angemessen ist."
5. „Wenn ein Schüler in Nachahmung geschult worden ist, dann ist er fähig, durch Beobachtung von Demonstrationen die anzueignenden Fertigkeiten zu erlernen."
6. „Der Lernende lernt effektiver, wenn er die zu erwerbende Reaktion ausführt, als wenn er sie lernt, indem er einen anderen bei der Ausführung dieser oder einer ähnlichen Reaktion beobachtet."

Die Entwicklung einer Lehrmethode, die derartige (und möglichst viele) Lernprinzipien berücksichtigen müßte, wäre nach Auffassung der Autoren wünschenswert. Nur so sei zu sichern, daß die geplanten Lehrmethoden den bisherigen zumeist vorwissenschaftlichen Methoden eindeutig überlegen seien. Die Darstellung schließt mit der Feststellung: „Dabei besteht durchaus die Möglichkeit, daß viele verschiedene Lehrmethoden entworfen werden, die von einer großen Anzahl von Prinzipien vollen Gebrauch machen. Differenzen zwischen ihnen wären eine Folge der Lernziele, die jede von ihnen anstrebt. Aber auch dieselben Ziele können von mehreren Methoden mit gleicher Effektivität erreicht werden, wenn die Wirksamkeit als eine Funktion der Lernzeit gemessen wird. Dies sind Probleme, die erkundet werden müssen, ehe man von der wissenschaftlichen Forschung erwarten kann, daß sie einen größeren Beitrag leistet." (WEINERT, 1970, S. 1336)

2.4: Eine der Tatsachenforschung PETERSENS und WINNEFELDS verwandte Forschungsrichtung zum Lehrerverhalten stellen die vor allem unter pragmatischen Gesichtspunkten vorgenommenen Arbeits- bzw. Arbeitszeitanalysen des Lehrers dar (vgl. Bay City Project, 1960; EVERS, 1958; MAYER-HORNUNG, 1960; Berliner Verband der Lehrer und Erzieher, 1961; RUTENFRANZ/GRAF, 1963; SCHULTZE/SCHLEIFFER, 1965; LAUTERBACH, 1967). So geht beispielsweise aus einer vom Berliner Verband der Lehrer und Erzieher durchgeführten Fragebogenerhebung (1961, S. 17 u. 30) folgendes über die Arbeitszeit der Lehrer hervor:

Aufgabenbereich	Zeit in % der Gesamtarbeitszeit	
	Grund- schullehrer	Mittel- schullehrer
Unterricht (einschließlich Ausflüge und Aufsichten)	51,6	45,4
Vorbereitung des Unterrichts	16,4	22,6
Korrekturen	15,9	19,3
Konferenzen, Dienstbesprechungen und Personalversammlungen	1,4	3,1
Elternbesuche, Elternabende und ihre Vorbereitung	2,9	2,0
Verwaltungsarbeiten	6,1	2,4
freiwillige Sonderleistungen	5,7	5,2
	100,0	100,0

Wenn demnach im Durchschnitt 50% der Arbeitszeit der Lehrer dem Unterricht in der Klasse gewidmet ist, so liegt eine detaillierte Analyse des Lehrerverhaltens in bezug auf die Arbeitszeit *in* der Klasse nahe. Als ein Beispiel dafür sei die interessante „Arbeitszeitanalyse des Volksschullehrers" von WALTER SCHULTZE und GERD SCHLEIFFER (1965) herangezogen, die am Deutschen Institut für Internationale Pädagogische Forschung in Frankfurt/Main durchgeführt wurde. Dabei sind in einer nichtrepräsentativen Untersuchung an insgesamt 50 Unterrichtstagen 51 Lehrkräfte in 242 Unterrichtsstunden besucht und 238 zur Auswertung herangezogen worden. Diese Besuche erstreckten sich auf drei verschiedene Bezirke in zwei Ländern der Bundesrepublik: Stadtgebiet Frankfurt/Main (Hessen), Kreis Delmenhorst und Kreis Osterholz-Scharmbeck (Niedersachsen), wobei es sich stets um vollausgebaute Schulen handelte. Bei der Analyse des beobachteten Unterrichts, die durch einen Zeitschreiber unterstützt wurde, verwendeten die Autoren zwei verschiedene Kategoriensysteme; 16 sog. Handlungs- und 13 Situationskategorien. Das Ergebnis wird in den beiden folgenden Tabellen wiedergegeben (Abb. 6 und 7).

Folgende Einzelergebnisse seien besonders hervorgehoben:
1. „Bedeutsam ist der hohe Zeitanteil der Lehrerimpulse, wie sie in den ständigen formalen, nicht der Thematik des Unterrichts, sondern dem Lernverhalten des Schülers geltenden Hinweisen, Ermahnungen, Kontrollen und Bestätigungen auftreten (24%). Lehrer und Schüler stehen ... in einem außerordentlich großen Zeitanteil des Unterrichts ständig in personalindivi-

Handlungskategorie	Zeit in 1/100 Min.	in %
1 (aktive Gesprächsführung)	122 645	11,4
2 (reaktive Gesprächsführung)	66 080	6,1
3 (verbale Impulse)	260 645	24,2
4 (verbaler Lehrervortrag)	116 936	10,8
5 (durch techn. Hilfsmittel unterstützter Vortrag)	82 188	7,6
6 (begleitender Vortrag)	11 669	1,1
7 (nichtverbale Unterrichtssteuerungen der Gestik und Mimik)	26 717	2,5
8 (Maßnahmen zur techn. Einrichtung des Unterrichts)	67 550	6,3
9 (Reaktionen auf Störungen)	14 581	1,4
10 (Abwartehaltung des Lehrers)	114 933	10,7
11 (pers. Nebenhandlung ohne unmittelbaren Bezug auf den Unterricht)	47 454	4,4
12 (Heraustreten aus dem unmittelbaren Kontakt mit der Klasse)	106 909	9,9
13 (Anwesenheit des Lehrers ohne unterrichtl. Funktionen)	7 526	0,7
14 (Verlassen der Klasse im Zusammenhang mit dienstl. Obliegenheiten)	24 021	2,2
15 (Pausenhandlungen in Verbindung mit dem Unterricht)*		
16 (nicht unter 1 bis 15 kategorisierbare Handlungen des Lehrers mit dem Charakter der Einmaligkeit)	9 272	0,9
Summe:	1 079 126	100,2

Abb. 6: Anteile der Handlungskategorien an der Gesamtaufnahme von 50 Unterrichtstagen mit 242 Stunden (SCHULTZE, SCHLEIFFER, 1965, S. 33)

duellen Beziehungen. Dieser Anteil ist größer als der auf einen Lerngegenstand bezogene Gesprächsanteil." (S. 32) (Vgl. die Ergebnisse bei WINNEFELD, 1957, S. 68!)

2. „Der Lehrervortrag ist mit etwa 19% der Zeit an der Gesamtaufnahme beteiligt; darunter führt der rein verbale Lehrervortrag mit 11%. Bei dem (in Kategorie 5 genannten) durch Hilfsmittel unterstützten Lehrervortrag spielt

Situationskategorie	Zeit in 1/100 Min.	in %
00 (Pausenbeanspruchungen im Zusammenhang mit dem Unterricht)		
05 (Konzentrierung der Schüler auf den Unterricht)	36 986	3,4
10 (Wiederholungen)	91 980	8,5
15 (Einführungen)	167 230	15,5
20 (Auseinandersetzung mit dem Lerngegenstand)	223 557	20,7
25 (Zusammenfassung, Ergebnisgewinnung)	57 193	5,3
30 (Anwendungen)	102 833	9,5
35 (Übungen)	171 205	15,9
40 (techn. Einrichtung des Unterrichts)	124 079	11,5
45 (Mitteilungen, Bekanntgaben)	9 121	0,9
50 (Stellung und Behandlung der Hausaufgaben)	73 047	6,8
55 (Mentorenstunden)	5 630	0,5
60 (Sonderlagen des Unterrichts)	16 265	1,5
	1 079 126	100,0

Abb. 7: Anteile der Situationskategorien an der Gesamtaufnahme von 50 Unterrichtstagen mit 242 Stunden (SCHULTZE, SCHLEIFFER, 1965, S. 43)

das Buch die größte Rolle. An zweiter Stelle stehen begleitende Ausführungen des Lehrers bei Filmvorträgen. Erst dann folgen Vorträge bei Lehrdemonstrationen verschiedener Art. Schulfunksendungen oder Tonbandwiedergaben von Sendungen traten in keiner Unterrichtsstunde auf. Somit fällt auch in diesem Kategorienbereich das starke persönliche Engagement des Lehrers auf, der Vorträge im Unterricht verbal durch seine eigene Person durchführt und höchstens eine Unterstützung durch das Buch in Anspruch nimmt." (S. 34)

3. „Die statistische Erfassung der kategorisierten Lehrerhandlungen weist somit ein starkes Vorherrschen verbaler Lehrerhandlungen aus." (S. 37) „Es ist deshalb unsere Meinung, daß auf dem Hintergrund des gegenwärtigen Bildes vom ständig handelnden Lehrer die Methodik des Unterrichts dringend einer Revision bedarf. Im ganzen müßte der Lehrer mehr Advokat des Lerngegen-

standes *und* des Schülers werden und weniger alleiniger Träger und einziger Vermittler aller Unterrichtsvorgänge sein." (S. 59)

Das zu große persönliche Engagement des Lehrers und die daraus sich ergebende zu starke Bindung des Unterrichts an dessen Person mit nur wenigen handlungsarmen Situationen für den Lehrer sowie schließlich die überstarke Verbalisierung des Unterrichts sind möglicherweise Folge der erwähnten idealistischen Überbewertung der Rolle des Lehrers in der Erziehung, wie sie im Anschluß an SPRANGER und KERSCHENSTEINER in der geisteswissenschaftlich orientierten Pädagogik Deutschlands lange vorherrschend war. Darüber hinaus aber sind zweifellos auch andere Faktoren dafür verantwortlich: so vor allem die zu große zeitliche Überbeanspruchung des Lehrers (vgl. die Arbeitszeitanalysen), die nicht genügend Raum für eine ausreichende Unterrichtsvorbereitung schülerorientierten Unterrichts läßt und zum zweiten die mangelhafte Ausstattung der Schulen sowie die unzureichende Ausbildung der Lehrerstudenten in der Handhabung von Lehr- und Lernmitteln (vgl. DÖRING, Hrsg., 1971). Wenn SCHULTZE/SCHLEIFFER die dringende Forderung erheben, daß das durchschnittliche Lehrerverhalten in unseren Schulen revidiert werden muß, so ergibt sich daraus ein zweites: die Konsequenz nämlich, daß eine innere Reform des Unterrichts, wie sie z. B. in der Curriculum-Revision angestrebt wird, ergänzt und begleitet sein muß durch Anstrengungen auf dem instrumentellen und didaktischen Sektor des Unterrichts (vgl. II. 3).

2.5: Eine die analytische Betrachtung des Unterrichtsvorgangs in ausgezeichneter Weise darstellende Abhandlung findet sich bei KOSKENNIEMI (1971). Das von ihm behandelte Problem einer Taxonomie (Klassifikation) von Unterrichtsvorgängen (Kap. 13) wird im Anhang ergänzt um eine Darstellung der *Interaktionsanalyse* von FLANDERS (1970, 1971), die im Zusammenhang mit dem Problem einer Professionalisierung des Lehrerverhaltens vermutlich zunehmend an Bedeutung gewinnen dürfte: „Der detaillierten Analyse des unterrichtlichen Interaktionsverlaufs scheint innerhalb eines unterrichtlichen Verhaltenstrainings eine so entscheidende Bedeutung zuzukommen, daß sich von der Verlaufsdarstellung (time line display) her (= Interaktionsanalyse) geradezu eine Revolutionierung der schulpraktischen Lehrerausbildung ergeben könnte." (ZIFREUND, 1971, S. 130)

Unter Hinweis auf die unpräzise Ausdrucksweise in der herkömmlichen Unterrichtslehre stellt ZIFREUND (ebd.) ferner fest: „Unterrichtsmethoden werden erst durch ihre Umsetzung in Verlaufsdarstellungen der Interaktionsanalyse präzise erfaßbar. Jede Unterrichtsmethode muß – mit einem geeigneten Repertoire an deskriptiven Kategorien – als gegenüber allen anderen Methoden unterscheidbare spezifische Verlaufsgestalt eines time line display wiedergegeben werden können. Nur dann ist sie überhaupt präzisierbar und nur dann ist sie lehrbar und kontrolliert erlernbar. Von der Anwendung der Verlaufsdarstellung der Interaktionsanalyse auf Unterrichtsmethoden überhaupt ist der Schritt von einer vorwissenschaftlichen Unterrichtslehre zu einer wissenschaftlichen Erfassung und Untersuchung unterrichtlicher Methoden zu erwarten."

Die Interaktionsanalyse stellt ein Verfahren dar, die verbale Interaktion im Unterricht so zu klassifizieren und zu protokollieren, daß sich (retrospektiv) ein – freilich limitiertes – Gesamtbild der beobachteten unterrichtlichen Interaktion gewinnen läßt. Zur Beobachtung, Klassifikation und Protokollierung entwickelte FLANDERS 10 Kategorien, die hier nach KOSKENNIEMI (1971, S. 203) wiedergegeben seien (vgl. Abb. 8):

Der Lehrer	Der mittelbare Einfluß	1. *Billigt den Gefühlszustand der Schüler*: Berücksichtigt in sachlicher Weise den Gefühlszustand der Schüler. Zu dieser Kategorie gehört das Gespräch über die zukünftigen und vergangenen Gefühle der Schüler.
		2. *Lobt oder ermutigt*: Lobt und ermutigt die Tätigkeit oder das Verhalten der Schüler. Zu dieser Kategorie gehören Scherze, die die Spannung auflösen – jedoch nicht auf Kosten einer anderen Person –, in zustimmendem Ton artikulierte Laute und die Aufforderung: »Weiter«.
		3. *Benutzt Gedanken des Schülers*: Klärt die vom Schüler geäußerten Gedanken und entwickelt sie weiter. Wenn der Lehrer dagegen meistens eigene Gedanken vorbringt, handelt es sich um Kategorie 5.
		4. *Stellt Fragen*: Stellt zu der Sache, die gelernt wird, oder zum Verfahren Fragen, auf die der Schüler antworten soll.
	Der unmittelbare Einfluß	5. *Vermittelt Kenntnisse oder seine Auffassungen*: Bringt Umstände oder Meinungen vor, die mit dem sachlichen Inhalt oder mit dem Verfahren zusammenhängen; äußert eigene Gedanken, stellt rhetorische Fragen.
		6. *Erteilt Anweisungen*: Gibt Anweisungen, Befehle oder Anordnungen, wobei vorausgesetzt wird, daß die Schüler sie befolgen.
		7. *Kritisiert und zeigt sonst seine Autorität*: Äußerungen, deren Zweck es ist, das tadelnswerte Verhalten des Schülers in ein annehmbares zu verwandeln; Hinausschicken des Schülers aus der Klasse; Erklärung der Handlungen des Lehrers; wiederholter Hinweis auf die eigenen Worte.
Der Schüler		8. *Der Schüler beantwortet Fragen*: Antwortet dem Lehrer. Von diesem ist die Initiative ausgegangen, oder er hat den Schüler zum Sprechen aufgefordert.
		9. *Der Schüler spricht aus eigenem Antrieb*: Spontane Fragen, Vorschläge oder Meinungsäußerungen. Wenn der Lehrer den Namen eines Schülers nur nennt, um anzuzeigen, daß dieser als nächster das Wort ergreifen wird, muß der Beobachter beurteilen, ob der betreffende Schüler sprechen wollte.
		10. *Stillschweigen oder unklare Situation*: Pausen, kurze Augenblicke oder Perioden, in denen niemand spricht oder wo der Beobachter nicht verstehen kann, was geschieht.

Abb. 8: Kategorien der Interaktionsanalyse nach FLANDERS (KOSKENNIEMI, 1971, S. 203)

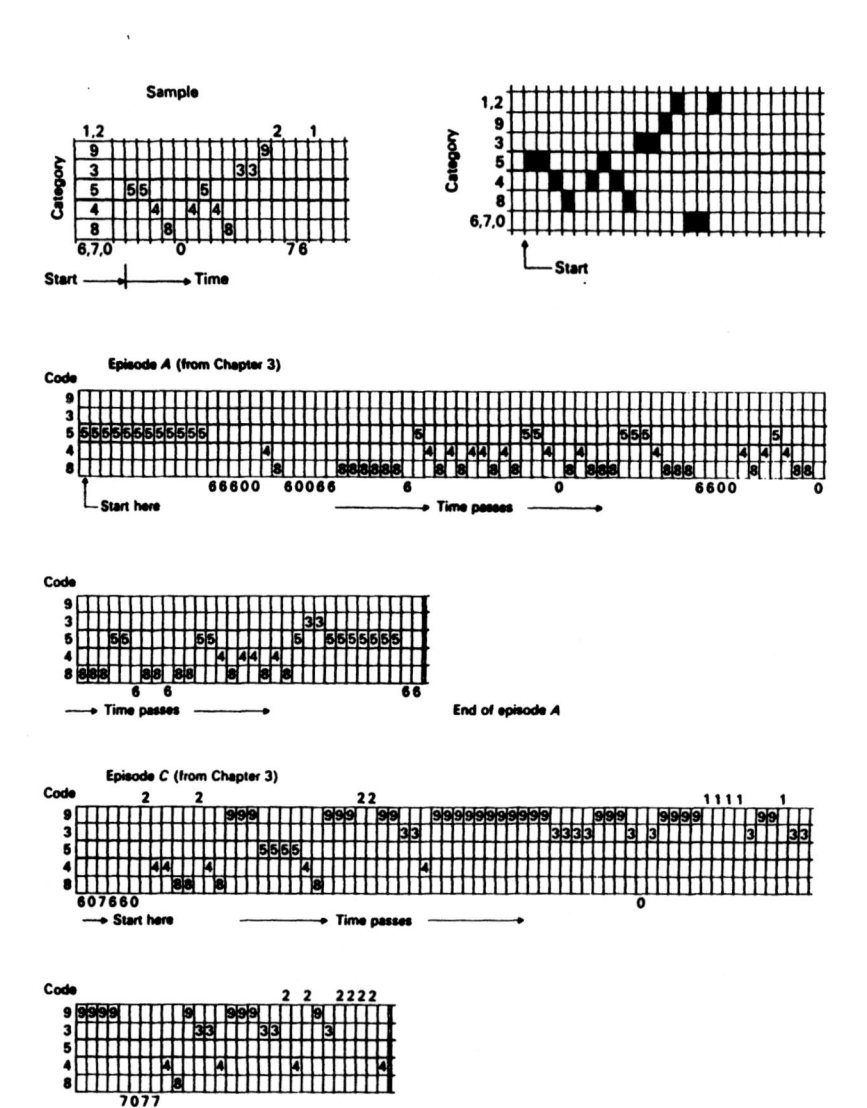

Abb. 9: Beispiele für zeitlich-lineare Darstellungen (Time Line Displays) von Interaktionsverläufen nach FLANDERS (FLANDERS, 1971, S. 138)

FLANDERS selbst (1971, S. 133/134) stellt fest: „Wir gehen von der Annahme aus, daß der Austausch (die Interaktion) zwischen einem Lehrer und seinen Schülern eine Folge kleiner Geschehnisse ist, von denen jedes einen kleinen Zeitabschnitt ausfüllt. Eine Kategorienreihe wird festgelegt, Regeln zur Chiffrierung der Geschehnisse werden aufgestellt, und der Beobachter notiert nur, so schnell er kann, eine Folge von Schlüsselsymbolen. Die Mehrzahl der Geschehensabläufe wird nicht beachtet, nur ausgewählte Einzelzüge von Interaktion werden verzeichnet, und die Differenzen zwischen dem tatsächlichen Geschehen und der Bedeutung eines Schlüsselsymbols sind sehr erheblich. Die aufgezeichneten Schlüsselsymbole werden dann zu einer Art graphischer Darstellung geordnet, die jedes Einzelgeschehen berücksichtigt. Der ganze Vorgang bis zu diesem Punkt, angefangen mit dem Verhalten und auslaufend in eine Darstellung, wird als ‚Verschlüsselung' (encoding) bezeichnet. Wenn jemand, der dafür ausgebildet ist, die Darstellung ansieht und daraus Schlüsse auf das ursprüngliche Verhalten zieht, nennen wir den Vorgang ‚Aufschlüsselung' (decoding)".

In Abb. 9 finden sich einige Beispiele nach FLANDERS für eine zeitlich-lineare Darstellung unterrichtlicher Interaktionsverläufe. Zu dieser Abbildung liefert FLANDERS selbst (ebd. S. 137) die folgende Erläuterung: „In der Darstellung" ist das Zehn-Kategorien-System durch Zuweisung zu Zeilen so geordnet, daß jede Zeile eine Bedeutung entsprechend ihrer Lage bekommt. Dasselbe System verwendet man beim Notenschreiben. Beachten Sie, daß es eine mittlere Zeile gibt, die als ‚Fünferlinie' bezeichnet wird. Kategorie 5 steht für Lehrervortrag. Alle Lehrerkategorien oberhalb der Fünferlinie bezeichnen Antwortverhalten des Lehrers und sind meist mit Schülerinitiative, Kategorie 9, verbunden. Alle Lehrerkategorien unterhalb der Fünferlinie stehen für Lehrerinitiative, die meist mit Schülerantwort, Kategorie 8, verbunden ist. Nun werden bei dieser Art der Darstellung die Daten nicht in dem wörtlichen Sinn summiert, daß die Markierungszeichen in jeder Kategorie zusammengezählt würden, um Prozentsätze zu berechnen oder die graphische Darstellung einer Häufigkeitsverteilung anzufertigen. Die Wirksamkeit dieser Anordnung besteht darin, daß sie eine visuelle Zusammenfassung bietet durch die Art, wie sie – wie manche Statistiker das nennen – die Daten ‚ins Auge springen läßt'."

Eine interessante Variante der bei FLANDERS vorgenommenen Klassifikation findet sich bei ZIFREUND (1971). Ihm geht es darum, Unterrichten im Kontext von nicht-direktivem (indirektem) bzw. direktivem Handeln zu erfassen. Auch ZIFREUND verwendet ein Verschlüsselungsverfahren in der Art der Notenschrift, auch bei ihm findet sich als eine Art „Fünferlinie" in der Mitte die Kategorie „Lehrer informiert", die als gleichsam neutrale Scheidelinie zwischen nicht-direktivem (oberhalb) und direktivem (unterhalb der „Fünferlinie") Unterrichten aufzufassen ist. So ergibt sich bei ihm folgende Kategorienaufteilung:

151

Ermutigung
Richtigkeitsbestätigung
Lehrer geht auf Schülerbeiträge ein
„aktive" Schülerbeiträge
Lehrer stellt offene Fragen
——— Lehrer informiert ———
Lehrer stellt enge Fragen
„reaktive" Schülerantworten
Lehreranweisungen/Befehle
Kritik
Entmutigung

Nach ZIFREUND ist der Vorteil dieses modifizierten Systems, daß diese symmetrische Form leicht und deutlich signalisiert, „wann der Unterrichtsverlauf seinen Schwerpunkt im direktiven und wann im nichtdirektiven Teil hat" (1971, S. 131).

Neue Möglichkeiten der Codierung ergeben sich durch die Technik der Mehrfachverschlüsselung sowie durch computerunterstützte Verschlüsselungstechniken, auf die hier allerdings nicht näher einzugehen ist. Eine Weiterentwicklung der FLANDERschen Interaktionsanalyse findet sich bei EDMUND AMIDON und ELISABETH HUNTER (1966, S. 209–220) und wird dort „Verbal Interaktion Categorie System" (VICS) genannt. In dem Maße allerdings, wie im VICS die Kategorieneinteilung differenzierter wird, und die verwendeten Kategorien zahlenmäßig vermehrt werden, stellt sich zugleich das Problem der Handhabung so vieler Gesichtspunkte durch den Beobachter. Auf jeden Fall müssen eine längere Schulung und Übung des Beobachters in Kauf genommen werden.

Abschließend eine zusammenfassende Beurteilung des Verfahrens der Interaktionsanalyse durch FLANDERS (1971, S. 146): „Das Ausfeilen von Kategoriensystemen, die Entwicklung der Mehrfachverschlüsselung und die Verbesserung der Darstellung von Datenmaterial sind nämlich Anzeichen dafür, daß die Technologie der Interaktionsanalysensysteme eine rasche Veränderung durchmacht. Es gibt auch Anzeichen dafür, daß immer mehr Forscher und Forschungsvorhaben sich direkt mit sichtbarem Verhalten und verbaler Kommunikation befassen. Schon von diesen Trends her sieht es so aus, daß man sich energisch an die Untersuchungen von Techniken zur Analyse der Interaktion begeben und diese Techniken dann auf pädagogische Probleme anwenden wird ... Meiner Meinung nach sind die vielversprechenden Anwendungsgebiete: Untersuchung der Unterrichtseffektivität, Verbesserung der Lehrerausbildung und Verwendung als Hilfsmittel in der beruflichen Weiterbildung von Lehrern."

Zusammenfassung:
1. Ausgehend vom Begriff der „Pädagogischen Situation" entwerfen ELSE und PETER PETERSEN ein reichhaltiges analytisches Instrumentarium zur empirischen Erfassung von Unterricht, in dessen Mittelpunkt „Tatsachenliste" und „Tatsachenspiegel" stehen.
2. Darauf aufbauend entwickeln WINNEFELD und Mitarbeiter vor allem die psychologische Analyse des unterrichtlichen Tatsachenmaterials weiter. In den Mittelpunkt rückt die Frage nach den verschiedenen pädagogischen Kontakten, die der Lehrer im Unterricht herstellen kann und die es ermöglichen, jeweils ein Situations-Gesamtprofil zu erstellen.
3. Die dargestellte Studie von WALLEN und TRAVERS bezweifelt, daß die bisher vorliegenden Untersuchungen zum Thema wissenschaftlich akzeptabel sind, da ihnen jeweils vorwissenschaftliche Muster des Lehrerverhaltens unterlegt seien. Die Autoren beschäftigen sich sodann mit der Frage der Konstruktion wissenschaftlich fundierter Lehrmethoden, wobei sie vor allem darauf abheben, Erkenntnisse über das Lernen systematisch für die Lehraufgaben zu nutzen.
4. Die bisher vorliegenden Arbeitszeitanalysen zum Lehrerberuf zeigen auf erschreckende Weise, wie das große persönliche Engagement der Lehrer zu einem an die Lehrerperson gebundenen zentralen Unterrichtsvorgehen führt, in dem der Lehrer so eindeutig dominiert, daß eine überstarke Verbalisierung bei gleichzeitig geringem Medieneinsatz und schwacher Schülerbeteiligung die Folge ist.
5. In der FLANDERSschen Interaktionsanalyse liegt ein Verfahren vor, die verbale Interaktion im Unterricht so zu klassifizieren und zu protokollieren, daß ein Gesamtbild der beobachtbaren Lehrer-Schüler-Interaktion entsteht. Die 10 Kategorien von FLANDERS hat ZIFREUND zu 5 zusammengefaßt, um so leichter die Lehrerzentrierung des Unterrichts erkennbar zu machen.

Fragen und Denkanstöße:
1. Besteht nicht zwischen den Aussagen von PETERSEN und WINNEFELD einerseits und denen von WALLEN/TRAVERS und SCHULTZE/SCHLEIFFER ein Widerspruch, wenn einerseits vom Kontaktreichtum des Lehrerverhaltens und andererseits kritisch von einer einseitigen Lehrerzentrierung sowie von vorwissenschaftlichen Unterrichtsverfahren gesprochen wird? – Wie läßt sich dieser Widerspruch wohl erklären?
2. WALLEN/TRAVERS sprechen von Mustern des Lehrerverhaltens, die sich aus Lehrertraditionen herleiten. Wie ist diese Lehrertradition beschaffen? Beantworten Sie diese Frage auch vor dem Hintergrund der eigenen Schul- und Unterrichtserfahrungen als Schüler! Fertigen Sie dazu einen kleinen Merkmalskatalog an!

3. Anhand eines konkret beschriebenen Unterrichtsverlaufs wird erkennbar, „wie wenig Personen untereinander in Kontakt stehen, und wie der Lehrer in der Unterrichtsführung dominiert. Zwischen den 11 Personen fanden 60 Interaktionen statt, wobei der Löwenanteil mit ca. 83% auf den Lehrer entfällt.

Interaktionspartner	Häufigkeit	
Lehrer – Schüler	50	83,4%
Schüler – Schüler	10	16,6%
Summe	60	100 %

Diese beiden Kennwerte sind typisch für die Arbeitsform, die der Lehrer im konventionellen Unterricht bevorzugt. Herrscht das Lehrer-Schüler-Gespräch vor, verschiebt sich das Verhältnis automatisch zugunsten der Lehrerinteraktionen. Dominieren Arbeitsgruppen und Gruppenproblemlösen, erhöht sich der Wert für die Kontakte zwischen den Schülern. – Der Lehrer dieses Unterrichtsbeispiels spricht in erster Linie mit drei Schülern, die an 87% aller Kontakte beteiligt sind, anderen widmet er nur gelegentlich seine Aufmerksamkeit, die Hälfte der Schüler bleibt aber unberücksichtigt." (BACHMAIR, G., 1974, S. 83)

Frage: Welche Konsequenzen hat ein derartiger Unterricht für die Schüler, vor allem, wenn er langzeitlich so angeboten wird? Fertigen Sie einen kleinen Katalog an Konsequenzen und gewichten Sie dieselben entsprechend ihrer Bedeutung!

4. Speziell für das Verbalverhalten der Schüler lassen sich die folgenden drei Konsequenzen herausstellen:

„*Verbalverhalten des Lehrers*

a) ein zu hoher Sprechanteil ($^2/_3$ der Unterrichtszeit)
b) eine umfassende Ausrichtung, Lenkung und Kontrolle des Schülers
c) ein Übermaß an direkten, engen Impulsarten und Bewertungen

Verbalverhalten des Schülers

a) ein verschwindend geringer Sprechanteil (alle Schüler = $^1/_3$)
b) geringe Selbständigkeit, Eigeninitiative und Kreativität
c) weitgehend reaktives Verhalten ohne Differenzierung kommunikativer Fähigkeiten."
(RITZ-FRÖHLICH, 1973, S. 45)

Geht man davon aus, daß hier Merkmale des typischen und verbreiteten lehrerzentrierten Unterrichts bezeichnet sind, so fragt sich, was im einzelnen sich daraus für das praktische Lehrerverhalten im Unterricht ergibt? Stellen Sie dazu einen Handlungs-Katalog zusammen und vergleichen Sie Ihren mit dem bei RITZ-FRÖHLICH (S. 45 ff.) aufgeführten!
5. Die isolierte Analyse des Lehrerverhaltens läßt (bewußt) die Frage beiseite, wie denn die Lernergebnisse, die Lernerfolge der Schüler also, bei Anwendung bestimmter Muster des Lehrerverhaltens aussehen. – Liegt hier nicht ein entscheidendes Manko dieses Forschungsansatzes vor? Müßte nicht der Lernerfolg dabei speziell der einzig ausschlaggebende Faktor sein?
6. Es gibt zahlreiche Argumente gegen den lehrerzentrierten Unterricht: z.B. lernzielbezogene, gruppendynamische, lernpsychologische. Stufen Sie den nachfolgenden Einwand BACHMAIRS (1974, S. 172) ein und diskutieren sie ihn:

„TAUSCH konnte feststellen, daß ein Lehrer im Mittel 40 bis 50 mal so viel redet wie ein einzelner Schüler. – Ganz abgesehen von den gruppendynamischen Problemen, die diese Werte andeuten, zeigen die Zahlen, wie sich viele Lehrer im Unterricht ständig hohe Konzentrationsleistungen abverlangen. Wer unentwegt spricht und im Mittelpunkt des Geschehens steht, ermüdet schnell, was gerade bei Anfängern immer wieder zu beobachten ist. Sie verausgaben sich dauernd, ihre Leistungskurve sinkt im Lauf des Vormittags rasch ab, da sie das ständige Sprechen und Agieren stark beansprucht."

Basisliteratur:
BACHMAIR, G.: Unterrichtsanalyse, Weinheim/Basel 1974.

Zusatzliteratur:
MERKENS, H.; SEILER, H.: Interaktionsanalyse. Stuttgart u.a. 1978.

3. Die didaktische Theoriebildung

Die *Ziele* des folgenden Kapitels sind:
1. Darstellung und Analyse der wichtigsten didaktischen Ansätze hinsichtlich der Frage, welche Rolle dem Lehrer im unterrichtlichen Zusammenhang jeweils zugedacht wird, und was sich daraus explizit und implizit für die Frage des Lehrerverhaltens ergibt;
2. Verdeutlichung der Tatsache, daß eigentlich jede didaktische Theorie im doppelten Sinne eine Theorie über das Lehrerverhalten darstellt: einmal, insofern der Lehrer als Adressat der jeweiligen Didaktik-Theorie Handlungs-

anweisungen für sein Verhalten aus ihr gewinnen soll, zum anderen, weil der Lehrer selbst ein (herausgehobener) Faktor im Unterrichtsgeschehen ist und (explizit/implizit) als „Unterrichtsfaktor" interpretiert wird;
3. Aufweis der Tatsache, daß die didaktische Theorienbildung – als Theorie des Unterrichts im weiten Sinne – letztlich ausmündet bzw. ausmünden muß in eine Theorie des Lehrens oder der Lehrfunktionen, eine Perspektive, der für die Entwicklung einer Gesamttheorie des Lehrerverhaltens eine besondere Bedeutung zukommt und auf die auch weiter unten noch zurückzukommen sein wird.

3.1: Wenn im folgenden von einer didaktischen Theoriebildung zur Frage des Lehrerverhaltens gesprochen werden soll, so verlangt dies eine Vorbemerkung: Zunächst einmal könnte man mit „Didaktik" die „Theorie des schulischen Unterrichts im weitesten Sinn" bezeichnen. In diesem Falle wären eigentlich alle Arten von Aussagen über das unterrichtliche Verhalten von Lehrern „didaktisch" zu nennen – auch die bislang schon gemachten. Demgegenüber meint „didaktische Theoriebildung" im folgenden nur jene Aussagen und Aussagengefüge über den Lehrer und sein berufliches Verhalten, die sich aus den Theorien und Modellen der Didaktik im engeren Sinne herleiten lassen.

Didaktik als Unterrichts- und damit Berufswissenschaft des Lehrers zielt letztlich auf eine Verbesserung und Erweiterung der Handlungskompetenz des Lehrers: „Ihr wissenschaftliches Erkenntnisziel ist und bleibt die Konzeptualisierung von Modellen für den Unterricht und das damit verbundene praxeologische Gestaltungsziel. Voraussetzung zur Realisierung dieses Zieles ist allerdings eine exakte Beschreibung sowohl der Strukturen und Prozesse des Unterrichts als auch deren Einordnung in den schulischen bzw. gesellschaftlichen Kontext. Didaktik, die dabei die Unterrichtsgestaltung als zentrale Aufgabe des Lehrers wissenschaftlich ausgliedern kann, kann somit den Praktikern Perspektiven vermitteln, anhand derer sie das didaktische Handlungsfeld in seinen Dimensionen zu gestalten in der Lage sind." (WÖHLER, 1979, S. 17) Damit ist genau *der* Ansatzpunkt bezeichnet, von dem her didaktische Theorie für das konkrete unterrichtliche Verhalten der Lehrer wichtig wird. Im folgenden werden die acht wichtigsten didaktischen Ansätze auf diese Frage hin kurz untersucht. Die Darstellung stützt sich dabei vor allem auf die derzeit relevanteste Zusammenfassung, nämlich die „Theorien der Allgemeinen Didaktik" von KERSTEN REICH (1977), die an die Stelle der bekannten Einführung von BLANKERTZ (1969) getreten ist.

3.2: *Im Zentrum der geisteswissenschaftlichen Didaktik* in ihrer unrevidierten Fassung (vgl. KLAFKI u. a. 1977) steht der Bildungsbegriff. Aus diesem Grunde trägt dieser Ansatz auch den Namen „bildungstheoretische" Didaktik. Der Lehrer wird gesehen als Fachmann für Bildung und Bildungsinhalte: „Bildung beschreibt hier die ‚eigentliche' Aufgabe der Didaktik: das Verhältnis eines bestimmten Erziehers zu einem bestimmten Zögling als *bildende Begegnung* herzustellen. Diese Begegnung dient der Bildung sowohl eines gebildeten, einmaligen Individuums wie auch der Herausbildung eines national-kulturellen Zusammenhangs. Für den Lehrer erfordert die Bildungsaufgabe einen Raum der ‚pädagogischen Freiheit', damit er den geschichtlichen und konkret-individuellen Bedingungen gemäß die Begegnung mit den Zöglingen fruchtbar zu machen versteht. Der Lehrer selbst muß sich mit dem Bestehenden identifizieren können, um seine pädagogische Freiheit im Sinne bildender Begegnung vermittelbar zu machen." (REICH, 1977, S. 43)

Für den bildungstheoretischen Ansatz ist Didaktik damit eine Theorie der Bildungsaufgaben und Bildungsinhalte bzw. Bildungskategorien: „Sie fragt nach ihrem Bildungssinn und den Kriterien für ihre Auswahl, nach ihrer Struktur und damit auch ihrer Schichtung, schließlich nach ihrer Ordnung, verstanden einerseits als zeitliche Anordnung in lockeren Stufengängen, andererseits als Zuordnung verschiedener gleichzeitig zu erschließender Sinnrichtungen, z.B. nach dem Verhältnis von Sprach- und Sachunterricht ..." (KLAFKI, zit. n. REICH, 1977, S. 57/58). Die bildungstheoretische Didaktik versucht somit, Unterricht in seiner komplexen Struktur vom Bildungsbegriff her zu entwickeln, und bestimmt als zentrale professionelle Aufgabe des Lehrers die Bewältigung der fachlichen *Inhalte*. Diese Bestimmung der Bildungsziele und -inhalte wird „Didaktik im engeren Sinne" genannt, eine Folgerung aus ihr ist der „Satz vom Primat der Didaktik im engeren Sinne" gegenüber der Methode (neuerdings: „Satz vom Primat der didaktischen Intentionalität im Verhältnis zu allen anderen didaktischen Entscheidungsdimensionen").

Damit dürfte deutlich sein, daß die bildungstheoretische Didaktik in ihrer ursprünglichen Fassung die zentrale Aufgabe des Lehrers – pointiert gesprochen – als eine Planungsaufgabe am Bildungsinhalt – am Stoff also – auffaßt. Sie verlegt damit die berufliche Hauptaufgabe des Lehrers tendenziell *vor* den Unterricht. Der methodische Aspekt, Medienfragen, Lernprozesse und Verläufe, personale Interaktion und aktuelles Erziehungs- und Unterrichtsverhalten werden damit – teilweise ungewollt – als zweitrangig eingestuft.

REICH (1977, S. 60) stellt mit Recht fest: „Der Lehrer ist als Bildungstheoretiker vor allem auf den Nachvollzug bereits vorentschiedener und damit so oder so gemeinter Bildungsinhalte verpflichtet. Er leidet in seiner Praxis so einerseits unter der mangelnden Selbstentfaltungsmöglichkeit konstruktiv-kritischer Kompetenz, andererseits leidet er unter der Fixierung auf die inhaltliche Problematik des Unterrichts, die ihm den Zugang zu den weiteren Bedingungen des Unterrichtsprozesses versperrt. Denkanstöße für die Bewältigung der weiteren Bedingungen des Lehr-/Lern-Prozesses bietet die Bildungstheorie immer nur im Rahmen der Erklärung der Bildungsinhalte: Besonders die ungenügende Tatsachenforschung des Unterrichts, die durch Empirie nicht relativierte Spekulation über den Bildungswert, erwies sich als Mangel bildungstheoretischen Denkens. Gerade die Nichtbeachtung der psychologischen Voraussetzungen des Unterrichts, die ungenügende Berücksichtigung der sozialen Umwelt aufgrund eines reduzierten Praxisbegriffes ... forderte massiven Widerstand heraus ..."

In ähnlich vereinseitigender Perspektive sieht die *informationstheoretischkybernetische Didaktik* den Lehrer, wenn auch in einem ganz anderen Sinne: „Kybernetik zielt nicht auf vertiefende verstehende inhaltliche Durchdringung eines Gegenstandes, sondern auf pragmatische Operationen, auf Handlungen bzw. Management. Die Kybernetik untersucht die Gegenstände dabei unter sehr allgemeinen Gesichtspunkten, die durch Begriffe wie Information (Beschreibung der Kommunikationsvorgänge in und zwischen Systemen) und Rückkoppelung (Regelung) charakterisiert werden können." (REICH, ebd. S. 197)

Entsprechend eingeschränkt ist das Bild des Lehrers, das dieser Ansatz prägt. Der Lehrer ist ausschließlich zuständig für die Kontrolle und Steuerung des Lernprozesses der Schüler. Er wird gedacht als ausschließlicher Lerntechnologe. Die Lerninhalte und Lernziele sind ihm vorgegeben. Eine kritische Analyse der vorgegebenen Bildungsinhalte, wie sie die bildungstheoretische Didaktik verlangt, steht ihm nicht zu. Denn dem Ansatz liegt das Kybernetes-Modell NORBERT WIENERS zugrunde. Ein *Kapitän* gibt das Ziel an, dem das Schiff zusteuern soll; der *Lotse* erhält die Zielvorgabe und entwickelt ein den Umständen adäquates Programm zur Zielerreichung; der *Steuermann* setzt das Programm in die Praxis um; das *Antriebssystem* ändert die Positionsbedingungen des Schiffes, die der Lotse wiederum als neue Vorgabe seines Steuerungsprogramms aufnimmt (= Feedback).

„Die Übertragung dieses Modells auf die Didaktik muß demzufolge bedeuten, ‚Lernen' als Sonderfall von gesteuertem Verhalten und somit als Nachrichtenverarbeitung aufzufassen; es ist darum konsequent, nicht mehr von Lehrern und Schülern, sondern von Sendern und Empfängern, von Lehr- und Lernsystemen zu sprechen, nicht mehr von Bildungsinhalten und Erziehung, sondern von Information und Verhaltenssteuerung. Was immer nun von diesem Ansatz aus zu leisten ist, auf jeden Fall liegt die Kapitänsfunktion, also die Instanz, die die zu erreichenden Lernziele angibt, außerhalb des Regelkreises..." (BLANKERTZ, 1969, S. 53) Wenn HERWIG BLANKERTZ in bezug auf die kybernetische Didaktik von einem „verstümmelten Begriff von Wissenschaft" spricht, so läßt sich Entsprechendes vom Bild des Lehrers feststellen. Auch das Lehrerbild ist verstümmelt, insofern die soziale Verantwortung des kompetent handelnden Didaktikers auf Null gebracht wird. Der Lehrer ist nur noch Ausführungsorgan vorgegebener Programme. Sein berufliches Verhalten hat sich auf methodische Fragen zu beziehen – und nur auf diese.

Anders als die bildungstheoretische und die informationstheoretisch-kybernetische Didaktik, die jeweils entweder die Inhalts- oder die Verfahrensdimension einseitig in den Vordergrund schieben, orientiert sich die „*lehrtheoretische Didaktik*" von HEIMANN/OTTO/SCHULZ – auch Berliner Didaktik genannt – am System Unterricht als Ganzem. Der Lehrer wird als Fachmann für Unterricht konzipiert, der für die Ziel-, Inhalts-, Verfahrens- und Medienfragen gleichermaßen verantwortlich zeichnet, da sie die Entscheidungsfelder seines beruflichen Handelns darstellen (Daß die Kontrollproblematik in der Berliner Didaktik bei den Prinzipien des Unterrichts und nicht bei den Entscheidungsfeldern aufgeführt wird, dürfte ein schwereres Manko sein, als gemeinhin angenommen wird, denn die vom Lehrer eingesetzten Lernkontrollen wirken schwergewichtig auf den Unterricht und sein Sozialklima zurück.).

Der Berliner Didaktik wird oft entgegengehalten, sie lasse inhaltliche Fragen zu stark „draußen vor" und behandle sie lediglich formal. Sie leiste damit letztlich einem Dezisionismus beim Lehrer Vorschub (= unreflektierte Entscheidungs- „wut"), da dieser aus der überwiegend formalen didaktischen Theorie keine plausiblen Entscheidungshilfen herleiten könne. Nun wird bei diesem Einwand freilich übersehen, daß eine strukturtheoretische Didaktik ein geradezu emphatisches Bekenntnis zur Entscheidungskompetenz und Entscheidungsfreiheit des Lehrers darstellt. Auch wenn man die revidierte Fassung der Berliner Didaktik und ihren „neuen" kritischen Wissenschaftsbegriff ins Auge faßt, so gilt, daß die Konsequenz des stärker formalen Ansatzes der Berliner Didaktik der verantwortlich denkende professionelle Lehrer ist.

PAUL HEIMANN hat in seiner wichtigen Arbeit von 1962 „Didaktik als Theorie und Lehre" dazu folgendes ausgeführt: „Wesentliches ist bereits vorentschieden, wenn man das Theorie-Praxis-Verhältnis nicht *technologisch* interpretiert, so als ob didaktische Entscheidungen in konkreten Situationen schlicht aus zuhandenen Theorien deduziert werden könnten (aus welchen denn?), des weiteren, wenn man Unterrichts-, Lehr-, Lern- und ‚Bildungs'-Vorgänge als sehr dynamische Interaktionsprozesse von strenger gegenseitiger Bezogenheit, betonter Singularität und Augenblicks-Gebundenheit betrachtet, die trotzdem einer bestimmbaren Strukturgesetzlichkeit gehorchen und deshalb auch manipulierbar sind." (149) Daraus leitet HEIMANN sechs Aspekte für das theoretische Handeln des Lehrers ab, die schon in der Didaktik-Ausbildung zu berücksichtigen sind:

„1. Es sind nicht Theorien, sondern es ist das Theoretisieren zu lehren. ‚Nicht der Inhalt von Theoremen ist das Entscheidende, sondern die Weise, in der sie die Interpretation einer didaktischen Situation gestatten.'
2. Nicht eine endgültige Theorie, sondern der Prozeß der Theorienbildung ist der Gegenstand didaktischer Ausbildung.

3. Das didaktische Bezugsfeld ist der ‚personale Ort', wo Informationen über den Unterrichtsprozeß gesammelt werden. Das theoretische Bewußtsein fällt die didaktischen Entscheidungen.
4. Ziel didaktischer Ausbildung ist die Entwicklung eines effektiven Bezugsfeldes und eines operativen Bewußtseins.
5. Für die Entwicklung des didaktischen Bezugsfeldes ist es notwendig, Bildungssysteme, theoretische Konzeptionen und Tatsachenwissenschaften zu studieren; das theoretische Bewußtsein setzt die ‚Kultivierung der didaktischen Reflexion' voraus.
6. Die Ausbildung kann nicht allein verbal erfolgen, vielmehr ist ein ‚didaktisches Exerzitium' notwendig, um das didaktische Bezugsfeld und das theoretische Bewußtsein leistungsfähig zu entwickeln." (REICH, ebd., S. 136/137)

Im vorliegenden Zusammenhang ist besonders wichtig, daß HEIMANN dem Lehrer zu folgenden Kompetenzen verhelfen will:

„‚1. Strukturen zu erkennen;
2. Probleme zu exponieren;
3. Tatsachen, Normen und Organisationsformen zu beurteilen;
4. Entscheidungen vorzubereiten.'

Diese vier Reflexionskreise sollen dazu dienen, daß der Lehrer für jede konkrete Situation ein theoretisches Äquivalent herstellen kann, um ‚Entscheidungen mit einem mittleren Maß wissenschaftlicher Begründetheit treffen zu können'." (REICH, ebd.)

Damit ist ganz klar ein dynamisches Professionalisierungskonzept formuliert, das den Lehrer zwar wissenschaftlich orientieren, ihn jedoch nicht auf eine bestimmte Position festlegen möchte. Die Berliner Didaktik versucht so, den Lehrer allen technologischen Ansätzen zum Trotz „ins Recht zu setzen". Er trägt letztlich die Begründungspflicht. Verantwortung und Entscheidung können ihm niemand abnehmen. Das „Theoretisieren" im guten Sinne ist seine erste „Berufspflicht".

Die neuere Didaktik-Entwicklung hat die folgenden weiteren Ansätze hervorgebracht:

= kommunikative Didaktik
= konstruktive Didaktik
= systemtheoretische Didaktik
= bildungstechnologische Didaktik
= curriculumtheoretische Didaktik
= ideologiekritische Didaktik.

Auf je eigene Weise scheitern aber diese Neuentwicklungen, wenn es darum geht, eine tragfähige Gesamtbestimmung des didaktischen Feldes zu ermöglichen. Genau genommen ist es so, daß jeder dieser Ansätze eine bestimmte Sichtweise von Unterricht ins Zentrum rückt: „Die neueren didaktischen Ansätze konnten wenig grundlegende Impulse für die Weiterentwicklung der Didaktik geben. Zumeist in Ignoranz des erreichten Entwicklungsstandes und unter Verdrängung der bisher aufgehäuften gegenstandsbestimmenden und methodologischen Probleme konnten sie keine wirklich praktikablen Alternativen entwickeln ... Die Versuche, unter immer neuen Oberbegriffen wie ‚Kommunikation', ‚Situation', ‚Emanzipation' usf. Didaktik neu zu begründen, erwiesen sich als eindimensional und unfruchtbar. Die didaktische Wissenschaftsentwicklung benötigt weniger eine Neubegründung aus der Sicht einzelner Begriffe als vielmehr einen strukturellen Erklärungsrahmen, der von dem bereits erreichten Stand didaktischer Theorieentwicklung zur Erfassung des Strukturzusammenhanges Unterricht ausgeht." (REICH, ebd., S. 421)

3.3: Dies leistet zwar auch der im folgenden zu diskutierende *„lehrfunktionale Didaktikansatz"* von GERHARD SCHRÖTER (1972) nicht, er bietet aber eine relativ breite Perspektive und ist für das vorliegende Thema von besonderem Interesse, denn Schröter geht in seiner „Didaktik als Struktur der Lehrerfunktionen" ausdrücklich von der „Lehrerrolle unter Einbeziehung der funktionellen Koppelungen von Lehr- und Lernsystem" aus und entwickelt von daher „eine kategorial neue didaktische Struktur, die in gleicher Weise die Untersuchung, Planung und Fortentwicklung traditionell wie auch modern gestalteter Unterrichtsabläufe gestattet" (ebd. S. 9).

SCHRÖTER geht bei seiner Untersuchung von sieben, im engeren von drei Arbeitshypothesen aus;
„1. Es gibt Klassen von Lehrfunktionen, die sich, bezogen auf ihre didaktische Sinngebung (Unterrichtsplanung, Unterrichtsdurchführung, Unterrichtskontrolle), klar voneinander abheben.
2. Innerhalb jeder Klasse gibt es Lehrfunktionen, die sich unmittelbar einsichtig zu klar voneinander unterscheidbaren Gruppen zusammenfassen lassen, auch wenn die Funktionen der einzelnen Gruppen durch gleiche Medien gleichzeitig oder nahezu gleichzeitig realisiert werden.
3. Es existieren Lehrfunktionen, die sich lediglich in ihrer methodischen Sinngebung voneinander unterscheiden. Diese sind die Elemente der bei 2 genannten Gruppen." (ebd., S. 13)

Zwar ist der Ansatz SCHRÖTERS aus dem Umkreis der bildungstechnologischen und kybernetischen Didaktik erwachsen (vgl. ebd., S. 184, Anm. 7), verwendet auch teilweise deren Begriffe (z. B. „Lehrersystem", „Lernsystem"), jedoch geht er eindeutig über das kybernetische Didaktikverständnis hinaus. Das zeigen die folgenden sieben grundlegenden Lehrfunktionen, die SCHRÖTER voneinander unterscheidet:

- Informationsfunktion (Denkvorgänge, Speicherung, Gefühlsentfaltung)
- Kontrollfunktion (Kontrolle der Lernergebnisse)
- Leitfunktion (Angebot eines Lernweges)
- Motivationsfunktion (Lernbereitschaft wecken)
- Erziehungsfunktion (soziale Einbindung vorbereiten)
- Aufsichtsfunktion (Sicherung der äußeren Bedingungen)
- Bildungsfunktion (Verknüpfung von Ich, Umwelt und Kultur)

Die Einteilung der Lehrfunktionen nach Kategorien erfolgt nach SCHRÖTER am besten unter dem Aspekt der Aufgabenbezogenheit: „Die einzelnen Lehrfunktionen bilden die Elemente einer Funktionsstruktur, wenn man ihre Stellung und Bedeutung im Unterrichtsablauf festhält. Dabei ist nicht an abstrakte, sondern an realisierbare Unterrichtsgebilde gedacht. Die Abstraktion, die zu den einzelnen Lehrfunktionen führt, liegt vielmehr darin, daß aus einer Vielzahl von Unterrichtsabläufen diejenigen Lehraktivitäten zusammengeschaut werden, die der gleichen Aufgabe des Lehrsystems (= Lehrer und/oder objektivierte Medienangebote, A. d. V.) dienen.... Der Herausarbeitung von Unterrichtsfunktionen aus dem Gesamtkomplex der Aktivitäten des Lehrsystems dienen folgende Fragen:

1. Welche Aktivitäten führt das Lehrsystem aus?
2. Lassen sich Aktivitäten erkennen, die einer speziellen didaktischen Aufgabe dienen?
   Welche Aufgaben sind das?
3. Welche sonstigen Aktivitäten führt das Lehrsystem aus?
   Auf welche Aufgaben sind diese gerichtet?" (ebd., S. 27)

SCHRÖTER entwickelt nun ein System von Lehrfunktionen, das er in dem folgenden Strukturbild zusammenfaßt:

```
                    ┌─── normierende Funktionen ◄─────┐
Planungsfunktionen ─┤                                 │
                    └─── unterrichtsvorbereitende Funktionen ◄─┐
                                                               │
                         ┌─ informierende Funktionen           │
                         ├─ aktivierende Funktionen            │
Durchführungsfunktionen ─┼─ organisierende Funktionen          │
                         ├─ kontrollierende Funktionen         │
                         └─ unterrichtsstützende Funktionen    │
                                                               │
Didaktische Kontroll- ─┬─ normanalytische Funktionen ──────────┘
funktionen             │
                       └─ verfahrensanalytische Funktionen
```

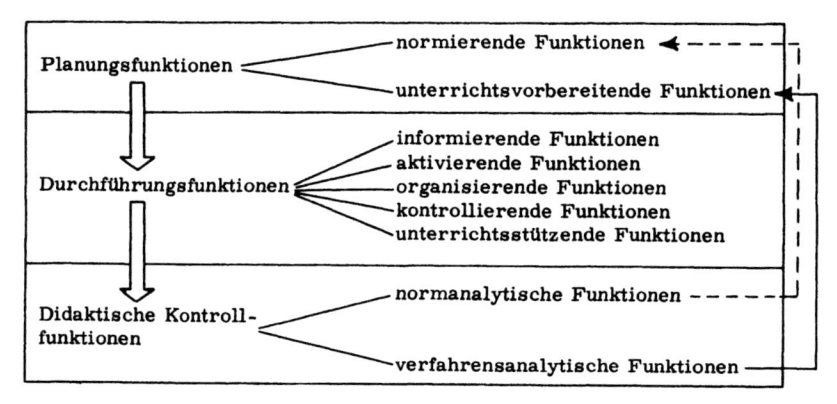

Abb. 10: Lehrerfunktionen

Zu den Durchführungsfunktionen entwickelt SCHRÖTER das folgende Strukturbild:

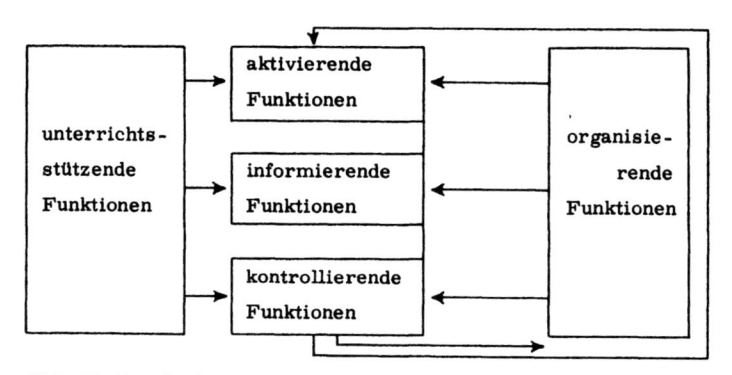

```
                    ┌─ aktivierende Funktionen ◄──┐
unterrichts-        │                             │ organisie-
stützende      ────►├─ informierende Funktionen ◄─┤ rende
Funktionen          │                             │ Funktionen
                    └─ kontrollierende Funktionen ◄┘
```

Abb. 11: Durchführungsfunktionen

Auf Einzelheiten der Konstruktion der Lehrfunktionen, ihrer empirischen Absicherung, auf die methodologische Problematik der Basis des Ansatzes sowie seiner analytischen und konstruktiven Tragfähigkeit soll und kann hier nicht näher eingegangen werden. Auch die Frage, ob das didaktische Feld letztlich von einer detaillierten Aufgabenbestimmung des Lehrers her voll zu erschließen ist, muß hier offen bleiben. – Gleichwohl ist als fruchtbar festzuhalten, daß das berufliche Tun des Lehrers als didaktisches Handeln im engeren Sinne funktions- und aufgabenbezogen in den Blick genommen und der Versuch gemacht wird, es systematisch zu erfassen, um es instrumental einzusetzen. Die Idee des Professionalisierungskonzeptes, ein kriterienorientiertes, also aufgabenbezogenes berufliches Verhalten des Lehrers anzubahnen, liegt dem lehrfunktionalen Ansatz SCHRÖTERs jedenfalls zugrunde. Es gibt Anzeichen dafür, daß dies genau die Richtung bezeichnet, die die Professionalisierungs- und Qualifizierungsdebatte des Lehrerberufs in Zukunft nehmen wird. Eine ähnliche Perspektive wird uns bei den Lehrmodellen und Theorien des Lehrens wiederbegegnen (vgl. B. II, 6).

3.4: In vielen didaktischen Ansätzen spielen „Unterrichtsprinzipien", „didaktische Prinzipien" oder „Prinzipien des Lehrens" eine Mittlerrolle zwischen wissenschaftlicher Theorie und praktischer Anwendung. Sie nehmen heute die Stellung ein, die früher durch Erziehungs- und Unterrichtslehren besetzt waren. Beispielhaft für diese Richtung sei hier die von K. WÖHLER herausgegebene Arbeit „Didaktische Prinzipien" (1979) kurz behandelt.

WÖHLER geht davon aus, daß Didaktik als Unterrichtswissenschaft zwei Ziele zu verfolgen habe, einmal das Ziel, realanalytische Aussagen zur Erklärung unterrichtlicher Wirkungszusammenhänge zu machen, zum zweiten, praxeologische Aussagen zur Gestaltung von Lehr-Lernprozessen zu entwickeln, zumindest sie vorzustellen. Nach WÖHLER bilden die realanalytischen Aussagen die Grundlage der praxeologischen Gestaltung von Unterricht und/oder der Intervention in didaktischen Handlungsfeldern. Dem Autor zufolge ist es ständige Aufgabe des Lehrers, realanalytische Aussagen wissenschaftlicher Art mit den jeweiligen Zielsetzungen und dem spezifischen Kontext analytisch in Beziehung zu setzen.

„Das Resultat dieser analytischen Prozesse sind *didaktische Prinzipien,* also zielbewußte praxeologische Aussagen, und als solche sind sie auf bestimmte didaktische Handlungsräume bezogen, innerhalb derer sich Lehr-Lern-Prozesse zu vollziehen haben. – Didaktische Prinzipien sind Aussagen über zielgerichtetes didaktisch-konstruktives Handeln und können aufgrund ihres quasitheoretischen Kerns Anspruch auf einen empirischen oder Erfahrungsgehalt erheben. Dies schließt insbesondere mit ein, daß sie vom jeweiligen historisch konkreten Kontext ihre Gültigkeit herleiten müssen. Didaktische Prinzipien sind daher eine Aufforderung an die Didaktik, eine reflexive, auf Konsensherbeiführung orientierte Zieldiskussion didaktischen Handelns zu führen." (ebd. S. 22)

Der Lehrer wird in diesem Ansatz gesehen als „praktischer Theoretiker" oder „wissenschaftlicher Praktiker": „Wenn es den Lehrern überlassen bleibt, didaktische Theorien, die nun die Gestalt von didaktischen Prinzipien annehmen, in Techniken zu transformieren, dann sind sie jetzt ‚wissenschaftliche' Praktiker: Unterrichten wäre die Wissenschaft (?) von dieser Transformation; Didaktiker wären wissenschaftliche Theoretiker, die zwar Erklärungen liefern, jedoch ‚vor Ort' ihre Theorien nicht anwenden." (ebd., S. 15)

Wenn demnach didaktische Prinzipien Sätze sind, die Angaben darüber machen, wie der Lehrer in einer spezifischen Situation sein Verhalten orientieren und ausrichten soll, so stellen sich zwei Fragen:

- Welche Prinzipien gibt es überhaupt, und wie ordnen sie sich zu?
- Wie werden didaktische Prinzipien wissenschaftlich gewonnen?

WÖHLER legt in seinem Buch kein zusammenhängendes System, sondern eine lose Sammlung didaktischer Prinzipien vor, deren Zuordnung und Auswahl völlig offen bleiben. Die folgende Zusammenstellung ergibt sich:

- Das didaktische Prinzip der Wissenschaftsorientierung,
- Das Prinzip des Verstehens von Lernstoffstrukturen,
- Das Prinzip des beziehungsvollen Lernens,
- Fächerübergreifender Unterricht als didaktisches Prinzip,
- Das Prinzip der Mehrperspektivität,
- Das Prinzip der Situationsbezogenheit,
- Das Prinzip der Systemorientiertheit,
- Antizipation – ein didaktisches Prinzip?
- Prinzipien funktionaler Unterrichtsplanung,
- Das Prinzip der Zielorientiertheit.

In der Berliner Didaktik von HEIMANN, OTTO und SCHULZ werden dagegen nur drei didaktische Prinzipien aufgeführt:

- Das Prinzip der Interdependenz
- Das Prinzip der Flexibilität
- Das Prinzip der Kontrollierbarkeit.

Keines von ihnen taucht in der Aufstellung WÖHLERS auf, obgleich alle drei auf einer sehr generellen Stufe anzuordnen sind, und z. B. die ständige Kontrolle bei der Realisation von Lehr-Lernprozessen zu einem sicherlich allgemein akzeptierten Prinzip didaktischen Handelns gehört.

Nicht nur die Frage nach einem Ordnungskonzept, auch die nach dem Konstruktionsverfahren didaktischer Prinzipien bleibt bei WÖHLER völlig offen. Zwar soll die Didaktik als Unterrichtswissenschaft solche Prinzipien als handlungsorientierende Quasitheorien hervorbringen, wie dies aber geschehen und wie sie konstruiert werden sollen, das bleibt unerörtert. Es scheint so zu sein, daß WÖHLER zumindest bei der Auswahl eher an Plausibilitätsüberlegungen, allgemeine Erfahrungswerte und Konsensbildung als an ein zwingendes wissenschaftliches Verfahren denkt.

Auch eine andere Frage bleibt in der erwähnten Arbeit unerörtert: Sind didaktische Prinzipien eher allgemeine und übergreifende Handlungsregulative, oder sind sie eher spezifische theoretische Konstrukte, die der Lehrer – gleichsam instrumentell – bei der Bewältigung aktueller unterrichtlicher Erfordernisse heranziehen kann und soll? Sieht man sich die formulierten

Prinzipien WÖHLERS daraufhin an, so muß man feststellen, daß sie von einem so großen Allgemeinheitsgrad sind, daß nur schwer ersichtlich ist, wie der Lehrer in jeweils ganz spezifischen Bedingungen und Schwierigkeiten soll damit arbeiten können.

Zusammenfassung:
1. Didaktik als Unterrichts- und damit Berufswissenschaft des Lehrers zielt auf eine Erweiterung der Handlungskompetenz des Lehrers. Ihre Aussagengefüge lassen sich damit auf ihren jeweiligen Beitrag zur Professionalisierung des Lehrerverhaltens untersuchen.
2. Die Analyse der bildungstheoretischen Didaktik zeigte, daß hier der Lehrer als Bildungsexperte interpretiert wird, dessen Hauptaufgaben auf dem inhaltlichen Sektor des Unterrichts liegen, wodurch die wichtigen methodischen Tätigkeitsbereiche implizit als zweitrangig eingestuft werden.
3. Die informationstheoretisch-kybernetische Didaktik nimmt eine ähnlich vereinseitigende Sichtweise ein: Sie stellt den Vermittlungsprozeß ins Zentrum und macht den Lehrer zu einem Lerntechnologen ohne Kompetenz für die ziel- und inhaltsbezogene Seite des Lehrerberufs.
4. Die lehrtheoretische oder Berliner Didaktik denkt den Lehrer als verantwortungsbewußten Fachmann für Unterricht, der letztlich für alle beeinflußbaren Faktoren des Systems einen relativen Entscheidungsspielraum besitzt. Darum bleibt der Ansatz der Berliner Didaktik als ein strukturtheoretisch-analytischer notwendigerweise stärker formal.
5. Die neuere Didaktik-Theorie hat eine Reihe weiterer Positionen hervorgebracht, die sich aber alle auf eigene Weise als einseitig oder verkürzend darstellen. Als besonders interessant erweist sich dabei der lehrfunktionale Ansatz SCHRÖTERS, weil er ganz auf der Linie der neueren Professionalisierungsdebatte liegt, die Qualifikationsfrage im Lehrerberuf funktionsbezogen zu erörtern.
6. In die ähnliche Richtung zielen die Positionen, die in der Konstruktion von didaktischen Prinzipien ihre Hauptaufgabe sehen. Diese werden als praxeologische Quasitheorien angesehen, die das Berufsverhalten des Lehrers orientieren sollen. Es wurde darauf hingewiesen, daß dieser Ansatz teils zu wenig entwickelt ist, teils noch eine Reihe ungelöster wissenschaftlicher Fragen aufwirft.

Fragen und Denkanstöße:
1. Es wurde darauf hingewiesen, daß Didaktiktheorien ein explizites Bild vom Lehrer entwickeln. Es wurden 8 Didaktik-Ansätze genannt. Listen Sie diese Ansätze einmal auf und vermerken Sie jeweils dazu, welches Bild vom Lehrer der einzelne Ansatz enthält oder entwickelt!

2. Diskutieren Sie in der Arbeitsgruppe die Frage, welches Bild vom Lehrer Ihrer Meinung nach heute vertreten werden sollte, vor allem, wenn man die psycho-sozialen Erfordernisse mitberücksichtigen will! Fragen Sie, welche handlungsorientierenden Tendenzen das von Ihnen vertretene allgemeine Lehrerleitbild unterstützt und welche nicht?

3. Die didaktische Theoriebildung zur Professionalisierung des Lehrerverhaltens macht die Unterstellung, daß der Weg zum pädagogischen Experten nur über eine Verbesserung der didaktischen Leistungsfähigkeit des Lehrers führt. Diskutieren Sie die folgenden Gegenpositionen HURRELMANNS (1975, S. 93/94): „Der Lehrer kommuniziert bei der Ausübung seines Berufes eben nicht mit konkurrenzfähigen erwachsenen Gesellschaftsmitgliedern, sondern mit Kindern und Jugendlichen, die die in jeder Beziehung schwächste Gruppe der Bevölkerung bilden. Hier, in dieser strukturell verankerten gesellschaftlichen Wertstruktur, liegen die Barrieren für eine Professionalisierung des Lehrerberufs; sie liegen nicht in den sachlich-identifizierbaren Handlungs- und Arbeitselementen der Berufsrolle als solcher."

4. Im folgenden Zitat ist davon die Rede, daß Lehrer bestimmte Schüler (-gruppen) pädagogisch besser behandeln als andere. Gesetzt den Fall, ein Lehrer ist sich dieser Zusammenhänge bewußt, was müßte er *didaktisch* in die Wege leiten? Lesen Sie die folgende Kritik und fertigen Sie eine Cheque-Liste grundlegender didaktischer Maßnahmen, die solcherart benachteiligten Schülern helfen könnten!

„Untersuchungen haben gezeigt: Lehrer behandeln gute Schüler häufig besser als schwache Schüler, Mädchen besser als Jungen, den Arztsohn besser als Kinder aus den Barackensiedlungen. Das alles passiert nicht etwa offensichtlich oder gar absichtlich, es passiert nebenbei, kaum bemerkbar: Wie der Lehrer redet, wie er fragt, ob und wie er nachhilft, wie lange er dem Schüler Zeit gibt, wie er ihn anschaut, wie er gestikuliert, wie er geht und so weiter und so weiter. Motor all dessen sind seine Einschätzung des Schülers, seine Erwartungen und Einstellungen: Schätzt er einen Schüler als gut ein, so ermutigt er ihn, und das Ergebnis wird den Lehrer in der Regel bestätigen. Schätzt er ein anderes Kind als schlecht ein, so erwartet er von ihm eigentlich keine guten Leistungen und wird das dem Schüler immerzu und auf vielerlei Weise signalisieren; er entmutigt ihn also; das Ergebnis wird entsprechend sein. Und der Lehrer glaubt sich wieder bestätigt, er habe zu Recht nichts anderes erwartet." (BRAUNEISER, 1974, S. 82)

5. Didaktische Stichworte: „Innere Differenzierung des Unterrichts", „Strukturierung des Unterrichts in überschaubare Lernphasen", „Wechsel der Lehr- und Sozialformen", „lernintensiver Medieneinsatz".
    Es gibt zahlreiche Hinweise aus der Unterrichtsforschung dafür, daß viele Lehrer – besonders auch Junglehrer – sich auf diesen zentralen didaktischen

Gebieten zu wenig engagieren, mit ihnen schlecht zurechtkommen, auf ihnen unterrichtlich zu wenig leisten.

Frage: Besteht zwischen den genannten didaktischen Stichworten und Aufgabenbereichen und dem beruflichen Verhalten des Lehrers ein Zusammenhang? Beeinflußt die didaktische Struktur des Unterrichts das Verhalten des Lehrers in der einen oder anderen Weise? Halten Sie ihre Ergebnisse schriftlich fest und konstruieren Sie veranschaulichende Beispiele!

6. „Im Unterricht werden ständig – reflektiert oder unreflektiert – soziale Beziehungen vollzogen, auf- oder abgebaut, eingeschliffen oder verhindert, gefestigt oder gestört, gefördert oder gehemmt; damit werden bestimmte soziale Einstellungen und Verhaltensweisen provoziert." (KLAFKI, 1977, S. 33/34)

Diskutieren Sie die gemachte Aussage hinsichtlich des folgenden Unterrichtsbeispiels! Welche Folgen kann das Vorgehen des Lehrers für die Schüler (oder zumindest einige von ihnen) haben?

„Beim Üben bestimmter Rechenfertigkeiten, z.B. beim Kopfrechnen, bedienen sich Lehrer bis heute der Übungstechnik des Wettrechnens etwa in der Form, daß die ganze Klasse aufstehen muß, der jeweils schnellste Löser einer Aufgabe sich setzen oder – falls die Übung am Ende der letzten Schulstunde erfolgt – vorzeitig nach Hause gehen darf. Bewußtes Lernziel ist hier das Einschleifen einer Fertigkeit, das methodische Hilfsmittel ‚Wettbewerb' soll jedem die Anregung geben, diesen Einschleifprozeß konzentriert und so effektiv wie möglich zu vollziehen." (ebd.)

Vergleichen Sie Ihre Überlegungen mit denen KLAFKIS an der angegebenen Stelle!

Basisliteratur:
REICH, K.: Unterricht – Bedingungsanalyse und Entscheidungsfindung, Stuttgart 1979.

Zusatzliteratur:
PETRAT, G.; STEINFORTH, H. u.a.: Prozeßorientierter Unterricht, München 1977.

4. Die lernpsychologische Theorienbildung

Die *Ziele* des folgenden Kapitels sind:

1. Erörterung der grundsätzlichen Frage, welche Folgerungen sich aus einigen lernpsychologischen Theorien für das hier zu diskutierende Thema „Lehrerverhalten" ergeben;
2. Behandlung der folgenden Gesichtspunkte: „Motivation", „Verstärkung", „Problemlösungsverhalten und Kreativität", „Emotionalität im Unterricht", „Soziales Lernen", „Verhaltensstörungen und Verhaltenstherapie";
3. Verdeutlichung, daß die lernpsychologische Forschung sehr wohl grundlegende Orientierungshilfen für ein professionelles Lehrerverhalten liefern kann;
4. Herausarbeitung der Tatsache. daß es keine irgendwie geschlossene Theoriebildung zum Thema Lehrerverhalten aus lernpsychologischer Sicht gibt. Vielmehr lassen sich lediglich an bestimmten Punkten Thesen und Schlußfolgerungen ableiten, die von unterschiedlicher Reichweite und Tragfähigkeit sind.

4.1: Wenn es stimmt, daß Lehren „Lernen-machen" bedeutet, so müßte jede Theoriebildung über das Lehrerverhalten eine Entsprechung finden in einer Theorie des Lernens, zumindest müßte sie sehr stark lernpsychologische Erkenntnisse und Einsichten berücksichtigen. Daß sich Lehrer an den Lernmöglichkeiten und Lernbedingungen ihrer Adressaten, der Schüler, orientieren sollten, ist zwar beinahe ein Gemeinplatz, findet aber dennoch in der Theoriebildung zum Lehrerverhalten kaum Berücksichtigung. Es gibt bislang keine geschlossene Theorie des Lehrerverhaltens aus der Optik der Lerntheorien. Daher können im folgenden auch nur Elemente oder Aspekte dazu beigetragen werden.

Der Gang der Überlegungen orientiert sich dabei an der zunehmenden Bedeutung, den der Lernbegriff in der Entwicklungs- und Intelligenzpsychologie gewonnen hat. Individuelle Begabung wird heute sehr stark mit Lernen in Beziehung gebracht. „Lernmillieu", „Lernchancen", „Lernbedingungen", „Lernvoraussetzungen" usw. sind Begriffe, die in diesem Zusammenhang auftauchen. Aufgrund zahlreicher Untersuchungen können wir heute begründet vermuten, daß die individuelle Entwicklung des Menschen weitgehend – zumindest zu einem großen Teil – identisch ist mit seiner „Bildungs-" oder „Lerngeschichte".

Wenn dies so ist, dann ist die Verantwortung des Lehrers für die Lernverhältnisse seines schulischen Unterrichts besonders groß; dann ist die Forderung, das berufliche Verhalten der Lehrer habe sich primär an Lerngesichtspunkten und Lerngesetzen zu orientieren, mehr als berechtigt.

Im folgenden soll zunächst ein knapper Überblick über die lernpsychologische Forschungslandschaft gegeben werden. Das Gesamtbild, das die Lernforschung bietet, läßt sich zunächst einmal grob folgendermaßen gliedern:

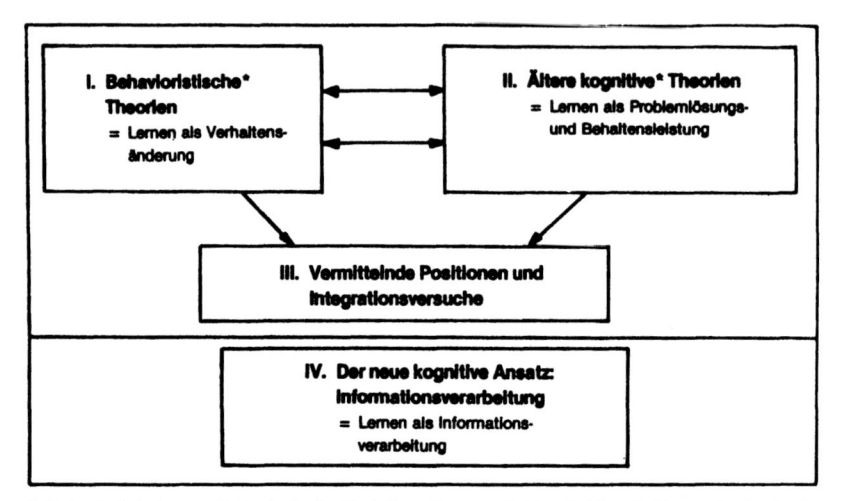

```
┌─────────────────────────────────┬─────────────────────────────────┐
│ I. Behavioristische*            │ II. Ältere kognitive* Theorien  │
│    Theorien                     │    = Lernen als Problemlösungs- │
│    = Lernen als Verhaltens-     │      und Behaltensleistung      │
│      änderung                   │                                 │
└─────────────────────────────────┴─────────────────────────────────┘
              │
              ▼
      ┌─────────────────────────────────────┐
      │ III. Vermittelnde Positionen und    │
      │      Integrationsversuche           │
      └─────────────────────────────────────┘

      ┌─────────────────────────────────────┐
      │ IV. Der neue kognitive Ansatz:      │
      │     Informationsverarbeitung        │
      │     = Lernen als Informations-      │
      │       verarbeitung                  │
      └─────────────────────────────────────┘
```

* Behavioristisch: von „behavior", das Verhalten, Lernen wird beschrieben in Kategorien beobachtbaren Verhaltens
* Kognitiv: die Denkleistung, das Denken betreffend

Das gleiche Schema soll der Übersicht wegen die jeweils entwickelten wichtigsten Theorien und Autoren wiedergeben: (s. S. 171).

2. Skizzierung der wichtigsten Lerntheorien

Es ist im Rahmen der vorliegenden Darstellung weder möglich noch sinnvoll, alle bezeichneten Einzeltheorien hier darzustellen. Wichtiger zum Gesamtverständnis ist es vielmehr, die drei großen traditionellen Richtungen (I, II, III) in ihren Grundzügen zu skizzieren und zu problematisieren, um danach ausgewählte Details aus dem Informationsverarbeitungsansatz (IV) aufzubereiten, die eine direkte Handlungsregulierung ermöglichen.

Zu I – Behavioristische Theorien:
Der Behaviorismus versucht, die Lernvorgänge so zu erfassen, daß sie in Kategorien beobachtbaren Verhaltens beschrieben werden können. Er arbeitet deshalb zwangsläufig mit einem sog. „Black-Box-Modell", bei dem alle internen psycho-mentalen Verarbeitungsprozesse ausgeklammert werden, da sie sich einer Beobachtung entziehen: (s. S. 172).
Die Folge dieses gewählten wissenschaftlichen Vorgehens ist eine enorme Verkürzung der Perspektive. Da Lernen und Denken aber gerade spezifisch

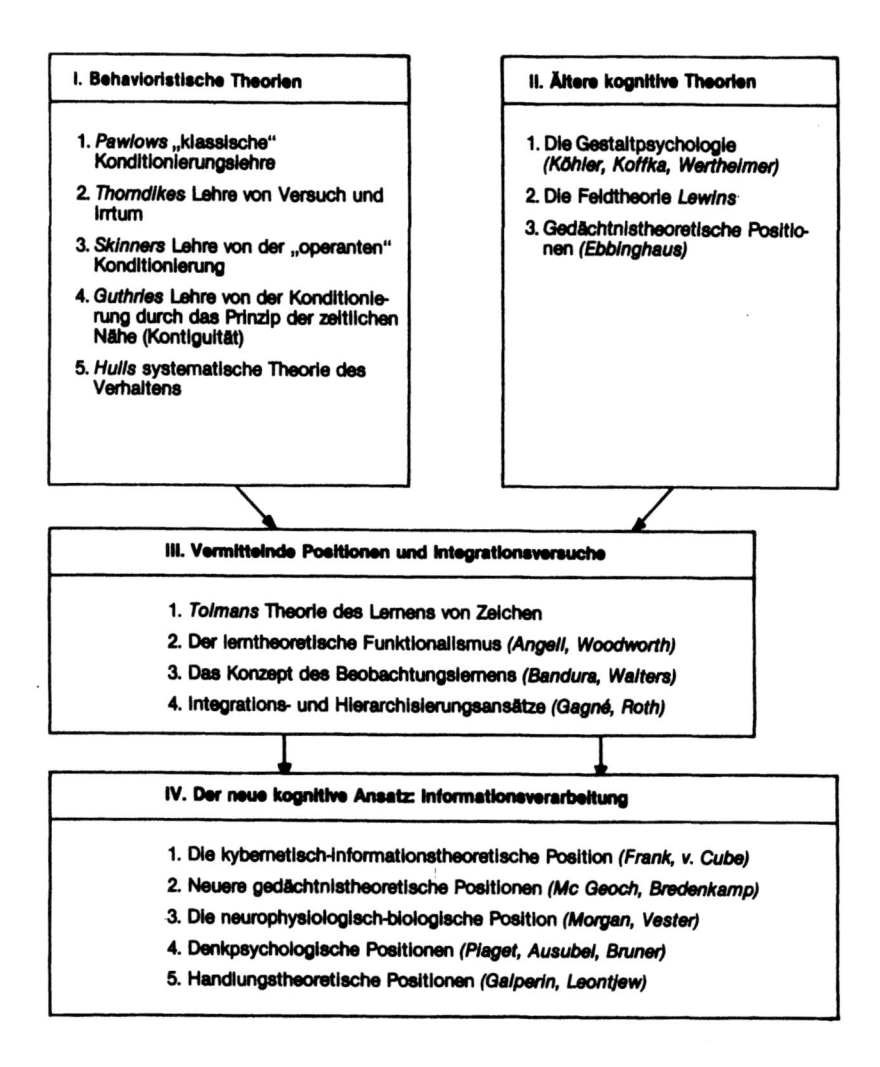

I. Behavioristische Theorien

1. *Pawlows* „klassische" Konditionierungslehre
2. *Thorndikes* Lehre von Versuch und Irrtum
3. *Skinners* Lehre von der „operanten" Konditionierung
4. *Guthries* Lehre von der Konditionierung durch das Prinzip der zeitlichen Nähe (Kontiguität)
5. *Hulls* systematische Theorie des Verhaltens

II. Ältere kognitive Theorien

1. Die Gestaltpsychologie *(Köhler, Koffka, Wertheimer)*
2. Die Feldtheorie *Lewins*
3. Gedächtnistheoretische Positionen *(Ebbinghaus)*

III. Vermittelnde Positionen und Integrationsversuche

1. *Tolmans* Theorie des Lernens von Zeichen
2. Der lerntheoretische Funktionalismus *(Angell, Woodworth)*
3. Das Konzept des Beobachtungslernens *(Bandura, Walters)*
4. Integrations- und Hierarchisierungsansätze *(Gagné, Roth)*

IV. Der neue kognitive Ansatz: Informationsverarbeitung

1. Die kybernetisch-informationstheoretische Position *(Frank, v. Cube)*
2. Neuere gedächtnistheoretische Positionen *(Mc Geoch, Bredenkamp)*
3. Die neurophysiologisch-biologische Position *(Morgan, Vester)*
4. Denkpsychologische Positionen *(Piaget, Ausubel, Bruner)*
5. Handlungstheoretische Positionen *(Galperin, Leontjew)*

interne Prozesse darstellen, wird hier genau das aus dem Wissenschafts- und Forschungsprozeß ausgeklammert, was gerade den zentralen Punkt an der Sache ausmacht. Im Ergebnis werden dann verhältnismäßig simple Theorien und Erklärungsmuster entwickelt, die dem Sachverhalt – der Leistungsfähigkeit des menschlichen Gehirns – nicht annähernd gerecht werden können. Bestimmte vom Behaviorismus entdeckte Prinzipien menschlichen Verhaltens dagegen lassen sich – zumindest teilweise – durchaus verwenden (z. B. die Orientierung am Erfolg = „reinforcement").

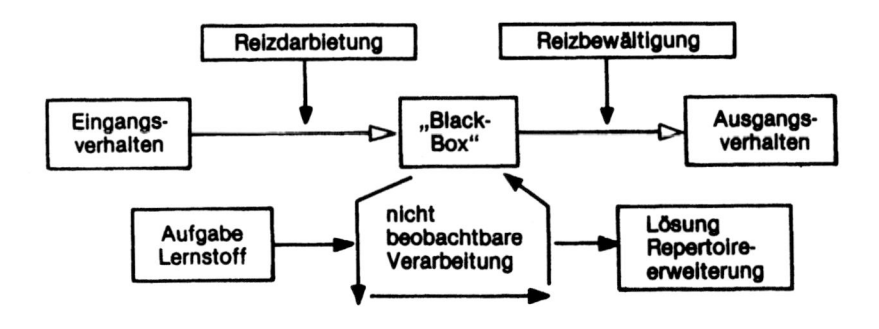

```
                    Reizdarbietung        Reizbewältigung
                         │                      │
                         ▼                      ▼
  ┌──────────┐      ┌─────────┐            ┌──────────┐
  │Eingangs- │─────▶│ „Black- │───────────▶│Ausgangs- │
  │verhalten │      │  Box"   │            │verhalten │
  └──────────┘      └─────────┘            └──────────┘
                         ▲
  ┌──────────┐      ┌──────────────┐       ┌──────────┐
  │ Aufgabe  │─────▶│    nicht     │       │ Lösung   │
  │Lernstoff │      │ beobachtbare │       │Repertoire│
  └──────────┘      │ Verarbeitung │       │erweiterung│
                    └──────────────┘       └──────────┘
                         │      │
                         ▼      ▼
```

Zu II

Dem Behaviorismus steht von Anfang an – also seit mehr als 80 Jahren – der *Kognitivismus* gegenüber. Er geht davon aus, daß Lernen ein spezifischer interner psycho-mentaler Prozeß ist. Das vorherrschende wissenschaftliche Vorgehen zur Erfassung und Analyse von Lernprozessen ist daher nicht die Verhaltenskontrolle – wie beim Behaviorismus –, sondern wesentlich die phänomenologisch-ganzheitliche Beobachtung und Beschreibung psychisch relevanter Ereignisse. Dabei suchten die älteren kognitiven Theorien primär Organisationsgesetze und -prinzipien, nach denen das Gehirn Beziehungen wahrnimmt und aufbaut, nach denen es die Beziehungen zwischen Teil und Ganzem, Mittel und Ziel etc. erfaßt. Daher sind die beiden zentralen Begriffe dieser älteren kognitiven Richtung die der „*Gestalt*" und die des „*Feldes*". Bewältigung von Problemen („Gestalt") und Situationen in einem Lebensraum („Feld") stehen daher hier wesentlich im Vordergrund.

Die Kritik am älteren Kognitivismus macht sich vor allem daran fest, daß auch hier kein umfassenderes Bild vom menschlichen Lernen in den Blick kommt. Die zweifellos bedeutsamen kognitiven Begriffe „Gestalt" und „Feld" sind ihrerseits ebenso ausschnitthaft wie vieles am Behaviorismus. Eine umfassendere Perspektive für menschliches Lernen, die von der Informationsaufnahme (Wahrnehmung) über die Stufen der Verarbeitung bis zur Dauerhaften Speicherung und anschließenden Reaktivierung reicht, liefert erst der neuere Kognitivismus mit dem Informations-Verarbeitungskonzept.

Zu III

Die Einseitigkeiten und Schwächen des Behaviorismus und älteren Kognitivismus versuchen eine Anzahl von Lernpsychologen zu überwinden, indem sie entweder zwischen Behaviorismus und Kognitivismus zu vermitteln suchen *(Tolman, Bandura)*, oder indem sie integrative hierarchische Modelle aufstellen, in denen verschiedene Lernarten unterschieden und als aufeinander aufbauend gedacht werden *(Gagne, Roth)*. Sie leiten sich her von der Frage, wie der Pädagoge für sein praktisches Handeln Nutzen aus den verschiedenen Theorien ziehen soll; da doch menschliches Lernen sich stets als ein ganzheitlicher Vorgang darstellt.

Das bekannteste Integrationskonzept von Gagné nennt *acht Klassen* von Bedingungen, denen acht Typen oder Arten des Lernens entsprechen.
1. Signallernen
2. Reiz-Reaktions-Lernen
3. Motorische Kettenbildung
4. Sprachliche Kettenbildung (Assoziationslernen)
5. Diskriminationslernen (Unterscheidungslernen)
6. Begriffslernen
7. Regellernen
8. Problemlösen

Nach Gagné sind diese acht Lernarten hierarchisch zu sehen:

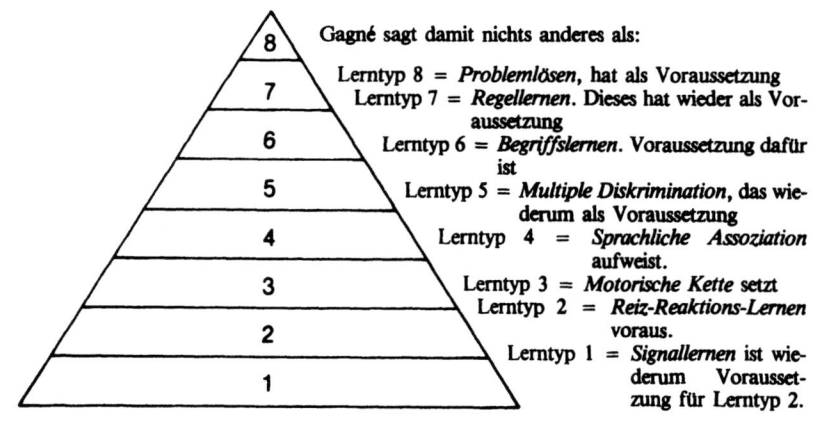

Gagné sagt damit nichts anderes als:

Lerntyp 8 = *Problemlösen*, hat als Voraussetzung
Lerntyp 7 = *Regellernen*. Dieses hat wieder als Voraussetzung
Lerntyp 6 = *Begriffslernen*. Voraussetzung dafür ist
Lerntyp 5 = *Multiple Diskrimination*, das wiederum als Voraussetzung
Lerntyp 4 = *Sprachliche Assoziation* aufweist.
Lerntyp 3 = *Motorische Kette* setzt
Lerntyp 2 = *Reiz-Reaktions-Lernen* voraus.
Lerntyp 1 = *Signallernen* ist wiederum Voraussetzung für Lerntyp 2.

Die Hauptkritik an den vermittelnden Positionen bezieht sich zum einen darauf, daß sie wiederum (wie z. B. *Tolman* und *Bandura*) nur Teilperspektiven über das Lernen vermitteln, zum anderen auf den Umstand, daß sie eine eher additive Vorstellung vom menschlichen Lernen entwickeln (wie die Integrationsversuche).

Zu IV
Seit den sechziger Jahren unseres Jahrhunderts hat begonnen, was man in der Psychologie als die „kognitive Wende" bezeichnet hat. Dieser neuere Kognitivismus rückt die Gesamtheit aller mit der Aufnahme, Verarbeitung, Speicherung und Wiedergabe von Informationen zusammenhängenden Phänomene in den Mittelpunkt der Forschung.

Der Gedanke, menschliches Lernen im weitesten Sinne als die Aufnahme und Verarbeitung von Informationen zu erklären, hat große Plausibilität, wenn man bedenkt, daß nach allgemeiner Ansicht die geistige Fähigkeit, Informationen jedweder Art aufzunehmen und flexibel, versprachlicht-abstrahierend und sinnbezogen zu verarbeiten, als *das* anthropologische (Anthropologie = Lehre vom Menschen) Merkmal des Menschen angesehen wird, das ihn von den übrigen Lebewesen unseres Kosmos auf spezifische Weise unterscheidet. Es ist nach diesem Ansatz demzufolge so, daß die Cortex, unsere beiden Gehirnlappen also, die menschliche Lern- und geistige Leistungsfähigkeit abstecken. Die zentralen Fragen des Informations-Verarbeitungs-Paradigmas sind demnach:

- das Informationsinteresse (= Motivation),
- die Informationsaufnahme,
- die Informationsverarbeitung,
- die Informationsspeicherung,
- die Reaktivierung gespeicherter Informationen,
- die Informationsanwendung.

Im Hinblick auf den Umstand, daß der neue kognitive Ansatz – mit einigen Einschränkungen – erst ca. 20 Jahre alt ist, kann es kaum überraschen, daß es so etwas wie eine geschlossene Informationsverarbeitungstheorie noch nicht gibt. Vielmehr entstanden eine Reihe unterschiedlicher Vorgehensweisen und Forschungsstrategien zu diesem Thema.
Der Informationsverarbeitungs-Ansatz umfaßt daher im wesentlichen die oben genannten fünf theoretischen Positionen oder Einzeltheorien, auf die im folgenden näher einzugehen ist.

Zu 1: *Die kybernetisch-informationstheoretische Position*
Bei diesem Ansatz geht es darum, Computerprogramme zu konstruieren, die es ermöglichen, menschliches Denken und Lernen zu simulieren: „Eine Theorie über Verhalten (= Lernen) läßt sich prüfen, indem man zunächst eine im Einklang mit der Theorie entworfene Maschine baut und sodann zusieht, ob diese Maschine das interessierende Verhalten simuliert." (*Hilgard/Bower*, Bd. II, S. 471).

Zu 2: *Neuere gedächtnistheoretische Positionen*
Hier geht es darum, aus einer Aufklärung der menschlichen Vergessensprozesse heraus, zu einem Verständnis menschlichen Lernens (= Informationsaufnahme, -verarbeitung, -speicherung) zu kommen. Da man immer wieder feststellen mußte, daß sprachlich kodierte (= verschlüsselte) Sachverhalte besser behalten werden und leichter reaktivierbar sind als solche Zusammen-

hänge, die ohne sprachliche Hilfen eingeprägt wurden, war es zwingend, daß gedächtnistheoretische Untersuchungen sich zentral mit *Sprache* beschäftigen mußten. Innerhalb des Ansatzes dominiert eindeutig die sog. *Inferenztheorie*, die von der Vorstellung einer assoziativen Verknüpfung zwischen zwei oder mehreren Elementen ausgeht (z. B. Paarassoziationen).

Zu 3: Die neurophysiologisch-biologische Position
Dieser Ansatz beleuchtet die menschliche Informationsaufnahme und -verarbeitung aus der Sicht der diesen Prozessen zugrundeliegenden neurophysiologischen und biologischen Prozesse. Im Mittelpunkt stehen dabei Fragen der Hirnanatomie, des Gedächtnisses, der hormonalen und physiologischen Begleiterscheinungen (z. B. Streß), der sensu-motorischen Aufnahmefähigkeit, der Aufmerksamkeit und der Motivation.

Zu 4: Denkpsychologische Positionen
Diese Richtung des Informations-Verarbeitungs-Konzepts beschäftigt sich mit den geistigen Prozessen, die zur Aneignung von Informationen führen. Dabei spielen Fragen der Versprachlichung, der Logik, der Veranschaulichung, der Verknüpfung, der Verwendung von (logischen) Strukturen und Strategien eine entscheidende Rolle.

Zu 5: Handlungstheoretische Positionen
Die handlungstheoretische Richtung des Informations-Verarbeitungs-Konzepts kommt her vom dialektischen Materialismus und wird von den beiden am meisten beachteten sowjetischen Lernpsychologen *Galperin* und *Leontjew* vertreten. In diesem Ansatz geht es um die Frage nach dem Zusammenhang sinnbezogener „äußerer" Handlungen des Menschen mit „inneren" psychischen Tätigkeiten. Es wird davon ausgegangen, daß der Mensch in der tätigen Auseinandersetzung mit der Umwelt sein Bewußtsein und sein Denken ausbildet: „Spezifisch menschliches Handeln ist demnach durch *bewußte Handlungsorientierung und -regulierung,* durch denkende Einsicht in gesetzmäßige Beziehungen in Natur und Gesellschaft charakterisiert." (Rosemann, S. 51) Die eigentliche psychische Tätigkeit des Menschen wird demnach als eine nach innen verlegte ursprünglich äußere Handlung interpretiert.
Wenn danach das Informations-Verarbeitungs-Konzept (Paradigma) keine konsistente – also geschlossene – Gestalt aufweist, so lassen sich doch eine Reihe *zentraler Themen* herausstellen, an denen zur Zeit gearbeitet wird. Das Gemeinsame und Verbindende der verschiedenen Informations-Verarbeitungs-Theorien ist die Abkehr von den traditionellen Lerntheorien und deren Hauptschwäche:

| ⚡ | der Vernachlässigung der internen/inneren Verarbeitungsprozesse beim menschlichen Lernen. |

Der *Hauptvorzug* dieses Ansatzes ist die Möglichkeit, Aspekte der traditionellen Lerntheorien (z. B. das Lernen am Erfolg, das Lernen durch Einsicht usw.) heranzuziehen und inhaltlich zu integrieren.

Die *Hauptthemen* des Informations-Verarbeitungs-Konzepts sind:
- Das Gehirn und seine Funktionsweise
- Gedächtnis: Formen und Prozesse
- Hormonale und physiologische Grundlagen des Denkens
- Motivations- und Verstärkungsprozesse
- Kreativität und Problemlöseverhalten
- Gefühle als nichtkognitive Bestandteile des Denkens
- Informationsaufnahme und Lerntyp

Der nächste Teilabschnitt wird sich auf die Skizzierung der folgenden vier für das Lehrerverhalten besonders relevanten Aspekte schulischen Lernens beschränken und einige Folgerungen für das berufliche Verhalten von Lehrern ableiten:

- Motivation und Verstärkung
- Problemlösung und Kreativität
- Emotionalität und soziales Lernen
- Verhaltensstörungen und Verhaltenstherapie

4.2: – Motivation und Verstärkung

Nach KLAUS FOPPA (1965) wird der Begriff „Motivation" in der Lernpsychologie meistens in drei Bedeutungen verwendet:

= als zielgerichtete Energie (z. B. Trieb)
= als ungerichtete Energie
= als organisierende und steuernde Funktion spezifischer emotionaler Bedingungen.

Eine Sonderform der erstgenannten Motivationsform, die uns hier beispielhaft beschäftigen soll, ist der „begriffliche Konflikt" und die „epistemische Neugier", die durchaus mit „explorierendem Verhalten" (Erkundung/Neugierverhalten) vergleichbar ist, das in Ansätzen schon bei Tieren nachweisbar ist. Grundlage dieser Motivation ist stets ein kognitiver (begrifflicher) Konflikt: Etwas an einer Situation ist unklar und verlangt nach Klärung! Der Nachweis für die motivierende Kraft des begrifflichen Konflikts konnte inzwischen zweifelsfrei erbracht werden (vgl. SKOWRONEK, 1968, S. 122ff.). Er führt zur „epistemischen Neugier", d. h. zu einer Form der systematischen, wissenschaftsorientierten Erkundungsbereitschaft.

Der Lehrer kann die Motivationsform vor allem auf zweifache Weise aktivieren, ansprechen und nutzen: einmal durch die Anwendung von *Entdeckungs-Methoden*, zum anderen durch die Realisation *„streitbaren" Verhaltens*.

Entdeckungs-Methoden verfolgen das Ziel der relativ selbständigen Entdeckung von Sachverhalten und Zusammenhängen durch die Schüler. Entdecken als methodisches Prinzip setzt freilich ein spezifisches, defensives Lehrerverhalten voraus, das seine Aktivitäten weniger auf die Anleitung der Schüler beim Lernprozeß als vielmehr auf die Lerngegenstände und deren optimale Bereitstellung richtet. Der Lehrer kümmert sich dann vor allem um die Umfeldbedingungen wie Lernmaterialien und soziale Beziehungen.

In einem gewissen Gegensatz dazu steht das „streitbare" Verhalten des Lehrers, bei dem in einer Art augenzwinkerndem Einverständnis der Lehrer den Schülern intellektuelle Hürden und Widerstände aufbaut und durch leicht provokative Einwände und Gegenargumente – gleichsam künstlich – begriffliche Konflikte schafft, um die epistemische Neugier wachzuhalten. Es gibt empirische Belege (aus der Erwachsenenbildung) dafür, daß „streitbares" Verhalten von den Teilnehmern als ein wichtiges Kriterium für einen erfolgreichen Lehrer angesehen wird (vgl. WEINBERG, 1967).

Die positive Wirkung von Verstärkungen (= Bekräftigungen) auf die Lernbereitschaft konnte von der behavioristischen Lerntheorie zweifelsfrei nachgewiesen werden. Im Anschluß an THORNDIKE und SKINNER wurden in Tierversuchen verschiedene Verstärkungsformen untersucht (Zeitintervall-, Reaktionsquoten-, Intermittierende und Korrelierte Verstärkung). Vergleicht man die Wirkungen von Belohnungen (Verstärkungen) mit denen von Bestrafungen, so zeigt sich ein größerer Effekt von Belohnungen. Diese wirken universeller und direkter und demzufolge auch „sicherer" als Bestrafungen.

Ein Lehrer, der Schüler zum Lernen motivieren will, kann dies nicht nur durch verstärkendes Verhalten direkt zu erreichen suchen, er kann auch – und dies ist langfristig effektiver – ein Lern- und Unterrichtsklima schaffen, das aus sich heraus verstärkt, das Schüler-Verstärkungen ermöglicht und schließlich zu Selbstverstärkungen der Schüler führt. Ein solch verstärkendes Lernklima wird sehr wesentlich bestimmt von der *Wertschätzung* und *Wärme*, die der Lehrer den Schülern im Unterricht entgegenbringt. Wie RYANS (1961; 1969) zeigen konnte, realisieren erfolgreiche Lehrer in amerikanischen Primar- und Sekundarschulen vor allem Verhaltensweisen, die drei Merkmale aufweisen:

– freundliches, verstehendes, emotional warmes Verhalten vs. distanziertes, restriktives, egozentrisches Verhalten;

– systematisches, verantwortungsvolles, sachlich-geschäftiges Verhalten vs. planloses, der Verantwortung ausweichendes, nachlässiges Verhalten;
– anregendes, phantasie- und ideenreiches Verhalten vs. langweiliges routinemäßiges Verhalten (siehe Parallelen zum sog. streitbaren Verhalten!).

Demnach ist unterrichtliches Verhalten besonders dann als erfolgreich anzusehen, wenn ein Lehrer persönliche Wertschätzung und Wärme mit einem sachbezogenen Engagement verbindet und sich geistvoll-anregend verhält. Offenbar werden Schüler durch ein solches Verhalten auf mehrfache Weise verstärkt, so daß ein lerngünstiges Klima entsteht, das die Lernmotivation steigert.

– **Problemlösung und Kreativität**
Beim Problemlösen tritt an die Stelle des Lernens durch Versuch und Irrtum ein Lernen durch Einsicht. Hierbei setzt sich das Individuum mit einer Aufgabenstellung auseinander, für die ihm keine reproduzierbaren Lösungen zur Verfügung stehen. Es wird vielmehr ein eigener Weg beschritten, den das Denken hervorbringt (= kognitives Lernen).

Dies ist auch der Fall, wenn eine Person schöpferisches Verhalten zeigt, insofern ist das Problemlösen als produktives Denken eine Voraussetzung oder Vorstufe zu kreativem Denken. Nach GUILFORD (1976) ist Kreativität eng verwandt mit divergentem Denken (Gegensatz: konvergentes Denken, das mittels konventioneller, eindeutiger Lösungen arbeitet). Divergentes Denken bearbeitet neue Probleme auf unkonventionelle Art mit verschiedenen Lösungswegen und neuartigen Ergebnissen. Wie entsprechende Untersuchungen gezeigt haben, sind vom Lehrer eine Reihe von Voraussetzungen zu schaffen, damit Schüler Problemlösungs- und kreatives Verhalten zeigen. Übung in den Techniken selbständigen geistigen Arbeitens, kognitiv angemessene Problempräsentation und eine gute Lern- und Leistungsmotivation sind hier besonders zu nennen. Wie viele „Brainstorming"-Übungen, in denen Ideen und Einfälle produziert werden sollen, aber außerdem zeigen, ist für produktives Denken und Lernen ein entspanntes, sanktionsfreies Sozialklima eine weitere wichtige Voraussetzung. Wiederum ist auch dafür ein warmes, wertschätzendes, persönlich verstärkendes Lehrerverhalten grundlegend. Streßfaktoren wie Notendruck, Geringschätzung, Zeitdruck, Bestrafungen, Aggressionen, Anschuldigungen usw. erschweren oder behindern Problemlösungsverhalten und Kreativität der Schüler.

– **Emotionalität und soziales Lernen**
Wie die bisherigen Aussagen über Motivation, Verstärkung und Problemlösen andeuteten, ist die neuere Lernpsychologie weit davon entfernt, kognitive und

psychomotorische Fähigkeiten, losgelöst vom Gefühlsbereich, den Emotionen, zu behandeln. Vielmehr sind die Gefühle unlösbar mit den Denk- und Handlungsvollzügen verknüpft, ja, bilden teilweise erst die Voraussetzung für deren optimale Entfaltung: „Es ist eine gesicherte Grundeinsicht der psychosomatischen, tiefen- und sozialpsychologischen Forschung, daß die physische und psychische Gesundheit sowie die ungestörte körperliche und seelische Entwicklung der Kinder ohne positive emotionale Annahme, Zuwendung und Zufuhr unmöglich ist. Die emotionale Fundierung durch wohlwollende Bezugspersonen ... ist für das gesamte Leben eines Menschen von entscheidender Bedeutung." (OERTER/WEBER, 1975, S. 91)

Glaubte man lange Zeit, der Bereich der Affekte gehöre als Ausdruck eines ererbten Naturells oder Temperaments mehr in den der Genetik, so ist die neuere psychologische Forschung entschieden anderer Auffassung: „Wenn die Emotionen auch biogenetisch verwurzelt sind, so ist ihre konkrete Entwicklung doch wesentlich von Milieufaktoren, insbesondere von Sozialisationseinflüssen, abhängig und durch Erziehung kultivierbar. Es stellt sich damit die pädagogisch bedeutsame Frage, wie das emotionale Lernen stattfindet und wie es sich durch Lernhilfen fördern läßt." (ebd., S. 115) Zwar liegt eine Theorie des emotionalen Lernens und der emotionalen Erziehung (noch) nicht vor, dennoch wird heute mehr denn je eine Beachtung dieses Problemkreises im Rahmen schulischen Lernens gefordert.

Dasselbe gilt auch für den mit dem Emotionalen eng verknüpften Bereich des sozialen Lernens. Wenn BROCHER (1967) drastisch von einer „Schule ohne Sozialerziehung" gesprochen hat, so traf er damit im Kern einen Punkt, der von vielen Lern- und Sozialpsychologen, Pädagogen und Didaktikern seit langem angemahnt wird: die stärkere Berücksichtigung sozialer Lernformen und ein Abrücken vom lehrerzentrierten, frontalunterrichtlichen Verfahren; ein Thema, das seit der Kritik an der Lernschule des 19. Jahrhunderts durch die Reformpädagogik seit nunmehr beinahe 100 Jahren nichts von seiner Aktualität und Dringlichkeit eingebüßt hat.

Das Lernen im Bereich des Emotionalen, wo es um Werte, Einstellungen und soziales Verhalten geht, realisiert sich in folgenden Formen:

- konditionierendes Lernen
- Beobachtungslernen
- kognitives Lernen
- Lernen durch und in Handlungen (z. B. Spiel und Rollenspiel)

Zweifellos sind die letztgenannten drei Formen für schulisches Lernen von besonderem Interesse. Schüler über Emotionen reflektieren und sprechen zu lassen, Gefühle und Werte begründen, abwägen, einschätzen zu lassen, in

Rollenspielen dazu Sprechanlässe und Handlungsgrundlagen bereitzustellen, sind hochwertige pädagogische Aufgaben jedes Lehrers.

Sein eigenes Verhalten ist dabei bewußt oder unbewußt das Modell, das Schüler beobachten, das sie imitieren, mit dem sie sich bei positiver Wertschätzung der Lehrerperson identifizieren. Es ist daher von besonderer Wichtigkeit, daß der professionelle Pädagoge diesen Gesichtspunkt keinesfalls aus dem Auge verliert. Grundlage für jedes positive Modellangebot des Lehrers bildet der Faktor „Reversibilität" (= Umkehrbarkeit) des Verhaltens. Alle vom Lehrer den Schülern gegenüber gezeigten Verhaltensweisen müssen auch von den Schülern auf den Lehrer angewendet werden können. Will der Lehrer Kooperation, Hilfsbereitschaft, Wärme, Verständnis und Rücksichtnahme in der Schule, im Unterricht, fördern und entwickeln, so muß er sie vorleben. Ohne dies bleibt er unglaubwürdig; bloße verbale Appelle verpuffen ins Leere.

Für den professionellen Lehrer/Erzieher ist damit die Realisation einer humanen, kulturell wertvollen Lebenshaltung und Persönlichkeitsentwicklung bzw. -darstellung Teil der übernommenen beruflichen Aufgabe. Das bedeutet nun aber nicht, daß eine Neuauflage alter Tugendkataloge oder des geborenen Erziehers ins Haus steht. Worauf hier abgehoben werden soll, ist, daß der Lehrer ein Bewußtsein dafür entwickeln muß, daß er auf der sozialen und emotionalen Ebene letztlich nur das mit Chancen anstreben kann, worum er sich als Person selbst glaubhaft bemüht. Das Eingeständnis von gemachten Fehlern, das Zugeben von Unaufmerksamkeit, das Entschuldigen bei einer persönlichen Kränkung, das Einräumen eines Irrtums, das Vereinbaren eines Kompromisses, das Bedauern über eine persönliche Rücksichtslosigkeit usf. belegen zwar die menschlichen Schwächen und Fehler auch des Lehrers, schaffen ihm aber erst die Grundlage dafür, daß er das Streben nach allen diesen Verhaltensweisen auch von den Schülern erwarten kann (→ Umkehrbarkeit des Verhaltens). Das nicht kommentierte Modellverhalten des Lehrers auf emotionalem Gebiet kann sich auf diese Weise tief einprägen und stärker sowie nachhaltiger wirken als jeder verbale Beitrag.

Hinzuzufügen ist die Forderung für das soziale Lernen, daß der Lehrer vom reichhaltigen Instrumentarium der verfügbaren Lehr- und Sozialformen in einem abwechslungsreichen Unterricht didaktisch begründet Gebrauch macht.

- Einzelarbeit
- Partnerarbeit
- Gruppenarbeit
- Rollenspiel/Planspiel
- Demonstration/Versuch
- Gespräch/Diskussion
- Arbeitsprojekte

sind die wichtigsten von ihnen. Ihre Verwendung hat zur Voraussetzung, daß der Lehrer

- eine angemessene Artikulation des Unterrichts realisiert,
- den Medieneinsatz beherrscht,
- die Techniken eigenständigen, geistigen Arbeitens mit den Schülern geübt hat,
- sich angemessen auf seinen Unterricht vorbereitet hat.

Vernünftiger sozialer Umgang der Schüler kann jedenfalls nur durch Tun, durch soziales Handeln, eben durch vernünftigen sozialen Umgang, gelernt werden. Dies läßt sich aber nicht durch pausenloses (reaktives) Zuhören im Frontalunterricht erreichen. Wie GEORG DIETRICH (1969) in seiner wichtigen Untersuchung zum Gruppenunterricht zeigen konnte, hat dieser nachweislich positive Effekte auf

- die individuelle Persönlichkeitsentwicklung,
- das soziale Verhalten,
- das Leistungsverhalten

der Schüler. Daß diese Effekte nicht von selbst eintreten, sondern sorgfältige Planung erfordern, dürfte deutlich sein.

- Verhaltensstörungen und Verhaltenstherapie

Die Anwendung lernpsychologischer Befunde erfolgt in der Praxis am direktesten in der Programmierten Instruktion sowie in der sog. Verhaltensmodifikation. Der wissenschaftliche Streit über diese dem Behaviorismus verpflichtete psychologische Richtung hat in den letzten Jahren zu einer Reihe von Korrekturen und Weiterentwicklungen geführt (vgl. z. B. MAHONEY, 1977).

Besonders in der allgemeinen Psychotherapie sowie der Therapie von Verhaltensstörungen in der Schule kommt die Verhaltensmodifikation zur Anwendung. Der Lehrer bedient sich dabei der folgenden vor allem durch die behavioristischen Lerntheorien bereitgestellten wichtigsten Techniken:

- Detaillierte Verhaltensanalyse
- Verstärkungen (= Bekräftigungen)
- Aktive Selbstkontrolle
- Kontingenzverträge (Übereinkünfte – Verträge – zwischen Lehrer und verhaltensgestörtem Schüler: z. B. „Token-Systeme")
- Extinktion durch Nichtbeachten (Löschen eines Verhaltens durch Ignorieren)

Viele Lehrer machen nun die mißliche Erfahrung, daß diese in der Theorie behaupteten und empirisch auch als wirksam nachgewiesenen Verfahrensweisen in *ihrem* jeweiligen Kontext nicht wirksam sind. Besonders bei Disziplinkonflikten machen sie die Erfahrung, daß das Bekräftigungsprinzip nicht greift. HOFER (1976, S. 73) stellt daher sehr richtig fest, daß „die Übertragung all dieser Befunde auf die Situation der normalen Schulklasse nicht gerechtfertigt (ist). Die Erwartung, Lehrer könnten durch Gebrauch von Lob und Vermeiden von Tadel der Disziplinschwierigkeiten Herr werden, beruht auf einem weitverbreiteten Mißverständnis. Tatsache ist, daß die meisten Lehrer mit der Methode der positiven Bekräftigung scheitern, was zum Anlaß genommen wird, zu rigorosen und durchgreifenden Methoden der Disziplinierung zurückzukehren, die zweifellos, wenn auch kurzfristig, unmittelbare Erfolge zeitigen."

Die Gründe für dieses Scheitern sind in den folgenden zwei Punkten zu suchen:

1. Nichtbeachtung unerwünschten Verhaltens durch den Lehrer kann für den Schüler eine Bekräftigung bedeuten, insbesondere dann, wenn das unerwünschte Verhalten durch die Mitschüler verstärkt wird.
2. Das Prinzip der Bekräftigung erwünschten Verhaltens verlangt unbedingt ein systematisches, planmäßiges Verhalten des Lehrers. Geht der Lehrer hier unsystematisch vor, wozu er im Klassenunterricht bei vielen Schülern gezwungen ist, so wirkt das Bekräftigen nicht. Hier darf die therapeutische Einzelfallbehandlung nicht verwechselt werden mit Unterrichten in der öffentlichen Institution Schule, wo der Lehrer viele verschiedene Tätigkeiten nebeneinander her zu verrichten hat und sich nicht auf den sozialen Zusammenhang allein konzentrieren kann.

Insofern stößt die Anwendung verhaltensmodifikatorischer Techniken in der Schule auf eine Grenze, die insbesondere Junglehrer unbedingt beachten sollten, wenn sie nicht unnötig in Gefühle des individuellen Scheiterns und der persönlichen Unzulänglichkeit hineingeraten wollen. Völlig zu Recht stellt HOFER (ebd., S. 74) überdies fest: „Erst das systematische Befolgen bestimmter differenzierter Techniken, wo dosierter Einsatz von Gesamtlob, intermittierende Bekräftigung, Auswahl geeigneter Bekräftiger, die nach einem bestimmten Plan verteilt oder zurückgenommen werden, auch der Einsatz bestimmter Bestrafungsformen – alles Techniken, die Lehrer bei ihrem heutigen Ausbildungsstand bei weitem überfordern – könnten ein Funktionieren des Bekräftigungsprinzips bei der Beseitigung normaler Störungen im Klassenzimmer gewährleisten."

Unzureichende Bedingungen in der Klasse als Großgruppe und ungenügende Qualifikation des Lehrers – vor allem auf therapeutischem Gebiet – machen es daher erforderlich, vor der (unreflektierten) Anwendung verhaltensmodifikatorischer Techniken geradezu zu warnen. Daher sollte der verantwortlich handelnde Lehrer größeres Gewicht legen auf die Realisierung

- eines übergreifenden therapeutischen Klassenmanagements,
- eines präventiven Klassenmanagements.

Ein therapeutisches Klassenmanagement zielt ab auf die Klassengruppe als ganze und meint:

- Herstellung eines positiven Sozialklimas,
- Reversibilität des Verhaltens aller Beteiligten,
- tendenzielles Ersetzen von Verboten durch positive Aufforderungen,
- Konstanz und Konsequenz im Verhalten des Lehrers (→ Voraussehbarkeit des Lehrerverhaltens),
- Gleichbehandlung aller Schüler (→ gerechtes Lehrerverhalten),
- Begründung und Versprachlichung des Vorgehens.

Das hier dargelegte Programm konnte in verschiedenen Untersuchungen teilweise als erfolgreich empirisch abgesichert werden. Am bekanntesten ist dazu die Untersuchung von JOHNSON aus dem Jahre 1939 (vgl. KOCH, Hrsg., 1976).

Das präventive Klassenmanagement zielt darauf ab, Störungen im Bereich des Sozialverhaltens vor allem dadurch zu vermindern, daß der Lehrer durch eine entsprechende Klassenführung das Aufkommen bestimmter abweichender und störender Verhaltensweisen von Schülern von vornherein vermeidet, sich also konfliktvorbeugend verhält. Dabei kommt folgendes in Betracht:

- Motivation der Schüler sowie Richtungslenkung der Aufmerksamkeit auf die Sache;
- abwechslungsreicher Unterricht durch Strukturierung des Lehr-Lerngeschehens: Wechsel der Lehr- und Sozialformen, Medieneinsatz, Wechsel der Lernphasen;
- zügige Unterrichtsabwicklung (Vermeidung von Eintönigkeit) und Inganghaltung der Lernaktivitäten;
- Orientierung des Lehrerverhaltens sowohl an den inhaltlichen als auch an den sozialen Aspekten des Unterrichts: Der Lehrer muß auf beiden Ebenen stets „wissen, was vor sich geht" (→ Übersicht im Unterricht);
- Gestaltung überlappender Teilsituationen; das heißt, der Lehrer ist in der Lage, zwei verschiedene Gegebenheiten, die gleichzeitig auftreten, nebeneinander zu behandeln und zu gestalten (→ Überlappung);
- ständige Orientierung des Lehrerverhaltens an der Klassengruppe als Ganzer;

- Realisation sowohl vertikaler wie horizontaler Kontrollen (= Lehrerkontrollen, Schülerselbstkontrollen).

Auch das hier bezeichnete Programm eines präventiven Klassenmanagements konnte bereits relativ gut empirisch abgesichert werden, wie die Arbeit von KOUNIN (1970) zeigt. Die Frage allerdings, ob sich das bezeichnete Lehrerverhalten als für alle Schulstufen und alle Schülergruppen gleich effektiv und greifend darstellt, kann zur Zeit noch nicht abschließend beurteilt werden.

4.3: Nachdem der vorausgegangene Abschnitt vier spezifische Fragen einer lerntheoretischen Orientierung des Lehrerverhaltens behandelt hat, versucht der nächste Teilabschnitt, aus den folgenden drei psychologischen Theorien allgemeine und übergreifende Konsequenzen für das Lehrerverhalten abzuleiten:

- behavioristische Theorien
- kognitive Theorien
- Motivations- und Persönlichkeitstheorien

Die Darstellung folgt dabei der fundiertesten Gesamtdarstellung, die dazu bislang vorliegt, der Arbeit von HILGARD und BOWER (1975/4, S. 671ff.).
　In ihrer Darstellung unterscheiden HILGARD/BOWER (ebd., S. 671) Vorgehensweisen und Aussagen der Grundlagen-Forschung von solchen der angewandten Forschung: „Während also die Grundlagenforschung nach überprüfungsbedürftigen Schwächen in derzeit vertretenen Konzeptionen Ausschau hält, sucht sich die angewandte Forschung jene Erkenntnisse heraus, die so gut begründet sind, daß man sich an ihnen bei Entscheidungen über eventuelle Veränderungen der gegenwärtigen Situation orientieren kann." Genau das tun HILGARD/BOWER im folgenden in einer Zusammenfassung anwendungsbezogener Folgerungen aus der lernpsychologischen Forschung.
　Aus den behavioristischen Theorien werden die folgenden praktischen Resultate zusammengestellt:

1. Aktivität des Lernenden: Dieser soll möglichst *tun*, was er lernt;
2. Bedeutung der Übung: sowohl bei Erwerb wie zur Sicherung des Behaltens (Überlernen);
3. generelle Bedeutung der Verstärkung;
4. Übung in unterschiedlichen Situationszusammenhängen: je nachdem, ob Generalisierung oder Spezifizierung das Ziel sind;
5. Neuartiges Verhalten läßt sich entweder durch Modellernen oder durch

Signallernen oder durch Verhaltensformung (= operative Konditionierung) herbeiführen;
6. generelle Bedeutung der Motivation;
7. Unvermeidbarkeit von Konflikten und Frustrationen, die vom Lehrer abzufangen sind.

Aus den *kognitiven Theorien* werden die folgenden praktischen Ergebnisse aufgeführt:

1. Bedeutung der Wahrnehmungssignale für den Lernenden: Notwendigkeit der gut strukturierten Aufgabenstellung durch den Lehrer;
2. Bedeutung des systematischen Aufbaus der Kenntnisse;
3. Bedeutung des Verständnisses beim Lernen (= einsichtiges Lernen);
4. Bedeutung der kognitiven Rückmeldung beim Lernen;
5. Bedeutung der Lernzielbestimmung durch den Lernenden;
6. Bedeutung der Förderung des divergenten Denkens neben dem konvergenten.

Aus den *Motivations- und Persönlichkeitstheorien* sich ergebende praktische Ergebnisse:

1. Bedeutung des Eingehens auf die unterschiedlichen Fähigkeiten des Lernenden (Differenzierung);
2. Beachtung sowohl erworbener wie ererbter Lerndispositionen im Unterricht;
3. Berücksichtigung des kulturellen und subkulturellen Milieus der Lernenden;
4. Berücksichtigung der verschiedenen Angst-Niveaus von Lernenden;
5. Weckung aufgabenbezogener Motive durch verschiedenartige Zuwendungen des Lehrers zu den Schülern bzw. verschiedenartige Aufgabenpräsentation;
6. Bedeutung der Organisation von Motiven und Bewertungen: Herausarbeitung der Bedeutsamkeit des Lerngegenstandes durch den Lehrer;
7. Bedeutsamkeit der Gruppenatmosphäre für das Lernen.

In dieser allgemeinen Zusammenfassung sind eine Reihe von Punkten enthalten, auf die bereits oben hingewiesen wurde. Sehr deutlich zeigt sich, wie weit die Grundlagenforschung von einer Gesamttheorie des Lernens entfernt ist. Entsprechend ist auch kein konsistentes Aussagengefüge anwendungsbezogener Ableitungen möglich, die dem Lehrerverhalten als geschlossene professionelle Orientierung und richtungweisende Anleitung dienen könnten.

Ob dies freilich jemals möglich sein wird oder auch nur wünschenswert ist, muß hier offenbleiben. Festgehalten werden kann auf jeden Fall, daß schulische Instruktion heute nicht mehr ein „Herumtappen im Dunkeln" sein muß. Eine Orientierung des Lehrens an gesicherten Ergebnissen der Lerntheorien ist heute zumindest ansatzweise möglich. Die wissenschaftliche Unabgeschlossenheit und partielle Unentwickeltheit des Ansatzes läßt dem Lehrer dabei die volle professionelle Verantwortung.

Zusammenfassung:
1. Die zunehmende Bedeutung, die der Lernbegriff in der Entwicklungs-, Intelligenz- und Begabungsforschung heute gewonnen hat, legt es nahe, das berufliche Verhalten von Lehrern an gesicherten Ergebnissen der Lernpsychologie zu orientieren.
2. Da eine geschlossene Theorie des Lernens fehlt, ist auch eine entsprechend abgeleitete, geschlossene lernpsychologische Theorie über das Lehren nicht verfügbar. Daher können zur Zeit nur Einzelergebnisse der verschiedenen Lerntheorien für eine reflektierte Instruktion ausgewertet werden.
3. Die Berücksichtigung der Aspekte „Motivation und Verstärkung" kann der Lehrer u. a. über die Anwendung von Entdeckungsmethoden, durch Realisation von streitbarem Verhalten sowie durch direkte personenbezogene Verstärkungen oder ein entsprechendes positives Lern- und Unterrichtsklima erreichen.
4. Die Förderung von Problemlösen und Kreativität ist in besonderem Maße abhängig von einem verstärkenden und entspannten Sozialklima.
5. „Emotionalität und soziales Lernen" legen die Berücksichtigung folgender Punkte nahe: Lehrerverhalten als reversibles Modellverhalten, Realisation verschiedener Lehr- und Sozialformen.
6. Bei der Bearbeitung von Verhaltensstörungen mittels therapeutischer Verfahren kann der Lehrer die Techniken der Verhaltensmodifikation in der Klasse nicht systematisch realisieren. Er sollte sein Augenmerk daher besser auf ein übergreifendes therapeutisches sowie ein präventives Klassenmanagement richten.
7. Die in Anlehnung an HILGARD/BOWER vorgelegte Zusammenfassung von praktischen Ergebnissen dreier Richtungen der Lernpsychologie zeigte nochmals deutlich, wie weit wir sowohl von einer geschlossenen Theorie des Lernens wie einer solchen des Lehrens entfernt sind.

Fragen und Denkanstöße:
1. Der vorliegende Abschnitt hat die Fragen der Leistungsbeurteilung und -bewertung unbehandelt gelassen.
Frage: Welche grundlegenden Hinweise für eine Orientierung des Lehrerverhaltens bei den Aufgaben der Notengebung können Sie formulieren? Berücksichtigen Sie vor allem, wie verschiedene Praktiken der Lernkontrolle (formelle, informelle; normative, lernzielorientierte) und der Notengebung

die Lernbedingungen des Unterrichts beeinflussen können!
2. *Frage:* Was sind eigentlich die Begründungen dafür, daß es außer einer Theorie des Lernens (oder Theorien des Lernens) eine lernpsychologische Theorie des Lehrens geben soll? Genügte es denn nicht, wenn Lehrer sich unmittelbar an den lernpsychologischen Befunden orientierten? Da es doch in der Schule ohnehin primär um das Lernen der Schüler gehen sollte, benötigen wir doch sowieso nur eine Theorie über das Lernen und seine Bedingungen, oder?
3. Wenn die Schaffung optimaler Lernbedingungen eine Hauptaufgabe des Lehrers darstellt, ist dann nicht das Organisieren, Managen und kreative Improvisieren eine zentrale Aufgabe des Lehrers? – Welche konkreten Konsequenzen ergeben sich daraus für das Berufsbild und Berufsverhalten des Lehrers?
4. Ist die Forderung nach Herstellung eines entspannten wertschätzenden Sozialklimas nicht eine falsche Konzession an die verbreitete Liberalität in manchem Elternhaus? Was halten Sie von dem folgenden Statement eines Vaters bei einem Elternabend: „Die Lehrer sollten unsere Heranwachsenden in der Schule ruhig hart anfassen, anstatt ihnen ständig ‚Zucker in den Hintern zu blasen'. Im Leben werden ihnen auch nicht ständig Rosinen auf dem Silbertablett gereicht. Die müssen doch auch lernen, sich durchzubeißen; und das können sie am besten in einem Unterricht, in dem sie hart gefordert werden!"?
5. Bei HECKHAUSEN (1976, S. 91) findet sich das folgende Beispiel für eine Unterrichtsführung durch eine Grundschullehrerin:
„Fräulein K. läßt in der Rechenstunde einzelne Kinder an die Tafel kommen. Sie wendet ihren Blick von der Tafel und sagt: ‚Richard, hör' auf zu schwatzen!' Danach wendet sie sich an die ganze Klasse: ‚Einige von Euch arbeiten mit und andere nicht. Maria arbeitet mit und macht ihre Aufgaben. So ist es auch mit Klaus. Anne aber hat eben gar nicht zugehört. Ihr wißt doch alle, daß wir hier nicht auf dem Spielplatz sind. Wir sind hier in der Schule, und hier sollen wir lernen. Brave Kinder stören andere nicht, die etwas lernen wollen. Oder doch? Also, jetzt wollen wir alle mitarbeiten und brave Kinder sein und andere nicht stören. Ihr wißt ganz genau, daß man nicht lernen kann, wenn so viel Krach ist.' Danach wendet sich Fräulein K. wieder den Rechenaufgaben an der Tafel zu."
Analysieren und diskutieren Sie dieses Beispiel vor dem Hintergrund der Aussagen über Motivation, Verstärkung, Management, Modellverhalten, Sozialklima und Sozialisation!
6. Bitte, formen Sie aus den nachfolgenden negativen Lehreräußerungen (vor allem Verboten) positive Aufforderungen, aus denen die Kinder klar ersehen können, was sie tun sollen:
– „Niemand redet jetzt dazwischen!"

- „Laß Dich doch nicht ständig bitten!"
- „Ihr wißt doch, daß Ihr nicht ständig mit den Fingern schnipsen sollt, man wird ja ganz nervös!"
- „Das Reagenzglas ja nicht fallen lassen!"
- „Ernst, Du sollst doch nicht auf der Bank herumkritzeln!"
- „Keiner meldet sich!"
- „Das hast Du gestern schon falsch gemacht!"
- „Rede nicht so einen Blödsinn!"

7. Aufgrund empirischer Untersuchungen konnte festgestellt werden, daß die Anlässe, bei denen Lehrer sich zu besonderem erzieherischem Eingreifen veranlaßt sehen, sich prozentual wie folgt verteilen:
65% Störungen durch Unruhe,
20% Störungen durch Abgelenktsein,
15% Störungen sonstiger Art (z. B. Vergeßlichkeit, Langsamkeit, Unordnung usw.).
Stellen Sie einige Hypothesen darüber auf, wie es zu dieser Verteilung kommen könnte! Was könnten die Ursachen sein? Bewerten Sie dieselben und diskutieren Sie ihre Ergebnisse!

8. − „Der Lehrerberuf ist ein Beruf wie jeder andere!"
   − „Aufgrund des Modellernens der Schüler ist der Lehrer zu einem vorbildlichen Sozialverhalten verpflichtet. Dafür wird er bezahlt."
   = „Der Lehrer sollte echt sein, auch gefühlsmäßig..."
   = „Der professionelle Lehrer kann seinen Gefühlen keinen freien Lauf lassen. Er sollte überlegt handeln und seine Gefühle im Zaum halten!"
   Diskutieren Sie diese unterschiedlichen Statements und bewerten Sie sie!

Basisliteratur:
HELLER, K.; NICKEL, H.: Psychologie in der Erziehungswissenschaft, Bd. 1: Verhalten und Lernen, Bd. 2: Verhalten im sozialen Kontext, Stuttgart 1976.

Zusatzliteratur:
OERTER, R.; WEBER, E. (Hrsg.): Der Aspekt des Emotionalen in Unterricht und Erziehung, Donauwörth 1975.

5. Dimensionen erzieherischen Verhaltens

Die *Ziele* des folgenden Kapitels sind:
1. Skizzierung des für das vorliegende Thema sehr wichtigen Forschungsansatzes und Versuch einer kritischen Analyse;

2. Verdeutlichung, wie sich der dimensionsanalytische Ansatz von den älteren Typenkonzepten der Stiltheorien unterscheidet und welche Möglichkeiten in theoretischer und praktischer Hinsicht sich aus ihm ergeben;
3. Andeutung einiger weiterführender Überlegungen und Konsequenzen dieses nur wenige Verhaltensmerkmale von Lehrern mit denen von Schülern in Beziehung gesetzt wurden – so bei den empirischen Untersuchungen zum Problem des Erziehungsstils (vgl. I, 4.2) – durch sog. multivariate Verfahren zu ersetzen.

Nach kritischer Distanzierung von dem eigenen empirischen Erziehungsstilkonzept wurde dieser Ansatz in der Bundesrepublik vor allem vom A.-M. und R. Tausch (1970/5) verfolgt: „Eine größere Anzahl gut beobachtbarer, über die Zeit zuverlässiger Variablen des Lehrer-Erzieherverhaltens wird gleichzeitig erfaßt und mit dem Kriterium (= jeweils wesentliches Ziel der Erziehung, Anm. des Verf.) bzw. mit den Auswirkungen bei Jugendlichen in Verbindung gebracht. Die große Anzahl beobachteter Verhaltensmerkmale mit der umfangreichen Datenmenge läßt sich mit Hilfe der statistischen Methode der sog. Faktorenanalyse ordnen. Dabei werden diejenigen Merkmale zu Faktoren (Dimensionen) zusammengefaßt, die eng miteinander kovariieren (zusammenhängen). Diese wenigen Faktoren sind als eine systematische Ordnung der zahlreichen Verhaltensvariablen anzusehen. Mit gewisser Vorsicht kann man ferner annehmen, daß sie gewissen Funktionseinheiten beim handelnden Individuum entsprechen." (S. 144)

Es ist deutlich, daß mit diesem überaus vorsichtigen, gegenüber dem eindimensional typisierenden Stilkonzept überdies wesentlich differenzierteren Vorgehen ein erfolgversprechenderer Weg eingeschlagen ist. Tausch und Tausch unterscheiden die folgenden Methoden zur empirischen Erfassung des Lehrerverhaltens:

a) die unmittelbare (direkte) Beobachtung, Erfassung und Charakterisierung des optisch und akustisch wahrnehmbaren Verhaltens;
b) die Methode der Charakterisierung des Lehrerverhaltens durch Schülerbeobachtung und Schülereinschätzung;
c) die Methode der Charakterisierung des Lehrerverhaltens durch Selbstbeschreibung.

Der Übergang von dem früheren Stilkonzept zum differenzierteren Dimensionsansatz läßt sich mit Nickel (1974, S. 13f.) treffend als Versuch der Konstruktion von „Verhaltensstilen" (= Hauptdimensionen) kennzeichnen. Diese „... unterscheiden sich von den anfänglichen intuitiven und globalen Typisierungen vor allem dadurch, daß sie nur bekannte, empirisch faßbare und relativ homogene, d.h. untereinander in Zusammenhang stehende Verhaltensmerkmale umfassen, die hinsichtlich ihrer Auswirkungen auf Kinder und Jugendliche mehr oder weniger bekannt sind."

Die Entwicklung von den Typenkonzepten der Erziehungsstile weg zu den Dimensionen erzieherischen Verhaltens hin erfolgte bei den TAUSCHS in drei Phasen:
In der *ersten Phase* – die sich 1966 beim Braunschweiger Symposium (vgl. HERRMANN, Hrsg., 1966) anbahnt – wird eine kritische Distanzierung von den ganzheitlich konzipierten, weitgehend intuitiv erschlossenen Verhaltenstypologien vorgenommen. In der *zweiten Phase* setzt sodann eine genauere Ermittlung und Beschreibung von Einzelmerkmalen des Erzieherverhaltens ein. Es wird die Frage gestellt, wie sich diese Merkmale auf das Erleben und Verhalten von Heranwachsenden auswirken. In der *dritten Phase* nun werden diese verschiedenen Einzelmerkmale miteinander in Beziehung gesetzt und mittels der Faktorenanalyse zu Merkmalsgruppen (Clusters) zusammengefaßt. Einzelmerkmale, die hoch miteinander korrelieren, werden zu Dimensionen erzieherischen Verhaltens verdichtet.

Aufgrund der vorliegenden Untersuchungen kommen TAUSCH und TAUSCH (1970/5) in einer Zusammenfassung ihrer Ergebnisse zu der These, das Verhalten von Lehrern (bzw. Gruppenleitern) lasse sich deutlich durch 2 Hauptdimensionen des Verhaltens unterscheiden:

a) der *emotionalen Dimension* (Wertschätzung, emotionale Wärme und Zuneigung vs. Geringschätzung, emotionale Kälte und Abneigung),

b) der *Lenkungs-Dimension* (maximal starke Lenkung, etwa autoritäre Kontrolle, Restriktion vs. minimale Lenkung, etwa Permissivität, Autonomie-Gewähren, minimale Kontrolle).

TAUSCH und TAUSCH: „Durch diese 2 wesentlichen Dimensionen kann das Verhalten von Lehrern-Erziehern deutlich charakterisiert werden. Die beiden Dimensionen umfassen viele der heute weitgehend isoliert verwendeten Einzelmerkmale." (S. 155) Solche Einzelmerkmale sind etwa für die wichtige emotionalen Dimension: Wertschätzung vs. Geringschätzung, Verständnis vs. Verständnislosigkeit, soziale Reversibilität vs. Irreversibilität, Ermutigung vs. Entmutigung, ruhiges Verhalten vs. erregtes Verhalten, Optimismus vs. Pessimismus, freundliches Verhalten vs. unfreundliches Verhalten, höfliches Verhalten vs. unhöfliches Verhalten.

Neben den 2 Hauptdimensionen unterscheiden TAUSCH und TAUSCH folgende weitere Dimensionen: Aktivität vs. Passivität, Engagement vs. Desinteressiertheit (z.T. übereinstimmend mit der ersten) und als wesentliche Dimension für die unterrichtliche Tätigkeit im engeren Sinne: ausgeprägte Klarheit und Ausdrucksfähigkeit vs. Unklarheit und Verschwommenheit im sprachlichen Bereich. Diese stärker unterrichtsmethodischen Analysen führten zu vier weiteren Dimensionen, die die Verständlichkeit von Sachtexten wesentlich bestimmen:

- Einfachheit
- Ordnung und Gliederung
- Kürze und Prägnanz
- zusätzliche Stimulanz

Wie zu den anderen Dimensionen entwickeln R. TAUSCH und Mitarbeiter auch dazu spezielle Trainingsprogramme (vgl. SCHULZ, VON THUN u. a. 1972).

Nun könnte es freilich so scheinen, als stelle die Betonung der zwei Hauptdimensionen des Lehrerverhaltens, wie sie im vorliegenden Ansatz vorgenommen wird, im Grunde nichts anderes dar als die Neuauflage des alten Typenkonzeptes in neuer Bezeichnung, da auch hier wieder der Versuch vorliege, das vielschichtige aktuelle Verhalten auf wenige Nenner zu bringen. Ein solcher Vorwurf ist indessen kaum aufrechtzuerhalten. Außer dem Hinweis auf die Aufgliederung der genannten Dimensionen in Einzelmerkmale ist vor allem zu beachten, daß das Faktorenkonzept ganz im Gegensatz zum früheren Typenkonzept die Möglichkeit eröffnet, die ehemaligen pauschalisierenden Verhaltenssyndrome durch differenziertere Analysen zu ersetzen. Wurde früher z.B. suggeriert, sog. autokratisches Verhalten sei stets die Koppelung von Merkmalen starken Dirigismus', der Unfreundlichkeit, Verständnislosigkeit, Erregung und Unhöflichkeit, so ist nun – den realen Gegebenheiten wesentlich besser entsprechend – die Beschreibung eines Verhaltens von starkem Dirigismus in einer Atmosphäre der Freundlichkeit und Höflichkeit möglich, das es ja zweifellos auch gibt. Kurz: Das faktorenanalytische Konzept wird den realen Gegebenheiten besser gerecht. Dazu TAUSCH und TAUSCH (1970/5, S. 170): „Das Lehrerverhalten wird durch eine Einordnung in zwei, höchstens drei Typenkonzepte zu wenig differenziert erfaßt. Häufig beziehen sich Typen nur auf extreme Ausprägungen von Verhaltensweisen. Personen im Mittelbereich lassen sich nicht einordnen bzw. nur verzerrt charakterisieren. Auch ist eine quantitativ abgestufte Erfassung des Verhaltens unmöglich." Wie die praktische Einschätzung des Verhaltens von Lehrern nach den beiden Hauptdimensionen: Emotionale Dimension und Lenkungsdimension aussieht, wird durch die folgende Abbildung verdeutlicht (vgl. Abb. 12).

Neben den empirisch abgesicherten beiden Hauptdimensionen postulieren die TAUSCHS eine hypothetische *dritte Hauptdimension*, die man „Nicht-dirigierende Aktivität" oder „Anregende Aktivität" nennen könnte. Sie zielt darauf ab, den Lernenden vom Lehrer weg auf Sachfragen oder soziale Phänomene zu konzentrieren. SIGNER (1977, S. 33) stellt fest: „Allerdings konnte eine empirische Verifizierung dieser Dimension bisher nicht geleistet werden, weil Nicht-dirigierende Aktivität, ganz im Gegensatz zur Lenkungs-Dimension, bisher im Schulunterricht kaum anzutreffen ist. Diese dritte Hauptdimension trat deshalb in empirischen Untersuchungen bisher auch nicht in Erscheinung ..." Bringt man nun die beiden empirisch abgesicherten mit der hypothetischen dritten Dimension graphisch in eine Darstellung, so ergibt sich folgendes Bild (vgl. SIGNER, ebd. S. 36): vgl. Abb. 13.

```
                    Maximale Lenkung,
                    Dirigierung u. Kontrolle
                          6 ┬

        Lehrer A •        ┼

                                  Lehrer B •
Geringschätzung                                   Wertschätzung
Emotionale Kälte  ├────┼────┼────⊕────┼────┼────┤ Emotionale Wärme
Abneigung         - 3                      + 3    Zuneigung

                          ┼


                          ┼

                          0 ┴
                    Minimale Lenkung,
                    Dirigierung u. Kontrolle
```

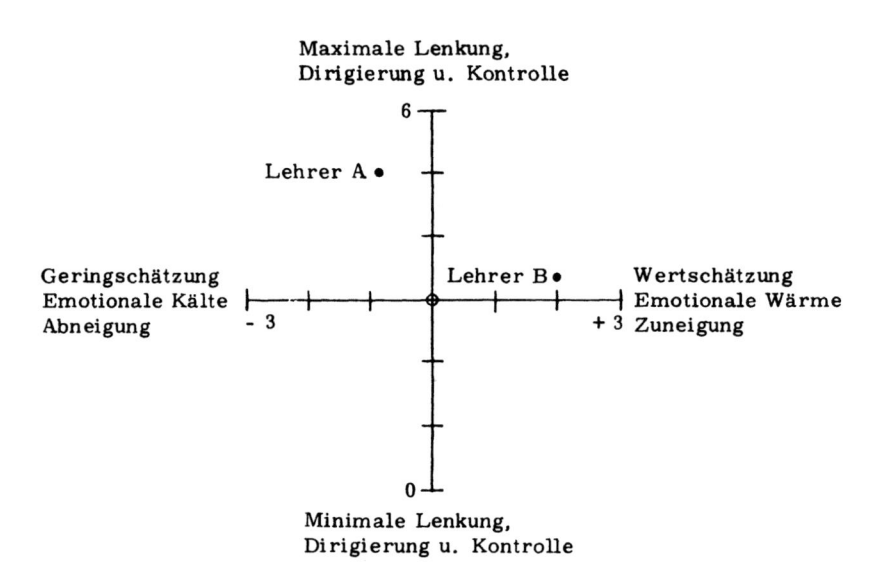

Abb. 12: Praktische Einschätzung des Verhaltens von Lehrern-Erziehern nach dem Ausmaß der Dimension Wertschätzung, Wärme, Zuneigung/Geringschätzung, Kälte, Abneigung sowie der Dimension Lenkung-Dirigierung. Das Verhalten eines Lehrer A, das durch ein gewisses Ausmaß emotionaler Ablehnung (Stufe −1,0) und ein hohes Ausmaß an Lenkung-Dirigierung (Stufe 5,0) charakterisiert ist, wird bei dem Punkt A der obigen Abbildung liegen. Ein Lehrerverhalten, gekennzeichnet durch ein gewisses Ausmaß emotionaler Wertschätzung (+2,0) und mäßige Lenkung-Dirigierung (3,5), ist bei dem Punkt B lokalisiert.
– TAUSCH/TAUSCH, 1970/5, S. 165.

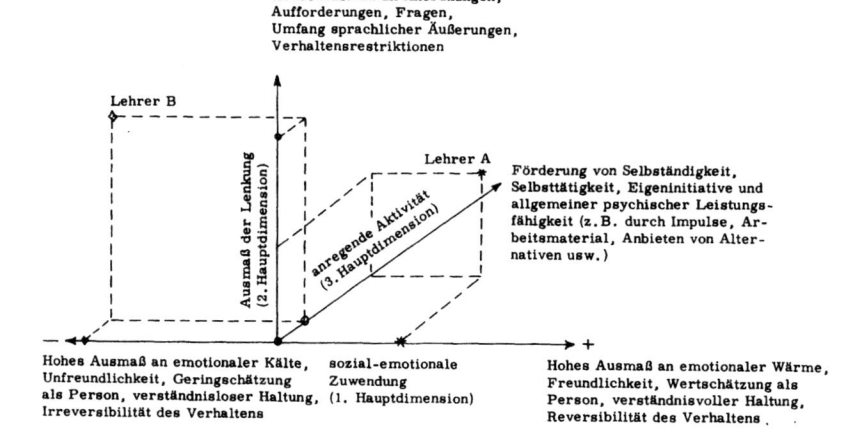

```
                    Hohes Ausmaß an Anordnungen,
                    Aufforderungen, Fragen,
                    Umfang sprachlicher Äußerungen,
                    Verhaltensrestriktionen

    Lehrer B
    ◆- - - - - - - - ↑- - - - - →╗
    |             ╱  |  Lehrer A  |         Förderung von Selbständigkeit,
    |     ᵉ  ⁽ⁿᵒⁱˢ  ⌐ - - - - - →|         Selbsttätigkeit, Eigeninitiative und
    |  ⁿᵏᵘⁿᵍ  ⁱᵛⁱᵗᵃᵗⁿˢⁱ |         |         allgemeiner psychischer Leistungs-
    |  ᴸᵉ    ᵏᵗ  ᵖᵗᵈⁱᵐᵉ |         |         fähigkeit (z.B. durch Impulse, Ar-
    |  ᵈᵉʳ    ᵉ  ᵃ      |         |         beitsmaterial, Anbieten von Alter-
    |  ᵃᵃ    ᵈ  ᵃᵘ      |         |         nativen usw.)
    |  ˢᵐ    ⁿ  ᴴ       |         |
    |  ᵘ⁽²  ᵉ⁽ᴴ⁻ᵉ        |         |
    |  ᴬ    ʳᵉᵍ  ³      |         |
    |       ᵃⁿ          |         |
    |                   |         |
─ ─ ─◆                   ╚ ─ ─ ─ ─ →  +
    Hohes Ausmaß an emotionaler Kälte,   sozial-emotionale         Hohes Ausmaß an emotionaler Wärme,
    Unfreundlichkeit, Geringschätzung    Zuwendung                 Freundlichkeit, Wertschätzung als
    als Person, verständnisloser Haltung, (1. Hauptdimension)       Person, verständnisvoller Haltung,
    Irreversibilität des Verhaltens                                 Reversibilität des Verhaltens .
```

Abb. 13: Die drei Hauptdimensionen des Lehrerverhaltens und Beispiele für die Kennzeichnung konkreter Verhaltensformen (Aus: NICKEL 1973a, 113)

5.2: Die Notwendigkeit, neben der Berücksichtigung von drei Hauptdimensionen und deren verschiedenen Einzelmerkmalen noch weitere, vor allem mehr auf die eigentliche unterrichtliche Tätigkeit des Lehrers bezogene Verhaltensdimensionen zu berücksichtigen, wird von TAUSCH und TAUSCH ausdrücklich hervorgehoben. Dabei beziehen sich die Autoren vor allem auf eine Untersuchung von SOLOMON, ROSENBERG und BEDZEK (1964), die hier stellvertretend für den ganzen faktorenanalytischen Ansatz zum Lehrerverhalten im Anschluß an TAUSCH und TAUSCH (1970/5, S. 162–164) referiert werden soll.

SOLOMON, ROSENBERG und BEDZEK (1964) untersuchten das Unterrichtsverhalten von 24 Lehrern und den Lernerfolg ihrer Studenten (Klassenfrequenz 11–38, Durchschnittsalter 20 Jahre) in Abendkursen über neuere Geschichte. Dabei wurde das Lehrerverhalten durch folgende Methoden erfaßt: 1. Einschätzung durch Beobachter am Ende von jeweils 2 Unterrichtsstunden nach 38 Items in 8stufigen Skalen (Teacher Behavoir Rating Scale), so zum Beispiel nach dem Ausmaß direkter Kontrolle der Lehrer, nach dem Ausmaß ihrer Drohungen, ihrer Zusammenarbeit usw.; 2. Analye von Tonaufnahmen der Unterrichtsstunden, zum Beispiel der Art, in der die Lehrer auf Fragen und Darlegungen ihrer Studenten reagierten, Bestätigungen oder Informationen gaben; 3. Einschätzung durch alle 401 Studenten am Kursende nach 60 Items, zum Beispiel Effektivität des Lehrers, Ermutigungen, Klarheit, Sprache usw.; 4. Selbsteinschätzung aller 24 Lehrer am letzten Tag des Kurses an Hand eines Fragebogens mit 18 Fragen, die sich auf Unterrichtsziele, Motive bei der Unterrichtung usw. bezogen. Ferner wurde bei den Studenten am Kursanfang und Kursende ein Vielfach-Wahltest zum Leistungsbereich durchgeführt, in welchem 1. der Faktengewinn über den Unterrichtsstoff und 2. das Ausmaß des Erfassens, Durchdenkens und Verstehens des Unterrichtsstoffes ermittelt werden sollten.

Die durchgeführte Faktorenanalyse der insgesamt erfaßten 169 Items, die das Lehrerverhalten charakterisierten, ergaben 8 Faktoren oder Dimensionen, die 66% der totalen Varianz erklärten:

Faktor I = Permissivität vs. Kontrolle (15% der totalen Varianz)
Faktor II = Teilnahmslosigkeit vs. Tatkraft (11%)
Faktor III = Aggressivität vs. beschützendes Lehrerverhalten (10%)
Faktor IV = Unklarheit, Verschwommenheit und Unbestimmtheit vs. Klarheit, Deutlichkeit und Ausdrucksfähigkeit (8%)
Faktor V = Ermutigung von Unterrichtsbeteiligung der Studenten vs. Nicht-Ermutigung (6%)
Faktor VI = Trockenheit vs. Leidenschaftlichkeit (5%)
Faktor VII = Ermutigung von Unterrichtsbeteiligung der Studenten durch eigenen Ausdruck vs. Vortragen durch den Lehrer (5%)
Faktor VIII = Gefühlsmäßige Wärme vs. gefühlsmäßige Kälte (5%)

Die Untersuchung brachte folgende Ergebnisse und deckte einige Beziehungen zwischen den beobachteten Lehrerverhaltensmerkmalen und den erhobenen studentischen Merkmalen auf:

1. Den höchsten Gewinn in bezug auf das Erfassen, Durchdenken und Verstehen des dargebotenen Unterrichtsstoffes hatten die Studenten, die von Lehrern mit ausgeprägt tatkräftigem Verhalten (0,44; Faktor VI) sowie mit gemäßigt permissivem und gemäßigt kontrollierendem Verhalten (0,32; Faktor I) unterrichtet worden waren.
2. Den größten Zuwachs in bezug auf das Faktenwissen aber hatten die Studenten, die von Lehrern mit ausgeprägter Klarheit, Deutlichkeit und Ausdrucksfähigkeit (0,58; Faktor IV) unterrichtet worden waren.
3. Bei den Studenten war die Zufriedenheit mit dem eigenen Lernen, mit dem Kursusverlauf und ihrem Lehrer dann am größten, wenn sie von Lehrern unterrichtet worden waren, bei denen der Faktor Klarheit, Deutlichkeit und Ausdrucksfähigkeit (Faktor IV) stärker ausgeprägt war (0,37 bis 0,48).
4. Dagegen spielte der Faktor emotionale Wärme (Faktor VIII) bei den erbrachten unterrichtlichen Leistungen kaum eine Rolle, wohl aber bei der Wertschätzung des Lehrers als eines persönlichen Freundes (0,54).

Auch im vorliegenden Zusammenhang interessieren hier nicht die einzelnen Aspekte der angeführten Untersuchung. Wichtig scheinen vielmehr vor allem zwei Gesichtspunkte zu sein: zum einen die im faktorenanalytischen Forschungsansatz erstrebte Verwendung verschiedener Methoden zur Datenerhebung, zum anderen der außerordentlich bedeutsame Versuch, das jeweilige Lehrerverhalten auch in seinen Auswirkungen auf die Schüler zu studieren und damit auf Wirkung und Erfolg hin zu untersuchen. Das jeweilige Schülerverhalten, in gewissem Sinne (u. a.) Folge bestimmten Lehrerverhaltens, wird damit zu Recht zu einem Kriterium für das professionelle Tun des Lehrers gemacht.

5.3: Nun können diese unbestreitbaren Vorzüge des faktorenanalytischen Ansatzes nicht über einige Schwachpunkte hinwegtäuschen. Die bislang fundierteste Auseinandersetzung mit dem Dimensionskonzept der TAUSCHS findet man bei SIGNER (1977), weshalb sich die nachfolgende Zusammenfassung darauf stützt. Folgende kritische Einwände sind vorzutragen:

1. „TAUSCH und TAUSCH explizieren ihre ‚ideologischen Ziele und Werte' nicht. Sie begnügen sich mit der Feststellung, daß sie selbst bei ihren empirischen Arbeiten von solchen Einflußgrößen mitbestimmt sind. Deren Bedeutung klammern sie zugleich aber wieder aus, wenn sie ‚... die Zusammenfassung einer Anzahl wissenschaftlich geprüfter Annahmen...' als Theorie bezeichnen, welche zur Aussage von Erscheinungen im erzieherischen und unterrichtlichen Feld bereits genügen soll. – Zusammenfassend läßt sich sagen, daß TAUSCH und TAUSCH zwar einen kurzen Hinweis auf die ideologische Fundierung ihrer empirischen Arbeiten geben. Die daraus resultierenden Befunde referieren sie aber als scheinbar uneingeschränkt gültige Ergebnisse, ohne deren relativen Aussagewert zu thematisieren. Vielmehr machen die Autoren glauben, daß die Verwendung differenzierter statistischer Verfahren Objektivität und Wissenschaftlichkeit auch bereits garantiert und gleichsam automatisch zu einer realitätsadäquaten Theorie für das Gebiet erzieherischer Interaktion führt." (SIGNER, ebd. S. 81/82)
2. Der zweite Kritikpunkt bezieht sich auf den Umstand, daß sich die zahlreichen TAUSCHschen Untersuchungen als eine „Fülle von lose verknüpften Einzelbefunden präsentieren" (ebd.). Dieses resultiert nach SIGNER aus dem Umstand, daß im TAUSCHschen Ansatz explizite theoretische Konzepte und Forschungsstrategien im Sinne einer deduktiven Theoriebildung fehlen. Dieses führe nur zu wenig wirklich neuen Erkenntnissen über die soziale Interaktion zwischen Erwachsenen und Heranwachsenden. Erforderlich seien klare Forschungsvorstellungen und Modelle. Das stellt auch TENT (1966, 216f.) fest, auf den sich SIGNER (ebd.) bezieht: „Es hat nur geringen Wert, weiter Untersuchungen aneinanderzureihen, in denen A mit B mehr oder weniger hoch korreliert. Entscheidender scheint es zu sein, selektiv isolierte Beziehungen zu Beziehungshierarchien ordnen zu können, die sich

als solche genügend deutlich voneinander absetzen und die Überprüfung immer präziserer Hypothesen in sukzessiver Approximation (= Annäherung) gestatten." Daß dieses in der strikt induktiven Vorgehensweise des TAUSCHschen Ansatzes nicht geschieht, belegt SIGNER anhand einiger neuerer Arbeiten von TAUSCH und Mitarbeitern und stellt hierzu fest: „In additiver Weise variieren diese Autoren gewisse empirische Standarduntersuchungen, ohne daß ihr Stellenwert im Rahmen einer Theoriebildung reflektiert wird." (ebd., S. 82)

Offenbar haben TAUSCH und TAUSCH die bezeichneten theoretischen Schwächen des dimensionsanalytischen Ansatzes inzwischen zum Anlaß genommen, ihre „Erziehungspsychologie" grundlegend zu überarbeiten. Hatte die fünfte Auflage 1970 den Wandel vom typologischen Stilkonzept zu dem bezeichneten dimensionsanalytischen Ansatz gebracht, so wird in der achten Auflage 1978 schon so etwas wie ein Rückzug aus dieser Konzeption eingeleitet. Die Autoren stellen nun in über weiten Strecken sehr allgemeinen, vagen und hypothetischen Formulierungen ihre gesamte bisherige Forschungsarbeit in einen eher philosophischen Rahmen ein. Anstatt die Theoriebildung zu spezifizieren und sie schul-, unterrichts- und anwendungsbezogen auszubauen, stellen TAUSCH und TAUSCH eher den Anschluß her zu einigen überholten geisteswissenschaftlichen Positionen, in denen Lehrertugenden und Erzieherliebe als moralische Postulate einseitig dominierten.

Zusammenfassung:
1. Der dimensionsanalytische Forschungsansatz stellt eine Weiterentwicklung der empirischen Stilforschung dar. Diese vollzieht sich in drei Phasen.
2. Der TAUSCHsche Ansatz unterscheidet drei Hauptdimensionen (Wertschätzung, Lenkung, Anregung) sowie drei weitere wichtige Dimensionen (Aktivität, Engagement, Verständlichkeit).
3. Zu vergleichbaren Ergebnissen wie TAUSCH und TAUSCH gelangen auch andere Autoren (z. B. SOLOMON, ROSENBERG, BEDZEK, 1964), die ebenfalls faktorenanalytisch arbeiten.
4. Die Kritik am dimensionsanalytischen Ansatz von TAUSCH und TAUSCH bezieht sich auf die ungenügende Offenlegung der ideologischen Prämissen sowie auf die unzureichende Ausformulierung theoretischer Konzepte im Sinne deduktiver Theoriebildung.

Fragen und Denkanstöße:
1. Der dimensionsanalytische Ansatz beansprucht für sich, gegenüber den typisierenden Stillehren theoretisch einen Fortschritt zu bringen. – Formulieren Sie nochmals exakte Argumente, die diese Behauptung rechtfertigen!

2. Zeichnen Sie ein Balkenkreuz mit den zwei Hauptdimensionen (Wertschätzung, Lenkung) und kreuzen Sie in diesem an, wo Ihrer Meinung nach die Stile „autokratisches", „sozialintegratives" und „laissez-faire-Verhalten" liegen!
3. „Das Lehrerverhalten entspricht oft nicht den aufgestellten Forderungen; die überlieferten Beobachtungen zur ‚deformation professionelle' des Lehrers weisen ebenso wie heutige Beobachtungen der Schulwirklichkeit darauf hin, daß Lehrern oft Souveränität und Distanz fehlen; sie handeln aus schul- und schichtspezifischen Ideologien, sie berufen sich gern nur auf den Kreis der eigenen Erfahrungen und haben der Wissenschaft (wie auch der Öffentlichkeit) gegenüber Ressentiments; sie können die ihnen in Reformversuchen zur Unterrichtsverbesserung gegebenen Chancen nicht nutzen und fühlen sich überanstrengt. Diese Verengungen, die detailliert in ihren Ursachen in einer zugleich soziologischen, tiefenpsychologischen und schulspezifischen Analyse erhoben werden müßten, sind Indiz dafür, daß die Lehrer z. Z. nicht über ein ihren Aufgaben entsprechendes Könnens- und Verhaltensrepertoir verfügen und den Überlastungen, die im derzeitigen Bildungswesen institutionalisiert sind, nicht gewachsen sind." (THIERSCH, 1971, S. 189)

In diesem Zitat wird ein bestimmtes Bild der „deformation professionelle" und ihre Ursachen gezeichnet. – Implizit enthält der dimensionsanalytische Ansatz dazu eine andere Aussage. Arbeiten Sie diese versteckte Gegensätzlichkeit heraus!

Frage: Was ergibt sich aus dem dimensionsanalytischen Ansatz für die Lehrerausbildung; welche Konsequenz ist demgegenüber aus dem vorgestellten Zitat zu ziehen?

4. Wertschätzendes Verhalten des Lehrers gegenüber Schülern zeitigt bestimmte Wirkungen. So konnte in einer Untersuchung gezeigt werden, „daß Hauptschüler von Lehrern, die als emotional warm, entspannt, wortschätzend und nicht direktiv beurteilt wurden, bei Fragebogenerhebungen zum Ausmaß von Angst in allgemeinen Situationen und speziell bei Prüfungen eher bereit sind, ihre Ängste einzugestehen, als Schüler von Lehrern mit ungünstigen Werten auf entsprechenden Beurteilungsskalen" (NICKEL, 1971, S. 169).

Frage: Wie ist dieses Verhalten zu erklären, wo doch Schüler mit „kälteren" Lehrern eigentlich mehr Angst entwickeln und zeigen müßten?

5. Kennen Sie eigentlich schon ihre eigenen Werte, die Sie beim Unterrichten aufzuweisen haben? Realisieren Sie in Ihrer Gruppe reihum Unterrichtshospitationen mit dem Beobachtungsziel der gegenseitigen Ermittlung quantitativer Schätzwerte in den bezeichneten Haupt- und Nebendimensionen, und diskutieren Sie die ermittelten Einzelwerte wie das verwendete Gesamtverfahren! Eine Video-Aufzeichnung des jeweiligen Unterrichts mit einer tragbaren Handy kann als wertvolle Hilfe zusätzlich zum Einsatz kommen.

6. In der „Erziehungspsychologie" von TAUSCH und TAUSCH (1970/5 bis

1977/7, S. 445 ff.) findet sich ein Kapitel über „Bedingungen der Änderung des Lehrer-Erzieher-Verhaltens". Bearbeiten Sie diesen Text in der Gruppe, und führen Sie die dort dargestellten Übungen durch!

Basisliteratur:
TAUSCH, R.; TAUSCH, A.-M.: Erziehungspsychologie, Göttungen 1970/5 bis 1977/7.

Zusatzliteratur:
FITTKAU, B.; MÜLLER-WOLF, H.-M.; SCHULZ VON THUN, F.: Kommunikations- und Verhaltenstraining für Erziehung, Unterricht und Ausbildung, UTB, Pullach bei München 1974.

6. Lehrmodelle und Theorien des Lehrens

Die *Ziele* des folgenden Kapitels sind:
1. Darstellung und kritische Würdigung der Modellbildung auf dem Sektor Lehrerverhalten in allgemeiner Form;
2. Im einzelnen: Darstellung und kritische Prüfung des Erfolgsmodells, der Modelle des Lehrvorgangs, des Modells der adaptiven Lehrmaschine und der Theorien des Unterrichtens;
3. Darstellung und kritische Prüfung der Überlegungen von Gage zu einer Theorie des Lehrens.

6.1: Theorien oder Denkmodelle haben wissenschaftlich vor allem zwei verschiedene Funktionen: Einmal dienen sie dazu, der Forschungsarbeit Richtung, Zusammenhang und heuristische Hilfe zu geben, zum anderen sollen ihre wissenschaftliche Ausformulierung und Konstruktion als Ergebnis der Forschung die Erklärung, Vorhersage oder Kontrolle bestimmter Sachverhalte ermöglichen.

Da es sich beim Forschungsgegenstand „Lehrerverhalten" um einen höchst komplexen Sachverhalt handelt, steht zu erwarten, daß theoretische Modelle das bezeichnete Problemfeld zwar kaum je vollständig zu erfassen in der Lage sein werden, gleichwohl aber relativ differenziert und kompliziert sein müssen, da sie notwendigerweise immer so etwas wie eine Theorie der Erziehung (des Unterrichts) sind. Lehrmodelle stellen nun Ausschnitte aus dem Gesamtkomplex des Lehrerverhaltens in der Klasse dar, insofern mit Lehren primär das Instruktionsverhalten gemeint ist. Zweifellos umfaßt dieser vorwiegend auf die kognitiven und psychomotorischen Leistungen der Schüler bezogene Verhaltenskomplex eine zentrale Aufgabe des Lehrers in der Schule, wenn auch hinzugefügt werden muß, daß es zugleich eine Reihe weiterer gibt. Demnach hat eine Theorie des Lehrerverhaltens unter anderem vom Instruktionsprozeß, von einer Theorie des Lehrens also, auszugehen.

Wenn es auch zahlreiche Ansätze zur Konstruktion von Lehrmodellen gibt, so fehlen doch umfassende Darstellungen, die speziell dieses Problem thematisieren. Eine erste zusammenfassende und präzise Studie wurde bisher lediglich von N. L. GAGE im „Handbook of Research on Teaching" (1964, 1967/5, S. 94–141) vorgelegt, die in gekürzter deutscher Fassung von WEINERT (1968/3, S. 70–101) nachgedruckt wurde. Für den vorliegenden Zweck genügt es, das Wichtigste aus dieser Darstellung zu referieren, wobei Zitate und graphische Wiedergaben vorwiegend der deutschsprachigen Fassung in WEINERTS „Pädagogische Psychologie" (1968/3) entnommen werden sollen. Dabei interessieren im vorliegenden Zusammenhang lediglich die letzten vier Abschnitte: „‚Kriterium des Erfolges' – Modelle", „Modelle des Lehrvorganges", „Ein Lehrmaschinen-Modell" und „Theorien des Unterrichtens".

6.2: Die Beurteilung und Analyse des Lehrerverhaltens auf der Grundlage der Frage nach dem Erfolg liegt ohne Zweifel besonders nahe und nimmt infolgedessen in der Forschung einen besonderen Platz ein. Die Schwierigkeit dieses Ansatzes liegt in der Entwicklung brauchbarer Kriterien, nach denen der Erfolg des Lehrerverhaltens bestimmt werden kann. GAGE (1968/3, S. 71) schreibt: „Sobald die Vorstellung ‚Erfolg' in der Forschung auftaucht, ergibt sich die Frage nach einem Kriterium des Erfolges. Das Modell nimmt dann die folgende Form an: Es ist (zunächst) ein Kriterium (oder eine Gruppe von Kriterien) für den Erfolg des Lehrers zu bestimmen oder auszusuchen. Dieses Kriterium wird dann zur abhängigen Variablen. Die Aufgabe der Forschung ist es dann, 1. dieses Kriterium zu messen, 2. mögliche Korrelate dieses Kriteriums zu messen und 3. die tatsächliche Korrelation zwischen Kriterium und möglichen Korrelaten zu bestimmen. Kurz gesagt, wurden die Variablen bei der Erforschung des Lehrens, die nach dem ‚Erfolgs'-Modell vorging, in der Regel in zwei Kategorien eingeteilt: Kriteriumvariable und mögliche Korrelate." In einer Reihe von Untersuchungen wurde so vorgegangen. Die Frage ist nun, welche Kriterien für erfolgreiches Lehrerverhalten überhaupt in Betracht kommen. Das „Komitee für Kriterien des Lehrererfolges" der „American Educational Research Association" hat dazu 1952 ein Modell entworfen. GAGE berichtet: „Dieses Modell ordnete Kriterien des Lehrererfolges einem Kontinuum zu, das von ‚endgültig' bis ‚nächstliegend' reicht. An der Spitze der Hierarchie der ‚Endgültigkeit' könnte ein Kriterium stehen wie ‚die Einwirkung des Lehrers auf die Leistungen seiner Schüler und deren Glück im ganzen Leben'. An zweiter Stelle könnte stehen ‚der Einfluß des Lehrers auf die Leistungen des Schülers in weiterführenden Schulen'. An dritter Stelle steht vielleicht: ‚Die Einwirkung des

Lehrers auf die Leistung seines Schülers hinsichtlich der im Augenblick wichtigen Erziehungsziele'." (1968/3, S. 75) Die Hierarchie der Kriterien wird in folgendem Gesamtschema wiedergegeben (ebd.):

„Der Einfluß des Lehrers auf:
Leistung und Erfolg des Schülers im Leben
Leistung des Schülers in weiterführenden Schulen
Leistungen des Schülers hinsichtlich augenblicklich zu erreichender Erziehungsziele
Zufriedenheit des Schülers mit dem Lehrer
Zufriedenheit der Eltern mit dem Lehrer
Zufriedenheit des Schulrats mit dem Lehrer
Die ‚Werte' oder wertenden Einstellungen des Lehrers
Kenntnisse des Lehrers in pädagogischer Psychologie und Psychohygiene
Emotionale und soziale Angepaßtheit des Lehrers
Kenntnisse des Lehrers über Methoden, einen Lehrplan aufzubauen
Die Beherrschung des Lehrstoffs durch den Lehrer
Interesse des Lehrers am Lehrstoff
Zensuren des Lehrers beim Probeunterricht
Zensuren des Lehrers in pädagogischen Kursen
Intelligenz des Lehrers."

GAGE weist darauf hin, daß jedes der angeführten Kriterien hinsichtlich seiner Validität nicht an sich Geltung beanspruchen könne, sondern daß diese von der Korrelation bzw. funktionalen Beziehung zu den übrigen Kriterien abhänge, die in dem angeführten Kontinuum eine höhere Position einnehmen. Infolgedessen sei ein Hauptstreitpunkt der Diskussion um dieses Modell die Plazierung der einzelnen Kriterien in der Hierarchie gewesen. GAGE resumiert (1968/3, S. 76): „Forschung nach diesem Modell hat es zum Überfluß gegeben; Hunderte von Untersuchungen, die Tausende von Korrelationskoeffizienten ergaben, wurden durchgeführt. Im großen und ganzen haben diese Studien enttäuschende Ergebnisse erbracht; die Korrelationen sind nicht signifikant. Sie sind inkonsistent von einer Studie zur nächsten und entbehren in der Regel der psychologischen und pädagogischen Bedeutsamkeit."

Von wesentlich größerem Interesse im Rahmen der „‚Kriterium des Erfolges' - Modelle" sind Versuche, das angeführte, relativ simple Schema zu verfeinern. Von MITZEL (1957) wurde dazu das folgende Modell entwickelt (vgl. Abb. 14).

Wie man erkennt, enthält es vier Arten von Variablen oder Klassifikationen, die nach MITZEL jeder beachten muß, der Erkenntnisse auf dem Gebiet „Wirksamkeit des Lehrers" gewinnen will. Die vier verschiedenen Variablentypen werden folgendermaßen beschrieben (1968/3, S. 77):

"Typ: I: Eigenschaften, in denen sich Lehrer unterscheiden und von denen angenommen werden kann, daß sie zumindest teilweise für Unterschiede in der Wirksamkeit des Lehrers verantwortlich sind.
Typ II: Faktoren, die sich auf zufällige Gegebenheiten bestimmter Situationen beziehen. Sie modifizieren und beeinflussen den gesamten Verhaltenskomplex, der in den Erziehungsprozeß eingeht...
Typ III: Verhalten von Lehrern und Schülern beim Unterricht.
Typ IV: Kriterien oder Standards, die aus ‚pädagogischen Zwischenzielen' bestehen, d.h. das meßbare Ergebnis am Ende einer Periode des Unterrichtens..."

Die Verbindungslinien zwischen den verschiedenen Variablentypen sollen in dem obigen Modell mögliche Interaktionen und gegenseitige Abhängigkeiten verdeutlichen, wobei durchgezogene Linien direkten, gestrichelte Linien indirekten oder peripheren Einfluß veranschaulichen. MITZELS Konzept zeigt auf, daß das Lehrerverhalten nicht angemessen interpretiert werden kann, wenn man es – wie das in den meisten Typologien, Stillehren oder extrem persönlichkeitsorientierten Theorien geschieht – ausschließlich als unabhängige Variable ansieht. Das Lehrerverhalten als *ein* Faktor des Unterrichtsgeschehens ist vielmehr – das deutet das MITZELsche Modell an – in sich höchst komplex und kann angemessen nur als Teil eines vielschichtigen Interaktionsverlaufs verstanden werden. Es ist – sofern nicht in extremer Weise einzelne Variable gleichsam fixierte Verhaltensschemata immer erneut erzwingen – weder *nur* unabhängige noch *nur* abhängige Variable, sondern als Bestandteil eines „didaktischen" Ablaufs in je wechselnden Situationen einmal mehr abhängige, dann wieder mehr unabhängige Variable, entsprechend den realen Rückkoppelungsverläufen, die im jeweiligen Interaktionsfeld stattfinden können.

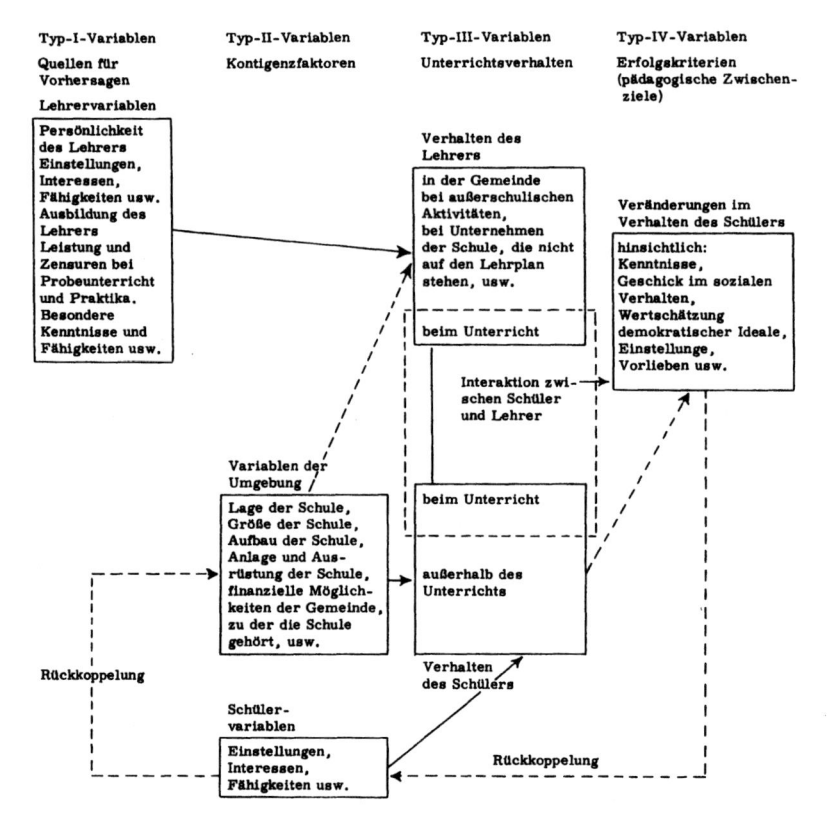

Typ-I-Variablen	Typ-II-Variablen	Typ-III-Variablen	Typ-IV-Variablen
Quellen für Vorhersagen	Kontigenzfaktoren	Unterrichtsverhalten	Erfolgskriterien (pädagogische Zwischenziele)
Lehrervariablen Persönlichkeit des Lehrers, Einstellungen, Interessen, Fähigkeiten usw. Ausbildung des Lehrers Leistung und Zensuren bei Probeunterricht und Praktika. Besondere Kenntnisse und Fähigkeiten usw.		Verhalten des Lehrers in der Gemeinde bei außerschulischen Aktivitäten, bei Unternehmen der Schule, die nicht auf den Lehrplan stehen, usw. beim Unterricht Interaktion zwischen Schüler und Lehrer	Veränderungen im Verhalten des Schülers hinsichtlich: Kenntnisse, Geschick im sozialen Verhalten, Wertschätzung demokratischer Ideale, Einstellunge, Vorlieben usw.
	Variablen der Umgebung Lage der Schule, Größe der Schule, Aufbau der Schule, Anlage und Ausrüstung der Schule, finanzielle Möglichkeiten der Gemeinde, zu der die Schule gehört, usw.	beim Unterricht außerhalb des Unterrichts Verhalten des Schülers	
Rückkoppelung	**Schülervariablen** Einstellungen, Interessen, Fähigkeiten usw.		Rückkoppelung

Abb. 14: Allgemeines Schema zur Erforschung der Wirksamkeit von Lehrern (MITZEL, 1957, S. 5; übernommen aus GAGE, 1968/3, S. 76)

6.3: Ein spezielles Interesse für die Variablen des Typs III aus MITZELS Untersuchung schlägt sich in den Arbeiten nieder, die sich um Modelle des *Lehrvorganges* bemühen und die das Kriterium des Erfolges dazu für nicht angemessen halten: „Der Begriff *Kriterium* wird von den Forschern weiterhin verwendet (z.B. RYANS, 1960, S. 26–56), aber nicht mehr mit dem Begriff *Erfolg* verbunden. In diesem Sinn wird *Kriterium* synonym mit *abhängige Variable* verwendet. Andere (z.B. MITZEL, 1960, S. 1483) gebrauchen den Ausdruck *Prozeßkriterien* oder ‚Aspekte des Lehrer- und Schülerverhaltens, von denen man annimmt, daß sie der Erforschung um ihrer selbst willen wert sind'..." (a.a.O.) GAGE berichtet in seiner Studie von insgesamt vier Modellen des Lehrvorganges (SMITH, 1960; RYANS, 1960; STONE/LEAVITT, unveröff. 1955; RUNKEL, unveröff. 1958), von denen im vorliegenden Rahmen vor allem zwei, nämlich das von RYANS und das von RUNKEL, interessieren. Denn in beiden Modellen wird das Lehrerverhalten wie bei MITZEL als Teil eines vielfältigen Interaktionsgeschehens verdeutlicht.

RYANS geht von einer Formel LEWINS (1946) aus, wonach das Verhalten eine Funktion der Person mit ihren Eigenschaften und ihrer Umgebung darstellt:

$$\frac{B \quad = F\,(P, E)}{\text{Behavior} = F\,(\text{Person}/\text{Environment})}$$

Unter Zugrundelegung dieser Formel kommt RYANS zu folgendem Modell (vgl. Abb. 15). GAGE erläutert (S. 82): „In diesem Modell entsprechen die Blöcke auf der linken Seite LEWINS P-Variablen, die auf der rechten Seite LEWINS E-Variablen. Aufsteigend kommt man von den allgemeinsten Merkmalen über verschiedene Niveaus der Allgemeinheit zu den sehr spezifischen Verhaltensweisen von Lehrer und Schüler an der Spitze der Darstellung. Die gepunkteten Pfeile, die die rechten und linken Blöcke verbinden, stellen die Interaktionen zwischen diesen Blöcken dar. Das Modell zeigt die verschiedenen Abstraktionsniveaus, auf denen der Forscher arbeiten kann."

Während in dem soeben beschriebenen Modell (Abb. 15) der Schüler, von der Person des Lehrers aus betrachtet, mehr der Seite der Umgebung (Environment) zugehört – wenn auch durchaus interaktionelle Querverbindungen bestehen –, werden in einem zweiten, abgewandelten Modell (vgl. Abb. 16) Lehrer und Schüler von RYANS wesentlich ausdrücklicher in ein *soziales* Interaktionsverhältnis zueinander gebracht. Der Autor geht dabei aus von dem Postulat, das Verhalten des Lehrers sei ein soziales Verhalten, wobei er nach GAGE (S. 82) auf das sog. dyadische System von SEARS (1951) zurückgreift: „Jedes instrumentelle Verhalten einer Person würde die Faktoren beeinflussen, die dem instrumentellen Verhalten der anderen vorhergehen, desgleichen würden sie die nachfolgenden Ereignisse in der Umwelt des anderen beeinflussen. Bei einer solchen Interaktion kann das Verhalten des Individuums per definitionem nicht mehr allein aus dem bestimmt werden, was wir über es wissen, d.h. seine Persönlichkeit und seine Umwelt auf der einen Seite und die Folgen seines Verhaltens auf der anderen Seite; vielmehr formt nun das Verhalten eines anderen Individuums auch das, was dem eigenen Verhalten vorausgeht und was ihm folgt." (GAGE, 1968/3, S. 83) Indem so Lehrer- und Schülerverhalten im Interaktionsschema aufeinander bezogen und miteinander verkoppelt sind, ist ohne Zweifel ein Modell entstanden, das der Komplexität der realen Gegebenheiten relativ nahe kommt, das aber gleichzeitig u. a. eben deshalb einige Schwierigkeiten bereitet. Denn obgleich zwar das Lehrerverhalten wesentlich Interaktionsverhalten ist, weist es doch andererseits unbestreitbar Verhaltenselemente auf, die gleichsam als unabhängige Variable mit in den Interaktionsprozeß eingehen. GAGE zufolge (S. 83) hat daher CRONBACH

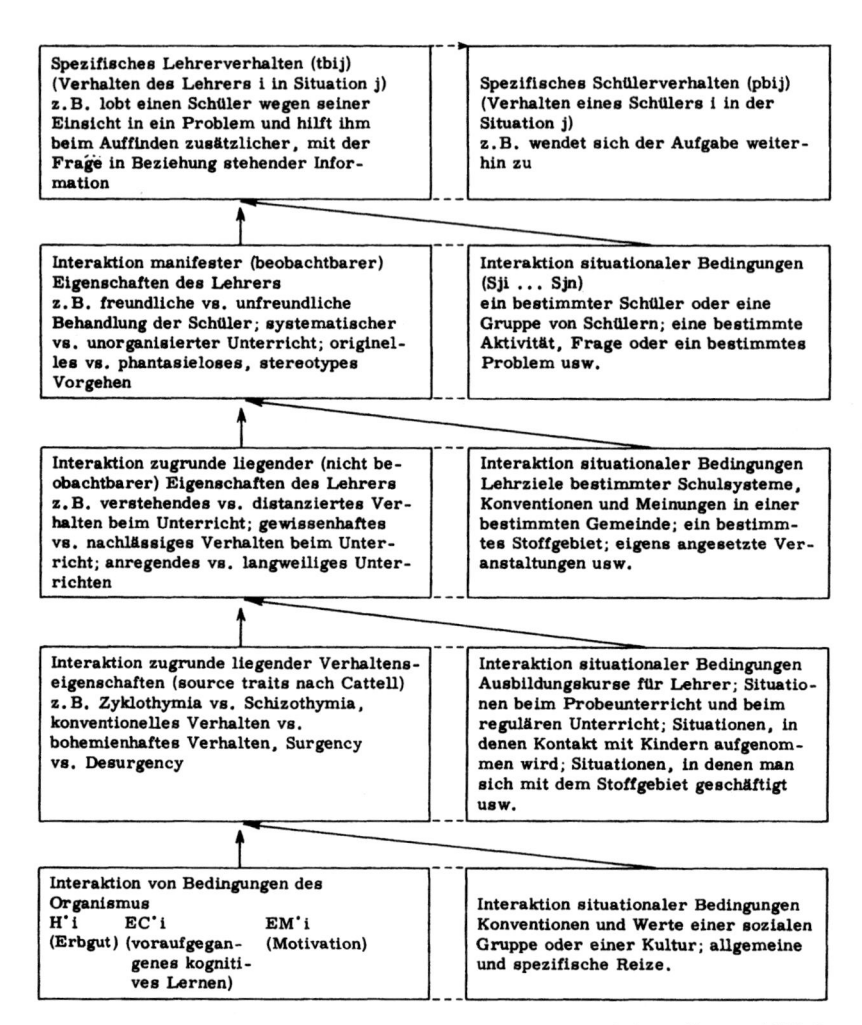

Spezifisches Lehrerverhalten (tbij) (Verhalten des Lehrers i in Situation j) z.B. lobt einen Schüler wegen seiner Einsicht in ein Problem und hilft ihm beim Auffinden zusätzlicher, mit der Frage in Beziehung stehender Information	Spezifisches Schülerverhalten (pbij) (Verhalten eines Schülers i in der Situation j) z.b. wendet sich der Aufgabe weiterhin zu
Interaktion manifester (beobachtbarer) Eigenschaften des Lehrers z.B. freundliche vs. unfreundliche Behandlung der Schüler; systematischer vs. unorganisierter Unterricht; originelles vs. phantasieloses, stereotypes Vorgehen	Interaktion situationaler Bedingungen (Sji ... Sjn) ein bestimmter Schüler oder eine Gruppe von Schülern; eine bestimmte Aktivität, Frage oder ein bestimmtes Problem usw.
Interaktion zugrunde liegender (nicht beobachtbarer) Eigenschaften des Lehrers z.B. verstehendes vs. distanziertes Verhalten beim Unterricht; gewissenhaftes vs. nachlässiges Verhalten beim Unterricht; anregendes vs. langweiliges Unterrichten	Interaktion situationaler Bedingungen Lehrziele bestimmter Schulsysteme, Konventionen und Meinungen in einer bestimmten Gemeinde; ein bestimmtes Stoffgebiet; eigens angesetzte Veranstaltungen usw.
Interaktion zugrunde liegender Verhaltenseigenschaften (source traits nach Cattell) z.B. Zyklothymia vs. Schizothymia, konventionelles Verhalten vs. bohemienhaftes Verhalten, Surgency vs. Desurgency	Interaktion situationaler Bedingungen Ausbildungskurse für Lehrer; Situationen beim Probeunterricht und beim regulären Unterricht; Situationen, in denen Kontakt mit Kindern aufgenommen wird; Situationen, in denen man sich mit dem Stoffgebiet geschäftigt usw.
Interaktion von Bedingungen des Organismus H'i EC'i EM'i (Erbgut) (voraufgegangenes kognitives Lernen) (Motivation)	Interaktion situationaler Bedingungen Konventionen und Werte einer sozialen Gruppe oder einer Kultur; allgemeine und spezifische Reize.

Abb. 15: Modell zur Darstellung der Integration des Lehrerverhaltens (RYANS, 1960, S. 18; übernommen aus GAGE, 1968/3, S. 81)

(1958) dafür plädiert, Interaktion als Erklärung nur anzunehmen, „nachdem die Erklärungsmöglichkeiten individueller Kombinationen von Persönlichkeit und Umwelt für Schüler wie Lehrer erschöpft sind. Das Verhalten eines autoritären Lehrers könne sich also je nachdem unterscheiden, ob er es mit ‚innengeleiteten‘ oder ‚außengeleiteten‘ Schülern zu tun hat, und das Verhalten und Lernen der Schüler kann also auch je nach der Art der Autorität ihres Lehrers verschieden sein." Damit ist vor allem deutlich, daß man sich bei der Erklärung eines so

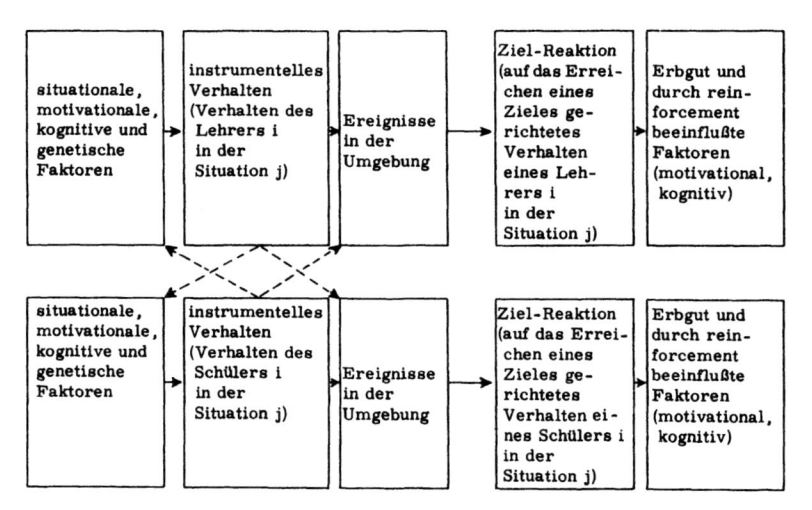

situationale, motivationale, kognitive und genetische Faktoren	instrumentelles Verhalten (Verhalten des Lehrers i in der Situation j)	Ereignisse in der Umgebung	Ziel-Reaktion (auf das Erreichen eines Zieles gerichtetes Verhalten eines Lehrers i in der Situation j)	Erbgut und durch reinforcement beeinflußte Faktoren (motivational, kognitiv)
situationale, motivationale, kognitive und genetische Faktoren	instrumentelles Verhalten (Verhalten des Schülers i in der Situation j)	Ereignisse in der Umgebung	Ziel-Reaktion (auf das Erreichen eines Zieles gerichtetes Verhalten eines Schülers i in der Situation j)	Erbgut und durch reinforcement beeinflußte Faktoren (motivational, kognitiv)

Abb. 16: „Dyadische Einheit" (RYANS, 1960, S. 20; SEARS, 1951; übernommen aus GAGE, 1968/3, S. 82)

schwierigen Sachverhaltes wie des Lehrerverhaltens vor Einseitigkeiten hüten sollte. Weder ist in jedem Fall die Persönlichkeit des Lehrers entscheidend verantwortlich dafür, was in der Klasse vor sich geht, noch bestimmen in jedem Falle immer die Schüler oder die Umstände, wie sich der Lehrer verhält.

So gesehen, kann Professionalisierung des Lehrerverhaltens als *Aufgabe* dahingehend präzisiert werden, daß es für den einzelnen Lehrer darum geht, im Bewußtsein des interaktionellen Gesamtzusammenhanges unter Einbeziehung sowohl seiner eigenen Person als auch des Lehrinhaltes, der Klasse, des einzelnen Schülers usw. rational im Sinne optimaler Instruktion zu handeln. Daß damit nichts Einfaches gefordert wird, ist offensichtlich. Ein hohes Maß an Ich-Kontrolle, Sensitivität und an theoretischer wie praktischer Schulung der pädagogisch-psychologisch adäquaten Verhaltensformen ist erforderlich. Die Notwendigkeit der Entwicklung theoretischer wie praktischer Konzepte zur Bewältigung dieses äußerst schwierigen Problems wird dadurch nur nachdrücklich unterstrichen.

Ein zweites hier interessierendes Modell des Lehrvorganges ist das folgende von RUNKEL (vgl. Abb. 17 und Abb. 18):

Die durchgezogenen Linien stellen Kommunikationsvorgänge innerhalb der Person dar – etwa mit Hilfe des Nervensystems. Die gepunkteten Linien stellen Kommunikationen zwischen den Personen dar – etwa mit Hilfe des Ausdrucks, der Sprache usw.

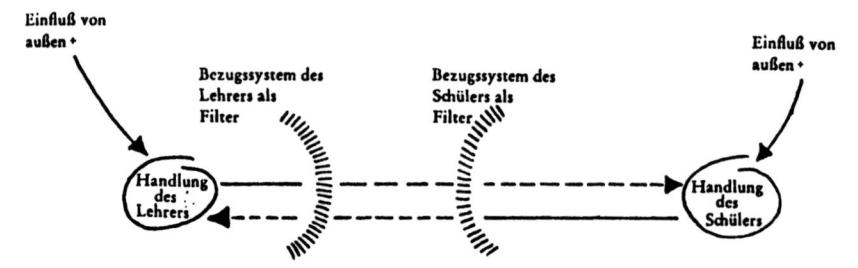

Abb. 17: Vereinfachte Darstellung des Modells der Interaktion zwischen Lehrer und Schüler (RUNKEL, 1958; übern. aus GAGE, 1968/3, S. 85)

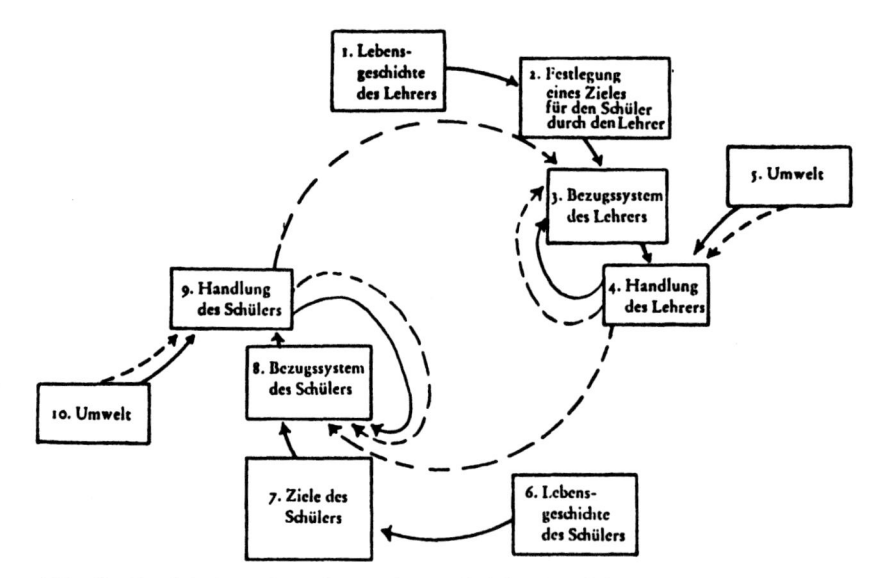

Abb. 18: Vereinfachte Darstellung eines Modells der Schüler-Lehrer-Interaktion (RUNKEL, 1958; übern. aus GAGE, 1968/3, S. 85)

Auch in diesen beiden Skizzen hat der Interaktionsgedanke den Vorrang von irgendwelchen einseitigen Gesichtspunkten. Er wird durch die Kreisdarstellung des zweiten Modells besonders unterstrichen, in welche die fünf Handlungsmomente des Lehrer- und Schülerverhaltens eingebettet sind. Ohne auf eine nähere Erörterung des RUNKELschen Modells hier näher eingehen zu müssen, können vier kritische Anmerkungen gemacht werden, die z.T. auch für die bereits herangezogenen Lehrmodelle gelten.

1. Es fällt auf, in welch geradezu erstaunlichem Maße der Aspekt des Lehrinhalts außer Betracht bleibt. Zwar wird von der Zielbestimmung durch den Lehrer gesprochen, der Lehrinhalt als eigenständiger Faktor bleibt jedoch ausgeklammert. Dies ist umso bedeutsamer, als gerade auch der Inhalt in einem echten Interaktionsgefüge eine nicht unwesentliche Rolle spielt, zumal, wenn man im Auge behält, daß höhere kognitive und affektive Lernziele vor allem ein indirektes Vorgehen erfordern, in welchem sich der Lehrer vor allem organisatorischen Tätigkeiten zu widmen hätte, um eine direkte Konfrontation zwischen Schüler – Lehrinhalt und Schüler – Schüler (!) zu ermöglichen (vgl. BREZINKA, 1969). Auf jeden Fall würde der Lehrinhalt dabei zu einem gewichtigen Interaktionsfaktor. Es scheint jedenfalls, daß die angedeutete Außerachtlassung des inhaltlichen Aspekts von Unterricht im Zusammenhang steht mit der korrelationsstatistischen Gesamtorientierung der amerikanischen Unterrichtsforschung; weshalb denn auch HORST RUMPF feststellt: „Die Unterrichtsforschung ... hat auf weite Strecken den inhaltlichen Kontext der Lehrer-Schüler-Interaktion aus dem Feld der Aufmerksamkeit ausgeblendet; hinzu kommt, daß das sozialpsychologisch orientierte Forschungsinteresse und -instrumentarium dem Unterrichtsinhalt qua Inhalt gegenüber gleichgültig und inkompetent bleibt..." (1969, S. 296) Inwieweit diese Begrenzung der Fragestellung aus methodologischen Gründen notwendig und berechtigt ist, mag hier auf sich beruhen. Daß aber der Faktor Lehrinhalt bei der Betrachtung des Lehrerverhaltens generell keine Berücksichtigung findet, erscheint problematisch, weshalb darauf noch zurückzukommen sein wird.

2. Auffallend an den bisher angeführten Modellen ist ferner die formale Gleichstellung von Lehrer und Schüler im Interaktionsfeld. Dies mag zwar durchaus für eine ganze Reihe von Inhalten und Unterrichtssituationen berechtigt sein. Die Frage bleibt jedoch, ob die Formen des Lehrerverhaltens sich von denen des Schülerverhaltens nicht mindestens in einer ebenso großen Anzahl der Fälle – wenn nicht gar grundsätzlich – schon aufgrund der unterschiedlichen Rollen und Rollenerwartungen unterscheiden und unterschiedlich zu gewichten wären.

3. Nicht unwichtig ist ebenso der „privatistische" Charakter der Modelle des Lehrvorganges, der dadurch zum Ausdruck kommt, daß überwiegend von einer Zweier-Beziehung Lehrer – Schüler, nicht jedoch Lehrer – Klasse die Rede ist. Mit Recht stellt daher GAGE (S. 89) fest: „Keines dieser Modelle hat sich mit der Komplikation auseinandergesetzt, die dadurch entsteht, daß sich ein Lehrer in der Regel mit mehr als einem Schüler zur gleichen Zeit befaßt. Für die Betrachtung des Unterrichts in Klassen muß natürlich die Seite der Schüler in irgendeiner Weise vom Lehrer, der ja überwiegend der Handelnde ist, auf einen

,Durchschnittswert' gebracht werden. Bei einer Diskussion in der Klasse mag der Schüler, der auf der anderen Seite des ‚Netzes' dem Lehrer gegenübersteht, von Ball zu Ball wechseln, und es mag schwierig sein, relativ konstante Vorstellungen über die Eigenschaften eines Schülers zu entwickeln, wenn es sich immer wieder um einen anderen Schüler handelt."

4. Ein weiterer Punkt wurde bereits oben im Zusammenhang mit der Vernachlässigung des Lehrinhaltes angeschnitten: die behandelten Modelle des Lehrvorganges lassen keinen Raum für die in der Klasse immer auch vorhandenen Beziehungen *zwischen* den Schülern. Nun behandeln diese Modelle zwar mit Recht das Interaktionsgeschehen der Klasse primär aus der Optik des Lehrers, die berechtigte Frage bleibt indessen, ob und wie das Lehrerverhalten auf jene Binnenstrukturen des Aktionszusammenhangs einer Klasse zu beziehen ist, zumal die Schaffung und Ermöglichung kommunikativer Beziehungen zwischen den Schülern eine der wichtigen sozial-psychologischen Aufgaben des Lehrers darstellt. Nun könnte man auf das am Beginn dieses Abschnittes Gesagte verweisen und einwenden, sozialpsychologische Fragen seien aus Lehrmodellen überhaupt auszuklammern, da diese Modelle sich primär dem Lehrerverhalten bei der Vermittlung von Inhalten kognitiver oder psychomotorischer Art widmen. Hier wäre indessen die Frage zu stellen, ob diese Trennung angesichts der heute als lernpsychologisch gesichert anzusehenden engen Verschränkung von kognitiven und affektiven Prozessen gerechtfertigt (vgl. BROCHER, 1967) und ob sie angesichts der Notwendigkeit des angedeuteten mindestens zeitweiligen indirekten Vorgehens ohne Schaden möglich ist. Beide Einwände orientieren sich dabei durchaus nicht nur am Kind und seinen Bedürfnissen, sondern gerade auch an den Inhalten und deren adäquater Vermittlung. Insofern wäre zu fragen, ob Modelle des Lehrvorganges den hier angesprochenen Aspekt der interpersonalen Beziehungen zwischen Schülern zu berücksichtigen hätten. So bleiben denn bei den bisherigen Forschungsansätzen eine Reihe von Fragen offen, deren Lösung möglicherweise die Voraussetzung für eine Verbesserung von Modellen des Lehrvorgangs und damit des Lehrerverständnisses bilden könnten.

6.4: Eine beinahe idealtypische Konstruktion eines Lehrmodelles liegt in der (Rück-) Übertragung des Instruktionsschemas der adaptiven Lehrmaschine auf das aktuelle Lehrerverhalten vor. Denn adaptive Lehrmaschinen – vorläufige Endprodukte einer „Emanzipation" der Lehr- und Lernmittel – eignen sich als „Lehrer-Simulatoren" ausgezeichnet dazu, die in ihnen gleichsam „enthaltene" Theorie des Lehrens zurückzuverwandeln in „normales" (herkömmliches) Lehrerverhalten. GAGE (1967/5, S. 129 ff.) geht dabei aus von dem System einer von STOLUROW (1961) entwickelten adaptiven Lehrmaschine (vgl. Abb. 19). Wie aus dem Modell zu ersehen ist, lassen sich zehn Einzelelemente des Instruktionssystems der Maschine voneinander unterscheiden:

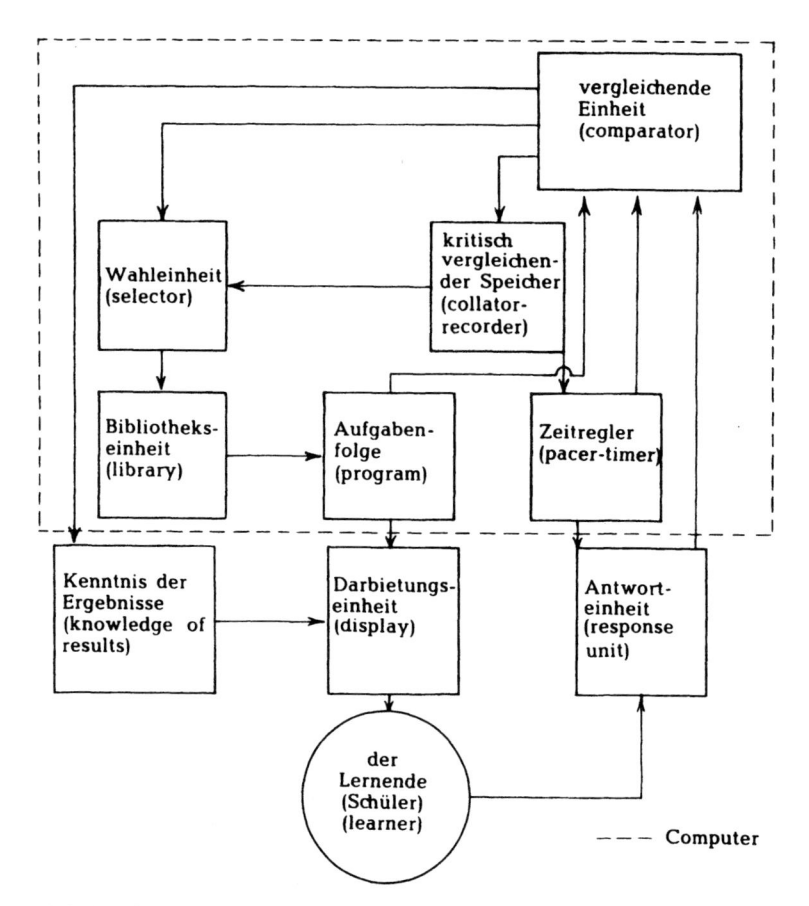

Abb. 19: System einer adaptiven Lehrmaschine (STOLUROW, 1961, S. 7; GAGE, 1967/5, S. 130; übern. aus GAGE, 1970, Bd. I, S. 333)

1. Problemstellung (Display), 2. Antwort-Anlage für den Lernenden (Response Unit), 3. Schrittmacher-Zeitmesser (Pacer-Timer) für die Messung der Lerngeschwindigkeit, 4. Prüfer (Comparator) für den Vergleich der tatsächlichen mit der gewünschten Antwort, 5. Bekanntgabe der Ergebnisse (Knowledge of Results), 6. Vergleichs-Speichergerät (Collator-Recorder) für die Messung und Speicherung von Daten über Fehler, Zeitintervalle usw., 7. Auswähler (Selector) für die nächste Lerneinheit, 8. Informationsspeicher (Library) der Lehrinhalte, 9. Aufgabenfolge (Program), 10. Rechenanlage (Computer). Daß die Übertragung dieses Modells auf das herkömmliche Lehrerverhalten sinnvoll und ergiebig ist – wenn auch hier, wie bei den bisher erwähnten Modellen, eine Reihe von Faktoren unberücksichtigt sind –, zeigt GAGE (ebd., S. 131) in einer

zweiten Skizze (vgl. Abb. 20), in der die angeführten zehn Einzelelemente der Lehrmaschine auf die herkömmliche Lehrsituation transponiert sind. Zu Recht stellt GAGE fest, daß die Übertragung des Instruktions-Schemas der Lehrmaschine auf das herkömmliche Lehrerverhalten eine Reihe von Variablen und Zusammenhängen markiert, die bisher in der Unterrichtsforschung vernachlässigt wurden. Daß hier ein fruchtbarer Gedanke vorliegt, zeigen auch Ansätze, in denen geprüft wird, in welcher Form z. B. Unterrichtsprogramme als Instrumente der Unterrichtsforschung dienen könnten (vgl. DÖRING, Hrsg., 1971). Im vorliegenden Fall lassen sich mit GAGE eine Reihe von Elementen des Lehrprozesses hervorheben, die bisher vernachlässigt wurden: „Wie schnell Lehrer im Unterricht vorgehen (vgl. Nr. 3 in Abb. 19 und 20), wie gut sie die Antworten der Schüler in der fortschreitenden Klassendiskussion berücksichtigen (vgl. ebd. Nr. 4), wie deutlich und vollständig sie den Schülern die Richtigkeit ihrer Antworten bestätigen (vgl. Nr. 5), wie gut sie den Lernfortschritt der Schüler verfolgen (vgl. Nr. 6), all dies sind Aspekte, die selten als Variable in der Unterrichtsforschung aufgetaucht sind." (GAGE, 1967/5, S. 132) Gleichzeitig mit diesem Anstoß für die Forschung werden aber auch hier bereits Elemente des Lehrerverhaltens deutlich, deren Kenntnis und Beschreibung wichtige Aufschlüsse über den Funktionszusammenhang „Lehren – Lernen" geben können. Es scheint, als ob gerade die Exaktheit der programmierten Instruktion – Definition und Operationalisierung der Lernziele, planmäßige Erstellung und getreue Darbietung des sach- und psychologisch ausgefeilten Lehrprogramms, minuziöse Orientierung am Lernfortschritt des Schülers und prompte Rückkoppelung – Kriterien für eine Beurteilung des aktuellen Lehrerverhaltens zu liefern vermag; Kriterien, die überdies eine Bestimmung der Vor- und Nachteile beider Verfahren ermöglichen könnten.

6.5: Im Schlußteil seiner Arbeit über Lehrmodelle wendet sich GAGE dem entscheidenden Problem einer allgemeinen *Theorie des Lehrens* oder Unterrichtens zu (1968/3, S. 90ff.), die „für die Verhaltenswissenschaft bisher noch gar nicht existiert" (S. 91). Der Autor versucht dabei, einen Zugang für einen umfassenderen Ansatz zu finden. Er geht u. a. aus von der problematischen These, „daß sich der Lehrer, wenn wir eine adäquate Theorie des Lernens haben, notwendigerweise nach dieser Theorie richten muß, ohne daß es der Anwendung einer besonderen Theorie des Lehrens bedarf. Wenn der Lehrer Lernen bewirken will, dann muß er notwendigerweise genau das tun, was die Theorie des Lernens als notwendige Voraussetzung für das Lernen angibt. Lehren muß so eine Art ‚Spiegelbild' des Lernens sein." (S. 91) So wichtig die Orientierung des Lehrerverhaltens an lernpsychologischen Gegebenheiten ist, so unbezweifelbar richtig ist dagegen die Auffassung von GAGE, wonach Theorien des *Lehrens* mehr sind als bloße Anwendungen von *Lern*theorien. So wenig sich der Bauer damit begnügen könne, sein Wissen darüber zu erweitern,

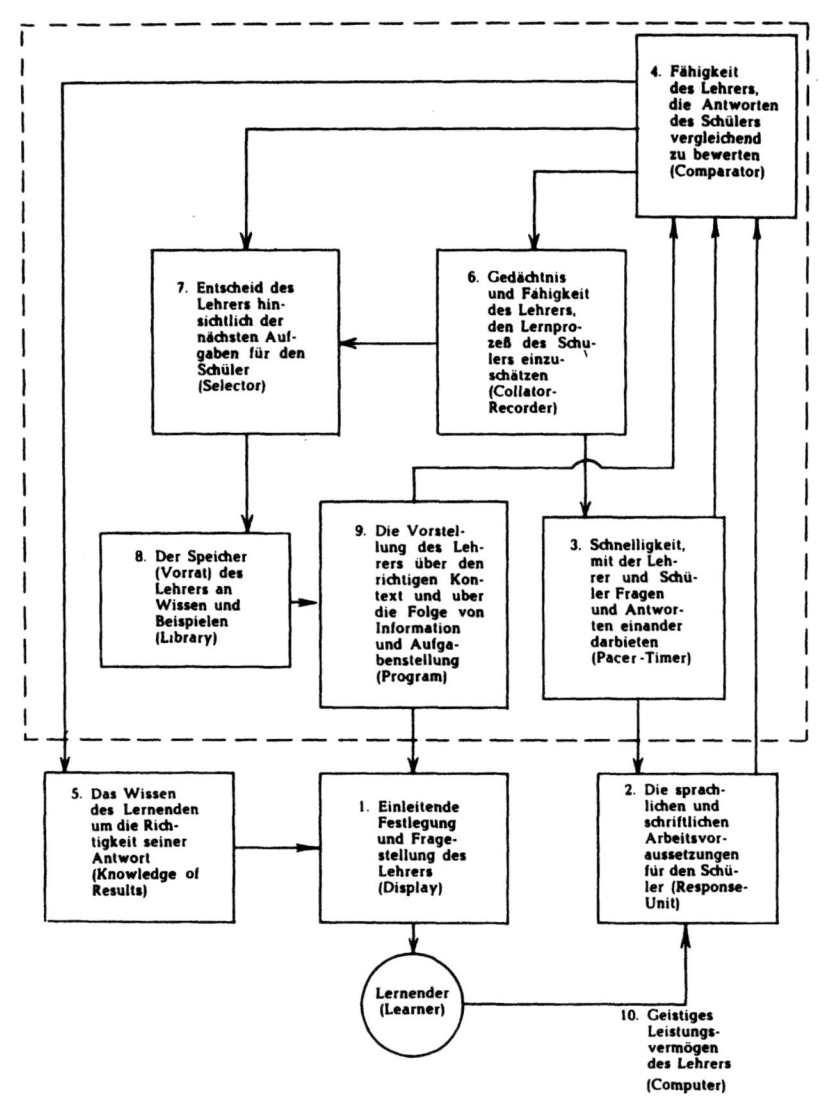

Abb. 20: Übertragung des Systems einer adaptiven Lehrmaschine auf menschliches Lehren (GAGE, 1967/5, S. 131; übern. aus GAGE, 1970, Bd. I, S. 334)

wie Pflanzen wachsen, wie sie von Boden, Wasser und Sonnenlicht abhängig seien, so wenig könne es der Lehrer damit bewenden lassen, zu wissen, wie Kinder lernen und wie dieses Lernen abhängig sei von Motivation, Lernbereitschaft, Lohn und Strafe. So wie der Bauer etwas von der Feldbestellung, vom

Pflügen, Säen usw. verstehen müsse, so sollten Lehrer wissen, *wie* sie unterrichten sollen, *wie* Motivationen geweckt und Lernbereitschaft entwickelt werden. „Viel zu groß sind die Bereiche der pädagogischen Psychologie, die dem Lehrer nahelegen, aus dem, was er über Lernende und Lernen weiß, abzuleiten, was er tun soll. Theorien des Lehrens würden *ausdrücklich* darstellen, wie sich Lehrer verhalten, und welches die Wirkungen dieses Verhaltens sind. Also müssen sich Theorien des Lehrens neben und mit gleichen Rechten wie Theorien des Lernens entwickeln, anstatt aus ihnen hergeleitet zu werden." (1968/3, S. 91)

Da es noch keine Theorie des Lehrens gibt, versucht GAGE im Rahmen seiner Studie, wenigstens erfolgversprechende Richtungen dafür aufzuweisen. Der Autor stellt zunächst die Forderung auf, ein allgemeiner Begriff des Lehrens müsse sich auf jede Stufe, jeden Stoff und jede Situation beziehen lassen, sei es innerhalb oder außerhalb der Schule. Daher entfallen für GAGE als Ausgangspunkt alle Bestimmungen, die sich auf typische Formen des Lehrens beziehen, wie etwa, daß Lehren etwas mit formalem Schulstoff und Unterrichtszielen zu tun haben müsse. Er stellt fest, es könne prinzipiell zwei Arten von Theorien des Lehrens geben: „Erstens kann eine solche Theorie versuchen zu erklären, warum sich Lehrer in der Weise verhalten, wie sie es in ihrer Rolle als Lehrer tun; in einem solchen Schema wäre das Verhalten des Lehrers eine abhängige Variable... Eine zweite Art von Theorien des Lehrens würde versuchen zu erklären, warum das Verhalten der einen Person, des Lehrers, das Verhalten einer anderen Person, des Schülers, beeinflussen kann. Diese Art Theorie würde Paradigmen des Lehrens, d.h. interpersonale Einflüsse, die in Lernen resultieren, zu erklären versuchen." (GAGE, 1968/3, S. 92)

GAGE betont sodann, daß die Zurückweisung der Annahme, eine Theorie des Lehrens leite sich direkt und gleichsam von selbst aus der Theorie des Lernens ab, nicht etwa bedeutet, daß Lehren und Lernen nicht aufeinander zu beziehen sind. Er stellt die Frage, durch welche Prozesse der Lehrer den Schüler psychologisch dazu bringt zu lernen, und muß daher zunächst auf verschiedene Lernformen eingehen, wie Konditionieren, Identifikation und kognitives Verhalten.

Die Theorie des Konditionierens mit den Faktoren Trieb bzw. Motivation, Reiz, Reaktion und Verstärkung gibt hinsichtlich der Art und Weise, wie Individuen lernen und erzogen werden müssen, folgendes Schema: „1. Sie müssen durch etwas innerhalb oder außerhalb ihrer selbst gereizt werden, 2. sie müssen eine beobachtbare oder nichtbeobachtbare Reaktion ausführen und 3. irgendeine Art von Bekräftigung erhalten, die ihnen mitteilt, daß entweder Gefahr droht (Furcht) oder daß Gefahren gebannt sind (Erleichterung), daß Sicherheit zu erwarten ist (Hoffnung) oder daß Sicherheit schwindet (Enttäuschung)." (GAGE, 1968/3, S. 95) Daraus folgt, daß die wichtigste Aufgabe und zugleich das Problem des Lehrens darin besteht, „für den Lernenden eine Anordnung zu treffen, die es ihm erlaubt, mit der angemessenen Reaktion zu reagieren, so daß diese Reaktion belohnt oder bestraft werden kann' (ebd.).

Wesentlich geringer sind die Möglichkeiten beim Identifikationskonzept, Lernen durch gezielte Maßnahmen herbeizuführen. Denn wenn Identifikation die Verinnerlichung von Verhaltensweisen, Normen, Attitüden usw. einer geliebten Person bedeutet, dann liegt auf der Hand, daß dieser Prozeß nur schwer planmäßig herbeizuführen ist. GAGE (S. 96) stellt fest: „Nach dieser Vorstellung können die Lehrer Einfluß auf die Schüler ausüben, indem sie irgendwie sicherstellen, daß der Schüler positive Einstellungen gegenüber dem Lehrer hat." Wenn die Lehrer demnach Einstellungsveränderungen bei Schülern dadurch herbeiführen können, daß sie die Schüler dazu bringen, positive, auf sie gerichtete Gefühle zu entwickeln, so ist deutlich, daß in diesem theoretischen Konzept die affektiven Beziehungen zwischen Lehrer und Schülern eine entscheidende Rolle spielen. Problematisch wird ein auf dem Identifikationsmodell beruhendes Lehrerverhalten, das nicht konsequent darauf gerichtet ist, die auf die Identifikationsperson, den Lehrer, gerichteten Gefühle allmählich auf die Sache hin „umzupolen". Ohne eine gezielte Überleitung sekundärer Motivationen in Primärmotivationen besteht somit die Gefahr, daß die Schüler bei Wegfall einer bestimmten Lehrperson auf einzelnen Lerngebieten keine weiteren Fortschritte mehr machen, ja bereits Erreichtes wieder abgebaut wird. Die bewußte Reduktion des „pädagogischen Bezuges" (NOHL, 1961/5) ist damit eine der wichtigen Komponenten des Lehrerverhaltens.

Geht man davon aus, daß die verschiedenen Lerntheorien „jeweils verschiedene Seiten des Lernprozesses und jeweils verschiedene Lernarten in den Mittelpunkt" stellen und ein „hierarchisches System" bilden (ROTH, 1959, S. 217), so gehören die kognitiven Prozesse zweifellos an die Spitze. Die Frage ist, welche Konsequenzen sich daraus für das Lehrerverhalten ergeben. Um hier Genaueres aussagen zu können, muß zunächst dem Einwand entgegengetreten werden, Denkleistungen hingen in einem solchen Maße von dem ab, was man gemeinhin als „Begabung" bezeichnet, daß für ein Eingreifen des Lehrers kaum Raum bleibe. Nach BERGIUS (1969) heißt einsichtiges Lernen vor allem „strukturgerecht" lernen. Nach ihm ist das Erfassen struktureller Züge wichtiger, als Einzelheiten zu wissen oder Formeln zu lernen. Einsichtiges Lernen kann durch „Organisieren" und „Umorganisieren", durch „Strukturieren" und „Umstrukturieren" geradezu geübt werden. „Damit sind erfolgreiche Problemlösungen lehr- und lernbar und nicht einfach die Wirkung einer angeborenen Einsichtsfähigkeit. Man kann im Gegenteil sagen, die Fähigkeit, Probleme zu lösen durch das Entdecken neuer Antworten, hängt weit von der Art des Unterrichtens ab, ob der Lehrende sich nämlich transferfördernder oder transferhemmender Methoden bedient." (ROTH, 1969, S. 37) Wenn dies richtig ist, dann muß der Frage nach den detaillierten Bedingungen eines die kognitiven Prozesse beförderlichen Lehrerverhaltens große Bedeutung zukommen. BERGIUS (1969) führt dazu aus: „Eine Verbesserung der Fähigkeit, selbständig und produktiv zu denken, kann nach lern- und denkpsychologischen Einsichten erreicht werden durch transferfördernde Lehrmethoden; durch systematische Unterstützung der Begriffsbildung; durch Befolgen der allgemeinen Regeln für das produktive Denken; durch Befolgen der speziellen Regeln für das produktive Denken. Die Förderung des Übungstransfers – ein Ziel der sog. formalen Bildung – kann durch die Anwendung von Ergebnissen der Lernforschung erreicht werden." (S. 264)

Derartige Befunde dürfte GAGE (1968/3, S. 98/99) u.a. im Auge haben, wenn er betont, daß die gezielte Beeinflussung kognitiver Prozesse wesentlich an zwei Bedingungen geknüpft ist: 1. an den Grad des Verständnisses und der Beherrschung des zu vermittelnden Inhaltes durch den Lehrer selbst; 2. an „das Verhalten des Lehrers, eingeschätzt nach solchen Dimensionen wie die ‚Logizität' bei seinem Unterricht". Wenn GAGE dabei nachdrücklich von der Bedeutung des kognitiven „Zwanges" spricht, den der Lehrer mit seinem Unterricht auf die Schüler ausüben soll, um Einsicht, Zustimmung und Glauben zu finden, kennzeichnet der Terminus „Zwang" (force) eine Seite des auf die Entwicklung kognitiver Fähigkeiten in Schülern gerichteten Lehrerverhaltens, die leicht mißverstanden und vor allem einseitig ausgelegt werden kann. Gemeint ist hierbei selbstverständlich nicht etwa ein persönlicher, sondern ein Sachzwang, der von der auf Lösung drängenden Problemstruktur ausgeübt wird.

Wie wichtig es ist, gerade auch um sich vor Vereinseitigungen zu hüten, die Theorie des Lehrens u.a. auf die Theorie des Lernens zu beziehen, zeigt sich deutlich, wenn man sich vor Augen führt, in welch starkem Maße in unseren Schulen die Verhaltensweisen des Lehrers darauf abgestellt sind, bei den Schülern konvergierendes Denken (Verhalten) zu bewirken. Wenn GAGE daher von der Notwendigkeit für den Lehrer spricht, durch sein Unterrichtsverhalten einen kognitiven „Zwang" auszuüben, so ist damit an sich noch offen, ob die jeweilige Problemstruktur beim Schüler konvergierende oder divergierende Denkprozesse stimulieren soll. Wenn GAGE dann aber von der Zustimmung und dem Glauben spricht, um den sich der Lehrer bei den Schülern in seinem Unterricht bemühen soll, so ist ohne Zweifel der Nachdruck auf konvergierendes Schülerverhalten gelegt. So wichtig dieser Gesichtspunkt ist – Schüler müssen lernen, „ein möglichst verläßliches Resultat zu erreichen, indem alle Unsicherheiten und Wagnisse sorgfältig ausgeschaltet" und alle „geistigen Kräfte ... gleichsam auf dieses Ziel hin" ausgerichtet werden (CORRELL, 1965, S. 61) –, so unbestreitbar ist andererseits, daß die grundsätzliche Vernachlässigung des divergierenden, kreativen, des schöpferischen Verhaltens auf die Dauer nicht zu verantworten ist. Wenn nach BERGIUS daher die Fähigkeit des

Schülers, Probleme durch das Entdecken *neuer* Antworten – mit Hilfe divergierenden Denkens also – zu lösen, weitgehend von der Art des Unterrichtens abhängt und ebenso in die Verantwortung des Lehrers gehört, so hat sich dieser eben auch um den Widerspruch und den „Unglauben" der Schüler zu bemühen. Gerade dies erst ermöglicht die kognitive Emanzipation des Schülers. Maßnahmen der Differenzierung, Einsatz von entsprechenden, experimentierendes Verhalten unterstützenden Lehr- und Lernmitteln, Anwendung indirekter Unterrichtsverfahren usw. sind einige Orientierungspunkte für ein dafür geeignetes Lehrerverhalten.

Zusammenfassung:
1. Die Theoriebildung zu Erfolgsmodellen des Lehrens steht vor der Schwierigkeit, brauchbare Kriterien für den Erfolg zu bestimmen; Forschungen nach diesem Modell haben überwiegend enttäuschende Ergebnisse erbracht.
2. Von größerem Interesse sind daher verfeinerte Modelle, in denen mehrere Klassen von Variablen berücksichtigt sind und die das Lehrerverhalten in einen interaktionellen Kontext stellen.
3. Die Modelle zum Lehrvorgang geben dem Gedanken des interaktionellen Gesamtzusammenhanges noch mehr Nachdruck, vernachlässigen aber ebenso wie die Erfolgsmodelle den inhaltlichen Aspekt des Unterrichts, stellen unkritisch, formalistisch den Lehrer mit dem Schüler gleich, gehen von Ich-Du-Beziehungen aus und vernachlässigen schließlich auch die Beziehungen der Schüler untereinander.
4. Die Rückübertragung des Lehrmaschinen-Modells auf die Unterrichtswirklichkeit ist ein überraschend fruchtbarer Ansatz auch für die Unterrichtsforschung.
5. Theorien des Lehrens sind mehr als Theorien des Lernens, da sie den Anspruch haben, dem Lehrer zu sagen, was er im Unterricht konkret tun könne und solle; daher können sich erstere niemals und gleichsam von selbst aus letzteren ergeben oder herleiten.
6. Dennoch muß sich jede Theorie des Lehrens auf die Theorien über das Lernen beziehen. Nach GAGE sind dabei vor allem die Theorie des Konditionierens (Behaviorismus), des Identifikationslernens (Modellernen) und des kognitiven Lernens (Informationsverarbeitung) zu beachten.

Fragen und Denkanstöße:
1. Bitte lesen Sie das folgende Zitat, und diskutieren Sie kritisch, ob diese Aussage nicht über jeden Versuch das Urteil spricht, das Lehren in Form wissenschaftlicher Modelle abzubilden: „Lehrerverhalten variiert in Stil, Tempo, Strategien und in der Varietät und Ordnung der verwandten logischen Operationen. Aus diesem Grunde führt es zu sehr breit gestreuten Ergebnissen, sowohl psychologisch als auch sozial. Der Versuch zur Ermitt-

lung des Wertes eines individuellen Lehrverhaltens ist somit ein aspektreiches Problem, das nicht nur eine große Zahl von Variablen beinhaltet, sondern auch die Frage nach dem ‚Gewicht' einzelner Variablen bei der Einschätzung des Gesamtverhaltens aufwirft." (MEUX, SMITH, 1977, S. 284).

2. Einige kritische Fragen:
   - Ist nicht eine Theorie des Lehrens letztlich eine Führungslehre des Unterrichts?
   - Ist eine Führungslehre nicht Herrschaftswissen „in der Hand" des Lehrers zur Verhaltenskontrolle und damit zur Beherrschung der Schüler?
   - Welches sind die Ziele von – offenen oder versteckten – Theorien und Modellen des Lehrens?

3. Eine Untersuchung von GUMP (1967) hat ergeben, daß Lehrer durchschnittlich folgende Zeiten für Unterrichts-Aktivitäten aufwenden:
   51% – eigentlicher Unterricht
   23% – Strukturierung und Organisation des Schülerverhaltens
   14% – Schülerdisziplinierung (Mahnen, Erlauben, Reagieren usw.)
   12% – Anderes, u. a. Eingehen auf individuelle Schülerprobleme
   Frage: Wie bewerten Sie diese grobe Zeitverteilung des Lehrers? Scheinen Ihnen die Gewichte angemessen verteilt?

4. Das Modell des sog. Mastery Learning des Amerikaners CARROLL (1973) besagt, daß eigentlich alle Schüler ein gesetztes Lernziel erreichen können, wenn man ihnen nur genügend Zeit gibt, *ihren* individuellen Lernbedürfnissen gerecht zu werden. Gesetzt, dieser Ansatz würde sich didaktisch durchsetzen, welche zwingenden Forderungen ergäben sich daraus für die Aufgabe des Lehrens?

5. Eine der wesentlichen Aufgaben des Lehrens ist es, eine innere Differenzierung des Unterrichts zu realisieren, um einerseits die unterschiedlichen Bedürfnisse einzelner Schüler zu berücksichtigen sowie das soziale Lernen aller Schüler andererseits zu fördern.
   Frage: Welche verschiedenen Möglichkeiten gibt es, mit Hilfe unterrichtlicher Medien eine innere Differenzierung des Unterrichts herbeizuführen (Beispiel: Einzelarbeit durch Programmierte Instruktion)?

6. Welche unterschiedlichen Funktionen muß ein Lehrer im Unterricht ausfüllen? Stellen Sie eine Funktionsliste zusammen mit konkreten unterrichtlichen Tätigkeiten!

Basisliteratur:
LOSER, F.; TERHART, E. (Hrsg.): Theorien des Lehrens, Stuttgart 1977.

Zusatzliteratur:
AEBLI, H.: Grundformen des Lehrens, Stuttgart, 1976.

7. Der rollentheoretische Ansatz

Die *Ziele* des folgenden Kapitels sind:
1. Kurze Darstellung einiger theoretischer Grundannahmen des traditionellen Rollenkonzeptes;
2. Rekonstruktion der erziehungswissenschaftlichen Lehrerrollendebatte;
3. Herausarbeitung der zentralen Reflexions- und Diskussionspunkte und ihre systematische Einordnung in ein Gesamtbild;
4. Aufweis der Relevanz wie der Grenzen des Rollenkonzeptes für eine berufsspezifische Analyse des Lehrerverhaltens.

7.1: In der Debatte um die Professionalisierung des Lehrerverhaltens nimmt der rollentheoretische Ansatz eine besondere Stellung ein. Das dürfte seinen Grund einerseits darin haben, daß das Rollenkonzept sowohl in der amerikanischen wie bundesdeutschen Soziologie eine herausragende Rolle spielt. Der zweite Grund dürfte darin zu suchen sein, daß der Ansatz einen weiten Diskussionsrahmen bietet, innerhalb dessen eigentlich die meisten relevanten beruflichen Problemstellungen erörtert werden können.

Den Beginn der soziologischen Rollendebatte setzten in den USA RALPH LINTON mit seinem Buch „Study of Man" (1936) und in der Bundesrepublik RALPH DAHRENDORF mit seinem „Homo Sociologius" (1953). „Das bei einschlägigen pädagogischen Betrachtungen in der Regel vorausgesetzte, zumeist aber nicht näher beschriebene oder gar analysierte wissenschaftliche Modell wird von seinen Verfechtern gemeinhin ‚Rollentheorie' genannt, von zahlreichen Kritikern indessen ... nur als ‚Rollenkonzept' bezeichnet, weil es in seiner herkömmlichen Fassung dem strengen Begriff einer Theorie offensichtlich nicht Genüge tut. Dieses Konzept besagt nun im wesentlichen, daß das Verhalten des Menschen als eines auf Kommunikation und Kooperation angelegten Wesens nicht ausschließlich, ja nicht einmal vorwiegend durch intraindividuelle Antriebe – etwa Erbfaktoren –, sondern weitgehend durch soziale Impulse gesteuert werde, nämlich durch die Verhaltenserwartungen seiner potentiellen Kommunikations- und Kooperationspartner. Bestimmte, relativ konstante Verbindungen von situationsübergreifenden Verhaltenserwartungen gelten danach als ‚soziale Rollen', als jene Verhaltensmuster also, die das Individuum befolgen muß und in der Regel tatsächlich befolgt, wenn und weil es nicht aus dem Kommunikationszusammenhang herausfallen will." (KRAMP, 1973, S. 185)

Die Rolle bezeichnet demnach nicht schon ein wirkliches Verhalten, sondern die gebündelten sozialen Verhaltenserwartungen, die an den Träger einer sozialen Rolle gestellt werden. Anderseits kann er als Rolleninhaber aber auch seinerseits Verhaltenserwartungen an die soziale Umgebung stellen. Diese Erwartungen der anderen begegnen dem einzelnen mit einer gewissen

Verbindlichkeit des Anspruchs. Rollenkonformes Verhalten wird notfalls durch Sanktionen gesellschaftlich erzwungen. Dabei muß man zwischen Muß- (Gesetze), Soll- (Sitten) und Kann- (Gewohnheiten) Erwartungen und entsprechend gestuften Sanktionen unterscheiden. – Damit ist mit dem Begriff *Rolle* das Verhalten des einzelnen mit den Erwartungen und Sanktionen der anderen verbunden.

Es liegt auf der Hand, daß ein solches Konzept den *Rollenkonflikt* in das Zentrum seiner Interessen gerückt hat. Dabei gibt es unterschiedliche Sichtweisen des Rollenkonflikts. Während die strukturell-funktionale Rollentheorie TALCOTT PARSONS (1972) Konflikte als Störvariablen ansieht, die gesellschaftlich möglichst zu vermeiden sind, sieht die Kritische Theorie der Frankfurter Schule in diesen „Instrumente", mit Hilfe derer sich „mögliche Freiheitsgrade des Handelns" ermitteln und erkämpfen lassen (HABERMAS, 1968). So wird im Rollenkonzept unterschieden zwischen:

– „Intra-Role-Konflikten" und
– „Inter-Role-Konflikten"-

Dabei sind Intra-Role-Konflikte solche, die innerhalb des Bezugsfeldes ein und derselben Rolle liegen, und Inter-Role-Konflikte solche, die einem Rollenträger aus dem Umstand erwachsen, daß er zugleich mehrere Rollen in verschiedenen Feldern abdecken muß (z. B. Lehrer, Vater, Parteimitglied, Vereinsvorsitzender). Woran sich das Verhalten des einzelnen im konkreten Fall orientiert, welche Verhaltenserwartungen er also jeweils zu für sich verbindlichen Verhaltensmustern macht, das hängt wesentlich ab vom

– „sozialen Status" (LINTON) und der
– „sozialen Position" (NEWCOMB),

die der einzelne im sozialen Gefüge einnimmt. Dabei bezeichnet *„sozialer Status"* den allgemeinen Platz auf einer sozialen Rangskala (= statischer Aspekt), während *„Position"* mehr die Stellung innerhalb des jeweiligen sozialen Systems hinsichtlich der ausgeübten Funktion bezeichnet (funktionaldynamischer Aspekt): z.B. Stellung in der Familie.

Diese wenigen Hinweise auf grundlegende Prämissen des rollentheoretischen Ansatzes dürften deutlich machen, daß letztlich jede Rollentheorie, wie auch immer sie im einzelnen aussehen mag, in eine *Theorie der Sozialisation* ausmündet. Diese (die Sozialisation) wird gesteuert und kontrolliert von den *Sozialisationsinstanzen*

– Familie,
– Schule,
– Peergroup (Freundesgruppe),
– Beruf,

- sonstige Bezugsgruppen des einzelnen (Vereinen, Parteien usw.),
- Massenmedien.

In Interaktion mit und in diesen Sozialisationsinstanzen erarbeitet sich der einzelne seine soziale Rolle im Systemganzen. Die Frage, in welchem Verhältnis sich dabei Systemzwang und Autonomie befinden, wird von den verschiedenen Rollentheorien unterschiedlich beantwortet. Vor allem folgende Bereiche der Persönlichkeit sind es, die im Sozialisationsprozeß ausgeformt und geprägt werden:

- Sprachkompetenz und kognitive Entwicklung,
- Bedürfnisdispositionen,

- Normen und Werte,
- Psychomotorische Fertigkeiten.

Zu beachten ist nun, daß jede individuell erworbene Kompetenz aus der Sicht der Gesellschaft als ganzer eine funktionale Perspektive erhält: „Was, auf das Individuum bezogen, Sozialisation heißt, ist für das entsprechende soziale System ‚Allokation‘, die Verteilung von funktionalen Aufgaben auf das dafür geeignete Personal. Aus der Sicht der Gesellschaft werden durch den Sozialisationsprozeß Rollenfähigkeiten und die ihnen entsprechenden Persönlichkeitseigenschaften produziert. Zugleich werden, angefangen mit der Grundschule, durch Erteilung von Leistungsqualifikationen und entsprechenden unterschiedlichen Zugangschancen zu höheren Bildungsinstitutionen bereits die Weichen für den späteren Platz des einzelnen im sozialen Schichtungsgefüge gestellt." (BRANDENBURG, 1971, S. 149)

Damit wird in bezug auf den Lehrerberuf zum einen deutlich, welche große gesellschaftspolitische Macht und Bedeutung den Lehrern als Sozialisationsagenten im System Schule zukommt, denn sie sind es, die Sozialchancen verteilen, von Bildungsmöglichkeiten ausschließen oder auf sie hinführen können. Zum anderen dürfte klar sein, daß der Lehrer selber im Verlauf der Berufsausübung einem Sozialisationsprozeß unterworfen wird (ist), der jene Persönlichkeitsmerkmale hervorbringen soll, die für die Ausübung des Lehrerberufs gesellschaftlich erwünscht sind. Daß wir heute feststellen müssen, daß die berufliche Sozialisation von Lehrern in der Schulwirklichkeit unserer Tage zu eher konservativen, rigiden und wenig schülerzugewandten Einstellungen führt (vgl. z.B. SCHEFER, 1969; KOCH, 1972; SUSTECK, 1975), ist die zweifelsohne *schwerste Hypothek* des Lehrerberufs; eine Tatsache, die ein Schlaglicht auf die bereits 1925 von BERNFELD konstatierte konservative Grundfunktion des Systems Schule wirft. Dieser Umstand aber bildet ein schweres Hindernis für eine erziehungswissenschaftlich wünschenswerte Professionalisierung des Lehrerberufs.

7.2: Die erziehungswissenschaftliche Lehrerrollendebatte wurde 1959 eröffnet durch J. Kob. Er geht aus von einer grundsätzlichen Modernität des Erziehungswesens und also auch des Lehrerberufs. Der Lehrer als Akademiker wird von ihm als Erziehungsspezialist gesehen, der in einer modernen leistungsfähigen Industriegesellschaft jene individuellen Fähigkeiten hervorbringen hilft, die der einzelne und das System als Ganzes benötigen. Nach Kob sind es die Bedürfnisse der industrialisierten Gesellschaft, auf die eine eben diese Gesellschaft pädagogisierende Erziehungstheorie immer wieder zu reagieren habe. Wenn heute vom Lehrer zu konstatieren sei, daß dieser ein „sociological stranger" (oder „marginal man") sei, so sei dies Folge einer verbreiteten zivilisationspessimistischen, antiindustriellen Haltung eines großen Teils der Erzieherschaft, die verhindere, daß sich der Lehrer der grundsätzlichen Modernität seines Berufes stelle. Kulturkritik sei kein brauchbares Prinzip für Erziehung. Die Pädagogik verfehle so ihren gesellschaftlichen Auftrag.

Kob arbeitet sodann noch ein grundsätzliches Merkmal des Lehrerberufs heraus, wenn er von der im doppelten Sinne vermittelnden Position des Lehrers – vom prinzipiell intermediären Charakter des Lehrerberufs – spricht. Der Lehrer als Mittler zwischen den Generationen repräsentiert vor den Schülern die Erwachsenenwelt, ohne selbst in ihr einen festen Platz zu haben; da der Lehrerberuf ja selbst keine produzierende Tätigkeit darstellt. Zum anderen hat der Lehrer ständig Inhalte, Werte, Bewußtseinsstrukturen zu vermitteln. Kob meint, bei dieser doppelten Vermittlungstätigkeit handele es sich um eine berufsspezifische Beziehungsstruktur, die die Tendenz, den Lehrer zum „sociological stranger" zu stempeln, verstärke. Von daher sei verständlich, daß viele Lehrer in kulturelle oder wissenschaftliche Tätigkeiten flüchten, um dieses Berufsmanko zu kompensieren.

Dies scheinen die verschiedenen Lehrergruppen auf unterschiedliche Weise zu verwirklichen. In einer eigenen Studie (1958) hat Kob Hinweise darauf erhalten, daß der ehemalige Volksschullehrer (heute: Grund- und Hauptschullehrer) mit einer stärker pädagogischen Neigung als Typ A eher außerschulische Kompensationen anstrebt, während der Typ B (vorwiegend der Gymnasiallehrer) sein Selbstbewußtsein völlig auf seine fachwissenschaftliche Bildung gründet. Während demnach – vereinfacht gesprochen – der Typ A Vereinsvorsitzender im Sportverein oder Chorleiter werden möchte, schreibt der Typ B wissenschaftliche Aufsätze in Fachzeitschriften oder versucht, in seinem Fach zu promovieren. Spätere Untersuchungen haben die prinzipielle Richtigkeit der Kobschen Befunde bestätigt (z.B. Caselmann, Niemann).

An Kobs Arbeiten hat Klaus Mollenhauer (1962, 1969/2) angeknüpft und dazu das Konzept der „Pädagogischen Selbstrolle" entwickelt. Mollenhauer geht aus von Hartleys Definition der Selbstrolle als einer „Konstellation von Eigenschaften und Verhaltensweisen, die ein Mensch in einer beliebigen Situation von sich selbst erwartet, – parallel zu den sozialen Rollen, welche aus den Erwartungen der anderen bestehen" (S. 84). Auf die Berufsrolle angewendet, bestimmt daher MOLLENHAUER die Pädagogische Selbstrolle als „diejenige Konstellation von Eigenschaften, Verhaltensweisen und Meinungen, die der Erzieher, die Erzieherschaft (speziell die Lehrerschaft) und die pädagogische Theorie in einem pädagogischen Gedankengang und aufgrund der mit diesem verbundenen geschichtlichen Erfahrungen entwickelt haben und die sie von sich bzw. dem Erzieher erwarten. Der Begriff ‚pädagogische Selbstrolle' ist die soziologische Form des Selbstverständnisses der Erzieherschaft bzw. der Pädagogik." (ebd., S. 84)

Das Hauptmotiv für die Konstruktion des beruflichen Selbstrollenkonzepts ist die Disproportionalität des pädagogischen Rollenfeldes. Damit rücken die Bezugsgruppen des Lehrers und ihre teilweise disparaten Verhaltenserwartungen als ein zentrales Problem der Bewältigung der Lehrerrolle in den Mittelpunkt des Interesses (vgl. Abb. 21). MOLLENHAUER glaubt, daß die divergenten Erwartungen der verschiedenen Bezugsgruppen den Lehrer geradezu motivieren, „eine eigene Rolle auszubilden, um sie als maßgebenden oder korrigierenden Faktor ins soziale Spiel zu bringen" (ebd., S. 85).

Die pädagogische Selbstrolle – gestützt durch die und vermittelt mit der Pädagogik als Wissenschaft – ermögliche dem einzelnen Lehrer „vor Ort" an seine Bezugspartner *Gegenfragen zu stellen* und so seine relative Unabhängigkeit zu demonstrieren und zu behaupten: „Das ist möglich, weil einerseits die Vagheit der Erwartungen dem Lehrer einen großen Spielraum läßt, weil aber andererseits nur ein beschränkter Teil seines pädagogischen Verhaltens der sozialen Kontrolle unterworfen ist. Wesentliche Teile des didaktischen und methodischen Vorgehens, Feinheiten in der Behandlung der Schüler, pädagogische Überschußleistungen sind durch die sozialen Rollen nicht festgelegt. In diesen Lücken kann sich die Selbstrolle entfalten ..." (ebd.)

Für MOLLENHAUER ist der Sinn der Selbstrolle in der theoretischen (= wissenschaftlichen) und praktischen (= erzieherischen) Realisation der pädagogischen Autonomie zu suchen. Damit greift er ein Leitmotiv der Reformpädagogik und der geisteswissenschaftlichen Pädagogik neu auf. Es wird das Bild eines akademisch gebildeten, sich wissenschaftlich orientierenden Lehrers gezeichnet, der in relativer Autonomie seinen Bezugsgruppen gegenübertritt und letztlich im Namen des Heranwachsenden selbstverantwortlich handelt. MOLLENHAUER fügt dem den Zusatz an: „Sicherlich muß auch die Einsicht in die Reziprozität des Rollenphänomens Anwendung finden. Selbstkontrolle und außerpädagogische Erwartungen stehen sich nicht fremd gegenüber, um erst durch das Erziehungsgeschäft in Kontakt zu kommen. Es läßt sich im Gegenteil sinnvoll sagen, daß erst der Kontakt der Gruppen das Rollenfeld strukturiert, das heißt die Erwartungen sich gegenseitig hervorbringen." (ebd., S. 95)

Auf KOB und MOLLENHAUER baut WOLFGANG KRAMP (1973) mit seiner umfassenden Studie zur Rollenproblematik des Lehrerberufs auf. Die unter

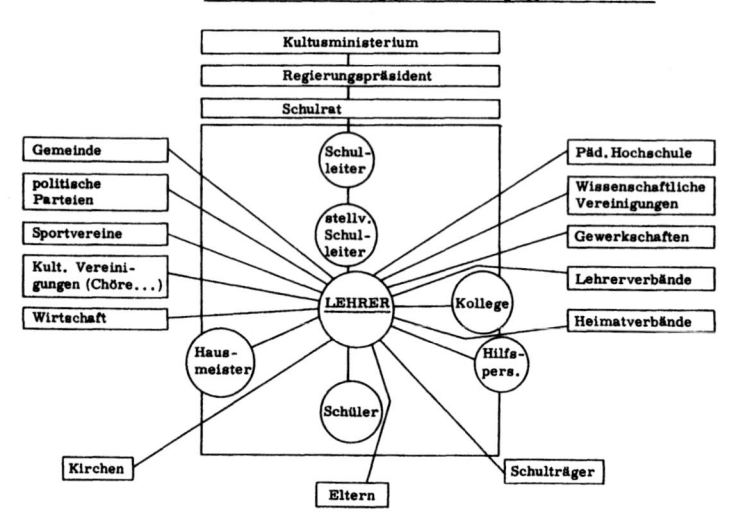

Abb. 21: Entnommen: KLOSE, P.: Das Rollenkonzept als Untersuchungsansatz für die Berufssituation des Lehrers. In: Kölner Zeitschrift für Soziologie und Sozialpsychologie, 23. Jg. 1971

dem Titel „Wandlungen und Widersprüche in der Berufsrolle des Lehrers" 1969 in Berlin entstandene und zuerst in den Pädagogischen Arbeitsblättern 1970 (22. Jg., H. 9–11) veröffentlichte Arbeit stellt das Problem in seiner ganzen Breite konzise und prägnant dar, so daß spätere Arbeiten, außer einigen Perspektiverweiterungen, Korrekturen und Ergänzungen, nichts wesentlich Neues mehr hinzuzufügen vermochten.

Es ist das Anliegen KRAMPs, das rollentheoretische Paradigma im wesentlichen für die folgenden drei Zielstellungen fruchtbar zu machen:

- Darstellung allgemeiner berufsspezifischer Merkmale des Lehrerberufs,
- Darstellung der Befunde über das Ausmaß der Verwirklichung der Lehrerrolle durch die Lehrerschaft,
- Plädoyer an die Lehrer, für eine kritische, gesellschafts- und kindgerechte Rollenrealisation im Lehrerberuf zu sorgen.

KRAMP bemüht sich mit bemerkenswertem Erfolg darum, die Dinge nicht einseitig aus einem bestimmten Blickwinkel darzustellen, sondern eine stets ausgewogene, immer mehrperspektivische Sichtweise der Probleme zu eröffnen. Er geht aus von der gesellschaftlichen Stellung des Lehrers heute, die durch den Umstand gekennzeichnet ist, daß alte Vorurteile, Tabus, abgebaut und durch eine realistischere Sicht des Lehrerberufs ersetzt würden. Daß sich die diskriminierenden Lehrertabus so hartnäckig halten, hat ihm zufolge vermutlich historische und sozialpsychologische Gründe.

KRAMP belegt nun anhand der einschlägigen Untersuchungen sehr klar daß das, was über das tatsächliche Verhalten von Lehrern in Schule und Unterricht heute bekannt ist, nicht dazu angetan ist, das Lehrerimage sonderlich zu heben. Der unzureichende Professionalisierungsgrad wird belegt in bezug auf die spezifisch *unterrichtliche* Interaktion, auf die spezifisch *erzieherische* Interaktion sowie in bezug auf die Verwendung verschiedener *Lehr- und Sozialformen*. KRAMP meint, die Befunde seien nicht gerade dazu geeignet, den durchschnittlichen Lehrer der deutschen Schule „als Sendboten der Demokratie, als Zeugen wahrer Humanität und Ausbund pädagogischer Weisheit zu preisen..." (ebd., S. 144/145) Dazu gäben vor allem auch die langfristigen negativen Wirkungen eines derart unprofessionellen Lehrerverhaltens keinen Anlaß. KRAMP führt an:

- Internalisierung autoritärer Verhaltensmuster,
- Förderung aggressiven, unsozialen Verhaltens,
- Vernachlässigung aktiver sprachlicher Kompetenzen sowie selbständigen, kooperativen sozialen Verhaltens.

KRAMP fragt sodann nach den verursachenden Determinanten des skizzierten Zustandes und gelangt zu mehreren Faktoren:

- Faktoren, die in der Person des Lehrers liegen: eigene familiale Sozialisation, Studium, überkommenes esoterisches Bildungsdenken;
- Faktoren, die sich aus der Disparität der Erwartungen verschiedener Lehrer-Bezugsgruppen ergeben: Akademiker, Schüler, Eltern, Kollegen;
- Faktoren, die sich aus der Stellung des Lehrers im institutionellen Gefüge der Schule ergeben: der Lehrer als Staatsbeamter, als Erzieher, als „Kustode" (= Verwalter) eines bürokratischen Systems;
- Faktoren, die sich aus invarianten Strukturmerkmalen des Lehrerberufs ergeben: intermediärer Charakter, Spannung zwischen Erwartungen an den Lehrer und seinem Sozialstatus; Spannung zwischen edukativen (= Erziehungs- und unterrichtlichen) und kustodialen (= verwalterischen) Aufgaben; Vagheit der Zielbestimmung; Vielfalt der Lehrerfunktionen, Inkompatibilität (= Unvereinbarkeit) der sozialen Erwartungen an den Lehrerberuf.

Wie MOLLENHAUER stellt auch KRAMP die Frage, wie denn der Lehrer angesichts einer derart komplizierten beruflichen Situation – wie sie schon angedeutet wurde – überhaupt zu einem selbständigen professionellen Berufsverhalten finden kann. Anders als der frühe MOLLENHAUER mit seinem dem traditionellen Rollenkonzept verhafteten Modell der Pädagogischen Selbstrolle (das er später selbst revidierte) glaubt KRAMP jedoch nicht an die subjektive „Automatik" einer aus sozialen Konflikten erwachsenden pädagogischen Autonomie. KRAMP hält auch die Lücken und Nischen nicht für ausreichend, die sich nach MOLLENHAUER als Handlungsfreiräume bei unterschiedlichen Verhaltenserwartungen immer ergeben: „Das traditionelle Rollenkonzept, wie es in Amerika vor allem von TALCOTT PARSONS, in Deutschland besonders eindrucksvoll von RALF DAHRENDORF vertreten wird ..., entspringt dem Bemühen, menschliches Verhalten in seiner Regelhaftigkeit als durch überindividuelle Normen und gesellschaftliche Zwänge determiniert, insofern weitgehend berechenbar zu erweisen ... Für dieses Konzept ist autonomes und individuelles Denken und Handeln prinzipiell nur ein Grenzfall menschlichen Verhaltens, der entweder in (gesellschaftlich irrelevanten) Verhaltensbereichen auftritt, die sich der sozialen Kontrolle entziehen bzw. noch nicht durch ‚verbindliche Erwartungen geregelt' sind", oder als abweichendes Verhalten eine Störung des Systems anzeigt (ebd., S. 201).

Soll autonomes, professionelles Verhalten konzeptionell zum „Normalfall" beruflichen Handelns werden, so muß das klassische Rollenkonzept einschließlich der Theorie der Pädagogischen Selbstrolle weiterentwickelt und erweitert werden, wie das im *Symbolischen Interaktionismus* geschieht. Das nächste Kapitel wird sich daher damit zu beschäftigen haben. Im vorliegenden Zusammenhang der KRAMPschen Argumentation ist noch ein Gedanke wichtig, der in der traditionellen Rollendebatte kaum vorkommt, und den KRAMP mit der nötigen Entschiedenheit anspricht: die Frage der Berufsmotivation und des sozialen Engagements als Voraussetzung für ein professionelles Wirken. KRAMP knüpft Fortschritte auf dem beruflichen Sektor an die Bedingung, daß „die Lehrer sich zum Bewußtsein ihrer Aufgabe als Agenten der Aufklärung, zum Bewußtsein freilich auch der konkreten Möglichkeiten und Grenzen ihrer Realisierung durchgerungen haben" (ebd., S. 206).

Genau dieser Frage hat sich in jüngerer Zeit auch WOLFGANG LEMPERT (1968, 1970/2) zugewandt und mit Nachdruck auf die Notwendigkeit einer soliden Berufsmotivation aufmerksam gemacht: „Gemeinhin werden berufliche Lernprozesse als Prozesse der Aneignung berufsspezifischer Kenntnisse und Fertigkeiten verstanden. Diese Auffassung muß vorerst zutreffend erscheinen, da die Ausführung beruflicher Tätigkeiten ein spezifisches Wissen und ein Können voraussetzt, dessen Übernahme besondere Anstrengungen verlangt. Es fragt sich nur, ob nicht auch noch andere Bedingungen erfüllt sein müssen, ehe mit beruflichen Leistungen gerechnet werden kann. Ist die erfolgreiche Berufsausübung durch die Beherrschung der berufstypischen Kenntnisse und Fertigkeiten bereits garantiert? Wohl kaum. Eines zumindest muß noch hinzukommen: daß der Berufstätige seine Berufstätigkeit nicht nur ausführen *kann,* sondern auch ausführen *möchte.* Anders ausgedrückt: Berufliche Tüchtigkeit erfordert nicht nur eine bestimmte *Qualifikation,* sondern auch die

Motivation, diese Qualifikation im Sinne der Berufsaufgabe einzusetzen." (1970/2, S. 106/107)

Gemeinhin wurde und wird bei akademischen Berufen – den „professions" im amerikanischen Sinne – unterstellt, daß der Berufsaspirant einen Sinnbezug, eine Aufgabenstellung, eine Wertfrage, ein Interesse, ein grundlegendes Engagement usw. in den Beruf einbringt und dementsprechend handelt. Diese Annahme muß – auf den Lehrerberuf gewendet – aus zwei Gründen kritisch beleuchtet werden:

- Zum einen ist nämlich sehr die Frage, ob bei einem Massenberuf, zu dem der Lehrerberuf zweifelsfrei geworden ist, eine solche Prämisse überhaupt gemacht werden kann,
- zum anderen kann die Frage, *welcher* Art die Motive sind, die evtl. wirksam werden könnten, nicht einer kritischen Überprüfung entzogen bleiben. Man könnte sich, dürfte sich mit dem evtl. Vorhandensein beruflicher Motivationen nicht begnügen. (Auch so grobmaschige Berufswahl-Motivbündel wie „paidotrope" oder „logotrope" Orientierungen reichen hier nicht aus, denn es fragt sich ja z.B., was zwei verschiedene paidotrope Lehrer meinen, daß für Schüler gut und wünschenswert sei ...?).

LEMPERT meint nun, jeder Beruf habe ein spezifisches Soll, „besondere Normen, die sich von den Normen anderer Berufe qualitativ unterscheiden. Diese Normen beziehen sich ausschließlich, zumeist primär, auf die *berufliche Tätigkeit*, die ,Berufs-Rolle'. Folglich kann die Übernahme berufsspezifischer Normen in die individuelle Motivation als die *Aneignung beruflicher Rollen* beschrieben werden" (ebd.).

Damit ist die Berufsmotivation als ein wichtiges Segment jeder Berufstheorie erkannt und die Aufgabe an jede Berufswissenschaft gestellt, an der Aufklärung vorhandener beruflicher Normen und Werte und deren aufweisbaren und vermutbaren Folgen kritisch-konstruktiv zu arbeiten. Zugleich ist dieses Problem in jeder beruflichen Ausbildung ausdrücklich zu thematisieren, denn Normen und Werte sind begründ- und diskutierbar, ihre Voraussetzungen und Folgen aufweisbar. Somit aber ist eine akzeptable professionelle Motivation in Grenzen auch erlernbar.

LEMPERT weist ebenfalls zu Recht und mit Nachdruck darauf hin, daß damit auch das individuelle Sozialisationsschicksal aufgearbeitet werden muß, denn der einzelne bringt – meist sprachlich vermittelt – einen bestimmten Satz teils bewußter, teils unbewußter Normen, Werte, Überzeugungen und Einstellungen in den Beruf mit ein. LEMPERT stellt weiter fest, daß die Normen vieler Berufe heute in sich so widersprüchlich sind – was zweifellos auch für den Lehrerberuf gilt –, daß der einzelne eigene Entscheidungen und Setzungen vollziehen muß, um beruflich handlungsfähig zu werden. Daher müsse er sich aktivieren und engagieren, zugleich aber auch von seiner beruflichen Rolle wieder distanzieren können. Damit fordert LEMPERT wie KRAMP den (relativ) selbständig denkenden und (relativ) autonom handelnden Professionellen und übersteigt so den vom traditionellen Rollenkonzept gespannten Rahmen.

7.3: In der Lehrerausbildung der Bundesrepublik ist die „Rollenproblematik des Lehrerberufs" (= „Beruf und Rolle des Lehrers") mittlerweile zu einem Standardthema geworden. Offenbar hält man den Rollenansatz für sehr geeignet, Lehramtsanwärtern die grundlegenden Berufsmerkmale und Berufsschwierigkeiten mit seiner Hilfe zu markieren und sie von ihnen problemorientiert aufarbeiten zu lassen. Geht man in dieser (systematischen) Form vor, so bietet sich in der einschlägigen Literatur mit traditionellem Rollenansatz – kurzgefaßt – etwa folgendes Gesamtbild:

I Gesellschaftliche Ebene

  – Verhältnis Erziehung – Gesellschaft
  – Tabus über den Lehrerberuf
  – Sozialstatus und Sozialprestige

II Historische Ebene

  – Berufsgeschichte als Schulgeschichte
  – Sozialgeschichte des Lehrers bzw.
    der verschiedenen Lehrergruppen

III Berufsspezifische Ebene

Invariante	– Intermediärer Charakter
Berufsmerkmale	– Fehlender Werkcharakter
	– Edukativ/kustodiale Doppelfunktion
	– Funktionsvielfalt
	– Bezugsgruppen-Ansprüche
	– Relative Zieloffenheit
Aktuelle	– Lehrer als Staatsbeamter
Berufsbedingungen	– Lehrer als Mittelschichtangehöriger
	– schulische Arbeitsverhältnisse
	– Lehrerarbeit als Einzelarbeit
Berufliche Werte	– Berufsnormen
	– Lehrereinstellungen
	– Berufsmotivation
Berufsrekrutierung	– Berufswahlmotive
	– Lehrerberuf als Aufstiegsberuf
	– Ausbildungsbedingungen

Berufliche Konflikte — Störfaktoren
— Intra-Role-Konflikte
— Inter-Role-Konflikte

Zu I: Der erste Themenkomplex der traditionellen Rollendebatte bezieht sich auf den Zusammenhang Gesellschaft-Schule-Lehrer. Dabei wird meist von dem ambivalenten Befund ausgegangen, daß die Schule für den einzelnen einerseits ein Hilfsinstrument zur Erlangung seiner individuellen und gesellschaftlichen Tüchtigkeit darstellt, sie aber andererseits und zugleich wegen der bestehenden Schulpflicht einen Zwangscharakter aufweist. Schule kann daher individuelle Erfüllung ebenso bedeuten wie „beschädigtes Leben"; und in je stärkerem Maße gesellschaftliches Fortkommen und schulische Tüchtigkeit miteinander verkoppelt werden, desto krasser tritt die bezeichnete Ambivalenz hervor. Sie überträgt sich auf den Lehrer und die Sichtweise, aus der er gesellschaftlich betrachtet wird. Einerseits als Erfüllungsgehilfe gesellschaftlicher Anpassung kritisiert, andererseits als Emanzipationshilfe für die individuelle Lebensbemeisterung begrüßt, übertragen sich Aggressionen und Ängste, Erwartungen und Hoffnungen zugleich auf den Inhaber der Lehrerrolle. Von daher ist es sozialpsychologisch verständlich, daß es zahlreiche – wohl gepflegte – Vorurteile über den Lehrer in der Gesellschaft gibt. ADORNO hat diese als „Tabus" bezeichnet und sie in fünf Charakteristika zusammengefaßt: Armut, Kleinkariertheit, Weltfremdheit, Infantilität, Prügeltum. Zwar wurden diese Ansichten nicht empirisch gesichert – sind auch wahrscheinlich keineswegs repräsentativ –, viele Autoren der Rollendebatte referieren diese Themen aber dennoch als Indiz für zwei Fakten: einmal als Ausdruck für die oben erwähnte Zwiespältigkeit des gesellschaftlichen Lehrerbildes, zum anderen als mögliche Erklärung für das unter Lehrern verbreitete und empirisch gesicherte gesellschaftliche Deklassierungsbewußtsein.

Wie empirische Untersuchungen inzwischen mehrfach gezeigt haben, stufen sich sowohl Gymnasial- wie Grund- und Hauptschullehrer beim Aufstellen von Berufsrangreihen regelmäßig niedriger ein, als die übrige Gesellschaft dies tut. Der Lehrer fühlt sich demnach wohl als „sociological stranger" oder „marginal man", er ist es faktisch aber keineswegs. Dieses sehr negativ geprägte Selbstbild über sein gesellschaftliches Prestige wird von vielen Autoren auch als generelles Indiz dafür angenommen, daß der Lehrer ein grundlegendes Rollenproblem hat.

Zu II: Ein zweiter, im Rollenkonzept diskutierter Problemkreis bezieht sich auf den historischen Berufshintergrund und schließt meist nahtlos an die Berufsprestige-Frage an. Zwei Problemkreise werden diskutiert: Einmal die Entstehungsgeschichte des Lehrerstandes, die in Korrespondenz zur jeweiligen Schulgeschichte betrachtet wird: Dadurch, daß im 17. und 18. Jahrhundert infolge von

Merkantilismus und Aufklärung das Schulwesen in staatliche Obhut genommen und kräftig entwickelt wird, erhält der Lehrerberuf erst die institutionelle Grundlage für die Entwicklung zum Vollzeitberuf. Das 19. Jahrhundert, das man im Zusammenhang mit der Industrialisierung und Verstädterung das „Jahrhundert der Schule" nennen könnte, bringt eine enorme Entwicklung und Ausdifferenzierung des staatlichen Schulwesens. Es entstehen die noch heute grundlegenden Schulformen. Sie machen den Lehrerberuf zu einem gesellschaftlich akzeptierten Massenberuf. Der sozialgeschichtliche Professionalisierungsprozeß kommt nahezu zum Abschluß. Das 20. Jahrhundert fügt zwar Korrekturen an (Akademisierung aller Lehrergruppen, Besoldungserhöhungen usw.), bringt aber nichts prinzipiell Neues.

Zum zweiten wird unter dem historischen Aspekt nach der Sozialgeschichte der verschiedenen Lehrergruppen gefragt. Diese wird für den Volksschullehrerstand z.B. als eine regelrechte politische und soziale Leidensgeschichte gekennzeichnet („Odyssee" der Lehrerschaft), während die der Gymnasiallehrer als mit der des arrivierten Bürgertums identisch anzusehen ist.

Dabei unterstellen die Autoren des traditionellen Rollenkonzeptes, daß derartige historische Zusammenhänge bis in das gegenwärtige Denken und Handeln der Lehrergruppen hineinwirken. Das besonders auch von Lehrerorganisationen gepflegte und artikulierte Selbstverständnis, die vertretenen Berufsnormen und -werte, die verfochtenen Standes- und Gruppeninteressen sind ohne die bezeichnete historische Dimension nur schwer verständlich. Vor ihnen als Hintergrund ist auch das Berufsverhalten der Lehrerschaft zu betrachten.

Zu III: Zweifellos liegt das Schwergewicht der Rollendebatte zum Lehrerberuf auf der berufsspezifischen Ebene. Fünf Bereiche sind es vor allem, die von den Autoren behandelt werden: Invariante Berufsmerkmale, aktuelle Berufsbedingungen, berufliche Werte, Berufsrekrutierung und berufliche Konflikte; ihnen korrespondieren die folgenden grundlegenden Leitfragen:

- Welche Strukturmerkmale (Eigenheiten) weist der Lehrerberuf auf?
- Unter welchen wesentlichen Arbeitsbedingungen steht das Berufsverhalten des Lehrers?
- Was ist über die Werteebene des Lehrerverhaltens bekannt?
- Welche Gesichtspunkte spielen bei der Berufswahl und -ausbildung eine Rolle?
- Welche zentralen Konflikte hat der Lehrer im Berufsvollzug zu bewältigen?

Es ist das unstreitige Verdienst des rollentheoretischen Ansatzes, den Lehrerberuf genauer beschrieben und in seinen überdauernden Merkmalen erfaßt zu haben. Vom *intermediären Charakter* des Lehrerberufs, dieser im doppelten Sinne vermittelnden Eigenheit, war bereits im Zusammenhang mit KOBS Ansatz die Rede. Ein zweites Spezifikum dieses Berufes ist im *fehlenden Werkcharakter* zu sehen, und dies in einem dreifachen Sinne. Zum einen nämlich ist der Lehrerberuf als ein sozialer nur sehr begrenzt mit bestimmten sicheren Techniken zu bewältigen, die sich z. B. bei der Herstellung materialer Produkte bewähren; zum anderen ist das vom Lehrer hervorgebrachte „Produkt" keinesfalls von der Art eines „Werkes", das er sich allein „gutschreiben" kann. Die aktive Mitwirkung des Schülers, des Elternhauses, der Freunde, der anderen Lehrer relativieren die vom Lehrer gern reklamierte Urheberschaft für Lern- und Erziehungsfortschritte. Aber selbst wenn dies anders wäre, sind die Arbeitsergebnisse des Lehrerberufs von jener ungreifbaren Immaterialität, die es verständlich macht, daß mancher Lehrer darüber berufsunzufrieden wird. Was habe ich eigentlich erreicht? lautet dann die bohrende Frage des Lehrers, wenn die Klasse oft schon nach wenigen Tagen alles wieder vergessen hat oder wenn Rudi, nachdem er sich zwei Tage zusammengenommen hat, am dritten wieder sein altes rüpelhaftes Verhalten an den Tag legt.

Viele Autoren weisen auch nachdrücklich auf das Berufsmerkmal der *kustodial-edukativen Doppelfunktion* hin, das seine Ursache in dem Umstand hat, daß – vor allem in den öffentlichen Pflichtschulen – größere Schülergruppen betreut und angemessen versorgt werden müssen. Daraus folgt, daß der Lehrer neben seinen unterrichtlichen und erzieherischen (= edukativen) Funktionen stets und zugleich betreuerische, verwalterische, bürokratische (= kustodiale) Tätigkeiten erbringen muß. Er ist für Frischluft und angemessene Temperatur ebenso zuständig wie für die Einhaltung der Schulpflicht, er muß einen ungefährlichen Pausenaufenthalt ebenso sicherstellen wie für einen gefahrlosen Versuchsablauf im Chemieunterricht sorgen, und vor der Benutzung von Turn- und Sportgeräten muß deren einwandfreies Funktionieren und sachgerechte Aufstellung gesichert sein. Viele Lehrer fühlen sich durch derlei Tätigkeiten in ihren erzieherischen und unterrichtlichen Aufgaben beeinträchtigt und behindert und halten die Lehrerrolle von daher für überbürdet.

Das Gleiche läßt sich in bezug auf das Merkmal „Funktionsvielfalt" feststellen. Mehr oder weniger drastisch wird dieser Umstand daher auch von vielen Autoren der Rollendebatte herausgearbeitet. So stellt etwa KRAMP fest: „Im Hinblick auf seine Schüler hat der Lehrer nach- und nebeneinander mindestens folgende Aufgaben wahrzunehmen: zu dozieren, zu experimentieren und zu demonstrieren, Gespräche zu initiieren und zu leiten, die Schüler zum Lernen zu motivieren, ihnen dabei zu assistieren, ihre Arbeit zu organisieren und zu prämiieren, ihr Verhalten zu disziplinieren, bei Disziplinschwierigkeiten aber die Funktionen von Legislative, Judikative und Exekutive gleichzeitig wahrzunehmen – von den Verwaltungsaufgaben ganz zu schweigen." (a.a.O., S. 196).

Aber nicht nur die Vielfalt der Funktionen ist es, die den Lehren zu schaffen macht; auch der Umstand, daß mehrere dieser Funktionen miteinander konkurrieren, wird von vielen Autoren hervorgehoben. So soll der Lehrer z. B. Lernhelfer und Lernberater sein, der das volle Vertrauen des Schülers suchen soll. Zugleich muß er normorientiert und gerecht die jeweilige Schülerleistung bewerten und ohne Rücksicht auf den einzelnen Schüler sicherstellen, daß die zu bewertende Leistung ohne fremde Hilfe oder Mogeln zustande kommt. Viele Lehrer erleben die beschriebenen Funktionen als nur schwer miteinander in Einklang zu bringen und sind darüber in ihrer Rolle verunsichert oder vernachlässigen die eine Funktion zugunsten der anderen.

Unter den zentralen Themen der Rollendebatte zum Lehrerberuf nehmen die Bezugs-*Berufs*gruppen-Ansprüche naturgemäß eine herausragende Stellung ein, denn gemäß dem theoretischen Ansatz konstituieren ja erst die Erwartungen der Bezugsgruppen eine Rolle. – Wir sind auf diese zentrale Frage bereits im Zusammenhang mit MOLLENHAUERS Konzept der Pädagogischen Selbstrolle eingegangen. Dabei hat sich gezeigt, daß sich der Lehrer in den Schnittpunkt konfligierender Bezugsgruppen-Erwartungen und Forderungen gestellt sieht, die er auf keinen Fall alle berücksichtigen kann. Er sieht sich daher vor die Alternative gestellt, entweder zu lavieren – also einmal diesen, ein andermal jenen Forderungen nachzugeben – oder aber eine Pädagogische Selbstrolle auszubilden. Diese setzt ihn in den Stand, eine eigene Position herauszubilden und zu begründen und den Bezugsgruppen mit der Gegenfrage, dem Gegeneinwand, zu kommen.

Unter den zentralen Themen der Rollendebatte zum Lehrerberuf nehmen die *Bezugsgruppen-Ansprüche* naturgemäß eine herausragende Stellung ein, denn gemäß dem theoretischen Ansatz konstituieren ja erst die Erwartungen der Bezugsgruppen eine Rolle. – Wir sind auf diese zentrale Frage bereits im Zusammenhang mit MOLLENHAUERS Konzept der Pädagogischen Selbstrolle eingegangen. Dabei hat sich gezeigt, daß sich der Lehrer in den Schnittpunkt konfligierender Bezugsgruppen-Erwartungen und Forderungen gestellt sieht, die er auf keinen Fall alle berücksichtigen kann. Er sieht sich daher vor die Alternative gestellt, entweder zu lavieren – also einmal diesen, ein andermal jenen Forderungen nachzugeben – oder aber eine Pädagogische Selbstrolle auszubilden. Diese setzt ihn in den Stand, eine eigene Position herauszubilden und zu begründen und den Bezugsgruppen mit der Gegenfrage, dem Gegeneinwand, zu kommen.

Ein letztes Berufsmerkmal bezieht sich auf die – von vielen Autoren so bezeichnete – „Vagheit" der Zielbestimmungen im System Schule. Trotz Lehrplänen, trotz einer Fülle von Erlassen ist die Berufstätigkeit des Lehrers durch die relative *Zieloffenheit* bestimmt. So geben die Lehrpläne zwar bestimmte Inhalte vor, der Lehrer kann aber – in Grenzen – davon auch begründet abweichen. Weiter werden Ziele vorgegeben, sie sind aber sehr allgemein gehalten und lassen viele Interpretationen zu. Da heißt es z. B., die

Schüler seien zu Kritikfähigkeit und selbständigem Denken zu erziehen; was diese Begriffe aber jeweils konkret bedeuten sollen, muß der Lehrer selbst interpretativ abdecken. Dies feststellen heißt nicht, den bezeichneten Zustand auch beklagen. Wer den Lehrer als akademisch gebildeten, relativ autonom handelnden Erzieher und Lehrer der Jugend konzipiert, muß die Freiräume nicht nur tolerieren, sondern wollen und ausdrücklich zu erhalten suchen. In einem freiheitlichen Rechtsstaat stellte ein Lehrer als ein bis ins Letzte weisungsgebundener Unterrichtsbeamter – wie ihn sich totalitäre Systeme schaffen – ein denkbar ungeeignetes Modell für die Heranwachsenden dar. Jedoch – und dies bleibt unbedingt anzumerken – unsere Lehrer müssen diese Pädagogische Selbstrolle auch wollen und praktisch umsetzen, selbst dann, wenn das bisweilen mit einigen Schwierigkeiten verbunden sein sollte.

Auf der Ebene der eher *aktuellen Berufsbedingungen* wird von der Rollenkonzeption vor allem auf vier Merkmale verwiesen. Zunächst auf den Umstand, daß der Lehrerberuf heute von *Staatsbeamten* ausgeübt wird, die wie die übrigen Beamten den geltenden Beamten- und Verwaltungsgesetzen unterworfen sind. Das ist nicht überall so. In den USA z. B. sind Lehrer jederzeit kündbare Angestellte der Kommune. Die Rolle des Lehrers als eines Staatsbeamten ist daher einerseits stabiler und gesicherter (Unkündbarkeit, stabiles Gehalt, Versorgungsansprüche), andererseits ist die Lehrerrolle aber zugleich gefährdet durch gewisse Beamtenmentalitäten, die durch das System selbst präferiert werden.

Das Rollenkonzept weist darauf hin, daß der Lehrerberuf heute von Mittelschichtangehörigen besetzt ist, die einen bestimmten Sozialisationstyp repräsentieren und die Schule zu einer typischen Mittelschichtinstitution machen. Hauptmerkmale sind:

– elaborierter Sprachcode,
– spezielles Normen- und Wertbewußtsein,
– typische Formen des Sanktionierens,
– bestimmte Vorlieben für spezielle Lern- und Leistungsmotivierungen.

Unreflektiert über diese Tatsache hinweggehend, kann der Lehrer für einen größeren Teil seiner Hauptbezugsgruppe ‚Schüler' zu einem regelrechten Lernhindernis werden. Zeigt der Lehrer hier nicht genügend Verständnis und Rücksichtnahme, so verfehlt er seinen Berufsauftrag und schafft außerdem einen gravierenden Konfliktherd im Unterricht.

Von vielen Autoren ist darauf hingewiesen worden, daß der Lehrer seine Berufsrolle nur voll ausfüllen kann, wenn die konkreten schulischen *Arbeitsverhältnisse* dies auch ermöglichen. Die Diskussion hat aber auch ergeben, daß die Lehrer für eben diese Verhältnisse *auch* mitverantwortlich sind. Hier hat die Beamtenmentalität oft dazu geführt, daß viele Lehrer sich eher zurücklehnen und lauthals die widrigen Verhältnisse beklagen, als aktiv an einer Verbesserung der Umstände zu arbeiten. Der Ruf nach dem Staat, der nach Ansicht einiger ja alles zu regeln habe, hat hier – wie in anderen gesellschaftlichen Bereichen auch – oft die Eigenaktivität und Selbsthilfebereitschaft verkümmern lassen. Vergleicht man z. B. manche öffentlichen mit privaten Schulen – Waldorf-, Montessori- oder Petersen-Schulen – so wird sofort deutlich, was hier gemeint ist. Es gibt im öffentlichen Bereich vereinzelt bestens mit Medien ausgerüstete Schulen, und die Lehrer setzen die Hilfsmittel doch nicht ein. An vielen privaten Schulen dagegen wird noch eine Selbsterstellung bestimmter Medien durch die Lehrer praktiziert, und der jeweilige Unterricht spiegelt das auch wider.

Die Rollendebatte hat zu Recht auf den Zusammenhang von Arbeitsverhältnissen und Rollendarstellung verwiesen; hinzuzufügen ist aber, daß diese Arbeitsbedingungen nicht nur ein „Vorgegebenes", „Vorfindliches", „von oben Gesetztes" darstellen, sondern – im Rahmen der gegebenen Möglichkeiten – von den Lehrern als Gestaltungsaufgabe ihres professionellen Auftrages erkannt und angenommen werden müssen.

Dazu gehört auch das durch das sog. Kollegialitätsprinzip gedeckte Merkmal der *Lehrereinzelarbeit.* Viele Autoren der Rollendebatte stellen die professionelle Nachteiligkeit dieses Verfahrens heraus. Besonders der Umstand, daß dem Lehrer ein horizontales Feedback fehlt, wird als Negativum betont. Es wird dabei hervorgehoben, daß das an Schulen unausgesprochen praktizierte Kollegialitätsprinzip nicht Lehrerzusammenarbeit fördert, sondern ein berufliches „Rühr-mich-nicht-an-Klima" schafft, das den einzelnen vor unbequemen Fragen, vor Kritik und Eingriffen in „seinen" Arbeitsbereich, „seinen" Unterricht, „seine" Klasse tendenziell schützen soll. Solange Lehrer nicht erkennen, daß Lehrerkooperation zum eigenen Vorteil gereicht, die berufliche Leistungsfähigkeit steigert, zugleich aber auch Arbeitsbelastungen reduziert – etwa indem Unterrichtsvorbereitungen, Arbeitsmaterialien, selbsterstellte Medien usw. gegenseitig ausgetauscht werden – wird sich an der derzeitigen Praxis kaum etwas ändern.

Von daher ist es auch verständlich, daß eine Reihe empirischer Untersuchungen zeigt, daß Lehrer zwar bestimmte *berufliche* Werte für gut befinden und theoretisch vertreten, also durchaus über angemessene *Berufsnormen* und professionelle Lehrereinstellungen verfügen, diese aber oft nur unzureichend in der Berufspraxis umgesetzt werden. Lehrer, die hierbei eine Ausnahme bilden und in Übereinstimmung mit der eigenen Wertbasis handeln, verfügen über eine starke *Berufsmotivation,* die auf praktische Umsetzung des für wichtig Gehaltenen drängt.

Zu den zweifellos beunruhigendsten Ergebnissen empirischer Untersuchungen über Lehrereinstellungen gehört das, daß im Vollzuge einer längeren Berufspraxis – wobei „länger" bereits mehrmonatig (!) bedeuten kann – Lehrer offenbar immer konservativer in einem vieldeutigen Sinne werden. Dieser negative Effekt der beruflichen Sozialisation stimmt mit der empirisch belegten Feststellung überein, wonach Rigidität (= Verhaltensstarrheit) als das mit Abstand negativste subjektiv erkennbare Persönlichkeitsmerkmal von Lehrern selbst benannt wird. „Mit den Jahren wird man unduldsamer, empfindlicher, eingefahrener. Man verliert an Flexibilität, und das Interesse am Schüler läßt nach", bemerkte jüngst ein älterer Kollege im Gespräch. Wie es kommt, daß dies bei einigen älteren Lehrern nicht so ist, und was man tun könnte, um den bezeichneten negativen Einstellungswandel zu unterbinden oder aufzuhalten, ist eine derzeit umstrittene Frage, die uns noch beschäftigen wird (vgl. Kap. 9).

Die Frage der *Berufsrekrutierung* ist in der Rollenliteratur wiederfindbar unter den Stichworten „Berufswahlmotive", *„Lehrerberuf als Aufstiegsberuf"* und *„Ausbildungsbedingungen".* Alle drei Fragen kreisen um das Problem, welche persönlichen und professionellen Motive, Einstellungen und Qualifikationen die Lehramtsanwärter in den Beruf einbringen. Interessant ist zweierlei: Einmal, daß an Fragen der beruflichen Eignung seit HILBIG (1963) nicht mehr gearbeitet wird, zweitens, daß inzwischen zweifelsfrei geklärt wurde, daß sich Lehramtsanwärter in ihrer Persönlichkeitsstruktur und ihrem Einstellungsgefüge nicht von den Anwärtern anderer akademischer Berufe unterscheiden. Lehrerstudenten bringen also keineswegs schon bestimmte schülerbezogene Einstellungen als quasi Persönlichkeitsmerkmale mit, vielmehr müssen diese in der Ausbildung erst akzentuiert werden. Auch daran zeigt sich deutlich, daß der Lehrerberuf aus der Optik der Studenten ein Massenberuf wie jeder andere ist. Auf diesen Umstand haben sich die Berufswissenschaften des Lehrers nüchtern einzustellen.

Einen letzten großen Themenblock der berufsrollenspezifischen Literatur stellen die *beruflichen Konflikte* dar. Diese werden abgehandelt unter den Fragestellungen „Störfaktoren" und „Bezugsgruppen-Probleme" als „Intra-Role-" und „Inter-Role-Konflikte". Eine Reihe von empirischen Untersuchungen über Störfaktoren hat gezeigt, daß Lehrer an zahlreichen Faktoren ihrer beruflichen Arbeitsbedingungen leiden, daß dabei aber zeitlich und umständebezogen auch Wandlungen zu beobachten sind. So wird z.B. das Merkmal „große Klassen" neuerdings deutlich kritischer bewertet, was ein stärkeres Bedürfnis nach pädagogisch fruchtbarer Arbeit ebenso signalisiert wie das Verlangen nach weniger Streß-beladenen Unterrichtsbedingungen.

7.4: Die Aussagen über die zahlreichen Konfliktmöglichkeiten der Lehrerrolle – besonders die Bezugsgruppenkonflikte – belegen auf ihre Weise, wie kompliziert, vielseitig und schwierig der Lehrerberuf letztlich ist. Es sollte aber nicht vergessen werden, daß auch andere Berufe ihre je eigenen Probleme haben, und daß gerade ein komplexer sozialer Beruf zahlreiche Möglichkeiten der individuellen Selbstverwirklichung bereithält; wie überhaupt die Lehrerrollen-Debatte weniger darauf ausgerichtet werden sollte, Argumente zu liefern für Defaitismus, Resignation und „die große Entschuldigung", weil ja alles so kompliziert und schwierig und gesellschaftlich bedingt und letztlich unlösbar und ... und ... ist. Vielmehr sollten die Autoren stets und zugleich auf konstruktive, handlungsrelevante Lösungsmöglichkeiten hinweisen und eingehen. Sonst tritt sehr schnell der kuriose Fall ein, daß berufswissenschaftliche Analysen und Betrachtungen eher zu Berufsunlust und Berufsunfähigkeit führen als zu einer engagierten und kompetenten Berufspraxis.

Daher ist eine Kritk am rollentheoretischen Ansatz, daß zwar großes Gewicht gelegt wird auf die Herausarbeitung von Schwierigkeiten, Problemen oder Mängeln und Defiziten des Lehrerberufs und Lehrerverhaltens, daß dem aber nicht annähernd so umfangreiche konstruktive Modelle, praktikable Lösungsmöglichkeiten und gangbare Wege gegenübergestellt werden. Viele Autoren erschöpfen sich in einer Rundumkritik in dem Glauben an die letztendliche Konstruktivität allen kritischen Denkens. Das trifft in dieser Form aber doch wohl nur in rein theoretischen Bereichen zu. Lehrer müssen in ihrem Beruf ständig handeln, weshalb sie mit Recht mit einer „Nurkritik" unzufrieden sein müssen, die es sich ersparen zu können glaubt, auf Fragen einer konstruktiven Praxisbewältigung auch nur einzugehen. Wie überhaupt viele berufswissenschaftliche Beiträge den Eindruck hinterlassen, mehr für den theoretisierenden Fachkollegen als für den im Unterricht stehenden Lehrer geschrieben worden zu sein.

Mit dieser Kritik ist auch ein weiterer Eindruck, den der rollentheoretische Ansatz hinterläßt, bezeichnet. Gemeint ist eine *spezifische Abstraktheit* des ganzen Ansatzes, den man drastisch als berufsspezifisches „Stratosphären-Denken" bezeichnen könnte. Zwar richtet sich der Rollenansatz explizit auf den Lehrerberuf in all seinen vielfältigen Perspektiven, zwar gelingt es auch, eine realitätsgerechte Beschreibung und Erklärung des Berufs, seiner Spezifika, seiner Schwierigkeiten und Konflikte zu liefern, auf Probleme des konkreten beruflichen Verhaltens aber wird schon vom theoretischen Ansatz her, der die Bezugsgruppen-Erwartungen und nicht das Verhalten im Auge hat, nicht eingegangen. Die Rollendebatte bewegt sich hier gleichsam im Vorfeld der – für den Lehrer „eigentlichen" – praktischen Fragen, die letztlich immer Verhaltensprobleme sind.

Dafür ein Beispiel: Wie gezeigt, arbeitet der Rollenansatz als ein variantes Berufsmerkmal heraus, daß der Lehrerberuf eine große Funktionsvielfalt aufweist. Das KRAMP-Zitat hat dieses Faktum wohl auch mit der nötigen Deutlichkeit belegen können. – Fragt man nun aber nach einer systematischen Darstellung, welche es unternimmt, diese Funktionsvielfalt einmal genauer aufzuschlüsseln, um zu einem Funktionsprofil des Lehrerberufs vorzustoßen, anhand dessen sich verhaltensrelevante Fragen des Berufs angemessen diskutieren lassen, so stößt man bald nur noch auf Fehlanzeigen. Wahrscheinlich ist die relative Wirkungslosigkeit der bisherigen Lehrerrollendiskussion unter anderem auch darauf zurückzuführen, daß die Autoren ständig Fragen ventilieren, die mehr auf Voraussetzungen der Berufsausübung hinauslaufen als auf die Berufsausübung selbst. Sicherlich gilt diese Kritik auch für andere wissenschaftliche Beiträge über den Lehrerberuf; der Umstand sticht aber besonders bei einem Ansatz ins Auge, der erklärtermaßen auf den Lehrerberuf als ganzen gerichtet ist.

Ein letzter Punkt der Kritik am rollentheoretischen Paradigma ist bereits angesprochen worden. Er bezieht sich auf die *theoretische Schwäche des klassischen Rollenansatzes* und sagt, daß Ichidentität und Autonomie des menschlichen Verhaltens im stärker systembezogenen, strukturell-funktionalen Rollenmodell zu kurz kommen. Es wurde bereits verdeutlicht, daß an dieser Stelle auch das MOLLENHAUERsche Konzept der Pädagogischen Selbstrolle an eine Grenze stieß. Eine weitere Ausfaltung dieses kritischen Gedankens kann hier unterbleiben, weil er zu den Voraussetzungen des im nächsten Kapitel zu diskutierenden interaktionistischen und kommunikativen Denkansatzes gehört und uns dort noch ausführlicher beschäftigen wird.

Zusammenfassung:
1. Einige grundlegende Prämissen des rollentheoretischen Ansatzes sind: Verhaltenserwartungen als rollenkonstituierende soziale Phänomene, Sanktionen als Ausdruck der Verbindlichkeit von Rollenerwartungen, Rollenkonflikte in der Form von Inter- und Intra-Role-Konflikten, Sozialisation als Prozeß der Ausprägung individueller Dispositionen zur Übernahme sozialer Funktionen.
2. Die erziehungswissenschaftliche Lehrerrollendebatte wird von KOB eröffnet, von MOLLENHAUER entscheidend erweitert und von KRAMP zu einem gewissen zusammenfassenden Abschluß gebracht.
3. Wesentliche Diskussionspunkte sind: Grundsätzliche Modernität des Lehrerberufs, intermediärer Charakter, Berufsmotive (KOB), Pädagogische Selbstrolle, Lehrer-Bezugsgruppen und Rollenkonflikt (MOLLENHAUER), Tabus über den Lehrerberuf, unprofessionelles Lehrerverhalten, Determinanten des Lehrerverhaltens und der Lehrerrolle (KRAMP), Berufsmotivation (LEMPERT).
4. Die Verdichtung der traditionellen Rollendebatte zu einem problembezogenen Gesamtbild zeigt, daß im wesentlichen drei Dimensionen des Themas abgehandelt werden: eine gesellschaftliche, eine historische und eine berufsspezifische Ebene. Der Schwerpunkt der Debatte liegt auf der letztgenannten Problemebene und hier besonders auf den invarianten Berufsmerkmalen sowie den auftretenden Berufskonflikten.
5. Im einzelnen wurden sechs invariante Berufsmerkmale behandelt: intermediärer Charakter, fehlender Werkcharakter, edukativ/kustodiale Doppelfunktion, Funktionsvielfalt, Bezugsgruppen-Ansprüche, relative Zieloffen-

heit. Unter der Überschrift „berufliche Konflikte" wurde eingegangen auf Störfaktoren sowie Intra- und Inter-Role-Konflikte.
6. Die Kritik am traditionellen Rollenkonzept wurde in drei Punkten zusammengefaßt: Fehlen konstruktiver, handlungsrelevanter Modelle, spezifische Abstraktheit der Argumentation durch Konzentration auf Voraussetzungen professionellen Handelns, konzeptionelle Schwäche des klassischen, strukturell-funktionalen Ansatzes bezüglich des Problems der Autonomie und Ichidentität des handelnden Lehrers.

Fragen und Denkanstöße:
1. Im Text wird gesagt, der Lehrerberuf weise spezifische Berufsmerkmale auf, die ihn als besonders komplizierten sozialen Berufstyp erscheinen ließen. Vergleichen Sie daher den Lehrerberuf zum einen mit dem des Arztes, zum anderen mit dem des Rechtsanwaltes! Benutzen Sie zu diesem Detailvergleich das im Text dargestellte Gesamtbild des Lehrerberufs!
2. Im Zusammenhang mit der Darstellung der aktuellen schulischen Arbeitsbedingungen wird die These aufgestellt, die Bereitstellung professioneller Arbeitsbedingungen sei auch Aufgabe der beruflich tätigen Lehrerschaft. Teilen Sie diese Auffassung? – Was spricht gegen, was für sie? Belegen Sie Ihre Behauptungen mit konkreten schulischen und unterrichtlichen Beispielen!
3. Über den Umstand, daß Lehrer Staatsbeamte sind, wird von vielen Autoren der Rollendebatte beredt Klage geführt. – Stellen Sie diesbezüglich einmal die Lage eines amerikanischen Lehrers, der von einem „local school board" kündbar angestellt ist, der eines Lebenszeitbeamten in Deutschland gegenüber. Welche Vorzüge und welche Nachteile hat unser deutsches System?
4. Im Text wurde darauf hingewiesen, daß gemäß dem traditionellen Rollenkonzept der Begriff „Rolle" die *Ansprüche* der Gesellschaft an den einzelnen in Form von *Erwartungen* hinsichtlich des Verhaltens, des Aussehens und des Charakters heranträgt, daß demzufolge nicht tatsächliches Verhalten Gegenstand des Rollenkonzepts ist.

   Frage: Wie bewerten Sie diesen Umstand hinsichtlich des Anspruchs des Rollenkonzepts, eine Berufstheorie des Lehrerberufs liefern zu wollen?
5. Der Lehrer ist nicht nur ein aktiver Sozialisationsagent für die Schüler. Indem er beruflich im System Schule tätig wird, unterliegt er selbst einem beruflichen Sozialisationsprozeß, der sein Denken, seine Gefühle und Werte wie sein Handeln beeinflußt.

   Frage: Welche Faktoren im einzelnen sind wohl dafür verantwortlich zu machen, daß – wie neuere Untersuchungen zeigen – Lehrer im Verlauf ihrer Berufspraxis konservativer, rigider und schülerfeindlicher werden? Stellen Sie eine Cheque-Liste zusammen, und prüfen Sie die Frage, was in jedem

einzelnen Fall zu tun ist, um diese unerwünschten beruflichen Sozialisationseffekte zu vermeiden oder abzuschwächen!
6. In DAHRENDORFS „Homo Sociologicus" (1964/5) heißt es an einer Stelle (S. 45): „In dem Interesse der Gesellschaft an Familie, Schule und Kirche bekundet sich keineswegs nur der Wunsch, dem einzelnen zur vollen Entfaltung seiner individuellen Anlagen zu verhelfen, sondern vor allem auch die Absicht, ihn auf die Aufgaben, deren Erfüllung die Gesellschaft von ihm erwartet, effektiv und kostensparend vorzubereiten."

Gesetzt den Fall, jemand stellte die These auf, in dieser Aussage sei eine vollständige Berufstheorie des Lehrers als grundlegende Wertorientierung in angemessener Gewichtung enthalten, wie würden Sie dazu Stellung nehmen?
7. Bei vielen Autoren (so auch bei KRAMP) wird darüber berichtet, daß Lehrer ein stark dominierendes Verhalten im Unterricht mit hohem Sprechanteil, stark dirigistischen Zügen und der Tendenz zu autokratischem Erzieherverhalten bei Konflikten aufweisen. – Dem steht in merkwürdigem Gegensatz die aktuelle Klage vieler Eltern und Erziehungswissenschaftler gegenüber, Lehrer seien im Unterricht oft geradezu passivistisch hilflos (besonders junge Lehrer), vernachlässigten ihre Führungsaufgabe und das erzieherische Modellverhalten, verwechselten demokratisches Erziehungsverhalten mit Neutralität und Passivität, wagten nicht mehr, klar Stellung zu beziehen und den Schülern aufzuweisen, was sozial wünschens- und erstrebenswert sei und vor allem: Sie versäumten es, dieses Wünschens- und Erstrebenswerte auch mit dem nötigen Nachdruck und der wünschenswerten Klarheit in der Schule durchzusetzen.

Frage: Wie stehen Sie zu diesen widersprüchlichen Behauptungen und Aussagen? Ist der zweite Standpunkt für Sie akzeptabel? Wenn ja, worauf könnte diese Unsicherheit und Unklarheit im Verhalten der Lehrer zurückzuführen sein? Liefert das Rollenkonzept dazu Hinweise?
8. Im Text ist von der Funktionsvielfalt als einem invarianten Berufsmerkmal des Lehrerberufs die Rede. – Entwickeln Sie einmal ein hypothetisches Funktionsprofil primärer beruflicher Funktionen des Lehrers, die sich auf seine unterrichtlichen Hauptaufgaben beziehen!

Basisliteratur:
LANGE-GARRITSEN, H.: Strukturkonflikte des Lehrerberufs. Düsseldorf 1972.

Zusatzliteratur:
CLAESSENS, D.: Rolle und Macht. München 1970.

8. Symbolischer Interaktionismus – Kommunikations- und Handlungs-Entscheidungs-Theorie

Die *Ziele* des folgenden Kapitels sind:
1. Weiterführung und Ausbau der Kritik am traditionellen Rollenkonzept durch Darstellung des Grundansatzes des symbolischen Interaktionismus;
2. Darstellung der Konsequenzen für die Interpretation der Lehrerrolle und Skizzierung einer kritischen pädagogischen Selbstrolle;
3. Erörterung des Begriffs „Situation" als Ansatz für eine interaktionistische Perspektive professionellen Lehrerverhaltens;
4. Skizzierung und Diskussion des kommunikationstheoretischen Ansatzes im Hinblick auf die Konzeption einer Professionalisierung des Lehrerverhaltens.

8.1: Der Symbolische Interaktionismus greift die im vorangegangenen Kapitel bezeichnete Schwäche des traditionellen Rollenkonzepts auf und macht den formulierten Einwand zum Ausgangspunkt der eigenen Konzeption. Im neuen Ansatz wird daher das Thema „Interaktion" zur Grundlage der Sozialisationstheorie gemacht. Im vorliegenden Zusammenhang interessiert nicht so sehr die Frage, wie der Interaktionismus zur Begründung einer Erziehungstheorie herangezogen werden kann, sondern hier wird einschränkend interessant, welche Aufschlüsse der Symbolische Interaktionismus für das berufliche Verhalten von Lehrern vermitteln kann. Dazu sind aber einige Aussagen über die Grundlagen des Ansatzes erforderlich.

Für das Verständnis des Interaktionismus ist es wichtig, zu sehen, daß er eine ganze Gruppe teilweise sehr uneinheitlicher Theorieansätze umfaßt. Versteht man unter Interaktion im allgemeinen einen Prozeß wechselseitiger Beeinflussung von Individuen, so ist „soziale Interaktion" als das aufeinander bezogene Handeln von Subjekten zu verstehen, die über ein gemeinsames Verständigungssystem verfügen.

GRAUMANN (1972), der eine gut lesbare Einführung in den vorliegenden Problemzusammenhang vorgelegt hat, nennt drei Implikationen des Interaktionsbegriffs:

1. Die wechselseitige Einwirkung
   Jedes Geschehen zwischen zwei Individuen findet so statt, daß jeder Einwirkungen von anderen erfährt, zugleich aber seinerseits auf andere einwirkt.
2. Die wechselseitige Steuerung
   Die beteiligten Individuen kontrollieren und steuern sich in der Interaktion, etwa durch Belohnung oder Bestrafung.

3. Den Austausch
Jede Interaktion stellt ein Geben und Nehmen dar, an dem Gesichtspunkte der Kosten-Nutzen-Relation beteiligt sind.

Ein Aspekt eines interindividuellen Austauschs ist die *Kommunikation,* die jedoch im Gegensatz zur Interaktion sowohl einseitig wie wechselseitig bestimmt sein kann.

GRAUMANN (ebd.) unterscheidet – ähnlich wie CLAESSENS (1968) – zwei große Gruppen von Interaktionstheorien:

– die soziologischen Theorien,
– die psychologischen Theorien.

Die *soziologischen Theorien* richten ihr Forschungsinteresse auf den Zusammenhang des einzelnen mit den ihn umgebenden sozialen Gebilden (Gruppen, Organisationen, Institutionen). Zu den soziologischen Interaktionstheorien sind zu zählen:

1. Der strukturell-funktionale Ansatz als allgemeine Theorie der Handlung (PARSONS).
2. Die Theorie des Symbolischen Interaktionismus (G. H. MEAD).
3. Die Theorie des sozialen Austauschs (HOMANS).
4. Das Interaktionsmodell (GOFFMAN).

Als *Hauptfragen* der soziologischen Interaktionstheorien lassen sich die folgenden drei nennen (vgl. GRAUMANN, ebd.):

1. Worin besteht das Phänomen ‚soziale Interaktion'?
2. Wie kommt es zustande?
3. Welche Bedingungen sind für das Aufrechterhalten bzw. Abbrechen von sozialen Interaktionen maßgebend?

Das Interesse der *psychologischen Interaktionstheorien* wird bestimmt durch Ansatzpunkte, die sich auf das soziale Miteinander der Individuen beziehen. Von Belang sind dabei vor allem jene Phänomene, die Auskunft über die Entstehung sozialer Verhaltensweisen geben können. Die beiden bedeutendsten Theorien sind:

1. Die Bekräftigungstheorie der Interaktion (HOMANS, MALEWSKI u. a.).
2. Die Fertigkeitstheorie der Interaktion (ARGYLE).

Wenn im folgenden der Symbolische Interaktionismus als Berufstheorie des Lehrers genauer behandelt werden soll, so ist es sinnvoll, die fünf zentralen

Grundannahmen dieses Ansatzes an den Anfang zu stellen (vgl. GRAUMANN, ebd.):

1. Der Mensch lebt sowohl in einer natürlichen als auch in einer symbolisch vermittelten Umwelt und kann durch Symbole und Reize zum Handeln angeregt werden.
2. Der Mensch kann mit Hilfe von Symbolen (Reize) bei einem Partner Reaktionen auslösen.
3. Über eine Kommunikation mit Symbolen kann der Mensch eine Vielzahl von Verhaltensweisen anderer lernen.
4. Symbole setzen sich zumeist aus (Bedeutungs-) Bündeln zusammen, die groß und komplex sein können.
5. Denken kann aufgefaßt werden als die Prüfung symbolischer Lösungen und zukünftiger Handlungsabläufe auf Vor- und Nachteile hin.

Für das Gesamtverständnis des Symbolischen Interaktionismus sind die Arbeiten von G.H. MEAD (1934, 1968) und E. GOFFMAN (1961, 1967) grundlegend. MEAD geht aus vom Phänomen ‚Sprache', das als Medium „signifikanter Symbole" die Grundlage jeder menschlichen Interaktion darstellt. Sprache wiederum setzt zwingend Gesellschaft voraus. Sprechen heißt nach MEAD Symbole austauschen, die für mehrere Personen die gleiche Bedeutung haben. Wichtig ist nun, daß in einer Interaktion reziproke Erwartungen und Antizipation (= Vorwegnahme) dadurch möglich sind, daß durch die gemeinsamen Symbole (= gleiche Sprache) gegenseitiges Verstehen möglich wird. Gleichzeitig setzt die symbolische Interaktion ein gemeinsames kognitives Grundmuster in der Psyche der Beteiligten voraus.

MOLLENHAUER stellt zu Recht fest: „Menschliche Interaktion ist so dadurch charakterisiert, daß sie schon im Ansatz zweierlei enthält: Die Bindung an die geteilten Bedeutungen eines gesellschaftlichen Kontextes und die relative Freiheit von den Faktoren einer situativen Gesamtdynamik, der der Organismus ohne die Fähigkeit, über signifikante Zeichen verfügen zu können, verhaftet bliebe." (1972, S. 85)

Nach MEAD tritt die organisierte Gemeinschaft, die Gesellschaft, in Form des „generalized other", „des verallgemeinerten anderen", in der Interaktion dem einzelnen Interaktionspartner äußerlich gegenüber. Die daraus resultierende innerliche Instanz nennt MEAD das „Me" im Unterschied zum „I"; wobei das „Me" den verinnerlichten Zusammenhang der Interaktions-Orientierungen darstellt, den das Individuum mit den anderen teilt.

Diese theoretische Grundposition wurde besonders von GOFFMAN in den USA und von HABERMAS (1968) und KRAPPMANN (1969; 1973/3) in Deutschland zum Konzept der „Kritischen Rollentheorie" weiterentwickelt, wobei sie sich besonders gegen die strukturell-funktionale Theorie PARSONS wandten.

Dazu nochmals MOLLENHAUER (1972, S. 90): „G. H. MEAD könnte noch so interpretiert werden, als unterstelle er für den Normalfall eine vollkommene Entsprechung der sozialen Erwartungen *an* das Individuum und dessen eigenen Orientierungen und Handlungsimpulsen. Nimmt man indessen denjenigen Teil seines Paradigmas ernst, in dem gerade der symbolische Charakter der Interaktion, d. h. Antizipation, Reziprozität, Vergegenständlichung und damit auch Interpretation von Verhaltenserwartungen, hervorgehoben wird, dann zeigt sich, daß Interaktionsspielräume, Aushandeln von Beziehungsdefinitionen und Regeln sowie Umorganisieren von Regeln durchaus zur ‚normalen‘ Interaktion gehört, ja daß solche durch die Verschiedenartigkeit von Individuen (vgl. das ‚I‘) und Situationen sogar unausweichlich sind und damit zu den wesentlichen Bestandteilen der Interaktionsstruktur gehören."

MOLLENHAUER greift damit auf, was HABERMAS (1968, S. 10) – gegen PARSONS gewendet – schon vorgetragen hatte; daß nämlich die traditionelle Rollentheorie „drei Dimensionen möglicher Freiheitsgrade des Handelns" vernachlässige. Die Theoreme, unter denen dies bei PARSONS geschehe, seien:

– das *Integrationstheorem*: „der institutionell hergestellten Komplementarität der Erwartungen und des Verhaltens entspricht eine Reziprozität der Bedürfnisbefriedigung (Gratifikation)" (ebd., S. 8),
– das *Identitätstheorem*: „Kongruenz zwischen Rollendefinitionen und Rolleninterpretationen" (Partner könnten ihren Platz tauschen) (ebd., S. 9),
– das *Konformitätstheorem*: „Kongruenz zwischen geltenden Normen und wirksamen Verhaltenskontrollen", „eine institutionalisierte Wertorientierung (Rolle)" entspricht „einem internalisierten Wert (Motiv) in der Weise, daß geltende Normen mit hinreichender Wahrscheinlichkeit auch faktisch erfüllt werden" (ebd.).

In aller Schärfe stellt HABERMAS dazu fest: „Alle drei Theoreme unterstellen, durch Vorentscheidungen auf der analytischen Ebene, einen Normalfall eingespielter Interaktion, der in Wahrheit ein pathologischer Grenzfall ist: nämlich volle Komplementarität der Erwartungen und des Verhaltens, die nur um den Preis der Unterdrückung von Konflikten zu erzwingen ist (pseudomutuality); ferner die Deckung von Definition der Rolle und Interpretation der Handelnden, die nur um den Preis des Verzichts auf Individuierung zu erreichen ist (rigidity), und schließlich die Abbildung der Rolle als Norm auf der motivationalen Ebene verinnerlichter Rollen, die nur um den Preis einer zwanghaft automatischen Verhaltenskontrolle zu verwirlichen ist. Die drei vernachlässigten Dimensionen können wir einführen, um Institutionen (Rollensysteme) nach dem Grad ihrer Repressivität, dem Grad ihrer Rigidität und der Art der von ihnen auferlegten Verhaltenskontrolle zu unterscheiden." (ebd., S. 10)

Diese grundlegende Kritik an den drei Grundannahmen (Theoremen) der Rollentheorie schafft Raum für die in unserem Zusammenhang besonders wichtige Frage nach den identitätsfördernden Fähigkeiten, die das Individuum – gerade auch das in einem komplizierten sozialen Feld beruflich agierende – benötigt, um sich als autonomes Subjekt behaupten zu können. LOTHAR KRAPPMANN (1973/3) hat in seiner Darstellung über soziologische Dimensionen der Identität nämlich gezeigt, „daß soziale Interaktion nicht fortgeführt werden kann, wenn die Beteiligten die ihnen angesonnenen Erwartungen nicht in einer ihrer besonderen Situation entsprechenden Weise, also subjektiv, durch die Aufrechterhaltung einer Identität interpretieren" (S. 42).

KRAPPMANN stellt daher vier identitätsfördernde Fähigkeiten heraus:

- Rollendistanz
- „Role-Taking" und Empathie
- Ambiguitätstoleranz und Abwehrmechanismen
- Identitätsdarstellung

Rollendistanz: Eine grundlegende Voraussetzung dafür, eine eigene Identität aufzubauen und zu erhalten, ist die, sich den Erwartungen der anderen gegenüber – also an das Individuum herangetragenen Normen und Werten – reflektierend und interpretierend zu verhalten. Nach KRAPPMANN (ebd., S. 133) kommt der einzelne erst dadurch in die Lage, „sich über die Anforderungen von Rollen zu erheben, um auswählen, negieren, modifizieren und interpretieren zu können. Diese Fähigkeit, die das Individuum für erfolgreiche Interaktion benötigt, soll in Übernahme der Begriffsbildung E. GOFFMANS als Fähigkeit zur ‚Rollendistanz' bezeichnet werden."

Role-Taking und Empathie: Der Begriff „role-taking" entstammt dem MEADschen Theorieansatz und bedeutet, daß ein Individuum die Erwartungen seiner Interaktionspartner übernehmen kann, indem er sich in die Rolle des anderen versetzt, Empathie ist dazu eine Voraussetzung und bedeutet soviel wie „Einfühlungsvermögen". Dabei ist allerdings zu beachten, daß hierbei an einen kognitiven Prozeß im Sinne eines „Hineindenkens" gedacht ist. KRAPPMANN stellt fest (ebd., S. 143): „Auch Empathie ist sowohl Voraussetzung wie Korrelat von Ich-Identität. Ohne die Fähigkeit, die Erwartungen der anderen zu antizipieren, ist die Formulierung einer Ich-Identität nicht denkbar. Jedoch bestimmt auch die jeweils ausbalancierte Ich-Identität durch die Art, in der sie Normen und Bedürfnisdispositionen aufgenommen hat, die Möglichkeiten des ‚role-taking' mit: Die Ich-Identität, die das Individuum in einer bestimmten Situation errichtet, legt Grenzen fest, über die hinweg der Person ‚role-taking' schwerfällt."

Ambiguitätstoleranz und Abwehrmechanismen: KRAPPMANN weist darauf hin, daß sowohl Rollendistanz wie Empathie im Grunde für das Individuum eine Belastungssituation schaffen, insofern sie es für Neues, Fremdes, aufschließen, das im Widerspruch zu den eigenen Vorstellungen und Erwartungen stehen kann. Daher ist in Interaktionssituationen praktisch immer davon auszugehen, daß es den beteiligten Partnern nicht gelingen kann, ihre gegenseitigen Erwartungen voll zu befriedigen. „Jedes interagierende Individuum ist folglich gezwungen, neben der Befriedigung, die ihm eine Interaktion gewährt, ein gewisses Maß an gleichzeitig auftretender und durch eben diese Interaktion erzeugter Unbefriedigtheit zu ertragen." (ebd., S. 151) Im Interaktionsvorgang kann aber kein Partner seine Erwartungen voll durchsetzen wollen, da er an der Erhaltung der Ich-Identität seiner Partner interessiert sein muß, ohne die es keine Interaktion und somit keine Befriedigung der eigenen Bedürfnisse geben kann. Somit „muß sich das Individuum prinzipiell mit Divergenzen und Inkompatibilitäten abfinden. Sie kennzeichnen nicht nur den Rollenkonflikt, sondern sind Bestandteile jeglicher Interaktionsbeziehungen" (ebd.).

Als Ergebnis ergibt sich: „Ein Individuum, das Ich-Identität behaupten will, muß auch widersprüchliche Rollenbeteiligungen und einander widerstrebende Motivationsstrukturen interpretierend nebeneinander dulden. Die Fähigkeit, dies bei sich und bei anderen, mit denen Interaktionsbeziehungen unterhalten werden, zu ertragen, ist Ambiguitätstoleranz. Sie eröffnet dem Individuum Möglichkeiten zur Interaktion und zur Artikulation seiner Ich-Identität in ihr. Aber gleichzeitig ist die Ambiguitätstoleranz auch wieder eine Folge gelungener Behauptung der Ich-Identität, weil sie dem Individuum die Erfahrung vermittelt, auch in sehr widersprüchlichen Situationen die Balance zwischen den verschiedenen Normen und Motiven halten zu können, und dadurch Ängste mindert." (ebd., S. 155)

Identitätsdarstellung: Hier geht KRAPPMANN von dem Faktum aus, daß Individuen, selbst wenn sie über Rollendistanz, Empathie und Ambiguitätstoleranz verfügen, Schwierigkeiten haben, ihre Identität in Interaktionsprozessen auch sichtbar darzustellen, was jedoch für diese Prozesse grundlegend ist. KRAPPMANN rekurriert hier auf Befunde GOFFMANS, nach denen Individuen auch in schwierigen und extremen sozialen Situationen erfolgreich versuchen, ihre Identität auch faktisch darzustellen. – Wie gelingt es nun einem Menschen, im Rahmen einer Rollendarstellung Ich-Identität zu präsentieren? Dazu KRAPPMANN (ebd., S. 170): „Den Menschen, die man nur in *einer* Rolle zu sehen braucht, um sie zu kennen, gelingt es offensichtlich, trotz ihres Auftretens in einer eingegrenzten Interaktionssituation noch weitere, für ein Bild ihrer Identität relevante Informationen zu geben ... Der erste Schritt besteht darin zu signalisieren, daß das Individuum nicht nur das ist, was die Umstände im Augenblick von ihm zu erkennen geben; der zweite Schritt auszudrücken, was das Individuum denn tatsächlich außerdem noch ist." Im Medium der Sprache, mit Ironie, Witz und Humor, im Spiel und Kokettieren mit Rollen oder Rollensegmenten bringt das Individuum eine gewisse Distanz in sein Rollenverhalten, die Freiraum schafft für individuelle, identische Darstellung.

8.2: Im folgenden sollen nun erste Konsequenzen für die Berufsrolle des Lehrers gezogen werden. Gemeinhin wird dabei so argumentiert: Das Konzept der Pädagogischen Selbstrolle MOLLENHAUERS sei an den theoretischen Unzulänglichkeiten des traditionellen Rollenkonzepts gescheitert. Mit dem traditionellen Konzept lasse sich das Bemühen einer kritischen Erziehungswissenschaft, „‚souveränes' Rollenhandeln plausibel, nämlich als ein Verhalten verständlich zu machen, das dem Bedürfnis nach Wahrung und Stabilisierung personaler Identität wie den Erfordernissen sozialer Kommunikation und Kooperation gleichermaßen Rechnung trägt" (KRAMP, 1973, S. 203), nicht einlösen. Infolgedessen müsse man das Konzept der Pädagogischen Selbstrolle konsequenterweise fallenlassen, wofür übrigens inzwischen auch MOLLENHAUER selbst plädiert. Viele Autoren wenden sich daher heute – so begründet – dem Symbolischen Interaktionismus zu. Auch WOLFGANG KRAMP (ebd., S. 205/206) geht diesen Weg mit dem Argument, „daß das interaktionistische Modell souveränen Rollenhandelns nicht nur dem menschlichen Ur-Bedürfnis nach Wahrung und Stabilisierung personaler Identität, sondern auch den Erfordernissen und Möglichkeiten der Kommunikation in einer offenen Gesellschaft entschieden besser Rechnung trägt als das traditionelle, auf der funktionell-strukturellen Theorie sozialer Systeme basierende Rollenkonzept".

Ohne die grundlegenden Prämissen des Symbolischen Interaktionismus anzugreifen, die auch ich in einer demokratischen Schule und offenen Gesellschaft schlechterdings für unverzichtbar halte, möchte ich die radikale Abkehr vom Konzept der Pädagogischen Selbstrolle mit aller Entschiedenheit kritisieren. Ich halte diese totale Abwendung nicht nur für völlig unnötig und überflüssig, sondern mehr noch: im Hinblick auf die erstrebenswerte Professionalisierung der Lehrerschaft geradezu hinderlich, ja schädlich. Stattdessen plädiere ich für eine Weiterentwicklung des Konzepts der Pädagogischen Selbstrolle in dem Sinne, daß die Merkmale souveränen Rollenhandelns – wie sie der Symbolische Interaktionismus herausgearbeitet hat – aufgenommen und eingebaut werden. Was wir brauchen, ist ein kritisches Konzept der Pädagogischen Selbstrolle!

Ich möchte diese These mit folgenden Argumenten begründen:

1. Ein abstraktes Modell souveränen Rollenhandelns stellt für den allergrößten Teil der Lehrerschaft eine eindeutige Überforderung dar.
2. Ein abstraktes Modell souveränen Rollenhandelns suggeriert den Lehrern, sie hätten die Kriterien ihres beruflichen Handelns allein „aus sich zu schöpfen", selbständig hervorzubringen. Das birgt die große Gefahr in sich, daß der bisherige Schlendrian unprofessionellen, privatistischen und nach subjektivem Gutdünken ausgerichteten Lehrerverhaltens nicht nur beibehalten, sondern diese Beibehaltung unter Verweis auf das Konzept des souveränen Rollenhandelns auch noch scheinlegitimiert werden kann.

3. Da auch der Symbolische Interaktionismus davon ausgeht, daß der Mensch Rollen zu übernehmen und auszufüllen hat, selbst dann noch, wenn er in ihnen relativ autonom und selbständig handelt, ist die völlige Aufgabe des Konzepts einer beruflichen Pädagogischen Selbstrolle auch aus der Sicht des Interaktionismus selbst völlig unnötig.
4. Die über weite Strecken formale, in gewissem Sinne inhaltsleere – eben abstrakte – Argumentation des Symbolischen Interaktionismus ist gerade für berufliches Handeln abzulehnen. Dieses hat es vielmehr mit „harten Fakten", gesetzten Zielen, gegebenen Methoden und Hilfsmitteln usw. zu tun, ehe der Berufsausübende mit eigenen Setzungen, selbstformulierten Konzepten, selbstentwickelten Hilfsmitteln und durch Erfahrung experimentierend gewonnenen Methoden operieren kann.
5. Das Gesagte gilt gleichermaßen für evtl. erforderliche kritische Auseinandersetzungen bei Rollenkonflikten mit Bezugsgruppen. Der einzelne Lehrer hat dabei zunächst einmal einen Halt in den Bezugs- und Berufswissenschaften, in dem beruflich entwickelten Erfahrungssatz und Gedankengang zu suchen, ehe er in die Auseinandersetzung subjektiv Verbindliches und für richtig Gehaltens einführen kann.
6. Auch im Lehrerberuf – wie in allen anderen Berufen – fängt der Berufsausübende nicht in jeder Konstellation am „Punkt Null" an. Daher sollte er zunächst einmal jenen „Satz" an beruflich „gesicherten" und bekannten Kenntnissen, Fähigkeiten und Verhaltensweisen erlernen, heranziehen und zur jeweiligen Orientierung verwenden sowie sich mit dem „pädagogischen Grundgedankengang" (MOLLENHAUER) auseinandersetzen und wissenschaftlich Gesichertes berücksichtigen, ehe er daran geht, subjektiv Entwikkeltes und Erworbenes zur Richtschnur seines Handelns zu machen.

Damit dürfte deutlich sein, daß das Konzept einer „Kritischen Pädagogischen Selbstrolle" souveränes professionelles Rollenhandeln nur auf der Grundlage eines soliden Berufswissens, akzeptabler Berufseinstellungen (Motivationen, Berufsnormen) sowie einer faktischen Handlungskompetenz überhaupt für möglich und wünschenswert hält. Es liegt nämlich schlicht ein Mißverständnis vor, wenn man die Anwendung des Modells souveränen, autonomen Handelns von den Verhältnissen „normalen" mitmenschlichen Umgangs einfach auf berufliches Verhalten überträgt. Der Interpretationsspielraum und die „Bewegungsfreiheit" in z.B. der privaten ‚Rolle des Vaters' ist ungleich größer als in der einer beruflichen Rolle. Daraus ergibt sich als Konsequenz für die berufliche Ausbildung, daß gerade, wenn das Ziel eine relativ autonome Berufsausübung sein soll, der Lehramtsanwärter zunächst einmal hart zu erlernen hat, was in diesem Beruf einigermaßen gesichert erlernbar ist. Erst auf der Grundlage eines mittleren Maßes an Kompetenz – und das gilt für jede Berufsausübung – ist souveränes, kompetentes Rollenhandeln möglich. Die Erlernung, der Auf- und

Ausbau einer Pädagogischen Selbstrolle ist für den unabdingbar, der bewußt, reflektiert und sozial engagiert den Lehrerberuf ausüben will.

Das wird auch deutlich, wenn man sich die vier von KRAPPMANN formulierten, identitätsfördernden Fähigkeiten nochmals ansieht:
    Wer *Rollendistanz* im anspruchsvollen Sinne realisieren will, kann dies nur, wenn er zuvor die gemeinte Rolle sich „angeeignet" hat. Auch *Empathie* verlangt eine genauere Kenntnis der Bezugsgruppen, ihrer Umfeldbedingungen und Motive; Kenntnisse, die im Rahmen des Konzepts der Pädagogischen Selbstrolle vermittelt werden. Und auch wer *Ambiguitätstoleranz* aufbauen und gegebenfalls über längere Zeit aushalten muß, kann dies umso besser, je genauer er die Zusammenhänge überblickt und seine Interaktionspartner kennt, mit denen akzeptable Kompromisse „auszuhandeln" sind.

8.3: In seinem Buch „Theorien zum Erziehungsprozeß" hat KLAUS MOLLEN-HAUER den interaktionistischen Versuch, den Begriff der „Situation" zu differenzieren, erziehungswissenschaftlich interpretiert. Zwar bewegt sich MOLLENHAUER dabei vorwiegend auf der kommunikativ-linguistischen Ebene, seine Darstellung ist aber unschwer auch auf die erzieherische Gesamtsituation übertragbar. Die Ausführungen zeigen, wie der Symbolische Interaktionismus im Begriff der „Situation" einen Zugang für die professionelle Orientierung des Lehrers geschaffen hat. Zugleich bestätigen die Ausführungen auf ihre Weise die gemachten Aussagen zur Beibehaltung eines kritischen Konzepts der Pädagogischen Selbstrolle.

MOLLENHAUER geht aus vom Problem der Analyse pädagogischer Interaktion und stellt heraus, daß diese nur im Rahmen einer „kontextadäquaten Interpretation" möglich ist. Die Bedeutung eines pädagogischen Geschehens erschließt sich erst, wenn das Umfeld, der Kontext, in dem es stattfindet, mit erschlossen wird. MOLLENHAUER folgert (1972, S. 109):

– „Jeder kommunikative Akt im pädagogischen Kontext muß von dem ‚Erziehenden' in erster Linie nach Kriterien beurteilt werden, die den in der konkreten Situation vorkommenden Kommunikations-Akten entnehmbar sind;
– jede wissenschaftliche Analyse pädagogischer Kommunikationen muß als primären Referenzrahmen die konkrete Situation und ihre interaktionsstrukturellen, inhaltlichen und interaktions-dynamischen Implikationen nehmen."

MOLLENHAUER meint zu Recht, daß diese Forderungen sich durchaus nicht von selbst verstünden, daß ein Blick auf die Erziehungswirklichkeit vielmehr schnell erweise, daß sich dort die Praxis oft mehr an Bedingungen orientiere, die durch den institutionellen Rahmen, vorgegebene Curricula, vorformulierte pädagogische Programme usw. festgelegt seien als an Kriterien der pädagogischen Situation selbst.

Die Struktur der Situation wird nun durch *formale* und intentional *inhaltliche* Merkmale kennzeichenbar: „Die ‚gemeinsame Situation' (Laing) wird also hier näher als ‚*Verständigungsebene*' bestimmt, die sich nach den *formalen Merkmalen der Interaktion,* nach *kommunizierten Inhalten (Intentionen)* strukturiert. Mindestens diese Elemente also sind erforderlich, um eine Situation als eine referenzfähige Interpretationseinheit auszumachen." (ebd., S. 112)

Wichtig ist nun, daß die Partner einer pädagogischen Situation dieselbe sowohl hinsichtlich ihrer formalen Komponenten (→ *Beziehungsaspekt*) wie in bezug auf ihren Bedeutungsgehalt (→ *Inhaltsaspekt*) nach Maßgabe ihrer speziellen *Intentionen* strukturieren. MOLLENHAUER: „Der Symbolische Interaktionismus verwendet für diese auf die Situation gerichtete strukturierende Aktivität des Individuums den Ausdruck ‚Definition der Situation'." (ebd., S. 123) MOLLENHAUER fügt erläuternd hinzu: „Der Ausdruck ist allerdings mißverständlich, da er vermuten lassen könnte, es werde behauptet, daß das Individuum in einem nicht nur bewußten, sondern auch verbal explizierten kommunikativen Akt die Situation zuerst definiere und dann entsprechend handele ... ‚Definition' heißt denn auch nicht die spezielle intellektuelle Tätigkeit des Definierens im Zusammenhang rationaler verbaler Erörterungen, sondern die bewußte oder unbewußte Strukturierung der Bedeutungs-Komponenten der Situation gemäß den erworbenen kognitiven und Beziehungs-Schemata." (ebd., S. 123)

Für die pädagogische Situation gilt nun im besonderen, daß in ihr eine spezifisch intentionale Komponente mitschwingt, insofern „*einer* der Partner, derjenige nämlich, der sich in der Rolle des ‚Pädagogen' definiert, für sich in Anspruch nimmt, Situationen zu strukturieren, und zwar so, daß seine Chance der Einflußnahme in der Situation größer ist als die der anderen Partner. Er nimmt sogar – noch weitergehend – für sich in Anspruch, daß ihm selbst, wenn nicht ein Monopol, so doch ein entschiedenes Übergewicht institutionell gesichert wird, um Situationen überhaupt vorweg und nicht erst in der Situation selbst zu strukturieren." (ebd., S. 120/121)

Am – pädagogisch schlecht gewählten – interaktionistischen Begriff der „Meta-Intention" soll nun im folgenden ein Aspekt jeder pädagogischen Situation erörtert werden, der oft als Einwand gegen das Professionalisierungskonzept verwendet wird: die Frage der *Echtheit* und *Kongruenz* des professionellen Lehrers/Erziehers. Dabei wird eingewendet, daß ein Lehrer, der professionelle Kriterien wissenschaftlicher Art in den Umgang mit Schülern einführe, der also – interaktionistisch gesprochen – die pädagogische Situation (monopolistisch) nach Kriterien zu definieren versucht, über die der Schüler nicht verfügt, die Situationen verfälsche, sie ihrer Echtheit beraube, selber unecht agiere.

Als Beispiel wird etwa folgendes angeführt: In einer bestimmten Unterrichtssituation fühlt sich ein Schüler in einer Sachdiskussion vom Lehrer persönlich angegriffen, ohne daß der Lehrer dies beabsichtigt hat oder gar bemerkt. Er reagiert nun seinerseits ärgerlich und provoziert den Lehrer. Anstatt nun ebenso spontan zu reagieren, seine Betroffenheit und seinen eigenen Ärger über die Provokation zu äußern, beginnt der Lehrer jedoch pädagogisch zu reflektieren, wird nicht spontan böse, sondern stellt in ruhigem Ton eine sachliche Frage ...

Was geht hier tatsächlich vor sich? Ist dieser reflektiert agierende – möglicherweise mit gruppendynamischen Kenntnissen und Erfahrungen „befrachtete" – Lehrer wirklich unecht? – Die Frage muß aus mehreren Gründen verneint, ja als absurd zurückgewiesen werden.

– Dabei ist auszugehen von der interaktionistischen Unterscheidung zw. „naiven" (= im obigen Beispiel: spontanen) und „pädagogisch reflektierten" intentionalen Akten. Aus der Sicht des Lehrers wird die „pädagogische Situation" stets als mit einer doppelten Intentionalität behaftet erlebt: auf der naiven Ebene kommen die gleichen Reaktionen vor, wie sie in jeder anderen Interaktion zu unterstellen sind: „Geltenlassen, Zurechtweisen, Mißbilligen usw. Solche Reaktionen sind spontan; sie entstammen, ebenso wie die Reaktionen des Educandus, dem erworbenen Zusammenhang von Verhaltensdispositionen ... Außerdem wird sein Verhalten eine Funktion der Situation und anderer Randbedingungen sein: Unter Streß wird er anders als in entspannter Situation reagieren ... Kurz: er unterliegt der gleichen Gefahr der ‚Verdinglichung' des Beziehungsgeschehens wie der Educandus. Auf der ‚pädagogisch reflektierten' Ebene der Meta-Intention jedoch ist er gehalten, an der Aufhebung jener Verdinglichung zu arbeiten, die naiven Intentionen seiner selbst und des Educandus sich zum Gegenstand der Reflexion zu machen, um die Situation so strukturieren zu können, daß ‚emanzipatorische', d.h. der Situation und ihren Komponenten und Faktoren gegenüber distanzierte *Intentionen des Educandus* möglich werden." (MOLLENHAUER, a.a.O., S. 121)

Indem der Lehrer also reflektiert agiert, setzt er das Modell des reflektierenden Handelns als humane Norm, die für ihn selbst ebenso verbindlich ist wie für jeden anderen Menschen – den Schüler eingeschlossen; der ja selbst Anspruch darauf erhebt, als Mensch behandelt zu werden. Indem der Lehrer also die pädagogische Situation nach humanen Kriterien definiert und entsprechend handelt, verhält er sich keineswegs unecht.

– Der professionell agierende Lehrer, der über wissenschaftliche Kriterien seines Handelns verfügt, verfälscht die pädagogische Situation vor allem dann nicht, wenn er die kritischen sozialwissenschaftlichen Daten und Perspektiven seines Referenzrahmens als Wert- und Normenbezug „verinnerlicht", das

heißt in sein kognitives, affektives und habituelles System eingebaut hat, also voll hinter seinem beruflichen Auftrag steht, Heranwachsenden dabei behilflich zu sein, die eigenen Kompetenzen zu erweitern. Dafür wird der Lehrer bezahlt, dafür wird von ihm verlangt, daß er in der pädagogischen Situation im oben beschriebenen Sinne kongruent professionell handelt. Daher bleibt unbedingt festzuhalten, daß der Lehrer gerade wegen seines bezahlten Auftrages dazu verpflichtet ist, in der pädagogischen Situation reflektiert *und* kongruent zu handeln. Niemand wird verlangen, daß ihm das immer gelingt, an der Berechtigung und Notwendigkeit der formulierten professionellen Norm ändert das jedoch nichts.
- Schließlich ist drittens darauf hinzuweisen, daß die Forderung, der Lehrer möge sich in der pädagogischen Situation naiv verhalten, um sich als spontaner Interaktionspartner seine „Echtheit" zu bewahren, darauf hinauslaufen kann, daß er geradezu zur Unechtheit verurteilt wird. Denn als Mensch mit Erfahrungen, Kenntnissen und gefilterten Normen wird er „Reflektiertheit" des Verhaltens als Kulturleistung des Menschen möglicherweise als für sich verbindlich bereits habitualisiert haben. Er müßte sich also – um bei unserem Beispiel zu bleiben – künstlich auf die Stufe des frustrierten Schülers stellen, wollte er naiv und spontan handeln. Genau dadurch aber würde er unecht und nicht kongruent wirken. Lehrer und Schüler müssen demnach alle verfügbaren Kriterien in die Situationsdefinition einbringen können; erst dadurch wird die Situation „echt"; nicht aber dadurch, daß der Lehrer sich künstlich auf die Ebene der Schüler begibt.

Wichtig ist, daß der Lehrer keine geheimen Kriterien „in der Hinterhand behält", die er auf die Schüler als Objekte „anwendet". Eine pädagogische Situation kann ihre Wirksamkeit vielmehr erst dann voll entfalten, wenn über die beiderseits eingebrachten Definitionen offen verhandelt werden kann; freilich auch dadurch, daß der Lehrer Modellverhalten – wenigstens streckenweise – auch tatsächlich realisiert.

Als empirische Komponenten der pädagogischen Situation sind nach MOLLENHAUER

- biographische,
- institutionelle und
- sozioökonomische

Merkmale zu berücksichtigen. Bei der Situationsdefinition hat der Lehrer demnach zunächst einmal von einer kritischen Analyse von Merkmalen der Situation auszugehen: „In der biographischen Kausalkette würden die individualgenetischen Determinanten rekonstruiert, in der institutionellen würden im wesentlichen die Verfahren der Rollen-Analyse angewendet werden, in der

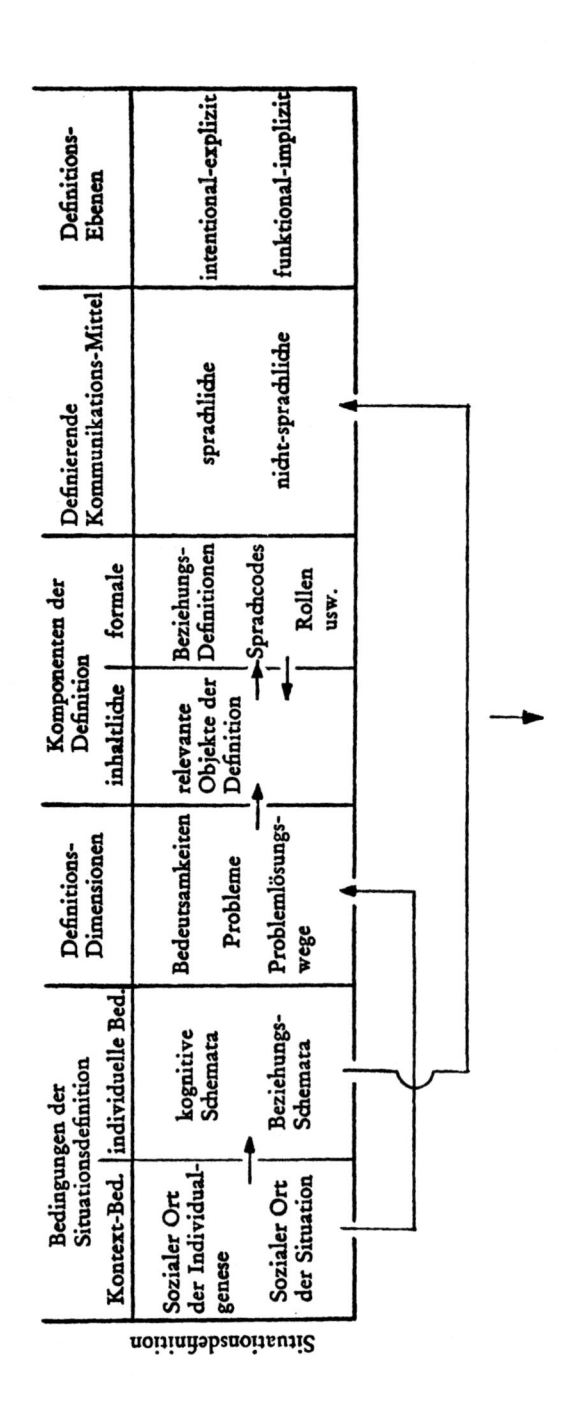

Bedingungen der Situationsdefinition		Definitions-Dimensionen	Komponenten der Definition		Definierende Kommunikations-Mittel	Definitions-Ebenen
Kontext-Bed.	individuelle Bed.		inhaltliche	formale		
Sozialer Ort der Individual-genese	kognitive Schemata	Bedeutsamkeiten Probleme Problemlösungs-wege	relevante Objekte der Definition	Beziehungs-Definitionen Sprachcodes Rollen usw.	sprachliche	intentional-explizit
Sozialer Ort der Situation	Beziehungs-Schemata				nicht-sprachliche	funktional-implizit

Situationsdefinition

250

	inhaltliche Merkmale der Situation	formale Merkmale der Situation	intentionale Merkmale der Situation
Bedingungen der Situation im sozialen Kontext	Objekte der Kommunikation und ihre empirisch mögliche Bedeutsamkeit für die Interaktionspartner	Beziehungen Rollenstruktur Kommunikationsmittel	Intention Meta-Intentionen projektive Gehalte
Interessen Macht Lebenswelt-Abhängigkeit Reproduktionserwartungen (z. B. familiale Sit., schulische Sit.)			

Situationsdefinition von Ego

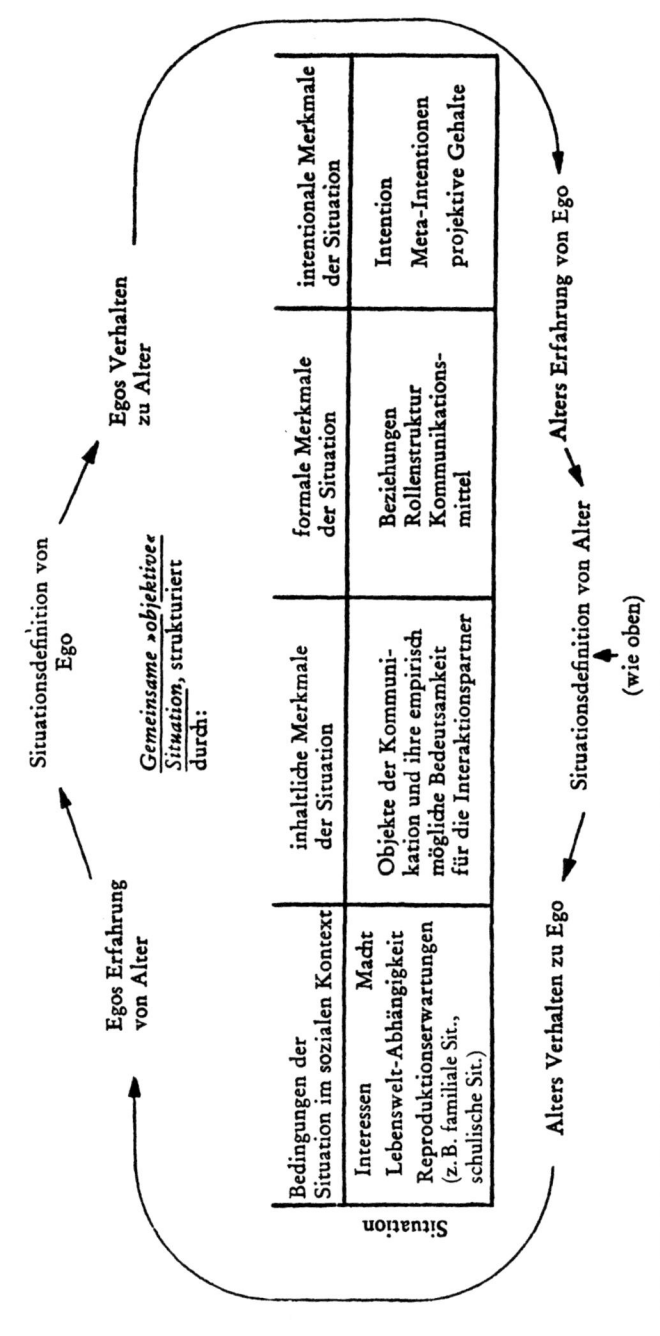

Egos Erfahrung von Alter → ← Egos Verhalten zu Alter

Gemeinsame »objektive« Situation, strukturiert durch:

Alters Verhalten zu Ego → Situationsdefinition von Alter ← Alters Erfahrung von Ego
(wie oben)

Abb. 22: Die „Situationsdefinition" als beobachtbare Variable im Erziehungsfeld (MOLLENHAUER, 1972, S. 132/133)

sozio-ökonomischen würde es sich um Schicht- und Klassenanalysen handeln."
(ebd., S. 114)

Das professionelle Handeln des Lehrers kann nun aber nicht nur aus Daten der Situation selbst sich ergeben. Als gerichtete, intentionale hat sie der Lehrer stets auch normierend zu gestalten („zu definieren" im engeren Sinne). Sowohl für seine analytischen wie normierenden Interpretationen aber ist er auf den wissenschaftlichen Referenzrahmen verpflichtet.

Demnach kann man nun die *pädagogische Situation* als eine durch die gerichtete, strukturierende Aktivität des Lehrers in der Situationsdefinition zubereitete Arbeitsfeld ansehen.

Die Strukturierung durch den Lehrer vollzieht sich dabei

- unter Einbeziehung erlernter (erworbener) Verhaltensmuster,
- aufgrund einer detaillierten Analyse der biographischen, institutionellen und sozioökonomischen Daten der Situation,
- anhand von Fakten, Theorien und Standards einer kritischen Sozialwissenschaft als interpretativem Referenzrahmen,
- aufgrund des im professionellen Auftrag gesetzten und faktisch unterstellbaren Umstands der Veränderbarkeit und Gestaltbarkeit der pädagogischen Situation: „Die Gestaltung von Situationen ist das, dessen der Pädagoge ... am ehesten mächtig ist." (MOLLENHAUER, a.a.O., S. 115)

Überblickt man die durchaus komplizierten Vorgänge der Situationsdefinition in der von MOLLENHAUER graphisch abgebildeten Form (vgl. Abb. 22), so zeigt sich, daß das Modell das für die Berufssituation des Lehrers zentrale Problem der *Handlungs- und Entscheidungsmöglichkeiten, -fähigkeiten und -kompetenz* stark vernachlässigt. Das gleiche gilt – wie wir im nächsten Abschnitt (8.4) sehen werden – auch für den kommunikationstheoretischen Ansatz, weshalb wir das Kapitel mit der Darstellung der Handlungs-Entscheidungs-Theorie abschließen wollen (8.5), die diesen Gesichtspunkt der Entscheidung in das Zentrum des Interesses rückt.

8.4: Wie die bisherigen Aussagen gezeigt haben, spielt das Kommunikationsproblem im Symbolischen Interaktionismus deshalb eine grundlegende Rolle, weil Interaktion wesentlich auf das kulturspezifische Medium der Sprache angewiesen ist. Jedoch weisen alle kommunikationstheoretisch orientierten Wissenschaftler darauf hin, daß Kommunikation als Medium der menschlichen Interaktion nicht nur auf Sprache, sondern auf das gesamte menschliche Verhalten verwiesen ist. GRAUMANN (1972, S. 1181) z.B. weist ausdrücklich darauf hin, daß das gesamte Verhalten des Lehrers in interpersonalen Situationen des Systems Schule einen Mitteilungscharakter hat, gleichgültig, ob diese Interaktion absichtlich oder unabsichtlich, von einem oder auch mehreren beteiligten Bezugspersonen in Gang gebracht wurde.

Entsprechend ist es sinnvoll, drei Arten von *Zeichen* voneinander zu unterscheiden, mit deren Hilfe Menschen sich verständigen:
- verbale Zeichen (gesprochene, geschriebene Wörter, Sätze usw.)
- paraverbale Zeichen (Sprachvariation, Sprachintonation, Sprechpausen, Schriftbild usw.)
- extraverbale Zeichen (Gestik, Mimik, Kleidung, Kosmetik, Merkmale der Wohngestaltung, Bilder usw.)

Handelt es sich bei der „Interaktion" darum, wie der *Austausch* von Zeichen vor sich geht, wie die *wechselseitige Reaktion* auf Zeichen zustandekommt und aussieht, und welche sozialen *Bedingungen* gegeben sein müssen, damit Austausch und Reaktion überhaupt zustandekommen, so untersucht „*Kommunikation*" die Frage, wie Zeichen im einzelnen *verwendet*, wie sie *wahrgenommen* und *interpretiert* werden.

Zweifellos gehören *Interaktion* und *Kommunikation* in der Realität menschlichen Erlebens und Handelns untrennbar zusammen, weshalb die Trennung der interaktionistischen von den kommunikativen Wissenschaftsansätzen schwerfällt. Beide gehören dem Typ nach zum „interpretativen Paradigma" (ULICH, 1976). Wir haben gesehen, wie im Symbolischen Interaktionismus ständig Aspekte der Kommunikation mitbehandelt werden. Im engeren Sinne soll „Kommunikation" nachfolgend also als die Frage nach dem Zeichen- oder Symbolcharakter der schulischen Interaktion, der Wahrnehmung und Interpretation „pädagogischer" Zeichen verstanden werden.

In diesem Sinne befassen sich als „theoretische" Grundlagenwissenschaften mit Kommunikation:

- die Semiotik (Bestimmung von „Codes" für Zeichensysteme),
- die Kinesik (Gebärdensprache),
- die Proxemik (räumliche Konstellationen von Personen und deren Aussagewert),
- die Paralinguistik (Intonation, Sprachvariation usw.),
- die Social-Perception-Forschung (soziale Daten als Grundlage der Wahrnehmung),
- die Soziolinguistik (Codes als sozial bedingte Sprachmuster).

Zu den „praktischen" Wissenschaften, die sich um das Problem der Anwendung kommunikativer Einsichten in bestimmten sozialen Handlungsfeldern bemühen, gehören vor allem:

- die Rhetorik,
- die Interaktionspädagogik,
- die kommunikative Didaktik,
- die interaktionistische Gruppendynamik.

Die folgende Darstellung dieses Abschnitts (8.4) geht zunächst auf einige Grundprobleme und Grundlagen des kommunikationstheoretischen Ansatzes ein:

- Faktoren der Kommunikationssituation (HYMES),
- Theoretische Rahmenkonzepte (BAACKE),
- Pragmatische Axiome der Kommunikation (WATZLAWICK u. a.),
- Wahrnehmungs-Codes (RITTELMEYER/WARTENBERG),
- der Diskurs-Begriff (MOLLENHAUER).

Sodann (8.5) werden die Ergebnisse auf das vorliegende Thema des Lehrerverhaltens bezogen und in eine kritische Gesamt-Analyse des ganzen Ansatzes einbezogen.

Die Komplexität von Kommunikations-Situationen läßt es sinnvoll erscheinen, durch Markierung von Einzelelementen eine Systematisierung zu erreichen. HYMES (1967) hat unter Verwendung des feldtheoretischen Ansatzes eine rein linguistische Betrachtung des Kommunikationsphänomens vorgenommen und gelangt zu folgenden Faktoren (BAACKE, 1976, S. 25):

- Adressor/Sender: Er eröffnet das Sprechereignis;
- Adressee/Empfänger: Auf ihn richtet sich das Sprechergebnis;
- Setting/context: der situationale Rahmen des Sprechereignisses;
- Code: die Verfügung über eine Sprachschicht oder Sprechweise (elaborated/ restricted code; Jargon, Dialekt, usw.);
- Channel: die physikalische Übertragungsweise (Sprechen, Schreiben, Lichtzeichen, Trommeln usw.);
- Message-form/message–shape: formale Gestaltung des Sprechereignisses (Stil);
- Topic: Aussageinhalt/Gehalt („Gegenstand", über den gesprochen wird).

BAACKE (1976) hat nun darauf aufmerksam gemacht, daß zu den HEYMESschen Faktoren noch weitere hinzukommen, die sich aus der Tatsache, dem Umstand, ergeben, daß jede Kommunikations-Situation in ein Bedingungsgefüge eingelagert ist (ebd., S. 26):

„– eine Komponente der Intentionalität (das Worum-willen von Kommunikation, ihre Idee oder Ideologie)
- eine Wirk-Komponente (die nicht mit den in der Aussage manifesten Intentionen identisch sein muß!)
- eine sozial/ökonomische Komponente (materiale Bedingungen für Kommunikationsbeziehungen)
- System-Komponenten (etwa die Funktionalität von Kommunikation in

einer Gesellschaft; Kommunikation im System Massenkommunikation hat andere Möglichkeiten und Ziele als die in einem Klassenzimmer)
– eine Handlungs-Komponente (wer ‚kommuniziert', redet nicht nur, sondern handelt auch oder will bei den Adressaten seiner Rede Handlungen erreichen ...)".

Kommunikationstheoretische Rahmenkonzepte erheben den Anspruch, Kommunikationsprozesse zu erklären, zu strukturieren und empirisch analysierbar zu machen. BAACKE weist nun darauf hin, daß in der Regel aber „jedem Kommunikationsmodell und jeder Interpretation eines Kommunikations-Vorganges theoretische Vorannahmen zugrunde (liegen), die wegen ihrer umfassenden Reichweite meist nicht empirisch belegt sind" (ebd., S. 27). Er führt die folgenden drei Typen auf (ebd.):

– die *philologische Variante* mit dem Ziel adäquater Texthermeneutik und der idealisierenden Unterstellung einer aus sich wirkenden, durch Sprache ausgedrückten Idee;
– die *systemtheoretische Variante* mit dem Ziel einer faktoriellen Bestimmung des (Kommunikations-) Systems als ganzem und der Unterstellung eines kybernetischen Regelkreislaufs;
– die *materialistische Variante* mit dem Ziel der Aufdeckung ökonomisch bedingter repressiver Herrschaftsinteressen in Kommunikationsprozessen (Sprache, Bewußtsein, Handeln) und der Unterstellung eines klassen- (= interessen-) bedingten Sprachgebrauchs.

Zu Recht weist der Autor darauf hin, daß eine Verabsolutierung solcher Theorien äußerster Reichweite (= Supertheorien) die adäquate Analyse kommunikativer Prozesse eher erschwere als ermögliche. Gleichwohl erfüllten sie eine sinnvolle, innovierende und regulierende Funktion bei maßvoller, unterstützender, analytischer Einbeziehung. Im vorliegenden Zusammenhang ist zu vermuten, daß solche „Basis-" oder „Supertheorien" – in Grenzen – auch das praktische berufliche Verhalten von Lehrern beeinflussen können, da ihnen immer zugleich auch bestimmte gesellschaftspolitische Grundvorstellungen zugrundeliegen.

Die Übertragung des kommunikationstheoretischen Ansatzes auf den Bereich der Pädagogik geht davon aus, daß letztlich alles erzieherische Handeln als symbolisch vermittelte Kommunikation zu begreifen ist. Die Regeln zu kennen, nach denen Kommunikationsprozesse ablaufen bzw. als gestörte unterbrochen oder verzerrt sind, ist daher von großem pädagogischen Interesse.

Ausgehend von dieser Frage nach der *gestörten Kommunikation* haben WATZLAWIK, BEAVIN und JACKSON (1969) *Axiome* der Kommunikation formuliert, mit Hilfe derer pathologische Kommunikationsprozesse (z.B.

Schizophrener) beschrieben werden können: „das Modell läßt aber auch eine Anwendung auf ‚normale' pädagogische Gegenstände zu, ja es ist sogar so angelegt, daß – seinem Anspruch nach – jede menschliche Kommunikation mit seiner Hilfe beschrieben werden kann" (MOLLENHAUER, 1972, S. 72).

Erstes Axiom: Es ist unmöglich, nicht zu kommunizieren. (WATZLAWICK u. a., 1972, S. 50)

Für die Situation im Unterricht bedeutet dies, daß es dem Lehrer in der gemeinsamen Situation mit Schülern unmöglich ist, nicht zu kommunizieren. Auch die Abwendung vom Schüler und die ggf. verweigerte Kommunikation enthält für den Schüler eine Mitteilung ... Daraus folgt, daß der Lehrer sich darüber klar sein muß, daß er als handelnde Person von den Schülern stets und ständig als Kommunikationspartner qualifiziert (= interpretiert) wird.

Zweites Axiom: Jede Kommunikation hat einen Inhalts- und einen Beziehungsaspekt. (ebd., S. 56)

Jede schulische Kommunikation enthält ein „Was" (= „topic") und ein „Wie", das als Botschaft über die Bestimmung der gegenseitigen personalen Beziehungen verstanden werden kann. Alle Kommunikationsprozesse sind damit im spezifischen Sinne doppelbödig, wobei die personale Ebene zumeist unausgesprochen im Hintergrund bleibt.

Drittes Axiom: Die Natur einer Beziehung ist durch die Interpunktion der Kommunikationsabläufe seitens der Partner bedingt. (ebd., S. 61)

Versteht man unter „Interpunktion" die Vermutungen über Ursache-Wirkungs-Zusammenhänge, die die Kommunikationspartner hinsichtlich der Motive, Beweggründe und Orientierungen ihres gegenseitigen Verhaltens haben, so besagt das dritte Axiom, daß Lehrer wie Schüler gegenseitig schulspezifische und personenbezogene Einstellungen im Unterricht aktualisieren: „Der Erzieher hält die ‚Faulheit' oder ‚mangelnde Intelligenz' eines Kindes oder Jugendlichen für die Ursache wenig befriedigender Leistungen, der Educandus nimmt als Ursache eben die Tatsache in Anspruch, daß der Erzieher gegen ihn ein Vorurteil hege und ihm damit die Lust am Lernen nehme." (MOLLENHAUER, 1972, S. 74)

Viertes Axiom: Die menschliche Kommunikation bedient sich zweier Modalitäten: einer „digitalen" (Sprach-, Zahlen-Systeme) und einer „analogen" (begleitende para- und extraverbale Zeichen-„Systeme"). (ebd., S. 62)

Während der Lehrer auf der digitalen Ebene sachliche Mitteilungen macht – Informationen liefert –, drückt er auf der analogen Ebene para- und extraverbaler Zeichen stärker Beziehungen oder emotional unmittelbare Reaktionen aus. Beide Ebenen sind nicht ohne weiteres austauschbar, da sie

unterschiedliches mitteilen. Unreflektiertes Verhalten impliziert oft, daß ein
Lehrer – ohne es zu wollen oder zu wissen – auf der digitalen Ebene
Mitteilungen macht, deren Aufnahme und Verarbeitung er auf der analogen
Ebene erschwert oder gar regelrecht verhindert.

Fünftes Axiom: Zwischenmenschliche Kommunikationsabläufe sind entweder
symmetrisch oder komplementär, je nachdem, ob die Beziehung zwischen den
Partnern auf Gleichheit oder Unterschiedlichkeit beruht. (ebd., S. 70)

Eine ideale Kommunikations-Situation ist dann gegeben, wenn sich die beteiligten Partner entweder in der Wahl der Kommunikationsmittel oder auf der
Beziehungsebene als spiegelbildlich aufeinander bezogen gut ergänzen. Für die
Kommunikationsabläufe in der Lehrer-Schüler-Interaktion ist diese Situation
nur schwer herzustellen. MOLLENHAUER meint gar (a. a. O., S. 75/76), daß man
pädagogische Kommunikationsstrukturen diesem Axiom zufolge durchgängig
als „gestörte" anzusehen habe, da hier Symmetrie und Komplementarität
gleichsam „per definitionem" fehlten. Er interpretiert daher die Lehrer-Schüler-Beziehung im Rahmen institutionell definierter Rollen als „starre Komplementarität". – Es fragt sich allerdings, ob ein – gemäß den Kriterien des
Symbolischen Interaktionismus – souveränes, autonomes Erzieher-/Lehrerverhalten mit Rollendistanz und Ambiguitätstoleranz sich und den Schülern hier
nicht einen freieren Handlungsrahmen zu erschließen vermag, so daß „gestörte
Kommunikation" nicht zum schulischen Regelfall wird. Anders wären auch die
befriedigenden Sozialbeziehungen nicht erklärbar, die professionell kompetente Lehrer immer wieder herzustellen in der Lage sind.

Die skizzierten Kommunikations-Axiome bieten eine gute Grundlage für die
Darstellung des Problems der *unterschiedlichen Wahrnehmungscodes,* die eine
Bedingung für interpersonale Verständigung darstellen. Denn die Existenz
solcher Codes beeinflußt augenscheinlich jede Beziehungsdefinition, jede
Interpunktion, jede digitale und analoge sowie jede symmetrische oder
komplementäre Kommunikation. – In ihrem Buch „Verständigung und
Interaktion" (1975) unterscheiden RITTELMEYER und WARTENBERG die
folgenden Typen von Codes:

– Bedürfnisrelevante Codes,
– Interessen- und Attitüdenrelevante Codes,
– Stimmungsrelevante Codes,
– Erwartungsgeleitete Codes,
– Präsentationsorientierte Codes,
– Kontextorientierte Codes,
– Rituelle (bzw. stereotype) oder flexible Codes.

Dabei definieren sie „Code" als die relativ stabile psychische Befindlichkeit eines Individuums, die in einer aktuellen Lebenssituation das Wahrnehmungsfeld strukturiert.

Als Beispiel zitieren die Autoren den folgenden konstruierten Fall von KRECH & CRUCHFIELD (ebd., S. 24):

„Wenn man den Versuch macht, ein Kind durch das Elendsviertel einer Großstadt zu führen, um ihm unterernährte, zerlumpte und schmutzige Kinder vor Augen zu führen, so wird es sehen: aufregende, winklige Gäßchen, unheimliche dunkle Gänge und zum Klettern prächtig geeignete Feuerleitern. Es kann, so ließe sich das Beispiel fortführen, dabei durchaus auch zur Wahrnehmung des Schmutzes kommen, doch wie beneidenswert mögen die dreckigen Hände und Füße einem Kind vorkommen, das zu seinem Kummer auf ‚peinliche Sauberkeit' gehalten wird. Schmutz (in den Augen des Kindes) wäre nicht gleich Schmutz (in den Augen des belehren wollenden Erziehers)!"

Auf der Grundlage zahlreicher empirischer Befunde erhärten RITTELMEYER und WARTENBERG die für jede Interaktion und Kommunikation zentrale Bedeutung des Code-Gebrauchs. Da nämlich interpersonale Verständigung über Bedeutungen, Interpretationen, Handlungsziele und Handlungsmittel an einen Prozeß *gegenseitigen Verstehens* gebunden ist, gehört die Aufklärung der beiderseitigen Wahrnehmungsvoraussetzungen zur Grundlage jeder „idealen" Kommunikationssituation: „Wenngleich allerdings unsere Begriffe auch durch unsere Erfahrungen und konstitutionellen Eigenarten bestimmt sind, so wird doch durch den gesellschaftlichen Charakter dieser Begriffe (durch die Tatsache also, daß unsere Erfahrungen zu einem wesentlichen Anteil gemeinsame Merkmale aufweisen), eine zumindest näherungsweise Verständigung mit anderen prinzipiell möglich: Gerade diese Annahme *gemeinsamer* Zeichenrepertoires macht Verständigungsbemühungen erst sinnvoll." (ebd., S. 20)

Für Schule und Lehrer bedeuten diese Gesichtspunkte nicht nur, daß das didaktische Verhalten des Unterrichtenden auf seine Voraussetzungen und Unterstellungen hin zu analysieren ist und diese im Unterrichtsprozeß zu vermitteln sind, sondern mehr noch, daß auch / Schüler systematisch lernen sollten, die Code-Problematik in ihr Interaktions- wie Kommunikationsbewußtsein und -verhalten einzubauen, um ihre *kommunikative Kompetenz* zu steigern.

Dieser Gedanke soll zu der abschließend zu behandelnden *Diskurs-Problematik* überleiten, die MOLLENHAUER (1972, S. 62) als die „fundamentale Ebene des Bildungsprozesses" bezeichnet hat. Für die vorliegende Fragestellung geht es dabei um die *normative Orientierung* des professionellen Lehrers/Erziehers, d. h. um das Problem, woher der professionelle Lehrer/Erzieher Richtlinien für sein Verhalten beziehen kann. Wir haben bereits gesehen, daß MOLLENHAUER das Erziehungshandeln mit kommunikativem Handeln gleichsetzt. Für ihn bedeutet „intersubjektive Verständigung" stets und letztlich die Suche nach einem Konsensus. Von daher bestreitet er, daß Lernziele einfach „von oben" gesetzt oder aus obersten Sinnprinzipien einfach deduziert (abgeleitet) werden können. Vielmehr seien sie in einem praktischen Diskurs gemeinsam mit den Schülern zu erarbeiten; dabei habe als Basiskriterium aller Lernziele „die Erweiterung kommunikativer Spielräume im Bildungsprozeß" (ebd., S. 62) zu dienen.

Als Voraussetzung hat nach MOLLENHAUER dabei folgendes zu gelten (ebd., S. 61): „Überall wo Erziehung geschieht, wo also ein Umgang zwischen Erwachsenen und Noch-Nicht-Erwachsenen stattfindet, ist mindestens eine notwendige Unterstellung im Spiel: die Annahme, es sei möglich, das noch nicht erwachsene Individuum über verschiedene Lernwege zur Teilhabe an einem bestehenden Kulturzusammenhang zu bilden. Diese Annahme hat zwei Aspekte: Einerseits schließt sie ein, daß es ausdrücklich auf diesen Sachverhalt der Bildung gerichteter Absichten und entsprechender Handlungen bedarf, andererseits wird der Kulturzusammenhang nicht nur als bewußtloses System von Verhaltensstabilisierungen genommen, sondern als ein begründbarer und begründeter Zusammenhang: in ihm und über ihn ist Kommunikation in der Form der Sprache möglich."

MOLLENHAUER übernimmt die APELsche Unterscheidung von technischem Erkenntnisinteresse des Menschen, das sich auf Einsicht in die Naturgesetze gründet, und sozial, moralisch orientiertem Interesse an humaner Praxis. Als Suche nach menschliches Handeln leitenden Sinn-Normen gebühre dem letzteren Interesse ein prinzipieller Vorrang gegenüber dem technischen, da letztlich jedes technische Handeln „einen Dialog der Menschen über die ihr Handeln leitenden Sinn-Normen voraussetzt" (ebd., S. 63). Übertragen auf die schulische Situation des Lehrers kommt MOLLENHAUER zu dem Schluß (ebd., S. 64):

„Diskurs also nennen wir diejenige Ebene von Kommunikationen, auf der Sprache nicht normativ verbindlichen Sinn lediglich überliefert, sondern ‚als selbstreflexives Medium' Kommunikation über Kommunikationen möglich macht, also als ‚Metakommunikation' (WATZLAWICK) fungiert, verfestigte Institutionen, Normen und Regeln problematisiert: Diskurs ist als Metainstitution ‚Instanz der Kritik aller unreflektierten sozialen Normen' (APEL)."

Damit gelangt MOLLENHAUER zu dem Postulat, der Diskursbegriff liefere selbst letztlich die *Legitimationsebene* für kommunikatives Handeln: „Erziehung muß verstanden werden als ein kommunikatives Handeln, dessen Ziel darin liegt, eine Kommunikationsstruktur zu etablieren, die den Erwerb von Fähigkeiten zum Diskurs ermöglicht." (ebd., S. 67/68)

Für die Orientierung des professionellen Lehrerverhaltens bedeutet dies:

– Ziele professionellen Verhaltens lassen sich erst einmal als „negative Eingrenzungen" bezeichnen, die angeben, was mit bestimmten allgemeinen

Zielen oder Sinn-Normen (z. B. „Diskurskompetenz") *nicht* vereinbar ist, nicht aber als vorgegebene, starr gültige, jederzeit Geltung beanspruchende Normen.
- Ziele professionellen Verhaltens müssen selbst stets und ständig Diskurs-fähig sein, das heißt, „in der Reichweite" besonders auch der Schüler bleiben. Wenn der Lehrer für sich und sein berufliches Verhalten verbindliche Ziele setzt, so müssen diese – zumindest virtuell – gemeinsam mit den Schülern erarbeitet, stets überprüf- und revidierbar sein.
- Die professionelle Gestaltung der beruflichen, d. h. vor allem der unterrichtlichen (didaktischen), Rahmenbedingungen muß sich entsprechend am Konzept einer kritischen Mitbeteiligung und kritisch-praktischen Handlungsfähigkeit der Schüler orientieren.

Es bleibt aber dennoch weiterhin die Frage offen, *welche* Ziele der Lehrer denn nun anstreben soll und ob ihm dabei eine kritische Sozialwissenschaft wirksam helfen kann. Der Diskursbegriff liefert eine mögliche Legitimationsebene, bleibt aber weiterhin formal. Zum beruflichen Handeln aber benötigt der Lehrer positiv formulierbare Ziele. Die Frage bleibt, ob er gezwungen ist, diese „aus sich" zu schöpfen, oder ob ihm dabei eine kritische Sozialwissenschaft behilflich sein kann.

8.5: Stellt das interpretative Paradigma – wie es von Interaktions- und Kommunikations-Theorie entwickelt wurde – einen brauchbaren Rahmen für eine professionelle Orientierung der Lehrer dar? Kann es zu Recht den Anspruch erheben, eine generelle Bestimmung dessen zu ermöglichen, was wir gemeinhin „Erziehung" nennen?

Die nachfolgende kritische Würdigung versucht, darauf Antwort zu geben. Die Darstellung folgt dabei in Teilen der fundierten Arbeit DIETER ULICHS (1976, S. 88 ff.), ohne die stark paradigmen-orientierte und wissenschaftstheoretisch ausgerichtete Arbeit ULICHS hier aber im einzelnen zu rekonstruieren.

Zusammengefaßt lassen sich folgende Einwände gegen den Symbolischen Interaktionismus wie den kommunikationstheoretischen Ansatz formulieren:

- Beide Positionen bergen die Gefahr in sich, von den realen beruflichen Gegebenheiten des Lehrers zu stark zu abstrahieren. Die Reflexionen zum Begriff der „pädagogischen Situation" zeigen, wie dringlich handlungsrelevante Konkretionen für das interpretative Paradigma sind.
- Beide Ansätze liefern ein einseitiges Modell professionellen Lehrerverhaltens, insofern sie den Handlungs- und Entscheidungsaspekt gegenüber dem Interaktions- und Kommunikationsaspekt vernachlässigen. Der Lehrer hat aber neben seinen Beziehungsaufgaben (Interaktion, Kommunikation) eine ganze Reihe anderer, die ständig Entscheidungen und gerichtetes Handeln

erforderlich machen (Instruktion, Prozeß-, Ergebnis-Bewertungen, Organisation, Planung).
- Die notwendigerweise abstrakte, wirklichkeitsferne Konstruktion der Idee einer herrschaftsfreien Kommunikationsgemeinschaft wird vom Symbolischen Interaktionismus kontrafaktisch (gegen die soziale Realität) unterstellt. Denn nur so ist die prinzipielle Möglichkeit eines Konsenses über Sinnorientierungen aufrechtzuerhalten, die die Diskurs-Konzeption erforderlich macht. Gegen diesen Ansatz läßt sich der Vorwurf des „Kommunikationsidealismus" oder der „Kommunikationsideologie" erheben. Reale soziale und individuelle Probleme werden sowohl von Interaktionismus wie von Kommunikationstheorie leicht zu bloßen Verständigungsproblemen vergeistigt.
- Es bleibt unklar, „inwieweit eine rationale Auseinandersetzung, die zur Beseitigung von Kommunikationssperren führen könnte, zwischen den Trägern gegensätzlicher Interessen überhaupt möglich ist. Außer Sprachbeherrschung und reflexiver Einsichtsfähigkeit werden keine Bedingungen genannt" (ULICH, ebd., S. 96). Damit wird aber der institutionelle und politische Hintergrund des Lehrerverhaltens ebenso vernachlässigt wie die Möglichkeit von „harten" Konflikten, Machtkämpfen und Konkurrenzverhalten. Es wird teils direkt, teils indirekt eine Schonraumideologie gefördert, die Schule als realen sozialen Erfahrungsraum verharmlost und damit auch entwertet.

Zu den positiven Aspekten des interpretativen Paradigmas, wie es in Form des Symbolischen Interaktionismus und der Kommunikationstheorie vorliegt, lassen sich zählen:

- „Das mit Hilfe dieser Konstruktionen gewonnene Konzept von Erziehung als Kommunikation kann neue Betrachtungsweisen und neues Problembewußtsein im Hinblick auf die phänomenologische Analyse von Erziehungssituationen und -handlungen eröffnen." (ULICH, ebd., S. 92)
- Die vom Symbolischen Interaktionismus entwickelte Argumentation zur Problematik pädagogischer Situationen bietet einen guten Ansatz für eine berufsrelevante Analyse des Handlungsfeldes.
- Die vom interpretativen Paradigma hervorgehobene Bedeutung der Beziehungsebene stellt eine unverzichtbare Position jeder professionellen Erziehungs- und Unterrichtskonzeption dar.
- Die Hervorhebung des Schülers als quasi gleichberechtigten Partner im Interaktions- und Kommunikationsgeschehen von Schule und Unterricht macht das interpretative Paradigma zu einer geeigneten Plattform für eine gesellschaftspolitisch adäquate Professionalisierung des Lehrerverhaltens.

– Indem die beiden genannten Ansätze das Phänomen „Sprache" in den Mittelpunkt ihrer Theorien rücken, machen sie nachdrücklich darauf aufmerksam, daß Erziehung und Unterricht symbolisch vermittelte Kulturleistungen des Menschen darstellen, die einerseits die Sozialisationsvoraussetzungen des einzelnen aufzugreifen und zu berücksichtigen haben, die aber andererseits und zugleich selber eine wesentliche Sozialisationsinstanz mit langfristigen und weitreichenden individuellen und gesellschaftlichen Folgen darstellen. Sprachkompetenz als kognitive, soziale und pragmatische Leistungsfähigkeit des Menschen ist dabei in den Mittelpunkt gerückt.

8.6: Obgleich nicht zu den interaktionistischen oder kommunikativen Theorien im engeren Sinne gehörend, läßt sich die Handlungs-Entscheidungs-Theorie (KRAAK, 1976, 1978; KRAAK/LINDENLAUB, 1975/76; KRAAK/NORD-RÜDIGER, 1979; GÖTZ 1979) doch mit Sinn an dieser Stelle diskutieren. Dieser relativ junge Ansatz zur Professionalisierung des Lehrerverhaltens wird hier vor allem deshalb kurz vorgestellt, weil – wie gezeigt – sowohl Symbolischer Interaktionismus wie Kommunikationstheorie auf der Handlungs-Entscheidungs-Ebene ein eindeutiges Defizit aufweisen.

Die Handlungs-Entscheidungs-Theorie greift Grundüberlegungen und Konzepte auf, wie sie in den – vor allem aus den USA stammenden – sog. Erwartungs-Wert-Theorien formuliert werden (vgl. NEUBERGER, 1974). Sie geht von der empiristischen Unterstellung aus, daß ihre Aufgabe in der Erklärung von Bedingungen menschlicher Entscheidungen und Handlungen liege, nicht jedoch in der Präskription (= Vorgabe) irgendwelcher wünschenswerten Entscheidungen und Handlungen. Sie formuliert desweiteren folgende Voraussetzungen:

– Gegenstand sind nicht nur konflikthafte Entscheidungen, sondern jedwedes Handeln in jedweder Situation;
– für die Annahmen der Handlungs-Entscheidungs-Theorie ist es unerheblich, wie bedeutsam die jeweilige Handlung oder Situation für den Handelnden ist;
– Entscheidungsabläufe oder -sequenzen, die aufeinander folgende Entscheidungen oder Handlungen implizieren (= Ketten von Handlungen), werden behandelt wie eine Folge einzelner Handlungen und Entscheidungen;
– analog werden kollektive wie individuelle Entscheidungen behandelt;
– es wird keine Phänomenologie von Entscheidungsprozessen angestrebt, die beschrieben werden sollen, sondern es geht lediglich um die Aufklärung von Bedingungen bzw. Ursachen menschlichen Handelns.

Die Handlungs-Entscheidungs-Theorie geht davon aus, daß professionelle Lehrer/Erzieher in der Mehrzahl der Fälle die Möglichkeit haben, zwischen mindestens zwei Handlungsalternativen zu wählen, wenn sie beruflich tätig werden. Eine individuelle Voraussetzung dafür, daß eine Handlung überhaupt ausgewählt wird, ist, daß diese Handlung für das Subjekt selbst überhaupt realisierbar, also verfügbar ist. Dies wieder ist an folgende Voraussetzungen gebunden:

- Das Individuum (= Handlungssubjekt) muß die Handlung kennen.
- Das Individuum muß sie ausführen können.
- Das Individuum muß auf den Gedanken kommen, daß diese Handlung in einer bestimmten Situation auch realisiert werden kann.
- Das Individuum sieht die Voraussetzungen zur Ausführung einer Handlung als gegeben an.
- Das Individuum sieht auch die psychologischen Voraussetzungen als gegeben an, d. h. es traut sich die jeweilige Handlung auch zu.

Wichtig ist nun folgendes: „Für oder gegen Handlungen, die ihnen subjektiv verfügbar sind, entscheiden sich Handlungssubjekte aufgrund der von ihnen erwarteten Konsequenzen dieser Handlungen. Das ist der Grundgedanke aller Erwartungs-Wert-Theorien. Wir bezeichnen solche erwarteten Handlungskonsequenzen als ‚*handlungsabhängige Ereignisse*' und definieren sie als Sachverhalte, zu deren Eintreten ein Handlungssubjekt meint, durch eine eigene Handlung beitragen zu können, anders ausgedrückt: auf deren Eintreten es meint Einfluß zu haben." (KRAAK/NORD-RÜDIGER, 1979, S. 9)

Die Frage, ob bestimmte handlungsabhängige Ereignisse dazu führen, daß sich ein Individuum für – oder auch gegen – eine bestimmte Handlung entscheidet, hängt nun wesentlich davon ab, wie es diese jeweils *bewertet;* ob es sie für wünschenswert, wichtig oder notwendig erachtet. Die Handlungs-Entscheidungs-Theorie verwendet dafür den Begriff „*subjektive Bedeutsamkeit handlungsabhängiger Ereignisse*" und definiert sie „als die Intensität der positiven oder negativen Bewertung handlungsabhängiger Ereignisse. Die subjektive Bedeutsamkeit drückt aus, wie wichtig es Handlungssubjekten ist, daß bestimmte Ereignisse, nämlich positiv bewertete, eintreten und daß bestimmte Ereignisse, nämlich negativ bewertete, nicht eintreten." (ebd., S. 10)

Positiv bewertete handlungsabhängige Ereignisse lassen sich auch als

- Handlungsziele oder
- Handlungsmotive

bezeichnen. Jede Handlung kann mehrere Ziele gleichzeitig und nebeneinander verfolgen. Es kann vorkommen, daß ein Individuum ein negativ bewertetes handlungsabhängiges Ereignis trotz seiner Unerwünschtheit in Kauf nimmt, also unerwünschte Nebenwirkungen akzeptiert, wenn es eine Handlung auswählt; z. B. wenn dieses übergeordneten positiv bewerteten handlungsabhängigen Ereignissen zum Erfolg verhelfen könnte.

Wie wichtig ein Handlungsziel oder -motiv (als positiv bewertetes handlungsabhängiges Ereignis) für das Individuum ist, muß nicht nur von seiner spezifisch subjektiven Bedeutung abhängen, sondern bemißt sich auch danach, wie hoch das Individuum seinen Handlungsbeitrag dafür einschätzt, daß das positiv bewertete handlungsabhängige Ereignis auch tatsächlich eintritt. Das heißt, daß die Realisierungschancen gewählter Handlungsziele wesentlich darüber entscheiden, ob ein Individuum eine bestimmte Handlung auch tatsächlich auswählt: „Wir sprechen von ‚subjektiver Handlungsabhängigkeit von Ereignissen' und definieren sie als das von einem Handlungssubjekt vermutete Ausmaß des Einflusses einer von ihm erwogenen Handlung auf das Eintreten eines Ereignisses." (KRAAK, NORD-RÜDIGER, 1979, S. 11)

Bleibt schließlich die Frage, für welche Handlung sich das Individuum letztlich entscheidet und ob es sich für oder gegen eine mögliche Handlung „ausspricht". Die Handlungs-Entscheidungs-Theorie erklärt dies mit der „Bilanz handlungsabhängiger Ereignisse". Diese wird definiert als „die Summe der Bilanzgewichte aller handlungsabhängigen Ereignisse. Wobei das ‚Bilanzgewicht' eines handlungsabhängigen Ereignisses resultiert aus der Kombination seiner subjektiven Bedeutsamkeit und seiner subjektiven Handlungsabhängigkeit. Positiv bewertete handlungsabhängige Ereignisse haben demnach ein positives Bilanzgewicht und wirken sich zugunsten der Wahl einer Handlung aus ... Bilanzgewichte sind um so größer, je größer die (positive oder negative) Bedeutsamkeit eines Ereignisses und je größer seine Handlungsabhängigkeit ist" (ebd., S. 11).

Damit stellt die Handlungs-Entscheidungs-Theorie die folgenden Variablen in den Mittelpunkt ihres Ansatzes:

– Subjektive Verfügbarkeit,
– Handlungsabhängige Ereignisse (als erwartete Handlungskonsequenzen),
– Subjektive Bedeutsamkeit handlungsabhängiger Ereignisse (Handlungsziele/-motive),
– Subjektive Handlungsabhängigkeit von Ereignissen,
– Bilanz handlungsabhängiger Ereignisse.

KRAAK/NORD-RÜDIGER kommen zur folgenden handlungstheoretischen Gesamthypothese (ebd., S. 12):

„Ein Handlungssubjekt wird sich für eine Handlung dann und nur dann entscheiden,

– wenn ihm diese Handlung subjektiv verfügbar ist;
– und wenn, sofern es nur diese eine Handlung erwägt, die Bilanz handlungsabhängiger Ereignisse für diese Handlung positiv ist; oder wenn, sofern es mehrere Handlungen erwägt, die Bilanz für diese Handlung positiver ist als für die anderen erwogenen Handlungen."

8.7: In einer Reihe empirischer Untersuchungen bemüht man sich darum, die Prämissen der Handlungs-Entscheidungs-Theorie konkret abzusichern. Dies scheint zumindest ansatzweise zu gelingen (GÖTZ, 1979; KRAAK/NORD-RÜDIGER, 1979). Hier interessiert vor allem die Frage, ob der dargestellte Ansatz für die Professionalisierung des Lehrerverhaltens genutzt werden kann. Es wurde bereits darauf hingewiesen, daß Symbolischer Interaktionismus und Kommunikationstheorie durch die Handlungs-Entscheidungs-Theorie insofern sinnvoll korrigiert werden könnten, als hier das Berufsverhalten des Lehrers unter dem Aspekt von Handlung und Entscheidung betrachtet wird. Idealtypisch wird in der Handlungs-Entscheidungs-Theorie unterstellt, daß der beruflich agierende Lehrer sein Berufsverhalten ständig von den Konsequenzen her „bilanzierend" gestaltet. Berufliches Verhalten heißt dabei in erster Linie „Sich-Zielorientiert-Abwägend-Entscheiden". Eine gegebene pädagogische Situation wird stets daraufhin interpretiert, welche Entscheidungen für ein gerichtetes Handeln sie dem Lehrer ermöglicht beziehungsweise abverlangt. Damit bietet die Handlungs-Entscheidungs-Theorie zunächst einmal ein prinzipiell akzeptables Modell professionellen Lehrerverhaltens insofern an, als bei ihr ein Kriterien-orientiertes, reflektiertes berufliches Verhalten durchgängig als gegeben unterstellt wird.

Wie kann es nun zu dieser – angesichts der oben dargestellten Befunde über den unzureichenden Professionalisierungsstand des Lehrerverhaltens – geradezu kontrafaktischen Unterstellung kommen? – Die Antwort ist einerseits in dem *positivistischen Wissenschaftsbegriff* sowie einem *spezifischen Formalismus* dieser Theorie zu suchen. Da die Handlungs-Entscheidungs-Theorie nämlich keine Aussagen darüber zu machen wünscht, „welche Handlungen" in „welchen Situationen" „warum" sinnvoll, vertretbar, notwendig, wünschenswert usw. sind, sondern lediglich erklärend die Bedingungen von Entscheidungen untersucht, muß sie dem Sinngehalt des beruflichen Handelns gegenüber abstinent bleiben. Da Lehrer – wie andere Berufsausübende auch oder wie Menschen im privaten Feld – immer irgendwie „begründet" handeln oder vorgeben zu handeln (!), selbst dann noch, wenn ihre Handlungen privatistisch, egoistisch oder – wie in unserem Fall – möglicherweise unprofessionell sind, kann die Handlungs-Entscheidungs-Theorie eigentlich nur diesen Sachverhalt (einer „generellen Kriterienorientiertheit") ermitteln und empirisch erhärten. Was sie aber offenlassen muß, ist die qualitative Relevanzprüfung des ermittelten Entscheidungs-Handelns.

Von daher muß es geradezu als formalistisch erscheinen, wenn KRAAK/ NORD-RÜDIGER (1979) aufgrund einer an sich interessanten und aufschlußreichen empirischen Analyse über Einstellungen und Verhaltensweisen von Lehrern gegenüber Innovationen zu der Schlußfolgerung kommen: „Das Verhalten von Lehrern zu Innovationen kann nach unseren Ergebnissen als in hohem Grade ‚zweckrational' im Sinne der Definition von MAX WEBER beschrieben werden: Handlungen werden eingesetzt als Mittel zur Erreichung von Zielen aufgrund der von ihnen erwarteten Konsequenzen. Die Ergebnisse unserer Befragung haben deutlich gemacht, daß innovatives und nicht-innovatives Handeln das Ergebnis differenzierter Urteils- und Abwägungsprozesse ist, daß es auf Überlegungen fußt..." (ebd. S. 106). Mit anderen Worten: Gleichgültig, welche Begründungen Lehrer für ihr Verhalten angeben, gleichgültig, ob sie sich für oder gegen Innovationen aussprechen; Hauptsache ist, sie geben überhaupt Handlungs-legitimierende Gründe für ihr Verhalten an, wenn ihnen die Handlungs-Entscheidungs-Theorie „ein hohes Maß an Zweckrationalität" und „differenzierte Urteils- und Abwägungsprozesse" bescheinigen soll. – Es dürfte deutlich sein, daß hier die Berufswissenschaft vor der Aufgabe kapituliert, Lehrern Handlungsregulative, vernünftige Orientierungshilfen zu kriterienorientiertem, qualitativ bestimmbarem Lehrerverhalten zu geben oder doch wenigstens Hilfestellung dabei zu leisten, daß Lehrer sich ein relevantes professionelles Orientierungsfeld selbst erarbeiten.

Nicht verkannt werden soll aber bei dieser Kritik, daß trotz dieser grundlegenden Schwäche des Ansatzes interessante empirische Aufschlüsse über faktische Begründungszusammenhänge professionellen Lehrerverhaltens gewonnen werden können. Die Handlungs-Entscheidungs-Theorie ist nur von ihren Prämissen her nicht dazu in der Lage, diese Befunde auch qualitativ zu interpretieren und zu bewerten.

Neben dieser grundlegenden Problematik sind noch die folgenden Gesichtspunkte zu erwähnen:

– Die prinzipielle Unterstellung, Lehrer würden sich in ihrem beruflichen Verhalten ständig interpretierend und bilanzierend, also bewußt entscheiden, ist als virtuelles Modell für eine Professionalisierung des Lehrerberufs zwar akzeptabel, stellt aber an sich eine idealtypische Vereinfachung dar. Der Lehrer steht faktisch unter einem permanenten Handlungsdruck in sehr komplexen Situationen. Er wäre sehr schnell berufsuntüchtig, also zu irgendwelchem Handeln gänzlich außerstande, wollte er sein Gesamtverhalten ständig an der „Summe der Bilanzgewichte" orientieren, die „subjektive Verfügbarkeit" reflektieren, die „subjektive Bedeutsamkeit" abstecken sowie die „Handlungsabhängigkeit von Ereignissen" abschätzen. Selbst wenn man hier ein hohes Maß an Reaktionsbereitschaft und -schnelligkeit unterstellt, entdeckt man sehr schnell, daß der *einseitige Kognitivismus* der Handlungs-Entscheidungs-Theorie – den sie im übrigen mit Interaktionismus und Kommunikationstheorie teilt – einer Ergänzung bedarf.
– Menschen handeln nämlich sehr wahrscheinlich in hohem Maß *(auch)* aus Verhaltensbereitschaften heraus – müssen dies wahrscheinlich auch – (= Einstellungen), die weit vor der eigentlichen Handlung aus Erfahrungen, Lernprozessen, Überlegungen usw. aufgebaut wurden und die man als

Grundlage „reflektierten" Routinehandelns ansehen kann. Jede Berufstheorie des Lehrers, so läßt sich behaupten, die diesem Aspekt nicht Rechnung trägt, überantwortet den in komplizierten Situationen unter dem Zwang zur Handlung stehenden Lehrer der reinen Intuition, dem Augenblickseinfall, mehr als dies ohnehin notwendig ist. Vernünftige, emotional fundierte berufliche Einstellungen können hier – vorausgesetzt es sind die Bedingungen für ihre praktische Umsetzbarkeit gegeben – eine wichtige Ergänzung für ein immer wieder erforderliches reflektiertes, bilanzierendes Entscheiden vor Ort, in der jeweiligen Situation, darstellen.

So gesehen soll die Kritik, wie sie u. a. von der Handlungs-Entscheidungs-Theorie am einstellungspsychologischen Ansatz geübt wird, schon hier relativiert werden. (Wir werden uns im nächsten Kapitel genauer mit der Einstellungspsychologie beschäftigen.) Denn die Handlungs-Entscheidungs-Theorie hat das Konzept der Einstellung scharf kritisiert, ohne ihrerseits ein tragfähiges und praktikables Konzept vorzulegen.

Diese macht sich vorwiegend an dem Umstand fest, daß die Handlungsrelevanz von Einstellungen empirisch unklar ist: Wenn GÖTZ (1979, S. 10) also feststellt – „Die Hoffnung, über den Einfluß auf eine überschaubare Anzahl von Einstellungen Leitlinien des Verhaltens aufzubauen, ist unbegründet, wenn Einstellungen allein und mit den üblichen Methoden erhoben nicht oder wenig verhaltenswirksam sind." –, so findet er dafür sicher viele Unterstützer. Es bleibt dabei aber erstens ungesagt, daß es durchaus zweifelhaft ist, ob die mit den „üblichen Methoden" erhobenen Einstellungen mit den tatsächlich vorhandenen wirklich identisch sind. Zweitens wird bei dieser Kritik das Zwei-Komponenten-Modell als für *die* Einstellungspsychologie repräsentativ erklärt, wonach Einstellungen nur aus kognitiven und sozial-emotionalen Komponenten bestehen, während die *konative* Komponente des konkreten Verhaltens sowie die *situative* der spezifischen Gegebenheiten als davon geschieden gedacht werden. GÖTZ selbst votiert dagegen im Rahmen der Handlungs-Entscheidungs-Theorie – und übrigens zu Recht – für ein Drei-Komponenten-Modell, ohne das freilich ausdrücklich zu sagen, und übersieht offenbar, daß es dies auch innerhalb des theoretischen Rahmens der Einstellungspsychologie längst gibt. Auf diese Fragen aber soll dann das nächste Kapitel genauer eingehen.

Zusammenfassung:
1. Im Rahmen des interpretativen Paradigmas wurden der Symbolische Interaktionismus und die Kommunikationstheorie sowie die den Erwartungs-Wert-Theorien zuzurechnende Handlungs-Entscheidungs-Theorie skizziert und in einigen Argumentationslinien verfolgt.
2. Der Symbolische Interaktionismus sieht in der Sprache das als Kulturleistung hervorgebrachte Medium „signifikanter Symbole" zur Herstellung

von Interaktion. Über Sprache ist der einzelne einerseits in den gesellschaftlichen Kontext verwoben, andererseits und zugleich aber zu einer relativen Freiheit qualifiziert.
3. In der Kritik an den von der traditionellen Rollentheorie formulierten Integrations-, Identitäts- und Konformitätstheoremen formuliert der Symbolische Interaktionismus sein Programm einer identitätsfördernden kritischen Rollentheorie mit den Fähigkeiten der Rollendistanz, der Empathie, der Ambiguitätstoleranz und der Identitätsdarstellung (KRAPPMANN).
4. Die kritische Rollentheorie des Symbolischen Interaktionismus muß nicht zu einer Aufgabe des Konzepts der Pädagogischen Selbstrolle (MOLLENHAUER) führen. Vielmehr sollte es entsprechend den Entwicklungen des Symbolischen Interaktionismus ausgebaut und weiterentwickelt werden.
5. Die interaktionistische Analyse des Begriffs „Pädagogische Situation" zeigt, daß auch der Symbolische Interaktionismus einen Zugang für eine professionelle Orientierung des Lehrers eröffnet. „Kontextadaequate Interpretation", „Beziehungsaspekt", „Inhaltsaspekt", „Intention", „Meta-Intention" sind relevante Aspekte der professionellen pädagogischen Situation des Lehrers.
6. Der professionelle Auftrag des „echten", „kongruenten" Lehrers besteht darin, seine Situationsdefinitionen nach biographischen, institutionellen und sozioökonomischen Merkmalen vorzunehmen, gegebenenfalls offenzulegen und mit den Schülern zu verhandeln. Einzubeziehen sind ferner die erlernten Verhaltensmuster (eigene und fremde) sowie Fakten, Theorien und Standards einer kritischen Sozialwissenschaft, endlich auch die Gegebenheiten einer veränderbaren Situation.
7. Die Kommunikationstheorie untersucht die Frage, wie Zeichen als Kommunikationsmedien verwendet, wahrgenommen und interpretiert werden. Symbolcharakter, Wahrnehmung und Interpretation von Zeichen oder Zeichensystemen sind daher der Gegenstandsbereich der Kommunikationstheorie.
8. Die Darstellung einiger Grundprobleme des kommunikationstheoretischen Ansatzes bezogen sich auf
– Faktoren der Kommunikationssituation,
– Theoretische Rahmenkonzepte als „Supertheorie" der Kommunikation,
– Pragmatische Axiome der Kommunikation,
– Wahrnehmungs-Codes sowie auf den
– Diskursbegriff.
Als besonders wichtig wurden dabei die Kommunikations-Axiome WATZLAWICKS u.a. für das Verständnis der Existenz und des Gebrauchs individuell unterschiedlicher Wahrnehmungs-Codes herausgestellt. Ihre Kenntnis und ihre Berücksichtigung – auch bei Schülern – steigert die kommunikative Kompetenz, die als Voraussetzung eines funktionierenden

Diskurses angenommen werden muß. Im Diskurs-Begriff ist nach Auffassung MOLLENHAUERS die Basis der normativen Orientierung des professionellen Lehrers/Erziehers gegeben.
9. Die Kritik an Symbolischem Interaktionismus und Kommunikationstheorie muß sich auf folgende Punkte beziehen: Gefahr der Abstraktion von der Berufswirklichkeit des Lehrers, Einseitigkeit des unterstellten Berufskonzepts, Kommunikationsidealismus, Schonraumideologie. Positiv ist zu vermerken: Neue Sicht von Erziehungssituationen und -handlungen, Betonung der Beziehungsebene, Partnerstellung des Schülers, Betonung der sozialisierenden Funktionen von Schule und Unterricht als sprachliche Kompetenzerweiterung.
10. Die Darstellung der Handlungs-Entscheidungs-Theorie konzentrierte sich auf die folgenden zentralen theoretischen Prämissen: „subjektive Verfügbarkeit", „handlungsabhängige Ereignisse" (Ziele, Motive), „subjektive Handlungsabhängigkeit von Ereignissen" und „Bilanz handlungsabhängiger Ereignisse".
11. Die Kritik an der Handlungs-Entscheidungs-Theorie bezieht sich auf ihren positivistischen Wissenschaftsbegriff und den daraus resultierenden professionellen Formalismus, den einseitigen Kognitivismus sowie deren teilweise unberechtigte Kritik an der Einstellungspsychologie.

Fragen und Denkanstöße:
1. Das vorangegangene Kapitel hat auf die Darstellung einiger interaktionistischer Theorien verzichtet, die im Bereich der empirisch-orientierten Sozialpsychologie entwickelt wurden: so z. B. auf die *„Austausch-Theorien"* und die *„Soziale-Macht-Theorien"*. Diese Ansätze lassen sich durchaus auf schulische Interaktionen, genauer: die Lehrer-Schüler-Interaktion, beziehen. – Eine konsistente und knappe Darstellung dazu findet sich bei ULICH, 1976 (S. 99–148; besonders S. 143 ff.). Arbeiten Sie die genannten Passagen mit dem Ziel durch, sie auf das hier in Rede stehende Problem einer Professionalisierung des Lehrerverhaltens anzuwenden! Welche Aufschlüsse über die „Natur" der Lehrer-Schüler-Beziehung lassen sich aus den Theorien gewinnen?
2. Das vorausgegangene Kapitel spricht mehrfach vom „interpretativen Paradigma", das z.B. in Form des Symbolischen Interaktionismus und der Kommunikationstheorie ausgearbeitet wurde. – Klären Sie anhand wissenschaftstheoretischer Fachliteratur oder einschlägiger Lexika den Paradigmen-Begriff! Was unterscheidet ihn vom Begriff einer wissenschaftlichen „Theorie"? (Erste Hinweise bei BRUNNER, 1978, S. 11 ff.)
3. Die empirische Unterrichtsforschung belegt auf eindringliche Weise, daß a) Lehrer im Unterricht zu viel sprechen, b) daß generell im Unterricht zu viel theoretisiert und verbalisiert und zu wenig konkrete Handlungsfelder

bereitgestellt werden, in denen Schüler im handelnden Umgang selbständig Erfahrungen sammeln, entdeckend sich etwas erarbeiten können.

Frage: Verstärken interaktionistische und kommunikative Berufstheorien nicht vielleicht noch diese „Sprachlastigkeit" und Theoriebezogenheit des traditionellen Unterrichts? – Arbeiten Sie diejenigen theoretischen Positionen an den behandelten Theorien heraus, die die bezeichnete Gefahr heraufbeschwören, und stellen Sie ihnen jene gegenüber, die ihr entgegenwirken!

4. Interpretieren Sie die folgende Stelle aus einem belletristischen Text mit den Begriffen der Interaktionstheorie zur Frage der Pädagogischen Situation: „‚Wenn ich ein Wort gebrauche', sagte Goggelmoggel in recht hochmütigem Ton, ‚dann heißt es genau, was ich für richtig halte – nicht mehr und nicht weniger.' ‚Es fragt sich nur', sagte Alice, ‚ob man Wörter einfach etwas anderes heißen lassen kann'. ‚Es fragt sich nur', sagte Goggelmoggel, ‚wer der Stärkere ist, weiter nichts.'." (Zit. n. MOLLENHAUER, 1972, S. 113) Vergleichen Sie Ihre Interpretation mit der MOLLENHAUERs (ebd.)!

5. Welche Argumente sprechen Ihrer Auffassung nach dafür, welche dagegen, Erziehung und Unterricht durchgängig als interaktionistischen Kommunikationsakt zu begreifen?

6. Lesen Sie das folgende Zitat: „Auch an Bedingungen einer repressionsarmen Verständigung fehlt es in vielen Gruppen: nicht nur deswegen, weil sich – wie in allen Gruppen – repressive Tendenzen der Alltagswelt in den Gruppenprozeß hinein fortsetzen, sondern auch, weil solche Tendenzen in den Gruppen selbst noch einmal (in der Form von Führer-Gefolgschafts-Relationen, taktischen Redegefechten und elitär festgesetzten Sanktionsmitteln) institutionalisiert werden ... erst unter der Bedingung repressionsfreier Verständigungsmodalitäten mit Hinsicht auf Interpretationen, Handlungsziele und Handlungsmuster ... ist zu erwarten, daß (Gruppenmitglieder) einander ihre *wahren Intentionen* auch mitteilen, daß sie einander verstehen ... Verständigung setzt gegenseitiges Bedeutungsverstehen voraus, das seinerseits nur dann erreichbar ist, wenn jeder gegebenenfalls offenbaren kann, wie sein und des anderen Handeln von ihm erlebt wird: welche Hoffnungen, Ideen, Theorien, Erinnerungen dem eigenen Handeln zugrundeliegen, welche Ängste, Gedanken, Hoffnungen das Handeln der anderen in einem selbst erzeugt, verstärkt oder mindert, woran sich das eigene Handeln orientiert etc. Weil wir ... davon ausgehen müssen, daß wir unter Umständen voneinander differenzierende Codes aktivieren, ist eine solche *Selbstoffenbarung* die Grundlage, auf der das Handeln des sich Offenbarenden erst verständlich werden kann ..." (RITTELMEYER, WARTENBERG, 1975, S. 75/76/77)

Klären Sie nun die folgenden Fragen:

- Gelten die im Text formulierten Forderungen Ihrer Auffassung nach auch für den Lehrer im beruflichen Feld?
- In welchen Bereichen seiner Berufsrolle hätte der Lehrer dies zu verwirklichen, anzuregen, anzustreben?
- Ist die Forderung nach „Selbstoffenbarung" zum Zweck gegenseitiger Code-Analyse für das Interagieren im System der öffentlichen Schule überhaupt realistisch?
- Stecken im Selbstoffenbarungs-Konzept der interaktionellen Gruppendynamik nicht starke ideologische Momente: Sehnsucht nach völligem gegenseitigen Verstehen, nach Einheit und totaler Offenheit, die weder realistisch noch wünschenswert sind?
- Sind Ihrer Meinung nach Interaktions-Situationen denkbar, in denen die Forderung nach Offenbarung geradezu interaktionsschädlich und gruppensprengend wirkt?

7. Analysieren Sie das nachfolgende Beispiel mit den Begriffen und entsprechend dem Konzept der Handlungs-Entscheidungs-Theorie:

„Ein Lehrer droht einem Kind eine Strafe an, weil das Kind ein auffälliges, den Unterricht störendes Verhalten zeigt. Das Kind setzt sein auffälliges Verhalten jedoch unbeirrt fort. Der Lehrer straft das Kind jedoch dennoch nicht wie angekündigt."

(Vgl. dazu die Analyse eines ähnlichen Beispiels bei GÖTZ, 1979, S. 11/12)

8. Daß das wirkliche Verständnis des Verhaltens einer Person auf einer reziproken „Selbst-Fremd-Bild"-Definition beruht, zeigt das folgende Zitat von LAING u.a. (1971, S. 20): „Das einfache Schema, um das Verhalten einer Person zu verstehen, muß mindestens zwei Personen und eine beiden gemeinsame Situation umfassen. Und dieses Schema muß nicht nur die Interaktion der beiden, sondern auch ihre Intererfahrung sichtbar machen:

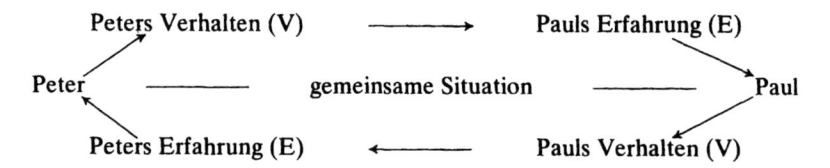

```
        Peters Verhalten (V)  ─────────▶  Pauls Erfahrung (E)
       ╱                                                      ╲
Peter ◀        ────── gemeinsame Situation ──────             ▶ Paul
       ╲                                                      ╱
        Peters Erfahrung (E)  ◀─────────  Pauls Verhalten (V)
```

Diesem Schema zufolge ist Peters Verhalten gegenüber Paul zum Teil eine Funktion davon, wie Peter Paul erfährt. Wie Peter Paul erfährt, ist zum Teil eine Funktion von Pauls Verhalten gegenüber Peter. Pauls Verhalten gegenüber Peter ist wiederum teilweise eine Funktion davon, wie Paul Peter erfährt, und diese Erfahrung wiederum zum Teil eine Funktion von Pauls Verhalten gegenüber Peter. Aus diesem Grunde kann das Verhalten Peters gegenüber Paul und das Pauls gegenüber Peter nicht einem ausschließlich interbehavioralen Schema (und noch viel weniger irgendeinem intrapersonalen Schema) subsumiert werden ..."

Aufgabe:
- Erläutern Sie das obige Peter-Paul-Modell!
- Klären Sie insbesondere den letzten Satz!
- Konstruieren Sie zu dem gesamten Textauszug (sowohl vorausgegangenem wie folgendem) ein (oder mehrere) konkrete(s) schulische(s) Beispiel(e), an dem man den Text erläutern kann!

„Nun wissen wir, daß in verschiedenem Maße je nach Person und nach den Umständen Peters Bild von sich selbst einen Bezug hat zu dem, was Peter denkt, daß Paul es von ihm denkt, d. h. einen Bezug hat zu Peters Meta-Perspektive und Meta-Identität. Falls, was Peters denkt, daß Paul es von ihm denkt, nicht mit dem übereinstimmt, was Peter wünscht, daß es von ihm gedacht wird, hat Peter, im Grunde genommen, als ein Mittel der Kontrolle der Gegebenheiten, die ihn kontrollieren, die Wahl, auf Paul dahingehend einzuwirken, Paul zu verändern, oder auf seine eigene Erfahrung von Paul einzuwirken, um seine Erfahrung von Paul zu verändern".

9. Analysieren und diskutieren Sie das folgende Zitat im Hinblick auf einerseits „Berechtigung" und andererseits „Einseitigkeit" des interpretativen Paradigmas: „Die didaktische Praxis steht immer im Spannungsfeld polarer Gegensätze und Paradoxien, die sie erkennen und kritisch aushalten muß:
- Die Educanden bleiben angewiesen auf Lehre, Unterweisung-Qualifizierung und Außenlenkung und sollen doch gerade dadurch aus dieser Abhängigkeit schrittweise befreit werden.
- Lehren hat u. a. die Funktion zu integrieren in die bestehende Kultur und gesellschaftliche Realität und soll doch gleichzeitig kritische Auseinandersetzung und Veränderungsbereitschaft erzeugen.
- Im didaktischen Feld werden überlieferte Begriffe, Bezugssysteme, Denkmodelle, Verhaltensmuster und Sprachen vermittelt als Instrument der Orientierung und Partizipation und gleichzeitig sollen Spontaneität, Originalität und Kreativität der Lernenden und ihr Bewußtsein eigener Kompetenz und Individualität erhalten und gefördert werden.
- Didaktisches Handeln ist auf sozialen Wandel und entsprechende Zielkonstrukte ausgerichtet und ist doch nur in faktisch gegebenen Organisations- und Kommunikationsstrukturen vollziehbar. Es vollzieht sich im Kontext der Strukturen, die zu verbessern, zu verändern oder zu überwinden es sich zur Aufgabe gemacht hat ...
- Die Selektionsfunktion öffentlicher Bildungsinstitutionen begleitet im Grunde alle Anstrengungen, die dem Aufbau einer ‚individuierten

Identität' (KRAPPMANN) und der Annäherung kritisch-praktischer Handlungsfähigkeit dienlich sein könnten und beeinträchtigt sie permanent. Der Widerspruch und gleichzeitige Bedingungszusammenhang von Lehre und Fremdbestimmung einerseits und von Kooperation und diskursiver Auseinandersetzung andererseits ist nicht aufzulösen."(POPP, Hrsg., 1976, S. 278/279)

Zusatzfrage: Wird hier auch etwas Charakteristisches über den Lehrerberuf als ganzem und die Institution Schule ausgesagt?

Basisliteratur:
MOLLENHAUER, K.: Theorien zum Erziehungsprozeß. München, 1972.

Zusatzliteratur:
ULICH, D.: Pädagogische Interaktion. Weinheim/Basel, 1976.

9. Der einstellungspsychologische Ansatz

Die *Ziele* des folgenden Kapitels sind:
1. Darstellung der theoretischen Grundlage des einstellungspsychologischen Ansatzes;
2. Erörterung der Grundlagen, die für die Anwendung des Ansatzes auf die Lehrerprofessionalisierung sprechen;
3. Darstellung der einschlägigen deutschsprachigen Untersuchungen über Lehrereinstellungen zu den Themen
   - gesellschaftliches Bewußtsein der Lehrerschaft,
   - Störfaktoren im Beruf und Berufszufriedenheit,
   - Einstellungswandel bei Junglehrern,
   - Berufsmotive angehender Lehrer,
   - Lehrererwartungen und implizite Persönlichkeitstheorien;
4. kritisches Resumée und weiterführende Überlegungen.

9.1: Nachdem in den letzten Jahren in zunehmendem Maße Publikationen zu Fragen der Professionalisierung des Lehrerverhaltens auf einstellungspsychologischer Grundlage erschienen sind, hat sich die Einstellungspsychologie sehr schnell einen festen Platz in der einschlägigen Forschungspraxis gesichert. Das mag seinen Grund zum einen in der verhältnismäßig einfachen Handhabung des gängigen Forschungsinstrumentariums haben, zum anderen daran liegen, daß für deutsche Verhältnisse unerforschtes Neuland zu erschließen war. Denn bis zu den einschlägigen Publikationen des Psychologen E. ROTH (1967, 1969) war die vor allem in den USA entwickelte Einstellungspsychologie (TRIANDIS, 1975; FISHBEIN, 1966) in der Bundesrepublik so gut wie unbeachtet geblieben. In die Erziehungswissenschaft eingeführt wurde sie vor allem von der Konstanzer Arbeitsgruppe um J.J. KOCH (1972), B. CLOETTA (1975) und MÜLLER-FOHRBRODT (1973). Inzwischen sind eine Reihe weiterer Arbeiten erschienen, die die Konstanzer Arbeiten fortführen (z.B. HOPF, 1974; SUSTECK, 1975; HÄNSEL, 1975; MÜLLER-FOHRBRODT u.a., 1978; HINSCH, 1979; MERZ, 1979).

Der einstellungspsychologische Forschungsansatz stellt sich bei näherem Hinsehen als eine außerordentlich vielfältige, teilweise nur schwer überschaubare Forschungsrichtung dar. Die Schwierigkeiten beginnen bereits bei der Frage einer einheitlichen Bestimmung des Begriffs „Einstellung" (= Attitüde, = „attitude"). Der Vielzahl der vorhandenen Definitionen entspricht beinahe die Zahl der einschlägig arbeitenden Wissenschaftler. Aufgrund der Definitionsvielfalt und der teilweise registrierbaren Begriffsunschärfe haben einige Wissenschaftler sogar geglaubt, auf eine Eigendefinition ganz verzichten zu sollen. Eine sehr bekannte Begriffsbestimmung stammt von ALLPORT aus dem Jahre 1935: „Eine Einstellung ist eine mit Emotionen angereicherte Vorstellung, die eine Klasse von Handlungen für eine bestimmte Klasse sozialer Situationen besonders prädisponiert." (Zit. n. TRIANDIS, 1975, S. 4) Die Definition ALLPORTS (1935) enthält vier wesentliche Momente, die in den verschiedenen einstellungspsychologischen Konzepten immer vorkommen:

- „Vorstellung" als wesentlich *kognitive* Leistung
- „Emotionen" als *affektive* Fundierung
- „Handlungen" als *„konative"* „Konsequenz"
- „Situationen" als *Auslöser* wie als *„Anwendungsfeld"*

Daß hinter den verschiedenen Definitionen des Begriffs „Einstellung" unterschiedliche theoretische Grundannahmen stehen, dürfte deutlich sein. Darauf weist auch OERTER (1970, S. 126f.) hin. Er führt drei Definitionen für „Einstellung" an:

- „attitude als S-R-Konstrukt: attitude ist die erlernte Antworttendenz auf bestimmte sozial bedeutsame Reize oder Reizmuster ...."
- „Definition in wahrnehmungspsychologischer Sicht: attitude ist eine Hypothese (Erwartung) bzw. ein System von Hypothesen bezüglich sozial bedeutsamer Reizkonstellationen ...."
- „Phänomenologische Definition: attitudes (Haltungen) werden erlebt als Überzeugungen, die zu sozialen Gegebenheiten eine wertende, ich-beteiligte Stellungnahme beziehen."

Die überwiegende Zahl der Einstellungstheoretiker geht im Anschluß an ALLPORT davon aus, daß „Einstellung" eine *Bereitschaft* bzw. *Verhaltensten-*

denz eines Individuums, nicht jedoch eine eigenständige („innere") Verhaltensweise darstellt. Sie ist demnach eher als eine intervenierende Variable aufzufassen: „eine aufgrund individueller und sozialer Lernprozesse mehr oder minder stark verfestigte, also relativ dauerhafte Tendenz zu gewissen gedanklichen, gefühlsmäßigen und verhaltensmäßigen Reaktionen auf bestimmte Dinge, Personen, Situationen oder ganz allgemein: auf Gegenstände unserer Erfahrungswelt" (ANGER, 1970, S. 127). Vor allem zwei große einstellungspsychologische Richtungen sind voneinander zu unterscheiden:

– Eine stärker konsistenztheoretisch orientierte Richtung, deren Vertreter davon ausgehen, daß es mindestens drei Einstellungskomponenten gibt: Kognition, Emotion, Verhalten (= „Drei-Komponenten-Theorie"). Einige Vertreter beziehen auch die „Situation" als auslösenden Faktor bzw. als soziales Handlungsfeld von Einstellungen in ihr Konzept ein. Vertreter dieser Richtung sind neben ALLPORT (1935) zum Beispiel auch TRIANDIS (1975).
– Eine Richtung, die eine „Einfaktoren-" oder „Einkomponenten-Theorie" vertritt, in der die Emotion als affektiv-evaluative Tendenz im Zentrum steht: Ihr wichtigster Vertreter ist FISHBEIN (1966). Zwar behandelt auch FISHBEIN die kognitiven, konativen und situativen Aspekte einer definiten Einstellung, er verzichtet jedoch auf die in der Drei-Komponenten-Theorie enthaltene Konsistenz-Annahme, derzufolge eine Tendenz zur Übereinstimmung von kognitiven, affektiv-bewertenden und handlungsbezogenen Aktivitäten unterstellt wird.

In dem bezeichneten Differenzpunkt der beiden Hauptrichtungen der Einstellungspsychologie liegt zugleich ein *zentraler*, oft erhobener *allgemeiner Einwand* gegen den einstellungspsychologischen Ansatz beschlossen: der Einwand nämlich, zwischen dem, was ein Individuum denke und gefühlsmäßig-bewertend für richtig erachte (= Einstellung i.e.S.) und dem, wie es sich in jeweils spezifischen Situationen dann aktuell verhalte, wie es konkret handele, bestehe ein zu geringer Zusammenhang. Empirische Untersuchungen unterstellen denn auch als „gesichert" einen allgemeinen Korrelationskoeffizienten von nur ± 0,35. Dieses besonders für eine Berufstheorie zentrale Problem wird uns noch genauer beschäftigen.

Ein *zweites Problem* des einstellungspsychologischen Ansatzes ist die Frage der *Erfaßbarkeit*, der empirischen Erhebbarkeit, des psychologischen „Fakts" ‚Einstellung'. Da nämlich Einstellungen als hypothetische Konstrukte empirisch nicht direkt zugänglich, z.B. nicht beobachtbar sind, müssen sie mit Hilfe indirekter Verfahren, z.B. Befragungen, als „psychologische Annahmen" erschlossen werden. Jede Aussage über Einstellungen steht damit automatisch unter dem Vorbehalt der Angemessenheit ihrer Erhebung.

Hinzu kommt – besonders bei einem Großteil der einschlägigen deutschen Literatur über Lehrereinstellungen –, daß die „Erhebungsrichtung" überwiegend gleichsam „kontrafaktisch" verläuft, das heißt, daß von den Forschern – und vermutlich weiß dies auch ein Großteil der untersuchten Lehrer – Einstellungen überwiegend zu solchen Komplexen erhoben werden, von denen von vornherein vermutet werden kann, daß Lehrer anders handeln als sie angeben „müßten", es zu tun. Andersherum: Lehrer werden überwiegend dazu gebracht, „offiziöse" Einstellungen als die eigenen auszugeben in Bereichen, wo sie sich faktisch ständig anders orientieren. Beispiel: Dazu befragt, werden Lehrer über Gruppenunterricht und Frontalunterricht andere Aussagen machen als ihre Praxis ausweist, weil sie einfach wissen, daß Gruppenunterricht „offiziell" positiv und Frontalunterricht dagegen negativ bewertet wird. Aus diesem Umstand heraus ist dann leicht eine Diskrepanz zwischen der „Einstellung i.e.S." (kognitiv-emotionale Komponente) und dem aktuellen Verhalten (= konative Komponente) zu konstatieren.

Beiden bezeichneten einstellungspsychologischen Richtungen ist die Annahme gemeinsam, wonach Einstellungen gleichsam latente Handlungstendenzen repräsentieren, also ein manifestes Verhalten eines Individuums gegenüber einem sozialen Faktum (in Grenzen) vorhersagbar machen. Das folgende Schema gibt einige der angesprochenen Gesichtspunkte wieder (vgl. Abb. 23):

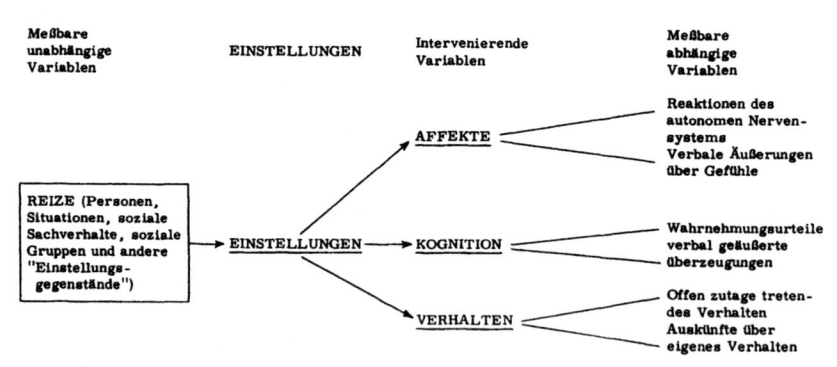

Meßbare unabhängige Variablen	EINSTELLUNGEN	Intervenierende Variablen	Meßbare abhängige Variablen
		AFFEKTE	Reaktionen des autonomen Nervensystems Verbale Äußerungen über Gefühle
REIZE (Personen, Situationen, soziale Sachverhalte, soziale Gruppen und andere "Einstellungsgegenstände")	EINSTELLUNGEN	KOGNITION	Wahrnehmungsurteile verbal geäußerte Überzeugungen
		VERHALTEN	Offen zutage tretendes Verhalten Auskünfte über eigenes Verhalten

Abb. 23: Schematische Darstellung der Einstellungen (nach ROSENBERG und HOVLAND, 1960) (zit. nach TRIANDIS, 1975, S. 5)

Die Erfassung von Einstellungen als „hypothetischen Konstrukten" erfolgt derzeit zwar ganz überwiegend mit Hilfe verbalspezifischer Methoden wie sie bei Fragebogen- oder Statement-Techniken angewendet werden, zu fordern wäre aber eigentlich, daß nicht-reaktive Meßverfahren – wie die Beobachtung des sichtbaren Verhaltens der Versuchsperson – stärker berücksichtigt würden. Denn Einstellungen müssen eigentlich aus beobachtbarem Verhalten „direkt" erschlossen werden, nicht jedoch durch – selbstinterpretative – Aussagen eines Individuums über hypothetische Situationen und sein hypothetisches Verhalten in ihnen. Die Folge ist eigentlich, daß das Ergebnis von verbalspezifischen Methoden nur Einstellungen „zutage fördern" kann, die – im doppelten Sinne des Wortes – ebenfalls hypothetisch genannt werden können.

Ein *drittes Problem* des einstellungspsychologischen Ansatzes liegt speziell auf der Ebene der verbalspezifischen Methoden. Neben Interviews werden als Verfahren besonders Skalierungsmethoden – vorrangig die von THURSTONE und LIKERT – eingesetzt (vgl. zu diesen methodologischen Problemen: LIENERT, 1967/2; SCHMIDT u. a., 1975). Sieht man sich nun die Konstruktions-Verfahren der wohl am häufigsten verwendeten LIKERT-Skala näher an, so stößt man bald auf die Problematik der Bestimmung der „internen Konsistenz" des Meßinstruments. Danach muß die Skala so konstruiert werden, daß die Reaktionen der Versuchspersonen eindimensional in dem Sinne sind, daß sie eindeutig nur auf jeweils *eine* semantische („inhaltliche, gehaltsvolle") Dimension bezogen werden können. Items, die dieser Forderung nicht entsprechen, werden aus der Skala eliminiert. Dieser Umstand ist aber nun bei der Untersuchung sozialer Einstellungen besonders mißlich, weil gerade hier an wichtigen Stellen stets mehrere Dimensionen von Bedeutungen mitschwingen. Mit der Eliminierung solcher an sich relevanter Items aber wird die Validität des Meßinstruments beeinträchtigt.

Daher geht auch BENNINGHAUS (1973, S. 675) zu Recht davon aus, daß die LIKERT-Skala den Einstellungsbegriff auf methodologischem Wege seiner Komplexität beraubt und ihn – unter der Hand – zu einem eindimensionalen Wertekontinuum uminterpretiert. Wie bei Intelligenztests kann man nun auch bei Einstellungsskalen feststellen: „Einstellung ist, was die Skalen messen!"

Der geringe Zusammenhang zwischen konkretem situationalem Verhalten und (erhobenen) Einstellungen sowie die generelle Problematik der traditionellen Erhebungstechniken hat die Bemühungen, Verhaltensvoraussagen aufgrund von Einstellungen zu treffen, sehr erschwert. Daher wurden einmal *multiple Einstellungsmessungen* sowie zum anderen sog. *„commitment"-Erhebungen* (Verpflichtung des Probanden) neben den „klassischen" *Fragebogenuntersuchungen,* neben *projektiven Techniken,* dem *semantischen Differential* sowie neben der *systematischen Verhaltensbeobachtung* entwickelt und eingesetzt. Ebenso wurden einige Erhebungen so durchgeführt, daß eine *Spezifizierung bestimmter situationaler Faktoren* bei der Einstellungsmessung vorgenommen wurde (vgl. dazu Six, 1974; BRUNNER, 1978).

9.2: Alle diese Bemühungen haben bislang erst geringe Fortschritte für die Prognostizierbarkeit des Verhaltens aufgrund von Einstellungen bzw. Einstellungskomponenten gebracht. Ähnlich wie die im vorigen Kapitel behandelten Handlungs-Entscheidungstheoretiker haben daher viele Erziehungswissenschaftler die Relevanz des einstellungspsychologischen Ansatzes für die Professionalisierungsproblematik des Lehrerberufes bestritten (z. B. BRUNNER, 1976, 1979). Abgesehen davon, daß es – meines Erachtens – fragwürdig wäre, theoretische Schwierigkeiten und Probleme der Einstellungsmessung so zu generalisieren, daß damit das Konstrukt „Einstellung" selbst ad acta zu legen sei, scheint es mir sinnvoll, in der Professionalisierungsdebatte die analytische von der konzeptionell-konstruktiven Ebene zu trennen. Selbst wenn wir zur Zeit noch Probleme bei der Einstellungsmessung haben, und selbst wenn wir Schwierigkeiten konstatieren müssen, mit den zur Zeit verfügbaren Instrumenten zwischen den kognitiven und affektiven Komponenten der Einstellung einerseits und den konativen und situationalen andererseits eine enge Beziehung herzustellen, ist das Konstrukt „Einstellung" derzeit dennoch unverzichtbar. Einer Lehrerbildung, die es aufgäbe, müßte nämlich der Vorwurf gemacht werden, auf wichtige Fragen die Antwort schuldig zu bleiben. Folgende zentralen Gesichtspunkte sprechen unbedingt *für* eine Beibehaltung des Einstellungskonzepts:

– Notwendigkeit, überdauernd werthaltige berufsrelevante Vorstellungen beim handelnden Lehrer präsent zu halten (Soziales Engagement, Schüler-Orientiertheit, humanes Modellverhalten);
– Notwendigkeit, dem unter Handlungsdruck stehenden Lehrer neben intuitivem und rational-bilanzierendem Entscheidungs-Handeln ein sinnbezogenes Routinehandeln zu ermöglichen;
– Notwendigkeit, im Bewußtsein des Lehrers zu verankern, daß professionelles Verhalten stets sowohl eine rational-kognitive wie emotional-wertende Dimension hat; die Stimmigkeit aller Dimensionen in verschiedenen Situationen erst macht wesentlich die Glaubwürdigkeit des Lehrers/Erziehers aus; aus;
– Notwendigkeit, die Verantwortung des Lehrers für die professionelle Ausgestaltung des situativen Kontextes wachzuhalten.

Kein Lehrer kann bei pausenlosem Handlungszwang ständig gleichsam „von der Hand in den Mund leben". Stellt daher die Lehreraus- und -weiterbildung kein überzeugendes, handlungsrelevantes, wissenschaftlich fundiertes Einstellungsgefüge bereit, wird sich der Lehrer ein eigenes – möglicherweise unreflektiertes oder „unbewußtes" – Orientierungsmuster beruflichen Verhaltens aufbauen, an dem er sein Verhalten ausrichtet, oder aber pausenlos improvisieren. Keineswegs wird bei dieser Argumentation eine kausale Relation zwischen Einstellung und Verhalten unterstellt. Denn die vorgebrachten Gesichtspunkte gelten auch, wenn „Einstellungen" hier „nur" begriffen werden als intervenierende Variable und wenn man sie als Verhaltensbereitschaften oder -tendenzen interpretiert.

Für die Einbeziehung des einstellungspsychologischen Ansatzes in die Professionalisierungsdebatte des Lehrerberufs spricht auch das sozialpsychologisch so wichtige Faktum der „Objektspezifität". (Hier gibt es im übrigen wichtige Berührungspunkte zum behandelten Symbolischen Interaktionismus!) KOCH (1972, S. 28 f.) stellt dazu fest, daß „die Koppelung des Einstellungsbegriffs an ein ‚psychologisches Objekt' sowie die Zentrierung auf die affektive Besetzung eben dieses Objekts, ... sich in der wissenschaftlichen Auseinandersetzung der letzten vier Jahrzehnte als unterschiedlich stabil erwiesen (haben). Die Gegenstandsbezogenheit von Attitüden ist niemals ernsthaft in Zweifel gezogen worden und stellt als ‚Objektspezifität' ein konstituierendes Merkmal sämtlicher heute verbreiteten Fassungen des Einstellungsbegriffs dar; zugleich bildet sie die differentia specifica zwischen Einstellung und verschiedenen anderen Konstrukten wie etwa Eigenschaft (trait), Motivation oder Werthaltung (value)."

Als Objekt einer Einstellung – und auch das ist für ein sozialpsychologisches (und eben nicht persönlichkeitspsychologisches) Professionalisierungskonzept wichtig – kommen alle Arten von Gegenständen, Personen, Institutionen, Sachverhalten und Ereignissen in Frage. Somit ist es möglich, im Konstrukt „Einstellung" die Verbindung zwischen einer psychischen Disposition (= Verhaltenstendenz) und einem berufsrelevanten Sachverhalt herzustellen.

Damit kommt bereits ein weiterer Gesichtspunkt in den Blick: Einstellungen haben sowohl eine relative Konstanz wie eine relative Veränderbarkeit. Daraus ergibt sich, daß sie im Kontext sowohl der beruflichen Aus- und Weiterbildung wie der täglichen Berufspraxis erlernt und auf- oder aber auch wieder verlernt und abgebaut werden können. Es gibt eine ganze Anzahl von Hinweisen darauf, daß Einstellungen nicht nur bestimmte Verhaltenstendenzen oder -bereitschaften begünstigen oder gar selbst repräsentieren, sondern auch umgekehrt, ein spezielles (berufliches) Handeln spezifische (kongruente) kognitive und emotional-wertende Einstellungskomponenten nach sich zieht.

Längerfristig wirksame negative reale Systembedingungen – etwa Ausstattungsmängel, fehlende Lehrerkooperation, ungeeignete Räumlichkeiten usw. – können daher einen Abbau professioneller Einstellungen und damit objektiv eine Dequalifikation des Lehrer bewirken. Entsprechend können aber auch umgekehrt optimale berufliche Bedingungen eines schulischen Systems den Professionalisierungsprozeß der beteiligten Lehrer sehr begünstigen. Gut zu erklären sind derartige Entwicklungen mit der *Dissonanztheorie Festingers,* wonach Menschen tendenziell das Bestreben haben, in Übereinstimmung mit ihren Gedanken, Überzeugungen und Gefühlen (= Einstellungen) auch zu handeln. Entsteht hier eine Dissonanz, so hat das Individuum – grob gesprochen – drei Möglichkeiten zu reagieren:

- Verdrängung, Vergessen, Verniedlichung, Wegrationalisierung der Dissonanz;
- Änderung der individuellen kognitiven und emotionalen Einstellungskomponenten;
- Änderung der (bisherigen) Verhaltensweisen.

Welches Vorgehen das Individuum jeweils wählt, dürfte wesentlich von den situativen Bedingungen abhängen, unter denen es jeweils steht. – Wie auch immer: Deutlich dürfte sein, daß die Professionalisierungsdebatte damit auf die beruflichen Systembedingungen (Arbeitsplatzsituation des Lehrers) ausgeweitet ist. Der Gefahr, Lehrerprofessionalisierung in einseitiger Perspektive zu „verpsychologisieren", ist damit vorgebeugt.

KOCH (1972, S. 37f.) plädiert für die Einbeziehung des einstellungspsychologischen Konzepts in die Erforschung und Konzeptualisierung der Lehrerprofessionalisierung aus einem weiteren Grunde: dem Umstand, daß es durchaus einige ermutigende Untersuchungen über den Zusammenhang von Lehrerverhalten und Lehrereinstellungen gibt: „So untersuchte z.B. BURSTALL die Einstellung von Lehrern zu der Frage, ob es sinnvoll und erfolgversprechend sei, auch wenig begabten Kindern bereits vom achten Lebensjahr an Französischunterricht zu erteilen. Zwei Jahre nach Einführung des entsprechenden Unterrichts stellte man mit Hilfe eines Verständnistests für Französisch fest, daß diejenigen weniger begabten Kinder, die auch in Französisch relativ schlechte Leistungen aufwiesen, sich auf eine kleine Zahl von Schulen konzentrierten, wo die zuständigen Lehrer negative Einstellungen gegenüber dem frühen Französischunterricht bei minderbegabten Kindern zum Ausdruck gebracht hatten. Umgekehrt waren diejenigen Schüler, die trotz ihrer generell geringeren Leistungsfähigkeit vergleichsweise gute Leistungen in Französisch aufwiesen, vor allem an denjenigen Schulen zu finden, deren Französisch-Lehrer seinerzeit positivere Einstellungen geäußert hatten."

In vorsichtiger Form äußert KOCH (ebd.) die Vermutung, daß verbal ausgedrückte Einstellungen gerade bei Lehrern, die im beruflichen Alltag ständig verbal zu reagieren haben, relativ „genau" das tatsächliche Verhalten repräsentieren können. Der Grund dafür könnte darin liegen, daß gewohnte, im üblichen Verhaltenskontext einer Person auftretende Situationen – hier: der Lehrer muß in Erziehungs- und Unterrichtssituationen ständig verbal wertbezogene Aussagen über Verhalten machen – eine gute Grundlage für Einstellungserhebungen zu bieten scheinen. Nach KOCH wäre daraus für Lehrer zu folgern, „daß im Falle von berufsbezogenen Einstellungen besonders gute Voraussetzungen für eine Korrespondenz zwischen verbaler Äußerung und tatsächlichem Verhalten gegeben sind" (ebd., S. 38). Ob dieser Optimismus auch tatsächlich gerechtfertigt ist, werden weitere Untersuchungen zeigen.

9.3: Im folgenden Abschnitt sollen die wichtigsten Ergebnisse der einschlägigen deutschen Untersuchungen zur Frage professioneller Lehrereinstellungen kurz zusammengefaßt werden. Folgende Themenkomplexe müssen dabei herausgestellt werden:

- gesellschaftliches Bewußtsein der Lehrerschaft,
- Störfaktoren im Beruf und Berufszufriedenheit,
- Einstellungswandel bei Junglehrern,
- Berufsmotive angehender Lehrer,
- Lehrerwartungen und implizite Persönlichkeitstheorien.

Dabei ist vorauszuschicken, daß die meisten Untersuchungen sich auf die rational-kognitiven und emotional-wertbezogenen Komponenten der Einstellungen (= Einstellung i. e. S.) beschränken, die Frage des damit zusammenhängenden tatsächlichen beruflichen Verhaltens hingegen ausklammern. Meist wird einfach mit der generellen Unterstellung gearbeitet, die ermittelten Einstellungen oder Einstellungskomponenten würden auf irgendeine Weise und in irgendeiner Form entsprechende Verhaltenstendenzen bzw. ein entsprechendes konkretes Verhalten nach sich ziehen.

Gesellschaftliches Bewußtsein der Lehrerschaft: Untersuchungen zum Gesellschaftsbild der Lehrerschaft fragen nach dem sozial-politischen Bewußtsein und Standort der Lehrer und deren vermutlichen Auswirkungen auf das berufliche Verhalten (BECKER, HERKOMMER, BERGMANN, 1967; TESCHNER, 1968; SCHEFER, 1969; ZEIHER, 1973; LEHMANN, 1974; HÄNSEL, 1975; SCHÖN, 1978). Dabei wird bei den meisten Untersuchungen ausgegangen von der Frage nach der sozialen Herkunft der Lehrer als einer wesentlichen Grundlage ihres gesellschaftspolitischen Verständnisses. Demnach scheint es so zu sein, daß sich Lehrer zumeist aus der unteren Mittelschicht rekrutieren. Der Anteil der Arbeiterkinder dürfte sowohl bei Gymnasial- wie Grund- und Hauptschullehrern relativ gering sein, mit einem geringfügig höheren Anteil bei den (männlichen) Grund- und Hauptschullehrern. Der Lehrerberuf ist damit ein sozialer Aufstiegsberuf insoweit, als in ihm der Übergang von einfacheren Wirtschafts- und niedrigeren Beamtenberufen in den Kreis der Akademiker gelingt (= Plattformfunktion).

Folgende Fakten werden mit dieser spezifischen Herkunft der Lehrerschaft von den meisten Autoren erklärt:

- Mittelschicht-Charakter der Schule und Mittelschichtmentalitäten,
- Angepaßtheit bis Überangepaßtheit an den gesellschaftlichen „status quo",
- Defensivhaltungen gegenüber Schulreformen,
- mittelschicht-orientiertes Selektionsverhalten.

Das Gesellschaftsbild der vor allem über 35jährigen Lehrer – besonders der Gymnasiallehrer – wird von den Autoren als überwiegend konservativ beschrieben: „Im Verein mit dem mittelständischen ‚Gesellschaftsbild', der Gemeinschafts- und Gemeinwohl-Ideologie, mit den apolitischen Ordnungstugenden obrigkeitsstaatlicher Observanz, dem naiv-fatalen ‚Idealismus', mit seiner Abwehr von materiellen Interessen und konkreter Kritik, führen sie zu einer blinden, dem einzelnen Lehrer sicherlich weitgehend unbewußten Anerkennung der gegenwärtigen gesellschaftlichen Machtverhältnisse; eine Geisteshaltung, die an die Schüler weitergegeben wird." (BECKER u. a., 1967, S. 165) Auch SCHEFER (1969) beschreibt das Gesellschaftsbild der Gymnasiallehrer als harmonistisch, gewerkschafts-feindlich und bar jeder sozial-ökonomischen Perspektive. Die Lehrer lehnen es ab, im Sozialkundeunterricht eigene politische Einstellungen zu vertreten und plädieren für Neutralität gegenüber den verschiedenen politischen Gruppierungen. Man tritt überwiegend ein für den Gedanken der Bildung einer „geistigen Elite", stimmt gegen eine Erweiterung der pädagogisch-psychologischen Ausbildung bei Zurückdrängung des fachwissenschaftlichen Anteils (77,9%) und entwickelt einen naturwüchsigen, biologisch definierten Begabungsbegriff. – Zwar scheinen diese Befunde nicht in gleichem Maße auch für Volksschul- und Gesamtschullehrer zuzutreffen (SCHÖN, 1978), die gemeinhin als der progressivere Teil der Lehrerschaft gilt, jedoch gibt es offenbar Tendenzen in der oben bezeichneten Form sogar bei der zahlenmäßig insgesamt (noch) recht kleinen Gruppe der Gesamtschullehrer.

Störfaktoren im Beruf und Berufszufriedenheit: Bei dieser Fragestellung geht es darum, inwieweit sich Lehrer durch spezifische Faktoren ihrer Arbeitsbedingungen bei der Ausübung ihres Berufes behindert fühlen und welches Maß an Berufszufriedenheit sie entwickeln (SCHUH, 1962; HURRELMANN u. a., 1969; KRAFT, 1974; MERZ, 1979). Dabei wird unterstellt, daß im Maße des Sich-gestört-Fühlens und der Berufszufriedenheit sich eine Lehrereinstellung zur Berufswirklichkeit manifestiert, die ihrerseits das Berufsverhalten determiniert.

Lehrer fühlen sich dabei nach den vorliegenden Untersuchungen durchaus in einem breiten Maße gestört. Die Untersuchung von SCHUH (1962) an Volksschullehrern erbrachte, daß sich die Lehrer vor allem hinsichtlich des *Sozialprestiges* ihres Berufs (Prestige, Gehalt, mangelnde Aufstiegsmöglichkeiten) sowie hinsichtlich bestimmter Bedingungen der unmittelbaren Berufssituation (große Klassen, Erziehungsschwierigkeiten) unzufrieden fühlten. Die Untersuchung von SCHUH zeigte überdies, daß ein Großteil der Lehrer (in Selbstbeurteilung) angab, sich im Verlauf der Berufspraxis psychisch in negativer Form verändert zu haben. Die neuere Untersuchung von KRAFT (1974) brachte naturgemäß – schon wegen der Zeitdifferenz – einige Veränderungen der Einstellungen. Deutliche Unterschiede zeigt diese Arbeit auch gegenüber der Studie von HURRELMANN u. a. (1969). KRAFTs Analyse bezieht sich auf folgende Bereiche:

- Arbeitskontrolle,
- Schülerzahl pro Klasse,
- Ausstattung mit Lehr- und Lernmitteln,
- Verwaltungstätigkeiten des Lehrers.

Interessant ist an der KRAFTschen Arbeit, daß der Autor es nicht bei der einfachen Befragung beläßt, sondern qualitativ nach den Hintergründen der genannten Störfaktoren fragt. Es zeigt sich, daß auch bei KRAFT die Lehrer angeben, in erheblichem Maße durch ihre Arbeitssituation belastet und gestört zu sein. KRAFT kann aber deutlich machen, daß diese Angaben sehr oft Ausdruck

- „eines verzögerten Professionalisierungsprozesses" sowie
- „die Folge fehlender Professionalisierungsbereitschaft"

sind. KRAFT stellt fest, „daß die Bewältigung zumindest der Störfaktoren im materiellen Bereich einhergeht mit einer Einstellungs- und Verhaltensänderung in Richtung auf eine selbständige, weniger fremdbestimmte Ausübung des Lehrerberufs. Gerade für den Teil der Lehrer, der bereits professionelle Attitüden entwickelt hat und darin durch ein gleichgerichtetes Verhalten innerhalb seines Kollegiums bestätigt wird, kann die Bewältigung der Störfaktoren als ein Kennzeichen dieser fortgeschrittenen Professionalisierung angesehen werden..." (ebd., S. 152) Wie KRAFT eindrucksvoll zeigt, haben sich die stereotypen Klagen über die zu großen Klassen und die mangelhafte Schulausstattung mit Medien inzwischen zu einer regelrechten ideologischen Barriere im Lehrerbewußtsein entwickelt und stören den Professionalisierungsprozeß, weil sie offenbar gleichsam als Vorwand für ein resignierendes Verharren in unprofessionellen Verhaltensweisen dienen. Auch Bequemlichkeit – so Kraft – scheint hier mit im Spiele zu sein. (Die im Vorwort erwähnte eigene Berliner Untersuchung bestätigt die KRAFTsche Analyse auf jeden Fall nachdrücklich.)

In einem – möglicherweise nur scheinbaren – Gegensatz dazu stehen die Ergebnisse der Untersuchung von MERZ (1979). Danach ist es so, daß ältere, konservative und reformfeindlichere Lehrer eine größere Berufszufriedenheit haben als jüngere, reformfreudige. MERZ (1979, S. 302) gelangt zu zwei extremen „Zufriedenheitstypen":

„Der ‚Typ des zufriedenen Lehrers' ist durch folgende Merkmale gekennzeichnet:

weiblich – über 50 Jahre alt – mit langjähriger Berufserfahrung – unterrichtet in der Grundschule – verheiratet – extravertiert – relativ frei von sozialen

Ängsten und Kontaktproblemen – religiös – mit dem Leben insgesamt zufrieden – befürwortet Druck und Zwang als Erziehungsmittel – ist reformfeindlich eingestellt und konservativ – fühlt sich zum Lehrerberuf berufen – wollte schon ‚immer Lehrer werden'.

Der ‚*Typ des unzufriedenen Lehrers*' kann wie folgt beschrieben werden:

männlich – unter 30 Jahre – höchstens ein bis drei Berufsjahre – alleinstehend – GEW-Mitglied – nichtreligiös bzw. bewußter Atheist – introvertiert – neigt zu sozialen Ängsten und Kontakthemmungen – mit seinem Leben insgesamt unzufrieden – lehnt Druck und Zwang als Erziehungsmittel ab – progressiv und reformfreudig – begann ursprünglich ein anderes Studium – betrachtet den Lehrerberuf als einen ‚Beruf wie jeder andere' – hat relativ starke Probleme mit seinen Schülern."

Angesichts dieses – idealtypisch verkürzten – Befundes erhebt MERZ zu Recht die Frage, wie Zufriedenheit und Unzufriedenheit qualitativ zu bewerten sind, wenn progressive, reformfreundliche, Schüler-zugewandte Lehrer ein höheres Maß an Unzufriedenheit zeigen. MERZ meint, „daß in unserem derzeitigen Schulsystem ein progressiver Lehrer nicht zufrieden werden kann" (ebd., S. 305). Diese Feststellung enthält jedoch keinen Hinweis auf das bei Kraft diskutierte Problem der praktischen Bewältigung der Unterrichts- und Erziehungsaufgaben. Gerade berufsunerfahrene, progressiv eingestellte und Druck und Zwang ablehnende junge Lehrer scheitern nämlich oft an der elementaren Aufgabe einer kompetenten, interessanten, differenzierenden Unterrichtsgestaltung, weil das erstere an sich noch keineswegs eine Gewähr für letzteres darstellt. „Progressivität" als Einstellungskomponente ist noch keineswegs ein zureichendes Kriterium für eine professionelle Berufsausübung unter den derzeitigen (situativen) Systembedingungen (vgl. dazu GÖTZ, 1979).

Einstellungswandel bei Junglehrern: Bei dieser Fragestellung geht es um das Problem, wie sich durch Praxisschock und Praxiserfahrung die Einstellungen angehender Lehrer verändern (KOCH, 1972; LÖRCHER u.a., 1974; AUMEISTER u.a., 1976; BERGMANN u.a., 1976; TOBIAS, 1977; b:e tabu, 1977; MÜLLER-FOHRBRODT u.a., 1978; HINSCH, 1979). Die einschlägigen Untersuchungen wollen einerseits Aufschluß gewinnen über die im Gefolge der beruflichen Sozialisation sich ergebenden Einstellungsveränderungen, die zumeist als negativ interpretierte Anpassungsprozesse beschrieben werden, zum anderen will man Aufschluß gewinnen über die Leistungsfähigkeit der ersten und zweiten Lehrerausbildungsphase. – Zweifellos am bekanntesten ist die wegbereitende Untersuchung von KOCH (1972) geworden, die mit ihrem Ergebnis der sog. Konstanzer Wanne inzwischen einen großen Bekanntheitsgrad erlangt und mit dem KSE (Konstanzer Fragebogen für Schul- und Erziehungseinstellungen) ein mittlerweile häufig verwendetes Erhebungsinstrumentarium hervorgebracht hat. „Es sollten Veränderungen in den verschiedenen Bereichen der Persönlichkeit erfaßt werden, sofern diese für die berufliche Tätigkeit, insbesondere für die innovativen Aufgaben des Lehrers von Bedeutung sind. Untersucht wurden u. a. Werthaltungen, allgemeine Einstellungen, schul- und erziehungsrelevante Einstellungen und allgemeine Persönlichkeitsmerkmale." (MÜLLER-FOHRBRODT u. a., 1978, S. 38) Folgende fünf Einstellungsbereiche wurden unterschieden:

- DR = Druckorientierung (Kontrolle/Disziplin),
- AN = Anlageorientierung (Anlage/Umwelt),
- NR = Negative Reformbereitschaft (Reform von Institutionen),
- C = Konformität (Einhaltung von Normen/Werten),
- KO = Konservativismus (Hierarchie/Autorität).

In einer Querschnittsuntersuchung wurden Oberprimaner, die Lehrer werden wollten, Lehrerstudenten der Anfangssemester, fortgeschrittene Lehrerstudenten und junge Lehrer in der Zweiten Phase untersucht, und zwar jeweils angehende Grund- und Hauptschullehrer sowie angehende Gymnasiallehrer, dazu ferner auf jeder Stufe Vergleichsgruppen, die nicht Lehrer werden wollten. Das Gesamtsample umfaßt ca. 2 500 Personen. Die Ergebnisse weisen aus, daß das Studium eine Art *liberalisierende Wirkung* auf die bezeichneten Einstellungen hat: „Die Studenten sowohl am Anfang des Studiums als auch am Ende äußern sich sehr viel liberaler und lehnen eine Kontrolle und Disziplinierung von Schülern stärker ab. Interessant ist nun in unserem Zusammenhang, daß die jungen Lehrer in der Zweiten Phase der Ausbildung diese liberale Sichtweise aufgeben und ihrerseits wieder stärker für Kontrolle, Disziplin und Druck eintreten." (MÜLLER-FOHRBRODT u. a. ebd., S. 39) Was hier für die Druckorientierung (DR) ausgesagt ist, zeigte sich ganz ähnlich auch in anderen Einstellungsbereichen: „Während Studenten noch viel von Umweltorientierung sowie von der Notwendigkeit von Reformen in der Schule; dagegen wenig von Konformität und Konservativismus halten, geben junge Lehrer nach nur wenigen Monaten Berufspraxis diese liberalen und progressiveren Einstellungen zugunsten konservativerer und weniger liberaler auf. KOCH (1972) bringt dies auf die Formel, daß die Hochschule unter diesem Aspekt für die angehenden Lehrer ‚Episode' bleibe." (ebd., S. 41)

Welche Gründe sind für diesen bemerkenswerten Wandel der Einstellungen verantwortlich zu machen? KOCH führt dazu einen ganzen Katalog auf (1972, S. 144 ff.). Einer der zentralen Ursachen scheint dabei ein spezifisches Diskrepanzerlebnis zu sein: „Die Berufspraxis stellt sich dem jungen Lehrer in vielerlei Hinsicht anders dar, als er aufgrund der auf der Hochschule bzw. während der Ausbildung erhaltenen Informationen erwartet hatte. Auch unterscheiden sich die nunmehr von seiten ‚signifikanter Anderer' (Kollegen, Eltern, Schüler) an ihn gerichteten Verhaltenserwartungen beträchtlich von denjenigen auf der Hochschule. Hinzu kommt, daß mit den dort vermittelten Informationen, Einstellungen und normativen Verhaltensrichtlinien kaum je konkrete Handlungsanweisungen verknüpft waren, so daß es dem jungen Lehrer angesichts problematischer äußerer Umstände .... kaum gelingt, theoretisch Gelerntes erfolgreich in reales Verhalten umzusetzen. Dies führt zu Konflikten zwischen den Informationen, die ihm während der Ausbildung vermittelt wurden, und denjenigen, denen er nunmehr in der Alltagspraxis konfrontiert ist, wobei die letzteren sich jedoch insofern im 'Vorteil' befinden, als sie täglich aufs neue ‚bekräftigt' werden." (ebd., S. 146)

Auch andere einschlägige Untersuchungen bestätigen im wesentlichen die KOCHschen Thesen – so z. B. auch die neuere Hamburger Untersuchung von HINSCH (1979). Es werden dabei detailliertere Erhebungsraster und ein breiterer Untersuchungsrahmen gewählt. Stets erscheint aber die schulische Alltagspraxis als eine schwere Hypothek für die in der Ausbildung erworbenen beruflichen Einstellungen oder Einstellungskomponenten. Die berufliche Sozialisation des Lehrers in der Alltagspraxis des Systems Schule wird so dargestellt, daß „Möglichkeiten einer humanen und befreiten Arbeit nicht zu realisieren sind" (TOBIAS, 1977, S. 167); ferner, „daß es den Lehrern nicht möglich ist, auf Dauer ein solidarisches Verhältnis gegenüber Schülern und Kollegen beizubehalten" (ebd., S. 168).

An dieser Stelle zeigt sich deutlich die Gefahr, die unzulässige Abstraktionen und spekulative Verallgemeinerungen mit sich bringen können: Der Lehrerberuf erscheint nämlich aus dieser Sicht auf einmal als eine „Sackgasse", die einen unaufhaltsamen Niedergang des einzelnen Lehrerdaseins zwangsläufig bewirkt. Selbst wenn man die „Richtigkeit" (die Tendenz) des erhobenen empirischen Materials unterstellt, muß man nicht zu derartigen Schlußfolgerungen kommen. Die ungeklärte Frage ist vielmehr: Wie verläuft der berufliche Sozialisationsprozeß, wie entwickelt sich das berufliche Einstellungsgefüge bei solchen Lehrern, die ein kompetentes Lehrerverhalten und eine zumindest streckenweise adäquate Erziehungs- und Unterrichtsarbeit realisieren? Was geht bei Lehrern vor, die allen Schwierigkeiten zum Trotz von Anfang an kooperativ mit anderen zusammenarbeiten? Verhaltenskompetenz, Kooperationsfähigkeit und Berufsmotivation als Professionalisierungsbereitschaft sind Voraussetzungen, deren Schicksal in der Schulwirklichkeit unserer Tage erst noch untersucht werden müßte, ehe man dem Lehrerberuf ein gleichsam schicksalhaftes Negativimage geben könnte.

Berufsmotive angehender Lehrer: Bei dieser Fragestellung wird untersucht, warum Personen den Lehrerberuf ergreifen, und ob möglicherweise bestimmte Einstellungen, die für diesen Beruf prädestinieren, nachweisbar sind (UNDEUTSCH, 1964; MIETZEL, 1967; MÜLLER-FOHRBRODT, 1973). Hatten die älteren Arbeiten noch unter dem Gesichtspunkt der Verringerung des Lehrermangels gestanden, so geht es in der Arbeit von GISELA MÜLLER-FOHRBRODT (1973) darum, die zahlreichen spekulativen Aussagen über die angeblich „typische Lehrerpersönlichkeit" empirisch auf ihre Haltbarkeit zu überprüfen. Zu Recht geht die Autorin davon aus, daß im Gefolge der geisteswissenschaftlichen Orientierung speziell der deutschen Erziehungswissenschaft mehr Vermutungen als empirisch gesicherte Daten bereitgestellt wurden. Dabei zeigt sich, daß den angehenden Lehrern alle die Motive unterstellt werden, die als Klischee vom „typischen Lehrer" grassieren: Neurotizismus, Minderwertigkeitsgefühle, Machtstreben, Mißtrauen, Dogmatismus, Aggressivität, Rechthaberei, Pedanterie, Besserwisserei usw. usw..

Nach MÜLLER-FOHRBRODT (ebd., S. 13f.) gibt es vor allem drei Fragenkomplexe, die dringend einer empirischen Klärung bedürfen:

- „Gibt es für die Lehrer allgemein, d.h. für die Mehrzahl der Lehrer, typische Persönlichkeitsmerkmale, durch die sie sich von anderen Bevölkerungsgruppen unterscheiden? Wenn ja, welche sind das? Und wann und wodurch entstehen sie?"
- „Gibt es Persönlichkeitsmerkmale, die den Lehrer besonders wirksam sein lassen, d.h. ihn zu einem guten Lehrer machen ...?"
- „Wieweit decken sich die typischen Eigenschaften der Lehrer mit den für den Beruf als günstig oder ungünstig erkannten Merkmalen?"

Aufgrund einer empirischen Querschnittsuntersuchung an Oberprimanern, Studenten an Pädagogischen Hochschulen, Studenten an Universitäten, Junglehrern, Studienreferendaren, Rechtsreferendaren und Medizinalassistenten mit insgesamt 11 verschiedenen Tests kommt die Autorin zu den folgenden drei wesentlichen *Ergebnissen* (ebd., S. 122/123):

- „Generell läßt sich also sagen, daß es eine geschlossene Lehrergruppe mit besonderen, speziell für sie charakteristischen Persönlichkeitsmerkmalen nicht gibt. Entsprechend fanden auch Behauptungen, die besagen, daß Lehrer die wesentlichen, für sie typischen Merkmale schon in die Berufsausbildung mitbringen, ebenfalls in unseren Daten keinerlei Unterstützung."
- „Lehrer unterschiedlicher Schularten (Gymnasium – Volksschule) unterscheiden sich voneinander nicht mehr und nicht minder als Lehrer generell von solchen Personen, die nicht Lehrer werden wollen, aber eine vergleichbare Ausbildung absolvieren."
- „Wirklich bedeutsame Unterschiede in den für die Lehrerpersönlichkeit als wichtig angesehenen Merkmalen zeigten sich zwischen den Geschlechtern. Weibliche und männliche Lehrer unterscheiden sich hinsichtlich ihrer Interessen, hinsichtlich ihrer emotionalen Stabilität und hinsichtlich autoritä-

rer und direktiver Züge sehr viel deutlicher voneinander als innerhalb der Geschlechter Lehrer von Nichtlehrern."

Damit dürfte deutlich sein, daß die allgemeine Idee eines „geborenen Erziehers" ebenso zu den Akten gelegt werden muß wie die von der „typischen Lehrerpersönlichkeit". Ob und wenn ja, welche Persönlichkeitsmerkmale im Verlauf der beruflichen Sozialisation aufgebaut, verstärkt oder abgebaut werden, muß empirisch noch geklärt werden. – Das hier vertretene Professionalisierungskonzept erfährt durch die vorgestellten Befunde auf jeden Fall eine gute Unterstützung. Der Lehrerberuf muß wie jeder andere Beruf in vollem Umfang der Kenntnisse, der beruflichen Werte und Normen, der Fähigkeiten und Fertigkeiten *erlernt* werden. Die große Mehrheit der angehenden Lehrer bringt keinen „Satz gesicherter Voraussetzungen" mit ein; gerechnet werden muß – wie in anderen Berufen – vielmehr damit, daß sich individuell positive Merkmale, die eine günstige Voraussetzung für den Erwerb einer angemessenen Berufskompetenz bieten, jeweils mit ungünstigen immer irgendwie mischen. Dies gilt auch für die signifikanten geschlechtsspezifischen Persönlichkeitsmerkmale. Von daher erweist sich das Einstellungskonzept als besonders bedeutsam, weil es im Auge behält, daß Professionalisierung komplex psychisch repräsentiert sein muß, soll sie relativ beständig sein. Sie kann sich daher für die allermeisten Lehrer nicht auf von vornherein vorfindliche günstige psychologische Voraussetzungen stützen.

Lehrererwartungen und implizite Persönlichkeitstheorien: In dieser Problemebene geht es um die Frage, ob und welche Erwartungen Lehrer über das Verhalten bzw. die Leistungen ihrer Schüler haben und ob bzw. welche Persönlichkeitstheoreme als implizite (= unterstellte) Theorien über die (Schüler-)Persönlichkeit Lehrer in Erziehungs- und Unterrichtssituationen einbringen. Es geht also um spezifische Unterstellungen, die Lehrer in bezug auf ihre Schüler bewußt oder unbewußt machen (HÖHN, 1967; HOFER, 1969, 1970; SCHUSSER, 1972; HECKHAUSEN, 1974; DUMKE, 1977). Dabei sind folgende Phänomene zu unterscheiden:

- Kausalattribuierungen des Lehrers;
- Erwartungshaltungen: Pymalion-Effekt, Halo-Effekt, Andorra-Effekt;
- implizite Persönlichkeitstheorien.

Die zu unterscheidenden drei Gesichtspunkte wirken sich

- einerseits in der spontanen Interaktion in Unterrichts- und Erziehungssituationen,
- andererseits in Beurteilungs- und Bewertungssituationen aus.

Es handelt sich um relativ dauerhafte, oft unbewußte Einstellungen bzw. Einstellungskomponenten, die das professionelle Lehrerverhalten und die Qualität der Lehrer-Schüler-Interaktionen wesentlich beeinflussen können.

Kausalattribuierungen: Hier geht es darum, daß der Lehrer bestimmte Arten oder Typen von Ursachenzuschreibungen für das (Leistungs-)Verhalten der Schüler bereithält und konkret vornimmt. Man findet diese Tendenz bei allen Menschen, sie hat generell die Funktion der spontanen Verstehenserleichterung: „Dabei beruhen die Erklärungsbemühungen auf einfachen Erklärungsbegriffen, man kann auch sagen, auf allgemeinen Kausalfaktoren, nach denen jeder Mensch den Hinweischarakter seiner Wahrnehmungen ordnet und seine Schlußfolgerungen zieht. So wird das Zustandekommen von Handlungsresultaten im wesentlichen auf zwei Kausalfaktoren zurückgeführt, die der deutschamerikanische Psychologe FRITZ HEIDER (1958) als ‚can' and ‚try', d.h. als ‚Können' und ‚Bemühen' bezeichnet hat." (HECKHAUSEN, 1974, S. 560/561)

Der amerikanische Psychologe B. WEINER (1967) entwickelte daraus eine Vierfeldertafel, die sich in der Motivationsforschung bewährt hat:

Stabilität über	Beeinflussungsbereich	
Zeit	internal	external
stabil	Fähigkeit	Aufgabenschwierigkeit
variabel	Anstrengung	Zufall (Glück/Pech)

Erwartungshaltungen: Darunter sind vor allem drei Phänomene zusammenzufassen, die relativ umfangreich empirisch erforscht sind, gleichwohl aber noch immer umstritten sind. Der von ROSENTHAL und JACOBSEN (1968) untersuchte *Pygmalion-Effekt* stellt eine positive Erwartungshaltung des Lehrers hinsichtlich des (Leistungs-) Verhaltens von Schülern dar, die nachweislich auch zu entsprechenden Verhaltensweisen führen soll. Beispielsweise unterstellt der Lehrer bei einem Schüler eine mathematische Begabung, und der Schüler zeigt anschließend einen signifikanten Leistungsanstieg auf diesem Gebiet. Die Theorie des Pygmalion-Effektes ist aber – wie gesagt – weiterhin umstritten (vgl. ELASHOFF, SNOW, 1972; BOTERAM 1976).

Der *Halo- oder Hofeffekt* – auch Heiligenschein-Effekt – wird in der Pädagogischen Diagnostik gemeinhin unter den Fehlertendenzen der Beurteilungspraxis behandelt. Hierbei handelt es sich um einen Überstrahlungseffekt, bei dem der Lehrer beispielsweise von guten Leistungen in einem Fach auf entsprechend gute in einem anderen Fach schließt.

Der *Andorra-Effekt* – so bezeichnet nach FRISCHS Theaterstück „Andorra" – ist eigentlich nichts anderes als eine „self-fulfilling-prophecy" (= Sich-selbsterfüllende-Prophezeiung). Beispielsweise kann ein Schüler durch eine stigmatisierende Unterstellung des Lehrers dazu kommen, diese als negativ geprägtes Selbstbild zu übernehmen – sie zu internalisieren – und ihr durch ein entsprechendes Verhalten tatsächlich zu entsprechen. Das gezeigte Verhalten schließt dann insofern einen Regelkreis als der Lehrer dadurch in seinem eigenen Verhalten wiederum bestätigt und verstärkt wird.

Implizite Persönlichkeitstheorien: Dies sind früherworbene, teils bewußte, teils unbewußte Erwartungshaltungen, die als kognitive Orientierungssysteme vor allem das Urteilsverhalten von Lehrern steuern können. Implizite Persönlichkeitstheorien sind quasi Vorurteile oder Stereotypien

„1. über die ‚Natur des Menschen', über Charaktertypen usw.;
2. über das Vorkommen von bestimmten Eigenschaften bei bestimmten Leuten, vom nationalen Vorurteil bis zum Stereotyp des ‚schlechten Schülers';
3. über bestimmte Ursache-Wirkungsverhältnisse zwischen Verhaltensäußerungen und dem zugrundeliegenden ‚Charakter';
4. über ebenfalls ‚gesetzmäßige' Zusammenhänge zwischen bestimmten Aktionen und Reaktionen (beim Faulen hilft nur Druck usw.)."(ULICH/MERTENS, 1976/3, S. 102)

Untersuchungen zum impliziten Persönlichkeitskonzept bei Lehrern wurden in Deutschland vor allem von HOFER (1969, 1970) vorgelegt. Ohne hier auf die Arbeiten im einzelnen eingehen zu können, sei als ein wesentliches Ergebnis doch hervorgehoben, daß HOFER solche Persönlichkeitstheorien als „subjektive Ordnungsschemata" mit 5 Dimensionen und 25 zuschreibbaren Eigenschaften bestimmt:

– Arbeitsverhalten,
– Schwierigkeit des Umgangs,
– Begabung,
– Dominanz,
– Soziale Zurückgezogenheit.

Aufgrund seiner Untersuchungen steht HOFER den Persönlichkeitsbeurteilungen von Lehrern äußerst skeptisch gegenüber und empfiehlt, daß z.B. Lehrergutachten nur noch Angaben über tatsächliche Leistungen enthalten sollten. In ganz ähnlicher Form fordert H. GLÖTZL (1979, S. 148) für die konkrete Unterrichtsarbeit: „Notwendig ist gerade bei schülerbezogenem Unterricht der Abbau negativer Einstellungen und Etikettierungen von

Mitschülern. Dabei scheint das bloße Umsetzen abgelehnter Schüler nach Ergebnissen soziometrischer ‚Tests' zu Schülern oder Schülergruppen, die diesen nicht ablehnend gegenüberstehen, wenig erfolgversprechend, wenn nicht gleichzeitig der Lehrer seine negativen Erwartungen, Einstellungen und seine Interaktionsformen mit diesen Schülern kontrolliert und ändert."

Damit formuliert GLÖTZL zugleich eine allgemein bedeutsame Schlußfolgerung zur vorliegenden Fragestellung: Professionalisierung des Lehrers als Professionalisierung seiner Einstellungen. Da Lehrererwartungen und implizite Persönlichkeitstheorien zu den – oft unreflektierten – „Voraussetzungen" des Lehrerverhaltens gehören und als Vorurteile und Stereotype das konkrete Erziehungs- und Unterrichtsverhalten wie die Lehrer-Schüler-Interaktion nachhaltig beeinflussen, muß jedes Professionalisierungsprogramm auf eine Durchleuchtung und Bewußtmachung dieser psychischen Faktoren dringen. An die Stelle naiver Klischees und möglicherweise wohlmeinenden Gutdünkens müssen reflektierte Einstellungen oder Einstellungskomponenten treten, die ein überzeugendes, glaubwürdiges Lehrerverhalten begünstigen.

9.4: Das vorliegende Kapitel hat versucht darzulegen, inwiefern der einstellungspsychologische Ansatz für das Konzept einer Lehrerprofessionalisierung grundlegend und wichtig sein kann. Trotz meßtechnischer und theoretischer Probleme sollte daher vor allem bei Überlegungen konstruktiv-konzeptioneller Art auf die Einstellungstheorie unbedingt zurückgegriffen werden. Dies gilt in besonderem Maße für alle Ausbildungsfragen, in die letztlich jede Berufstheorie ausmünden muß. Es wurde oben ausgeführt, welche Gründe für eine (auch) einstellungspsychologische Fundierung der Lehrerarbeit sprechen. Trotz vorgetragener Einwände scheint es so zu sein, daß sich diese Erkenntnis in der Bundesrepublik in den letzten Jahren durchzusetzen scheint. Die beachtliche Zunahme der einschlägigen Literatur scheint zumindest in diese Richtung zu weisen.

Diese Entwicklung ist deshalb im Prinzip begrüßenswert, weil die einstellungspsychologische Sicht geeignet ist, den Lehrerberuf, die Lehrerarbeit und das Lehrerverhalten vor vereinseitigenden Perspektiven zu bewahren. Folgende Sicht der Dinge zeichnet sich ab, gleichgültig ob man das Drei- oder Einkomponenten-Modell von Einstellung zugrundelegt:

– *Der Lehrerberuf* ist ein akademischer Beruf und ohne einen wissenschaftlichen Orientierungsrahmen, ohne spezifische *Kenntnisse,* professionell nicht auszuüben.
– *Der Lehrerberuf* ist eine „wertgeladene" soziale Tätigkeit mit einem starken Normenbezug und einer gefühlsbezogenen Grundlage. Ohne ein soziales Engagement, ohne reflektierte Normen- und Wertbezüge fehlt dem Lehrer

die *affektive Basis,* aus der heraus er überzeugend und glaubhaft für Heranwachsende tätig sein kann.
- *Der Lehrerberuf* ist ein „handwerklicher Beruf", der zu seiner Ausübung eines ganzen Satzes von Fähigkeiten und Fertigkeiten bedarf. Die Professionalisierung des Lehrers kann erst als abgeschlossen angesehen werden, wenn auch das *konkrete Berufsverhalten* des Lehrers hinreichend entwickelt ist und Kompetenz verrät. Es hat sich nach Maßgabe der Möglichkeiten zumindest in der Tendenz entsprechend den kognitiven und affektiven Einstellungskomponenten professionell zu orientieren. Erst dann gewinnt der Lehrer für Schüler positiven Modellcharakter (Vorbildfunktion).
- *Der Lehrerberuf* ist angemessen nur im Blick auf die ständig wechselnden *pädagogischen Situationen* und den permanenten Handlungsdruck des Lehrers zu verstehen. Für die Gestaltung dieser Situationen ist der Lehrer – mindestens auch (!) – verantwortlich. Daher hat er im Prozeß seines professionellen Verhaltens stets neu die Bedingungen seiner eigenen Professionalisierung hervorzubringen. Für diese Aktivität ist Professionalisierungsbereitschaft und -interesse notwendig.

Es wird sicherlich ein ständiges Problem bleiben, mit dem die erziehungswissenschaftlich orientierte Lehreraus- und -weiterbildung, aber auch die Bildungs- und Schulpolitik beschäftigt bleiben werden, die Bedingungen – sowohl die psychologischen wie die realen, systembedingten – herzustellen, damit Lehrer auch tatsächlich professionelles Berufsverhalten zeigen können. Aber dies ist ein Problem, das sich in allen – zumal akademischen – Berufen stellt. Einstellungen – das lehrt die Forschung – sind sicherlich keine kausal wirkenden, ein bestimmtes Verhalten gleichsam zwangsläufig auslösenden Faktoren. Das gilt besonders auch für professionelle Einstellungen.
Insofern bieten beruflich akzeptable Einstellungen als Verhaltenstendenzen an sich noch keine Gewähr für ein konkretes professionelles Lehrerverhalten in allen möglichen pädagogischen Situationen. Aber sie wirken doch in diese Richtung; und da der Lehrer auf die Ausgestaltung der Situationen Einfluß nehmen kann und muß, wird – bei Vorliegen relevanter Einstellungen – die Chance für ein kriterienorientiertes Verhalten im Beruf vergrößert. – Es muß zur Zeit noch eine Hypothese bleiben, man sollte sie jedoch nicht vorschnell abtun, daß nämlich der geringe Zusammenhang zwischen kognitiven und affektiven Einstellungskomponenten einerseits und den konativen, das konkrete Verhalten betreffenden andererseits, wie er sich in den empirischen Untersuchungen abzeichnet, auch Ausdruck des noch gering entwickelten Professionalisierungsstandes im Lehrerberuf ist.
Die konzentrierten neueren Bemühungen zu integrierten Ausbildungskonzepten zu gelangen greifen jedenfalls auf solche Überlegungen zurück. Doch davon soll später noch die Rede sein ...

Zusammenfassung:
1. Die Einstellungspsychologie stellt sich als eine nur schwer überschaubare Forschungsrichtung mit unterschiedlichen theoretischen Positionen dar. Das zeigt sich u. a. an den zahlreichen verschiedenartigen Definitionen des Begriffs „Einstellung".
2. Zwei Richtungen der Einstellungspsychologie sind zu unterscheiden: die konsistenztheoretische Drei-Komponenten-Theorie und die Ein-Komponenten-Theorie. Zwei spezifische Probleme dieses Ansatzes wurden genauer behandelt: die Frage des Zusammenhangs von Einstellung (i. e. S.) und Verhalten sowie das Problem der Meßbarkeit des Konstrukts „Einstellung".
3. Es sprechen einige Argumente dafür, das einstellungspsychologische Konzept trotz der konstatierten noch ungelösten theoretischen Probleme für die Lehrerprofessionalisierung zu nutzen: Fundierung der Werthaltigkeit des beruflichen Verhaltens; Ermöglichung sinnbezogenen Routinehandelns; Förderung des Bewußtseins von der Mehrdimensionalität beruflichen Handelns; Verantwortlichkeit für den situativen Kontext (= Objektbezug von Einstellungen), Erlernbarkeit und relative Konstanz von Einstellungen.
4. Einige Befunde lassen die begründete Vermutung zu, daß gerade bei Lehrern aus berufsspezifischen Gründen generell ein größerer Zusammenhang von Einstellung (i. e. S.) und Verhalten zu verzeichnen ist.
5. Die einschlägigen empirischen Untersuchungen über Aspekte des beruflichen Verhaltens von Lehrern, die auf einstellungspsychologischer Basis durchgeführt wurden, haben wertvolle Einblicke in die Berufswirklichkeit des Lehrers erbracht und geben brauchbare konzeptionelle Hinweise für die intendierte Lehrerprofessionalisierung.
6. Folgende Schwerpunkte der Forschung können unterschieden werden:
   – gesellschaftliches Bewußtsein der Lehrerschaft,
   – Störfaktoren und Berufszufriedenheit,
   – Einstellungswandel bei Junglehrern,
   – Berufsmotive angehender Lehrer,
   – Lehrererwartungen und implizite Persönlichkeitstheorien.
7. Für eine Beibehaltung und einen Ausbau des einstellungspsychologischen Ansatzes im Rahmen der intendierten Lehrerprofessionalisierung spricht die mehrdimensionale, Einseitigkeiten vermeidende Sicht des Lehrerberufs, die das Konzept ermöglicht.

Fragen und Denkanstöße
1. Welche Motive sind für Sie bestimmend bei der Wahl des Lehrerberufs? Listen Sie diese einmal rangmäßig nacheinander auf, und diskutieren Sie in der Gruppe die Frage, welche dieser Motive als Grundlage eines professionellen beruflichen Selbstverständnisses im Prozeß der Ausbildung zu handlungsrelevanten Einstellungen ausgebaut werden sollten und könnten!

2. Eine der wohl am häufigsten zitierten Untersuchungen über den Zusammenhang von Einstellung (i. e. S.) und Verhalten dürfte die von LA PIERRE (1934, 1975) sein. Dieser reiste mit einem chinesischen Ehepaar durch die USA, wobei in vielen Hotels übernachtet und in ebenso vielen gespeist wurde. Nur in einem einzigen Fall wurde dabei die Bedienung verweigert. Als aber LA PIERRE einige Monate später an alle 250 Inhaber der Lokale schrieb und anfragte, ob sie bereit wären, Chinesen aufzunehmen und zu bedienen, da antworteten 93% von ihnen eindeutig negativ und lehnten das Ersuchen ab.

Diskutieren Sie das referierte Beispiel hinsichtlich seiner einstellungspsychologischen Implikationen! Versuchen Sie vor allem hypothetisch die berichtete Diskrepanz zwischen dem gezeigten tatsächlichen Verhalten der Wirte und den kognitiv/affektiven Einstellungskomponenten, die verbal geäußert wurden, aufzuklären!

Zusatzfrage: Spricht die referierte Untersuchung eigentlich für die Ein- oder Drei-Komponenten-Theorie der Einstellung?

3. Die einschlägigen Untersuchungen zeichnen ein recht unerfreuliches Bild des gesellschaftspolitischen Bewußtseins der deutschen Lehrerschaft. SCHEFER hat dabei darauf aufmerksam gemacht, daß die unter 35jährigen Lehrer, die etwa 15% der Gesamtlehrerschaft ausmachen, einen fortschrittlicheren Einstellungshintergrund aufweisen.

Es stellen sich zwei Fragen:
- Wie ist der konservative Grundzug der deutschen Lehrerschaft insgesamt und mehrdimensional zu erklären? Konstruieren Sie dazu ein Mehrkomponenten-Modell!
- Wie interpretieren Sie den Umstand der fortschrittlicheren Grundeinstellung jüngerer Lehrer aus einstellungspsychologischer Sicht? Hier kann man sehr unterschiedliche Standpunkte einnehmen!

4. Diskutieren Sie die im Text behandelte Frage der Berufszufriedenheit professioneller Lehrer! Kann Ihrer Überzeugung nach ein professionell qualifizierter Lehrer berufszufrieden sein? Wie verträgt sich Professionalisierung und Berufszufriedenheit miteinander? – Diskutieren Sie auch die Frage, ob ein grundständig verunsicherter, unzufriedener Lehrer überhaupt eine volle professionelle Wirksamkeit bei den Heranwachsenden entfalten kann?

5. Halten Sie das Phänomen des Praxisschocks generell für vermeidbar auch dann, wenn die Lehrerausbildung praxisorientierter angelegt wäre als sie es derzeit ist? – Diskutieren Sie den beim Berufseintritt zu vollziehenden Rollenwechsel des angehenden Lehrers? Stellen Sie eine rangmäßige Liste der Probleme zusammen, die für Sie selbst eine Praxisschock auslösende Funktion hatten bzw. haben könnten, und diskutieren Sie diese mit ihren Studienkollegen! Besprechen Sie besonders auch positive Erfahrungen und mögliche konkrete Maßnahmen zur Milderung der Probleme (z. B. gegenseitige Kooperations-, Hospitationsmöglichkeiten usw.)!

6. In ihrem Büchlein „Der Lehrer als Kollege" (1978) geht BRITTA OTTO auf die Schwierigkeiten des engagierten Lehrers ein, sich in ein „funktionierendes" Kollegium zu integrieren. Gerade viele Junglehrer haben hier große Probleme. OTTO macht dafür einerseits bestimmte „beidseitige" Einstellungen (= minimale Konfliktbereitschaft) und ein „maximales Konfliktpotential" der Schule als Institution verantwortlich: „Ressentimentbehaftete Einstellungen und soziale Vorurteile – aus Quellen innerhalb und außerhalb der Schule gespeist – zersplittern die Sozialkontakte der Gesamtheit und verhindern die notwendige Arbeitsvereinigung." (ebd., S. 76) OTTO weist darauf hin, daß Isolierungstendenzen und Fraktionierungen innerhalb des Kollegiums die Folge sind.

Tauschen Sie ihre eigenen Erfahrungen – sofern Sie über solche verfügen – aus, und besprechen Sie einfache und realistische Strategien, wie sich ein neu eintretender Junglehrer in einem Kollegium orientieren und verhalten sollte!

7. In ihrem Buch „Die Anpassung des Lehrers" (1975) beschreibt DAGMAR HÄNSEL in Anlehnung an ein entsprechendes Modell von DAVIS den Prozeß der Anpassung des Lehrers an die traditionelle Berufspraxis als einen in *4 Phasen* ablaufenden Prozeß (ebd., S. 217f.):

1. Phase: „Ausrichtung an einem institutionell nicht gebilligten Orientierungssystem", das der junge Lehrer aus der Ausbildung mitbringt, und zunächst einmal zu realisieren versucht.
2. Phase: „Erfahrene Nichtangemessenheit des Orientierungssystems und Notwendigkeit der Neuorientierung", da der Lehrer Umsetzungsschwierigkeiten hat und auf Ablehnung und Widerstand sowohl bei Schülern wie Lehrerkollegen stößt.
3. Phase: „Lernen institutionsadäquaten Verhaltens", um die Konflikte zu reduzieren und sich mit den Kollegen identifizieren zu können.
4. Phase: „Internalisierung des institutionell gebilligten Orientierungssystems", um voll in das bestehende System integriert und anerkannt zu werden.
1. *Frage:* Halten Sie diese phasige Entwicklung für zwangsläufig? Welche Unterstellungen macht das Modell, die keineswegs immer gegeben sein müssen?
2. *Frage:* In der 2. Phase heißt es: „erfahrene Nichtangemessenheit des Orientierungssystems". Müßte es für die meisten Junglehrer nicht besser heißen: „erfahrene Inkompetenz eines angemessenen Lehrerverhaltens und einer schülergerechten Unterrichtsgestaltung"? Liegen also die Probleme nicht eher in der praktischen Hilflosigkeit vieler junger Lehrer als in der „Nichtangemessenheit" ihrer Theorie?

Basisliteratur:
HOPF, A.: Lehrerbewußtsein im Wandel. Düsseldorf 1974.

Zusatzliteratur:
HINSCH, R.: Einstellungswandel und Praxisschock bei jungen Lehrern. Weinheim/Basel 1979.

10. Der ideologiekritisch-politische Ansatz

Die *Ziele* des folgenden Kapitels sind:
1. Kurze Darstellung der theoretischen Grundlagen des Ansatzes durch Rekonstruktion einer politisch-ökonomischen Analyse der Bundesrepublik (NYSSEN/ROLFF) und Verdeutlichung der Intention und des Verfahrens der Ideologiekritik;
2. Erörterung zweier Beiträge dieses Ansatzes über die Berufssituation und das berufliche Verhalten von Lehrern (BERNFELD, COMBE);
3. Darstellung und Kritik der ideologiekritischen Theorie des „heimlichen Lehrplans" sowie zusammenfassende kritische Würdigung des ideologiekritisch-politischen Ansatzes.

10.1: Der im folgenden kurz zu behandelnde marxistisch-materialistische Ansatz zur Frage des beruflichen Verhaltens von Lehrern ist bisher vor allem in kritischen Beiträgen zu „bürgerlichen"Theorien, Modellen und Konzepten formuliert worden, hat aber eine eigenständige konstruktive Gestalt bislang noch nicht gefunden (BERNFELD, 1925, 1967; COMBE, 1971; BECK u. a. 1971; HUISKEN, 1972; BECKER/JUNGBLUT, 1972; ROLFF u. a., 1974). Die theoretischen Voraussetzungen des Konzepts zu skizzieren ist nicht einfach, weil auch eine grundlegende Darstellung einer materialistischen Erziehungswissenschaft bis dato nicht vorliegt.

Zunächst muß vorausgeschickt werden, daß der darzustellende Ansatz mit folgenden kritischen Ansprüchen auftritt:
– die weitgehend unpolitische Betrachtung der Funktion von Schule und Lehrerschaft, wie sie in den meisten Beiträgen zur Lehrerprofessionalisierung gepflegt wird, aufzubrechen und eine politische Funktionsbestimmung zur Grundlage der eigenen Analyse zu machen;
– die polit-ökonomische Formbestimmtheit der Lehrer-Schüler-Interaktion nachzuweisen; die Bedeutung der Schule als ökonomischen Faktor im Spätkapitalismus herauszuarbeiten;
– die Lehrertätigkeit als eine staatliche Erzieherlohnarbeit mit weitgehender Fremdbestimmung ideologiekritisch zu beschreiben und die daraus resultie-

rende dreifache Entfremdung des Lehrers (von seinen Erziehungsergebnissen
= „Produkten", seiner Arbeit, sich selbst) zu verdeutlichen;
- die Lehrerschaft gesellschaftskritischer zu machen;
- die Psychologisierung und Pädagogisierung der Berufsprobleme des Lehrers
als inhaltsleeren Formalismus aufzudecken und an seine Stelle eine inhaltsbezogene - nämlich politische - Aufgabenbestimmung des Lehrerberufs zu
setzen;
- Lehrer und Schüler zu solidarisieren und zu aktivieren, damit sie bewußt und
aktiv an den Prozeß der Umwälzung von Schule und Gesellschaft herangehen.

Diesen heterogenen - weil zugleich analytisch-kritischen, empirischen, konstruktiv-konzeptionellen und politischen - Zielsetzungen zugleich zu entsprechen, ist ein schwieriges, wenn nicht unmögliches Unterfangen; was wohl wesentlich dazu führte, daß man geglaubt hat, sich darauf beschränken zu können - wie JOUHY (1971, S. 224) schreibt - „eher Problembewußtsein und Einstellung (?) zur Rollenproblematik des Lehrers entwickeln (zu) helfen, als Probleme (zu) lösen und die eigene Einstellung rechtfertigen" zu müssen. Vor allem die empirische Untersuchung verschiedener theoretischer Annahmen des Konzeptes ist bislang unterblieben.

Grundlage des ideologiekritisch-politischen Ansatzes zur Lehrerprofessionalisierung ist die marxistische Gesellschaftslehre in ihren verschiedenen Spielarten und Interpretationsformen. Ihre Rekonstruktion hätte zu umfassen:

- Dialektischen und Historischen *Materialismus* als philosophische Lehre des Verhältnisses von „Subjekt" und „Objekt": MARXENS Position zwischen Idealismus und vulgärem Materialismus (= Thesen über FEUERBACH), seine Auseinandersetzungen vor allem mit HEGEL;
- Die Lehre vom Überbau als der Gegenstand der *Ideologiekritik* (= Ideologie als notwendig falsches gesellschaftliches Bewußtsein);
- Kapitalismus-Kritik als Gegenstand der *Politischen Ökonomie* (= „Kapital", Hauptwerk).

Im Rahmen der vorliegenden Arbeit ist es nicht möglich, diese drei schwergewichtigen Problemkomplexe zu behandeln, zumal die verschiedenen Interpretationen MARXscher Positionen kaum mehr zu überblicken und schwer zu vereinbaren sind. Zum Verständnis des vorliegenden Ansatzes dürfte es daher genügen, einmal beispielhaft eine Position politisch-ökonomischer Art zu rekonstruieren (NYSSEN/ROLFF, 1974), und zwar begrenzt auf den gesellschaftspolitischen Aspekt hin. NYSSEN/ROLFF behandeln in ihrem Beitrag „Perspektiven der Schulreform im Spätkapitalismus" die Frage, welche Strukturelemente die Bundesrepublik als eine kapitalistische Gesellschaft aufweist. Die Argumentation soll thesenhaft verknappt wiedergegeben werden:

- Die Bundesrepublik ist bestimmt durch den Grundwiderspruch von Arbeit und Kapital, ist also eine kapitalistische Gesellschaft.
- Als solche ist sie bestimmt durch privates Eigentum an Produktionsmitteln, durch das Vorherrschen der Warenproduktion, durch die Beherrschung des Produktionsprozesses durch die privaten Eigner; durch deren Verfügung über den produzierten Mehrwert.
- Aus dem Grundwiderspruch von Lohnarbeit und Kapital resultieren Nebenwidersprüche: Entfremdung als Ausdruck dafür, daß die Arbeit des Lohnabhängigen nicht primär der direkten Befriedigung von Bedürfnissen dient; Privilegierung eines Teils der Gesellschaft mit Dispositionsgewalt über zentrale gesellschaftliche Institutionen; Verabsolutierung des Konsums und Verhinderung der Befriedigung fundamentaler individueller und kollektiver Bedürfnisse (= Verwertungsinteresse des Kapitals im Reproduktionsprozeß).

Die weitere Argumentation von NYSSEN/ROLFF ist dann ferner die, daß die Befriedigung der fundamentalen individuellen und gesellschaftlichen Bedürfnisse (Verkehr, kulturelle Einrichtungen, Kommunikation, Umweltverschmutzung, Verödung der Landschaft usw.) nur dann gelingen kann, wenn zuvor die Struktur der Produktionsverhältnisse grundlegend geändert wird.

- Der Staat der Bundesrepublik ist als „ideeller Gesamtkapitalist" (ENGELS) ein Staat der Kapitalisten. Er gewinnt eine relative Selbständigkeit aus den Widersprüchen zwischen Gesamt- und Einzelkapital bzw. Kapitalfraktionen, so daß er sich u. U. zur Aufrechterhaltung des Gesamtsystems auch gegen ökonomische Interessen einzelner Kapitalfraktionen wenden kann.
- Zur Aufrechterhaltung der Massenloyalität ist der Staat zu gewissen Reformen gezwungen, auch wenn diese einzelnen Kapitalfraktionen widersprechen.
- Die Propagierung von Chancengleichheit auf dem Bildungssektor kann als Beispiel dienen, wie der Staat sich um Massenloyalität bemüht und wie zugleich der Klassencharakter der Gesellschaft verschleiert werden soll. Daher leistet das Erziehungssystem letztlich dennoch eine wichtige Funktion für die herrschende Klasse.

NYSSEN/ROLFF sparen in ihrer Analyse einen Gedanken aus, der in vielen Aussagen des ideologiekritisch-politischen Ansatzes ausformuliert wird: Die Bedeutung des Bildungssystems als ganzem, der Schule und des Lehrers als ökonomische Faktoren im Kapitalismus. Die intellektuellen Dienstleistungsberufe erhalten von daher ihre Bedeutung im Kapitalismus und gehören – so z. B. JOUHY, 1971, S. 230 – „nicht mehr lediglich zum eingleisig abhängigen *Überbau*, sondern zum entscheidenden Faktor der Produktion und Reproduktion der gesellschaftlichen Existenz ... Damit gehört Bildung, vergleichbar mit dem öffentlichen Post- oder Verkehrs- und Gesundheitswesen in den Bereich der öffentlichen Produktion ... So hat die Beachtung der Öffentlichkeit für die Schule und die Probleme der Lehrer und der Lehrberufe aller Art sehr tiefreichende ökonomische Wurzeln ...." Ohne daß dies vom ideologiekritisch-politischen Ansatz freilich je empirisch nachgewiesen wurde, wird nun – folgenschwer – behauptet, daß sich die konstatierte makrosoziale ökonomische Funktion der Schule in der mikrosozialen Struktur der Schul- und Lernorganisation zwangsläufig fortsetzt und Rolle, Funktion und Verhalten der Lehrer gleichsinnig bestimmt.

Die Rekonstruktion der Basis des Ansatzes kann an dieser Stelle abgebrochen werden. Sie hat erbracht, daß die ökonomische, gesellschaftliche und rechtsstaatliche Wirklichkeit der Bundesrepublik nicht eigentlich konkret in ihrer Vielschichtigkeit und Widersprüchlichkeit ins Auge gefaßt, sondern aus der relativ geschlossenen Lehrmeinung des Marxismus heraus betrachtet wird. Dabei gerät die Analyse – unter der Hand – auf eine merkwürdige Weise ins Abstrakte und Allgemeine, so daß sie gerade das nicht leisten kann, was sie vorgibt zu tun, nämlich eine kritische Realanalyse der ökonomischen, gesellschaftlichen und politischen Verhältnisse der Bundesrepublik anzubieten. Vieles wird schlicht vereinfacht, manches geradezu fetischisiert und mystifiziert oder ohne Nachweis einfach behauptet. Das gilt vor allem für die dem Staat zugeschriebene Rolle. Beachtenswert sind auch die Aussparungen der Analyse: die Funktion der Parteien und Bürgervereinigungen im parlamentarischen System, die Rolle der Rechtsprechung, der Kommunikationsmedien usw., die internationalen politischen Verflechtungen sowie historischen Hypotheken des Landes. Eine Industriegesellschaft bundesdeutscher Prägung als rechtsstaatliche, parlamentarische, zugleich auch konsumorientierte, privatkapitalistisch organisierte Massengesellschaft mit jüngerer NS-Geschichte und einem repressiv-totalitären staatskapitalistischen deutschen Partialstaat „vor der Tür" ist so leicht nicht aus e i n e r Denkfigur, e i n e m Blickwinkel – nämlich der Ökonomie – zu erklären.

Das muß nun aber keineswegs bedeuten, daß die ideologiekritisch-politische Analyse in Bausch und Bogen abzulehnen, weil „falsch" ist. Sehr zu Recht stellt daher KLAFKI (1976, S. 41) fest: „Versteht man diesen Ansatz als offene Frage, als Problemstellung und generelle wissenschaftliche Hypothese, nicht aber als Dogma, so hat er nichts oder wenig mit dem vulgär-marxistischen Mißverständnis zu tun, demgemäß auch alle pädagogischen Phänomene von vornherein ausschließlich als Spiegelungen oder als kausal determinierte Wirkungen ökonomisch bedingter Macht- und Abhängigkeitsverhältnisse angesehen werden. – Als wissenschaftliche Grundhypothese verstanden und in der Forschungsarbeit jeweils sachgemäß konkretisiert, hat sich der ideologiekritische Ansatz als überaus aufschlußreich erwiesen."

Ideologiekritik als sozialwissenschaftliches Programm geht als Grundhypothese von der Beeinflussung des Denkens und Handelns, sowie aller außerprivaten Lebensformen des Menschen (Institutionen) durch das jeweilige ökonomisch-politische System, also durch die Produktions- und Konsumtionsverhältnisse einer Gesellschaft aus, ganz so wie oben skizziert. Der verwendete Ideologiebegriff ist dabei zwar überwiegend mit dem von MARX geprägten identisch:

– Ideologie als „notwendig" falsches, weil ökonomisch-gesellschaftlich bedingtes Bewußtsein, daneben sind aber drei weitere Begriffsverwendungen im Gebrauch (vgl. KLAFKI, 1976, S. 50ff.):
– Ideologie als System von Anschauungen, Ideen und Theorien über die Gesamtheit der sozialen Erscheinungen (= klassenbedingte Ideologie),
– Ideologie als Ausdruck der „Seinsverbundenheit" allen Denkens (= Wissenssoziologie),
– Ideologie – aus der Sicht wissenschaftstheoretischer Überlegungen – als Aussagen über Tatsachen, bei denen Wertungen und Handlungsanweisungen vermischt auftreten und die Tatsachenfeststellungen verzerren.

KLAFKI hat zwei Aufgabenstellungen der Ideologiekritik voneinander unterschieden (ebd., S. 53): „Pädagogische Zielsetzungen, Theorien, Einrichtungen, Lehrpläne, Methoden, Medien sind erstens daraufhin zu untersuchen, ob sich in ihnen unreflektierte gesellschaftliche Interessen ausdrücken, zweitens darauf hin, ob bestimmte gesellschaftliche Gruppen ihre Interessen bewußt hinter bestimmten Zielsetzungen, Theorien usw. verbergen, um bei anderen Menschen bzw. Kindern und Jugendlichen Ideologien, falsches Bewußtsein zu erzeugen." Damit ist deutlich, daß Probleme des Lehrerverhaltens und Lehrerberufs sich besonders für eine ideologiekritische Analyse anbieten.

10.2: In seinem berühmten Pamphlet „Sisyphos oder die Grenzen der Erziehung" (1925) hat SIEGFRIED BERNFELD in einer Kombination von Psychoanalyse und Marxismus eine ideologiekritische Studie über die Möglichkeiten und Grenzen des beruflichen Wirkens des Lehrers in der Institution Schule vorgelegt. Seine Analyse vollzieht sich in drei Schritten:

– Zunächst legt er dar, was der gesellschaftliche Sinn und die Funktion der wissenschaftlichen Pädagogik sei, nämlich die Rationalisierung der Erziehung. Es wird gezeigt, daß diese Intention zur didaktischen Theorie und zu einer einseitigen Beschäftigung mit Unterricht bei Vernachlässigung der Erziehung geführt habe: „Die Präzision und Kontrollierbarkeit der Aufgabe und die Berufssituation des Lehrers fördern die Rationalisierung des Unterrichts in erster Linie. Sie führen zur Verwirklichung der theoretischen

Rationalisierung: Didaktik." (1967, S. 23/24) BERNFELD glaubt in diesen Rationalisierungstendenzen politisch-ökonomische Gesellschaftsinteressen zweckrationaler Prägung zu erkennen: „Die Institution Schule ist nicht aus dem Zweck des Unterrichts gedacht... Sie entsteht aus dem wirtschaftlichen – ökonomischen, finanziellen – Zustand, aus den politischen Tendenzen der Gesellschaft; aus den ideologischen und kulturellen Forderungen und Wertungen, die dem ökonomischen Zustand und seinen politischen Tendenzen entsprangen." (ebd., S. 27) Nach BERNFELD setzt die Schule diese außerpädagogischen Tendenzen in Bezug auf die Schüler direkt um: „Die Schule – als Institution – erzieht." Daher fordert BERNFELD, die wissenschaftliche Didaktik müsse auch als „Instituetik" betrieben werden, wolle sie ernst genommen werden. Die Konzentration auf Unterricht und die Rationalisierung des Lernens sowie die Vernachlässigung der institutionell funktionalen Erziehungswirkungen führen nach BERNFELD dazu, daß die Beschäftigung mit dem Kind als einem emotionalen, triebhaften, lustbetonten Wesen ganz wegfällt. Erziehung findet nicht statt in der Institution Schule, selbst dann nicht, wenn die Lehrer sie wollen.

– In einem *zweiten* Gedankenschritt versucht BERNFELD – vor allem mit psychoanalytischen Mitteln – zu erklären, wie die Institution Schule diesen ihren gesellschaftlich-ökonomischen Zweck erreicht: „Die Schule hat's nicht leicht. Sie hat entgegen allen ererbten Trieben in den Kindern, entgegen ihren spontanen Wünschen und Interessen zu wirken; sie steht allemal, ihre Mittel seien humane oder brutale, Naturgewalten gegenüber und vertritt dem Kinde gegenüber die Härte und Kompliziertheit der gesellschaftlichen Realität..." (ebd., S. 79). Ziel der Institution ist der Aufbau einer kulturspezifischen psychischen Struktur: „Das Kulturplus der menschlichen Psyche zu erzielen und zu verewigen, ist ihre soziale Funktion, denn durch dessen Erzielung konserviert sich die erwachsene Gesellschaft in der von ihr erzogenen Generation." (ebd., S. 85) Hinzukommt ein zweites: Da der soziale Rahmen der bestehenden Gesellschaft durch die Wirtschaftsform des Kapitalismus bestimmt ist, ist es die besitzende Bourgeoisie, die die Schule für ihre Zwecke benutzt: „Allen diesen Mächten gegenüber hat die herrschende Klasse als sehr respektables Kampfmittel die Erziehung." (ebd., S. 97) Das lohnabhängige Proletariat wird durch die Schule so in seiner Abhängigkeit gehalten.

– BERNFELD versucht nun drittens zu zeigen, daß der aktuelle Befund – einer Herrschaft der Besitzenden auch über die Institution Schule – in die generelle Formel von der „Konservativität" jeder Erziehung und aller Schulen gekleidet werden kann. Eine Reform der Schule ist ohne eine vorherige Gesellschaftsreform unmöglich. Dieses Faktum nennt BERNFELD die „soziale Grenze" der Erziehung: „Man tut gut, die soziale Grenze übertrieben scharf zu zeichnen ... Der von ihr gesetzte Rahmen für jede Erziehung: die Organisation der Erziehung diktiert das Erziehungsresultat..." Daher sei die erzieherische Wirkungsmöglichkeit des Lehrers äußerst begrenzt: Einerseits ist er selbst Produkt der Gesellschaft, andererseits wirkt er in einer Institution, die selbst wieder Organ eben dieser Gesellschaft ist. – Eine weitere Grenze, an die jede Erziehung stoße, sei in der Psyche des Erziehers zu suchen: „Wir erkennen als Grenze für alles ins Große gedachte pädagogische Wollen die Konstanten, die seelischen Konstanten, im Erzieher als dem Erziehungssubjekt." (ebd., S. 142). Dabei sind zwei Gesichtspunkte zu beachten: Einmal ist die Erziehung für den Erwachsenen prinzipiell unbefriedigend, weil er Befriedigung letztlich nur in kulturellen Idealen finden kann. Zum anderen entwickelt sich aus jeder wirklichen Beziehung zwischen Erzieher und Kind der Ödipuskomplex (Vatermord-, Konkurrenz-Tendenz), der Liebe immer zugleich mit Haß durchsetzt. – Eine andere Barriere biete sich dem Lehrer als Erzieher schließlich in dem Faktor ‚Erziehbarkeit des Kindes': „Die Grenze der Erziehung ist nach der gebräuchlichen Anweisung die Erziehbarkeit des Kindes, seine Konstitution, seine Veränderbarkeit. Es ist nur eine Grenze; aber die allbekannte, wenigstens die meistens bedachte." (ebd., S. 143)

BERNFELDS Analyse läuft schließlich darauf hinaus, daß die Lehrerarbeit als Erziehertätigkeit wegen der verschiedenen Begrenzungen letztlich als eine Sisyphos-Arbeit erscheinen muß. Der Lehrer übt diese Tätigkeit unverdrossen aus. „Er ist der gute Onkel, der die Onkelhaftigkeit zum Beruf gemacht hat. Er liebt die Kinder eben, hat diesen Beruf gewählt, weil er ihm den fortgesetzten Kontakt mit den Objekten seiner Liebe gestattet." (ebd., S. 135) Letztlich aber ist seine Arbeit so gut wie vergeblich:

– Die erste Grenze setzt der „soziale Rahmen", der die Schule als Institution anderen als erzieherischen Zwecken unterordnet. Im aktuellen Fall benutzt die besitzende Bourgeoisie Schule als Herrschaftsinstrument gegen das lohnabhängige Proletariat. Zwei weitere Gesichtspunkte sind: Die Schule als Institution erzieht. – Die Schule ist eine prinzipiell konservative Einrichtung.
– Die zweite Grenze ist in der Psyche des Erziehers zu suchen, für den diese Tätigkeit letztlich unbefriedigend sein muß, zumal jede wirkliche Beziehung in der konflikthaften Ödipus-Situation endet.
– Die dritte Grenze liegt in der nur relativen Erziehbarkeit des Kindes beschlossen. Diese beruht u. a. darauf, daß das Kind stark milieuabhängig ist.

Die Analyse hat gezeigt, daß BERNFELD die beruflichen Aufgaben des Lehrers in eine

– kognitiv-intellektuelle (= Unterricht) und eine
– emotional-libidinöse (= Erziehung)

Sphäre aufspaltet. Da er im Intellektualismus des Unterrichts das kapitalistisch-ökonomische Rationalitätsprinzip verkörpert sieht, interessiert er sich letztlich nur für den Bereich Erziehung, die eindeutig höherwertige, „eigentliche" Aufgabe des Lehrers. Hier muß er aber an die behandelten drei Grenzen der Wirksamkeit stoßen, so daß letztlich nur die Erkenntnis bleibt, daß erst eine grundlegende gesellschaftliche Umwandlung – „die Enteignung" – Voraussetzungen für eine erfolgsversprechende Erzieherarbeit des Lehrers schaffen könnte.

10.3: Sieht man sich die neuere ideologiekritisch-politische Arbeit COMBES – „Kritik der Lehrerrolle" (1971) – genauer an, so stößt man auf Unterschiede aber auch verblüffende Parallelen zu der behandelten Arbeit BERNFELDS. Streckenweise liest sich COMBES – mit dem Versuch einer empirischen Abstützung versehen – Analyse wie eine etwas detailliertere Ausarbeitung der BERNFELDschen Globalanalyse. Der Gedankengang COMBES ist – verkürzt – der folgende:

- Die Bundesrepublik ist ein kapitalistischer Klassenstaat, in dem wenige mit wirtschaftlicher Verfügungsgewalt und politischer Macht über „die Vielen" herrschen.
- Der Staat sieht seine Hauptfunktion in der Abwehr stabilitätsgefährdender Risiken (= Krisenmanagement).
- Bildungswesen und Schule haben letztlich ökonomische Funktionen: Produktion von Wissenschaft und Forschung; Qualifikation von Arbeitskräften.
- Das Ausbildungswesen und in ihm – in der Schlüsselposition – die Lehrer fungieren im Sinne der Stabilisierung und Reproduktion von Herrschaft.
- Entsprechend konservativ bis reaktionär ist das Gesellschaftsbild der Lehrer, das sich vor allem aus der Herkunft der Lehrer aus der unteren Mittelschicht erklären läßt.
- Das negativ akzentuierte Selbstbild der Lehrer und ihr Deklassierungsbewußtsein finden ihre Entsprechung in einem unterschwellig negativ getönten Fremdbild der Lehrer durch die Gesellschaft.
- Die Lehrer-Schüler-Interaktion stellt sich für den Lehrer als ambivalent dar, weil das – auch von den Eltern geforderte – Leistungsprinzip sozial-emotional befriedigende Lehrer-Schüler-Beziehungen verhindert. Gruppendynamik, Lehrertrainings, Psychoanalyse usw. sind propagierte Techniken der sozialen Anpassung der Schüler an den letztlich repressiven Rahmen, auf den auch der Lehrer in seiner personalen Ganzheit eingeschworen werden soll („Der Lehrer ein erotisch kastrierter Typ").
- Auch die bürokratische Struktur der Institution Schule stellt in ihrer hierarchischen Gestalt eher ein politisches Machtinstrument zur Disziplinierung von Lehrern und Schülern dar als wirklich pädagogischen Zwecken zu dienen.

- Versuche der Erziehungsstilforschung, das Lehrerverhalten demokratischer und sozial-integrativer zu machen, sind letztlich Manipulierungsbestrebungen der spätkapitalistischen Gesellschaft und dienen nur der Optimierung des kapitalistischen Ausbeutungsverhältnisses.
- Aufgrund der eigenen Sozialisationserfahrungen bilden Lehrer einen bestimmten Sozialcharakter aus, von dem her sie Mittelschichtkinder favorisieren und Arbeiterkinder benachteiligen.

COMBES Studie endet in ziemlicher Ratlosigkeit mit der Feststellung, die Untersuchung habe erbracht, „in welch starkem Maße die Lehrer meist unreflektiert als Ordnungsfaktor des gesellschaftlichen Status quo wirken. Es mag aber auch deutlich geworden sein, wie unter dem Funktionalisierungsdruck politisch-ökonomischer Herrschaftsinteressen eine kritische Funktionsbestimmung des Lehrerberufs deformiert wird." (ebd., S. 218) Deshalb endet die Arbeit mit einem Appell an die Lehrer, aktiv an einer Veränderung mitzuwirken.

10.4: Sieht man sich die beispielhaft behandelten Arbeiten von BERNFELD und COMBE auf ihre erziehungswissenschaftlichen Implikationen für die Professionalisierungsfrage des Lehrerverhaltens genauer an, so kommen zugleich Charakteristika des gesamten ideologiekritisch-politischen Ansatzes zum Vorschein.

1. Eine detaillierte Analyse des Lehrerberufs und der Lehrerarbeit sucht man ebenso vergebens wie eine genauere erziehungswissenschaftlich-psychologische und didaktische Untersuchung des Lehrerverhaltens. Das Interesse richtet sich letztlich immer auf die „eigentliche", wichtige, politische Fragestellung. So zeichnet sich der Ansatz durch ein oftmals spezifisches „Stratosphären-Denken" aus, das sich Detail-Analysen der pädagogisch-psychologischen Zusammenhänge glaubt ersparen zu können.
2. Die Überbewertung des „Politischen" und die – entsprechende – Vernachlässigung des „Pädagogischen" machen die Unterstellung, daß es primär auf ein „richtiges" Bewußtsein des Lehrers ankomme, alles „beruflich-verhaltensmäßig Weitere" werde sich dann schon finden. Damit vertritt der ideologiekritisch-politische Ansatz ein einseitig rational-kognitivistisches Berufskonzept mit politischem Einschlag und einer ebenso einseitigen Vernachlässigung der „Fähigkeiten-Fertigkeiten-Dimension" des konkreten Berufsverhaltens. Überschrift: Das richtige Verhalten wird sich aus dem richtigen Bewußtsein schon von selbst ergeben.
3. Auffällig, ja geradezu erstaunlich ist am ideologiekritisch-politischen Ansatz seine Hilflosigkeit, eine konstruktive Berufsperspektive zu entwickeln. Da alle geplanten oder bereits begonnenen Reformentwicklungen auf dem

Schul- und Bildungssektor schnell unter den Verdacht der – besonders raffinierten – Systemhörigkeit und Repressivität geraten, steht man ihnen zwiespältig gegenüber. Man fürchtet vielleicht auch, daß der Lehrer, der sich mit bestimmten Innovationen identifiziert und aktiv an ihnen mitarbeitet, für das Programm einer gesellschaftlichen Revolution verloren gehen könnte, weil er sich dabei auf eine neue Weise – gleichsam potenziert – und dieses Mal aktiv zum Handlanger des bestehenden Systems macht ...

4. Der ideologiekritisch-politische Ansatz – das wurde bei BERNFELD ebenso deutlich wie bei COMBE – beschwört die Gefahr herauf, daß Lehrer in die „große Entschuldigung" flüchten, passiv werden oder gar resignieren. Die dargestellten Ansätze sind für eine praxisorientierte Lehrerausbildung deshalb allein noch wenig hilfreich, weil sich aus dem von beiden vertretenen Programm der Entlarvung, Entschleierung, Desillusionierung „weder konkrete Möglichkeiten ‚systemverändernder' Praxis noch neues Wissen und Können für pädagogische Praxis ergeben. Es ist im Gegenteil zu befürchten, daß die Intention der Desillusionierung vorläufig vor allem zur Resignation führt. Der künftige Lehrer kann Schule gar nicht mehr als Erfahrungs- und Handlungsfeld begreifen, das zu studieren sich lohnt. Diese Resignation kann die Entwicklung jeglicher berufsbezogenen Identität verhindern." (ULICH, 1976, S. 221/222)

10.5: Im voraufgegangenen Abschnitt deutete sich sowohl bei BERNFELD wie bei COMBE eine Perspektive an, die heute unter dem Stichwort des „heimlichen Lehrplans" (ZINNECKER, Hrsg., 1975) diskutiert wird und auf die einige der kritischen Einwände, die oben dargelegt wurden, ebenso zutreffen. Die Theorie des heimlichen Lehrplans ist trotz dieser und anderer Einwände neben der Einbringung des ideologiekritischen Verfahrens (als Methode) in die Erziehungswissenschaft das zweite wichtigste positive Ergebnis des vorliegenden Ansatzes. Sie besagt, daß es *zwei Arten* von schulischen

– Lehr-/Lernzielen und
– Lehr-/Lerninhalten

gibt: einmal die *offiziell-formellen* Ziele und Inhalte, wie sie in den Lehrplänen beschrieben, in den Schulbüchern wiedergegeben und im Unterricht behandelt werden; zum anderen jene *heimlich-informellen*, wie sie u.a. vom ideologiekritisch-politischen Ansatz beschrieben werden (Schule im „heimlichen" Dienst der „Herrschenden" und „Besitzenden", des Kapitalismus schlechthin). Aus dem Blickwinkel dieses Ansatzes ist also die Frage leitend, „in welcher Weise der Klassencharakter der kapitalistischen Gesellschaft sich in die Schule hinein fortsetzt" (ZINNECKER, Hrsg., 1975, S. 13), ohne daß dies offiziell-formell zu den erklärten Zielen gemacht würde.

Haupt„thema" des heimlichen Lehrplans ist nach Ansicht des ideologiekritisch-politischen Ansatzes der Bereich des *sozialen Lernens* (= soziale Verhaltensweisen) und der *sozial-emotionalen* Wert- und Normvorstellungen. Aus dieser Perspektive gilt ein besonderes Interesse dieses Ansatzes der Grundschule, weil hier wichtige soziale und emotionale Grundlagen schulischen Lernens beim Kind gelegt werden, der „schulische Sozialcharakter" des Kindes ausgeprägt wird.

Auf welchen Ebenen vollzieht sich nun die Realisation des heimlichen Lehrplans? Nach Auffassung des ideologiekritisch-politischen Ansatzes sind drei Ebenen zu unterscheiden, die z. B. bei BERNFELD schon beinahe vollständig enthalten sind:

– die Ebene der Schule als Institution in ihren funktionalen Wirkungen (Schulleben),
– die Ebene des konkreten Lehrerverhaltens („der Lehrer als direkter Handlanger der Herrschenden"),
– die Ebene der schulischen Inhalte (Themen), mit denen spezifische Gehalte der kapitalistischen Wert- und Wirtschaftsordnung transportiert werden.

Auf allen drei Ebenen können die ablaufenden Prozesse der Anpassung für den Lehrer unbewußt und verborgen bleiben. Selbst die Wissenschaft hat lange gebraucht, ehe sie diesen Tatbestand erkannte. Nach Ansicht des ideologiekritisch-politischen Ansatzes sind diese Prozesse – unter dem Gesichtspunkt der Integrationsfunktion von Schule im Kapitalismus – beinahe wichtiger als die offiziell-formellen Inhalte, die im Unterricht vermittelt werden.

Die nachfolgende Abbildung (24) von DIETER ULICH (1976, S. 210) faßt die Annahmen des ideologiekritisch-politischen Ansatzes zusammen. Der Autor unterzieht das Konzept sodann einer systematischen Kritk, aus der nur einige Punkte wiedergegeben seien. Zuvor soll der Begriff „heimlicher Lehrplan" aus der Sicht des vorliegenden Ansatzes nochmals zusammenfassend bestimmt werden:

„Mit diesem Begriff werden gewisse gesellschaftliche Ziele, organisatorische Strategien und Erwartungen bezeichnet, die bestimmten Strukturprinzipien schulischer Interaktionssituationen zugrundeliegen und sich in ihnen manifestieren. Die Schule habe Lehr-Lernprozesse entsprechend ihrem gesellschaftlichen Auftrag so zu organisieren, daß dadurch einerseits die klassenspezifische Reproduktion der Gesellschaft wirksam durchgesetzt und andererseits ebenso wirksam verschleiert werden kann." (ebd., S. 211)

Als Kritik läßt sich nach ULICH folgendes anführen (vgl. ebd., S. 212 ff.):

1. Der Ansatz zeichne mit diesem Konzept ein höchst unerwünschtes, möglicherweise unbeabsichtigstes Bild schulischer Interaktion und Sozialisation:

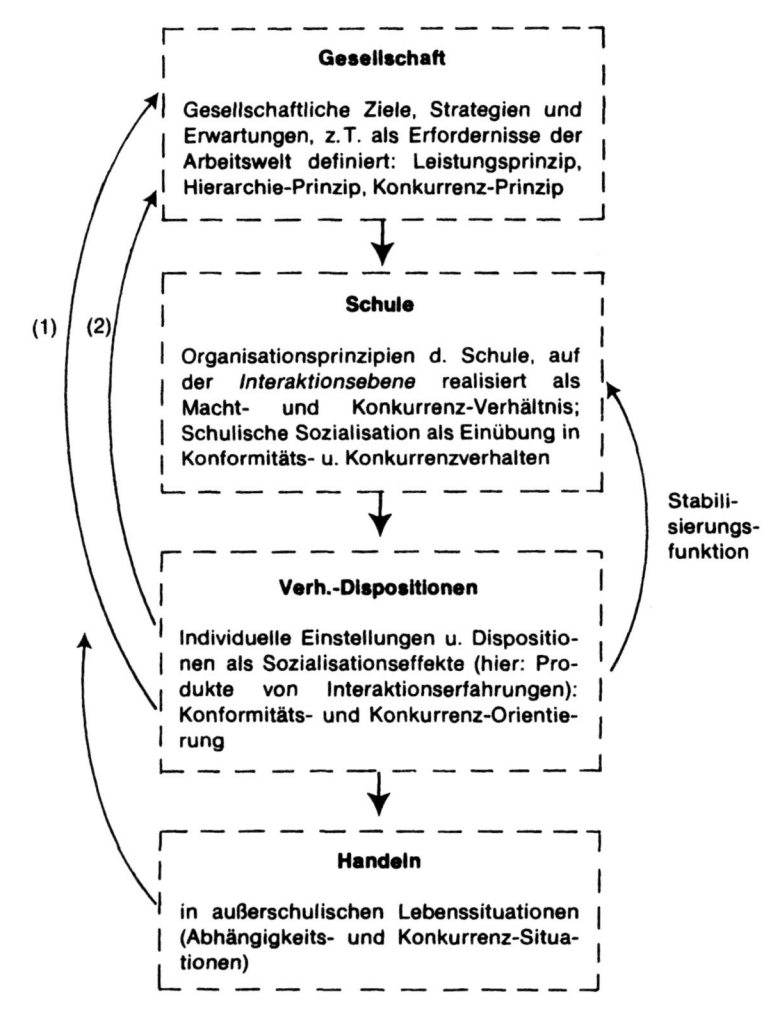

```
┌─────────────────────────────────────────┐
│              Gesellschaft                │
│ Gesellschaftliche Ziele, Strategien und │
│ Erwartungen, z.T. als Erfordernisse der │
│ Arbeitswelt definiert: Leistungsprinzip,│
│ Hierarchie-Prinzip, Konkurrenz-Prinzip  │
└─────────────────────────────────────────┘
                    │
                    ▼
┌─────────────────────────────────────────┐
│                 Schule                   │
│ Organisationsprinzipien d. Schule, auf  │
│ der Interaktionsebene realisiert als    │
│ Macht- und Konkurrenz-Verhältnis;       │
│ Schulische Sozialisation als Einübung in│
│ Konformitäts- u. Konkurrenzverhalten    │
└─────────────────────────────────────────┘
```

(1) (2)   Stabili-
                                          sierungs-
                                          funktion

```
┌─────────────────────────────────────────┐
│            Verh.-Dispositionen           │
│ Individuelle Einstellungen u. Dispositi-│
│ onen als Sozialisationseffekte (hier:   │
│ Produkte von Interaktionserfahrungen):  │
│ Konformitäts- und Konkurrenz-Orientie-  │
│ rung                                     │
└─────────────────────────────────────────┘
                    │
                    ▼
┌─────────────────────────────────────────┐
│                Handeln                   │
│ in außerschulischen Lebenssituationen   │
│ (Abhängigkeits- und Konkurrenz-Situa-   │
│ tionen)                                  │
└─────────────────────────────────────────┘
```

Abb. 24: Die Wirkungsweise des „Heimlichen Lehrplans" (aus gesellschaftskritischer Sicht)

„Das Geschehen in der Schule erscheint als ein quasi-naturwüchsiger Prozeß." Es frage sich aber, ob - selbst wenn dieses Bild zuträfe – die Wirkungen von Schule auch tatsächlich in diese Richtung gehen. Dies müsse aber erst noch empirisch exakt nachgewiesen werden. Man mache sich eines „teleologischen Irrtums" schuldig, bei dem „bloße Mittel-Zweck-Relationen als Ursache-Wirkungszusammenhänge" ausgegeben würden, wenn man hier Zusammenhänge bloß postuliere. Selbst bei Annahme bestimmter „Schul-

Zwecke" müsse es doch keineswegs so sein, daß diese auch tatsächlich erreicht werden.
2. Das Konzept des „heimlichen Lehrplans" von der systemerhaltenden Rolle von Schule und Lehrerschaft sei zu einfach, als daß es differenzierte Antworten auf Fragen zu geben in der Lage sei wie: „Welche Struktur haben pädagogische Interaktionen? Wie wirken sie? Wer richtet Interaktionssituationen ein? Unter welchen Bedingungen können sie verändert werden? – Die Unterscheidung system-erhaltender und system-verändernder Elemente ist auf mikro-sozialer Ebene fast unmöglich, weil schon auf der Ebene gesamtgesellschaftlicher Prozesse und Strukturen das Differenzierungsvermögen durch die Faszination von der ‚Allmacht des Kapitals' eingeschränkt ist." (ebd., S. 215)
3. Einige Autoren blenden das konkrete Unterrichtsgeschehen aus der Analyse aus (vgl. Gegenbeispiele bei ZINNECKER, 1975). Dadurch entsteht nach ULICH letztlich „eine der ‚Verschwörertheorie' ähnliche Total-Kritik von Gesellschaft und Schule, die Bedingungen, Formen und Wirkungen gesellschaftlicher Reproduktion nicht mehr soweit präzisieren kann, daß z.B. empirische Überprüfungen und Prognosen möglich wären" (ebd., S. 216). – Was ein Lehrer, der die polit-ökonomischen Beziehungen zwischen Schule und bürgerlicher Gesellschaft durchschaut, praktisch tun soll und kann, bleibt ebenso unbeantwortet ...

Damit sollen die Rekonstruktion und Kritik der Theorie des heimlichen Lehrplans – dem wesentlichen Resultat des ideologie-kritisch-politischen Ansatzes – abgeschlossen werden. Für die hier zu behandelnde Frage des beruflichen Verhaltens von Lehrern hat sich ergeben, daß eine Detailanalyse konkreter Fragen und Probleme der Berufspraxis des Lehrers nahezu völlig unterbleibt. Das starke politische Engagement der Vertreter dieses Ansatzes läßt bisweilen den Eindruck aufkommen, als sei man letztlich weniger an der Lehrerfrage selbst als an den politischen Funktionen der Schule als Institution interessiert. So droht die erziehungswissenschaftliche Frage angesichts eines alles überformenden politischen Interesses völlig „unter die Räder" zu kommen. Weitgehend wird unterstellt, daß ein „richtiges" politisch-gesellschaftliches Bewußtsein gleichsam automatisch zu einem entsprechend „richtigen" beruflichen Handeln führen wird. Dieser kognitivistische Optimismus des ideologie-kritisch-politischen Ansatzes steht in einem merkwürdigen Widerspruch zum ansonsten erhobenen kritischen Selbstanspruch.

Zusammenfassung:
1. Der ideologiekritisch-politische Ansatz zur Professionalisierung des Lehrerberufs hat bislang weder die Gestalt einer konsistenten Berufstheorie des

Lehrers erlangt, noch ist sie – implizit – in Form einer Gesamtdarstellung der materialistischen Erziehungswissenschaft vorgelegt worden.
2. Die diesem Ansatz verpflichteten verstreuten Einzelbeiträge stehen unter heterogenen sowohl analytisch-kritischen wie empirischen, konstruktiv-konzeptionellen und politischen Ansprüchen, von denen vor allem die empirischen unbearbeitet geblieben sind.
3. Die skizzenhafte Darstellung der theoretischen Prämissen des ideologiekritisch-politischen Ansatzes erfolgte anhand der polit-ökonomischen Strukturanalyse der Bundesrepublik durch NYSSEN/ROLFF. Der zentrale Gedanke dabei ist der, daß Lehrer und Schule wichtige Funktionen im Dienste der Herrschenden und Besitzenden erfüllen und daß diese Abhängigkeit bis auf die mikrosoziale Struktur der Schul- und Lernorganisation und das konkrete Lehrerverhalten durchschlägt. Auf die Eindimensionalität der polit-ökonomischen Strukturanalyse („Faszination von der Allmacht des Kapitals") sowie die empirisch nicht belegten hypothetischen Folgerungen wurde hingewiesen.
4. Es lassen sich vier verschiedene Begriffe von „Ideologie" unterscheiden. Der vorliegende Ansatz rekurriert vor allem auf den MARXschen von Ideologie als „notwendig" falschem gesellschaftlichem Bewußtsein. Eine zweifache Aufgabenstellung der Ideologiekritik ist zu unterscheiden: Analyse pädagogischer Phänomene a) nach unreflektierten gesellschaftlichen Interessen, b) nach bewußt verschleierten Interessen bestimmter Gruppen.
5. Die Rekonstruktion der Arbeiten von BERNFELD und COMBE zur Berufsproblematik des Lehrers zeigt, daß relativ pauschal argumentiert wird und eine detaillierte Analyse des Berufsverhaltens von Lehrern vor allem hinsichtlich seiner didaktischen und psychologischen Perspektiven unterbleibt. Beide Arbeiten vertreten ferner einen rational-kognitivistischen Optimismus, wenn sie vom „richtigen" Bewußtsein direkt auf „richtiges" Verhalten – und umgekehrt – schließen. Eine konstruktive Berufskonzeption wird nicht entwickelt und damit die Gefahr einer resignativen Grundhaltung der Lehrerschaft heraufbeschworen.
6. Das ideologiekritisch-politische Konzept des heimlichen Lehrplans macht vor allem den Bereich des sozialen Lernens und der Wert- und Normvorstellungen der erzieherisch Interagierenden zu seinem Thema. Es wird behauptet, daß Schule die klassenspezifische Reproduktion der Gesellschaft sowohl bewirke wie wirksam verschleiere. Die Kritik am Konzept konzentrierte sich auf den „teleologischen Irrtum" (ULICH), auf die Undifferenziertheit der Argumentation infolge der „Faszination von der Allmacht des Kapitals" und auf die weitgehende Ausblendung des konkreten Unterrichtsgeschehens aus der Analyse.

Fragen und Denkanstöße:
1. Der ideologiekritisch-politische Ansatz legt eine polit-ökonomische Analyse der Bundesrepublik vor, die in der Darstellung kritisiert wurde. Diskutieren Sie die Position des Ansatzes vor allem hinsichtlich der Frage, ob sie differenziert genug ist, die gesellschaftliche und politische Wirklichkeit angemessen zu rekonstruieren!
2. Der diskutierte Ansatz konstruiert einen Zusammenhang zwischen den „Kapitalinteressen der Herrschenden" und den Funktionen von Schule und Lehrerarbeit. Welche Fakten der Berufswirklichkeit des Lehrers erhöhen die Plausibilität dieser These, welche mindern sie? Stellen Sie die konträren Standpunkte einander gegenüber!
3. Einer Meldung des Berliner Tagesspiegel vom Donnerstag, dem 6. September 1979, zufolge hat der Kultusminister von Nordrhein-Westfalen, Jürgen Girgensohn, die zunehmend kleineren Klassen in den allgemeinbildenden Schulen der Bundesrepublik als neue Quelle von Schulstreß für Kinder bezeichnet. Der einzelne Schüler käme – so Girgensohn – jetzt häufiger dran, könne sich schon wegen der veränderten Sitzordnung nicht mehr hinter dem Rücken seines Vordermannes verstecken und werde bei Nichterledigung seiner Hausaufgaben leichter ertappt. – Analysieren und diskutieren Sie diese für einen Kultusminister erstaunliche Feststellung mit ideologiekritischer Stoßrichtung. Welche verschleierten Interessen könnte Girgensohn bei dieser Aussage verfolgen? Wie müßte eine erziehungswissenschaftlich vertretbare Stellungnahme zur Frage der kleinen Klassen aussehen? Welche Konsequenzen für die professionelle Orientierung der Lehrer müßte sie andeuten?
4. Rekonstruieren Sie für sich die Theorie des heimlichen Lehrplans! Versuchen Sie, konkrete Beispiele aus der schulischen Praxis zu finden, womit sie sich dokumentieren läßt! Welche Folgerungen für das berufliche Verhalten des Lehrers ergeben sich aus ihr?
5. Diskutieren Sie die folgenden Ausführungen COMBES zur Mittelschicht-Orientierung der Lehrer (a.a.O., S. 198): „MARIA ZILLIG hat 1928 Diktathefte von sehr guten und sehr schwachen Schülern streng nachgeprüft: Bei den guten Schülern waren 39% der Fehler übersehen worden, bei den schlechten Schülern nur 12%. Hier sind offenbar Einstellungen, Erwartungen und Vorurteile wirksam, die das Lehrerurteil subjektiv verzerren. WEISS hat dazu 2 Aufsätze von Schülern des 4. Schuljahres Lehrern zur Beurteilung vorgelegt. Der eine Aufsatz wurde mit dem Hinweis versehen, er stamme von einem durchschnittlichen Schüler, dessen Eltern beide berufstätig seien und der gerne Schundhefte lese, der andere Aufsatz sei dagegen von einem sprachlich begabten Buben verfaßt, dessen Vater Redakteur bei einer großen Tageszeitung sei. Die Angaben waren frei erfunden und sollten ein Vorurteil suggerieren: 16% der beurteilenden Lehrer gaben dem angeblich begabten Jungen die Note sehr gut, während der andere Aufsatz diese Note von keinem

Beurteiler erhielt. Dafür bekam er von 48 % der Lehrer die Note ausreichend, der angeblich Begabte nur von 8 %." Welcher psychologischer Effekt erklärt dieses Vorurteilsphänomen (Pygmalion-, Halo-, Andorra-Effekt, Self-fulfilling-prophecy), welcher resultiert aus ihm?
6. Aus Untersuchungen zum Gesellschaftsbild der Lehrerschaft ergibt sich, daß die Mehrheit der Lehrer eine konservative gesellschaftspolitische Mentalität aufweist. – Ist nicht dieser Umstand allein schon ein empirischer Beleg für die Richtigkeit der ideologiekritisch-politischen Behauptung von der „Handlanger-" und Anpassungsfunktion von Schule und Unterricht zugunsten der bestehenden Gesellschaftsordnung?

Basisliteratur:
COMBE, A.: Kritik der Lehrerrolle. München 1971.

Zusatzliteratur:
HÄNSEL, D.: Die Anpassung des Lehrers. Weinheim 1975.

11. Forschungen zum Sprachverhalten des Lehrers

Die *Ziele* des folgenden Kapitels sind:
1. Verdeutlichung der grundlegenden Bedeutung der Schule und des Lehrers für die sprachlichen und kommunikativen Dimensionen von Gesellschaft, Kultur und Kompetenz des Einzelnen sowie Darstellung von zwei verschiedenen Sichtweisen der Schule als „Ort der Sprache";
2. Herausarbeitung der Umrisse einer Theorie der Unterrichtssprache;
3. Spezifizierung didaktischer Aspekte der Lehrersprache;
4. Skizzierung der wichtigsten empirischen Forschungen zum Sprachverhalten von Lehrern im Unterricht;
5. Darstellung der Untersuchungen zur Verständlichkeit von Sprechakten und Texten und ihrer rhetorisch-didaktischen Konsequenzen;
6. Herausarbeitung der Notwendigkeit von Kommunikations- und Verhaltenstrainings für professionelle Lehrer/Erzieher.

11.1: In dem Buch „Menschliche Kommunikation" (1969, S. 23) stellen WATZLAWICK, BEAVIN und JACKSON fest, daß die Begriffe „Kommunikation" und „Verhalten" für sie gleichbedeutend sind. Sie argumentieren, daß nicht nur die Sprache, sondern alles Verhalten letzlich Kommunikation ist, und daß umgekehrt jede Kommunikation das Verhalten beeinflusse. Die Frage nach dem professionellen Lehrerverhalten ist unter dieser Perspektive nichts anderes als die nach den kommunikativen Aspekten im beruflichen Handlungszusammenhang des Lehrers.

Die vorliegende Fragestellung gewinnt ihre Bedeutung auch aus der überragenden Stellung der Sprache im Insgesamt unseres gesellschaftlichen und kulturellen Gefüges. Der Stand unserer

- gesellschaftlich-politischen,
- wissenschaftlich-technischen,
- sozial-kulturellen und
- ökonomischen

Entwicklung ist nämlich letzlich das Resultat von Sprache. Denn die sprachlichen Fähigkeiten tragen und spiegeln den Denk-, Forschungs- und Erkenntnisprozess der Menschheit.

Vor diesem Hintergrund ist die Schule als pädagogische Institution ganz zentral ein "Ort der Sprache":

- Sozialisation,
- Enkulturation,
- Allgemeine Denk- und Lernfähigkeit,
- Spezifische/fachliche Denk- und Handlungsfähigkeiten

sind *die* entscheidenden pädagogischen Kulminationspunkte, an denen Sprache in der Schule zum Katalysator für Bildung wird. Von daher kann es auch nicht verwundern, daß der europäische Bildungsgedanke untrennbar mit Sprachbefähigung verbunden ist. „Höhere" Bildung, „Allgemeinbildung", „wissenschaftliche" Bildung, „literarisch-künstlerische" Bildung usw. sind im europäischen Verständnis immer zugleich und in dezidiertem Sinne „Sprachbildung".

Aus dieser Sicht entsteht eine Perspektive für professionelles Lehrerverhalten, die dem Sprachaspekt eine für viele vielleicht überraschende grundsätzliche Bedeutung gibt. Von daher muß man immer erneut mit Erstaunen zur Kenntnis nehmen, mit welcher Laxheit, Unbekümmertheit und Nachlässigkeit viele Lehrer mit dem „Kulturgut" Sprache in der Schule umgehen.

Sprachbildung der Schüler ist in bestimmtem Sinne somit schlechthin Bildung! Der Lehrer als „Kulturperson" in der Institution Schule ist dieses immer in Kategorien von Sprache, ist immer sprachliches Modell. Sprache – in der entwickelten Form – ist kulturell *der* „Sauerstoff", den die wissenschaftlich-technische Zivilisation – als Bildung – wie die Luft zum Atmen braucht.

Dieser Optik steht freilich seit alters eine ganz andere Sichtweise von Schule gegenüber. Darin spielt die Kritik am Überhang des Literarischen, der Worte und des ständigen Redens eine wesentliche Rolle. PESTALOZZI sprach diesbezüglich bereits im 18. Jahrhundert drastisch von der „Maulbraucherei" und dem „Liri-Lari-Wesen" der Schule.

In diese nach wie vor aktuelle Sichtweise ist heute jene Kritik integriert, die den Handlungs- und Sprechüberhang des Lehrers im weithin dominierenden frontalunterrichtlichen Arrangement aufs Korn nimmt. Damit wird der hohe Sprachanteil des Lehrers für den Mangel an konkreten und praktischen Handlungs- und Aktionsformen in der Schule verantwortlich gemacht: Statt Praxis nur Theorie, statt Tätigkeiten nur Reden, statt Aktionen nur Reflexionen. Der Schüler wird zum passiven Objekt sprachlich verpackter Belehrungen.

Schule wird hier kritisiert als „Sprach-Schule" im schlechten Sinne. Sie bekommt jenen spezifisch unwirklichen, abstrakt-altmodischen Charakter zugesprochen, den Generationen auf Generationen von Schülern mit der verhaßten Lern- und „Paukschule" in Verbindung brachten.

So kann denn heute eine Beschäftigung mit dem Sprachverhalten von Lehrern keinesfalls bedeuten, daß damit eine Hinwendung oder ein Zurück zur Sprech- oder Redeschule alter Prägung gemeint sei. Reflektierter, kriterienorientierter Umgang mit Sprache in allen lern- und bildungsrelevanten Prozessen der Schule – dies ist ein qualitatives Professionalisierungskonzept zum Sprachverhalten von Lehrern, das mit einer Hin- oder Zurückwendung zu irgendwelchen überholten Positionen nichts zu tun, sondern ausdrücklich ein aktives, schülerzentriertes, handlungsbezogenes Lernen im Auge hat.

11.2: Um die Entwicklung einer Theorie der Unterrichtssprache hat sich besonders GERHARD PRIESEMANN (1971) bemüht. Er geht in seiner Studie davon aus, daß sich die Erziehungswissenschaft mit dem Medium Sprache im Unterricht noch nicht in ausreichendem Maße beschäftigt hat. PRIESEMANN geht es darum, zwischen fachspezifischen und verständigungsspezifischen Formen des Sprechens im Unterricht klar zu unterscheiden und die daraus erwachsenden verschiedenen Strategien unterrichtlichen Sprechens zu charakterisieren. Der Autor arbeitet heraus, daß – auf der Basis der Umgangssprache – die Unterrichtssprache schlechthin *das* Vermittlungssystem für wissenschaftliches Sprechen wird.

Sein Buch stellt insofern einen wichtigen Beitrag zur Professionalisierung des Lehrers dar, als er bei diesem einen reflektierten Umgang mit Sprache – und damit zugleich mit Kommunikation allgemein – anmahnt. So unterscheidet PRIESEMANN drei (bzw. vier) unterrichtsrelevante Sprachformen voneinander, die er kritisch-analytisch zur Überprüfung der Qualität des Fachunterrichts herangezogen wissen will:

1. Die „*Objektsprache*" als die Stufe fachbezogenen Sprechens über die Gegenstände des Unterrichts;

2. Die „*Verständigungssprache*" als die Stufe verständigungsbezogenen Sprechens über die Kommunikation im Unterricht;
3. Das „*Sprechen über Unterricht*" als darstellungsbezogenes Kommunizieren über das Handeln, das Sprechen und die Unterrichtsstrukturen selbst.

PRIESEMANN führt zusätzlich eine vierte Stufe des Sprechens ein, die er aber nicht mehr als unterrichtsrelevante Sprachform verstanden wissen will:

4. Die Verständigung über die Aussagen des darstellungsbezogenen Sprechens als quasi dritte Metasprache des Unterrichts.

Es wäre interessant, einmal eine empirische Untersuchung darüber durchzuführen, in welchem Ausmaß Lehrer in der Bundesrepublik von den drei unterrichtsrelevanten Sprachformen Gebrauch machen. Es wäre die These zu überprüfen, ob der Grad an Unterrichtsqualität und Professionalität in dem Maße zunimmt wie außer der stets und ständig dominierenden Objektsprache die beiden Metasprachen „Verständigungssprache" und „Sprechen über Unterricht" vom Lehrer eingeführt, benutzt und zugelassen werden.

Denn aufgrund der Vernachlässigung einer ganzen Reihe anderer wichtiger Aufgaben durch die Lehrer, wie z. B.:

– Sozialerziehung auf sozialintegrativer Basis,
– Lernen des Lernens,
– Lebensweltliche, sinnschöpfende Einbettung der Unterrichtsgegenstände
– Strukturierung der Unterrichtsverläufe

muß man begründet vermuten, daß Lehrer sowohl das Sprechen über Verständigung wie die Kommunikation über Unterricht vernachlässigen, möglicherweise sogar ablehnen oder unterdrücken, weil sie Schülerkritik fürchten müßten.

Auf jeden Fall zeigt sich an dieser Stelle eindrucksvoll, welches kritische Potential PRIESEMANNS Theorie der Unterrichtssprache entwickeln kann, wenn er eine reflektierte Entfaltung aller drei genannten unterrichtsrelevanten Sprachformen einfordert (1971, S. 84):

„Wenn die Differenzierung des verständigungsbezogenen Sprechens über den jeweiligen Verständigungserfolg von Unterricht entscheidet, so muß es in jedem Unterrichtsprozeß innerhalb eines fixierbaren konstanten Rahmens zum Ausbau einer spezifisch differenzierten Verständigungssprache kommen, wenn anders der Unterricht nicht auf einer Stufe bloß angenäherten Verstehens und damit ... unkontrollierter Interaktion und Kommunikation stehenbleiben soll."

11.3: Eine stärker didaktisch intendierte Theorie der Sprache des Lehrers legt DIETER SPANHEL in seinem gleichnamigen Buch (1971) vor. Die Arbeit konzentriert sich darauf, „didaktische Sprachformen" herauszuarbeiten, deren der Lehrer sich im Unterricht bedienen kann, um seine Schüler anzusprechen und die Themen und Gegenstände aufzubereiten und anzubieten.

SPANHEL geht aus von einer Analyse der Lehrersprache auf empirischer Grundlage. Auf der Basis von Unterrichtsprotokollen wird ein Kategorienschema entwickelt, mit dessen Hilfe der Autor alle „Grundformen didaktischen Sprechens" zu erfassen versucht. Eine beispielhafte Erprobung dieses Schemas erfolgt gegen Ende des Buches.

Auch SPANHELS Theorie didaktischen Sprechens ist wie die PRIESEMANNS auf eine Erweiterung der professionellen Kompetenzen des Lehrers gerichtet. Wenn SPANHEL insgesamt 25 Grundformen didaktischen Sprechens herausarbeitet und darauf hinweist, daß die meisten „nicht nur eine, sondern mehrere Funktionen unter verschiedenen Bedingungen erfüllen können" (S. 234), so unterstellt er, daß dem professionellen Lehrer/Erzieher ein ganzes Repertoire solcher didaktischer Sprachform verfügbar sein sollte:

„Dem Lehrer stehen im Unterricht eine Vielzahl solcher Sprachformen (25) für seine Lehrtätigkeit zur Verfügung. Das sind mehr, als bisher besonders in der praxisorientierten Literatur beschrieben und dem Lehrer in seiner Ausbildung bewußt gemacht wurden" (S. 234).

SPANHEL weist konsequent darauf hin, „daß dem Lehrer ein vielfältiges Instrumentarium sprachlicher Formen zur Gestaltung des Unterrichts zur Verfügung steht" (S. 235). Die Forderung an den zweckrational und intentional handelnden Lehrer muß daher lauten (S. 236): „Er sollte im Unterricht mit Bedacht sprechen, seinen Sprachgebrauch kontrollieren und sich stets der Wirkung seines Sprechens auf die Schüler bewußt sein.

SPANHEL unterscheidet also die folgenden 25 Sprachformen (S. 236/237), denen er spezifische didaktische Intentionen zuordnet (Kategorienschema: S. 238–243):

Sprachformen	Funktionen
1. Feststellung	a) Reizdarbietung
	b) Vorstellen eines Modells der Endleistung
	c) Lenkung der Aufmerksamkeit und anderer Schüleraktivitäten
	d) Steuerung des Denkens
	e) Transfer von Kenntnissen veranlassen
2. Bezeichnung	Reizdarbietung
3. Definition	Reizdarbietung
4. Bericht	a) Reizdarbietung
	b) Steuerung des Denkens

Sprachformen	Funktionen
5. Erzählung	a) Reizdarbietung b) Steuerung des Denkens
6. Beschreibung	Reizdarbietung
7. Schilderung	Reizdarbietung
8. Erklärung	Reizdarbietung
9. Begründung	a) Reizdarbietung b) Lenkung des Schülerverhaltens und der Aufmerksamkeit
10. Vergleich und Unterscheidung	Reizdarbietung
11. Beispiel	Reizdarbietung
12. Vermutung	a) Reizdarbietung b) Steuerung des Denkens
13. Erläuterung	Reizdarbietung
14. Ergänzung	Reizdarbietung
15. Frage	a) Steuerung des Denkens b) Lenkung der Aufmerksamkeit und anderer Schüleraktivitäten c) Überprüfung der Lernergebnisse d) Transfer von Kenntnissen veranlassen
16. Aufforderung	a) Lenkung der Aufmerksamkeit und anderer Schüleraktivitäten b) Steuerung des Denkens c) Überprüfung der Lernergebnisse d) Transfer von Kenntnissen veranlassen
17. Anleitung	Lenkung des Schülerverhaltens
18. Aufgabe	a) Steuerung des Denkens und des Schülerverhaltens b) Überprüfung der Lernergebnisse c) Transfer von Kenntnissen veranlassen
19. Arbeitsanweisung	a) Steuerung des Schülerverhaltens b) Lenkung der Aufmerksamkeit
20. Ermunterung	Ansporn
21. Ermutigung	Ansporn
22. Ermahnung	Ansporn
23. Beurteilung	Bereitstellen von Rückmeldung
24. Wiederholung	Bereitstellen von Rückmeldung
25. Verbesserung	Bereitstellen von Rückmeldung

Kategorienschema zur Analyse der Lehrersprache

Didaktische Intention des Lehrers – unterrichtliche Funktion	Kennzeichnung der Situation, in der die betreffende Funktion auftritt	Sprachformen zur Verwirklichung der Funktion	Kennzeichnung der Sprachformen (Aussagemodi, modes of signifying)	Bedingungen für den Einsatz der einzelnen Sprachformen
I. Reizdarbietung				
1. Informationsfunktion	»Reine Lehrsituation« Der Lehrer bietet dem Schüler in irgendeiner Form den zu lernenden Sachverhalt dar, weil für den Schüler das entsprechende Wissen ohne den Lehrer überhaupt nicht oder nur auf sehr umständliche und zeitraubende Art erreichbar wäre.	1. Feststellung	Aussagesatz mit Identifikatoren und Designatoren (einer oder nur wenige Sätze)	1. Kurze Darstellung einer den Schülern unbekannten Tatsache
		2. Bezeichnung		2. Der Name (Bezeichnung) eines Sachverhalts ist den Schülern unbekannt
		3. Definition		3. Ein Begriff wird abgegrenzt
		4. Bericht	Aussagesätze mit Identifikatoren und Designatoren (längere, übersatzmäßige Formen)	4. Darstellung eines den Schülern unbekannten Sachverhalts sachlich, im zeitlichen Nacheinander
		5. Beschreibung		5. sachlich, im räumlichen Nebeneinander
		6. Erzählung		6. persönlich, im zeitlichen Nacheinander
		7. Schilderung		7. persönlich, im räumlichen Nebeneinander
2. Explikationsfunktion	»Reine Lehrsituation« Die Schüler haben eventuell durch Gruppen-	8. Erklärung	Modal- und Kausalsätze	8. Dem Schüler nicht einsichtige Zusammenhänge eines Sachverhalts sollen verständlich gemacht werden

Didaktische Intention des Lehrers – unterrichtliche Funktion	Kennzeichnung der Situation, in der die betreffende Funktion auftritt	Sprachformen zur Verwirklichung der Funktion	Kennzeichnung der Sprachformen (Aussagemodi, modes of signifying)	Bedingungen für den Einsatz der einzelnen Sprachformen
	arbeit, Selbststudium oder die Vermittlung von Medien in oder außerhalb der Schule (Film, Funk, Fernsehen, Zeitung) Wissen erworben, aber nicht verarbeitet. Der Lehrer muß bestimmte Sachverhalte noch erklären, präzisieren, verdeutlichen, veranschaulichen und verlebendigen.	9. Begründung		9. Kausalzusammenhang sichtbar machen
		10. Vergleich	Vergleichssätze	10. Ein unbekannter Sachverhalt wird mit einem bekannten verglichen
		11. Beispiel	Aufzählungen, z. B.	11. Ein abstrakter Sachverhalt wird durch konkrete, bekannte Beispiele veranschaulicht
		12. Vermutung	Möglichkeits-Wahrscheinlichkeitsform (Hypothese) ...	12. Unsicherheit beim Lehrer; er bietet Erklärungshypothese an
		13. Erläuterung	Aussagesätze mit Identifikatoren und Designatoren	13. Ein bekannter Sachverhalt wird weiter verdeutlicht
		14. Ergänzung		14. Unvollständige Schüleräußerung
II. Vorstellen eines Modells der Endleistung	Zu Beginn der Unterrichtsstunde sollten die Schüler darüber informiert werden, welche Klasse von Reaktionen man nach dem Abschluß des Lernvorgangs von ihnen erwartet. Die Schüler müssen wissen, was sie überhaupt lernen sollen. (Problemstellung, Ziel der Unterrichtsstunde)	1. Feststellung	Aussagesätze mit Identifikatoren und Designatoren	

Didaktische Intention des Lehrers – unterrichtliche Funktion	Kennzeichnung der Situation, in der die betreffende Funktion auftritt	Sprachformen zur Verwirklichung der Funktion	Kennzeichnung der Sprachformen (Aussagemodi, modes of signifying)	Bedingungen für den Einsatz der einzelnen Sprachformen
III Lenkung der Aufmerksamkeit und anderer Schüleraktivitäten	»Gelenktes Unterrichtsgespräch« – »pädagogisch gesteuerte Selbsttätigkeitssituation« – »erarbeitende Unterrichtsform« Es handelt sich hier um Situationen, in denen der Schüler unmittelbar mit dem zu lernenden Sachverhalt konfrontiert wird und sich selbständig mit ihm auseinandersetzen soll. In dieser schwierigen Situation kann der Lehrer die Lernbedingungen verbessern, indem er die Aufmerksamkeit der Schüler auf das wichtigste lenkt und sie zu Aktivitäten veranlaßt, die den Lernprozeß fördern.	1. Feststellung	Aussagesatz	1. Hinweis auf die Bedeutung einer Situation; Schüler soll sich entsprechend verhalten.
		2. Begründung	Kausalsatz	2. Hinweis auf die Bedeutung des Lernvorgangs (methodisch)
		3. Frage	Fragesatz	3. Schüler wird zum Vollzug bestimmter Auffassungstätigkeiten am Gegenstand veranlaßt. Antwort gefordert!
		4. Aufforderung	Befehls-(Aufforderungs)satz, der neben Identifikatoren und Designatoren auf jeden Fall einen Prescriptor enthält	4. Direkte Lenkung! Dem Schüler wird keine Freiheit gelassen, ein bestimmtes Verhalten wird vorgeschrieben, nur manchmal auch begründet
		5. Anleitung	Konditionalsatz	5. Bedingungszusammenhang wird aufgezeigt, Ausführung dem Schüler überlassen
		6. Arbeitsanweisung	Befehlssätze	6. Für längere, selbständige Arbeit wird dem Schüler alles genau vorgeschrieben
		7. Aufgabe	Aussagesätze mit einem Befehls- oder Fragesatz am Schluß	7. Der Schüler erhält Information und richtet sein Verhalten an dem gestellten Problem aus

Didaktische Intention des Lehrers – unterrichtliche Funktion	Kennzeichnung der Situation, in der die betreffende Funktion auftritt	Sprachformen zur Verwirklichung der Funktion	Kennzeichnung der Sprachformen (Aussagemodi, modes of signifying)	Bedingungen für den Einsatz der einzelnen Sprachformen
IV. Steuerung des Denkens	»Problemlösesituation« »Situation der gleichen Ebene« Nachdem der Lehrer ein geeignetes Problem gestellt hat, wird die Lösung in der freien Auseinandersetzung zwischen Lehrer, Schüler und Stoff gemeinsam erarbeitet. Durch die (meist indirekte) Steuerung des Denkens durch den Lehrer können frustrierende Umwege vermieden und das Ergebnis schneller erreicht werden.	1. Feststellung 2. Bericht, Erzählung, Beschreibung, Schilderung 3. Vermutung 4. Frage 5. Aufforderung 6. Aufgabe	Aussagesatz Längere, übersatzmäßige Formen Möglichkeits-, Wahrscheinlichkeitsform (Hypothese) Fragesatz Befehlssatz (mit Prescriptor) Aussagesätze mit Befehls- bzw. Fragesatz am Schluß	1. Form der indirekten Lenkung. Feststellung verlangt genauere Bestimmung durch den Schüler 2. Ein Problem wird anschaulich und ausführlich dargestellt und das Denken auf die Problemlösung gelenkt 3. Lehrer bietet den Schülern Denkhilfe in Form von Hypothesen an 4. Lehrer problematisiert, stellt in Frage oder veranlaßt die Schüler, früher gelerntes Wissen zu erinnern 5. Direkte Lenkung, Denkrichtung bestimmt 6. Schüler erhält gewisse Informationen über ein Problem, das das Denken indirekt steuert
V. Transfer von Kenntnissen veranlassen	»Pädagogisch gesteuerte Selbsttätigkeitssituation«, »Problemlöse- oder Prüfungsfunktion« Die Übertragung des Gelernten ermöglicht es dem Schüler, neue Pro-	1. Feststellung 2. Frage 3. Aufforderung 4. Aufgabe	Aussagesatz Fragesatz Befehlssatz Aussagesätze mit	1. Indirekte Form der Lenkung Diese beiden Sprachformen sind in gewisser Weise austauschbar 4. Die Aufgabe enthält mehr

Didaktische Intention des Lehrers – unterrichtliche Funktion	Kennzeichnung der Situation, in der die betreffende Funktion auftritt	Sprachformen zur Verwirklichung der Funktion	Kennzeichnung der Sprachformen (Aussagemodi, modes of signifying)	Bedingungen für den Einsatz der einzelnen Sprachformen
	bleme selbsttätig zu lösen und impliziert eine Überprüfung seiner Kenntnisse. Das Wissen des Schülers wird dadurch gefestigt und generalisiert und gewinnt so an Wert.		Befehls- bzw. Fragesatz am Schluß	Information, die für die Problemstellung nötig ist
VI. Ansporn-funktion	Das Lernen eines vollständigen Themas verlangt vom Schüler, daß er das gesetzte Ziel ausdauernd über eine gewisse Zeitspanne hinweg verfolgt. Die Anfangsmotivation muß aufrecht erhalten und das Interesse des Schülers wachgehalten werden, besonders wenn Lernhemmungen, Schwierigkeiten, Frustrationen oder Ermüdung auftauchen.	1. Ermunterung	Aussagesätze oder Befehlssätze	1. Wenn die Schüler in Aufmerksamkeit und Leistung nachlassen, müde werden, zu langsam arbeiten
		2. Ermutigung	Aussage- und Befehlssätze, auch sachliche Bewertung	2. Wenn Aufgabe sehr schwierig und Anspruchsniveau der Schüler niedrig, Schüler ängstlich, schüchtern, ohne Selbstvertrauen
		3. Ermahnung	Ausrufe-, Aussage- oder Befehlssätze	3. Lehrer möchte die Schüler an eine versäumte Pflicht erinnern

Didaktische Intention des Lehrers – unterrichtliche Funktion	Kennzeichnung der Situation, in der die betreffende Funktion auftritt	Sprachformen zur Verwirklichung der Funktion	Kennzeichnung der Sprachformen (Aussagemodi, modes of signifying)	Bedingungen für den Einsatz der einzelnen Sprachformen
VII. Überprüfen der Lernergebnisse	»Prüfungssituation« Besonders am Ende von Unterrichtsstunden oder Unterrichtsabschnitten veranlaßt der Lehrer die Schüler, das zuvor erworbene Wissen wiederzugeben oder Können und Fertigkeiten zu zeigen. Der Lehrer kontrolliert, ob der Schüler die angestrebte Leistung vollbringen kann.	1. Frage	Fragesatz	1. Ganz bestimmtes, genau bezeichnetes Wissen soll vom Schüler reproduziert werden
		2. Aufforderung	Befehlsatz	2. Bestimmte Kenntnisse, aber auch Fähigkeiten, Fertigkeiten oder Geschicklichkeiten und Techniken werden vom Schüler verlangt
		3. Aufgabe	Aussagesätze mit Befehls- bzw. Fragesatz am Schluß	3. Dem Schüler wird Information gegeben und er soll dann ein Problem lösen
VIII. Bereitstellen von Rückmeldung	Zunächst müssen alle Schülerbeiträge und spezifischen Verhaltensweisen während der Erarbeitung oder Problemlösung bewertet werden. Besonders wichtig aber ist die Beurteilung der Schülerleistungen im Anschluß an eine Prüfung.	1. Beurteilung	Ausrufe- oder Aussagesatz, der einen »Appraisor« (Bewerter, z.B. gut, schlecht, richtig) enthält	1. Ein Sachverhalt (Schülleräußerung, -leistung oder -verhalten) soll positiv oder negativ bewertet werden
		2. Wiederholung	Aussagesatz	2. Der Lehrer möchte einen Sachverhalt bestätigen und hervorheben
		3. Verbesserung	Aussagesatz, der am Anfang meist einen negativen Bewerter enthält	3. Ein vom Schüler begangener Fehler wird gekennzeichnet und anschließend berichtigt

11.4: Der folgende Abschnitt soll die wichtigsten Forschungsergebnisse zur Sprache des Lehrers im Unterricht skizzieren. Dabei muß leider primär auf ältere Untersuchungen eingegangen werden, da zum Teil neueres Material nicht vorliegt. Relativ grundlegende Aussagen über die Lehrersprache liefert die soziolinguistische Forschung (BERNSTEIN 1961; 1972; OEVERMANN 1970; LAWTON 1970; MÜHLFELD 1975).

Als erster hat BASIL BERNSTEIN darauf aufmerksam gemacht, daß die Entwicklung der sprachlichen Kompetenz bei Kindern in entscheidendem Maße von schichtgebundenen Sozialisationsprozessen und der darin eingebundenen Eltern-Kind-Beziehung abhängt. Er konnte zeigen, daß sich mit der Arbeiter- und der Mittelschicht spezifische Sprachformen verbinden, die sich nicht notwendigerweise im Umfang des verwendeten Vokabulars, wohl aber in der Art des Sprachgebrauchs und der emotional-situativen Sprachverwendung äußern.

BERNSTEIN nennt den Modus des Sprachgebrauchs der Mittelschicht „elaboriert" (=elaborated code) und kennzeichnet ihn durch sieben Merkmale, wie z. B. grammatisch komplexe Satzkonstruktion, häufigen Gebrauch von Präpositionen, häufige Verwendung der unpersönlichen Pronomen „es" und „man", spezifische Verwendung von Adjektiven und Adverben usw.

Den Modus des Sprachgebrauchs der Arbeiterschicht kennzeichnet BERNSTEIN durch zehn Merkmale und nennt diesen stark kontextgebundenen Modus „restringiert" (= restrictive code). Solche Merkmale sind z. B.: Kurze, grammatisch einfache, oft unfertige Sätze, Verwendung einfacher Konjunktionen, häufige Verwendung kurzer Befehle und Fragen, häufige Verwendung stereotyper traditioneller Wendungen usw.

Wenn auch in einer Reihe weiterer Untersuchungen (etwa OEVERMANN) der Ansatz BERNSTEINS weiterentwickelt, präzisiert und partiell korrigiert wurde, so hat sich doch im großen und ganzen die Vermutung erhärtet, daß die Aussagen auch für den deutschen Sprachraum gelten. Darauf aufbauend hat H.-G. ROLFF (1976/8) darauf aufmerksam gemacht, daß der schichtspezifische Sprachgebrauch besonders der Arbeiterkinder für die Lehrer-Schüler-Beziehung einerseits sowie den Schulerfolg andererseits richtungsweisende Implikationen beinhaltet. Dabei unterscheidet er zu Recht zwischen einem kognitiven und einem sozialen Aspekt:

„Der kognitive Aspekt äußert sich in der kognitiven Verarmung der Schüler aus der Arbeiterschaft, die ihrem Sprachgebrauch inhärent ist und die sich zu verfestigen droht, falls ihr Sprachgebrauch nicht differenzierter wird. Der expressive Symbolismus, der deskriptive Charakter, die Form des Kreisgesprächs und die Vermischung von Folgerungen und Begründungen, die BERNSTEIN als typisch für den restringierten Sprachgebrauch bezeichnet, implizieren insgesamt ein niedriges Niveau der Begriffsbildung, das Verallgemeinerungen sehr erschwert und kaum zuläßt, divergierende Erfahrungen in komplexe

Das nachfolgende Kategorienschema wurde von SPANHEL zur Analyse der Lehrersprache erarbeitet (S. 238–243):

Sprachformen\\Didaktische Funktionen	Feststellung	Bezeichnung	Definition	Bericht	Erzählung	Beschreibung	Schilderung	Erklärung	Begründung	Vergl./Untersch.	Beispiel	Vermutung	Erläuterung	Ergänzung	Frage	Aufforderung	Aufgabe	Anleitung	Arbeitsanweisung	Ermunterung	Ermutigung	Ermahnung	Beurteilung	Uhtlg./Zusammenfass.	Verbesserung
I. Informationsvermittlung (Lehrer)	●	●	●	●	●	●	●	●	●	●	●	●	●	●										●	
II. Lenkung der Aufmerksamkeit (Lehrer)	●								●						●	●	●	●	●						
III. Steuerung des Denkens (Lehrer)	●			●		●			●			●			●	●	●								
IV. Anspornfunktion (Lehrer)																	●			●	●	●			
V. Transfer-/Prüfungsfunktion (Lehrer)	●														●	●									
VI. Rückmeldung (Lehrer)	●																						●	●	●
VII. Informationsvermittlung (Schüler)	●	●	●			●		●	●	●	●	●	●												
VIII. Verhaltenssteuerung (Schüler)															●	●									

Tabelle 1: Zuordnung von didaktischen Funktionen der Lehrersprache zu den am häufigsten verwendeten Sprachformen (aufgestellt nach SPANHEL, D., 1973).

Zusammenhänge einzuordnen. Der expressive Symbolismus ist nicht geeignet, instrumentelle Symbole oder Formeln zu deuten und zu handhaben. Der deskriptive Charakter muß bei der Analyse versagen. Das Kreisgespräch und die Vermischung von Folgerungen und Begründungen erfassen nicht die ursächlichen kausalen Zusammenhänge. Die dürftige Syntax schließlich verdeckt differenzierte logische Strukturen. Kurz, der restringierten Sprache mangelt es gerade an den Qualitäten, die für die formale Erziehung in der Schule konstitutiv sind. Daraus ergibt sich beispielsweise, daß in der Schule das Kind aus der Arbeiterschaft mit der Bildung elementarer Begriffe und Satzkonstruktionen kämpfen muß, Schwierigkeiten hat bei der Verwendung nicht-expressiver – zum Beispiel mathematischer – Symbole, oft die Formulierung einfachster Aufsätze nicht zustandebringt und vor allem beim Erlernen einer Fremdsprache in Bedrängnis kommt, wo es doch nicht einmal die elaborierte Muttersprache beherrscht. Noch nachteiliger für die Arbeiterkinder wirkt sich die durch die restringierte Sprache bedingte Verständnislosigkeit gegenüber komplexen Verallgemeinerungen und den Mitteln, die Verallgemeinerungen überhaupt erst möglich machen, aus. Alle diese Schwierigkeiten existieren für das Kind aus der Mittelschicht nicht oder doch in geringerem Maße.

Der soziale Aspekt äußert sich darin, daß das Arbeiterkind permanent gezwungen ist, Äußerungen des Lehrers in differenzierter Sprache analog dem oben zitierten Beispiel in die ihm verständliche restringierte Sprache zu übersetzen. Dabei kann es passieren, daß das Kind Sprachfiguren des Lehrers nicht versteht und dadurch irritiert und unsicher wird. Denn das Arbeiterkind, das in seinem Elternhaus gelernt hat, *unmittelbar* und auf nicht-sprachlichen externen Zwang zu reagieren, wird in der Schule gezwungen, *mittelbar* auf die mehr symbolischen Stimuli und Anhaltspunkte der differenzierten Sprache anzusprechen. Daraus ergeben sich zahlreiche Schwierigkeiten. Einerseits fehlen dem Arbeiterkind geeignete Anhaltspunkte, die es ihm erlauben würden eine persönliche, emotional bejahte Beziehung zum Lehrer herzustellen, sich mit ihm zu identifizieren. Vom Standpunkt des Arbeiterkindes muß der Lehrer fremd und unpersönlich erscheinen, solange er sich der formalen Sprache bedient. Da das Arbeiterkind nur die restringierte Sprache kennt – eine Sprachform, die unter Gleichgestellten gesprochen wird – und es diese oft in Situationen verwendet, für die sie nicht paßt, wird das expressive Verhalten mit der sie begleitenden unmittelbaren Reaktion des Arbeiterkindes andererseits oft vom Lehrer unbewußt falsch gedeutet. Das mag wiederum zur Folge haben, daß der Lehrer den Schüler ablehnt und abwertet" (S. 109/110).

Das Wort vom „Mittelschichtcharakter der Schule als Institution" hat in genau diesem Zusammenhang seinen Ursprung. Der Schüler aus der Arbeiterschaft trifft in der Schule auf einen Lernzusammenhang, in dem die Lehrer die Sprache der Mittelschicht zur Norm machen müssen. Geschieht dies unreflektiert und ohne die erforderliche Behutsamkeit und Rücksichtnahme, so wird der

Lehrer – und damit die Schule – für diese Schüler eher zur Bildungshürde denn zur -hilfe.

Angesichts dieser Situation ist vielfach die Forderung erhoben worden, die Lehrer sollten die Norm der elaborierten Unterrichtssprache aufgeben und den restringierten Code in der Schule als gleichwertig anerkennen. Diese – eher sozialromantisch anmutende – Position übersieht jedoch, daß es für Kinder aus der Arbeiterschaft aus Gründen der Sicherung ihrer sozialen Chancengleichheit zum elaborierten Sprachgebrauch keine vernünftige Alternative gibt. Selbst um den Preis einer gewissen Entfremdung vom Elternhaus führt für sie an der Erlernung der „Mittelschichtsprache" einschließlich einer mittelschichtorientierten Nachsozialisation kein Weg vorbei.

Ein großer Teil der Untersuchungen zur Lehrersprache im Unterricht beschäftigt sich nun mit dem Ausmaß der Sprechtätigkeit des Lehrers im Unterricht und ihrem Einfluß auf das Schülerverhalten. Die Arbeiten liegen teilweise leider mehr als 20 Jahre zurück und dürften von daher nur begrenzten Aussagewert für die derzeitige Unterrichtssituation haben. Oder hat sich das Sprachverhalten der Lehrer in 20 Jahren nur unwesentlich verändert?

Die Untersucher fragen kritisch nach den Aktivitätspotentialen der Schüler, die von Lehrern mit hohen Sprechanteilen unterrichtet werden. Es geht demzufolge also nicht nur um die Ermittlung der rein quantitativen Sprachanteile von Lehrern und Schülern im Unterricht, sondern um die hinter ihnen stehenden Motive, Einstellungen und Verhaltensweisen, bzw. die Resultate und Konsequenzen, die sich aus ihnen für die jeweiligen Interaktionspartner ergeben.

Grundlegende Untersuchungen bezüglich des Ausmaßes der Lehrersprache mit dem Ziel, einen Vergleich der Sprachanteile zwischen Lehrern und Schülern anzustellen, führten R. und A. TAUSCH durch. Sie sehen im Ausmaß des Sprechens des Lehrers einen Hinweis auf das Ausmaß der Lenkung seelischer Vorgänge der Schüler.

R. TAUSCH führte u. a. eine Untersuchung von 10 Unterrichtsstunden verschiedener Lehrer bei gleicher Thematik durch, in der das Sprachausmaß durch Auszählen der gesprochenen Worte festgelegt und über den Stundenverlauf (40 Minuten) – eingeteilt in Zeitviertel – betrachtet wurde (1973).

Es ergaben sich als Extremwerte 5923 gesprochene Worte (Lehrer) pro Unterrichtsstunde maximal und minimal 3123 Worte/Stunde gegenüber maximal 4608 von allen Schülern gesprochenen Worten und minimal 661 Worten/ Stunde.

Eine andere Untersuchung ergab als Extremwerte der Lehrersprache 5464 Worte/Stunde gegenüber 1008 Worten/Stunde bei verschiedenen Lehrern.

Ähnliche Ergebnisse erzielten z. B. WINNEFIELD und WIECZERKOWSKI.

Abbildung 25 gibt die Kurvenverläufe der Lehrersprache der o. g. 10 Unterrichtsstunden wieder. Es zeigen sich deutlich *große interindividuelle Unterschiede* in der Häufigkeit des Sprechens, d. h. zwischen den einzelnen Lehrern bestehen relativ große Unterschiede. W. WIECZERKOWSKI (1973) führte eine Untersuchung von 73 Schulstunden an verschiedenen Volksschulen in unterschiedlichen Klassenstufen (1.–8. Klasse) durch, wobei Fächer und Themen ebenfalls unterschiedlich waren. Er registrierte die auftretenden Sprachmerkmale während jeweils 15 Minuten einer Stunde und rechnete die Ergebnisse auf 40 Minuten um, um Vergleiche mit den Ergebnissen von R. TAUSCH ziehen zu können.

Abb. 25: Anzahl der gesprochenen Worte von 10 Lehrern in 10 Unterrichtsstunden (R. TAUSCH).

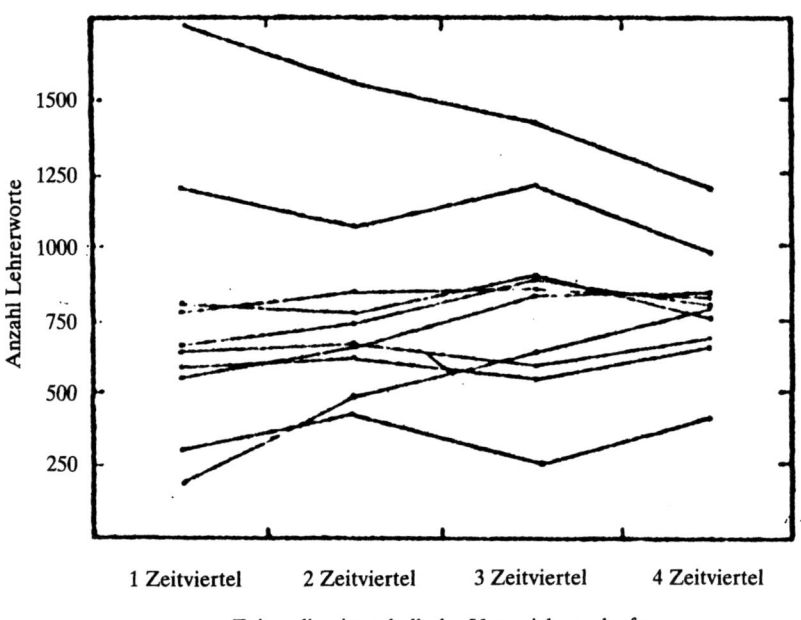

Er stellte ebenfalls interindividuelle Unterschiede fest, fand jedoch weitergehend eine *Konsistenz* in der Art der Sprachkommunikation und im Ausmaß der Lenkung, da er bei einer Wiederholung der Untersuchung nach über einer

Woche (20 Lehrer) einen ähnlichen Interaktionsverlauf feststellte. Das Ausmaß des Redens ist in verschiedenen Unterrichtsstunden bei jedem Lehrer offensichtlich relativ konstant, d. h. er spricht in jeder seiner Stunden ähnlich viel oder wenig (= „Konsistenz"). Die Redehäufigkeit weicht nur gering von Stunde zu Stunde ab.

Aus Abbildung 25 kann weiter ersehen werden, daß intraindividuell, d. h. bei Betrachtung jedes einzelnen Lehrers, nur relativ geringe Unterschiede festzustellen sind. Es liegt eine *intraindividuelle Konstanz* im Ausmaß des Sprechens bei Lehrern vor, d. h. es liegt eine Konstanz der Redehäufigkeit über die ganze Stunde vor; für jeden Lehrer gibt es eine spezifische Redehäufigkeit.

Ebenso wie die Lehrersprache zeigt sich auch die Schülersprache unabhängig von den verschiedenen Zeitstadien der Unterrichtsstunde (vgl. Abb. 26).

Abb. 26: Anzahl der von allen Kindern der einzelnen Klassen gespochenen Worte (R. Tausch).

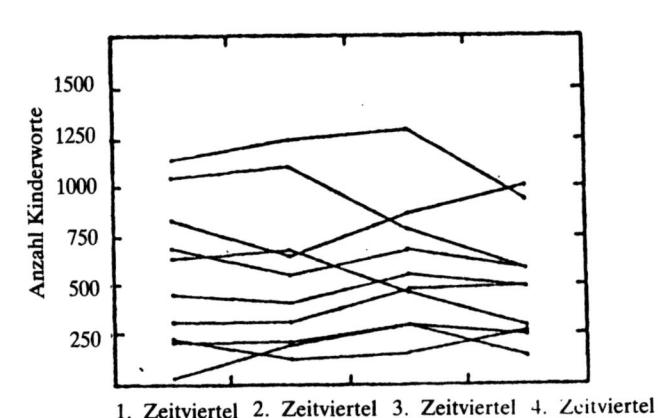

Unterscheidet man mehr- und weniger-sprechende-Lehrer, so stellt man fest, daß mehr-sprechende-Lehrer länger hintereinander reden, d. h. das Sprachverhalten ist hin zum Monologischen des jew. Lehrers verschoben. Es entsteht ein stark zum Lehrer hin orientierter Dialog mit den Schülern.

Eine Analyse von 100 Unterrichtsstunden (W. Okon) ergab, daß 60% der Lehreräußerungen überwiegend ein bis drei Sätze umfassen und 17,7% aus Aussagen mit mehr als 6 Sätzen hintereinander bestehen. Ebenso ist festzustellen, daß viel-sprechende-Lehrer auch sehr viele Fragen stellen.

Tausch stellt u. a. fest, daß weniger-sprechende-Lehrer ihr Sprachausmaß zum Ende der Stunde steigern (vgl. Abb. 27), was er mit erhöhter verbaler

Abb. 27: Ausmaß der Sprachkommunikation von weniger und mehr sprechenden Lehrern (R. TAUSCH).

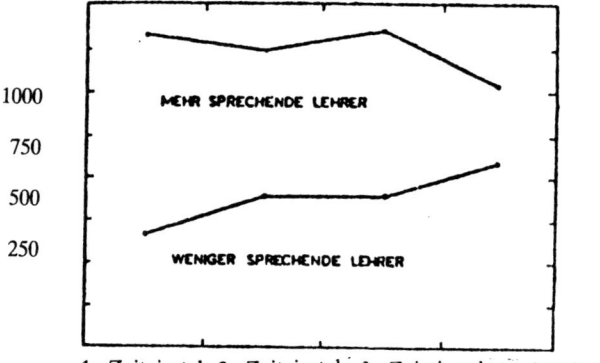

```
1000    ┤  ┌──────────────────────────────────┐
        │  │  MEHR SPRECHENDE LEHRER          │
 750    ┤  │                                  │
        │  │                                  │
 500    ┤  │                                  │
        │  │                                  │
 250    ┤  │  WENIGER SPRECHENDE LEHRER       │
        │  └──────────────────────────────────┘
           1. Zeitviertel  2. Zeitviertel  3. Zeitviertel  4. Zeitviertel
```

Zeitstadien innerhalb des Unterrichtsverlaufes

Information sowie mit dem Ordnen des Unterrichtsverlaufs und einsetzender Erarbeitung erklärt.

Mehr-sprechende-Lehrer verringern hingegen ihr Sprachausmaß zum Ende der Stunde, was er auf Verausgabung zurückführt. Dennoch enden Stunden von weniger-sprechenden-Lehrern früher als die von mehr-sprechenden.

Bezüglich des Verhältnisses der Lehrersprache zur Schülersprache konstatiert G. CLAUSS (1954) das Ergebnis, daß jeder Lehrer ca. 4 mal soviel spricht wie alle Schüler der Klasse zusammen. Das Verhältnis von Lehrer- zu Schülersprache beträgt nach CLAUSS 78,9% zu 21,1%.

R. TAUSCH stellt fest, daß jeder Lehrer durchschnittlich 46 mal soviel spricht wie jedes einzelne Kind. Das Verhältnis von Lehrer- zu Schülersprache beträgt hier 59,5% zu 40,5%, was einem Verhältnisfaktor von 1 : 0,7 entspricht.

Einschätzungen von Lehrern bezüglich ihres eigenen Sprachausmaßes ergaben ein Verhältnis von 1 : 1,5, d.h. sie schätzten ihr Sprachausmaß wünschenswerter ein, als es tatsächlich ist. Man kann aus diesen Ergebnissen eine Dominanz des Lehrers im Unterricht folgern.

Die Werte für die Sprachmenge des Lehrers würden automatisch sinken, wenn Partnerarbeit, Diskussion und Gruppengespräche zum Repertoire der Lehrer gehörten anstatt der offensichtlich dominierenden fragend-entwickelnden Methode und des Lehrervortrages (BACHMAIR, 1978).

Weiterhin steht das Ausmaß des Sprachverhaltens von Lehrern und Schülern in enger Beziehung: je mehr der Lehrer spricht, umso weniger reden die Schüler; je weniger der Lehrer spricht, desto mehr sprechen die Schüler (vgl. Abb. 28).

Abb. 28: Beziehung zwischen dem Ausmaß der Lehrersprache und der Schülersprache von 10 Unterrichtsstunden (R. TAUSCH).

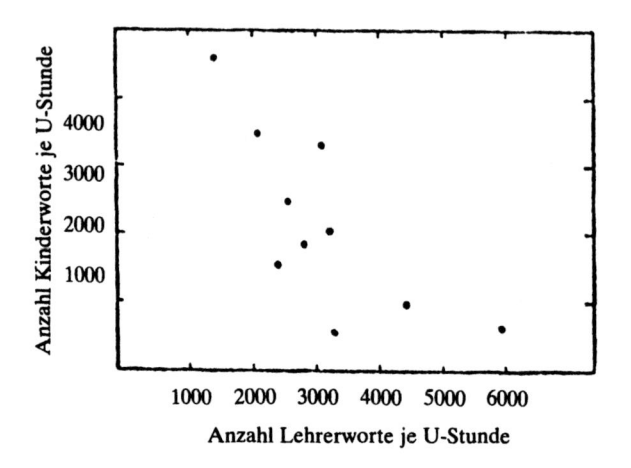

Anzahl Kinderworte je U-Stunde

Anzahl Lehrerworte je U-Stunde

W. WIECZERKOWSI stellt in seiner o. g. Untersuchung ebenfalls eine enge Beziehung zwischen dem Sprachverhalten von Lehrern und Schülern fest. Diese Beziehung hängt hiernach jedoch nur gering mit äußeren Bedingungen zusammen (Altersstufe, Klassenfrequenz, Unterrichtsstoff, etc.). Die sprachliche Dominanz der Lehrer ist eher von persönlichen Einstellungen und Haltungen abhängig und wird weniger von methodischen Konzeptionen beeinflußt. Ein deutlicher Hinweis auf das wenig professionelle Sprachverhalten der untersuchten Lehrer.

Über die Auswirkungen des dominierenden Sprachausmaßes des Lehrers stellt R. TAUSCH fest: je weniger der Lehrer redet, desto höher ist die Wahrscheinlichkeit, daß die Schüler mit vollständigen Sätzen antworten; je mehr der Lehrer spricht, umso höher ist die Wahrscheinlichkeit von Einwortsätzen seitens der Schüler (vgl. Abb. 29).

Zusammen mit FREYTAG-LORINGHOVEN stellt er fest, daß die Länge der Schülersätze mit der Länge der Lehreräußerungen abnehmen. G. CLAUSS findet 54,4% aller Schüleräußerungen als grammatikalisch unvollständig und 25,7% als Einwortsätze.

Ursachen sieht er hierfür in einem zu schwachen Sprechantrieb, zu schneller Gesprächsführung, zu spezieller Redeimpulse seitens des Lehrers und Hemmungen bzw. mangelndes Wissen der Schüler.

Wenn der Lehrer zum Vielsprechen neigt, drängt er die Schüler in die Rolle der passiv-rezeptiven Konsumenten. Der Dozierstil hemmt die Selbständigkeit der Schüler ebenso wie ein dominierender Interaktionsstil. Somit reduziert sich auch die geistige Tätigkeit der Schüler (BACHMAIR, 1978).

Abb. 29: Zusammenhang zw. Ausmaß der Lehrersprache und Merkmalen des Sprachstils von Kindern (R. TAUSCH).

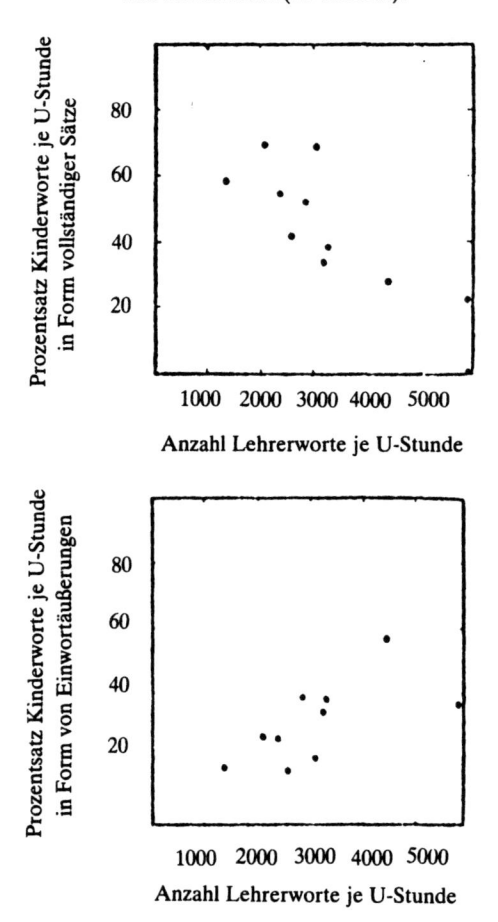

Im folgenden Abschnitt werden die am häufigsten auftretenden Sprachformen des Lehrers im Unterricht betrachtet.

Fragen

Die Lehrerfrage bildet die wesentliche Grundlage für das fragende Unterrichtsverfahren (z. B. fragend-entwickelnd), das sich im letzten Jahrhundert prägte und den Lehrervortrag sowie das Auswendiglernen weitgehend ablöste. Fragen sind für heutigen Unterricht geradezu charakteristisch und stellen nach R. TAUSCH/A. M. TAUSCH (1973) die markanteste Form des unterrichtlichen Vorgehens von Lehrern dar. G. CLAUSS (1954) und BELLACK sehen den fragend-entwickelnden Unterricht als *die* dominanteste Lehrform an; H. AEBLI (1977) spricht von ihr als einer Grundform des Lehrens.

Es lassen sich jedoch mehrere Typen von Lehrerfragen unterscheiden, so daß für die Autoren eine Kategorisierung unvermeidlich ist.

Nach A. WEBER lassen sich folgende Fragen unterscheiden:

- die Klassenfrage,
- die Individualfrage,
- die direkte Frage,
- die indirekte Frage,
- die Fiktivfrage,
- die Begründungsfrage,
- die Entscheidungsfrage,
- die Suggestivfrage.

Zwischen weit und eng gefaßten Fragen differenziert H. AEBLI (1977), der zwischen beiden Formen didaktische Unterschiede sieht. Grundsätzlich sollte der Lehrer dem Schüler einen neuen Gegenstand oder ein neues Problem nahebringen, indem er ihm in seiner impulsgebenden Frage bzw. seiner Aufforderung möglichst weiten Spielraum zum Anschauen, Nachdenken oder Überlegen gibt (Prinzip der minimalen Hilfe). Erst dann sollte er auf Einzelheiten hinweisen und durch enger gefaßte Fragen Anweisungen geben.

Die Häufigkeit des Auftretens der Lehrerfrage wie auch der Schülerfragen im Unterricht wurde bereits mehrfach untersucht. 1960 ergaben sich alle 43 Sekunden eine Frage, 1962 wurden alle 28,3 Sekunden eine Frage beobachtet.

Jahr	Untersucher	Fragen/h	
1960	R. TAUSCH	96, (bei 33% der Stunden)	
1962	R. TAUSCH	86	
1965	W. WIECZERKOWSKI	88	
1965	R. TAUSCH	41	
1966	R. TAUSCH/KÖHLER/FITTKAU	61	
1966	R. TAUSCH/A. M. TAUSCH/FENNER	56	**Tabelle 2**

Die Untersuchungen von 1962 wurden durch ähnliche Ergebnisse von W. WIECZERKOWSKI bestätigt.

Auch A. WEBER stellte ein ähnlich hohes Maß an Fragen im Unterricht fest. Nach seinen Untersuchungen fordern junge Lehrer 2 mal/min (!) zur Antwort auf, was einer Häufigkeit von 80 Fragen/40 min entspricht; ältere Lehrer hingegen fordern sogar 3 mal/min zu einer Antwort auf, was 120 Fragen/40 min entspricht.

Die Fragen verteilen sich auf die Klasse bzw. Einzelschüler wie folgt (R. u. A. M. TAUSCH):

		Klasse	Einzelschüler	
R. TAUSCH	1962	71%	29%	
W. WIECZERKOWSKI	1965	59%	42%	
R. TAUSCH (USA)	1966	56%	44%	**Tabelle 3**

Insgesamt ergaben sich erhebliche interindividuelle Unterschiede, die zwischen 39 und 172 Fragen in 40 Minuten lagen. Hingegen lag über die Stunde verteilt ein gleichmäßiges Frageverhalten vor, d. h. eine intraindividuelle Konstanz.

Aufgrund der Untersuchungsergebnisse kann man auf eine Dominanz des fragend-entwickelnden Unterrichtsverfahrens schließen. Der Unterricht ist weitgehend durch die Lehrerfrage bestimmt! Der Lehrer übernimmt nach A. WEBER die Funktion der lenkenden Kontrollinstanz. Nach R. u. A. M. TAUSCH ist die Häufigkeit der Lehrerfrage stärker durch die Person des Lehrers und seine Einstellungen bestimmt, als durch äußere Faktoren.

Die Häufigkeit der Lehrerfrage korreliert mit geringschätzigem, wenig freundlichem Lehrerverhalten. Je höher der Fragenanteil, umso dirigistischer ist der Unterricht.

Das hohe Ausmaß an Lehrerfragen hat erhebliche Auswirkungen auf das Sprachverhalten der Schüler. Sie tätigen eine nur geringe Anzahl von Fragen. Das Frageverhalten der Schüler hängt demnach eng mit dem Frageverhalten der Lehrer zusammen.

Nach der Untersuchung von R. TAUSCH (1960) wurden nur 2,2 Fragen/h gestellt, wovon 0,8 Fragen rein technischer Natur waren. Bei 30 Schülern pro Klasse und 5 Unterrichtsstunden am Tag entfallen auf den einzelnen Schüler alle drei Tage eine Frage! Dagegen stellt der Lehrer im gleichen Zeitraum 800 Fragen!

In 30% der Stunden stellten die Schüler keine Frage; WIECZERKOWSKI erhielt 37%. Bei ihm lag der Schnitt bei 1,8 Fragen/h der Schüler.

NELLES/BÄCHLER (1965) geben einen Wert von 1,1 Fragen/h an, bei Lehrerstudenten lag die Zahl sogar bei 0,3!

Aufgrund des ungleichen Verhältnisses zwischen Lehrer- und Schülerfragen sowie der Unechtheit der Frage kommt R. TAUSCH zu folgendem Schluß: „Unter dem Gesichtspunkt, daß überwiegend Fragen von Lehrern gestellt werden, die über den Unterrichtsgegenstand eingehend orientiert sind, aber wenige Fragen von Kindern mit ihren geringen Kenntnissen, ist eine derartige Unterrichtung in dieser Hinsicht als eine vom üblichen Gespräch stark abweichende, ungewöhnliche, teilweise unechte Situation zu bezeichnen" (3).

R. u. A. M. TAUSCH stellten bei zu hohem Frageanteil des Lehrers auf seiten der Schüler eine Beeinträchtigung des individuellen Denkens, eine Erhöhung

der Spannung bei einer Verminderung der Motivation zum Arbeiten und
Lernen sowie Angst fest. Es herrscht eine angespannte Klassenatmosphäre. So
sieht J. BECK (1974) in der Natur von Lehrerfragen oftmals Befehle oder Druck
versteckt.

Trotz dieser negativen Auswirkungen eines extrem frage-orientierten Unterrichtsverfahrens bleibt die Lehrerfrage zweifellos ein unumgängliches didaktisches Hilfsmittel.

In einer neueren Arbeit von EHLICH/REHBEIN (1977), in der kommunikative Handlungsmuster untersucht und herausgearbeitet werden, wird u. a. die Frage-Antwort-Beziehung zwischen Lehrer und Schüler betrachtet. Die sog. „Aufgabe-Lösung-Sequenz" ist das am häufigsten verwendete kommunikative Handlungsmuster. Sie besteht aus der Aufgabenstellung durch den Lehrer (Frage), der Vermutung (mental durch den Schüler) und dem Lösungsversuch (Schüler oder Lehrer), der über eine Exothese (d. h. Umsetzung der mentalen Vermutung in eine verbale Lösungsaussage) verbalisiert ist.

Eine positive Bewertung des Lösungsversuches durch den Lehrer erlaubt das Durchlaufen einer neuen Sequenz, eine negative Bewertung hingegen führt zum Abbruch oder Neubeginn. Eine Wiederholung der Sequenz durch den Lehrer zeigt ein Weiterlaufen der Sequenz an. Die „Aufgabe-Lösung-Sequenz" wird zu einer „Pseudo-Aufgabe-Lösung-Sequenz" umgewandelt, wenn der Lehrer bei mehrmaligem Durchlaufen der „Aufgabe-Lösung-Sequenz" in der erneuten Frage die Antwort vorgibt. Die mentale Leistung der Schüler besteht dann nur noch im Herausfiltrieren des entsprechenden Wortes aus der Frage.

Befehle/Aufforderungen
Die Häufigkeit des Auftretens von Befehlen bzw. Aufforderungen wurde bisher ebenfalls – wie das Ausmaß des Fragevolumens – in mehreren Untersuchungen analysiert (vgl. Tabelle 4):

Jahr	Untersucher	Befehle pro 40 Minuten
1960	R. TAUSCH	51, davon 21 zur Disziplin
1965	W. WIECZERKOWSKI	57
1965	NELLES/BÄCHLER	38
1966	R. TAUSCH/KÖHLER/FITTKAU	42
1966	R. TAUSCH (USA)	37
1969	R. u. A. M. TAUSCH/FENNER	28

Tabelle 4

Hierbei ist mit den Jahren eine stete, jedoch geringe Abnahme der Befehlshäufigkeit zu beobachten. Es wurden große interindividuelle Unterschiede zwischen den einzelnen Lehrern von 5 Befehlen/40 min bis 108 Befehlen/40 min festgestellt (R. u. A. M. TAUSCH/FENNER, 1969).

Hingegen ergab sich eine intraindividuelle Konstanz (ebenso wie beim Gesamtausmaß des Sprechens sowie des Frageverhaltens). Das Lehrerverhalten ist auch hier bezeichnenderweise eher personengebunden und fachunabhängig sowie ausbildungsunabhängig.

Bei einer hohen Zahl von Anweisungen erhöht sich naturgemäß das Ausmaß der Lehrersprache. Die Schüleräußerungen verringern sich. Längere Ausführungen werden erzielt, wenn der Lehrer Denkanstöße gibt. Das Ausmaß von Ein-Wort-Äußerungen der Schüler wird hierdurch erheblich eingeschränkt (W. WIECZERKOWSKI, 1969).

Sprachformen mit Informationsfunktion

Die Kategorie „Information" bezeichnet eine länger dauernde Handlung des Lehrers (auch des Schülers), bei der die Informationsvermittlung im Vordergrund steht.

Äußerungen mit Informationscharakter setzen sich meist aus „übersatzmäßigen" Formen zusammen und fördern das monologische Sprachverhalten des Lehrers (z. B. Vorlesen, längere Erklärungen, Lehrvortrag, Bericht, Erzählung, u. a.). Andere, nicht-verbale, monologische Aktivitäten des Lehrers wie z. B. das Zeichnen des Lehrers an der Tafel ergänzen seine verbale Informationsvermittlung.

Die Häufigkeit der informationsvermittelnden Sprachformen verteilt sich im Unterricht folgendermaßen (D. SPANHEL, 1973):

Tabelle 5: Häufigkeit (%) der informationsvermittelnden Sprachformen an der Gesamtzahl der Kategorie Informationsvermittlung.

Feststellung	33%	Erklärung	9%
Bezeichnung	6%	Begründung	9%
Definition	2%	Vergleich	4,5%
Bericht		Beispiel	3%
Beschreibung		Vermutung	0,5%
Erzählung	4,5%	Erläuterung	15%
Schilderung		Ergänzung	13,5%

Der Anteil an der Gesamtzahl der Sprachformen mit bestimmten didaktischen Funktionen beträgt jedoch nur 9%. Der weitaus größte Anteil ist der Lenkung der Aufmerksamkeit mit 29,5%, der Steuerung des Denkens mit 27% und der Rückmeldung mit 28% zuzuschreiben.

Sonstige Sprachformen
Eine formale Art der Aufforderung ist das bloße namentliche Aufrufen. Dem Schüler wird mit der Nennung seines Namens bzw. nonverbal mit Handzeichen angedeutet, daß er sich zu Wort äußern bzw. andere Aktivitäten ausführen soll. Als beobachtbares Merkmal des Sprachverhaltens von Lehrern tritt das Aufrufen jedoch relativ häufig in Erscheinung.

Bewertung und Stellungnahme halten die meisten Lehrer gegenüber den Schülern für unverzichtbar. Sie nehmen Stellung zu den Reaktionen der Schüler in häufig stereotyper Art: Wiederholungen der Schülerantwort und Lehreräußerungen wie „gut", „prima", „es gibt noch eine bessere Antwort", „falsch" usw. gehören nach G. BACHMAIR (1978) zu dieser Kategorie.

Manche Lehrer wiederholen die falsche Antwort, um den Schüler nochmals zum Nachdenken zu bringen (vgl. EHLICH/REHBEIN, 1977: „Aufgabe-Lösungs-Sequenz"; S. 24). Andere zeigen durch Aussprache und Betonung des wiederholten Satzes, welche Bewertung sie damit verbinden. Viele Lehrer reagieren nicht verbal auf die Schülerleistung, sondern drücken ihre Meinung durch ein Kopfnicken oder eine Geste mit der Hand aus.

Ermunterung, Ermutigung und Ermahnung haben nach D. SPANHEL (1973) eine Anspornfunktion und dienen zum Aufrechterhalten der Motivation. Sie treten mit 2,5% Anteil an der Gesamtmenge der Sprachformen allerdings extrem selten auf, was wiederum als wenig professionell anzusehen ist.

Rückmeldungen werden demgegenüber vor allem durch spontane Beurteilungen, Wiederholungen, Zusammenfassungen und Verbesserungen von Schüleräußerungen durch den Lehrer erreicht. Ihr Anteil liegt mit 28% sehr hoch.

Weitere Sprachformen wie Aufgabenstellungen, Anleitungen und Arbeitsanweisungen haben lenkende und steuernde Funktionen sowie Prüfungs- und Transferfunktion.

Intonation in der Lehrersprache
„Jedes Wort des Erziehers ist mehr als bloße Mitteilung von Sachverhalten, Bewertung oder Belehrung, sondern es erzeugt Atmosphäre, strahlt Freundlichkeit oder Ablehnung, kühle Distanz oder verbindende Wärme aus. Für die erzieherische Wirkung ist es nicht nur von Bedeutung, *was* der Erzieher inhaltlich sagt, sondern fast ebenso wichtig ist es, *wie* er das sagt" (4), (D. SPANHEL, 1973).

Der „Ton des Lehrers" ist wohl wie kaum ein anderes ein spezifisches Erkennungszeichen für den Beruf des Lehrers. Er ist nach WOLFRUM von der Persönlichkeit des Lehrers sowie von seiner Einstellung zum Schüler abhängig. Der unnatürliche, mit schulmeisterlichem Anflug verbundene Ton des Lehrers resultiert aber auch aus der erzieherischen Gesamtkonzeption der Schule und wird durch die Unterrichtsorganisation geprägt. Zur Erreichung der Lernziele im Unterricht wird die Lehrersprache am Ende der Stunde gehetzter, beinahe neurotisch, vor allem aber unnatürlich.

Auch GRELL stellt die Bedeutung der Intonation der Lehrersprache heraus. Ein barsch aggressiver Ton ist ein Störfaktor im Unterricht. Die Bewußtmachung dieser Kommunikationsbarriere beim Lehrer wird eine Verbesserung des Unterrichtsverhaltens zur Folge haben. Dieser Zusammenhang ist den meisten Lehrern nicht bewußt. Der „Lehrerton" ist demnach ein „Indikator" für die Einstellung des Lehrers zu seinen Schülern.

Abschließend erhebt sich die Frage, worauf der vermutlich sehr hohe Sprachanteil des Lehrers letztlich zurückzuführen ist. Dazu die folgenden thesenartigen Feststellungen:

- Die dem Lehrer von den gesellschaftlichen Bezugsgruppen entgegengebrachten Erwartungshaltungen sowie die allgemein verbreitete Überbewertung der Lehrerperson in der Institution Schule führt zu einem übergroßen Aktivitätspotential auf Seiten des Lehrers und einem entsprechend hohen Sprachanteil.
- Die große Bedeutung, die der Wahrung von Disziplin in der Klasse zugesprochen wird, verleitet den Lehrer dazu, mit hohen Sprechanteilen ein entsprechend hohes Maß an Lenkung zu erzeugen.
- Viele Lehrer sind der irrigen Auffassung, ein hohes Ausmaß an Lehrersprache sei die Gewähr für die effiziente Vermittlung großer Stoffmengen (Es heißt dann zumeist, es wurde dieses oder jenes „Gebiet" „durchgenommen").
- Da ein Großteil schulischen Unterrichts unvorbereitet durchgeführt wird, bleibt Lehrern nichts anderes übrig, als das Unterrichtsgeschehen „über die eigene Person" und das heißt über die Lehrersprache abzuwickeln!
- Die damit zusammenhängende Vernachlässigung eines die Unterrichtsprozesse durchgehend tragenden Medieneinsatzes sowie der schülerzentrierten Lehr- und Sozialformen führt zwangsläufig zu einer Dominanz des Lehrers im Unterricht mit einem entsprechend hohen Sprachanteil.

11.5: Für die professionelle Entwicklung der Sprachfähigkeit des Lehrers sind Untersuchungen (SCHULZ V. THUN, 1975) und Trainingsprogramme (SCHUH/WATZKE, 1983) zur Verbesserung der *Verständlichkeit* geschriebener und gesprochener Texte wichtig. Das Thema ist Gegenstand vieler rhetorischer Lehrbücher, Kurse und Programme (vgl. z.B. TEIGELER, 1968; SCHNEIDER 1976) und verdient es zu Recht, von der Lehrerbildung mehr beachtet und ernstgenommen zu werden.

Im folgenden sollen lediglich zwei Untersuchungen zum Thema Verständlichkeit vorgestellt werden. Zunächst der Versuch von GÜNTHER/GROEBEN (1978, S. 55–74), über ein „Abstraktheitssuffix-Meßverfahren" das Ausmaß von Konkretheit eines Textes genauer zu bestimmen. Die Autoren schlagen auf der

Basis amerikanischer Meßversuche ein einfaches Verfahren vor, bei dem eine Stichprobe von Substantiven eines Textes genommen und einer bestimmten Analyse unterzogen wird. Für die Erfassung des Abstraktionsgrades wird dazu die Häufigkeit der Substantive gemäß ihrer jeweiligen Endungen bestimmt. Die folgenden zehn Typen werden unterschieden:

1. -heit (wie Gewohnheit)
2. -ie (wie Philosophie)
3. -ik (wie Rhythmik)
4. -ion (wie Konzentration)
5. -ismus (wie Dogmatismus)
6. -tät (wie Pietät)
7. -keit (wie Redlichkeit)
8. -enz (wie Kongruenz)
9. -tur (wie Kandidatur)
10. -ung (wie Bewegung)

Der Index für die Abstraktheit (= AL) eines Textes berechnet sich nun nach der Formel:

$$\text{AL (in \%)} = \frac{\Sigma \text{Sa} (= \text{Anzahl der Abstraktions-Suffix-Substantive}) \cdot 100}{N (= \text{Gesamtzahl der Substantive})}$$

$$\text{AL (in \%)} = \frac{\Sigma \text{Sa} \cdot 100}{N}$$

GÜNTHER/GROEBEN geben bei einer Stichprobe von 400 Substantiven die folgenden Maßzahlen an:
 0 bis 25 abstrakte Substantive (= AL = 0–6,25%): Text ist sehr konkret
26 bis 50 a. S. (= AL = 7–12,5%): Text ist konkret
51 bis 100 a. S. (= AL = 12,8–25%): Text ist von mittlerer Abstraktheit
101 bis 125 a. S. (= AL = 25,25–31,25%): Text ist abstrakt
über 125 a. S. (= AL > 31,25%): Text ist sehr abstrakt

So problematisch die Reduktion von Verständlichkeit eines Textes auf die Verwendung von Substantiva auch sein mag, so ergibt sich dennoch der sehr praktische Hinweis, daß die von 1 bis 10 aufgelisteten Substantive in Texten und Redebeiträgen möglichst sparsam verwendet werden sollten.

Einen anderen wesentlich differenzierteren Weg zur Verbesserung der Verständlichkeit von Texten ist die Hamburger Forschungsgruppe um R. TAUSCH, B. FITTKAU, LANGER und F. SCHULZ VON THUN gegangen. Wie insbesondere LANGER u. a. (1973) und SCHULZ VON THUN (1973; 1975) in empirischen Studien zeigen konnten, ist die Verständlichkeit von Texten abhängig von vier Hauptmerkmalen:

1. Einfachheit (geläufige Wörter, kurze Sätze, anschauliche, konkrete Ausdrucksweise);
2. Gliederung – Ordnung (übersichtlich gegliedert, Aufteilung in Unterabschnitte, logischer Aufbau, Hervorhebung des Wichtigen);
3. Kürze – Prägnanz (Beschränkung auf das Wesentliche, Verzicht auf lange umständliche Ausdrucksformen);
4. Zusätzliche Stimulanz (anregende motivierende Ausdrucksmittel wie z. B. direkte Rede, rhetorische Fragen, Bilder, Vergleiche, Ausrufe etc.).

Für alle vortragsmäßigen Darstellungsformen ist ganz zweifellos ein weiterer „Verständlichmacher", den LANGER/THUN u. a. nicht erwähnen, die freie, nicht-gebundene Rede, die ohne Manuskript-Unterstützung gehalten wird. Für dieses wie die zuvor genannten vier Merkmale gilt, was SCHULZ VON THUN, LANGER u. a. zu Recht feststellen, daß nämlich ein verständliches Sprechen und Schreiben erlern- und trainierbar sind. Hierzu liegt z. B. ein Selbsttrainigsprogramm vor (SCHULZ VON THUN u. a. 1972), das anhand schriftlichen Materials in 6 ½ Stunden durchgearbeitet werden kann. Übungs- und Kursangebote dieser Art sollten zum selbstverständlichen Repertoire jeder Lehrerbildung gehören.

11.6: Es ist das Verdienst der Hamburger Forschungsgruppe, energisch darauf aufmerksam gemacht zu haben, daß die professionelle Verbesserung der Sprachfähigkeit von Pädagogen mehr ist und mehr sein muß als bloße Sprechfähigkeit. Anzustreben ist vielmehr eine umfassende Kompetenz für Kommunikation und sozial angemessenes Verhalten, das vom fachlich verständlichen Sprechen über die nichtsprachlichen Kommunikationsformen (= Körpersprache) bis hin zur Dialogfähigkeit im Unterricht (THIELE, 1983) sowie zu sozial angemessenen Umgangsformen reicht.

Eine derartige Kommunikations- und soziale Verhaltenskompetenz für Lehrer/Erzieher wäre gesellschaftspolitisch angemessen und wünschenswert. Die Entwicklung freiheitlicher, sozialer und demokratischer Fähigkeiten, darauf weist die Hamburger Forschungsgruppe zu Recht hin, wird durch autoritäre Unterrichtsverhältnisse eher behindert als planmäßig gefördert:

„Trotzdem wird auch heute noch überwiegend autoritär unterrichtet. Das liegt teilweise ... an der selbsterfahrenen Ausbildung der Lehrer: Die Lehrer reproduzieren im Unterricht das bei ihren Vorbildern erlebte ‚professorale' Unterrichtsverhalten, da ihnen ein solches autoritäres Verhaltensrepertoire oft als einziges hinreichend deutlich angeboten wurde ... (Daher) wäre unseres Erachtens ein systematisches Kommunikations- und Verhaltenstraining im Rahmen der Lehrerausbildung dringend erforderlich ..." (FITTKAU, B. u.a. 1974, S. 74/75).

Zusammenfassung

1. Im ersten Abschnitt dieses Kapitels werden zwei ganz verschiedene Sichtweisen von Schule als spezifischer Ort des Spracherlernens und Sprachgebrauchs aufgemacht. Einmal kann sie als ein bedeutsamer Ort der Sozialisation, Enkulturation und individuellen Bildung ohne Sprache nicht gedacht werden, zum anderen wird sie als bloße „Rede- und Sprachschule" scharf kritisiert, insofern sie die für ein sinnbezogenes Lernen erforderlichen Praxis- und Handlungsbezüge ständig vernachlässigt. Die Beschäftigung mit dem Sprachverhalten des Lehrers im Unterricht darf daher keineswegs eine Rückwendung zur „Belehrungs- und Paukschule" alter Prägung beinhalten.
2. Im zweiten Abschnitt werden einige Aspekte einer Theorie der Unterrichtssprache nach PRIESEMANN herausgearbeitet, die geeignet sind, professionelle Kriterien für eine kompetente unterrichtsbezogene Sprachgestaltung abzugeben. Besonders die drei Sprachformen der Objekt- und der Verständigungssprache sowie des Redens über Unterricht wurden hier hervorgehoben.
3. DIETER SPANHELS didaktische Theorie der Lehrersprache offenbart eine überraschende Vielfalt von 25 verschiedenen didaktischen Sprachformen, die dem Lehrer als professionelles didaktisches Repertoire zur Verfügung stehen. Mit Hilfe dessen kann der einzelne Lehrer eine kaum für möglich gehaltene Vielfalt in sein Sprachangebot bringen.
4. Der vierte Abschnitt behandelt einige wichtige Untersuchungen zur Unterrichtssprache des Lehrers. Beginnend bei soziolinguistischen Ansätzen zum schichtgebundenen Sprechen des Lehrers werden vor allem Resultate solcher Untersuchungen dargestellt, die sich mit dem Sprachanteil (= -umfang) des Lehrers sowie mit der Verwendung bestimmter Sprachformen im Unterricht beschäftigen. Es wird die Vermutung begründet, daß Lehrer im Unterricht zu stark dominieren und zu viel sprechen.
5. Der fünfte Abschnitt des vorliegenden Kapitels beschäftigt sich mit einem pragmatischen Aspekt der Unterrichtssprache des Lehrers, nämlich mit der Frage, was die Merkmale der Verständlichkeit von Rede- und Schreibtexten sind, und wie sich letztere (die Verständlichkeit) entwickeln und verbessern läßt.

6. Der letzte Teil des Kapitels plädiert sodann für ein umfassendes Kommunikations- und soziales Verhaltenstraining, das den unterrichtlichen Sprachgebrauch in einen sozialen Gesamtzusammenhang einbettet.

Fragen und Denkanstöße

1. Bitte diskutieren Sie zunächst einmal die Frage, ob die erziehungswissenschaftliche Beschäftigung mit der Sprache des Lehrers nicht die Gefahr in sich birgt, den ohnehin vermutlich zu stark dominierenden Lehrer noch mehr „auf Sprache" hinzuorientieren: Sollten Lehrer nicht in erster Linie lernen, weniger zu sprechen und die Schüler handlungsorientiert lernen zu lassen, als sich ständig mit der Kultivierung der eigenen Sprachkompetenz zu befassen?
2. Bitte begründen Sie einmal Punkt für Punkt, was alles für eine wissenschaftliche Beschäftigung mit der Lehrersprache spricht, und was genau die Ziele dieser Bemühung sein sollten!
3. Der Lehrer als sprachliches Modell hat die Aufgabe, die Sprachkompetenz der Schüler zu entwickeln und zu verbessern. Was ist Ihrer Meinung nach von der Verwendung umgangssprachlicher Dialekte in der Schule zu halten? Sollte/darf der Lehrer mundartlichen Dialekt sprechen?
4. Diskutieren Sie bitte das schichtenspezifische Problem des elaborierten und restringierten Sprachcodes. Müssen Schüler aus der Arbeiterschaft oder Landkinder wirklich „nachsozialisiert" (= furchtbares Wort!) werden und die elaborierte Sprachform erlernen?
5. Ist Schule heute im schlechten Sinne wirklich "Sprach-Schule"? Dominieren und sprechen die Lehrer in unseren Schulen wirklich zu stark und zu viel? Welche weiteren, im Text nicht aufgeführten Gründe könnten für die Sprachdominanz der Lehrer noch verantwortlich sein? Oder gibt es Fakten, die gegen die Lehrerdominanz ins Feld geführt werden können?
6. Entwickeln und diskutieren Sie bitte ein grundlegendes Curriculum für ein umfassendes Kommunikations- und Verhaltenstraining für Lehrer, wie es im Text angesprochen wurde. Vergessen Sie dabei nicht Kompetenzen wie Gesprächs- und Verhandlungsführung, Beratung und Konfliktregulierung, Körpersprache und Artikulationsfähigkeit!
7. Hospitieren Sie einmal einige Unterrichtsstunden bei verschiedenen Lehrern, stellen Sie eigene Beobachtungen zur Unterrichtssprache von Lehrer und Schülern an und diskutieren Sie diese mit den jeweiligen Lehrern!
8. Wie steht es eigentlich mit Ihrer eigenen Sprachkompetenz? Wie wäre es mit einem Rhetorikkurs? Oder tun es bei Ihnen schon Übungen zur Verbesserung der Verständlichkeit?

Basisliteratur:
GOEPPERT, H.C. (Hrsg.): Sprachverhalten im Unterricht. UTB. München 1977.

Zusatzliteratur
FITTKAU, B. u.a.: Kommunikations- und Verhaltenstraining für Erziehung, Unterricht und Ausbildung. UTB. Pullach b. München 1974.

C. Umrisse einer Theorie professionellen Lehrerverhaltens

– Vgl. dazu auch Nachtrag 6 –

Die *Ziele* des folgenden Kapitels sind:
1. Kurze Skizzierung des erziehungswissenschaftlichen Theoriebegriffs;
2. Klärung des Theorie-Verständnisses des vorliegenden Beitrages und Funktionsbestimmung einer Theorie professionellen Lehrerverhaltens;
3. Diskussion des Zusammenhangs von Schul-, Unterrichts- und Lehrerverhaltens-Theorie;
4. Bestimmung der grundständigen Widersprüchlichkeit der Lehrerrolle als Ausgangspunkt für eine Theorie des Lehrerverhaltens;
5. Diskussion der ethischen und intuitiv-künstlerischen Dimensionen des Lehrerverhaltens und ihrer Bedeutung für die Professionalisierungsfrage;
6. Diskussion der vorliegenden Forschungsansätze hinsichtlich ihres Beitrages zu einer Theorie professionellen Lehrerverhaltens;
7. Skizzierung der Umrisse einer didaktischen Theorie des Lehrerverhaltens;
8. Explikation der These von der Verantwortlichkeit des professionellen Lehrers für ein wissenschaftlich orientiertes pädagogisches Selbstkonzept.

1.0: Ein Beitrag zu einer „Theorie" des beruflichen Verhaltens von Lehrern ist gehalten, zunächst einmal sein Verständnis von „Theorie" näher zu erläutern. Erst wenn nämlich in wissenschaftstheoretischer Erörterung geklärt ist, was hier als Theorie verstanden wird, ist die Frage zu beantworten, ob es so etwas wie eine Theorie des professionellen Lehrerverhaltens geben kann oder nicht.

Im etymologischen Sinne bedeutet „Theorie" soviel wie „Ansicht", „Sicht", „Schau", „Betrachtung" usw. Diese umgangssprachlichen Begriffe dürfen jedoch nicht darüber hinwegtäuschen, daß „Theorie" im wissenschaftlichen Sinne gekennzeichnet ist durch größere Eindeutigkeit, klares Methodenbewußtsein und intersubjektive Überprüfbarkeit der Aussagen. In einer ersten Unterscheidung kann man drei pädagogische Theoriebegriffe voneinander unterscheiden (BOKELMANN, 1970, S. 205f.):

– Theorien als Hypothesen (Annahmen) zur Erklärung spezifischer (punktueller) pädagogischer Probleme mit einem vorausgesetzten Erziehungsverständnis;

- Theorien als systematisch geordnetes Aussagengefüge, in dem gesicherte Erkenntnisse miteinander verknüpft werden;
- Theorien als logisch korrekte Aussagen über „den systematischen Zusammenhang aller Hypothesen und Thesen" (ebd.). „Dieser Theoriebegriff ist formal gesehen der umfassendste." (ebd.) (= hypothetisch-thetische Theorie)

Einen Schritt weiter wäre nun eine Standortbestimmung darüber erforderlich, was eigentlich als ein pädagogisches Problem bezeichnet sein soll und welche Intentionen mit einer Theorie verfolgt werden. Dies führt zur Konzeption verschiedener *Theorietypen,* von denen in der Erziehungswissenschaft vor allem fünf zu unterscheiden sind:

- hermeneutisch-spekulativer Theorietyp
- deskriptiv-phänomenologischer Theorietyp
- empirisch-positivistischer Theorietyp
- dialektisch-materialistischer Theorietyp
- eklektisch-konstruktiver Theorietyp

Aus dem bisher Gesagten folgt für die vorliegenden Ausführungen, daß sie einen Beitrag zu leisten versuchen zu einer umfassenden („hypothetisch-thetischen") *Theorie des Lehrerverhaltens.* Dem Theorietyp nach ordnen sich die nachfolgenden Aussagen dem eklektisch-konstruktiven Typus zu: Erziehungswissenschaft als *kritisch-konstruktive Theorie* (KLAFKI), in der hermeneutische, empirische und gesellschaftskritische Verfahrensweisen zur Anwendung kommen. Der kritische sozialwissenschaftliche Bezug des Ansatzes ergänzt sich ferner um den konstruktiven, das heißt, die Theoriebildung dient dem übergeordneten Zweck einer Praxisverbesserung und Handlungsorientierung (handlungswissenschaftliche Intention).

Eine weitere Präzisierung ergibt sich durch die Ausgrenzung von Partial- oder *Teiltheorien* aus den erziehungswissenschaftlichen Gesamttheorien. Diese ermöglichen es, die größeren Hauptprobleme oder Felder der Erziehungswissenschaft gesondert zu untersuchen und präziser zu erforschen. Solche Teiltheorien sind z. B.:

- Die Theorie der Schule
- Die Theorie des Unterrichts
- Die Theorie der Lehrer-/Erziehertätigkeit (= des Lehrerverhaltens)

Die Frage, in welchem Verhältnis Schul-, Unterrichts- und Lehrerverhaltenstheorie stehen, ob sich die eine aus der anderen ergibt, ob sie in einem Wechselverhältnis zueinander stehen oder ob sie gar ineinander aufgehen, wird uns noch zu beschäftigen haben. Da Unterricht als Teilphänomen der Schule, der Lehrer aber als entsprechender Teilfaktor des Unterrichts angesehen werden kann, handelt es sich bei den genannten Theorien möglicherweise jeweils um genauere Ausgrenzungen von Einzelbereichen, also um Teiltheorien von Teiltheorien. Daraus würde primär folgen, daß eine Theorie professionellen Lehrerverhaltens

– einerseits wesentlich didaktisch,
– andererseits vor allem schultheoretisch

zu begründen wäre. Es wird zu prüfen sein, ob die wichtigsten vorliegenden Forschungsansätze und Forschungsergebnisse sich in eine derartige Perspektive einfügen lassen.

1.1: Wenn sozialwissenschaftliche Theorien im weitesten Sinne als ein wissenschaftlicher Versuch anzusehen sind, ein intersubjektiv nachvollziehbares Abbild (oder Bild) der sozialen Wirklichkeit zu liefern – in unserem Fall also eines, das die Voraussetzungen, Bedingungen und Folgen professionellen Lehrerverhaltens nach-, auf- und vorzeichnet –, dann stellt sich die Frage, welche *Zwecke* die Theoriebildung damit verfolgt. Als zentrale Gesichtspunkte kommen in Betracht:

– Entwurf eines sozialwissenschaftlich relevanten Lehrerbildes zu primär analytischen Zwecken;
– Handlungswissenschaftliche Unterstützung der Berufspraxis des Lehrers (Handlungsregulative; Handlungsnormen); vgl. dazu auch Nachtrag 6!
– Prozeß- und Produktprognosen mittlerer Genauigkeit über schulische/unterrichtliche/erzieherische Vorgänge und Ergebnisse im Kontext beruflichen Verhaltens von Lehrern;
– Gewinnung konzeptioneller und praktischer Perspektiven für die berufliche Aus- und Weiterbildung im Lehrerberuf;
– Entwicklung forschungsrelevanter Fragestellungen und Orientierungshilfen für ein praxisbezogenes Forschungskonzept zur Frage der Professionalisierung des Lehrerverhaltens.

1.2: In seiner kritischen Studie zu Möglichkeiten und Grenzen einer Theorie der Schule hat ADL-AMINI (1976) den Stand der Diskussion um diese Frage rekonstruiert. Er kommt zu dem Ergebnis, daß es eine eigenständige Theorie der Schule bislang noch nicht gibt, daß diese aber als Curriculumtheorie denkbar sei. In umgekehrter Fragerichtung hat dagegen WOLFGANG SCHULZ (1969), ausgehend vom Unterricht, „Umrisse einer didaktischen Theorie der Schule" skizziert. – SCHULZ und ADL-AMINI stimmen also darin überein, daß im Zentrum einer Schultheorie die „unterrichtliche Frage" zu stehen hat.

Es ist nun meine These, daß eine Theorie des beruflichen Verhaltens von Lehrern als erziehungswissenschaftliche Teiltheorie genau ebenso nur aus dem Unterricht heraus entwickelt werden kann; daß Theorie der Schule, Theorie des Unterrichts und Theorie des professionellen Lehrerverhaltens in sehr engem Wechselverhältnis zueinander stehen, ja letztlich ineinanderfallen. Da die Theorie des Unterrichts die am weitesten entwickelte von allen dreien ist, kommt sie am ehesten als Grundlage für eine hinreichend umfassende Theorie des Lehrerverhaltens in Betracht.

Bevor dieser Gesichtspunkt weiter verfolgt wird, soll eine genauere Bestimmung der intendierten Theorie des Lehrerverhaltens erfolgen. ADL-AMINI (1976, S. 92 ff.) schlägt als inhaltliches Kriterium zur systematischen Herleitung und Bestimmung vor, den „Ausgang der Theorie der Schule vom Verhältnis von Schule und Gesellschaft" zu nehmen: „In der breiteren Literatur zur Schule scheint Konsens darüber zu bestehen, daß die Schule und die Gesellschaft vielfältig zusammenhängen, sich wechselseitig beeinflussen und bedingen. Es herrscht weitgehend Einigkeit darüber, daß die Schule die Gesellschaft nicht ausschließlich stabilisiert, sondern sie durch kritisch initiierte Lernprozesse, durch emanzipative Aufklärung, durch Veränderung des Bewußtseins potentiell inноviert. Wie die Terminologie des jeweiligen Verfassers auch lauten mag (z. B. Schule als Produkt und zugleich Produzent der Gesellschaft; Determinismus und Freiheit; adaptiv und innovativ; Input als Output und Output als Input usw.) – der allen gemeinsame Nenner ist: Die Schule tut ein Doppeltes, Erhaltung und Überwindung (Innovation)." (ebd.)

ADL-AMINI legt nun diese Doppelfunktion der Schule als inhaltliches Kriterium an die vorhandenen Schultheorien an und gelangt zu drei Typen von Schultheorien:

- punktuelle Schultheorien: Schule als geistiges Phänomen außerhalb der Relation Gesellschaft-Institution;
- lineare Schultheorien: Schule als (eindimensionale) Agentur bzw. Funktion der Gesellschaft;
- multidimensionale Schultheorien: Schule als sowohl Agentur wie Korrektur der Gesellschaft, als Produkt und Produzent der Gesellschaft zugleich.

Eine Theorie professionellen Lehrerverhaltens gehört in diesem Sinne zweifellos zur Kategorie der multidimensionalen Schultheorie, von der ADL-AMINI (1976, S. 97/98) feststellt: „Theorie der Schule ist ein System von logisch widerspruchsfreien, intersubjektiv (wenn auch nicht ausschließlich mit empirischen Methoden) überprüfbaren Aussagen über den gesellschaftlichen Implikationszusammenhang von Schule, der die Bedingung der Möglichkeit von Schule und ihres inneren Geschehens ist." Entsprechend hat eine Theorie des Lehrerverhaltens zu reflektieren

- über die *gesellschaftlichen Aspekte* des beruflichen Verhaltens von Lehrern,
- über *subjektive* und *objektive Bedingungen* professionellen Lehrerverhaltens.

1.3: Folgt man der oben bezeichneten doppelten Funktionsbestimmung von Schule, so ist auch das professionelle Lehrerverhalten in grundsätzlicher Form in ein polares Spannungsfeld eingebunden, aus dem der Lehrer von sich aus nicht ausbrechen kann. Vielmehr muß er dieses als ein Merkmal seines Berufes in sein Erziehungskonzept einbauen, ohne sich von dessen *Widersprüchlichkeit* behindern oder lähmen zu lassen. Je nach den Unständen – etwa nach den Sozialisationsvoraussetzungen seiner Schüler – muß er im Rahmen dieses Spannungsfeldes sogar bewußt Akzentsetzungen vornehmen. Charakterisieren läßt sich die bezeichnete Doppelfunktion folgendermaßen:

- Einerseits soll der Lehrer die Schüler in die bestehende Kultur und Gesellschaft integrieren, zugleich soll er gegen diese auch Kritikfähigkeit und Veränderungsbereitschaft erzeugen.
- Einerseits sollen die Heranwachsenden systematisch belehrt, unterrichtet, erzogen und angeleitet werden, zugleich aber sollen sie gerade durch solche Fremdbestimmung zur Eigenständigkeit und Selbstbestimmung qualifiziert werden.
- Einerseits soll der Lehrer die Schüler an Konzepte, Begriffe, Modelle, Verhaltensweisen usw. heranführen, die sich in der Vergangenheit bewährt haben, andererseits soll er sie befähigen, für neue Aufgaben, Lösungen und Verhaltensweisen offen zu sein, wie sie zukünftig erforderlich sind.
- Einerseits soll der Lehrer ein Lernhelfer für jeden Schüler sein und ihn für eine gesellschaftliche und berufliche Existenz qualifizieren, zugleich soll der Lehrer aber gesellschaftliche Selektions-, Beurteilungs- und Bewertungsprozesse vollziehen.
- Einerseits soll der Lehrer erzieherisch und unterrichtlich möglichst eng mit den Eltern zusammenarbeiten, zugleich muß er die Schüler aber auch gegen elterliches Fehlverhalten schützen oder immunisieren und Schule als öffentliches Erziehungskorrektiv ins Spiel bringen.
- Einerseits soll der Lehrer in politisch-sozialer Hinsicht engagiertes und kritisches Modellverhalten zeigen, andererseits soll er grundsätzlich weltanschauliche Neutralität bewahren.
- Einerseits soll der Lehrer die Schüler sozial engagieren und ihr politisches Bewußtsein fördern, andererseits soll er sie nicht politisieren oder zur politischen Handlung bringen.

So ist das professionelle Lehrerverhalten stets eingebunden in den Widerspruch von Führung und Befreiung, Lenkung und Selbstbestimmung, Lehre und Kritik,

Wettbewerb und Kooperation, Orientierung am einzelnen und Durchsetzung des Gesamtwillens ... Die bezeichnete Widersprüchlichkeit des unterrichtlichen und schulischen Feldes muß der Lehrer indessen nicht passiv/resignativ bloß zur Kenntnis nehmen; sie bietet ihm vielmehr andererseits durchaus die Möglichkeit – verlangt ihm dies sogar regelrecht ab –, *sinnstiftend* tätig zu werden. Durch eine kreative und eigenständige pädagogische Arbeit vermag er außerdem einen *ganzheitlichen Rahmen* zu gestalten, in dem diese Widersprüchlichkeit aufarbeitbar wird. Die Frage ist, ob

– Sinnstiftung, Interpretation und Normensetzung sowie
– didaktische Kreativität und kunstvolle Unterrichtsgestaltung

im professionellen Sinne wissenschaftlich fundierbar, herleitbar, begründbar sind. In der Regel wird beides unter Hinweis auf

– die Normensetzung als persönliche Entscheidung der Lehrerpersönlichkeit sowie auf
– die „Kunst" der Unterrichtsgestaltung als intuitives Vermögen

verneint. So schreibt z. B. H. SCHAAL (1978, S. 148): „So unumgänglich es im Zeichen der Professionalisierung auch ist, das Berufskönnen des Lehrers als über Berufswissenschaften herstellbare Tüchtigkeit zu entwerfen, so wenig ist aus diesem Horizont allein schon ein Verständnis der pädagogischen Aufgabe im ganzen zu gewinnen." Und an anderer Stelle: „Der ... Vergleich zwischen dem Künstler ... und dem Lehrer ist bei näherem Zusehen doch nicht so abwegig. Denn: ... Auch im Unterricht, sofern er im angedeuteten Sinne Gestalt annimmt, wird ebenfalls ein Ganzes herzustellen versucht ..."

Die Frage ist, ob diese Position zwingend ist, selbst wenn man einen starken personalen Faktor in der beruflichen Tätigkeit des Lehrers konzidiert und akzeptiert. Ist es wirklich so, daß eine kritische Sozialwissenschaft, „wenig zum Verständnis der pädagogischen Aufgabe" beitragen kann? Ist es richtig, daß wissenschaftlich orientierte Professionalisierung sich nur auf das „berufliche Können", die „Tüchtigkeit" des Lehrers bezieht? Und weiter: Schließen sich kreative und „künstlerische" Unterrichtsarbeit und sozialwissenschaftliche Reflektiertheit wirklich gegenseitig aus, oder bilden Gedankenschärfe, Faktenkenntnisse und ein Repertoire professioneller Verhaltensweisen nicht erst die Bedingung der Möglichkeit einer vielseitigen, schülergerechten Unterrichtsarbeit? Schließlich: Lehrt nicht die einschlägige Forschung, daß Kreativität – in Grenzen – sogar erlernbar, zumindest unter geeigneten Bedingungen entwickelbar ist?

Alle diese Fragen sind zumindest als offen zu betrachten. Sie sind gerade dann dringlich zu stellen, wenn man bedenkt, welche Wirkungen von derartigen Überlegungen auf angehende und praktizierende Lehrer ausgehen können. Werden viele sich nicht dadurch bestärkt fühlen, unter dem Stichwort der Herausbildung eines eigenen „Stils" die verfügbaren sozialwissenschaftlichen Daten zu ignorieren und damit die Berufsarbeit verstärkt zu privatisieren? Dabei wäre es derzeit besonders dringlich, eine wissenschaftliche Kriterienorientierung des professionellen Verhaltens herbeizuführen und zu befördern. Die geradezu erschreckenden empirischen Untersuchungen z. B.

- über das tatsächliche Unterrichtsverhalten der Lehrer,
- über fehlenden Medieneinsatz und zahlreiche andere didaktische Unzulänglichkeiten des Unterrichts,
- über die gesellschaftspolitischen und sozialen Einstellungen der Lehrer

legen jedenfalls nahe – zumindest derzeit – den Aspekt des „Künstlerischen" nicht auf Kosten der wissenschaftlichen Professionalisierung in den Vordergrund zu schieben.

Die Frage, ob die Erziehungswissenschaft als kritische Sozialwissenschaft mit Handlungsbezug zur pädagogischen *Normenfindung* und *-begründung* beitragen kann, wird derzeit wieder zunehmend positiv beurteilt, ohne daß freilich dieses wissenschaftstheoretische Problem schon gelöst ist. Die „Wiederaufnahme ethischer Argumentation in der Pädagogik" (MOLLENHAUER, RITTELMEYER, 1978) erfolgt, weil die Einsicht wächst, daß „Erziehen selber eine ‚ethische' Tätigkeit (ist) (wenn hier ‚ethisch' heißen darf: Ziele des interpersonalen Handelns zu wählen und zu begründen) ... Für eine handlungstheoretische Begründung der Erziehungswissenschaft bedeutet dies, daß mindestens geprüft werden sollte, ob für sie nur ein solcher Handlungsbegriff in Frage kommen darf, der die ethische Argumentation als eine wesentliche Komponente enthält." (ebd., S. 80)

MOLLENHAUER und RITTELMEYER weisen darauf hin, daß dies in der kritischen sozialwissenschaftlichen Konzeption von Erziehungswissenschaft durch die Einbeziehung des Diskurs-Begriffes (im Gefolge der HABERMASschen Theorie der kommunikativen Kompetenz) ansatzweise geschehen, daß dadurch aber das Problem eher bezeichnet als gelöst sei. Als zentrale aktuelle Aufgabe bezeichnen es daher die Autoren (ebd.), „das pädagogische Handeln nicht nur technologisch als Problem der Wahl geeigneter Mittel und Wege, nicht nur historisch als faktische Folge von sozialen Rahmenbedingungen des Handelns, nicht nur ideologiekritisch als in seiner Absicht durch ‚falsches Bewußtsein' der Möglichkeit nach deformiert zu betrachten, sondern auch und vor allem als pädagogisch richtiges Handeln, dessen Richtigkeit erziehungs- und bildungstheoretisch begründet werden kann." Wichtig ist bei diesen Überlegungen, daß damit das begründende Verfahren selbst als ein wissenschaftlicher Diskussion zugängliches ausgewiesen ist.

Folgende Fragen wären als erziehungswissenschaftlich relevant in eine handlungsorientierte Konzeption beruflichen Verhaltens aufzunehmen:

- Argumentationsstrategien über Handlungszwecke (-ziele, -normen);
- Explikation des Handlungsbegriffs;
- Entwicklung des Konzeptes aus den Besonderheiten des pädagogischen Handelns.

MOLLENHAUER/RITTELMEYER schlagen vor, zu diesem Zweck vor allem Teile der neueren praktischen Philosophie (z. B. SCHWEMMER, 1978) in die Erziehungswissenschaft zu integrieren. Diese konstruktivistische Variante der praktischen Philosophie biete verschiedene Vorzüge, die z. B. die kritische Theorie nicht aufzuweisen habe, z. B. den, näher an dem zu liegen, „was im pädagogischen Handlungsfeld als ‚Beratung über Fragen nach Handlungszielen' stattfinden sollte" (ebd.).

Wenn demnach einerseits deutlich ist, daß die ethische Dimension des Lehrer-/Erzieherverhaltens als erziehungswissenschaftliches Thema noch einer detaillierten Ausarbeitung bedarf, so ist andererseits die Fragestellung selbst und ihre Lösbarkeit in den wissenschaftlichen Horizont eingerückt. Es besteht länger keine Veranlassung mehr, hier von einer gleichsam dezisionistischen (= Entscheidung um der Entscheidung willen) Ausweglosigkeit des Lehrers zu sprechen und auf die personale Setzung zu starren „wie das Kaninchen auf die Schlange" ... Die pädagogischen Leitvorstellungen des Lehrers, seine beruflichen Normen und Werte sind wissenschaftlich diskutierbar und gehören insofern nicht in die Sphäre des „Individuell-Privaten". Die Kritische Theorie der Frankfurter Schule (Diskurs-Begriff), die Handlungsforschung, der ideologiekritisch-politische Ansatz, die praktische Philosphie bieten schon derzeit Ansatzpunkte, das „Sollensproblem" des Lehrers wenigstens diskutier- und reflektierbar zu machen.

1.4: Wer sich der Mühe unterzogen hat, den oben skizzierten „Gang durch die Forschungslandschaft" zum Thema Lehrerverhalten mitzuvollziehen, dürfte vermutlich spontan der These BOKELMANNS (1970) zustimmen, daß es eine allgemeine Theorie des Lehrers/Erziehers derzeit noch nicht gibt. Zwar hat sich die erziehungswissenschaftliche Forschung seit nunmehr 80 Jahren mit dem Lehrer beschäftigt, zwar wurde - wie gezeigt – eine beinahe kaum noch überschaubare Materialfülle ausgebreitet, aber dabei wurde eine allgemeine Theorie des professionellen Verhaltens von Lehrern nicht einmal in Ansätzen sichtbar. Eher kann man im Gegenteil von einer Aufsplitterung in heterogene Einzelperspektiven und von einer Entwicklung etwa ebensovieler Einzeltheorien des Lehrerverhaltens sprechen.

Diese Theorien enthalten – das dürfte deutlich geworden sein – jede für sich durchaus bedenkenswerte und auch „richtige" Gesichtspunkte und Perspektiven des professionellen Lehrerverhaltens, sie haben auch wesentlich zu einem gewachsenen Problembewußtsein sowie – aufgrund des umfangreichen empirischen Materials – zu einer genaueren Kenntnis des Lehrers und seines Berufsverhaltens geführt, eine umfassende Theorie des Lehrerverhaltens, in die sich alle diese Einzelperspektiven einfügen ließen, ist dabei allerdings noch nicht einmal ansatzweise sichtbar geworden. So stehen wir heute vor dem Faktum

- eines umfangreichen empirischen Materials über den Lehrerberuf und das professionelle Verhalten;
- zahlreicher Einzelperspektiven und Teiltheorien zu dieser Frage mit sehr unterschiedlichen wissenschaftlichen Positionen;
- eines gewachsenen Interesses und gehobeneren Problembewußtseins für das, was man entsprechend allgemein „die Lehrerfrage" nennen könnte.

Filtert man aus all diesen Ansätzen und Teiltheorien sehr allgemeine Bestimmungsmerkmale des Lehrerberufs heraus, so zeigt sich ein Bild, das sich thesenartig und vereinfacht etwa so skizzieren läßt:

1. Der Lehrerberuf ist ein *akademischer Beruf,* zu dessen Ausübung ein wissenschaftlicher Referenzrahmen erforderlich ist. Neben den fachwissenschaftlichen benötigt der Lehrer sozialwissenschaftliche Spezialkenntnisse.
2. Der Lehrerberuf ist ein historisch gewachsener „*Kulturberuf".* Die von ihm geleistete Enkulturation der Heranwachsenden (= Bildung) dient der traditionsbezogenen Reproduktion des jeweiligen Kulturzusammenhangs (konservierende Grundfunktion der Schule).
3. Der Lehrerberuf ist ein „*Gesellschaftsberuf"* mit politischen, ökonomischen und sozialen Implikationen. Von daher ist das Interesse verschiedener gesellschaftlicher Gruppen an der Institution Schule und dem Verhalten der Lehrer legitim und verständlich.
4. Der Lehrerberuf ist ein ethischer *Sozialberuf* mit sozialpädagogischen, individualpsychologischen und therapeutischen Implikationen. Das Sozialisations-, Bildungs- und Berufsschicksal des einzelnen Schülers und seiner (Lern-)Gruppe wird durch das Lehrerverhalten maßgeblich determiniert.
5. Der Lehrerberuf ist ein *didaktischer Beruf,* der die planmäßige Organisation und Durchführung von Unterricht für fachlich-inhaltliches, soziales und psychomotorisches Lernen zu seinem Hauptzwecke macht. Insofern sind auf dieser primären Ebene die wissenschaftliche, kulturspezifische, gesellschaftspolitische und soziale Dimension des Berufs aufgehoben bzw. ständig präsent.
6. Der Lehrerberuf ist ein „*bürokratischer"* Beruf, da er neben seinen edukativen auch bürokratisch-kustodiale Tätigkeiten aufweist. Überdies ist

die Schule eine öffentliche Institution mit Zwangscharakter (= Schulpflicht), in der die Lehrer in verbeamteter Position unter staatlicher Kontrolle ihrem Broterwerb nachgehen.

Nun sind diese sechs Berufscharakteristika des Lehrers viel zu allgemein und in sich zu widersprüchlich, um als Bestimmungsgrund für eine handlungsorientierte Theorie des Berufsverhaltens zu dienen. Dennoch liefern sie zwei wesentliche Gesichtspunkte:

– Einmal verweisen sie nachdrücklich auf die Konfliktträchtigkeit und potentielle Widersprüchlichkeit des professionellen Lehrerverhaltens. Letztere ist offensichtlich strukturell im Berufsbild des Lehrers verankert und macht ein professionelles Selbstkonzept des Lehrers erforderlich (vgl. 1.6).
– Zum anderen kann kein Zweifel darüber bestehen, daß die didaktische Dimension schlechthin *das* zentrale Berufsmerkmal der Lehrerprofession darstellt, weshalb eine Theorie professionellen Lehrerverhaltens nur als eine didaktische begründbar ist (vgl. 1.5).

1.5: Die These von der Notwendigkeit, eine allgemeine Theorie des beruflichen Verhaltens von Lehrern als eine didaktische zu begründen, wird vor allem auch dadurch erleichtert, daß die didaktische Theoriebildung relativ weit entwickelt ist. Im Vergleich zum Stand der allgemeinen Schultheorie, der ADL-AMINI (1974) gar eine Existenzberechtigung glaubt gänzlich absprechen zu können, hat die didaktische Theoriebildung und Forschung in den letzten Jahren ständig an Bedeutung und Gewicht zugenommen (vgl. K. REICH, 1977; 1979). Bemerkenswert ist dabei neuerdings auch, daß die Vertreter der beiden wichtigsten Didaktik-Konzeptionen,

– der geisteswissenschaftlichen und
– der lehrtheoretischen (Berliner Didaktik),

theoretisch aufeinander zugegangen und gewisse Integrationen, Ergänzungen und Korrekturen vorgenommen haben, die so etwas wie eine didaktische Gesamttheorie in den Blick zu rücken beginnen.

Ein zweiter Grund, warum eine allgemeine Theorie des Lehrerverhaltens als eine didaktische konzipiert werden muß, ist der, daß heute unter Didaktik eine Theorie des Unterrichts im weitesten Sinne verstanden wird. Das heißt, daß Didaktik in einem breiten Spektrum

– die Voraussetzungen, Bedingungen und Folgen institutionell veranstalteter Unterrichtsprozesse untersucht, konzeptionell aufarbeitet und planbar macht, und daß sie sich

- dazu eines breiten und kritischen sozialwissenschaftlichen Konzeptes bedient, das es ermöglicht, alle 6 genannten Dimensionen (= Berufscharakteristika) des Lehrerberufs – angefangen von den wissenschaftlichen bis zu den bürokratischen – abzudecken.

Genau diese beiden Bedingungen aber wären auch an eine allgemeine Theorie professionellen Lehrerverhaltens zu stellen. Das nachfolgende Modell (vgl. Abb. 30) skizziert die Umrisse einer didaktischen Theorie des Lehrerverhaltens in fünf Klassen von Variablen:

1. Bedingungsfelder,
2. Handlungs-Entscheidungsfelder,
3. Handlungs-Entscheidungsdeterminanten,
4. Interaktionsmodi,
5. Primäre Berufsfunktionen/-tätigkeiten.

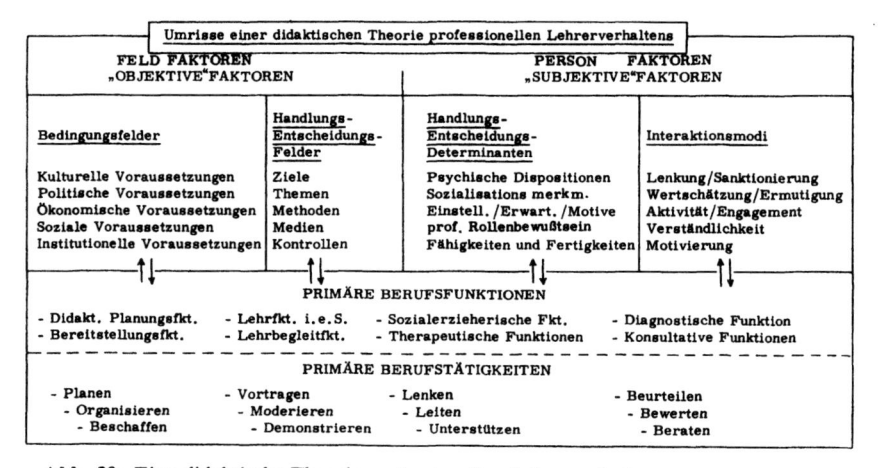

Umrisse einer didaktischen Theorie professionellen Lehrerverhaltens				
FELD FAKTOREN „OBJEKTIVE" FAKTOREN			PERSON FAKTOREN „SUBJEKTIVE" FAKTOREN	
Bedingungsfelder	Handlungs-Entscheidungs-Felder	Handlungs-Entscheidungs-Determinanten		Interaktionsmodi
Kulturelle Voraussetzungen Politische Voraussetzungen Ökonomische Voraussetzungen Soziale Voraussetzungen Institutionelle Voraussetzungen	Ziele Themen Methoden Medien Kontrollen	Psychische Dispositionen Sozialisations merkm. Einstell./Erwart./Motive prof. Rollenbewußtsein Fähigkeiten und Fertigkeiten		Lenkung/Sanktionierung Wertschätzung/Ermutigung Aktivität/Engagement Verständlichkeit Motivierung
PRIMÄRE BERUFSFUNKTIONEN				
- Didakt. Planungsfkt. - Bereitstellungsfkt.	- Lehrfkt. i.e.S. - Lehrbegleitfkt.	- Sozialerzieherische Fkt. - Therapeutische Funktionen		- Diagnostische Funktion - Konsultative Funktionen
PRIMÄRE BERUFSTÄTIGKEITEN				
- Planen - Organisieren - Beschaffen	- Vortragen - Moderieren - Demonstrieren	- Lenken - Leiten - Unterstützen		- Beurteilen - Bewerten - Beraten

Abb. 30: Eine didaktische Theorie professionellen Lehrerverhaltens

Es ist entstanden a) aus einer Synthese der vorliegenden Didaktik-Ansätze, unter besonderer Berücksichtigung des Berliner Didaktik-Modells, sowie b) einer Auswertung der vorliegenden Teiltheorien und Forschungsergebnisse zum Thema Lehrerverhalten. Das Modell wäre im einzelnen noch zu operationalisieren. Ansätze dazu finden sich aber in den verschiedenen Forschungsansätzen und Theorien zum Lehrerverhalten.

Für den vorliegenden Zusammenhang läßt sich das Modell zunächst als normatives Orientierungsraster zur Analyse der vorliegenden Forschungsansätze benutzen. Einseitigkeiten und Leerstellen, aber auch Schwerpunktbildungen sowie Ähnlichkeiten und Übereinstimmungen der verschiedenen Ansätze lassen sich klar herausarbeiten. Als Beispiele seien dazu herangezogen:

- der dimensions-analytische Ansatz von TAUSCH,
- der ideologiekritisch-politische Ansatz.

Es zeigt sich, daß der TAUSCHsche Ansatz vorrangig auf die Untersuchung der *Interaktionsmodi* in Abhängigkeit von verschiedenen Variablen (Determinanten) der im pädagogischen Feld agierenden *Handlungs-Entscheidungsträger* (Lehrer/Schüler) gerichtet ist. Demgegenüber unterbleibt die Beschäftigung mit den schulischen *Bedingungsfeldern* sowie mit den Problemen, die sich in den verschiedenen *Handlungs-Entscheidungsfeldern* ergeben. Entsprechend kann der TAUSCHsche Ansatz auch nur einige primäre *Berufsfunktionen* und *-tätigkeiten* aus einem spezifischen Blickwinkel analytisch und konstruktiv angehen: nämlich die sozialerzieherischen, die therapeutischen und die konsultativen Funktionen mit Tätigkeiten wie Lenken, Leiten, Unterstützen und Beraten. Erst später ist bei TAUSCH auch die Beschäftigung mit der Dimension „Verständlichkeit" hinzugekommen, die zu einer Operationalisierung der Lehrfunktion im eigentlichen Sinne – also der Vortragstätigkeit – geführt hat (Einfachheit, Ordnung, Prägnanz, Stimulanz). Damit zeigt sich ganz deutlich, daß der dimensions-analytische Ansatz ganz wesentliche, ja zentrale, Aspekte der schulischen Arbeitssituation des Lehrers ausklammert und unbearbeitet läßt.

Ein in Teilen gewissermaßen umgekehrtes Bild bietet dazu der ideologiekritisch-politische Ansatz. Er konzentriert sich nämlich auf die Analyse der *Bedingungsfelder* vor allem in bezug auf die *Handlungs-Entscheidungsdeterminanten*. Von den *Handlungs-Entscheidungsfeldern* interessieren ihn speziell Ziele und Themen, so daß ganz ähnlich wie im dimensions-analytischen Ansatz der eigentlich didaktische Aspekt des Lehrerverhaltens im ideologiekritisch-politischen Ansatz unbeleuchtet bleibt; dies sogar noch pointierter als beim dimensions-analytischen. Denn fragt man danach, welche primären didaktischen Funktionen und Lehrertätigkeiten dieser Ansatz analytisch erfassen und praktisch entwickeln will, so stößt man auf eine Fehlanzeige. Die wissenschaftlich/praktischen Intentionen sind beides zugleich: einerseits zu eng und begrenzt und andererseits und zugleich zu total und zu pauschal. Die Ziele der ideologiekritischen Systemanalyse und der Veränderung des Lehrerbewußtseins bieten daher für die Professionalisierung des Lehrerverhaltens zum einen zu viel, zum andern zu wenig an, als daß sie praktisch folgenreich wirken könnten. Daraus ist der Schluß zu ziehen, daß, wenn wissenschaftliche Konzepte zur Erforschung des Lehrerverhaltens konzeptionell nicht die didaktische Dimension im Auge behalten und theoretisch aufarbeiten, ein praktisch weitgehend folgenloses Ergebnis zwingend wird.

Im einzelnen sind – als „objektive" Faktoren – unter *Bedingungsfeldern* die kulturellen, politischen, ökonomischen, sozialen und institutionellen Voraussetzungen zu verstehen. Besonders die institutionellen (Berufsfeld; „Instituetik") sind im Rahmen der erziehungswissenschaftlichen Rezeption der Bürokratieforschung näher untersucht worden. Die geisteswissenschaftliche Pädagogik hat sich demgegenüber in historischen und bildungstheoretischen Studien vorrangig mit der Klärung der kulturellen Voraussetzungen des Lehrerhandelns in der Institution Schule beschäftigt. Zu den politischen, ökonomischen und sozialen Implikationen hat – wie gezeigt – der ideologiekritisch-politische Denkansatz eine eigene Perspektive beigesteuert.

Die sechs *Handlungs-Entscheidungsfelder* (Ziele, Themen, Methoden, Medien, Kontrollen) sind – wie oben dargelegt – Gegenstand der didaktischen Theoriebildung geworden. In den letzten Jahren wurde dabei verstärkt auf den Zusammenhang eines intensiveren Medieneinsatzes mit der Professionalisierung des Lehrerverhaltens hingewiesen.

Als *Handlungs-Entscheidungsdeterminanten* sind die subjektiven Faktoren bei Lehrern wie Schülern anzusehen. Die Lehrerverhaltensforschung hat hier zweifellos einen Schwerpunkt gesetzt und die psychischen Dispositionen des Lehrers, sein Sozialisationsschicksal, seine Einstellungen, Erwartungen und Motive, sein Berufsrollen-Bewußtsein sowie seine geistigen Fähigkeiten und Fertigkeiten (= Verhaltensweisen) genauer untersucht. Einige Forschungsansätze sind dabei von einem Konzept abgerückt, das ständig den Lehrer al unabhängige Variable im Unterricht betrachtet und haben den Schüle gleichzeitig mit in den Blick gerückt. Die so entstandene Interaktions-Situatior ist der Gegenstand interaktionistischer und kommunikationstheoretischer Ansätze. Auch die Schüler als Handlungs-Entscheidungsträger anzusehen, ihre psychischen Dispositionen, ihr Sozialisationsschicksal, ihre Einstellungen, ihr Rollenbewußtsein und ihre Fähigkeiten und Fertigkeiten zu untersuchen und zu beschreiben und als Determinanten des Lehrerverhaltens zu betrachten, schafft zugleich ein kritisches Korrektiv für sowohl eine Systemanalyse des jeweiligen Systems wie des konkreten Lehrerverhaltens (Welche Entscheidungs- und Handlungsmöglichkeiten eröffnet das jeweilige System und der jeweilige Lehrer den Schülern?). – Besonders der lernpsychologische Ansatz hat aus dem Blickwinkel der Schülerperspektive Fragen des Lehrerverhaltens kritisch-konstruktiv behandelt.

Das Feld der *Interaktionsmodi,* der Arten und Weisen, wie Lehrer und Schüler im Unterricht miteinander umgehen, ist vorrangig Gegenstand sozialpsychologischer und gruppendynamischer Untersuchungen. Wie gezeigt, hat der dimensions-analytische Ansatz TAUSCHS hier einen Schwerpunkt gesetzt. Es wurde herausgearbeitet, daß die Art wie der Lehrer lenkt und sanktioniert, wie wertschätzend, aktiv, engagiert, verständlich und motivierend er agiert, von ausschlaggebender Bedeutung für das Unterrichtsklima und damit den Lernerfolg der Schüler ist. Von besonderer Wichtigkeit ist hier auch das Modellverhalten des Lehrers sowie das Ausmaß an Reversibilität, das er in seinem Verhalten entwickelt.

Die fünfte und letzte Ebene der *primären Berufsfunktionen* und *Berufstätigkeiten* bringt die objektiven und subjektiven Seiten des Lehrerverhaltens zu einer Synthese. Im konkreten Tätigwerden verwirklicht sich der Lehrer als beruflich Handelnder, aber zugleich tut er das im Rahmen objektiver Bedingungen und gesellschaftlicher sowie institutioneller Aufgabenstellungen. Indem der Lehrer das pädagogische Feld als ein didaktisches sinnstiftend und wertsetzend konstituiert, um in ihm beruflich tätig zu werden, schafft er zu einem großen Teil die Bedingung der Möglichkeit seiner eigenen Professionalisierung.

1.6: Mit diesem letzten Gedanken ist ein übergreifendes Problem jedes sozialwissenschaftlichen Professionalisierungsansatzes angesprochen. Dieses lautet: Die sozialwissenschaftlich zu fundierende Professionalisierung der Lehrer ist weder administrativ noch wissenschaftlich von oben zu verordnen. Sie ist letztlich nur von einer Lehrerschaft in Gang zu bringen, die aus sozialem Engagement heraus eine dauerhafte Professionalisierungsbereitschaft entwikkelt. Zwar wäre es eine Vereinseitigung und Überforderung, würde man die Verantwortung für die Schul- und Unterrichtsbedingungen allein den Lehrern aufbürden. Andererseits kann aber kein Zweifel daran bestehen, daß jeder einzelne Lehrer durch die von ihm täglich hergestellten konkreten Lern- und Unterrichtsbedingungen die entscheidenden Voraussetzungen für ein professionelles, d. h. sozial verantwortliches, Berufsverhalten jeweils neu schafft.

Wenn in dem vorliegenden Buch immer wieder davon die Rede war, daß der Lehrerberuf als ein akademischer Beruf anzusehen ist und sich infolgedessen an wissenschaftlichen Kriterien zu orientieren habe, so konnte das vernünftigerweise nur bedeuten, daß jeder einzelne Lehrer sich in ständiger Auseinandersetzung mit den Sozialwissenschaften ein eigenes berufliches Selbstkonzept erarbeiten muß. Dabei bedarf er zweifellos der Kommunikation und Kooperation mit seinen Kollegen. Teamarbeit, Teamteaching, gegenseitige Hospitation und Beratung, Austausch von Unterrichtsmaterialien usw. schaffen jenes soziale Feedback, das zur (eigenen) Kontrolle des beruflichen Selbstbildes und Selbstkonzeptes erforderlich ist.

Keinesfalls aber ist daran zu denken, ein wie auch immer geartetes „allgemeingültiges" oder verbindliches Berufskonzept des Lehrers wissenschaftlich abzusegnen oder vorzuschreiben. In einem freiheitlichen sozialen Rechtsstaat ist der – in Grenzen – freie und sozial verantwortliche Lehrer das einzig glaubhafte Modell für die heranwachsende Generation; dies selbst dann noch, wenn dabei bisweilen Schlendrian oder selbstherrliches Gutdünken oder persönlichkeitsspezifisches Privatisieren vorkommen. Diese relative pädagogische Freiheit ist jedenfalls unteilbar. Lehrer sollten sie zum Aufbau eines realistischen kriterienorientierten beruflichen Selbstkonzeptes nutzen. Wir wissen zwar, daß ein „guter" Lehrer

– zunächst einmal didaktisch interessanten Unterricht realisieren können muß,
– sodann ein grundständiges Interesse an den Schülern als Personen entwickeln und in der Lage sein muß, einen entsprechenden Umgang zu pflegen,
– fachlich versiert sein und
– vielseitige kulturelle Interessen haben sollte,

doch sind die Zeiten vorbei, in denen man dies als Idealbild den Lehrern abstrakt vorhalten konnte. Die Voraussetzungen wie die konkrete Ausfüllung hat der einzelne Lehrer selbst zu schaffen; eine sozialwissenschaftlich ausgerichtete Erziehungswissenschaft mit Handlungsorientierung hat ihm dabei ständig behilflich zu sein. In der Auseinandersetzung mit ihr, in Kooperation mit den Kollegen und auf der Grundlage einer akzeptablen Unterrichtsarbeit kann der Lehrer dafür sorgen, daß professionelles Verhalten nicht nur eine kurze Episode etwa der „von oben" kontrollierten 2. Ausbildungsphase mit oft nur aufgesetzten Schaustunden gewesen ist. Er wird dann auch erkennen, daß eine kompetente und befriedigende Berufsarbeit erst sicherstellt, daß seine psychische Spannkraft, Lebendigkeit und Gesundheit erhalten bleiben.

Dabei ergibt sich aus dem vorgelegten Modell vor allem, daß der Lehrer seinen Beruf nur angemessen ausfüllen kann, wenn er jene Vielseitigkeit entwickelt, die es ihm ermöglicht, in seiner Praxis eine relative *Ausgewogenheit* zwischen den im Lehrerberuf geforderten Aufgaben, Funktionen und Tätigkeiten herzustellen. Es geht z. B. schwerlich an, daß ein Lehrer die thematische (= fachlich-inhaltliche) Aufgabe verabsolutiert, sich etwa als „reiner" Fachmann für Mathematik begreift und sein didaktisches, sozialerzieherisches und gesellschaftspolitisches Aufgabenfeld ganz einfach aus seinem Berufsbild ausblendet. Die Freiheit des Lehrers – Akzente zu setzen, sein Berufskonzept zu entwickeln – findet seine Grenze an den allgemeinen Aufgaben des Lehrerberufs, wie sie im vorgelegten Modell einer Theorie professionellen Lehrerverhaltens angedeutet sind.

Wenn die vorliegende Darstellung an vielen Stellen kritisch auf den derzeit noch unbefriedigenden Professionalisierungsstand der Lehrerschaft abgehoben hat, so ist abschließend die selbstkritische Frage nach dem Professionalisierungsstand der Praxis neuerer Erziehungswissenschaftler selber zu stellen, die für den Wissenschafts- und universitären Ausbildungsbetrieb verantwortlich sind. Sie bieten für alle angehenden Lehrer selbst ein erstes didaktisches Modellverhalten. Der Schlendrian ihrer eigenen Hochschuldidaktik, ihre oft esoterische Sprache mit dem schwer verständlichen Wissenschaftsjargon, ihre Praxisferne etc. sind es, die mit dafür verantwortlich zu machen sind, daß Lehrer kaum regelmäßig wissenschaftliche Zeitschriften und Bücher lesen oder nur wenig Bereitschaft zeigen, sich selbst engagiert am wissenschaftlichen Diskussionsprozeß zu beteiligen. Daher hat eine kritische Sozialwissenschaft immer zuerst eine selbstkritische Haltung einzunehmen. Insofern also ist eine wesentliche Voraussetzung für Fortschritte auf dem Professionalisierungssektor der Lehrer eine analoge Entwicklung auf dem für die Lehrerausbildung zuständigen Felde der Wissenschaft.

Zusammenfassung:
1. Drei pädagogische Theoriebegriffe sind allgemein zu unterscheiden. Ihnen ordnen sich mindestens fünf relevante Theorietypen zu (vom hermeneutisch-spekulativen bis zum eklektisch-konstruktiven Theorietyp).
2. Eine Theorie professionellen Lehrerverhaltens sollte sich dem eklektisch-konstruktiven Theorietyp als dem derzeit entwickeltsten zuordnen. Ihm eignet überdies ein grundständiger Handlungsbezug.
3. Eine Theorie professionellen Lehrerverhaltens ist als eine erziehungswissenschaftliche Partial- oder Teiltheorie anzusehen. Sie ist nur in enger Verbindung mit der Schul- und Unterrichtstheorie zu konzipieren, mit der sie letztlich zusammenfällt.
4. Daher ist eine Theorie des Lehrerverhaltens nur als eine didaktische Theorie formulierbar, die ihrerseits umfassend und entsprechend weit genug entwickelt ist.
5. Die Zwecke einer Theorie des Lehrerverhaltens sind: Entwurf eines Lehrerbildes, handlungswissenschaftliche Unterstützung, Prozeß- und Produktprognosen, Orientierung der Ausbildung und der Forschung.
6. Eine Theorie professionellen Lehrerverhaltens gehört zur Kategorie der multidimensionalen Schultheorien und hat sowohl „objektive" wie subjektive Aspekte des Lehrerhandelns einzubegreifen.
7. Eine Theorie professionellen Lehrerverhaltens hat von der grundlegenden mehrfachen Widersprüchlichkeit der beruflichen Situation auszugehen, weshalb ihr die Aufgabe zufällt, sinnstiftend zu wirken und einen ganzheitlichen Rahmen zu schaffen, aus dem heraus der Lehrer glaubhaft wirken kann. Diese ethische und professionelle Leistung ist wissenschaftlich stützbar.
8. Als allgemeine Bestimmungsmerkmale des Lehrerberufs, die für eine Theorie des Lehrerverhaltens grundlegend zu sein haben, müssen gelten:
   – Akademischer Beruf
   – „Kulturberuf"
   – „Gesellschaftsberuf"
   – Sozialberuf
   – Didaktischer Beruf
   – Bürokratischer Beruf
9. Eine didaktische Theorie professionellen Lehrerverhaltens hat zwei Faktorengruppen – „objektive" sowie subjektive – und sechs Klassen von Variablen voneinander zu unterscheiden, von denen die fünfte und sechste die primären Berufsfunktionen und -tätigkeiten des Lehrers (als sowohl den objektiven wie subjektiven Faktoren zugehörig) aufweisen.

10. Das vorgestellte Modell läßt sich normativ-analytisch an vorliegende Forschungskonzepte anlegen.
11. Das Konzept einer wissenschaftlichen Professionalisierung des Lehrers ist letztlich nur als kritisches Selbstkonzept umsetzbar.

Fragen und Denkanstöße:
1. In den Sozialwissenschaften – darauf wurde am Beginn dieses Kapitels hingewiesen – existieren unterschiedliche Theoriebegriffe je nachdem, welchen Grundansatz man vor sich hat. – Bitte vergleichen Sie den Theoriebegriff, wie er in den empirischen Sozialwissenschaften vorkommt, mit dem des gesellschafts- bzw. ideologiekritischen Ansatzes (z.B. der Frankfurter Schule)! Verwenden Sie dazu die folgende Literatur: 1. ATTESLANDER, P.: Methoden der empirischen Sozialforschung. Berlin/New York 1975. 2. ULICH, D. (Hrsg.): Theorie und Methode der Erziehungswissenschaft. Weinheim/Basel 1972!
2. Das vorliegende Kapitel stellt die These auf, daß eine allgemeine Theorie professionellen Lehrerverhaltens nur als didaktische Theorie konzipierbar sei und daher letztlich mit einer Theorie der Schule und des Unterrichts zusammenfalle. Diskutieren Sie diese These, und stellen Sie alle Argumente zusammen, die für bzw. gegen diese These sprechen!
3. Untersuchen Sie mit Hilfe des vorgelegten Modells „Umrisse einer didaktischen Theorie professionellen Lehrerverhaltens" zwei der weiter oben dargestellten Forschungsansätze zum Thema Lehrerverhalten (z.B. den psychoanalytischen und den des Symbolischen Interaktionismus)! Vergleichen Sie die beiden Ansätze untereinander hinsichtlich des Bildes, das sich aus der Modell-Analyse ergeben hat!
4. Konstruieren Sie ein Ausbildungskonzept für Lehrer auf der Grundlage des vorgelegten Modells „Umrisse ...", das vielseitig genug wäre, jene Kompetenzen hervorzubringen, die im Modell skizziert sind!
5. Diskutieren Sie kritisch die Frage, welche Konsequenzen sich für Ihre eigenen aktuellen Ausbildungsbedingungen aus dem hier vorgelegten didaktischen Professionalisierungskonzept ergeben! Stellen Sie ein Thesenpapier zusammen und diskutieren Sie dieses mit ihren Hochschullehrern bzw. Seminarleitern!
6. Im Text ist davon die Rede, jeder Lehrer müsse auf der Grundlage einer ausgewogenen Gesamtperspektive des Lehrerberufs sich ein eigenes professionelles Selbstkonzept erarbeiten. Formulieren Sie einmal in Ansätzen Ihr eigenes Konzept, so wie es Ihnen sich derzeit darstellt! Gehen Sie dabei aus von den Motiven, die Sie zur Wahl des Lehrerberufs bewogen haben, und setzen Sie da Akzente, wo sie Ihrer Auffassung nach besonders wichtig sind! Das so entstandene individuelle „Berufsprofil" sollte unbedingt mit (Studien-) Kollegen diskutiert werden!

Basisliteratur:
Die Theorie-Praxis-Diskussion in der Erziehungswissenschaft. 15. Beiheft der Zeitschrift für Pädagogik. Weinheim/Basel 1978.

Zusatzliteratur:
DE CORTE, E. u. a.: Grundlagen didaktischen Handelns. Weinheim/Basel 1975.

Nachtrag 1: Die Relativierung des Gegenstandes „Lehrerverhalten"

Das in der vorliegenden Arbeit vorgetragene Professionalisierungskonzept zum Berufsverhalten von Lehrern verlangt einige Relativierungen und Ergänzungen, ohne die der Ansatz zu Recht als zu starr und zu wenig differenziert kritisiert werden müßte. Diese Relativierungen sind:

- Situativer Kontext und Handlungsdruck
- Wissenschaftlichkeit als Strategie mittlerer Genauigkeit
- Unstetige Formen in der Erziehung
- Der Lehrer als Persönlichkeit
- Das Problem der Überforderung

Situativer Kontext und Handlungsdruck: An verschiedenen Stellen der vorliegenden Arbeit wurde darauf hingewiesen, daß der Lehrer in seinem Beruf nicht im luftleeren Raum tätig ist, sondern in oft sehr spezifisch gelagerten situativen Kontexten steht und bisweilen zum raschen Handeln „verurteilt" ist. Diese beiden Faktoren relativieren jedes Professionalisierungskonzept, machen es aber zugleich auch wieder besonders dringlich. Kann der Lehrer überhaupt in ständig wechselnden Situationen durchgängig reflektiert und orientiert entscheiden und handeln? Dies muß zunächst aus zwei Gründen bezweifelt und verneint werden:

- Zum einen zeichnen sich viele Entscheidungs- und Handlungssituationen dadurch aus, daß sie oft nur Sekundenbruchteile zur Überlegung bieten.
- Zum andern ist das Handlungswissen, das die kritischen Sozialwissenschaften bereithalten, keineswegs von einfacher Zugänglichkeit, Griffigkeit und direkter Umsetzbarkeit. Vielmehr ist es in vielen Fällen so, daß der Lehrer erst „ex-post-factum" – nachträglich – Erkundungen und Klärungen herbeiführen kann, sich erst auf deren Grundlage überlegt entscheiden könnte. Allerdings ist die Situation dann längst nicht mehr gegeben ...

So sprechen schon diese beiden Gesichtspunkte gegen ein nahtloses, durchgängiges Orientieren des Lehrerverhaltens an Reflexion und Wissenschaftlichkeit. Allerdings sind zunächst drei Gegeneinschränkungen erforderlich:

- Zeitgewinn durch defensives Lehrerverhalten,
- Ersatzhandlungen mit Korrekturmöglichkeiten,
- „Vertagungs"- und „Verschiebungstechniken".

Gerade wenn nämlich die beiden oben genannten Einschränkungen für ein professionelles Lehrerverhalten zu machen sind, gilt es, die genannten drei Techniken in das Verhaltensrepertoire des professionellen Lehrers/Erziehers aufzunehmen. Sie ermöglichen es nämlich, den Bewegungsspielraum des Lehrers zugunsten eines „Mehr" an Überlegung zu erweitern. Sie sollten daher systematisch entwickelt und in der Lehrerausbildung aufgebaut werden.

Zwei weitere Gesichtspunkte kommen hinzu:

- Abgelaufene wichtige Interaktionsprozesse können nachträglich aufgearbeitet und dadurch Kriterien für eventuell ähnlich gelagerte zukünftige Situationen gewonnen werden.
- Dadurch würde auch „Material" für ein maßvolles, „reflektiertes" Routinehandeln bereitgestellt, das wohl in jdem Beruf im positiven Sinne vorkommt und sinnvoll angewendet werden kann.

Erst wenn die genannten Gesichtspunkte allerdings berücksichtigt und die aus ihnen sich ergebenden Handlungsmöglichkeiten des Lehrers ausgeschöpft sind, stößt das Professionalisierungskonzept an eine Grenze, die es festzuhalten gilt. – Freilich darf aber auch nicht übersehen werden, daß nur ein begrenzter Teil der Entscheidungen und Handlungen des Lehrers unter situativem Handlungsdruck erfolgen, man insofern also keineswegs von einer ausweglosen Situation des Lehrers sprechen kann.

Wissenschaftlichkeit als Strategie mittlerer Genauigkeit: Das berufliche Verhalten des Lehrers vollzieht sich in einem sozialen Feld und sein wissenschaftlicher Referenzrahmen wird gebildet durch die Erziehungswissenschaft als einer kritischen Sozialwissenschaft. Damit ist von vornherein ein begrenztes Maß an Genauigkeit gegeben. Zwar haben auch die Naturwissenschaften ein entsprechendes Problem, doch dürfte dieses auf einer anderen Ebene liegen. Dies zeigt sich etwa daran, daß es einen Gesetzesbegriff, wie er in den Naturwissenschaften vorkommt, in der Erziehungswissenschaft nicht gibt. Damit kann aber auch ein wissenschaftlich orientiertes Verhalten nur Anspruch auf einen Grad mittlerer Genauigkeit erheben (Vgl. dazu Nachtrag 2!).

Hinzu kommt, daß sich zwischen die nur relativ genauen sozialwissenschaftlichen Daten – wie sie die Erziehungswissenschaft bereithält – und dem handelnden Umsetzen des Lehrers immer die sinnstiftende Interpretation schieben muß. Ein bewußtloses „Anwenden" bestimmter, vorgeblich gesicherter wissenschaftlicher Erkenntnisse kann es im sozialwissenschaftlichen Handlungsvollzug nicht geben. „Interpretation" und „wertorientierte Entscheidung" prägen somit das kriterien-orientierte berufliche Handeln des Lehrers und lassen von vornherein nur einen mittleren Grad an wissenschaftlicher Exaktheit zu. So ist es durchaus denkbar, daß ein und dasselbe Untersuchungsergebnis von verschiedenen Lehrern in ähnlichen Situationen zum Ausgangspunkt unterschiedlicher Verhaltensweisen genommen wird. Das liegt überdies an dem Umstand, daß es – streng genommen – im sozialwissenschaftlichen Feld eine Wiederholung identischer Situationen schon wegen des Zeitkontinuums nicht geben kann. Selbst empirisch gewonnene Daten sind so nur begrenzt heranziehbar, da sie – wiederum streng genommen – nur gültig sein können für die Erhebungssituation.

Unstetige Formen in der Erziehung: Über die an dieser Stelle zu diskutierende Frage hat insbesondere die geisteswissenschaftliche Pädagogik nachgedacht (BOLLNOW, 1959; SPRANGER, 1962). Sie hat darauf hingewiesen, daß Erziehung als existentielles, ethisches Handeln stets risikobehaftet ist und als Wagnis das Moment des Scheiterns in sich birgt. Voraussagen über erzieherische Prozeßverläufe sind von daher immer nur Vermutungen; das zielgerichtete Handeln des Lehrers/Erziehers ist in diesem Sinne stets ein mehr oder weniger begründetes Probehandeln mit ungewissem Ausgang. Die Heranwachsenden können sich entwickeln und verändern, sich z. B. sperren, können mißtrauisch reagieren oder gar sich innerlich abwenden. Da der Lehrer es nicht mit einem objektivierbaren Material, sondern mit handelnden Subjekten zu tun hat, ist jede berufliche Situation mit dem Odium des Unvorhersehbaren belastet. Der plötzliche Ungehorsam, die Lüge, der Haß, die Aggression sind dabei ebenso Gegenstand der Erörterung wie die spontane Einsicht, die Zuneigung, die Hilfsbereitschaft und das Verständnis. Alle diese Phänomene können im Interaktionsprozeß urplötzlich auftreten und „Sprünge" im pädagogischen Ablauf verursachen, die von keiner sozialwissenschaftlichen Analyse antizipiert, geschweige denn vom professionell handelnden Lehrer vorausgeahnt oder planbar „gestaltet" werden können. Unter dem Stichwort vom „Gesetz der ungewollten Nebenwirkungen in der Erziehung" hat E. SPRANGER (1962) genau diesen Sachverhalt diskutiert (Vgl. dazu auch Nachtrag 2 über das Technologiedefizit der Pädagogik!).

Kriterienorientiertes Verhalten kann daher in diesem Sinne immer nur nachgehendes Verhalten sein, also sich analytisch ständig korrigierendes, auf die neu entstandene Lage flexibel sich einstellendes Verhalten. Der von den geisteswissenschaftlichen Pädagogen so genannte „pädagogische Takt" des Lehrers – als ethisch begründetes Feingefühl (= Empathie; = Reversibilität, = Dimension Wertschätzung) – findet hier seine sachliche Entsprechung im „sozialen Gegenstand". Ähnliche Phänomene wie im bezeichneten sozial-emotionalen Bereich lassen sich zweifellos auch für den kognitiven nachweisen: der fruchtbare Moment im Bildungsprozeß, das Aha-Erlebnis, der kreative Einfall, aber auch die Blockade, die Denkhemmung, das Unverständnis usw. kommen hier in Betracht.

Für beide Bereiche folgt daraus eine klare Grenzlinie zum hier vertretenen Konzept einer reflexiven Wissenschaftsorientierung. Zugleich entsteht als Forderung an den Lehrer die nach einer prinzipiellen *Offenheit*, bei der Engagement und innere Distanz, Orientierung des Verhaltens und Bereitschaft zur Revision in gleichem Maße beteiligt sind.

Diese hier als „Offenheit" bezeichnete Disposition des Lehrers muß gleichsam zur dauernden Verhaltensbereitschaft werden, wenn die einzelnen Aktionen, Reaktionen und Maßnahmen so ausfallen sollen, daß sie konvergierend den Ablauf des Lernprozesses sichern. „Der Lehrer soll bewußt über jene Fähigkeit verfügen, die ich den ‚lockeren Haltungswechsel' nennen möchte. Es liegt ja im Wesen unseres Schulsystems, daß auch der psychisch gesunde Lehrer sehr oft und ausgiebig als Pedant, als Affektunterdrücker usw. auftreten muß. Nun hängt aber alles davon ab, ob er sich mit dieser Haltung identifiziert oder ob er sie nur wie eine Rolle annimmt und so oft als möglich wieder durchbricht ... Indem die Schule den lockeren Haltungswechsel erschwert, macht sie ihn gerade dadurch zu einem fesselnden Problem." (MÜLLER-BEK, 1958, S. 62) Die Lösung dieses Problems ist die entscheidende Aufgabe einer *Psychohygiene* des Lehrerberufs.

In deren Mittelpunkt, das ergibt sich aus dem Gesagten, wird die Frage zu stehen haben, wie die Kontaktfähigkeit des Lehrers als Offensein für Sachbeziehungen und Menschen in der tätglichen Berufsarbeit zu bewahren ist. Kontaktschwierigkeiten sind denn auch das entscheidende Berufsproblem des Lehrers. Nach W. TOCHTERMANN (1954) steht in der psychotherapeutischen Praxis von allen Berufszweigen mit Abstand der Lehrerberuf im Vordergrund, wobei Kontaktstörungen die Hauptursachen sind. ENGELMAYER (1968, S. 78) stellt dazu fest: „Die Zerrüttung der Führungskontakte kann ... von der Seite des Kontaktes, der keine Distanz kennt, oder von der Distanz, die sich nicht mehr im Kontakt hält, eingeleitet sein." Weder ist daher distanzloser Kontakt noch kontaktlose Distanz für den Lehrer auf die Dauer ohne Schaden für seine psychische Gesundheit und damit sein Berufsverhalten tragbar. Die Gefahr ist dann groß, daß der Lehrer zur „authoritarian personality" (ADORNO u. a., 1950) deformiert. Die dabei sich ergebende Rigidität des Verhaltens ist wesentlich dadurch gekennzeichnet, daß sie weder durch einzelne Persönlichkeitsmerkmale des Lehrers noch durch spezifische äußere Situationsmerkmale durchbrochen werden kann (vgl. R. u. A.-M. TAUSCH, 1965/2, S. 81). Dies aber muß vom Standpunkt einer berufsorientierten Interpretation des Lehrerverhaltens höchst unerwünscht sein. Die Zweckrationalität des Berufsverhaltens kann nicht gewährleistet sein, wenn der Lehrer in eigenen Persönlichkeitsproblemen befangen, starre Verhaltensschemata reproduziert.

Der Lehrer als Persönlichkeit: Mit diesem Gesichtspunkt ist die Gefahr eines jeden wissenschaftlichen Professionalisierungskonzeptes verbunden, die einzelne Lehrerpersönlichkeit zugunsten einer wissenschaftlichen Gerichtetheit aller einzuebnen. Damit ist die Möglichkeit gegeben, daß Professionalisierung mißverstanden wird als der wissenschaftliche Versuch, alle Lehrer „über einen Kamm" zu scheren; für alle einheitlich geltende Verhaltensrichtlinien auszuarbeiten und vorzuschreiben, die keinen Raum mehr für individuelle Gestaltung, kreativen Unterricht, unkonventionelle Erzieherarbeit usw. lassen. Eine solche Entwicklung wäre mißlich, gefährlich und obendrein überflüssig.

Denn obgleich es sicherlich grundlegende und „gesicherte" – insofern also von jedem Lehrer zu beachtende – wissenschaftliche Erkenntnisse gibt, so muß doch jeder Lehrer die für seine Situation und seine Systembedingungen, aber auch „seine" Schüler geeigneten Mittel und Wege zu ihrer Realisierung im Detail finden und beschreiten. Detaillierte Kenntnisse, z.B. über die Existenz verschiedener Lerntypen bei den Schülern, macht für jeden professionellen Lehrer eine didaktische Differenzierung des Unterrichts sowie einen strukturierenden Medieneinsatz zur Aufgabe. Jedoch *wie* diese im einzelnen akzentuiert und gestaltet werden, muß der Lehrer für seine Bedingungen selbst herausfinden und entsprechend verantwortlich handeln. Zwar kann er schwerlich aus eigenem Gutdünken die grundlegenden lernpsychologischen Sachverhalte leichtfertig in den Wind schlagen, soll sein Verhalten professionell genannt werden können, jedoch bleibt ihm in der konkreten Realisation genügend Raum für eine individuelle Ausgestaltung des didaktischen Rahmens.

Eigenheiten seiner Persönlichkeit sind im übrigen nur dann überhaupt zu problematisieren, wenn sie die Lehr-/Lernprozesse des Unterrichts nachhaltig negativ belasten. Der verantwortliche Lehrer wird hier ernstlich Verhaltenskorrekturen bei sich ins Auge fassen müssen und sich nicht auf unveränderbare subjektive Merkmale zurückziehen als vorgeblich statische subjektive Konstanten.

Das Problem der Überforderung: Reflektiertes professionelles Verhalten bringt den Lehrer in eine spezifisch zwiespältige Situation, die man dadurch kennzeichnen kann, daß sie ihm ständig eine gleichsam doppelte Anwesenheit abnötigt. Zum einen nämlich muß der Lehrer handeln, zugleich und andererseits aber muß er sich als Handelnder reflektieren, um sich nach erarbeiteten Kriterien steuern zu können.

Da nun aber unterrichtliche und erzieherische Interaktionsprozesse immer auch den „ganzen" Menschen erfordern, Ernstcharakter aufweisen, Spontanreaktionen auslösen, Betroffenheit stimulieren können etc., ist der Lehrer durch die Professionalisierungsforderung eigentlich immer wieder überfordert. Er steht ständig vor der Notwendigkeit, gleichsam reflektierte Spontaneität zu zeigen, zu handeln und dieses Handeln zugleich zu bedenken. Es zeigt sich so, daß der Lehrerberuf ein in mehrfacher Hinsicht intellektueller Beruf ist, nicht nur hinsichtlich der Vermittlung intellektueller Gegenstände im Lehr-/Lernprozeß.

Überblickt man nun insgesamt die bislang behandelten fünf Relativierungen eines wissenschaftlich orientierten Professionalisierungskonzeptes, so stellt sich die Frage, ob sie zusammengenommen eine ernsthafte Gegenposition begründen können, die zum gänzlichen Fallenlassen der bezogenen Position nötigt.

Diese Schlußfolgerung jedoch kann nachdrücklich zurückgewiesen werden. Denn ein Sich-Klar-Werden über die Grenzen der Orientierungsmöglichkeiten, über die nur relative Belastbarkeit und Tragfähigkeit des bezogenen Standpunktes muß diese Position nicht notwendig nur schwächen, kann sie vielmehr auch festigen und sicherer machen.

Zunächst ist deutlich auszusprechen, daß zu einem wissenschaftlichen Berufsbild des Lehrers auch der „ungesicherte Schritt" in Neuland hinein, der auf Hypothesen fußende eigene Versuch, das begründete und vorsichtig gehandhabte Experiment, die selbständig ausgearbeitete und weiterentwickelte eigene didaktische Konzeption etc. gehören. Wissenschaftliche Professionalisierung des Lehrers heißt so nicht nur rezeptive Orientierung (= Reaktion) auf immer schon ausgearbeitete theoretische Positionen, sondern heißt auch eigenständiges Theoretisieren und projektives Reflektieren. Damit ist der Lehrer – in Grenzen – auch auf die „eigenen Beine" gestellt, kann – ja muß – seine eigenen unterrichtlichen und erzieherischen Maßnahmen und Verhaltensweisen als hypothetische Vorgaben nehmen, die sich jeweils neu empirisch zu erweisen und zu bestätigen haben oder aber zu revidieren sind.

Ein zweiter Gedanke ist der folgende: Wer nicht gänzlich auf die Notwendigkeit einer Orientierung auch des beruflichen Verhaltens von Lehrern verzichten will, der kann schwerlich von der Position der bezeichneten Relativierungen ausgehen, wohl aber sich in einem zweiten Schritt auf sie hinbewegen. Lehrer – zumal Junglehrer – benötigen wie andere Professionelle zunächst einmal Orientierungslinien, Grundkonzepte, praktikables Handlungswissen, bevor sie sich auf die Begrenztheit, Relativität, Unauslotbarkeit, nur teilweise Planbarkeit usw. ihres beruflichen Tuns ernsthaft einlassen (können). Vielleicht ist es so, daß „defensives Lehrerverhalten", „pädagogischer Takt", „professionelle Orientierung" nur andere Bezeichnungen für einen geistigen Habitus des Lehrers sind, der sich erfolgreich zwischen hypertrophem Machbarkeitswahn auf der einen und resignativer Passivität auf der anderen Seite zu behaupten vermag.

Basisliteratur:
GIESECKE, H.: Pädagogik als Beruf. Weinheim/München 1987.

Zusatzliteratur:
ROTH, H.; BLUMENTHAL, A.: Freiheit und Zwang der Lehrerolle. Hannover u. a. 1975.

Nachtrag 2: Professionalisierung und das prinzipielle Technologiedefizit der Pädagogik

Bereits im Vorwort dieses Buches war davon die Rede, daß Professionalisierung des Lehrerverhaltens nicht darauf abzielt, den Lehrer dafür zu qualifizieren, bestimmte Theorien in einem technologischen Sinne auf Lernende bloß *anzuwenden*, sondern daß das Ziel vielmehr ist, den Lehrer zum wissenschaftlich begründeten *Theoretisieren* zu qualifizieren und zu ermutigen. Die Begründung für diese Position liegt in einem prinzipiellen Technologiedefizit der Pädagogik beschlossen, das auch die Verwendung des naturwissenschaftlichen Gesetzesbegriffs in sozialen Kontexten ausschließt. Es geht also darum, einerseits einen platten Begriff von Technologie mit den Implikationen Monokausalität und simplifizierendem Mittel-Zweck-Denken *abzuwehren* und *zurückzuweisen*, andererseits aber an einem „vernünftigen" Technologiebegriff *festzuhalten*. Professionalisierung des Lehrerverhaltens als Konzept bedarf also der Reformulierung des Technologieproblems für die Pädagogik.

Genau dies haben LUHMANN und SCHORR (1979) ansatzweise geleistet, weshalb hier ihre Argumentation kurz rekonstruiert werden soll. Unter Zurückweisung einer Technologiefeindlichkeit wie sie die geisteswissenschaftliche Pädagogik und politökonomische Ansätze entwickelt und gepflegt haben, gehen LUHMANN und SCHORR davon aus, daß Pädagogik und Erziehungssysteme strukturell durch ein spezifisches Technologiedefizit geprägt sind. Versteht man unter Technologie nämlich ein Verfahren, das dazu benutzt wird, „um Materialien mit vorhersehbaren Wirkungen und erkennbaren Fehlerquellen von einem Zustand in einen anderen umzuformen" (ebd., S. 348), so ist gerade dieser Begriff von Technologie *nicht* auf solche Tätigkeiten anzuwenden, die sich auf die Veränderung von Personen beziehen. Vielmehr kommt hier ein neues Verständnis von Technologie in Betracht: „Man sucht nicht die vorhandene Technologie zu verbessern, man kritisiert sie auch nicht aus sittlichen oder humanen Gründen, man wehrt Technologien nicht ab. Man vermißt sie. Und das Problem ist demzufolge nicht: wie man Wirkungen besser kontrollieren könne oder ob man es solle, sondern vielmehr: was noch möglich ist, wenn das nicht möglich ist." (ebd., S. 348/349) – Mit anderen Worten: Es geht darum, den vernünftigen Sinn eines reduzierten Technologieverständnisses zu eruieren, der sich vor einem unreflektierten Machbarkeitswahn ebenso hütet wie vor einer vorschnellen Zurückweisung jedweden technologischen Denkens in der Pädagogik.

Es ist mit LUHMANN und SCHORR zu fragen, was sich denn nun eigentlich ändert, wenn man einen derartigen Technologiebegriff beibehalten will? – „Zunächst und vor allem ändert sich die Konzeptualisierung von Sozialität. An die Stelle der Mensch-zu-Mensch-Pädagogik tritt eine sozialstrukturelle Analyse der Komplexität von Interaktionssystemen des Schulunterrichts und der Grenzen des in ihnen gegebenen Wahrnehmungs- und Handlungsvermögens. Im Vergleich zur humanistischen Pädagogik kommen hier stärkere Gründe ins Spiel, nämlich Tatsachen." (ebd., S. 349)

Damit ergibt sich als erste Forderung an einen professionellen Pädagogen, sich – so gut es eben geht – der wissenschaftlich „harten" Fakten zu bemächtigen. Dies selbst dann noch, wenn Wissenschaft über weite Strecken diese Fakten als Hypothesen mit Revisionsfähigkeit präsentiert oder gar einen Sachverhalt mehrperspektivisch oder auch kontrovers aufbereitet. Der professionelle Pädagoge braucht aber diese Informationen als „Bausteine" zur Formulierung begründeter Vermutungen über sein mögliches Handeln in dem komplexen sozialen Feld.

LUHMANN/SCHORR machen den Vorschlag, die Suche nach objektiven Kausalgesetzen in zwischenmenschlichen Beziehungen aufzugeben und den professionellen Pädagogen besser dafür zu qualifizieren, auf sinnvolle Weise die vorhandene Komplexität zu reduzieren. Dafür schlagen sie den Begriff „Kausalplan" vor, ein Begriff, den man besser durch den des *„Orientierungsschemas"* ersetzen sollte.

Diese wissenschaftlich begründeten Orientierungsschemata des professionellen Lehrers/Erziehers kann man auch als „subjektive Technologien" bezeichnen. Ihr Entwicklungsstand, ihre Qualität entscheiden damit letztlich über das Maß an Professionalität im Lehrerberuf. Orientierungsschemata dieser Art sind zweifellos *Technologieersatztechnologien,* damit aber noch lange nicht beliebig oder privatistischen Setzungen überlassen. Die damit vorgenommene Technologiereduktion ist bescheiden, aber in dem Sinne „ehrlich" als sie hart feststellt, was einzig im sozialen Raum von Schule und Unterricht möglich ist: „Da es keine für soziale Systeme ausreichende Kausalgesetzlichkeit, da es mit anderen Worten keine Kausalpläne der Natur gibt, gibt es auch keine objektive Technologie, die man nur erkennen und dann anwenden müßte. Es gibt lediglich operativ eingesetzte Komplexitätsreduktionen, verkürzte, eigentlich ‚falsche' Kausalpläne (= Orientierungsschemata, Anm. d. Verf.), an denen die Beteiligten sich selbst in bezug auf sich selbst und in bezug auf andere Beteiligte orientieren. Das ist die einzige Basis jeder möglichen Technologie." (ebd., S. 352)

Worauf läuft diese Konzeption nun hinaus, wenn der einzelne Lehrer sein berufliches Verhalten verbessern will? Auf der seinem konkreten Verhalten vorausgehenden kognitiven Ebene kann der Lehrer sein Orientierungsschema erweitern. Er kann sich ständig darum bemühen, mehr Faktoren in sein Handeln und Denken einzubeziehen, ein wissenschaftlich begründetes „Probierhandeln" zu begründen. Denn: „Angesichts der Komplexität des Interaktionssystems Unterricht kann der Lehrer die faktischen Voraussetzungen für zielsicheres Handeln kaum nennen, kaum ermitteln. Er muß situationsrelative Kausalpläne (= Orientierungsschemata, Anm. d. Verf.) benutzen und sich primär an variablen Faktoren, ja an Ereignissen orientieren ... Im Rahmen einer von J. THOMPSON ... entwickelten Typologie von Technologien kommt für ihn keine ‚long-linked-technology' (z. B. Produktion am Fließband) und keine ‚mediating technology' (z. B. Handel, Banken, Versicherungen), sondern nur ‚intensive technology' in Betracht ..., eine Technologie, die am reagierenden Objekt operieren und ihre Entscheidungen treffen muß. Auch darauf kann man sich jedoch vorbereiten, indem man lernt, mit Hilfe von typisierender Erfahrung oder mit routinisierten Verhaltensprogrammen Situationen zu erfassen und auszunutzen." (ebd., S. 358)

Demzufolge kann man das Konzept einer sozialwissenschaftlich begündeten Professionalisierung des Lehrerverhaltens folgendermaßen zusammenfassen:

I. Aufbau kognitiver Voraussetzungen zur aktuellen Konstruktion spezifischer und flexibler Orientierungsschemata
  1. Abbau überständiger ideologischer Positionen (z. B. über Autorität, Pädagogischen Bezug, Gemeinschaftserziehung etc.)
  2. Erweiterung des sozialwissenschaftlichen Kenntnisstandes und Problembewußtseins

II. Aufbau berufsrelevanter überdauernder Einstellungen und Wertbezüge

III. Entwicklung von kritischer Selbstwahrnehmung und Habitualisierung basaler professioneller Verhaltensweisen
  1. Klarheit und Ausdrucksfähigkeit (Verbal- und Körpersprache)
  2. Wertschätzendes, bekräftigendes und motivierendes Verhalten
  3. Organisatorisch-technisches Verhalten (Medienbeschaffung und -einsatz, Schülergruppierung, Diskussions- und Gesprächsführung etc.)
  4. Didaktisches Planungsverhalten
  5. Verhaltensweisen der Beurteilung, Bewertung und Diagnose

IV. Entwicklung von Professionalisierungsbereitschaft und Aufbau adäquater beruflicher Arbeitsverhältnisse

Basisliteratur:
LUHMANN, N.; SCHORR, K.E.: Das Technologiedefizit der Erziehung und die Pädagogik. In: Zeitschrift für Pädagogik. Jg. 25. H. 3. 1979. S. 345–365.

Zusatzliteratur:
THOMPSON, J.D.: Organizations in Action: Social Science Bases of Administrative Theory. New York 1967.

Nachtrag 3: Professionalisierung und Lehrerangst

Das Phänomen Angst tritt in der Schule nicht nur in Form von Ängsten der Schüler auf, vielmehr wird neuerdings in der erziehungswissenschaftlichen Diskussion besonders auch auf das Phänomen der Lehrerangst eingegangen. Mit ein Faktor für die Entdeckung der Angst des Lehrers im System Schule war zweifellos die im Gefolge der Lehrerarbeitslosigkeit und des verstärkten Qualifikationsdrucks bei Junglehrern auftretenden Probleme beim Berufsantritt. Der unter dem Stichwort „Praxisschock" verhandelte Themenkomplex umfaßt in zentraler Form das Phänomen Lehrerangst.

Dabei ist wichtig, daß Lehrerangst weniger als „Angst des Lehrers vor *dem* Schüler" auftritt, sondern als eine ganze Palette von verschiedenen Ängsten, denen gemeinsam ist, daß sie den davon betroffenen Lehrern ein Stück autonomer Berufsausübung nehmen, ihn verunsichern und damit in seiner Interaktionsfähigkeit einschränken. Die Gefahr, verhaltensstarr zu werden (Rigidität), Barrieren um sich herum aufzubauen, um hinter ihnen Schutz zu suchen, ist groß. – Es ist die Frage, ob das Konzept der Professionalisierung hier vorbauen bzw. abmildern kann?

Zunächst ist wichtig festzustellen, daß die empirische Forschung über das Phänomen Lehrerangst noch kaum Ergebnisse vorgelegt hat. Wir sind daher diesbezüglich auf Hypothesen und Vermutungen angewiesen. Es spricht einiges dafür – und ergibt sich auch aus verschiedenen Erfahrungsberichten von Lehrern –, daß Lehrerangst in folgenden Formen wesentlich vorkommt:

- als Schülerangst (Angst vor Klassengruppen)
- als Kompetenzangst
- als Kollegen- und Vorgesetztenangst
- als Angst vor den Eltern

Schülerangst: Diese Form der Angst bezieht sich weniger auf den einzelnen Schüler als vielmehr auf die ungebärdige, aggressive und verhaltensauffällige Schülergruppe. Die Angst vor dem einzelnen Schüler kommt dabei insofern vor, als der Albtraum vieler Lehrer der ist, ein ungezogener einzelner könnte sich vor der Gruppe gegen den Lehrer auflehnen und diesen blamieren. Der Lehrer fürchtet dann, einem solchen Schüler, der aus dem Schutz der Gruppe heraus handelt, nicht gewachsen zu sein. Die gleiche Angst kann sich unspezifisch auf ganze Klassen, sog. Rüpelklassen, beziehen, in denen immer wieder andere Schüler die Führungsrolle beim „Aufstand" und „Kampf" gegen den Lehrer übernehmen können. Wie grausam solche Schülergruppen sein können, weiß jeder, der einmal aus der Nähe erlebt hat, wie Schüler einem Lehrer systematisch das Leben in der Schule zur Hölle machen können.

Kompetenzangst: Hierbei handelt es sich vor allem um die Befürchtung, man könne fachlich vor den Schülern versagen, könnte insgeheim oder gar öffentlich ausgelacht werden, weil man dies oder jenes nicht gewußt, falsch gemacht oder unzulänglich präsentiert habe. Es ist diese Angst der Grund dafür, daß viele Lehrer hartnäckig jede Schwäche vor den Schülern zu verbergen suchen und oft zu allen möglichen Ausflüchten und Tricks greifen, um nur ja keinen Fehler eingestehen zu müssen. Der Spruch – sicher von Schülern geprägt – „Gott weiß alles, unser Lehrer aber weiß alles besser" – stammt aus dieser Quelle.

Kollegen- und Vorgesetztenangst: Wer längere Zeit im Schulbereich beruflich tätig war, weiß, welche vielfältigen Möglichkeiten, Wege und Mechanismen es gibt, den einzelnen Lehrer von seiten der Kollegen und Vorgesetzten zu isolieren, in die Ecke zu drängen, lächerlich zu machen, einzuschüchtern oder unter Druck zu setzen. Die Tatsache, daß es an vielen Systemen mehrere Lehrerfraktionen gibt, hat zweifellos nicht primär politische Gründe, sondern ist eine Art Antwort auf die existierende Kollegen- und Vorgesetztenangst. Man hofft, in einer Subgruppe Schutz vor Angriffen auf die eigene Person zu finden und so für sich ein Stück Geborgenheit und Sicherheit zu schaffen. Der Lehrerberuf ist für viele Lehrer so Streß-behaftet, daß sie nach Phasen längerer Berufstätigkeit – besonders kurz vor den Ferien – kaum noch belastbar sind. Sie fürchten dann jeden zusätzlichen Konflikt im Kollegenkreis und sind daher nur zu gern bereit, sich anzupassen, oder doch wenigstens den Weg des geringsten Widerstandes zu gehen. So führt denn die Kollegenangst zu einem merkwürdigen „Rühr-mich-nicht-an-Klima", das durch das Kollegialprinzip legitimiert wird. Daher werden dann oft auch sachliche Kontroversen nicht ausgetragen und bereinigt, sondern gern „unter den Teppich gekehrt".

Angst vor den Eltern: Lehrer und Eltern sollen möglichst vertrauensvoll zusammenarbeiten. Dies gelingt auch zweifellos in vielen Fällen. Da aber, wo sich Spannungen ergeben, können die Eltern – besonders auch auf der Grundlage der neuen Mitbestimmungsverfügungen und der bestehenden Elterngremien – einem Lehrer viele Schwierigkeiten und Unannehmlichkeiten bereiten. Der Lehrer erlebt dann gleichsam am eigenen Leibe die Eltern als konkurrierende Erziehungsmacht. Gelingt ihm dabei die Wiederherstellung eines kooperativen und vertrauensvollen Klimas nicht, so muß er gewärtigen, daß sich der Elternwiderstand über die Kinder in die Klasse und den Unterricht hinein verlängert.

Nach FREUD tritt Angst in drei Formen auf:

- als Es-Angst (= Angst vor den eigenen Trieben),
- als Überich-Angst (= Angst vor dem eigenen Gewissen),
- als Ich-Angst (= Angst vor der realen Außenwelt).

Es kann kein Zweifel daran bestehen, daß die oben bezeichneten Formen der Lehrerangst dem Typus nach Ich-Ängste sind. Der Lehrer ängstigt sich vor einer Reihe – oder auch einzelnen – Faktoren seiner beruflichen Umgebung. Grundlage dafür ist stets eine spezifische Form der *Ichschwäche,* die entweder dazu führt, daß der Lehrer die von außen drohenden Gefahren und Bedrängnisse übersteigert und verzerrt, oder aber seine individuellen Wirkmöglichkeiten minimiert, seine eigenen Kompetenzen vor sich selbst herabmindert und verkleinert. Da – wie Untersuchungen zeigen – viele Lehrer, und besonders junge Lehrer, das Gefühl haben, für ihren Beruf nicht praxisbezogen genug ausgebildet zu sein, führen oft schon einige Mißerfolge auf einem bestimmten Sektor der beruflichen Arbeitstätigkeit dazu, daß Lehrer in Begleitung eines Gefühls der Inkompetenz Angst entwickeln. Es stellt sich nun die Frage, ob es Wege und Möglichkeiten gibt, die für eine brauchbare Berufstätigkeit so störende Lehrerangst abzubauen, zu vermeiden oder doch wenigstens in bestimmten Grenzen zu halten? – Dazu ist zunächst festzustellen, daß es wohl schwerlich gelingen dürfte, einen psychisch gestörten oder gar kranken Lehrer mit anderen als im engeren Sinne psychotherapeutischen Mitteln von seinen Problemen und Ängsten zu befreien. Es wäre hier eine wesentliche Funktion der Ausbildung in der 1. und 2. Phase, einem solchen Lehrer dazu zu verhelfen, sich in eine Psychotherapie zu begeben und unter fachkundiger Anleitung sein psychisches Schicksal aufzuarbeiten.

Unterhalb dieser Schwelle nun bietet das Konzept einer wissenschaftlich fundierten Professionalisierung eine gute Grundlage, das Phänomen der Lehrerangst in Grenzen zu halten. Und zwar einmal dadurch, daß im Vorfeld der eigenen Praxis ein starkes Bewußtsein für die verschiedenen Wirkungsmöglichkeiten eines kompetenten Lehrers geschaffen und bereitgestellt wird; zum anderen dadurch, daß das Professionalisierungskonzept – wie dargelegt – kein bloßes kognitives Konstrukt anbietet, sondern auf die Entwicklung einer kritischen pädagogischen Selbstrolle mit Handlungskompetenz abzielt. Diese enge Verbindung mit der Lehrerpraxis schafft bereits mit Beginn der Ausbildung eine Verpflichtung dafür, das konkrete berufliche Verhalten des Lehrers ins Auge zu fassen, zu analysieren, eigene Handlungsmuster aufzubauen und zu probieren und so Schritt für Schritt die eigene Kompetenz zu erproben und auszuloten.

Wenn Angst – im Unterschied zur Furcht – ein diffuses und unbestimmtes Gefühl vor drohenden Gefahren ist, so ist ein wesentliches Mittel dagegen, die Ungeklärtheit und Diffusität denkbarer beruflicher Situationen zu beseitigen und eigenes reflektiertes Tun an seine Stelle zu setzen. Das gegen die Vorstellung des „geborenen Erziehers" aufbegehrende Konzept einer wissenschaftlichen Professionalisierung will lehren, daß pädagogische Erfolglosigkeit kein schicksalhafter Prozeß ist, dem der einzelne Lehrer – so er ihn trifft – hilflos ausgeliefert sein muß. Jede Aufklärung über die Bedingungen von Erfolg und Mißerfolg schafft bessere Voraussetzungen, Schwierigkeiten zu beheben und Erfolgserlebnisse herbeizuführen.

Besonders wichtig scheint dafür der soziale Kontakt, das kollegiale Miteinander zu sein. Der Umstand, daß Lehrerarbeit über weite Strecken *Alleinarbeit* ist, ist schon aus sich heraus ein Angst auslösender Umstand – besonders auch für viele Junglehrer. Zwar kann auch die Gruppe, das Team, der beobachtende Kollege Angst und Beklemmung auslösen, die Sozialbeziehungen sind dann aber schon an sich gestört. Hilfe, Zuspruch, Anerkennung, ja Trost, werden in einem solchen Klima zumeist nicht gewährt oder sind doch nicht echt gemeint. Deshalb sollte sich sowohl die erste wie die zweite Phase der Lehrerausbildung verstärkt darum bemühen, daß angehende Lehrer lernen, in der Gruppe zu arbeiten. Es werden sich dann auch die entsprechenden Bedürfnisse nach Sozialkontakten verstärken, die erst eine gute Grundlage für eine professionelle Berufsarbeit bilden können.

Basisliteratur:
WEIDENMANN, B.: Lehrerangst, München 1978.

Zusatzliteratur:
BRÜCK, H.: Die Angst des Lehrers vor dem Schüler, Reinbek bei Hamburg 1978.

Nachtrag 4: Lehrerverhalten und Lehrerausbildung

Professionalisierung des Lehrerverhaltens – darauf verweisen bereits eine ganze Reihe von Gesichtspunkten – stellt in besonderem Maße eine Aufgabe für die Lehrerausbildung dar. Denn wenn es richtig ist, daß dem Faktor „Lehrerverhalten" im Unterrichtsprozeß Bedeutung zukommt, wobei Planung, Aufrechterhaltung und Steuerung des Lernprozesses der Schüler zu den wesentlichen beruflichen Aufgaben des Lehrers gehören, so ist deutlich, daß Lehrerbildung als Berufsausbildung diesen Faktor zu berücksichtigen hat. Wie dies im einzelnen zu geschehen hat, kann im Rahmen der vorliegenden Untersuchung nicht ausführlich dargestellt werden. Dazu wäre unter anderem eine detaillierte Auseinandersetzung mit Theorie und Praxis der Lehrerausbildung erforderlich (vgl. dazu z. B. HOMFELD, W., 1978).

Immerhin kann soviel festgestellt werden: Im internationalen Vergleich zeigt sich, daß die Lehrerausbildungssysteme verschiener Länder „in eine gleitende Skala eingestuft werden können. An dem einen Ende dieses Kontinuums befinden sich Systeme, die das Schwergewicht auf eine allgemein-pädagogische Ausbildung legen und nur einen minimalen Zeitaufwand dem jeweiligen Schulcurriculum widmen; an dem anderen Ende befinden sich Systeme, die das Hauptgewicht auf den Unterrichtsstoff in einem bestimmten Fach legen und die Pädagogik kaum oder überhaupt nicht berücksichtigen. Die hier geschilderte Situation wandelt sich aber ständig. In den letzten Jahren zeichnet sich eine Schwerpunktbildung an den beiden Extremen ab. Aber es gibt auch einige Versuche, Systeme so zu gestalten, daß sie zwischen Fachstudium und pädagogischer Ausbildung wohl ausbalanciert sind." (PERLBERG, 1969, S. 29) Die hier gekennzeichnete Spannung zwischen mehr fachorientierter oder mehr pädagogischer Ausbildung ist indessen nur ein Problem der Lehrerbildung. Darüber, daß hier ein Mittelweg zu beschreiben wäre, dürfte leichter Übereinstimmung erzielt werden als über die Beschaffenheit speziell der pädagogischen Ausbildung. GOTTFRIED PREISSLER (1966/2, S. 150) stellt fest: „Das erziehungswissenschaftliche Studium, das die Grundlage der Lehrerbildung für die Lehrer aller Schulen bilden sollte, steht unter der polaren Spannung zwischen der Beherrschung zahlreicher Methoden für die Lösung vielseitiger Forschungsaufgaben auf den verschiedenen Feldern der Pädagogik einerseits und den praktischen Anforderungen der künftigen Berufsausübung andererseits. Diese

Spannung zwischen wissenschaftlichen Einsichten und praktischer Berufsausbildung legt es nahe, als Modell für die Lehrerbildung die Ausbildungsgänge der Mediziner und Juristen und nicht der Theologen und Philologen zu verwenden." Wenn demnach die doktrinäre Scheidung von Theorie und Praxis sich sowohl für die Erziehungswissenschaften wie für die pädagogische Berufsausbildung verhängnisvoll auswirken muß, so stellt auch das Thema „Lehrerverhalten" eine theoretische *und* praktische Aufgabe der Lehrerbildung dar. Es ist dies einer der Hauptgründe dafür, daß heute zunehmend Modelle einer integrierten Lehrerausbildung entwickelt und diskutiert werden (vgl. HOMFELD, a. a. O.; SIGNER, 1977).

Die Diskussion einiger Gesichtspunkte zum Problem „Lehrerbildung – Verhaltensbildung" hat daher von den folgenden, in der Literatur in abgewandelter Form immer wieder auftauchenden Feststellungen auszugehen: „Wenn auch theoretische Pädagogikkurse wahrscheinlich einige Veränderungen kognitiver Art und von Einstellungen (im Sinne von werthaltigen Überzeugungen, Anm. d. Verf.) bei angehenden Lehrern herbeiführen, haben sie doch sehr wenig Einfluß auf ihr Verhalten." (PERLBERG, 1969, S. 29) Daher haben sich in den letzten Jahren immer stärker Bestrebungen in der Lehrerbildung und Lehrerweiterbildung durchgesetzt, das wissenschaftlich-theoretische Ausbildungskonzept durch speziell auf das Lehrerverhalten abzielende Veranstaltungen mehr praktischer Natur zu ergänzen. Dabei spielen Gesichtspunkte einer Projektorientierung des Studiums, einer neuartigen Integration der Praktika und Erkundungen, einer Einführung von Studieneingangs- und Orientierungsphasen sowie einer Einbeziehung gruppendynamischer Trainings- sowie Skilltrainingsverfahren mit Hilfe z. B. von Microteaching und Supervisions- und Beratungskonzepten eine wesentliche Rolle (vgl. ZIFREUND, Hrsg., 1976).

Im Gegensatz zur mit Recht kritisierten seminaristischen Einübungspraxis, die auf die rezeptologische Übernahme bestimmter Methoden und eine schematische Abfassung sog. Lektionen abzielte, konzentrieren sich die neueren Bestrebungen vor allem darauf, durch eine Art „sensitivity Training" die Kontaktfähigkeit und Kontaktbereitschaft sowie das Verhaltensrepertoire der (angehenden) Lehrer zu erweitern. Praktische Erfahrungen im Umgang mit Kindern werden dabei ebenso angestrebt wie solche gruppendynamischer Art mit Kollegen. Die Lehrerfahrungen und Demonstrationen werden dabei in der Regel mit Hilfe wissenschaftlicher Informationen über pädagogische und psychologische Prozesse und Sachverhalte analysiert und ergänzt.

Wenn die herkömmliche Betreuung des Lehreraspiranten in der schulpraktischen Ausbildung der ersten und zweiten Phase dabei mit Recht als unzureichend betrachtet wird, so hat das seinen Grund zum einen in dem „Fehlen objektiver Daten über die unterschiedlichen Leistungen, die sowohl für die Motivation als auch für die Herbeiführung von Verhaltensänderungen unerläßlich sind" (PERLBERG, 1969, S. 29), und zum anderen in der im allgemeinen gegebenen spezifischen Klassensituation, „die weder dazu ermutigt noch zuläßt, daß der angehende Lehrer alternative Unterrichtsmethoden und Unterrichtsstile testet, was unerläßlich ist, wenn er effektive Unterrichtsfertigkeiten entwikkeln soll. Das Bedürfnis nach innovationsoffenen Lehrerausbildungssystemen mit einer viel stärkeren Betonung des Lehr- und Lernprozesses wird angesichts dessen immer deutlicher..." (ebd., S. 30)

Eine Gesamtübersicht über die wesentlichsten bisher entwickelten Ansätze zur Ausbildung eines professionellen Lehrerverhaltens ergibt insgesamt vier Typen oder Gruppen von Ansätzen, die in den neueren Modellen einer integrierten Lehrerausbildung in unterschiedlicher Weise kombiniert werden:

I. *Ansätze zur Persönlichkeitsentwicklung des Lehrers*
   1. Psychotherapeutische Betreuung und Beratung (Psychoanalyse, Gesprächspsychotherapie, Verhaltenstherapie etc.)
   2. Autogenes Training und Entspannungstechniken (SCHULZ, LUTHE)
   3. Gruppendynamisches Sensitivitätstraining (BROCHER, SPANGENBERG, LUTZ/RONELLENFITSCH)

II. *Ansätze herkömmlicher, theoretischer Art*
   1. Vorlesungen und Seminare über berufswissenschaftliches Basiswissen und berufliches Selbstverständnis
   2. Pädagogische Situationsanalysen (TAUSCH/TAUSCH, KELLER/NEUMANN)

III. *Ansätze unterrichtsanalytischer Art*
   1. Unterrichtsbeobachtung und Unterrichtsanalyse
   2. Unterrichtsmitschau und audio-visueller Modellunterricht (SCHORB, BACHMAIR, MEYER/RIHOVSKY)
   3. Interaktionsanalysen (FLANDERS, ZIFREUND)

IV. *Ansätze zu beruflichem „Skill Training"*
   1. Micro Teaching (ALLEN, ZIFREUND)
   2. Simulationsübungen
   3. Workshop-Seminare mit bestimmter Zielsetzung (z.B. über „kreatives Lehren", TORRANCE).

Entscheidend ist bei den verschiedenen neueren Ansätzen die Einsicht in die Notwendigkeit eines angemessenen „Feedback" für den Lehrerstudenten: „Ein exaktes Feedback des Verhaltens ist von entscheidender Bedeutung für die Verbesserung der Lehrleistungen. Das Feedback erleichtert die Analyse und den Vergleich von Verhaltensweisen des Lehranfängers mit anerkannten Kriterien und Zielen, hilft die erwünschten Verhaltensmuster zu verstärken und bringt bei den Referendaren selbst Unzufriedenheit mit unerwünschten Verhaltensmustern hervor. Außerdem vermindert es widersprüchliche Einschätzungen der Gegebenheiten." (PERLBERG, 1969, S. 30) Diese Rückkoppelung wird im Rahmen der neueren Bestrebungen wesentlich durch zwei Verfahren sichergestellt: zum einen mit Hilfe technischer Medien wie Tonband oder Fernsehaufzeichnungen (Video-Recorder), zum andern mit Hilfe von gruppendynamischen Prozeßanalysen (BROCHER, 1967, S. 125ff.), Beobachtungsverfahren (SPANGENBERG, 1969, S. 67ff.) und Gesprächen.

Ein gemeinsames Merkmal der erwähnten neueren Ansätze ist ferner, daß, unabhängig davon, welches Feedback-Verfahren jeweils benutzt wird, stets Gruppenverfahren angewendet werden. SPANGENBERG (1969), der eine sorgfältige Analyse der verschiedenen bisher entwickelten Verfahren in Lehrerbildung und Lehrerweiterbildung vornimmt (S. 121 bis 134), gelangt zu folgender Zusammenstellung (S. 132):

„a) Trainingsseminare (TAUSCH),
b) Training des Lehrerverhaltens mit Fernseh-Aufzeichnungen in Kleingruppen-Seminaren (ZIFREUND),
c) Gruppenarbeit (E. MEYER),
d) Gruppendynamische Seminare und Trainingsgruppen (USA; Frankreich: ARIP; Deutschland: Versuch im Haus am Schliersee, 1963),
e) interpretierende Gruppendiskussion (HALLWORTH, University of Birmingham),
f) Arbeitsgruppen (Tavistock Institute of Human Relations, London und E. L. HERBERT, Frankreich).
g) Workshop Way of Learning (Earl C. KELLEY, Wayne State University, Detroit, USA),
h) Child Study Program (DANIEL A. PRESCOTT, Institute for Child Study der University of Maryland)."

Als Beispiele für die beiden erwähnten Rückkoppelungs- oder Feedback-Verfahren seien je zwei Forschungsansätze kurz referiert, und zwar für Verfahren mit Hilfe technischer Medien die Untersuchungen von ZIFREUND (1966) und PERLBERG (1969), für Verfahren mittels Trainingsgruppen die Arbeiten von MINNSEN (1965) und TAUSCH (1965a).

WALTER ZIFREUND entwickelte, von seinen Erfahrungen in der Lehrerbildung ausgehend und unterstützt durch gezielte Versuche bei pädagogischen Seminaren der Firma IBM, ein Konzept, das die bisherigen, vorwiegend verbalen Veranstaltungen zur Verhaltensbildung bei angehenden Lehrern fragwürdig erscheinen läßt. Er hofft, durch den Einsatz der Fernseh-Technik ein wirkungsvolleres Verfahren gefunden zu haben, das die „verbale Kritik durch das Vorführen praktikabler Varianten" (S. 40) ersetzen und die Konfrontation des die Instruktionsprobe vorführenden Studenten mit sich selbst ohne die vor anderen üblichen Selbstbehauptungsposition möglich machen soll. Nach ZI-FREUND soll die Gruppe erst zu einem späteren Zeitpunkt aktiv werden, nachdem der jeweils vorführende Student seine eigene sowie Alternativ-Lehrproben gesehen hat, ohne daß dabei von jemand Kritik geübt worden ist. Die Aufgabe der Gruppe besteht dann darin, „aufgrund des ersten Instruktionsversuchs, der vorgeführten und ebenfalls aufgezeichneten Varianten ... eine Modifikation der gesamten Instruktionsprobe gemeinsam (zu entwerfen) und im Regelfall durch den gleichen Lehranfänger mit einer Parallelgruppe (von Schülern)" (S. 40/41) zu realisieren.

PERLBERG arbeitete bei seinen 1967 am College of Education an der University of Illinois durchgeführten drei Pilot-Studies mit einem transportablen Video-Recorder: „Eine relativ erschwingliche Ausrüstung mit zwei Kameras erlaubt gleichzeitige Aufzeichnung des Lehrer- und des Schülerverhaltens in der Klasse. Bei Verwendung eines split screen können beide Bandaufzeichnungen gleichzeitig wiedergegeben werden. Diese Neuerung erlaubt sofortiges und genaues Feedback der (verbalen und nichtverbalen) Interaktion in der Klasse in der natürlichen Arbeitssituation des Lehrers und bietet Gewähr für eine zuverlässige Analyse und für die Motivation, wie sie für Verhaltensänderungen erforderlich sind." (1969, S. 31) PERLBERG hält besonders sog. Micro-Teaching-Verfahren für geeignet, mit Lehranfängern ein experimentierendes Verhaltenstraining durchzuführen: „Micro-Teaching ist eine Unterrichtssituation mit herabgesetzter ‚Klassen'-Größe und verkürzter Unterrichtszeit: 3 bis 6 Schüler in Unterrichtseinheiten von 5 bis 20 Minuten Länge. Dabei wird darauf abgezielt, Lehranfänger unter Verwendung optimaler Kontrollen und Bewertungsverfahren in beträchtlichem Umfang mit konkreter Lehrerfahrung auszustatten, noch ehe sie an ihren Schulen mit der Praxis beginnen." (ebd., S. 31) Wichtig ist nun, daß der Student jeweils nur einzelne spezifische Verhaltensweisen übt, wie z.B. Darbietung, Fragen stellen, eine Diskussion leiten usw. „Der Student erhält darüber hinaus schriftliches Feedback im Form eines von den Schülern der Versuchsgruppe ausgefüllten Bewertungsbogens." (ebd.) Ähnlich wie bei ZIFREUND geschildert wurde, wird dann „eine verbesserte Version des Versuchs vorbereitet und mit einer anderen Micro-Teaching-Gruppe entweder in unmittelbarem Anschluß an den ersten Versuch oder einige Tage später durchgeführt" (ebd.).

Bei einer seiner Pilot-Studies richtete PERLBERG ein Teaching Techniques Laboratory ein, „wo Lehrerstudenten als Ergänzung ihrer regulären Ausbildung in Methodik-Kursen Unterrichtstechniken einüben konnten ... Der betreuende College-Dozent brachte bei seinen Besuchen der Studenten in Schulen eine transportable Fernseh-Aufzeichnungsanlage mit ... In Übereinstimmung mit dem Micro-Teaching-Verfahren konzentrierten sich die Analyse der Bänder und die Vorschläge für Verhaltensänderungen auf eine beschränkte Anzahl verbesserungsbedürftiger Einzelzüge." (S. 32) Wie ZIFREUND legt zwar auch PERLBERG keine exakten Ergebnisse aus seinen Studien vor, berichtet aber, daß der „weitaus größte Teil" aller in den Untersuchungen erfaßten Studenten, Lehrer und Professoren die Aktivitäten des Projekts als sehr wertvoll einschätzte.

Der Einsatz von Video-Feedback-Verfahren hat in den letzten Jahren in allen Ausbildungsbereichen sozialer Berufe geradezu explosionsartig zugenommen. Auch die einschlägigen Forschungsbemühungen haben sich inzwischen entsprechend ausgeweitet. Die derzeit zweifellos detaillierteste Gesamtübersicht liefern dazu FULLER/MANNING (1973). Sie berichten dabei vor allem auch über bestimmte negative (!) Auswirkungen von Video-Feedback-Verfahren auf bestimmte Teilnehmer. Es scheint nämlich offenbar so zu sein, daß

– die Wirkung des Verfahrens stark abhängig ist von den psychischen Dispositionen der Teilnehmer (Belastbarkeit, Ängstlichkeit, Neurotizismus),
– es entscheidend darauf ankommt, auf welche Weise und unter welchen faktischen und theoretischen Konditionen – z. B. mit welchem Beratungskonzept – das Video-Feedback-Verfahren zum Einsatz kommt.

Daher scheint es inzwischen sogar angebracht zu sein, vor einem unkontrollierten Einsatz dieses Verfahrens regelrecht zu warnen, da sonst die Gefahr besteht, daß die durchaus möglichen positiven Effekte ausbleiben bzw. sich in ihr gerades Gegenteil verkehren. Es kann dann vorkommen, daß Teilnehmer solcher Veranstaltungen nicht stabilisiert und bekräftigt, sondern verunsichert und frustriert werden.

Den Arbeitsmethoden gruppendynamischer „Laboratorien" (vgl. SPANGENBERG, 1969, S. 38 ff.) verpflichtet ist ein Seminar, das F. MINSSEN 1963 im Haus am Schliersee mit 6 Trainern und 30 psychologisch besonders interessierten Lehrern und Lehrerinnen durchführte. MINSSEN (1965) berichtet, daß im Zentrum des Seminars Trainingsgruppen mit nicht mehr als jeweils 12 Teilnehmern gestanden hätten, die täglich mehrere Stunden zusammengekommen seien. Die Trainingsgruppen hatten die Aufgabe, die Vorgänge in der Gruppe wahrzunehmen und auszusprechen, während Tonbandgeräte die Gespräche festhielten. Die Trainer sollten so wenig wie möglich eingreifen, wenn möglich nur zuhören, gelegentlich auch eigene Beobachtungen den Teilnehmern mitteilen. Spezielle Demonstrationsübungen ergänzten das Programm. Dabei hatte jeweils die Hälfte der Teilnehmer die andere Hälfte zu beobachten. In Colloquien und Auswertungsgruppen wurden psychologische Grundlagen erarbeitet und über Beobachtungen in den Trainingsgruppen berichtet. Die Frage, ob das Ziel der Gesamtveranstaltung – die Sensibilität für das Verhalten einzelner, das eigene Selbst und das Verhalten von Gruppen zu erhöhen – erreicht wurde, versuchte MINSSEN mit Hilfe einer zweifachen

Befragung zu klären. Die Teilnehmer hatten am Schluß des Seminars und ein Vierteljahr später das Ergebnis in Form von Punkten auf einer Skala von 1–6 zu bewerten. Das Ergebnis fiel mit 5,2 Punkten bei der ersten Befragung außerordentlich günstig aus, was allerdings mindestens zum Teil auch auf das hohe psychologische Interesse der Teilnehmer zurückgeführt werden muß. Interessant ist, daß bei der zweiten Befragung die Prognosen über die späteren Anwendungsmöglichkeiten des im Seminar Gelernten anders ausfielen. Hatte man z. B. am Ende des Seminars die Anwendungsmöglichkeiten für die Arbeit mit Schülern mit 5, für das Leben in der Familie mit 4,8, für den Kontakt mit Kollegen mit 4 Punkten bewertet, so lauteten die Prognosen nach einem Vierteljahr für die Arbeit mit Schülern 3,5, für die Familie 3,7 und für die Arbeit mit Kollegen 2,5 Punkte. Zwar ist damit ein deutlicher Rückgang in den Erwartungen zu verzeichnen, was offensichtlich vor allem auf negative praktische Erfahrungen zurückzuführen ist, immerhin aber bleibt eine beachtlich positive Einschätzung des Seminarergebnisses zurück, die zu weiteren Versuchen dieser Art ermutigen dürfte.

Etwas direkter in Verbindung mit schulischen Problemen stehen die Trainingsseminare für maximal 30 Lehrer oder Lehrerstudenten, die von REINHARD und ANNE-MARIE TAUSCH durchgeführt wurden und über die sie in ihrer „Erziehungspsychologie" ausführlich berichten (1965a, S. 226–239). Die Konzeption wurde von SIGNER (1977) inzwischen einer kritischen Analyse unterzogen und zu einem integrativen Ausbildungskonzept weiterentwickelt (s. u.). Die Seminare erstreckten sich jeweils über ein Semester (2 Wochenstunden). Die Veranstaltungen wurden von einem Leiter geführt, der „etwa ihm widersprechende Auffassungen der Übungsteilnehmer in echter Weise als gegeben anzunehmen, den Widerstand gegenüber Änderungen in manchen Teilnehmern als real zu respektieren sowie auf die Ausübung jeglichen Druckes hinsichtlich der Annahme sog. Einsichten durch die Teilnehmer zu verzichten" hatte (S. 227). Die Arbeitsform der Trainigsseminare war dadurch gekennzeichnet, daß „mindestens die Hälfte der Zeit in Gruppen (3–6 Teilnehmer an einem Tisch sitzend)" gearbeitet wurde. Die behandelten Probleme lauteten: „Erfahrungen über eigenes und fremdes Erziehungsverhalten", „Differenzierung der Bedeutungswahrnehmung gegenüber unterschiedlichen Formen der Erziehung", „Präzisierung des Urteils über die Auswirkung von Erziehungsweisen", „Wahrnehmen und Verstehen von Erlebnissen und Vorgängen in Kindern als Grundlage angemessenen Erziehungsverhaltens", „Fragen nach allgemeingültigen geeigneten bzw. ungeeigneten Verhaltensweisen von Erziehern und entsprechenden Erfahrungen in Kindern".

Am Beispiel „Erfahrungen über eigenes und fremdes Erziehungsverhalten" mag die Arbeitsweise der TAUSCHschen Seminare verdeutlicht werden: „Der Leiter kann als günstige Arbeitsmöglichkeit anbieten, daß einige Teilnehmer *konkrete* schwierige Situationen ihres unmittelbaren Kontaktes mit Schulkindern ... vor dem gesamten Seminar oder innerhalb ihrer Gruppen berichten. Nach einiger Zeit des Berichtens ermöglicht der Leiter die Auswahl einer dieser Situationen durch das Seminar." (S. 228) Als Beispiel wird angeführt (S. 228): „Harald, 4. Schuljahr, erhielt wegen wiederholter Unterrichtsstörungen eine zusätzliche Hausarbeit. Zwei Tage später bittet ihn die Lehrerin, die Arbeit abzugeben. Harald entgegnet, er habe die Arbeit bereits der Lehrerin abgeliefert." „Nach kurzer Zeit der Diskussion macht der Leiter den Vorschlag, daß die Teilnehmer auf einen Zettel in *wörtlicher Rede* von ein bis zwei Sätzen diejenige Äußerung aufschreiben, die sie an Stelle des Erziehers dem Jugendlichen in der ausgewählten Situation sagen würden."

„Anschließend diskutieren die Teilnehmer ihre eigenen Verhaltensäußerungen in Gruppen miteinander, etwa 10 Minuten lang. Meist machen die Teilnehmer die Erfahrung, daß die verschiedenen Erzieher bei einer gleichen Erziehungssituation recht unterschiedliche Verhaltensweisen als angemessen ansehen." Die daran sich anschließenden Diskussionen führen zu „überwiegend gefühlsmäßigen Auseinandersetzungen", die der Leiter keinesfalls beeinflussen soll. Denn – und das ist der entscheidende Ansatz der TAUSCHschen Trainingsseminare –: „Der Leiter kann nämlich nicht gleichsam von außen bei den Teilnehmern Änderungen der Umweltwahrnehmung, der gefühlsmäßigen Einstellungen und Haltungen vornehmen, sondern diese werden u. E. am ehesten durch die konkreten gefühlsmäßigen Erfahrungen der Teilnehmer in der Diskussion eingeleitet." (1965a, S. 230)

REINHARD und ANNE-MARIE TAUSCH berichten auch über Ergebnisse des Seminars, die „in einer ersten empirischen Untersuchung in angenäherter Weise" (S. 236) erfaßt wurden: „32 Lehrer-Studenten des 1. Semesters, 27 Lehrer-Studenten des 4. Semesters sowie 48 Lehrer-Studenten des 4. Semesters (letztere hatten an einem erziehungspsychologischen Trainingsseminar teilgenommen) gaben zu 10 kindlichen Problemsituationen am Anfang und am Ende des Semesters ihr Erziehungsverhalten zu Protokoll. Sämtliche derartigen Sprachäußerungen ordneten 5 neutrale Beurteiler entsprechend einer genauen Instruktion hinsichtlich Verständnis sowie Vorwurf oder Anschuldigung in bestimmte Auswertungskategorien ein. Auffallend ist der Wechsel in der Äußerungsform bei der Studentengruppe mit Teilnahme an dem erziehungspsychologischen Trainingsseminar. Am Ende des Semesters ist die Anzahl ‚verständnisvoller' Äußerungen signifikant größer als zu Semesteranfang (61% gegenüber 27%; $P < 0,01$); demgegenüber vermindert sich die Anzahl ‚verständnisloser' Äußerungen des Semesteranfangs (56% auf 21%; $P < 0,01$). Bei den beiden anderen studentischen Gruppen ohne spezielles erziehungspsychologisches Seminar zeigt sich dagegen trotz wöchentlich 5 Stunden Pflichtvorlesung in Pädagogik und 2 Stunden in Psychologie ... keine Änderung im Ausmaß des Verständnisses gegenüber Kindern." (S. 237)

Wie bei MINNSEN (1965), so handelt es sich auch bei den TAUSCHschen Trainingsseminaren um eine Art Sensitivitäts-Training, das die erzieherische Wahrnehmungsfähigkeit verbessern und Einstellungsveränderungen in Richtung auf sozialintegratives Lehrerverhalten anbahnen soll. Damit ist deutlich, daß gruppendynamische Verfahren der Verhaltensbildung (MINSSEN, TAUSCH u. a.) vor allem auf die Entwicklung und Erweiterung grundsätzlicher erzieherischer Verhaltensdispositionen wie Wahrnehmungsfähigkeit, Einstellung zum Kind, Kontaktfähigkeit und Kontaktbereitschaft usw. abzielen, während die neueren Versuche eines Verhaltenstrainings mittels Fernsehaufzeichnungen (ZIFREUND, PERLBERG usw.) wesentlich auf die Einübung und Verbesserung konkreten Instruktionsverhaltens gerichtet sind. Es scheint daher sinnvoll, die verschiedenen Ansätze zur Verhaltensbildung bei Lehrern oder Lehrerstudenten so miteinander zu verschränken, daß sie sich gegenseitig sinnvoll ergänzen und unterstützen.

In genau diese Richtung zielt auch die lesenswerte Arbeit SIGNERs (1977), der – ausgehend von einer kritischen Darstellung des TAUSCHschen Trainingsansatzes – das Konzept eines „integrativen Lehrertrainings" entwickelt und dazu die folgenden Elemente vorschlägt:

– Selbsterfahrungstraining
– Training des Unterrichts- und Erzieherverhaltens
– Antizipatorisches Rollentraining
– Berufsbegleitende Praxisberatung
– Selbsttrainingsaktivitäten

Es kann kein Zweifel darüber bestehen, daß eine zukunftsorientierte Lehrerausbildung in die Richtung der integrativen Modelle gehen wird. Schon die Übersicht über die inzwischen nur noch schwer überschaubare „Forschungslandschaft" zum Thema „Professionalisierung des Lehrerverhaltens" zeigt, daß das traditionelle Ausbildungskonzept mit der Dominanz der reinen Wissensvermittlung nicht länger akzeptiert werden kann. Wenn es richtig ist, daß der Lehrerberuf

– ein wertgeladener „Kulturberuf" (Geschichte, Tradition),
– ein gesellschaftsbezogener „Sozialberuf" mit politischen Implikationen tion, Sozialisation),
– ein technologischer Beruf mit didaktischen Intentionen (Unterricht, Lernen) sowie
– ein „therapeutischer" Beruf mit erzieherischen Zielen (Beratung, Erziehung)

ist, dann dürfte klar sein, daß seine kompetente Ausübung nicht allein durch die Bereitstellung eines wissenschaftlichen *Berufswissens* gesichert werden kann.

Vielmehr müssen *Werthaltungen* und *Überzeugungen* (Einstellungen i.e.S.) sowie vor allem *professionelle Fertigkeiten* und *Verhaltensweisen* hinzukommend aufgebaut werden. Jedes Lehrerbildungskonzept wird in Zukunft daran zu messen sein, ob es diesen verschiedenen Erfordernissen gerecht zu werden vermag.

Basisliteratur:
SINNHÖFER, J.-M.: Unterrichtsdokumentation und Lehrerbildung. Frankfurt/M. 1988.

Zusatzliteratur:
HOMFELD, W.: Theorie und Praxis der Lehrerausbildung. Weinheim/Basel 1978.

Nachtrag 5: Der junge Lehrer und die Schulwirklichkeit

KLAUS W. DÖRING; HEINRICH KUPFFER

Wer – zumal unter den gegebenen Ausbildungsverhältnissen – neu in eine pädagogische Institution eintritt, pflegt um so leichter enttäuscht zu werden, je gründlicher er Sinn, Formen und Möglichkeiten von Erziehung und Unterricht analysiert und reflektiert hat. So empfindet er bald schmerzlich die Inkongruenz zwischen der eigenen Konzeption, für die er sich zu engagieren bereit ist, und der Wirklichkeit, wie sie ihm in der „Praxis" begegnet. Seine kritischen Bemühungen mögen ihn zu der Gewißheit geführt haben, daß die bestehenden Verhältnisse einer tiefgreifenden Veränderung bedürfen. Nun aber kommt die bittere Erfahrung, daß diese wohlbegründete, logische und scheinbar in sich schlüssige Kritik unter den realen Gegebenheiten zu ersticken droht.

Der noch unerfahrene junge Pädagoge wird vielleicht daraus den Schluß ziehen, daß die Theorie entweder falsch oder unnütz ist: falsch, weil sie durch die Praxis Lügen gestraft wird; unnütz, weil sie trotz ihres wissenschaftlichen Fundamentes der falschen Praxis nicht beizukommen vermag. Eine solche Reaktion wäre zwar begreiflich, würde aber einen letzten noch möglichen Schritt unterbinden; denn es kommt darauf an, auch dieses Erlebnis der unheilvollen Diskrepanz zwischen „Theorie" und „Praxis" kritisch aufzuarbeiten und entsprechende Handlungsstrategien zu entwickeln. Wer bis zur Kritik an der pädagogischen Wirklichkeit vorgedrungen ist, sollte das Auseinanderklaffen von Theorie und Praxis nicht als gegeben hinnehmen, sondern müßte den aufgedeckten Widerspruch so interpretieren, daß der eigene Impuls zur Veränderung erhalten oder entfacht wird.

Soll der junge Lehrer dies zu leisten imstande sein, so müßte das bezeichnete Diskrepanz-Problem bereits während der ersten Ausbildungsphase bearbeitet werden; mit anderen Worten: Die Ernüchterung des jungen Lehrers im Hinblick auf die Problematik der bestehenden Schulverhältnisse und die eigenen Möglichkeiten von deren Veränderung hätte nicht erst die *Folge* der beginnenden Praxis zu sein, sondern müßte als *Bedingung* des eigenen beruflichen Denkens und Handelns vor allem (beruflichen) Anfang an schon vorhanden und entwickelt sein. Hier liegt eines der entscheidenden Ausbildungsprobleme der derzeitigen Lehrerbildung. Es genügt nämlich nicht, ein durch wissenschaftliche Daten angereichertes kritisches Bewußtsein zu schaffen und sich dabei zu beruhigen. Ist die Erziehungswissenschaft als Sozialwissenschaft eine Handlungswissenschaft (die Theorie einer Praxis), so ist sie darauf verpflichtet, die Bedingungen, Möglichkeiten und Folgen gerade auch des Handelns im von ihr bearbeiteten pädagogischen Feld mit zu untersuchen und in ihre Verantwortung zu nehmen. Daher wären von ihr im Ausbildungssektor auch (vorsichtige) Handlungsmodelle und -strategien und entsprechende konkrete Verhaltensformen für Praxisveränderungen mitzuvermitteln, die den jungen Lehrer vor dem bekannten „Praxisschock" zu bewahren und seine Handlungsfähigkeit zu erhalten hätten. In diesem Sinne wäre die Leistungsfähigkeit der Berufswissenschaften des Lehrers (Erziehungswissenschaften, Psychologie, Soziologie, Politologie) unter anderem auch daran zu messen, inwieweit sie einen konkreten Beitrag zur Umsetzung von Theorie in Praxis leisten.

Unter diesem Aspekt ist auch das vieldiskutierte Problem der psychischen Gesundheit im Lehrerberuf zu betrachten. Definiert man dabei berufliche „Gesundheit" weder einseitig als die Fähigkeit zu einem bruchlosen Sicheinfügen und Anpassen an die faktischen Gegebenheiten (etwa im Stile der amerikanischen „Mental Health-Bewegung") noch als ein blindwütiges Fakten negierendes Aufbegehren gegen bestehende Strukturen oder deren permanente Leugnung durch wirklichkeitsblindes Idealisieren (etwa nach Art gewisser „linker" oder „rechter" politischer Sektierer), so läßt sich feststellen: In bezug auf berufliche Einstellungen und berufliches Verhalten wäre derjenige als psychisch gesund zu bezeichnen, der die Fähiget zu dem notwendigen (Mindest-)Maß an Anpassung an Gegebenes mit einem stabilen, durch ein kritisches (wissenschaftlich fundiertes) Bewußtsein geschärften Impuls zur Veränderung zu verbinden in der Lage ist.

Das bedeutet im Ausbildungszusammenhang vor allem, daß das kompromißlose empirische Sicheinlassen auf das, was ist, die Grundlage sein muß von Reflexionen darüber, was überschaubar möglich ist. Empirie, Hermeneutik (= interpretierende Deutung) und Ideologiekritik wären demnach konstruktiv miteinander zu verbinden (KLAFKI, 1976). Gelingt der wiss. Lehrerbildung diese Synthese nicht, distanziert sie sich von der daran sich anschließenden Aufgabe, auch die entsprechenden konkreten Verhaltensformen auszubilden und einzuüben, so legt sie ohne Zweifel selbst die Grundlage sowohl für ihr eigenes Scheitern (als wiss. Ausbildung) als auch für die Ausbildung von psychischen Konflikten und Erkrankungen auf seiten der Junglehrer. An sieben typischen Problemkreisen, die sich dem jungen Lehrer und Erzieher in dieser oder jener Form zu Beginn seiner Berufspraxis stellen, soll kurz verdeutlicht werden, was hier gemeint ist.

1. Schule und Gesellschaft
Wenn auf dem Erziehungsfeld etwas Neues geleistet werden soll, ohne hinter den heute erreichten Stand gesellschaftskritischen Denkens zurückzufallen,

kann der junge Lehrer der Frage nicht ausweichen, ob sich unser pädagogisches Ziel ohne einen Wandel der gesamten Gesellschaft überhaupt erreichen läßt. Wer diese Frage im Sinne einer grundlegenden Veränderung uneingeschränkt bejaht, muß folgerichtig jede Teilreform innerhalb des bestehenden Systems als Maßnahme zu dessen Stabilisierung deuten. Hier zeichnen sich Positionen ab, die im Extremfall auf die Alternativen „Revolution oder laisser faire", „totale Aktion oder totale Aktionsverweigerung", „Alles oder Nichts" hinauslaufen. Aber das Verharren in solchen Alternativen ist pädagogisch (und politisch) unfruchtbar, weil diese nur in einer unanschaulichen Abstraktionshöhe gedacht werden können, die mit der Erziehungswirklichkeit nichts mehr zu tun hat. Der Pädagoge besitzt nur dann eine reale berufliche Chance, wenn er auf beiden Ebenen zugleich operiert. Politisches Engagement für eine Veränderung der Gesellschaft *und* verändernde Kleinarbeit am Arbeitsplatz bedingen einander. Da auch die Schule ein Teil der Gesellschaft ist, hat jeder Schritt zum Wandel der Schule eine öffentliche Bedeutung. Von der kritischen Schülerbewegung wurde dieser Sachverhalt einmal so gekennzeichnet: „Einige Menschen glauben, erst muß die Gesellschaft geändert werden, dann erst kann die Schule verändert werden. Sie haben recht ... – Andere Menschen glauben, erst muß die Schule geändert werden, dann erst kann die Gesellschaft verändert werden. Sie haben ebenfalls recht." (ANDERSEN u. a. 1971, S. 133/124)

2. Theorie und Praxis
Ein weiterer Aspekt des Problems, ob und wie die Wirklichkeit in Schule und Erziehung verändert werden kann, ist der bereits angesprochene, jetzt aber unter einer speziellen Fragestellung nochmals aufzugreifende Bezug von „Theorie und Praxis". Der junge Pädagoge sollte nicht resignieren, wenn seine progressive Theorie auf eine konservative Praxis stößt, sondern zunächst zu erfassen suchen, wie Theorie und Praxis im erzieherischen Feld der Schule überhaupt zusammenhängen. Er wird dann feststellen können, daß eine isolierte Praxis gar nicht existiert, da alles, was praktisch in Erscheinung tritt, immer schon auf einer Theorie beruht. Erzieherisches Handeln verkörpert stets auch dort eine theoretisch formulierbare pädagogische Grundeinstellung, wo diese Basis dem Handelnden nicht bewußt ist. Ebenso verkörpert die Schulwirklichkeit selber – so wie sie sich darstellt – eine Theorie: die „Theorie der Schulwirklichkeit" (RUMPF). Deswegen beziehen sich kritische Erwägungen auf dem Erziehungsfeld nicht lediglich auf den quantitativen Befund, daß nämlich zukunftsweisende Impulse sich – etwa durch die Ungunst der Umstände – nicht in idealer Form realisieren lassen, sondern qualitativ auf das theoretische Fundament der kritisierten Praxis selbst.

Es kommt darauf an, diese verborgene Theorie freizulegen und zur Auseinandersetzung herauszufordern. Wird eine eingeschliffene Praxis längere Zeit hindurch nicht auf ihre Theorie hin befragt, so droht sie ,sich zu verselbständigen und entweder ihrerseits eine Theorie hervorzutreiben oder sich einer vorfindlichen, passenden zu bedienen, in der sie sich spiegelt und bestätigt. Da eine solche Theorie „aus zweiter Hand" eine Pervertierung des Verhältnisses von Theorie und Praxis darstellt, signalisiert ihr Auftreten eine pädagogische Berufskrise, die rechtzeitig erkannt und problematisiert werden muß.

3. Erziehung und Autorität
Die herkömmliche pädagogische „Praxis" ist unter anderem dadurch gekennzeichnet, daß Autorität, Ordnung und Disziplin als unverzichtbare Erziehungsmittel gelten. Wer als junger Pädagoge mit erzieherischen Vorstellungen, in denen Autorität, Ordnung und Disziplin keinen Stellenwert an sich mehr haben, in die Institution Schule eintritt, muß sich bald von älteren Kollegen darüber belehren lassen, daß man ohne diese Instrumente nun einmal pädagogisch nicht auskommen könne. Die Fähigkeit, sich „Autorität" zu verschaffen, gilt hier als aussagekräftiges Kriterium pädagogischer Befähigung: ein Beispiel für die erwähnte Verkehrung von Theorie und Praxis.

In Wirklichkeit ist der Einsatz von Autorität als Erziehungsmittel keineswegs eine pädagogische Notwendigkeit, sondern nur eine geschichtlich gewordene Verfahrensform, die wiederum auf *einer* unter mehreren möglichen Theorien beruht. Wer glaubt, „Autorität" aggressiv anwenden zu müssen, hat die Möglichkeiten pädagogischer Interaktion und Kommunikation bereits nach einem hierarchischen Muster interpretiert. Er sieht aufgrund einer metaphysischen Vorentscheidung die Überlegenheit des Älteren über den Jüngeren als feste Größe an und versteht daher auch die Autorität als anthropologische Konstante. Einerseits kommen weitere Erziehungsformen überhaupt erst in den Blick, wenn die Bedingtheit dieser Auffassung erkannt ist; andererseits wird deutlich, daß sich eine Erziehung ohne Autorität nicht in oberflächlichen Experimenten erschöpfen darf, sondern die Basis der menschlichen Beziehungen selbst verändern muß.

4. Die Entscheidungsfreiheit des Lehrers und Erziehers
Will der junge Pädagoge auf das Mittel der Autorität verzichten und einen unorthodoxen erzieherischen und unterrichtlichen Umgang entfalten, so muß er seine Chancen zur Verwirklichung dieses Vorhabens realistisch einschätzen. Erziehung beruht nicht darauf, daß ein einzelner Erzieher/Lehrer einem gleichfalls einzelnen sog. Zögling gegenübertritt, auch wenn die Modelle des „pädagogischen Bezugs" (NOHL) oder der „Ich-Du-Beziehung" (BUBER) so verfahren, als sei die Struktur der alten Hofmeister-Pädagogik noch heute maßgebend. Der Lehrer und Erzieher in der industriellen Gesellschaft ist immer schon auf den organisatorischen und personellen Rahmen fixiert, den die jeweilige Wirkungsstätte – etwa die Schule – ihm aufnötigt.

Hier findet er Kollegen und Vorgesetze, die entweder die Autonomie der Institution betonen oder sich einer übergeordneten bürokratischen Instanz unterwerfen. In beiden Fällen werden vitale, wenn vielfach auch unreflektierte Interessen als objektive Sachzwänge ausgegeben, die ein bestimmtes Verhalten zu erfordern scheinen. So ergibt sich ein institutionell geprägter Stil der Kooperation, dem sich jedermann mehr oder weniger anzugleichen hat. Abweichendes Handeln wird nicht nach seiner genuinen pädagogischen Absicht beurteilt, sondern als Rollenspiel mit fester Funktion gedeutet und abgestempelt.

Eine kritische Prüfung der Gesamtlage kann dem einzelnen dazu verhelfen, seine Rolle im Rahmen der jeweiligen Institution adäquat zu beurteilen und dem eigenen Auftreten dadurch eine größere Wirkung zu sichern, daß es immer auch mit den Augen der anderen gesehen wird. Vermutlich wird diese kritische Prüfung aber vor allem ergeben, daß der Entscheidungsfreiheit des einzelnen Lehrers – zumal in den gegebenen Schulstrukturen – enge Grenzen gesetzt sind. Die vielzitierte pädagogische Freiheit des Lehrers bezieht sich zum einen auf den Unterricht, und nur auf diesen, und ist andererseits ohnehin unter den gegebenen Bedingungen kaum einlösbar (zu viele Unterrichtsstunden, zu wenig Hilfsmittel, zu große Klassen usw.). Der junge Lehrer, der sich über diesen Sachverhalt – möglicherweise in gutem Glauben und Wollen – idealisierend hinwegsetzt, wird sehr bald die schmerzliche Erfahrung machen, daß er als einzelner wenig oder nichts vermag. Er wird sich daher die Frage nach den Möglichkeiten solidarischen Wirkens beizeiten stellen müssen.

5. Strategie und Solidarisierung

Aus der Einsicht in die normative Kraft der Institution folgt nämlich für den einzelnen, daß er nicht naiv vorgehen darf, sondern jede Aktion sorgfältig durchdenken muß. Durchgreifendere Erfolge sind ihm nur dann möglich, wenn er Gleichgesinnte findet, mit denen er sich zu gemeinsamem Handeln zusammenschließen kann. Wer es für Charakterstärke hält, in jedem Fall auf eigene Faust zu operieren, droht ausgespielt und zwischen den „Fronten" zerrieben zu werden. In welcher Form das geschieht, hängt vom Stellenwert seiner Person in der Hierarchie ab. Ist sein Gewicht gering, so wird er lächerlich gemacht und dadurch augenfällig der Unfähigkeit „überführt". Gilt seine Stellung dagegen als stärker, so wird er des Mangels an Loyalität bezichtigt und zur Entscheidung über die angeblich weiterhin notwendige Zusammenarbeit gezwungen.

Sobald jedoch eine aktive Minderheit geschlossen ein neues Programm verficht, zwingt sie ihrerseits die Institution zur Stellungnahme; denn erst in der Vervielfältigung wird ein Gedanke überhaupt als Konzeption sichtbar. Hat sich eine solche Lehrergruppe erst einmal profiliert, so kann sie Schritt für Schritt

Veränderungen durchsetzen, aber auch dies nur, wenn sie die Schüler in ihre solidarischen Aktivitäten konsequent und von Anfang an einbezieht.

6. Lehrer und Schüler

Der Lehrer muß daher nicht nur seine Position auf dem Erziehungsfeld gegen Kollegium und Bürokratie absichern, sondern vor allem auch ein tragfähiges Verhältnis zu den Schülern gewinnen. Hier ist autoritäre Distanz indessen ebenso fehl am Platze wie hemdsärmelige Fraternisierung. Es geht im Grunde nicht darum, welches äußere Auftreten das „richtige" sei, denn die alte Frage, wie man Schüler behandeln oder sich ihnen gegenüber verhalten solle, bleibt oft an der Oberfläche und ist dann falsch gestellt. Vor allem darf zwischen „Überzeugung" und „Verhalten" keine Lücke klaffen. Wo die allenthalben angestrebte Professionalisierung nur das Gebaren, nicht aber die in konkreten Verhaltensformen oft nur rudimentär sich dokumentierenden Einstellungen (im Sinne von Überzeugungen) verändert, bringt sich der Lehrer in doppelter Weise um den Ertrag seiner Bemühungen: erstens frustiert er sich selbst, weil Denken und reales Handeln divergieren; zweitens frustiert er die Schüler, deren Spürsinn und Intelligenz er eben dadurch unterschätzt.

In dem Appell an den Pädagogen, nicht mit geheimer Absicht hinter die Schüler zu greifen, sondern sich ihnen „frontal", das heißt, in aller Offenheit zu stellen, ist auch der wahre Sinn der pädagogischen Reversibilität angesprochen. Reversibles Verhalten verlangt nicht nur, daß der Lehrer seine Worte wägt und lediglich das sagt, was er auch anzuhören bereit ist. Ihm sollte vielmehr auch aufgehen, wie unglaubwürdig, schizophren und vergeblich es ist, einerseits die Schüler ständig gängelnd und „von oben her" zu vereinnahmen, andererseits aber von ihnen ein offenes und kritisches Auftreten zu erwarten bzw. ein solches ihnen gegenüber zu propagieren.

In bezug auf das weiterhin ungelöste Problem der Neu- und Einordnung der Schülermitverantwortung (SMV) in das bestehende Schulsystem bedeutet dies, daß der (im hier gemeinten Sinne) kritische Lehrer und seine sich mit ihm solidarisierenden Kollegen von dem wachen Teil der Schülerschaft wesentlich daran gemessen werden, wie sie zur SMV stehen. Sehr zu Recht setzen die Schüler dabei jedem Versuch, ihre institutionell abgesicherte Mitarbeit für ein Tun zu mobilisieren, das sog. höheren pädagogischen Zielen dienen soll, Widerstand oder Gleichgültigkeit entgegen. Die SMV als Erziehungsmittel, als Dienst an der Schul- und Klassengemeinschaft, als politische Demonstrationsveranstaltung für (mißverstandene) Sozialerziehung oder letztlich einfach als verlängerter Arm des Lehrers und der von ihm angestrebten Ziele wird von den Schülern zu Recht als ein mehr oder weniger sublimes Täuschungsmanöver zurückgewiesen.

Will der junge Lehrer mit der Schülerschaft kooperieren, so muß er sich vor jedem Versuch hüten, die Institution der SMV in diesem (schlechten) Sinne zu benutzen. Es kann ihm sonst geschehen, daß kritische Schüler ihm entgegenhalten: „In unserer Gesellschaft steht es Jugendlichen nicht an, den Normen widersprechende Interessen zu haben. In der Schule werden die Interessenkonflikte negiert oder verschleiert. Dem Schulleben liegt ein harmonisierendes, der Familie entlehntes Modell zugrunde." (Aktionszentrum unabhängiger und sozialistischer Schüler, AUSS, 1967, Vgl. FREUDENBERG, 1968) Ohne die Anerkennung der Tatsache, daß die SMV nur dann (pädagogisch) eine Chance (auf Dauer) haben kann, wenn sie als echte Interessenvertretung und Institution für Schüler-Mitbestimmung im System Schule verankert wird, ist eine offene Lehrer-Schüler-Kooperation schwer vorstellbar.

7. Lehrer und Eltern
Als ein letzter wichtiger Aspekt ist in diesem Zusammenhang der Bezug zwischen Lehrer und Eltern zu erwähnen. Hier stehen sich aus der pädagogischen Tradition zwei extreme Auffassungen gegenüber. Die eine besagt, daß den Eltern jede pädagogische Mitsprache genommen werden müsse, da Erziehung ein autonomer, nur von Experten wahrzunehmender Handlungsbereich sei; die zweite interpretiert die Eltern unter Berufung auf das „natürliche Elternrecht" als Auftraggeber der Erzieher. Aus der Einsicht heraus, daß beide Extreme unfruchtbar und wirklichkeitsfremd sind, sollten sie durch pragmatische Erwägungen neutralisiert werden.

Da Eltern de facto einen erheblichen Einfluß auf ihre Kinder ausüben, ist es professionelle Pflicht des Lehrers, mit den Eltern als den wesentlichsten Sozialisationsagenten der Schüler Kontakt zu halten und sie möglichst in die Wirklichkeit der Erziehung und des Unterrichts einzubeziehen. Soweit Eltern überhaupt fähig sind, sich über die oft verschwommenen Analysen der Massenmedien hinaus pädagogisch ansprechen zu lassen, sind Lehrer und Erzieher oft die einzigen Personen, von denen eine solche Aufklärung kommen könnte. Wenn also der Pädagoge auf eine immer stärkere Professionalisierung drängt, so kann damit kein esoterisches Berufsverständnis gemeint sein – als verliefe Lehren und Erziehen nach geheimen Regeln, die nur dem Eingeweihten geläufig sind. Beruflich ausgeübte Pädagogik bedeutet im Gegenteil ein überall vorzeigbares, auf berufliche Kenntnisse und gute (möglichst wissenschaftlich abgesicherte) Argumente gestütztes Verhalten, das geeignet ist, Eltern und Öffentlichkeit in den allgemeinen, permanenten Lernprozeß einzubeziehen. In diesem Sinne wird die Eindimensionalität der herkömmlichen Lernschule zu ersetzen sein durch das Konzept einer offenen, kritischen Schule.

Versäumt es der Lehrer – und insbesondere der junge Lehrer – diese Kommunikationsbasis mit den Eltern zu schaffen, so erwächst ihm in der Elternschaft leicht eine große berufliche Gefahr. Es gibt hinreichende Belege dafür, was für eine schwere Hypothek eine unversöhnliche Kontroverse mit den Eltern gerade für den jungen Lehrer bedeuten kann. Sie läßt sich sehr oft vermeiden oder abfangen, wenn eine hinreichende Kontaktbasis gegeben ist. Es ist auch außerhalb eines Zweifels deutlich, daß es für den Lehrer sehr oft wichtiger ist, ein bestimmtes Denken und Verhalten der Eltern zu verunsichern als das der Schüler. Ist aber ein Konflikt unvermeidlich, so dürfte die Position des Junglehrers wesentlich gefestigter sein, wenn ihm sowohl ein solidarisches Lehrerteam als auch eine sympathisierende Schülerschaft zur Seite steht.

Dies sind einige Aspekte, die der Lehrer und Erzieher im Auge behalten muß, wenn er nicht von falschen Voraussetzungen aus in seinen Beruf hineingehen will. Eine legitime Folgerung aus den genannten Erwägungen lautet, daß es zumindest zu einem guten Teil auch von ihm selbst abhängt, inwieweit er sich durchsetzt und welches pädagogische Klima in seiner Umgebung herrscht. Dies gilt unter der Voraussetzung, daß Denken und Handeln, Abstraktion und Entscheidung, Übersicht und Engagement in ein fruchtbares Wechselverhältnis treten. „Theorie" und „Praxis" sind in der pädagogischen Reflexion so aufeinander zu beziehen, daß sie sich gegenseitig erhellen, korrigieren und vorantreiben.

Basisliteratur:
OTTO, B.: Der Lehrer als Kollege. Weinheim/Basel 1978.

Zusatzliteratur:
MÜLLER-FOHRBRODT, G. u. a.: Der Praxisschock bei jungen Lehrern. Stuttgart 1978.

Nachtrag 6: Eine handlungsorientierte Theorie professionellen Lehrer-/Erzieherhandelns

Ein bemerkenswerter und wissenschaftlich ergiebiger Ansatz zum vorliegenden Problem wurde 1986 von MANFRED HOFER mit seinem Buch „Sozialpsychologie erzieherischen Handelns" vorgelegt. Der Autor gibt hier einen handlungstheoretischen Ansatz vor, der es sich zum Ziel setzt, die aktuelle Forschungslage zum Thema „Denken und Handeln" von Lehrern/Erziehern aufzubereiten und eine empirisch fundierte Theorie über die kognitiven Grundlagen des Lehrerhandelns auszuarbeiten.

Die Arbeit, die im Untertitel heißt: „Wie das Denken und Verhalten von Lehrern organisiert ist", hat nach den Worten des Autors „den Anspruch, eine Sozialpsychologie des Erziehers darzustellen. Es will beschreiben, welche kognitiven Elemente und Vorgänge hinter dem verborgen liegen können, was tagtäglich im Verhalten von Lehrern gegenüber ihren Schülern sichtbar wird" (S. 1).

Das Buch enthält 13 Kapitel: Im ersten wird grundsätzlich auf eine „Sozialpsychologie des Erzieherhandelns" sowie auf das der Arbeit unterlegte handlungstheoretische Modell eingegangen. Die folgenden 10 Hauptkapitel der Arbeit behandeln sodann kognitive und emotionale Faktoren, die das Lehrerhandeln beeinflussen. Im einzelnen geht es um folgende Themen:

– Erziehungsleitende Zielvorstellungen
– Implizite Theorien von Lehrern über die Schülerpersönlichkeit
– Perspektivische Wahrnehmung in der schulischen Interaktion
– Schülerkategorisierungen (Typisierungen)
– Die Verarbeitung von Informationen
– Die Zuschreibung von Ursachen
– Erwartungen über Schülerverhalten
– Handlungsentscheidungen und Verhalten
– Der Einfluß der Erfahrung auf Denken und Handeln
– Die Rolle von Gefühlen in der Lehrertätigkeit.

Das zwölfte Kapitel der Arbeit stellt das Lehrerhandeln in den Zusammenhang von Schule und gesellschaftliche Erwartungen, während das Schlußkapitel sich mit Umsetzungs-, Anwendungs- und Realisierungsfragen des Gesamtmodells beschäftigt.

HOFERS Theorie geht als handlungstheoretisches Konzept von der Prämisse aus, daß sich der Lehrer in seinem erzieherischen Handeln durch Denkprozesse

rational steuert. Ausgehend vom TOTE-Modell von MILLER/GALANTER/
PRIBAM (1973) und dem Entscheidungsmodell von SHAVELSON (1978), legt
HOFER das folgende Modell sozialen Verhaltens vor (vgl. S. 395).
Es wird erkennbar, daß der Autor den Handlungsverlauf in einzelne kognitive
Teilhandlungen bzw. operative Schritte gliedert:

- Wahrnehmung
- Beurteilung, Bewertung der Ist-Lage
- Klärung der Handlungsziele
- Entwicklung von Prognosen
- Aufbau von Handlungsentwürfen
- Ausführungsplanung und -entscheidung
- Ausführung der Handlung
- Rückmeldung über eingetretene Effekte

HOFER ist sich völlig im klaren darüber, daß sein Modell eine ganze Reihe
metatheoretischer Implikationen hat, die verhindern, daß man mit ihm die reale
Erziehungswirklichkeit voll abbilden kann. Der Autor setzt sich in seiner Arbeit
mit einer ganzen Reihe entsprechender Einwendungen auseinander, so etwa mit
der dem Modell unterliegenden Rationalitätsannahme, derzufolge soziale
Handlungen in Kategorien kognitiv-rationaler Verhaltensweisen beschreibbar
sind und entsprechend auch tatsächlich ablaufen.
 Die Arbeit besticht durch die Breite des aufgearbeiteten Forschungsmaterials. Der Leser bekommt einen guten Einblick, was der aktuelle Forschungsstand auf dem jeweiligen Gebiet der „Lehrerkognitionen" (= „teacher cognitions") ist. Es wird so eine Theorie professionellen Erziehungshandelns expliziert, in der schülerbezogenes Handeln durchgängig als zielbezogenes, situationsspezifisches und rationales Tun des Lehrers bestimmt wird. Daher hat die Theorie auch einen informationsaufnehmenden, einen informationsverarbeitenden und einen entscheidungsrelevanten Teil.

Für den vorliegenden Zusammenhang sind vor allem die folgenden kritischen
Fragen von Interesse:

1. Ist HOFERS Modell sozialerzieherischen Handelns von Lehrern als genereller
   Ansatz übertragbar auf andere (z.B. methodisch-didaktische oder fachwissenschaftlich-fachdidaktische) Handlungsebenen? – Nun, dies wird man
   wohl zweifellos bejahen können, auch wenn man eine ganze Reihe von
   kritischen Einwänden und modifizierenden Ergänzungen an HOFERS Modell
   vorbringen kann. Wer eine mindestens partielle professionelle Entwicklung

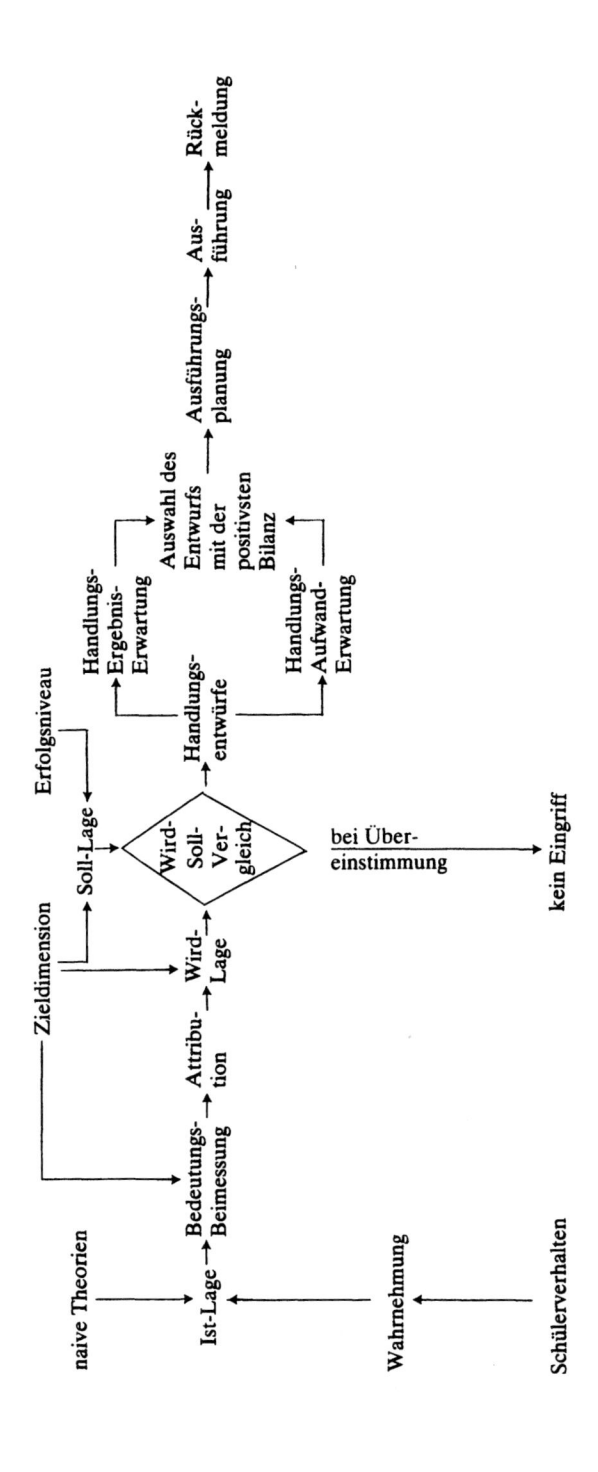

Ein Modell sozialen Verhaltens (Hofer, 1986, S. 21)

des Lehrerberufs und Lehrerverhaltens gutheißt, wird sich schwerlich der impliziten Norm des handlungstheoretischen Entwurfs HOFERS versagen dürfen, das berufliche Handeln des Lehrers als Fachmann mindestens virtuell an reflexiven internalen Prozessen zu orientieren, „wo Es war, Ich werden zu lassen" (FREUD).

Daher macht HOFERS Konzept eindrucksvoll deutlich, wie wichtig das Denken des Lehrers (die Lehrerkognitionen) für kriterienorientiertes berufliches Handeln ist. Das Bewußtsein für die (Weiter-)Entwicklung dieses Denkens muß als Metawissen selbst Gegenstand des Professionalisierungsprozesses werden.

2. Was sagt HOFERS Modell über Handlungskompetenz und Handlungsvollzug aus?

Die Antwortet lautet: „Nichts!" – Denn das handlungstheoretische Konzept HOFERS ist als kognitives Modell mit der Frage beschäftigt, welche Prozeduren *vor* dem eigentlichen Handlungsvollzug ablaufen müssen/müßten, damit von professioneller Orientierung die Rede sein kann. Damit beschäftigt sich das „handlungstheoretische" Modell HOFERS – ironischerweise – gar nicht mit dem Lehrerhandeln selbst, sondern eigentlich „nur" mit den Bedingungen seiner Möglichkeit... Trotz aller Empirie setzt das Modell damit gleichsam zwangsläufig die idealistische Tradition geisteswissenschaftlicher Theoriebildung fort und konstatiert implizit den Vorrang des Denkens vor dem Handeln.

Muß eine relevante „Berufstheorie" des Lehrerhandelns – so bleibt demgegenüber zu fragen – aber nicht gerade die Ausführung der Handlungen, die in ihnen sich spiegelnden Kompetenzen, Emotionen und Handlungsregulierungsprozesse zum Gegenstand ihres wissenschaftlichen Interesses machen?

3. Wie geht HOFER mit dem allen Lehrern vertrauten Problem des Handlungsdrucks (-zwangs) und der Handlungsroutine um?

Die Antwort lautet: „Gar nicht." Die dem Modell zugrundeliegende Rationalitätsannahme läßt dies – nach Meinung HOFERS – nämlich nicht zu. Daß das unter Handlungsdruck, Zeitmangel und oft unübersichtlicher situativer Konfiguration stehende Lehrerhandeln über weite Strecken einer rational-kognitiven Ausgestaltung nicht, kaum oder nur sehr schwer zugänglich ist, macht bekanntlich, daß rationales planmäßiges Handeln in der Praxis eher die Ausnahme denn die Regel ist. Berufliches Handeln ist daher weitgehend ein erfahrungs- und intuitionsgeleitetes Routinehandeln, was bestenfalls „ex post" – also nachgängig – einer rational-kognitiven Analyse zugänglich ist. Zwar geht HOFER auf das angesprochene Problem ein, er baut das wichtige Routinehandeln aus den oben genannten Gründen jedoch nicht in sein Modell ein.

4. Wie steht es mit der motivationalen und emotionalen Fundierung allen menschlichen Handelns in der Theorie erzieherischen Handelns von HOFER? Auch hier ist zu konstatieren, daß HOFER das Problem kennt und anspricht, auch das ganze 11. Kapitel der Rolle von Gefühlen in den Lehrerhandlungen gewidmet ist. HOFER: „Es besteht wohl kein Zweifel daran, daß die Realität der täglichen Berufsausübung durch eine Mannigfaltigkeit von Gefühlen geprägt ist" (1986, S. 323).

Die an HOFERS Konzept zu übende Kritik muß sich jedoch daran festmachen, daß Emotionen in der Grundstruktur des Handlungsmodells selbst nicht berücksichtigt und verankert sind, obwohl sie eine unbestreitbar wichtige handlungsregulierende Wirkung ausüben (können):

- Berufsmotivation (Engagement)
- Berufsangst (Lehrerangst)
- Berufsstolz (Berufsrollen – Bewußtsein – Gefühle)
- Berufszufriedenheit (Zugänglichkeit des Lehrers)
- Stimmungen (Launen)
- Frustrationstoleranz (Geduld)
- Rigidität (Marotten/Vorlieben)
- Emotionale Stabilität (Belastbarkeit)
- Humor (Witz, Lockerheit)
- Empathie (Mitfühlen, Mitempfinden)

Es wäre zweifellos ein verdienstvolles Unterfangen, wenn die dualistische Gegenüberstellung von Emotion und Kognition in einer Weiterentwicklung des HOFERSCHEN Ansatzes überwunden werden könnte. Emotionen können gelernt, entwickelt und modifiziert werden. Sie sollten die professionellen Lehrerkognitionen fundieren und stützen. Das können sie aber nur, wenn sie modellmäßig (theoretisch) erfaßt, wissenschaftlich untersucht und vor allem auch praktisch bearbeitet werden.

Basisliteratur:
HOFER, M.: Sozialpsychologie erzieherischen Handelns. Göttingen 1986.

Zusatzliteratur:
KRAMPEN, G.: Handlungsleitende Kognitionen von Lehrern. Göttingen 1986.

Literaturverzeichnis

Das nachfolgende Literaturverzeichnis enthält nur die im Text erwähnten Titel. Wer eine umfassende Zusammenstellung von Literatur zum vorliegenden Thema sucht, der sei verwiesen auf: „Lehrerverhalten und Lehrerberuf", Weinheim 1977/7, 207-277

AEBLI, H.: Grundformen des Lehrens. Stuttgart 1976.
ADL-AMINI, B.: Theorie der Schule. Weinheim/Basel 1976
ADORNO, T. W. u. a. (eds.). The Authoritarian Personality. New York 1950. *Ders.:* Tabus über den Lehrerberuf. Neue Sammlung 1965.
ALLPORT, G. W.: Persönlichkeit, Stuttgart 1949.
ANDERSON, H. H.; BREWER, J. E.; REED, M. F. Studies of theacher's classroom personalities, I, II, III. Applied Psychol. Monogr. No. 6, 8, 11. 1945-1946.
ANDERSON, R. C.: Learning in Discussion: A Resume of Authoritarian-Democratic-Studies. In: Harvard Educ. Rev. 29. 1959. S. 201-215.
ANGER, H.: Entstehung und Wandel sozialer Einstellung. In: HASELOFF, O. W. (Hrsg.): Struktur und Dynamik des menschlichen Verhaltens. Stuttgart 1970. S. 126-138.
APEL, K.O.: Szientistik, Hermenetik, Ideologiekritik. Entwurf einer Wissenschaftslehre in erkenntnistheoretischer Sicht. In: Hermenetik u. Ideologiekritik. Frankfurt 1971.
ARGYLE, M.: Social skills training in education. In: LANGEVELD, M. J. u. a. (Hrsg.): Rollenwandel des Lehrers. Braunschweig 1970, S. 72-79.
ATTESLANDER, P.: Methoden der empirischen Sozialforschung. Berlin 1975.
AUMEISTER, u. a.: Der Praxisschock. München/Berlin/Wien 1976.
BAACKE, D.: Kommunikation und Handeln. In: POPP, W. (Hrsg.): Kommunikative Didaktik. Weinheim/Basel 1976. S. 23-54.
BACHMAIR, G.: Unterrichtsanalyse. Weinheim/Basel 1974. *Ders.:* Handlungsorientierte Unterrichsanalyse. Weinheim/Basel 1980.
BAIER, H.: Das Freizeitverhalten und die kulturellen Interessen des Volksschullehrers. Neubugweier 1972.
BALTES, P. B.: Methodologische Überleg. z. Erf. d. Bez. zw. Erschwachsenen und Jugendlichen. In: HERRMANN, T. (Hrsg.): Psychologie der Erziehungsstile Göttingen 1966. S. 204-212.
BARR, A.S.: The measurement and prediction of teaching efficiency: A summary of investigations. In: Journ. exp. Educ. 1948. 16. S. 203-283
BARTELS, K.: Neuere Beiträge zum Lehrer-Schüler-Verhältnis. In: Lebendige Schule. 23. Jg. 1968. S. 461-471. *Ders.:* Pädagogischer Bezug. In: SPECK, J.; WEHLE, G. (Hrsg.): Handbuch päd. Grundbegriffe. Bd. II. München 1970, S. 268-287.
BAUMANN, H. W.: Probleme einer Typologie des Lehrers. Masch. Diss. Göttingen 1959.
Bay City Projekt: A Cooperative Study for the better Utilization of Teacher Competencies. Final Report. Michgan 1960.
BECK, J.: Lernen in der Klassenschule. Hamburg 1974.

Beck, J. u. a.: Erziehung in der Klassengesellschaft. München 1970/71.
Becker, E., Jungblut, G.: Strategien der Bildungsproduktion. Frankfurt/M. 1972.
Becker, E.; Herkommer, S.; Bergmann, J.: Erziehung zur Anpassung? Frankfurt/M. 1967.
Becker, G. E.: Planung von Unterricht: Handlungsorientierte Didaktik Teil I. Weinheim/Basel 1984. Ders.: Durchführung von Unterricht: handlungsorientierte Didaktik Teil II. Weinheim/Basel 1984. Drs.: Auswertung und Beurteilung von Unterricht: Handlungsorientierte Didaktik Teil III. Weinheim/Basel 1986.
Becker, H.: Die verwaltete Schule. Merkur 1954, S. 1155 ff.
Becker, H. H.: Über Wesen und Gliederung wiss. Pädagogik. Ratingen 1964.
Becker, W. C.: Consequences of diff. kinds of parental discipline. In: Hoffmann, M. L. u. L. W. (eds.): Review of Child Development. New York 1964, Vol 1. S. 169–208.
Beckmann, H. K.: Unterrichten und Beurteilen als Beruf. In: Quadriga Funkkolleg: Erziehungswissenschaft. Nr. 10. Frankfurt am Main 1969.
b:e tabu: Praxisdruck. Weinheim/Basel 1977.
Bellack, A. O.: Methods for observing classroom behavior of teachers... Dtsch. Fass. in: Wulf, C. (Hrsg.): Evaluation. München 1962, S. 211–238.
Benfer, H.: Lehrer-Typen. In: Praxis d. Volksschule. 1. Jg. 1951. S. 337–341.
Benninghaus, H.: Soziale Einstellungen und soziales Verhalten. In: Albrecht, G. u. a. (Hrsg.): Soziologie – Sprache, Bezug zur Praxis... Köln 1973, S. 671–707.
Benz, O.; Rückriem, G. (Hrsg.): : Der Lehrer als Berater. Heidelberg 1978.
Bergius, R.: Analyse der „Begabung"...: In: Roth, H. (Hrsg.): Begabung und Lernen. Stuttgart 1969. S. 229–268.
Bergmann, C. u. a.: Schwierigkeiten junger Lehrer in der Berufspraxis. Gießen 1976.
Berliner Verband d. Lehrer und Erzieher: Die Arbeitszeit der Lehrer. Berlin/Baden 1961.
Bernfeld, D.: Sisyphos oder die Grenzen der Erziehung. Leipzig 1925. Frankfurt/M. 1967.
Bernstein, B.: Studien zur sprachlichen Sozialisation. Düsseldorf 1972.
Betzen, K.; Nipkow, K. E. (Hrsg.): Der Lehrer in Schule und Gesellschaft. München 1971.
Bittner, G.: Für und wider die Leitbilder. Heidelberg 1964.
Blankertz, H.: Theorien und Modelle der Didaktik. München 1969.
Bock, I.: Kommunikation und Erziehung. Darmstadt 1978.
Bokelmann, H.: Pädagogik: Erziehung, Erziehungswissenschaft. In: Speck; J.; Wehle, G. (Hrsg.): Handbuch päd. Grundbegriffe. Bd. II. München 1970. S. 178–267.
Bollnow, O. F.: Existenzphilosophie und Pädagogik. Versuch über unstetige Formen der Erziehung. Stuttgart 1959.
Borowski, G.: Über die gegenwärtige Unsicherheit bei der Anwendung von Erziehungsmitteln. In: Lebendige Schule. 24. Jg. 1969. H. 6, S. 219–228.
Boteram, N.: Pygmalions Medium. München 1976.
Brandenburg, A. G.: Systemzwang und Autonomie. Düsseldorf 1971.
Brandt, H.; Liebau, E.: Das Team - Kleingruppenmodell. München 1978.
Brauneiser, M.: Der Unmut der Lehrer – Beschreibung einer Krise. In: Ipfling, H.-J. (Hrsg.): Verunsicherte Lehrer? München 1974. S. 81–84.
Brezinka, W.: Über Absicht und Erfolg in der Erziehung. In: Ztschr. f. Päd. 15. Jg. 1969. H. 3. S. 245–272.
Brocher, T.: Schule ohne Sozialerziehung. In: Neue Sammlung. 7. Jg. 1967. S. 429 ff.
Brück, H.: Die Angst des Lehrers vor dem Schüler. Reinbek b. Hamburg 1978.
Brückner, P.: Zur Pathologie des Gehorsams. In: Flitner, A.; Scheuerl, H. (Hrsg.): Einführung in päd. Sehen und Denken. München 1967. S. 98–112.

BRUNNER, R.: Lehrerverhalten. Paderborn 1978. *Ders.:* Lehrertraining. München/Basel 1976.
BRUNNER, R.; OLIVERO, J. L.: Micro-Teaching: ein neues Verfahren zum Training des Lehrerverhaltens. München 1973.
BUBER, M.: Ich und Du. (1922) In: Dialogisches Leben. Ges. phil. u. päd. Schriften. Zurück 1947.
BÜCHNER, U.: Der Gewerbelehrer und die industrielle Arbeit: Zum Zusammenhang von Arbeit und Lernen. Weinheim/Basel 1980.
CALLIS, R.: Change in teacher-pupil attitudes related to training and experience. In: Educ. psychol. Measurem. 1950, 10. S. 718-727. *Ders.:* The effiency of the MTAI ... In: Journ. f. appl. Psychol. 1953. No. 37, S. 82-85.
CARROLL, J. B.: Ein Modell schulischen Lernens. In: EDELSTEIN/HOPF (Hrsg.): Bedingungen des Bildungsprozesses. Stuttgart 1973. S. 234-250.
CASELMANN, C.: Wesensformen des Lehrers. Stuttgart 1949. 1963/3. *Ders.:* Allgemeine Psychologie des Lehrers und Erziehers; Differentielle Psychologie des Lehrers und Erziehers. In: STRUNZ, K. (Hrsg.): Päd. Psychologie f. Höhere Schulen. München/ Basel 1961/2.
CAVEMANN, B.: Pädagogische Situation und pädagogisches Feld. In: MIESKES, H. (Hrsg.): Jenaplan. Oberursel 1965. S. 37-66.
CLAESSENS, D.: Rolle und Macht. München 1968. 1970/2.
CLOETTA, B.: Einstellungsänderung durch die Hochschule. Konservatismus. Machiavellismus, Demokratisierung. Stuttgart 1975.
COMBE, A.: Kritik der Lehrerrolle. München 1971.
CORRELL, W.: Programmiertes Lernen und schöpferisches Denken. München/Basel 1965. *Ders.:* Das päd. psych. Problem der Beziehung zwischen Lehrstil und Lernleistung. In: HERRMANN, T. (Hrsg.): Psychologie der Erziehungsstile. Göttingen 1966. S. 268-281. *Ders.:* Das Lehrer-Schüler-Verhältnis. In: Schule und Psychologie. 10. Jg. 1963. S. 51-62.
DECORTE, E. u. a.: Grundlagen didaktischen Handelns. Weinheim/Basel 1975.
DAHRENDORF, R.: Gesellschaft und Demokratie in Deutschland. München 1965. *Ders.:* Homo Sociologicus. Köln/Opladen 1953. 1964/5.
DENNISON, G.: Lernen und Freiheit. Frankfurt/M. 1969.
DEWEY, J.: Demokratie und Erziehung. Braunschweig, Berlin, Hamburg 1949/2. *Ders.:* Pädagogische Stilform und Sozialpersönlichkeit des Kindes. In: Schule und Psychologie. 11. 1964.
DIECKMANN, J.; LORENZ, P.: Spezialisierung im Lehrerberuf. Heidelberg 1968.
DIESTERWEG, F. A. W.: Wegweiser zur Bildung für deutsche Lehrer. Bes. v. J. SCHEVELING, Paderborn 1958.
DIETRICH, G.: Bildungswirkungen des Gruppenunterrichts. München 1969. FELDMANN; K.: Was bringen die Konstanzer Untersuchungen für eine Verbesserung der Lehrerausbildung? In: Die Dtsch. Schule. 72. Jg. 1980. H. 1 S. 54-61.
DILTHEY, W.: Die Philosophie des Lebens. Stuttgart/Göttingen (1883, 1910) 1961.
DIX, U.: Schulalltag – Als Lehrer die Praxis überleben. Bensheim 1979.
DOLCH, J.: Grundbegriffe der päd. Fachsprache. München 1960/3.
DOMAS, S. J.; TEIDEMANN, D. V.: Teacher competence: An annotated bibliographie. In: Journ. exp. Educ. 1950. 19. p. 101-218.
DÖRING, K. W.: Lehr- und Lernmittel: Medien des Unterrichts. Weinheim/Basel 1969. 1973/2. *Ders.* u. a.: Die eindimensionale Schule. Weinheim/Basel 1972. *Ders.:* Der Lehrer zwischen Bildung und Ausbildung. In: Ztschr. f. Päd. Jg. 19. 1973. H. 4. S. 627-636. *Ders.:* Professionalisierung erzieherischer Berufe. In: WEHLE, G. (Hrsg.): Pädagogik aktuell. München 1973. Bs. 1. S. 146ff. *Ders.:* Lehrerverhalten und das

401

Konzept der Unterrichtstechnologie. In: Ztschr. f. Päd. 20. Jg. 1974, H. 2. S. 189–210.
Ders.: Lehrerverhalten im programmierten Unterricht. FOELL. Paderborn 1978.
DÖRING, K. W. (Hrsg.): Unterricht mit Lehr- und Lernmitteln. Weinheim/Basel 1973/2.
Ders.: (Hrsg.): Lehr- und Lernmittelforschung. Weinheim/Basel 1971.
DUMKE, O.: Die Auswirkungen von Lehrererwartungen auf Intelligenz und Schulleistungen. In: Psychologie in Erziehung und Unterricht. 24. Jg. 1977. S. 93–108.
EBELING, P.: Das große Buch der Rhetorik. Wiesbaden 1988.
EHLICH, K.; REHBEIN, J.: Wissen, Kommunikatives Handeln und die Schule. In: GOEPPERT, H. C. (Hrsg.): Sprachverhalten im Unterricht. München 1977.
EIGLER, G.: Bildsamkeit und Lernen. Weinheim 1967.
ELASHOFF, J. D.; SNOW, R. E.: Pygmalion auf dem Prüfstand. München 1972.
ELDER, G. H.: Parental power legitimation .... In: Sociometry. 1963. No. 26. S. 50–65.
ENGELMAYER, O.: Menschenführung im Raume der Schulklasse. München 1968.
ETZIONI, A.: Soziologie der Organisationen. München 1967.
EVERS, G.: Die Arbeitszeit eines Volksschullehrers in Hamburg. In: Hamburger Lehrerzeitung. 11. Jg. 1958, H. 14. S. 1–11.
EYFERTH, K.: Typische Aspekte des Problems der autoritären Persönlichkeit. In: Polit. Psychologie als Aufgabe unserer Zeit. Bearb. v. W. JACOBSEN. Frankfurt/M. 1963. S. 67–74.
EYFERTH, K.; KREPPNER, K.: Entstehung, Konstanz und Wandel von Einstellungen. In: GRAUMANN, C. F. (Hrsg.): Handbuch der Psychologie. Bd. 7 (2). Göttingen 1972. Sp. 1342–1370.
FELLSCHES, K.: Disziplin, Konflikt und Gewalt in der Schule. Heidelberg 1978.
FESTINGER, L.: A theory of cognitive dissonance. Evenston 1957.
FISCHER, A.: Über das Studium der Pädagogik an den Hochschulen In: Ztschr. für päd. Psych. 22. Jg. 1921. S. 273ff.
FISHBEIN, M.: The relationship between beliefs, attitudes and behavior. In: FELDMAN, S. (ed.): Lognitive Consistency. New York 1966, S. 199–233.
FITTKAU, B. u. a.: Kommunikations- und Verhaltenstraining für Erziehung .... UTB. Pullach b. München 1974.
FLANDERS, N. A.: Künftige Entwicklungen bei der Analyse der verbalen Kommunikation in der Klasse. In: pl. 8. Jg. 1971, H. 3. S. 133–147. Ders.: Analyzing Teaching Behavior, Reading/Mass. 1970.
FLECHSIG, K.-H.; HALLER, H.-D.: Entscheidungsprozesse in der Curriculumentwicklung. Stuttgart 1973.
FLITNER, W.: Vom Stand des Lehrers. In: GERNER, B. (Hrsg.): Der Lehrer und Erzieher. Bad Heilbrunn 1969. S. 96–101.
FOPPA, K.: Lernen, Gedächtnis, Verhalten. Köln 1965.
FRECH, H.-W.: Kontrollierte Beobachtung verbaler Verhaltensweisen von Lehrern und Schülern. In: Neue Sammlung 1/1971. S. 87–208. Ders. u. a.: Verbale Verhaltensweisen von Lehrern und Schülern. In: Sozialisation und Erziehung. (24. Gemener Kongreß 1972). Bottrop 1972. S. 199–236.
FRECH, H.-W.; REICHWEIN, R.: Der vergessene Teil der Lehrerbildung. Stuttgart 1977.
FREUDENBERG, F.: Rebellion ohne Drahtzieher. In: Die Zeit. 5. Apr. 1968.
FRÖBEL, F.: Die Menschenerziehung. Bochum 1973.
FROMM, E.: Die autoritäre Persönlichkeit. In: RÖHRS, H. (Hrsg.): Die Disziplin in ihrem Verhältnis zu Lohn u. Strafe. Frankfurt/M. 1968. S. 132–136.
FULLER, F.; MANNING, B. A.: Self confrontation reviewed: A conceptualization for video playback in teacher education. In: Review of educational research. Vol. 43, Nr. 4, 1973. S. 469–528.

FURCK, C. L.: Innere oder äußere Schulreform. In: Ztschr. f. Päd. 13. Jg. 1967. S. 97–115. Ebenso in: Zur Theorie der Schule. P. Z.-Reihe Bd. 10. Weinheim u. a. 1969.
FÜRSTENAU, P.: Zur Psychoanalyse der Schule als Institution. *Ders.:* Neuere Entwicklungen der Bürokratieforschung und das Schulwesen. Beide Aufsätze in: FÜRSTENAU, P. u. a.: Zur Theorie der Schule. Weinheim/Berlin/Basel 1969. *Ders. (Hrsg.):* Der psychoanalytische Beitrag zur Erziehungswissenschaft. Darmstadt 1974.
GAGE, N. L.: Paradigmen für die Erforschung des Lehrens. In: INGENKAMP, K.; PAREY, E. (Hrsg.): Handbuch der Unterrichtsforschung. Teil 1. Weinheim/Berlin/Basel 1970. Kap. 3 (siehe auch WEINERT, 1968/3). *Ders.:* Theories of teaching. In: HILGARS, E. R. (ed.): Theories of Learning and Instruction. Chicago 1964. S. 268–285. *Ders.:* Handbook of Research on Teaching. Chicago 1967/5.
GAGNÉ, R. M.: Bedingungen menschlichen Lernens. Hannover 1969.
GAMM, H.–J.: Kritische Schule. München 1970.
GAUDIG, H.: Die Schule im Dienste der werdenden Persönlichkeit. Leipzig 1917. 1930/3.
GEIGER, T.: Erziehung als Gegenstand der Soziologie. In: Die Erziehung. 5. Jg. 1930. S. 416.
GERSTENMAIER, J.: Urteile von Schülern über Lehrer. Weinheim/Basel 1975.
GETZEL, J. W.; JACKSON, P. W.: The Teacher's Personality and Characteristics. In: GAGE, N. L. (ed.): Handbook of Research on Teaching. Chicago 1967/5. S. 506–582.
GIESECKE, H.: Pädagogik als Beruf: Grundformen pädagogischen Handelns. Weinheim/ Basel 1987.
GLÄNZEL, H.: Lehren als Beruf. Hannover 1967.
GLÖTZL, H.: Das habe ich mir gleich gedacht. Weinheim/Basel 1979.
GOEPPERT, H. C. (Hrsg.): Sprachverhalten im Unterricht. München 1977.
GÖTZ, W.: Einstellungs- und Verhaltensänderung durch Unterricht. Weinheim 1979.
GOFFMAN, E.: Encounters. Two Studies in the Sciology of Interaction. Indianapolis 1961. *Ders.:* Interaktionsrituale. Über Verhalten in direkter Kommunikation. Frankfurt/M. 1967.
GOODE, W. J.: Profession und Professionalisierung. In: LUCKMANN, T.; SPRONDEL, W. M. (Hrsg.): Berufssoziologie. Köln 1972.
GRAUMANN, C. F.: Interaktion und Kommunikation. Handbuch der Psychologie. 7/II. (Sozialpsychologie). Göttingen 1972.
GRAUMANN, C. F.; KRUSE, L.: Die Klasse als Gruppe. In: Päd. Psychologie. Teil IV. Sozial- u. motivationsps. Aspekte der Schule. Weinheim/Basel 1976. S. 1–20.
GRELL, J.: Techniken des Lehrerverhaltens. Weinheim/Basel 1974.
GRISEBACH, E.: Die Grenzen des Erziehers und seine Verantwortung. Halle/Saale 1924.
GRÖSCHEL, H. (Hrsg.): Das Lehrer-Schüler-Verhalten in Erziehung und Unterricht. München 1975/2.
GROOTHOFF, H.-H.: Funktion und Rolle des Erziehers. München 1972.
GSCHWENDNER, K. (Hrsg.): Lehrer im Vorbereitungsdienst. Regensburg 1972.
GUILFORD, J. P.: Persönlichkeit. Übers. v. KOTTENHOFF, H. u. a., Weinheim 1964. *Ders.:* und HÖPFNER, R.: Analyse der Intelligenz. Weinheim/Basel 1976.
GUMP, P. V.: The classroom behavior setting: Its nature and relation to student behaviour. Schlußbericht. Projekt Nr. 2453. Lawrence, Kan.: Midwest Psychological Field Station. Univ. of Kansas 1967.
GÜNTHER, V.; GROEBEN, N.: Abstraktheitssuffix-Verfahren: Vorschlag einer objektiven ökonomischen Messung der Abstraktheit/Konkretheit von Texten. In: Zeitschrift für experimentelle und angewandte Psychologie 1978. H. 1. S. 55–74.
HAASE, M.: Phonetische Untersuchungen zur Sprache des Lehrers. Dissertation. Kiel 1979.
HABERMAS, J.: Thesen zur Theorie der Sozialisation. Frankfurt/M. 1968.

Hänsel, D.: Die Anpassung des Lehrers. Weinheim 1975.
Hättich, M. u.a.: Autorität. In: Speck, J.; Wehle, G. (Hrsg.): Handbuch päd. Grundbegriffe. München 1970. Bd. 1 S. 38–54.
Hallworth, H.-J.: Group Diskussion and its Relevance to Teacher-Training. In: Educ. Rev. Vol. 10. 1957.
Haug, F.: Kritik der Rollentheorie. Frankfurt/M. 1972.
Heckhausen, H.: Situationsabhängigkeit, Persönlichkeitsspezifität und Lehrerreaktion auf unerwünschtes Schülerverhalten. In: Herrmann, T. (Hrsg.): Psychologie der Erziehungsstile. Göttingen 1966. *Ders.*: Lehrer-Schüler Interaktion. In: Graumann, C.F. u.a.: Päd. Psychologie. Teil IV. Weinheim/Basel 1976. S. 85–124. *Ders.:* Lehrer-Schüler-Interaktion. In: Weinert, F.E. u.a. (Hrsg.): Pädagogische Psychologie. Bd. 1. Frankfurt 1974. S. 547–574.
Heid, H.: Zur päd. Legitimität gesellschaftlicher Verhaltenserwartungen. In: Ztschr. f. Pädagogik. 16. Jg. 1976, H. 3. S. 365–394.
Heiland, H.: Schüler und Lehrer. Ratingen 1971. *Ders.*: Motivieren und Interessieren: Probleme der Motivation in der Schule. Bad Heilbrunn/Obb. 1979.
Heimann, P.; Otto, G; Schulz, W.: Unterricht – Analyse und Planung. Hannover 1965. 1969/4.
Heimann, P.: Didaktik als Theorie und Lehre. In: Didaktik als Unterrichtswissenschaft. (Hrsg.): K. Reich; H. Thomas. Stuttgart 1976. S. 142–168.
Heitger, M.: Die Destruktion des Pädagogischen ... In: Welt d. Schule. 21. Jg. 1968, H. 3. S. 105–116. *Ders.:* Die Zerstörung der päd. Absicht ... In: *Ders.* (Hrsg.): Erziehung oder Manipulation. München 1969. S. 62–77. *Ders.:* Bildung moderne Gesellschaft. München 1964.
Heller, K.; Nickel, H.: Psychologie in der Erziehungswissenschaft. Bd. 1: Verhalten und Lernen. Bd. 2: Verhalten im sozialen Kontext. Stuttgart 1976.
Hemmer, K.: Die Persönlichkeit der Lehrer im Vergleich mit der Persönlichkeit der Wirtschaftswissenschaftler (Manager). Frankfurt/M. 1984.
Herrmann, T.: Psychologie der Erziehungsstile. Göttingen 1970/2.
Herzog, E.: Persönlichkeitsprobleme des Lehrers in der Erziehung. München 1952.
Highet, G.: The art of teaching. New York 1950.
Hilbig, O.: Eignungsmerkmale für den Volksschullehrerberuf. Braunschweig 1963.
Hilgard, E.R.; Bower, R.H.: Theorien des Lernens. 2 Bde. Stuttgart Bd. I: 1975/4. Bd II: 1973/2.
Hinsch, R.: Einstellungswandel und Praxisschock bei jungen Lehrern. Weinheim 1979.
Hofer, M.: Die Schülerpersönlichkeit im Urteil des Lehrers. Weinheim 1969. *Ders.:* Zur impliziten Persönlichkeitstheorie von Lehrern. In: Zeitschr. f. Entwickl. psych. u. Päd. Psych. 1970, S. 197–209. *Ders.:* Der Lehrer und das Disziplinproblem. In: Graumann, C.F. u.a.: Pädagogische Psychologie. Teil IV. Weinheim/Basel 1976. S. 69–83. *Ders.:* Sozialpsychologie erzieherischen Handelns. Göttingen 1986.
Hofstätter, P.R.: Psychologie. Fischer Lexikon. Frankfurt/M. 1957.
Hohn, E.: Der schlechte Schüler. München 1967.
Holzapfel, G.: Professionalisierung und Weiterbildung bei Lehrern und Ausbildern. Weinheim 1975.
Homans, C.G.: Theorie der sozialen Gruppe. (1950): Köln/Opladen 1960.
Homfeld, W.: Theorie und Praxis der Lehrerausbildung. Weinheim/Basel 1978.
Hopf, A.: Lehrerbewußtsein im Wandel. Düsseldorf 1974.
Hopkins, L.T.: Interaction: the democratic process. New York 1941.
Huisken, F.: Zur Kritik bürgerlicher Didaktik und Bildungsökonomie. München 1972.
Hurrelmann, K.: Der schwierige Weg zum „pädagogischen Experten". In: Roth, H.;

BLUMENTHAL, A. (Hrsg.): Freiheit und Zwang der Lehrerrolle. Hannover u. a. 1975. S. 76-95.
HURRELMANN, K. u. a.: Die soziale und berufliche Stellung der Lehrer an Hauptschulen. Mschschr. Man. Münster 1969.
HYMES, D.: The Anthropology of Communication. In: DANCE, H. (ed.): Human Communication Theory. New York 1967.
IPFLING, H.-J.: Marginalien über die Freude im päd. Zusammenhang. In: LORENZ, U.; IPFLING, H.-J. (Hrsg.): Freude an der Schule. München 1979. Ders. (Hrsg.): Die emotionale Dimension in Begriff „Erziehungsmittel". In: HEITGER, M. (Hrsg.): Erziehung oder Manipulation. München 1969. S. 23-32.
JOUHY, E.: Die antagonistische Rolle des Lehrers im Prozeß der Reform. In: BECK, J. u. a.: Erziehung in der Klassengesellschaft. München 1971. S. 224-244.
KAHL, T. N.: Lehrerausbildung. München 1979.
KAMLAH, W.: Die Sorge um die Autorität. In: REBEL, K. (Hrsg.): Zwang-Autoriät-Freiheit in der Erziehung. Weinheim/Berlin 1967. S. 214-229.
KEARNEY, N. C.; ROCCHIO, P. D.: The relation between the Minnesota Teacher Attitude Inventory and subject matter taught by elementary teachers. In: Educ. Admin. Superv. 1955. No. 41. S. 358-360. Dies.: The effect of teachter education on the teachers attitude. In: Journ. educ. Res. 1956. No. 49. S. 703-708.
KEGEL, G.; ARNOLD, TH.; DAHLMEIER, K.: Sprachwirkung. Opladen 1985.
KENNIS, D.: Die Persönlichkeit des Lehrers im schulischen Interaktionsprozeß. Wiss. Hausarbeit. PH Berlin 1974.
KERSCHENSTEINER, G.: Die Seele des Erziehers und das Problem der Lehrerbildung. (1921) München/Stuttgart 1961/8.
KERSTING, H. J.: Kommunikationssystem Gruppensupervision. Freiburg. i. Br. 1975.
KIRSTEN, R. E.: Lehrerverhalten. Stuttgart 1973.
KLAFKI, W.: Aspekte kritisch-konstruktiver Erziehungswissenschaft. Weinheim/Basel 1976.
KLAFKI, W. u. a.: Didaktik und Praxis. Weinheim/Basel 1977. 1979/2.
KLINK, J. G.: Klasse H 7 E. Regensburg 1974.
KOB, J.: Die Rollenproblematik des Lehrerberufs. In: Soziologie. Sonderheft 4 der Kölner Ztschr. f. Soz. u. Sozialpsychologie. Köln/Opladen 1959. S. 91-107. Ders.: Das soziale Berufsbewußtsein des Lehrers der Höheren Schule. Würzburg 1958.
KOCH, J.-J.: Lehrer – Studium und Beruf. Ulm 1972.
KOCH, J.-J. (Hrsg.): Grundkurs Psychologie für Lehramtskandidaten. Ulm 1976.
KÖNIG, R.: Der Beruf als Indiz sozialer Integration. In: Berufsberatung und Berufsbildung. Org. d. Schweiz. Verb. f. Berufsber. u. Lehrl. 47. Jg. 1962, S. 13-23. Ebenso in: Soziologische Orientierungen. Köln/Berlin 1965. S. 190-205.
KOSKENNIEMIE, M.: Elemente der Unterichtstheorie. München 1971.
KOUNIN, J. S.: Discipline and group management in classrooms. New York 1970.
KRAAK, B.: Soziale Praxis: Problemlösen und Entscheiden. Tübingen '78. Ders.: LINDENLAUB, S.: Entwurf einer Handlungs-Entscheidungs-Theorie. In: Mitt. u. Nachr. d. D. I. I. P. F. Frankfurt/M. 1974. Nr. 75/76. S. 93-105. Ders.: Handlungs-Entscheidungs-Theorien. In: Psychologie Beiträge. 18. Jg. 1976. S. 505-515.
KRAAK, B.; NORD-RÜDIGER, D.: Bedingungen innovativen Handeln, Weinheim/Basel 1979.
KRAAK, B.; LINDENLAUB, S.: Entwurf einer Handlungs-Entscheidungs-Theorie. In: Mitt. u. Nachr. d. DJPF. Frankfurt/M. 1975/1976. S. 93-105.
KRAFT, P.: Zur beruflichen Situation des Hauptschullehrers. Hannover u. a. 1974.
KRAMP, W.: Studien zur Theorie der Schule. München 1973. Ders.: Wandlungen und

Widersprüche in der Berufsrolle des Lehrer. In: Päd. Arbeitsblätter. 22. Jg. 1970. H. 9/ 10/11. S. 129–176.
KRAPPMANN, W.: Soziologische Dimensionen der Identität. Stuttgart 1969. 1973/3.
KUCKARTZ, W.: Zum Problem der antiautoritären Erziehungs. In: Die Deutsche Schule. 62. Jg. 1970. H. 634–653.
KUHN, W. (Hrsg.): Ratgeber für junge Lehrer. Stuttgart 1954, 1955/2.
KUHLMANN, H.: Erneuter Versuch gegen die Grenzen der Schule anzurennen. In: Die Deutsche Schule. 71. Jg. 1970. H. 3. S. 177–183.
KUPFER, H.: Das fragwürdige Erzieherbild der deutschen Pädagogik. In: Die Dtsch. Schule. Jg. 1969. H. 4. S. 197–206. *Ders.:* Partner im Erziehungsfeld. Wuppertal/ Ratingen 1971.
LAING, R.D. u.a.: Interpersonelle Wahrnehmung. Frankfurt/M. 1971.
LANFDBERG, S.: Die Arbeitszeit des Lehrers. In: Beruf. Erziehung. 1963 H. 4. S. 249– 264.
LANGE-GARRITSEN, H.: Strukturkonflikte des Lehrerberufs. Düsseldorf 1972.
LANGER, I. u.a.: Merkmale der Verständlichkeit schriftlicher Informations- und Lehrtexte. In: Zeitschrift für experimentelle und angewandte Psychologie. Jg. 1973. S. 269– 286.
LAPIERRE, R.T.: Attitude vs. action. (1934) In: Liska, A.E. (Hrsg.): The consistency controversy. New York, London 1975. S. 44–52.
LAUTERBACH, H.: Zur Frage der Arbeitszeit der Gymnasiallehrer. In: Der dtsch. Lehrer i. Ausl. 14. Jg. 1967. S. 268–274.
LAWTON, D.: Soziale Klasse, Sprache und Erziehung. Düsseldorf 1970.
LEEDS, D.H.: A scale for measuring teacher-pupil attitudes and teacher-pupil rapport. In: Psychol. Monogr. 1950. 64. No. 6.
LEHMANN, L.: Klagen über Lehrer F. und andere Schul-Beispiele. Frankfurt/M. 1971.
LEHMANN, B.: Arbeitswelt und Lehrerbewußtsein. Neuwied/Berlin 1974.
LEMPERT, W.: Berufserziehung als Sozialisation: Hypothesen über die Aneignung und Distanzierung von beruflichen Rollen. In: Vierteljahresschrift für wiss. Päd. 44. Jg. 1968, H. 2. S. 85–111. Gekürzte Fassung in: CLAESSENS, D. Rolle und Macht. München 1970/2. S. 106–114.
LEWIN, K.: Behavoir and development as a function of the total situation. In: CARMICHAEL, L. (ed.): Manual of child psychology. New York 1946.
LEWIN, K.; LIPPITT, R.; WHITE, R.K.: Patterns of aggressive behaviour in experim. created „social climates". In: Journ. of Social Psych. 1939. Nr. 10. S. 271–299.
LEWIN, K.: Die Lösung sozialer Konflikte. Bad Nauheim 1953.
LIENERT, G.A.: Testaufbau und Testanalyse. Weinheim 1967/2.
LINTON, R.: Study of Man. Appleton-Century-Crofts 1936.
LIPPITT, R.; WHITE, R.K.: An experimental study of leadership and group life. In: Macciby, E.E. u.a.: Readings in social psychology. London 1958/3. S. 496–511.
LOCH, W.: Die Sprache als Instrument der Erziehung. In: SPANHEL, D. (Hrsg.): Schülersprache und Lernprozesse. Düsseldorf 1973. S. 31–78.
LORCHER, R. u.a.: Berufliche Probleme im Urteil junger Grund- und Hauptschullehrer. Arbeitsbericht Konstanz 1974.
LORENZ, U.; IPFLING, H.-J.: Freude an der Schule. München 1979.
LOSER, F.; TERHART, E. (Hrsg.): Theorien des Lehrens. Stuttgart 1977.
LUHMANN, N.; SCHORR, K.E.: Das Technologiedefizit der Erziehung und die Pädagogik. In: Ztschr. f. Päd. 25. Jg.. 1979. H. 3. S. 345–366. *Dies.:* Hat die Pädagogik das Technologieproblem gelöst? In: Ztschr. f. Päd. 25. Jg. 1979. H. 5. S. 799–803.
MAHONEY, M.J.: Kognitive Verhaltenstherapie. München 1977.

MALEWSKI, A.: Verhalten und Interaktion: Die Theorie des Verhaltens und das Problem der sozialwiss. Integration. (1964). Tübingen 1967.
MANCKE, K.: Lehrer an Hauptschulen. Frankfurt/M. 1979. *Ders.:* Lehrer an der Hauptschule. In: Die Deutsche Schule 1977. H. 2. Sonderdruck. S. 70–88.
MAYER-HORNUNG, M.: Die Arbeitszeit für Philologen. In: Neues Land. 12. Jg. 1960. S. 73–75.
MAYNTZ, R.: Soziologie der Organisation. Reinbek b. Hamburg 1967/2.
MCGEE, H. M.: Measurement of authoritarianism and its relation to teachers' classroom behaviour. In: GENET. Psychol. Monogr. 1955. 52. S. 89–146.
MEAD, G. H.: Geist, Identität, Gesellschaft. (1934) Frankfurt/Main 1968.
MEUX, M.; SMITH, B. O.: Logische Dimensionen des Lehrerverhaltens. In: LOSER, F.; TERHART, E. (Hrsg.): Theorien des Lehrens. Stuttgart 1977. S. 250–286.
MERKENS, H.; SEILER, H.: Interaktionsanalyse. Stuttgart u. a. 1978.
MERZ, J.: Berufszufriedenheit von Lehrern. Weinheim 1979.
MIETZEL, G.: Die Einstellung der Abiturienten zum Volksschullehrerberuf. Braunschweig 1967.
MINNSEN, F.: Gruppendynamik und Lehrerverhalten. In: Intern. Ztschr. f. Erziehungswiss. 11. Jg. 1965. H. 3. S. 305–325.
MOLLENHAUER, K.; RITTELMEYER, C.: Einige Gründe für die Wiederaufnahme ethischer Argumentation in der Pädagogik. In: 15. Beih. d. Ztschr. f. Päd. 1978, S. 79–85.
MOLLENHAUER, K.: Die Rollenproblematik des Lehrerberufs und die Bildung. In: Die Deutsche Schule. 54. Jg. 1962. S. 463 ff. Ebenso in: Erziehung und Emanzipation. München 1968. 1969/2. *Ders.:* Einführung in die Sozialpädagogik. Weinheim/Berlin 1964. 1968/4. *Ders.:* Theorien zum Erziehungsprozeß. München 1972.
MORSH, J. E.; WILDER, E. W.; Identifying the effective instructor: A review .... USAF Pers. Train. Res. Center. Res. Bull No. AFPTRC-Tr-54-44. 1954.
MOSER, U.: Psychologie der Arbeitswahl und der Arbeitsbedingungen. Bern 1953.
MÜHLFELD, C.: Sprache und Sozialisation. Hamburg 1975.
MÜLLER-BEK, H.: Das Berufsmilieu des Volksschullehrers. In: Psyche. 12. Jg. 1958. H. 1. S. 50–62.
MÜLLER-FOHRBRODT, G.; CLOETTA, B.; DANN, H.-D.: Der Praxisschock bei jungen Lehrern. Stuttgart 1978.
MÜLLER-FOHRBRODT, G.: Wie sind Lehrer wirklich? Stuttgart 1973.
NEIDHARDT, N.: Beiträge zur Gruppensupervision I, II, III. In: Nachrichtendienst des Dtsch. Vereins f. öff. u. priv. Fürsorge. 52/53. Jg. 1972/73. Nr. 11, 1, 2.
NELLES-BÄCHLER, M.: Einige Merkmale des Lehrerverhaltens im Unterricht. In: Die Deutsche Schule. 57. Jg. 1965. H. 4. S. 224–229.
NETZER, H.: Erziehungslehre Bad Heilbrunn 1965/7.
NEUBERGER, O.: Theorien der Arbeitszufriedenheit. Stuttgart 1974.
NEWCOMB, T. M.: Personality and social change. New York 1943. *Ders.:* Social Psychology. New York 1950. Dtsch.: Sozialpsychologie. Meisenheim/Glan 1959/2. *Ders.:* Stabilities underlying changes in interpersonal attraction. In: Journ. of abnorm. soc. Psychol. No. 66. 1963. S. 376–386.
NICKEL, H.: Beiträge zur Psychologie des Lehrerverhaltens. München 1974. *Ders.:* Stile und Dimensionen des Lehrerverhaltens. In: BETZEN, K.; NIPKOW, K. E. (Hrsg.): Der Lehrer in Schule und Gesellschaft. München 1971. S. 140–181.
NIEMANN, H.-J.: Der Lehrer und sein Beruf. Weinheim/Berlin/Basel 1970.
NIPKOW, K. E.: Zur Person des Lehrers. In: ROEDER, P. M. (Hrsg.): Päd. Analysen und Reflexionen. Berlin 1967. S. 77–109. *Ders.:* Gymnasialpädagogik. In: Päd. Rundschau. 4. Jg. 1964.
NOHL, H.: Die päd. Bewegung in Deutschland und ihre Theorie. Frankfurt/M. 1961/5.

NOTH, W.: Zur Theorie beruflicher Sozialisation. Kronberg/Ts. 1976.
NUTHALL, G. A.: A review of some elected recent studies of classroom interaction .... In: American Research Association. Monogr. Series on Curriculum Evaluation. No. 6. Chicago 1970. S. 6–29. Dtsch. Fass.: Ausgew. neue Untersuchungen zur Unterrichtsinteraktion .... In: WULF, C. (Hrsg.): Evaluation. München 1972. S. 239–263.
NYSSEN, E.; ROLFF, H.-G.: Perspektiven der Schulreform im Spätkapitalismus. In: ROLFF, H.-G. u. a.: Strategisches Lernen in der Gesamtschule. Reinbek b. Hamburg 1974.
OERTER, R.: Struktur und Wandlungen von Werthandlungen. München 1970.
OERTER, R.; WEBER, E. (Hrsg.): Der Aspekt des Emotionalen in Unterricht und Erziehung. Donauwörth 1975.
OLGERS, A. J.; RIESENKAMP, J.: Teacher training: An international problem. In: revue ATEE journal. Vol. 1. No. 2. 1978, S. 67–81.
OTTO, B.: Der Lehrer als Kollege. Weinheim 1978.
PARKINSON, C. N.: Parkinsons Gesetz u. andere Untersuchungen über die Verwaltung. Übers.: R. KAUFMANN, Düsseldorf 1968.
PARSONS, T.: Das System moderner Gesellschaftn. München 1972.
PERLBERG, A.: Zur Design-Problematik von Lehrerausbildungssystemen. In: pl. 6. Jg. 1969. H. 1. S. 29–34.
PETER, H.-U.: Die Schule als soziale Organisation. Weinheim/Basel 1975.
PETERSEN, E.: Kleine Anleitung zur Päd. Tatsachenforschung und ihre Verwendung. Marburg 1951.
PETERSEN, P. u. E.: Die Päd. Tatsachenforschung. Paderborn 1965.
PETERSEN, P.: Führungslehre des Unterrichts. Langensalza u. a. 1937. Braunschweig 1963/7.
PETRAT, G.; SEINFORTH, H. u. a.: Prozeßorientierter Unterricht. München 1977.
POPP, W. (Hrsg.): Kommunikative Didaktik. Weinheim/Basel 1976.
PREISSLER, G.: Grundfragen der Pädagogik in westdeutschen Zeitschriften seit 1960. Frankfurt/M. 1966/2. Ders.: Unterricht – Bedingungsanalyse und Entscheidungsfindung. Stuttgart 1979.
PRIESEMANN, G.: Zur Theorie der Unterrichtssprache. Düsseldorf 1971.
RANG, M.: Die zentrale Aufgabe der Schule. In: RÖHRS, H. (Hrsg.): Theorie der Schule. Frankfurt/M. 1968. S. 183–196.
REICH, K. Theorien der Allgemeinen Didaktik. Stuttgart 1977. Ders.: Unterricht- Bedingungsanalyse und Entscheidungsfindung. Stuttgart 1979.
REINERT, G.-B.; THIELE, J. (Hrsg.): Nonverbale pädagogische Kommunikation. München 1977.
REINHARDT, S.: Die Konflikstruktur der Lehrerrolle. In: Ztschr. f. Päd. 24. Jg. 1978. S. 515–531.
REINHARDT, S.: Zum Professionalisierungsprozeß des Lehrers. Frankfurt/M. 1972.
RITTELMEYER, C.; WARTENBERG, G.: Verständigung und Interaktion. München 1975.
RITZ-FRÖHLICH, G.: Verbale Interaktionsstrategien im Unterricht. Ravensburg 1973. 1975/4.
ROLFF, H.-G. u. a.: Strategisches Lernen in der Gesamtschule. Reinbek bei Hamburg 1974.
ROLFF, H.-G. (Hrsg.): Sozialisation und Auslese durch die Schule. Heidelberg 1976/8.
ROSENTHAL, M. J.; JACOBSON, L.: Pygmalion in the Classroom, New York 1967. Dtsch.: Pygmalion im Klassenzimmer. Weinheim/Berlin/Basel 1971.
ROTH, E.: Einstellung als Determination individuellen Verhaltens. Göttingen 1967. Ders.: Persönlichkeitspsychologie. Stuttgart 1969.
ROTH, H.: Pädagogische Anthropologie. Bd. 1. Bildsamkeit und Bestimmung. Hannover

1968/2. S. Schule als optimale Organisation von Lernprozessen. In: Die Dtsch. Schule. 61. Jg. 1969. H. 9. S. 520–536. *Ders.:* Die psycholog. Lerntheorien u.d. Bedeutung ihrer Fo.-Ergebnisse .... In: STRUNZ, K. (Hrsg.): Päd. Psych. f. Höh. Schulen. München/Basel 1959. S. 208–241.

RÜCKRIEM, G. u. a.: Die Technik wissenschaftlichen Arbeitens. Paderborn 1977.

RUMPF, H.: Sachneutrale Unterrichtsbeobachtung? In: Ztschr. f. Päd. 15. Jg. 1969. H. 3. S. 293–314. *Ders.:* 40 Schultage. Tagebuch eines Studienrats. Braunschweig 1966. *Ders.:* Schule gesucht. Braunschweig 1968.

RUPPERT, J.P.: Sozialpsychologie im Raum der Schule. Weinheim 1954. *Ders.:* Erzieherpersönlichkeit und Stilformen der Erziehung. In: Handb. d. Psych. Bd. 10. Göttingen 1959. *Ders.:* Zum Erziehungs- und Unterrichtsstil. In: 6. Beiheft d. Ztschr. f. Päd. Weinheim 1966.

RUTENFRANZ, J.; GRAF, D.: Zur Frage der zeitlichen Belastung von Lehrkräften. Forsch.-Ber. d. Landes NRW. Nr. 1259. Köln/Opladen 1963.

RYANS, D.G.: Characteristics of teachers. Washington 1960. *Ders.:* Einige Beziehungen zwischen Schülerverhalten und gewissen Verhaltensweisen des Lehrers. In: WEINERT, F. (Hrsg.): Pädagogische Psychologie. Köln/Berlin 1968. S. 323f.

SAUTER, F. CH. (Hrsg.): Psychotherapie der Schule. München 1983.

SCHAAL, H.: Der Lehrer als Person. In: 15. Beih. d. Zeitschr. Päd. 1978. S. 147–153.

SCHALLER, K.: Die Krise der humanistischen Pädagogik und der kirchliche Unterricht. Heidelberg 1961.

SCHEFER, C.: Das Gesellschaftsbild des Gymnasiallehrers. Frankfurt/M. 1969.

SCHLOZ, W.: Über die Nichtplanbarkeit in der Erziehung. Diss. Wiesbaden-Dotzheim 1966.

SCHMIDT, H.D.; BRUNNER, E.J.; SCHMIDT-MUMMENDEY, A.: Soziale Einstellungen. München 1975.

SCHMITT, G.: Beruf und Rolle des Lehrers. Ravensburg 1973.

SCHNEEWIND, K.A.: Syst. Retrospektion als Datenquelle z. Erfass. d. Erziehungsverhaltens. In: HERRMANN, T. (Hrsg.): Psychologie d. Erziehungsstile. Göttingen 1966. S. 44–49.

SCHNEIDER, W.: Wörter machen Leute: Magie und Macht der Sprache. München/Zürich 1976.

SCHÖLER, W.; PONGRATZ, G.: Lehrverhaltenstraining für Unterricht in Schule und Betrieb. Paderborn 1978.

SCHÖN, B.: Das gesellschaftliche Bewußtsein von Gesamtschullehrern. Weinheim 1978.

SCHRÖTER, G.: Didaktik als Struktur der Lehrfunktionen. Düsseldorf 1972.

SCHUH, E.: Der Volksschullehrer, Hannover 1962.

SCHUH, H.; WATZKE, W.: Erfolgreich reden und argumentieren: Grundkurs Rhetorik. München 1983.

SCHULLER, A. (Hrsg.): Lehrerrolle im Wandel. Weinheim/Berlin/Basel 1971.

SCHULTZE, W; SCHLEIFER, G.: Arbeitszeitanalyse des Volksschullehrers und Rationalisierung des Unterrichts. Frankfurt/M. 1965.

SCHULZ, W.; TESCHER, W.; VOIGT, J.: Verhalten im Unterricht. In: INGENKAMP, K. (Hrsg.): Handbuch der Unterrichtsforschung. Teil 1. Weinheim/Berlin/Basel 1970. Sp. 633–852. *Ders.:* Umriß einer didaktischen Theorie der Schule. In: FÜRSTENAU, P. u.a.: Zur Theorie der Schule. Weinheim/Berlin/Basel 1969. S. 27–46.

SCHULZ VON THUN, F.; LANGER, I.; TAUSCH, R. u.a.: Trainingsprogramm für Pädagogen zur Förderung der Verständlichkeit bei der Wissensvermittlung. Kiel 1972.

SCHULZ VON THUN, F.: Verständlich Informieren. In: Psychologie heute. 5. Jg. 1975. H. 1. S. 42ff.

SCHUSSER, G.: Lehrererwartungen. München 1972.

SCHWEMMER, O.: Praxis, Methode und Vernunft: Probleme der Moralbegründung. In: 15. Beih. d. Ztschr. f. Päd. 1978, S. 87–102.
SCHWONKE, M.: Das Gesellschaftsbild des Lehrers. In: Die Deutsche Schule. 58. Jg. 1966. H. 2. S. 73–85.
SIGNER, R.: Verhaltenstraining für Lehrer. Weinheim/Basel 1977.
SINGER, K.: Lernhemmung, Psychoanalyse und Schulpädagogik. München 1970.
SIX, B.: Die Relation von Einstellung und Verhalten. In: Zeitschr. f. Sozialpsychologie 1975, S. 270–296. Ders.: Einstellung und Verhalten. (Erw. Fass. d. Ref. z. Thema „Einstellung und Verhalten" d. 29. Kongr. d. D. Ges. f. Psych.) Salzburg 1974. (hekt.)
SLOTTA, G.: Die päd. Tatsachenforschung Peter und Else Petersens. Weinheim 1962.
SKINNER, B. F.: Warum Lehrer versagen. In: CORRELL, W. (Hrsg.): Zur Theorie und Praxis des Programmierten Lernens. Darmstadt 1969. S. 91–107.
SKOWRONEK, H.: Psychologische Grundlagen einer Didaktik der Denkerziehung. Hannover 1968.
SOLOMON, D.; ROSENBERG, L.; BEDZEK, W.: Teacher behaviour and student learning. In: Journ. educ. Psych. 1964. 55. S. 23–30.
SOMMER, H.: Grundkurs Lehrerfrage: ein handlungsorientiertes einführendes Arbeitsbuch für Lehrer. Weinheim/Basel 1981.
SPANGENBERG, K.: Chancen der Gruppenpädagogik, Weinheim/Berlin/Basel 1969.
SPANHEL, D.: Die Sprache des Lehrers. Düsseldorf 1973.
SPANHEL, D.; (Hrsg.): Schülersprache und Lernprozesse. Düsseldorf 1973.
SPRANGER, E.: Lebensformen. Geisteswiss. Psych. u. Ethik der Persönlichkeit. Halle 1914. Tübingen 1950/8. Ders.: Der geborene Erzieher. Heidelberg 1958. 1968/5. Ders.: Das Gesetz der ungewollten Nebenwirkungen in der Erziehung. Heidelberg 1962. Ders.: Pädagogische Perspektiven. Heidelberg 1951.
STEGHERR, K. E.: Das Problem der funktionalen Erziehung. In: Vierteljahresschrift f. wiss. Pädagogik. 35. Jg. 1959. H. 3.
STEINER, I.: Interessengeleitetes lernen. München 1983.
STOLUROW, L. M.: Teaching by machine. Washington 1961.
STRZELWICZ, W.: Der Autoritätswandel in Gesellschaft und Erziehung. In: Die Dtsch. Schule. 53. Jg. 1961. H. 4.
SUSTECK, H.: Lehrer zwischen Tradition und Fortschritt. Braunschweig 1975.
TALLMANN, J.: Adaptability: a problem solving approach to assessing child-rearing practices. In: Child Developm. 1961. 32. S. 651–661.
TAUSCH, A.-M.: Verschiedene nicht-autokratische Verhaltensformen in ihrer Auswirkung auf Kinder in Konfliktsituationen. In: Ztschr. f. exp. u. angew. Psychologie. 9. Jg. 1962. S. 339–351. Dies.: Variablen und psych. Zusammenhänge d. soz. Interaktion ... In: HERRMANN, T. (Hrsg.): Psychologie der Erziehungsstile. Göttingen 1966. S. 188–203.
TAUSCH, R.; WIECZERKOWSKI, W.; Generelles Ordnungskonzept von Verhaltensweisen ... In: Die Dtsch. Schule. 60. Jg. 1968. H. 3.
TAUSCH, R.: Merkmalsbeziehungen und psychologische Vorgänge in der Sprachkommunikation des Unterrichts. In: SPANHEL, D. (Hrsg.): Schülersprache und Lernprozesse. Düsseldorf 1973.
TAUSCH, R. u. A.-M.: Erziehungspsychologie. Göttingen 1963. 1965/2. 1970/5. Gänzlich neu bearbeitet: 1978/8.
TEIGELER, R.: Verständlichkeit und Wirksamkeit von Sprache und Text. Stuttgart 1968.
TESCHNER, M.: Politik und Gesellschaft im Unterricht. Frankfurt/Main 1968.
TENT, L.: Brauchen wir eine axiomatische Theorie der sozialen Interaktion? In: HERRMANN, T. (Hrsg.): Psychologie der Erziehungsstile. Göttingen 1966. 1972/3. S. 212–220.

THIELE, H.: Trainingsprogramm Gesprächsführung im Unterricht. Bad Heilbrunn/Obb. 1983.
THIERSCH, H.: Lehrerverhalten und kognitive Lernleistung. In: BETZEN, K; NIPKOW, K. E.(Hrsg.): Der Lehrer in Schule u. Gesellschaft. München 1971. S. 182-190. Ebenso in: ROTH, H. (Hrsg.): Begabung und Lernen. Stuttgart 1969. S. 482-490.
THOMAE, H.: Das Problem der Konstanz und Variabilität der Eigenschaften. In: Handb. d. Psychologie. Bd. 4. Göttingen 1960. S. 281-357.
THOMPSON, J. D.: Organizations in Action: Social Science Bases of Administrative Theory. New York 1967.
TOBIAS, W.: Die berufliche Sozialisation von Lehrern. Mschschr. Staatsex.-Arbeit. Göttingen 1977.
TOCHTERMANN, W.: Psychotherapeutische Aspekte des Lehrerberufs. In: Schule u. Psych., 1. Jg., 1954, H. 4, S. 121-125.
TRIANDIS, H. C.: Einstellungen und Einstellungsänderungen. Weinheim 1975.
TTRÖGER, W.: Wissenschaftliche Ergebnisse in der prakt. Erziehungs- u. Bildungsarbeit ... In: HEITGER, M.(Hrsg.): Erziehung oder Manipulation. München 1969. S. 78-112.
TROST, F.: Die Erziehungsmittel. Weinheim 1966. 1967/2.
ULICH, D.; MERTENS, W.: Urteile über Schüler. Weinheim/Basel 1976/3.
ULICH, D.: Pädagogische Interaktion. Weinheim/Basel 1976.
ULICH, K.: Lehrberuf und Schulsystem. München 1978..
UNDEUTSCH, U.: Motive der Abiturienten für die Wahl oder Ablehnung des Volksschullehrerberufs. Frankfurt/M. 1964.
VESTER, F.: Denken, Lernen, Vergessen. Stuttgart 1975.
VOWINCKEL, E.: Pädagogische Typenlehre. München 1923.
WALLEN, N. E.; TRAVERS, R. M. W.: Analysis and Investigation of Teaching Methods. In: GAGE, N. L. (ed.): Handbook of Research on Teaching. Chicago 1967/5. S. 448-505 (DTSCH. Bearb. in: Handbuch der Unterrichtsforschung. Weinheim 1970. Teil 2).
WALZ, U.: Soziale Reifung in der Schule. Hannover, Darmstadt, Berlin 1960.
WANDEL, F.: Erziehung im Unterricht. Stuttgart 1978.
WANZENRIED, P.: Die Beratung der Junglehrer. Basel 1979.
WATZLAWIK, P. u. a.: Menschliche Kommunikation, Formen, Störungen, Paradoxien. Bern, Stuttgart, Wien 1972.
WATZLAWIK, P.; BEAVIN, J. H.; JACKSON, D. D.: Menschliche Kommunikation. Bern/Stuttgart 1969.
WEBER, E.: Erziehungsstile. Donauwörth 1969. 1971/2. 1974/5.
WEBER, M.: Wirtschaft und Gesellschaft. Köln/Berlin 1956/4. 1964/6.
WEHLE, G.: Lehrer, Lehrerbildung. In: SPECK; WEHLE, G. (Hrsg.): Handbuch pädagogischer Grundbegriffe. Bd. II. München 1970.
WEIDENMANN, H.: Lehrerangst. München 1978.
WEILER, H.: Wissenschaftsfreiheit des Lehrers im politischen Unterricht. Königstein/Tn. 1979.
WEINBERG, J.: Über den Zusammenhang von Lehrerverhalten und Lernerfolg. In: TIETGENS, H.: Lernen mit Erwachsenen. Braunschweig 1967. S. 247-266.
WEINER, B.: The Effects of Success and Failure and Persisting Motivation. Reprinted paper. Adress at APA. 1967.
WEINERT, F.: Analyse und Untersuchung von Lehrmethoden. In: INGENKAMP, K. u. a. (Hrsg.): Handbuch der Unterrichtsforschung. Bd. II. Weinheim/Berlin/Basel 1970. Sp. 1220-1351. Ders.: Erziehungsstile in ihrer Abhängigkeit v. d. indiv. Eigenart d. Erziehers. In: HERRMANN, T. (Hrsg.): Psychologie der Erziehungsstile. Göttingen 1966. S. 95-109.
WEINFERT, F. (Hrsg.): : Pädagogische Psychologie. Köln/Berlin 1968:3

Weiss, J.: Wissen und Autonomie des Lehrers. Ratingen u. a. 1974.
Weiss, R.: Psychoanalyse und Schule. In: Ztschr. f. psychoanal. Päd. 10. Jg. 1936. S. 321 ff.
Wellendorf, F.: Rituelles Handeln in der Schule. In: Goeppert, H. C. (Hrsg.): Sprachverhalten im Unterricht. München 1977. S. 10–35.
Weniger, E.: Didaktik als Bildungslehre. Teil 1: Die Theorie der Bildungsinhalte und des Lehrplans. Weinheim 1952. 1965/8.
Wieczerkowski, W.: Einige Merkmale des sprachlichen Verhaltens von Lehrern und Schülern im Unterricht. In: Spanhel, D. (Hrsg.): Schülersprache und Lernprozesse. Düsseldorf 1973. S. 285–303. Ders.: Merkmalszusammenhänge in der sprachlichen Kommunikation von Lehrern und Schülern im Unterricht. In: Zeitschrift für Entwicklungspsychologie und Pädagogische Psychologie. Bd. 1. S. 129–137.
Wiener, N.: Mensch und Menschmaschine. Frankfurt/M. 1952. Ders.: Cybernetics or control and communication in the animal and the machine. Paris/Cambridge/New York 1948.
Wilhelm, T.: Theorie der Schule. Stuttgart 1967.
Winnefeld, F. u. a.: Päd. Kontakt und päd. Feld. München/Basel 1957. 1963/2.
Wöhler, K. (Hrsg.): Didaktische Prinzipien. München 1979.
Wöller, F.: Psychische Störungen bei Studenten und ihre sozialen Ursachen. Weinheim 1978.
Wollasch, H.: Zur Typologie des Erziehers. In: Brezinka, W. (Hrsg.): Erziehung als Beruf. Wien 1955.
Wünsche, K.: Die Wirklichkeit des Hauptschülers. Köln 1972.
Zeiher, H.: Gymnasiallehrer und Reformen. Stuttgart 1973.
Zielke, G.: Professionalisierung und Sanktionsverhalten des Lehrers. Diss. TU Berlin 1979.
Zifreund, W. (Hrsg.): Training des Lehrverhaltens und Interaktionsanalyse. Weinheim/Basel 1976.
Zifreund, W.: Zur Problematik von Lehrertypologien und typisierenden pädagogischen Stillehren. In: Ztschr. f. Päd. 13. Jg. 1967. S. 116–134. Ders.: Konzept für ein Training des Lehrverhaltens ... In: Beiheft 1 zu pl. Berlin 1966. Ders.: Verlaufsdarstellungen der Interaktionsanalyse ... In: pl. 8. Jg. 1971, H. 3. S. 129–132.
Zinnecker, J. (Hrsg.): Der heimliche Lehrplan. Weinheim/Basel 1975.